Richtiges

DEUTSCH

von A bis Z

z von 23 Hieroglyphen. Dieses System wurde von semitischen Arbeitern verfeinert und ergänzt und von den Phöniziern übernom

ist interessant, zeigt sie doch eine Anordnung der Zeichen, wie sie im Wesentlichen noch heute verwendet wird und die dem hel

ten brachten es im 4. Jh. v. Chr. nach Italien, dort übernahmen es die Etrusker und später die Römer. In Mitteleuropa wird es seit

. Dass wir heute ein Nachschlagewerk benutzen, ja, dass wir überhaupt Schriftsprachen erlernen können, verdanken wir einer ein

arbeiteten mit einem festen Satz von 23 Hieroglyphen. Dieses System wurde von semitischen Arbeitern verfeinert und ergänzt u

Jahre alt. Besonders eine davon ist interessant, zeigt sie doch eine Anordnung der Zeichen, wie sie im Wesentlichen noch heute v

geleitet. Griechische Migranten brachten es im 4. Jh. v. Chr. nach Italien, dort übernahmen es die Etrusker und später die Römer.

ha“ und „Beta“ zusammen. Dass wir heute ein Nachschlagewerk benutzen, ja, dass wir überhaupt Schriftsprachen erlernen könn

? Bereits die alten Ägypter arbeiteten mit einem festen Satz von 23 Hieroglyphen. Dieses System wurde von semitischen Arbeiter

aufzeigt – sie sind 3400 Jahre alt. Besonders eine davon ist interessant, zeigt sie doch eine Anordnung der Zeichen, wie sie im W

önizischen Alphabet abgeleitet. Griechische Migranten brachten es im 4. Jh. v. Chr. nach Italien, dort übernahmen es die Etrusker

beiden Buchstaben „Alpha“ und „Beta“ zusammen. Dass wir heute ein Nachschlagewerk benutzen, ja, dass wir überhaupt Schrif

ie heutige Reihenfolge? Bereits die alten Ägypter arbeiteten mit einem festen Satz von 23 Hieroglyphen. Dieses System wurde vo

der einzelnen Buchstaben aufzeigt – sie sind 3400 Jahre alt. Besonders eine davon ist interessant, zeigt sie doch eine Anordnung

diese Buchstabenfolge vom phönizischen Alphabet abgeleitet. Griechische Migranten brachten es im 4. Jh. v. Chr. nach Italien, d

ischen ab und fasst die ersten beiden Buchstaben „Alpha“ und „Beta“ zusammen. Dass wir heute ein Nachschlagewerk benutzen

h wer brachte die Buchstaben in die heutige Reihenfolge? Bereits die alten Ägypter arbeiteten mit einem festen Satz von 23 Hiero

ilschrift, die die Reihenfolge der einzelnen Buchstaben aufzeigt – sie sind 3400 Jahre alt. Besonders eine davon ist interessant, ze

t. In Griechenland wurde diese Buchstabenfolge vom phönizischen Alphabet abgeleitet. Griechische Migranten brachten es im 4

tet sich aus dem Altgriechischen ab und fasst die ersten beiden Buchstaben „Alpha“ und „Beta“ zusammen. Dass wir heute ein N

n der Grundschule. Doch wer brachte die Buchstaben in die heutige Reihenfolge? Bereits die alten Ägypter arbeiteten mit einem

rdsyriens Schrifttafeln in Keilschrift, die die Reihenfolge der einzelnen Buchstaben aufzeigt – sie sind 3400 Jahre alt. Besonders

ateinischen Alphabet entspricht. In Griechenland wurde diese Buchstabenfolge vom phönizischen Alphabet abgeleitet. Griechis

r Name „Alphabet“ wiederum leitet sich aus dem Altgriechischen ab und fasst die ersten beiden Buchstaben „Alpha“ und „Beta“

Richtiges DEUTSCH

von A bis Z

Das unentbehrliche **Nachschlagewerk**
für alle Zweifelsfälle

Reader's Digest

Impressum

Sonderausgabe für Reader's Digest Deutschland, Schweiz, Österreich

Verlag Das Beste GmbH, Stuttgart, Appenzell, Wien

Autorinnen
Anja Steinhauer: Lexik, große Textkästen
Elke Rothe: kleine Textkästen

Producing
Agentur SatzZeichen – Melanie Krötz, Elke Rothe

Umschlag
Susanne Hauser, Reader's Digest

Produktion
Arvato Supply Chain Solutions SE: Thomas Kurz

Druck und Binden
Mohn Media Mohndruck GmbH, Gütersloh

Printed in Germany
ISBN 978-3-95619-527-3

Bildnachweis

Alle Abbildungen von iStock, außer S. 35: picture alliance/dpa-Zentralbild/ Stephan Schulz

Besuchen Sie uns im Internet
www.readersdigest.de | www.readersdigest.at

Vorwort

Sich in Wort und Schrift gut und gewandt ausdrücken zu können, ist sowohl im Beruf als auch im Privatleben eine wichtige Fähigkeit. Fehlerfrei zu schreiben und sich nicht in den Fallstricken der deutschen Sprache zu verfangen, ist ebenfalls eine zentrale Kulturtechnik, um in unserer Gesellschaft erfolgreich zu sein. Dieses Nachschlagewerk, das in Zusammenarbeit mit der Dudenredaktion entstand, soll Ihnen dabei eine wichtige Stütze sein. Dabei wird natürlich das amtliche Regelwerk zur deutschen Rechtschreibung zugrunde gelegt, doch finden darüber hinaus auch sprachliche Eigenarten in der Schweiz und Österreich Berücksichtigung. Auch häufige mundartliche Begriffe werden aufgegriffen und erklärt.

Mehr als 2000 sprachliche Zweifelsfälle finden Sie in diesem Sprachratgeber alphabetisch aufgelistet. Dabei werden die Besonderheiten von Grammatik, Rechtschreibung und Zeichensetzung herausgestellt. Auch Begriffe, die veraltet sind oder mittlerweile als diskriminierend gelten, werden aufgeführt und mit entsprechenden Anmerkungen für mehr sprachliche Sicherheit versehen. Wertvoll sind darüber hinaus die Ausführungen zum Stil.

Mehr als 20 Features zu häufigen sprachlichen Problemen – zu grammatischen Konstruktionen, zur Zeichensetzung, zu Wortwahl und Schreibstil sowie zur Orthografie – runden den Band ab. Über Querverweise findet man außerdem zielsicher und schnell den passenden Eintrag.

Die ansprechende Bebilderung und die über 50 Infokästen, die sich mit interessanten sprachlichen Themen befassen, laden Sie darüber hinaus zum Schmökern und zu kleinen sprachlichen Entdeckungsreisen ein. So erfahren Sie beispielsweise, warum sich Rhythmus mit „y“ und Algorithmus mit „i“ schreibt und wie das Meerschweinchen zu seinem Namen kam. Aber auch wichtige Regeln zur deutschen Rechtschreibung finden Sie knapp und verständlich aufgearbeitet.

Dieser Band wird Ihnen allzeit ein guter Begleiter und eine Unterstützung im sprachlichen Alltag sein.

Inhalt

Einführung

Alphabetischer Nachschlageteil

Verzeichnis der Überblicksartikel

Neben den Stichwörtern zu konkreten Zweifelsfällen gibt es eine Reihe von Artikeln, die einen breiteren Überblick über ein bestimmtes Thema bieten:

Artikel zur Kommasetzung

Benutzungshinweise

Geschriebene Sprache als Maßstab

Eine zentrale Ursache für sprachliche Zweifel ist die Existenz mehrerer Varietäten (Dialekte, gesprochene Sprache, Fachsprachen etc.). Dabei hat die geschriebene Sprache einen besonderen Status: Nicht nur beim beruflichen Schreiben wird in unserer Gesellschaft sehr großer Wert darauf gelegt, dass die Normen der geschriebenen Sprache eingehalten werden.

Dieser Ratgeber möchte Ihnen die Möglichkeit bieten, in solchen Situationen die angemessene Entscheidung zu treffen; damit ist aber keine Abwertung anderer Varietäten verbunden.

Der Einordnung der Varianten legt die Dudenredaktion Analysen des Sprachgebrauchs zugrunde. Diese wurden vor allem mithilfe des Dudenkorpus getroffen, einer umfangreichen elektronischen Textsammlung des Verlags, die einen Querschnitt durch das geschriebene Standarddeutsch darstellt (mit einem Schwerpunkt auf überregionalen Zeitungstexten).

Die Einordnung der Varianten

standardsprachlich	überregional, stilistisch neutral, nicht an einen spezifischen Verwendungskontext gebunden, auch in formelleren Kontexten unauffällig
geschriebene Standardsprache	im Geschriebenen (und auch im Gesprochenen) dem Standard entsprechend
gesprochene Standardsprache	auf das Gesprochene beschränkte Standardsprache
informell	verwendet in Situationen, in denen die Standardkonformität nicht verlangt wird (z. B. Chatkommunikation)
umgangssprachlich	eher unangemessen in formelleren Kontexten und/oder regional begrenzt; in jedem Fall nicht standardsprachlich
fachsprachlich	verwendet in einem spezifischen fachlichen Kontext
alltagssprachlich	nicht fachsprachlich, also nicht an die Verwendung in einem spezifischen fachlichen Kontext gebunden

dialektal/regionalsprachlich/regional	regional; dabei neben den allgemeinen Kategorien „dialektal" und „regionalsprachlich" spezielle Kategorien für einzelne Regionen (z. B. süddeutsch)
früher/heute	heute (nicht) gebräuchlich

Die Häufigkeit von Varianten

Zur Erfassung der Häufigkeit des Vorkommens werden vorrangig die folgenden Kategorien verwendet:

für 90% und darüber	fast immer
für 70% bis unter 90%	meist
für 50% bis unter 70%	oft
für 50%	genauso
für 30% bis unter 50%	auch
für 10% bis unter 30%	manchmal
für unter 10%	vereinzelt

Dudenempfehlungen

Die Dudenempfehlungen (mintgrün hinterlegt) bieten rasche Orientierung zum angemessenen Sprachgebrauch in der geschriebenen Sprache. Die Empfehlungen bei rechtschreiblichen Varianten entsprechen denen des Dudenbands 1. Für die Empfehlung bei grammatischen Varianten gilt:

- Wenn die Varianten verschiedenen Varietäten angehören, wird die standardsprachliche Variante empfohlen.
- Wenn zwei oder mehrere Varianten der geschriebenen Sprache angehören, wird diejenige Variante empfohlen, die im Sprachgebrauch häufiger vorkommt.

Feminine Personenbezeichnungen

Die sprachsystematischen Regeln und derzeitigen gesellschaftlichen Konventionen zu einem geschlechtergerechten Sprachgebrauch werden im gleichnamigen Artikel erläutert. In Einzelartikeln wie *Architekt* oder *Dirigent* wird auf eine gesonderte Nennung der femininen Formen verzichtet, wenn es um ein Problem geht, das nur die maskuline Form betrifft. Von solchen Personenbezeichnungen können selbstverständlich mit *-in* feminine Formen abgeleitet werden.

Gebrauchshinweise zu brisanten Wörtern

Die rote gepunktete Linie am Rande ganzer Artikel bedeutet, dass es sich dabei um Wörter handelt, die im öffentlichen Sprachgebrauch fragwürdig sind. Die Gebrauchshinweise zeigen dementsprechend Alternativformulierungen und Ausweichformen.

Verwendete Abkürzungen

Abk.	Abkürzung	Nom.	Nominativ
Akk.	Akkusativ	o.Ä.	oder Ähnliches
bes.	besonders	o.dgl.	oder dergleichen
bzw.	beziehungsweise	österr.	österreichisch
Dat.	Dativ	Pers.	Person
d.h.	das heißt	Plur.	Plural
d.i.	das ist	®	Marke/Warenzeichen
etw.	etwas	s.	siehe
Fem.	Femininum	S.	Seite
frz.	französisch	schweiz.	schweizerisch
Gen.	Genitiv	Sing.	Singular
Ggs.	Gegensatz	sog.	sogenannt
Jh.	Jahrhundert	südd.	süddeutsch
jmd.	jemand	u.	und
jmdm.	jemandem	u.a.	unter anderem
jmdn.	jemanden	u.Ä.	und Ähnliches
jmds.	jemandes	u.dgl.	und dergleichen
kaufm.	kaufmännisch	ugs.	umgangssprachlich
lat.	lateinisch	usw.	und so weiter
Mask.	Maskulinum	vgl.	vergleiche
mhd.	mittelhochdeutsch	z.B.	zum Beispiel
Neutr.	Neutrum		

A

ab: 1. ab unserem Werk · ab erstem/ersten Mai · ab letztem/letzten Montag: Bei Ortsangaben steht die Präposition *ab* nur mit dem Dativ: *ab unserem Werk; ab welcher Station?; ab allen deutschen Flughäfen.* In den übrigen Verwendungen steht *ab* auch mit dem Akkusativ: *ab erstem Mai*/(auch:) *ab ersten Mai; jugendfrei ab zwölf Jahren* (auch:) *ab zwölf Jahre.* Nur der Dativ ist möglich, wenn diese Angaben mit einem Artikelwort auftreten: *ab dem 15. Mai; ab der dritten Runde; ab meinem 18. Lebensjahr.*

2. ab Hamburg/von Hamburg [an] · ab morgen/von morgen an: Sowohl *ab* als auch *von [– an]* sind auch bei Zeitangaben korrekt: *ab morgen/von morgen an; ab der vierten Stunde/von der vierten Stunde an.* Da hier mit *ab* und *von – an* immer ein zeitlich fortdauerndes Geschehen eingeleitet wird, können sie nicht in Verbindung mit Verben gebraucht werden, die einen auf einen Zeitpunkt begrenzten Vorgang bezeichnen. Also nur: *Unser Geschäft ist ab Mai/von Mai an wieder geöffnet.* Aber nicht: *Wir eröffnen unser Geschäft ab Mai/von Mai an.*

3. ab Montag, dem/den …: ↑Datum.

4. der ab[b]e Knopf: *Ab* sollte nicht attributiv gebraucht werden. Nicht korrekt: *Sie nähte den ab[b]en Knopf an.*

5. von – ab/von – an: ↑von (6).

Abbau: Das Wort hat zwei Pluralformen: *die Abbaue* und *die Abbauten.* In der Bergmannssprache ist *die Abbaue* üblich.

-abel: Adjektive auf *-abel* verlieren, wenn sie dekliniert oder gesteigert werden, das *e* der Endsilbe: *eine respektable Lösung, eine praktikablere Lösung.*

Abend/abends: Zu *dienstagabends, dienstags abends* und *Dienstagabend* ↑Zeitangaben.

abendelang/Abende lang: Zusammen schreibt man das Adjektivkompositum: *Er trieb sich abendelang in Kneipen herum. Nach abendelangem Warten sah ich sie endlich.* Getrennt und groß schreibt man, wenn *Abende* durch eine nähere Bestimmung als eigenständiges Substantiv zu erkennen ist: *Er trieb sich mehrere Abende lang herum.*

aber: Vor *aber* steht immer ein Komma, wenn es als nebenordnende, entgegensetzende Konjunktion zwei Wörter oder Wortgruppen verbindet: *gut, aber teuer; kein altes Auto, aber ein neues Fahrrad.*

aberkennen: Das Verb *aberkennen* wird in der Regel als trennbares Verb verwendet, d. h., die Verbpartikel *ab-* wird in den konjugierten Formen gewöhnlich getrennt und nachgestellt: *Das Gericht erkannte ihm die bürgerlichen Ehrenrechte ab.* Die Verwendung von *aberkennen* als nicht trennbares Präfixverb *(Das Gericht aberkannte ihm die bürgerlichen Ehrenrechte)* findet man vor allem im schweizerischen Sprachgebrauch. ↑Verbzusätze.

abermalig/abermals: Das Adjektiv *abermalig* sollte nur attributiv beim Substantiv stehen: *eine abermalige Operation.* Nicht korrekt ist es, *abermalig* anstelle des Adverbs *abermals* zu gebrauchen: *Sie wurde abermals* (nicht: *abermalig*) *operiert.*

Abfahrt[s]zeit nach …: Fügungen wie *die Abfahrtszeit nach Kassel* oder *die Abflugzeit nach Rom* finden sich recht häufig. Sie gelten aber als standardsprachlich nicht korrekt, weil das Attribut *(nach Kassel)* fälschlicherweise vom Zweitglied *(-zeit)* statt vom Erstglied *(Abfahrt-)* abhängig gemacht wird. Richtig ist eine Formulierung wie *die Abfahrtszeit für den Zug nach Kassel.*

abfragen/abhören: Die beiden Verben *abfragen* und *abhören* gehören zu den wenigen Verben, die mit doppeltem Akkusativobjekt stehen können: *Der Lehrer fragte ihn das Einmaleins ab. Er hörte sie die französischen Vokabeln ab.* Aber auch bei diesen Verben wird oft die Verbindung Dativobjekt + Akkusativobjekt gebraucht: *Der Lehrer fragt ihm das Einmaleins ab.* Beide Konstruktionen sind korrekt. Hat *abfragen* oder *abhören* nur eine Ergänzung bei sich, dann steht diese immer im Akkusativ: *Der Lehrer fragt die Geschichtszahlen ab. Der Lehrer hört die Klasse ab.*

Abgeordnete, der und die: **1. oben genanntem Abgeordneten/Abgeordnetem · ihr als Abgeordneten/ Abgeordneter:** Im Allgemeinen wird *Abgeordnete* wie ein attributives Adjektiv dekliniert: *Er war früher Abgeordneter. Eine Abgeordnete verließ den Saal. Der Abgeordnete hat das Wort. Die Abgeordneten treten zusammen. Zwei Abgeordnete stimmten dagegen* usw. ↑Substantivierung (2). **a)** Im Genitiv Plural ist nach einem stark deklinierten Adjektiv die starke Deklination üblich, es wird also parallel flektiert: *Es wurde über die Versorgung ausscheidender Abgeordneter* (vereinzelt: *Abgeordneten) gesprochen.* **b)** Im Dativ Singular wird nach einem stark deklinierten Adjektiv meist schwach flektiert: *Oben genanntem Abgeordneten* (manchmal: *Abgeordnetem) habe ich meine Stimme gegeben.* **c)** In Konstruktionen wie den folgenden kommt im Dativ Singular neben der starken Deklination auch die schwache vor: *Mir als Abgeordneten ..., Mir als Abgeordnetem ... ; Ihr als Abgeordneten ..., Ihr als Abgeordneter ...* Die schwache Deklination gilt nicht als standardsprachlich. **d)** Nach *Herrn* ist heute die schwache Deklination üblich: *Ich habe gestern mit Herrn Abgeordneten Schmidt gesprochen.* Nach *Frau* ist die starke Form häufiger: *Ich habe gestern mit Frau Abgeordneter*/(selten:) *Abgeordneten Schmidt gesprochen.* Fehlt *Herr* bzw. *Frau,* wird stark dekliniert: *Mit Abgeordnetem/Abgeordneter Schulze stimmt etwas nicht.*

2. einige Abgeordnete · alle Abgeordneten · solche Abgeordnete[n]: Zur Deklination von *Abgeordnete* nach *alle, beide, einige* usw. ↑all- usw.

3. des Abgeordneten Schmidt: Zur Deklination des Namens nach *Abgeordnete* ↑Titel und Berufsbezeichnungen (1.3).

abgesehen davon, dass: Vor *dass* steht ein Komma: *Abgesehen davon, dass der Strom ausfiel, hat es keine Störungen gegeben.* Sonst gelten für *abgesehen* die allgemeinen Kommaregeln für die Partizipialgruppe (↑Komma [5]): *Abgesehen vom Preis[,] waren wir mit dem Hotel zufrieden.*

abhalten: ↑Negation (1).

abhauen: ↑hauen.

Abhilfe: Nach *Abhilfe* kann nur ein sog. Genitivus subiectivus stehen. So bedeutet *die Abhilfe der Regierung,* dass die Regierung abhilft. Nicht korrekt also: *die Abhilfe eines Übelstandes, eines Mangels, eines Fehlers* o. Ä.

abhören: ↑abfragen/abhören

Abkürzungen und Kurzwörter: 1. Häufig abgekürzte Wörter wie *Seite, Band, Nummer* sollten in Verbindung mit dem Artikel oder bei vorangestellter Zahl ausgeschrieben werden: *die Seite 16, im 8. Band, vgl. die Nummer 14.*

2. Punkt bei Abkürzungen: Steht eine Abkürzung mit Punkt am Satzende, dann ist der Abkürzungspunkt zugleich der Schlusspunkt des Satzes: *In diesem Buch stehen Gedichte von Goethe, Schiller, Heine u. a.* **a) Abkürzungen mit Punkt:** Der Punkt steht im Allgemeinen nach Abkürzungen, die nur geschrieben, nicht aber gesprochen werden, z. B.: *betr.* (für: *betreffend, betreffs*), *Dr.* (für: *Doktor*), *Ggs.* (für: *Gegensatz*) usw. Das gilt auch für die Abkürzungen der Zahlwörter: *Tsd.* (für: *Tausend*), *Mio.* (für: *Million*) und *Mrd.* (für: *Milliarde*). Abkürzungen wie *Verf., Prof., Dipl.-Ing.* stehen sowohl für die maskuline als auch für die feminine Form. Zur Verdeutlichung wird bei femininen Formen aber häufiger die Endung

-in bzw. auch nur der letzte Buchstabe *-n* nach dem Abkürzungspunkt ergänzt: *Verf.in* / *Verf.n* (= Verfasserin), *Prof.in* (= Professorin). **Ausnahmen:** Der Punkt steht auch nach einigen Abkürzungen, die heute gewöhnlich – vor allem in der Alltagssprache – nicht mehr im vollen Wortlaut gesprochen werden, z. B. *a.D.* (für: *außer Dienst*), *i.V.* (für: *in Vertretung*), *ppa.* (für: *per procura*), *h.c.* (für: *honoris causa*). **b) Kurzformen ohne Punkt:** Der Punkt steht im Allgemeinen nicht nach Kurzformen, die als solche auch gesprochen werden: *BGB, AG, PC, Kripo, Akku, UNO, GmbH & Co KG.* In vielen Fachbereichen (z. B. Verwaltung) erhalten Kürzungen längerer Komposita und Fügungen auch dann keinen Punkt, wenn sie nur geschrieben, nicht aber auch gesprochen werden: *RücklVO* (für: *Rücklagenverordnung*), *JArbSchG* (für: *Jugendarbeitsschutzgesetz*), *BStMdI* (für: *Bayerisches Staatsministerium des Innern*). Außerhalb der Fachbereiche sollten solche Abkürzungen möglichst vermieden werden. Die Abkürzungen der Einheiten des metrischen Systems (*m, km, kg, l* usw.) sind Symbole oder Zeichen und werden – bis auf ältere Einheiten wie *Pfd.* (= Pfund) und *Ztr.* (= Zentner) – ohne Punkt geschrieben. Ohne Punkt stehen auch die Zeichen für die Himmelsrichtungen, für die chemischen Elemente und für die meisten Münzbezeichnungen (vgl. aber ↑c): *SW* (= Südwesten), *Cl* (= Chlor), *EUR* oder € (= Euro), *c* oder *ct* (= Cent) usw. Alle diese Abkürzungen bleiben stets unverändert: *10 000 EUR* oder *€, über 5 m hoch.* Ebenfalls ohne Punkt werden einige Abkürzungen für Berufsbezeichnungen und Titel geschrieben: *RA (Rechtsanwalt), ORR (Oberregierungsrat);* vgl. aber auch 1. zu Abkürzungen mit Punkt. Wie beim ausgeschriebenen Wort kann die Endung *-in* hinzugefügt werden: *BKin (Bundeskanzlerin), OARin (Oberamtsrätin).* **c) Schwankungsfälle:** Bei ausländischen Maß- und Münzbezeichnungen wird im Deutschen gewöhnlich die landesübliche Form der Abkürzung gebraucht: *ft* (= Foot), *yd* (= Yard), *kr, Kr* (= Krone), *Fr.* und *sFr.* (= Schweizer Franken). Doch kommen z. B. im Bankwesen auch andere Schreibungen vor: *USD, GBP, CHF* (= internationale Währungscodes für: US-Dollar, britisches Pfund, Schweizer Franken).

3. Groß- oder Kleinschreibung: a) Kurzformen in Komposita: Zwischen der Kurzform und dem Zweit- oder Erstglied steht immer ein Bindestrich. Die Groß- oder Kleinschreibung von Kurzformen bleibt auch in Komposita erhalten: *Tbc-krank, US-amerikanisch, km-Zahl; Konto-Nr., Fußball-WM.* Komposita, bei denen das letzte gekürzte Wort noch einmal ausgeschrieben wird, sind unsinnig (z. B. *ABM-Maßnahme, ISBN-Nummer*). Man sollte in der geschriebenen Sprache entweder nur die Kurzform verwenden oder die ganze Kurzform auflösen. **b) Abkürzungen am Satzanfang:** Stehen einfache Abkürzungen am Satzanfang, dann werden sie großgeschrieben, z. B.: *Vgl.* (für: *vgl.* = vergleiche), *Ebd.* (für: *ebd.* = ebenda). **c) Groß- oder Kleinbuchstaben:** Kurzwörter aus Silben oder Wortteilen werden im Wortinneren in der Regel mit Kleinbuchstaben geschrieben: *Azubi, Akku, Kripo.* Kurzwörter aus einzelnen Buchstaben können auch wie normale Wörter geschrieben (und dekliniert: *der PC, die PC[s]*) werden: *UNO,* (auch:) *Uno, AIDS,* (auch:) *Aids.* Bei *Lkw,* (auch:) *LKW* und *Pkw,* (auch:) *PKW* ist das sogar üblicher.

4. Deklination: a) Abkürzungen mit Punkt: Bei diesen Abkürzungen wird die Deklinationsendung im Schriftbild oft nicht wiedergegeben: *am 2. Dezember lfd. J.* (= laufenden Jahres); *gegen Ende d.M.* (= dieses Monats). Wird die Deklinationsendung jedoch gesetzt, gilt Folgendes: Endet eine Abkürzung mit dem letzten Buchstaben der Vollform, wird die Endung unmittelbar angehängt: *Hrn.* (= Herrn), *Bde.*

(= Bände); sonst steht sie nach dem Abkürzungspunkt: *mehrere Jh.e* (= Jahrhunderte), *B.s* (= Bismarcks) *Reden.* Der Plural wird gelegentlich durch Buchstabenverdopplung ausgedrückt: *Mss.* (= Manuskripte), *Jgg.* (= Jahrgänge), *ff.* (= folgende). **b) Kurzformen, die als solche auch gesprochen werden:** Im Plural erscheint in der Regel die Endung *-s,* und zwar auch bei solchen Kurzformen, deren Vollform im Plural nicht so ausgeht: *die MGs* (neben: *die MG;* nicht: *die MGe*), *die AGs* (nicht: *die AGen*), *die THs* (nicht: *die THen*). Bei femininen Kurzformen sollte im Plural immer dann ein *-s* angefügt werden, wenn eine Verwechslung mit dem Singular möglich ist: *die GmbHs* (nicht sinnvoll, da mit dem Singular übereinstimmend: *die GmbH*). Kurzformen, die auf Zischlaute enden, bleiben in der Standardsprache unverändert *(50 PS, die SMS);* in der Umgangssprache wird bei femininen Kurzformen manchmal auch die Endung *-en* angefügt *(die SMSen).* Etwas anders ist es mit den Kurzwörtern, die nicht buchstabiert, sondern als Wörter ausgesprochen werden. Bei ihnen überwiegt die Deklinationsendung *-s: der Akku, des Akkus, die Akkus; das Foto, des Fotos, die Fotos; die Uni, der Uni, die Unis.*

5. Genus: Das Genus (grammatische Geschlecht) der Kurzwörter stimmt im Allgemeinen mit dem der Vollformen überein: *der* Pkw (*der* Personenkraftwagen), *die* Kripo (*die* Kriminalpolizei), *das* BGB (*das* Bürgerliche Gesetzbuch).

6. An das/die Euro-Kreditinstitut AG: ↑Firmennamen (2).

7. Zeichensetzung: Gehören Kurzformen als nachgestellte Appositionen zu einem Namen, dann werden sie nicht durch ein Komma abgetrennt: *Stahlwerke AG, Vereinigte Papiermühlen GmbH.* Nachgestellte Kurzformen von Titeln, akademischen Graden u.dgl. werden ebenfalls nicht durch Komma abgetrennt: *Vera Müller M.A.*

ABM-Maßnahme: ↑Abkürzungen und Kurzwörter (2a).

abnorm/abnormal/anomal/anormal: Der Gebrauch dieser Wörter liegt nicht eindeutig fest; scharfe Abgrenzungen sind nicht möglich. Gemeinsam ist allen die Kernbedeutung „vom Normalen, von der Regel abweichend". Das Adjektiv *abnorm* wird im Bereich der Medizin und der Psychologie auf ungewöhnliche Veranlagungen bezogen: *abnorm veranlagt sein/reagieren.* Außerhalb der Medizin und Psychologie wird *abnorm* im Sinne von „ungewöhnlich" verwendet: *ein abnorm kalter Winter.* Das Adjektiv *abnormal* ist von *abnorm* abgeleitet. Es bedeutet „krank, nicht normal, unsinnig": *ein abnormales Verhalten.* Das Adjektiv *anomal* wird, wie *abnorm,* ebenfalls im Bereich der Medizin und Psychologie gebraucht und bezieht sich in erster Linie auf ins Auge fallende Abweichungen im Körperbau und andere Entwicklungsbesonderheiten: *ein anomales Wachstum.* Häufig wird es übertragen im Sinne von „ungewöhnlich, nicht normal" verwendet: *anomales Wirtschaftswachstum.* Das Adjektiv *anormal* bedeutet „nicht normal": *ein anormales Gedächtnis haben; ein anormal kalter Frühlingstag.*

abraten: ↑Negation (1).

abrunden/aufrunden: Eine Zahl kann man sowohl nach oben als auch nach unten abrunden („durch Abziehen oder Hinzufügen auf die nächste runde Zahl bringen"), denn *ab-* bezeichnet hier ursprünglich nicht eine Richtung nach unten, wie etwa in *abfallen* oder *absteigen,* sondern verdeutlicht lediglich den Vorgang des Rundens oder Glattmachens. Obwohl deshalb *aufrunden* im Sinne von „durch Hinzufügen auf die nächsthöhere runde Zahl bringen" eigentlich überflüssig ist, hat es sich heute dennoch weitgehend durchgesetzt und *abrunden* auf die Bedeutung „durch Abziehen auf die nächstniedrigere runde Zahl bringen" festgelegt. Möglich ist auch die Verwendung von *runden auf: Der Bruttoarbeitslohn wird auf volle Euro gerundet.*

Abschluss: Das Funktionsverbgefüge *zum Abschluss bringen* betont eher den zeitlichen Verlauf eines Vorgangs als das einfache Verb *abschließen.*

abschrecken: ↑schrecken.

abseits: Die Präposition *abseits* steht mit dem Genitiv: *abseits des Weges; abseits größerer Städte.* In Verbindung mit der Präposition *von (abseits von jeder menschlichen Behausung)* steht der Dativ.

absenden: Die Formen des Präteritums und des Partizips II lauten: *sandte/sendete ab* und *abgesandt/abgesendet.* Die Formen mit *-a-* sind häufiger.

abwägen: Das Verb *abwägen* „genau bedenken, überlegen" kann stark oder schwach konjugiert werden: *Sie wog/*(auch:) *wägte das Für und Wider ab.* Das Partizip II wird in der Regel stark gebildet: *Wir haben die Gründe gegeneinander abgewogen/*(vereinzelt:) *abgewägt.* Der nur vereinzelt gebrauchte Konjunktiv II lautet *abwöge.*

abwärts: Man schreibt *abwärts* mit dem folgenden Verb zusammen, wenn die Betonung nur auf dem Verbzusatz liegt: *Wir sind zwei Stunden lang nur ạbwärtsgegangen. Der Fahrstuhl wird ạbwärtsfahren. Mit dem Unternehmen/Mit ihrer Gesundheit ist es im letzten Jahr ạbwärtsgegangen* (= die Geschäftslage/ihre Gesundheit hat sich verschlechtert). Getrennt vom folgenden Verb wird das (am Kontrastakzent erkennbare) selbstständige Adverb geschrieben: *Wir wollen ạbwärts gẹhen, nicht fahren.* ↑-wärts.

abwenden: Die Formen des Präteritums und des Partizips II lauten sowohl *wendete ab, abgewendet* als auch *wandte ab, abgewandt: Er wendete/wandte seinen Blick ab. Sie hatte sich rasch abgewendet/abgewandt.*

abzüglich: Die Präposition *abzüglich,* die vor allem in der Kaufmannssprache gebräuchlich ist, wird mit dem Genitiv verbunden: *abzüglich der Unkosten; abzüglich des gewährten Rabatts.* Ein folgendes allein stehendes, stark dekliniertes Substantiv im Singular bleibt gewöhnlich unflektiert: *abzüglich Rabatt; die Kosten abzüglich Porto.* Im Plural wird *abzüglich* mit dem Dativ verbunden, wenn der Genitiv nicht erkennbar ist: *der Preis für die Mahlzeiten abzüglich Getränken.*

Acht: 1. Rechtschreibung: Sowohl Zusammen- als auch Getrenntschreibung ist möglich bei *achtgeben/Acht geben, achthaben/Acht haben.* Getrennt schreibt man *sich in Acht nehmen, außer [aller] Acht lassen.*
2. Verneinung: Wenn *sich in Acht nehmen* in Verbindung mit *davor* im Sinne von „sich vor etwas hüten" gebraucht wird, gilt die negative Bedeutung für einen abhängigen Nebensatz bzw. eine abhängige Infinitivgruppe mit. Es heißt deshalb: *Sie nahm sich davor in Acht, zu schnell zu fahren.* Wenn die Wendung dagegen ohne *davor* im Sinne von „aufpassen, auf etwas achten" gebraucht wird, wird der Nebensatz verneint: *Nimm dich in Acht, dass du dich nicht erkältest! Sie nahm sich in Acht, dass sie keinen Fehler machte.* ↑Negation (1).

acht/Acht: Klein schreibt man das Zahlwort: *wir sind zu acht; die letzten acht; das Mädchen ist erst acht; es schlägt eben acht; ein Viertel nach acht; sie kam auf Platz acht.* Groß schreibt man das Substantiv: *die Zahl (Ziffer) Acht; eine Acht auf dem Eis laufen; mit der Acht* (= Straßenbahnlinie) *fahren.*

achte/Achte: Klein schreibt man das Zahlwort in adjektivischer Verwendung: *das achte Kapitel.* Groß schreibt man das substantivierte Zahlwort: *Er ist Achter geworden. Heute ist der Achte [des Monats].* Groß schreibt man das Zahlwort auch in Namen: *Heinrich der Achte.*

achtel/Achtel: Klein schreibt man, wenn *achtel* vor Maßangaben attributiv steht: *ein achtel*

Zentner, ein/drei achtel Liter Milch. Groß schreibt man die Substantivierung: *Er hat zwei Achtel des Betrages gezahlt.* Zusammen schreibt man, wenn *achtel* zum Erstglied allgemein gebräuchlicher Zusammensetzungen, vor allem fester Maßangaben, geworden ist: *ein/drei Achtelliter Milch; eine Achtelnote.*

Achtzig/achtzig: Groß schreibt man nur das Substantiv *Achtzig: Bei der Lotterie wurde die Achtzig gezogen.* Immer klein schreibt man das Zahlwort *achtzig,* also auch in den Fällen, in denen es als Substantivierung aufgefasst werden könnte: *Ende/Mitte der achtzig; der Mensch über achtzig; mit achtzig kannst du das nicht mehr.*

achtziger/Achtziger: Das von ↑*achtzig* abgeleitete Wort schreibt man klein, wenn es attributiv gebraucht wird: *achtziger Jahrgang* (in Ziffern: *80er Jahrgang*); *die achtziger Jahre* (= eines Jahrhunderts; die Lebensjahre von 80 bis 89). Groß schreibt man die Substantivierungen: *Mitte der Achtziger; in den Achtzigern sein; ein rüstiger Achtziger* (= Mann von 80 Jahren und darüber). ↑Achtzigerjahre/achtziger Jahre.

Achtzigerjahre/achtziger Jahre: Die Zusammensetzung *Achtzigerjahre (80er-Jahre)* bedeutet ebenso wie die getrennt geschriebene Fügung *achtziger Jahre (80er Jahre)* „die Lebensjahre von 80 bis 89“ oder „die achtziger Jahre eines bestimmten Jahrhunderts“. ↑achtziger/Achtziger.

Ackerbauer: Das Wort kann sowohl schwach als auch stark dekliniert werden: *des Ackerbauern* neben: *des Ackerbauers; die Ackerbauern* neben: *die Ackerbauer.* In der Ethnologie ist es üblich, *Ackerbauer* als Bildung mit *-bauer (er baut* [= bestellt] *den Acker)* aufzufassen und wie *Orgelbauer, Städtebauer* usw. stark zu deklinieren: *Die Bewohner dieses Landes sind vorwiegend Ackerbauer und Viehzüchter.*

Adelsnamen: 1. Deklination: a) die Bilder Leonardo da Vincis/Leonardos da Vinci · die Lieder Walthers von der Vogelweide/Walther von der Vogelweides Lieder: Bei Adelsnamen und ähnlich gebildeten anderen Namen wird heute meist der Familienname dekliniert: *die Werke Ludwig van Beethovens; Marie von Falkensteins beste Freundin.* Setzt sich der Familienname aus mehreren Bestandteilen zusammen, wird nur der erste dekliniert: *die Schriften Christian Knorrs von Rosenroth.* Ist der Familienname jedoch noch deutlich als Ortsname zu erkennen, dann wird der Vorname dekliniert: *die Lieder Walthers von der Vogelweide; der Parzival Wolframs von Eschenbach.* Wo Zweifel bestehen, neigt man zur Deklination des Ortsnamens: *die Erfindungen Leonardo da Vincis; der Wahlspruch Ulrich von Huttens;* daneben auch: *der Wahlspruch Ulrichs von Hutten.* Steht der Ortsname unmittelbar vor dem zu bestimmenden Substantiv, dann wird heute im Allgemeinen der Ortsname dekliniert: *Walther von der Vogelweides Lieder; Hoffmann von Fallerslebens Gedichte; Christian Knorr von Rosenroths Schriften.* **b) die Memoiren Baron Grotes/des Barons Grote:** Adelsbezeichnungen sind heute keine Titel mehr, sondern Bestandteile des Namens. Ohne Artikelwort flektiert man den Familiennamen: *die Memoiren Baron Grotes; die Verdienste Graf Schönecks.* Geht ein Artikelwort unmittelbar voraus, dann wird die Adelsbezeichnung dekliniert: *die Memoiren des Barons Grote; die Verdienste des Grafen Schöneck; das Werk des Freiherrn von Taube.* Geht der Adelsbezeichnung eine Berufsbezeichnung oder ein Titel voraus, dann bleibt sie unflektiert: *die Memoiren des Professors Baron Grote; das Werk des Dichters Freiherr von Taube.*

2. von in Adelsnamen am Satzanfang: Am Satzanfang schreibt man *von* groß: *Von Gruber kam zuerst.*

Adjektiv

1 Deklination

1.1 *nach langem[,] schwerem/langem schweren Leiden*

Für mehrere aufeinanderfolgende Adjektive gilt die Grundregel, dass sie parallel dekliniert werden, also alle entweder stark oder schwach:

- nach langem, schwerem Leiden (= parallel stark);
- mit dem langen, schweren Messer (= parallel schwach).

Die meisten Schwankungen treten im **Dativ Singular des Maskulinums und Neutrums** auf, wo die starke Form auf *-m* und die schwache auf *-n* endet. Als Grundregel gilt hier: Bildet das zweite Adjektiv mit dem Substantiv eine Bedeutungseinheit, die als Ganzes vom ersten Adjektiv modifiziert wird, dann kann unterschiedlich dekliniert werden (das schwach deklinierte Adjektiv ist dann dem stark deklinierten Adjektiv untergeordnet). Das ist vor allem dann der Fall, wenn das zweite Adjektiv eine Zugehörigkeit im weiteren Sinn bezeichnet:

- nach langem parlamentarischen Streit, mit hellem elektrischen Licht.

Sind beide Adjektive dem Substantiv gegenüber gleichrangig, wird in der Regel parallel dekliniert:

- nach langem, heftigem Streit; mit hellem, hartem Licht.

In vielen Fällen ist beides möglich, was auch daran liegt, dass unterschiedliche Lesarten vorliegen können. Nur ein Komma kann zweifelsfrei deutlich machen, dass Gleichrangigkeit vorliegt:

- nach langem schweren Leiden/nach langem schwerem Leiden = das schwere Leiden war lang (= Unterordnung, nicht gleichrangig);
- nach langem, schwerem Leiden = das Leiden war lang und schwer.

Da mit *und* immer Gleichrangiges aneinandergereiht wird, kann dieser Test bei der Entscheidung helfen: *Man entließ den Patienten in gebessertem psychischen/psychischem Zustand.* Hier kann man nicht sagen: *in gebessertem und psychischem Zustand.* Also liegt ein Unterordnungsverhältnis vor („der psychische Zustand war gebessert"), das durch die unterschiedliche Deklination gekennzeichnet werden kann. Ein Komma führt zu keiner sinnvollen Lesart.

1.2 *einige schöne Bücher/alle schönen Bücher*

Nach speziellen Artikelwörtern schwankt die Adjektivdeklination, d. h., Adjektive werden nach diesen Artikelwörtern teilweise schwach, teilweise stark dekliniert. Zu den Tendenzen, wann stark und wann schwach dekliniert wird, siehe die jeweiligen Einzelstichwörter: ↑alle, ↑andere, ↑beide, ↑einige, ↑folgende, ↑manche, ↑sämtliche, ↑solche, ↑viele, ↑wenige.

1.3 *mir jungem/jungen Menschen · wir Deutsche/Deutschen*

Ein [substantiviertes] Adjektiv oder Partizip, dem ein Personalpronomen vorangeht, wird im Allgemeinen stark dekliniert, weil diese Pronomen selbst keine starke Endung aufweisen:

- ich altes Kamel; du großer Held; du Geliebter.

Es treten jedoch gewisse Schwankungen auf:

- **Dativ Singular:** Neben standardsprachlich voll anerkannten Ausdrücken mit starker Deklination des Adjektivs stehen auch schwache:
  - mir jungem Menschen, dir altem Mann, dir Geliebtem;
  - mir jungen Menschen, dir alten Mann, dir Geliebten.

  Im Dativ Femininum wird sogar recht häufig die schwache Deklination bevorzugt, wodurch der Anklang an das Maskulinum vermieden wird:

- mir alten Frau, dir treuen Seele, dir Geliebten.

– **Nominativ Plural:** Es wird heute im Allgemeinen schwach flektiert:

- wir alten Kameraden, ihr treulosen Väter, wir deutschen Steuerzahlerinnen.

Nach *wir* kommt bei substantivierten Adjektiven oder Partizipien auch die starke Deklination vor:

- wir Deutschen / (seltener stark:) Deutsche; wir Grünen /(seltener stark:) Grüne; wir Fußballbegeisterten /(seltener stark:) Fußballbegeisterte.

– **Akkusativ Plural:** Hier gibt es nur die starke Flexion, wohl deshalb, weil er sich sonst nicht vom Dativ unterscheiden würde:

- Akkusativ: für uns Deutsche; für uns fortschrittliche Studierende;
- Dativ: von uns Deutschen, von uns fortschrittlichen Studierenden.

2 Das Urteil des Richters war mild/ein mildes

Die prädikative Verwendung *(Das Urteil des Richters war mild. Die Folgen für uns werden katastrophal sein)* steht manchmal in Konkurrenz zu einer Verwendung des Adjektivs mit dem unbestimmten Artikel bzw. (im Plural) ohne Artikel:

- Das Urteil des Richters war ein mildes. Die Folgen für uns werden katastrophale sein.

In diesen Fällen wird das Adjektiv dekliniert, weil es sich auf das Substantiv bezieht *(mildes Urteil, katastrophale Folgen)*. Dabei ist es besonders betont und wird zu gedachten oder im Kontext genannten Alternativen in Beziehung gesetzt:

- Diese Linie ist eine gerade, jene eine gekrümmte.

3 ein dunkler Gang · ein finsteres Gesicht · teure Zeiten

Bei den Adjektiven auf *-el* fällt das *e* dieser Buchstabenverbindung in der Deklination und im Komparativ (↑Vergleichsformen [1.2]) weg. Dadurch wird das Auftreten einer Häufung unbetonter Silben vermieden:

- ein dunkler Gang, ein nobles Angebot, eine eitle Frau.

Auch die Adjektive auf *-abel* und *-ibel* verlieren, wenn sie dekliniert oder gesteigert werden, das *e* der Endsilbe:

- eine respektable Leistung, ein flexiblerer Bucheinband.

Demgegenüber behalten die Adjektive auf *-er* und *-en* (in der geschriebenen Sprache) gewöhnlich das *e* bei:

- ein finsteres Gesicht, ein ebenes Gelände.

Endet jedoch der Stamm des Adjektivs auf *-au-* oder *-eu-*, dann wird das *e* weggelassen: *saures Bier, teure Zeiten.* Auch bei vielen fremden Adjektiven lässt man das *e* der unbetonten Endung *-er* in den flektierten Formen weg: *eine illustre Gesellschaft, eine makabre Geschichte.* Bei den Adjektiven *leger* und *peripher,* die auf der letzten Silbe betont werden, bleibt das *e* immer erhalten *(legere Kleidung, periphere Blutgefäße).* Auch bei dem aus dem Englischen entlehnten Adjektiv *clever* lässt man das *e* nicht weg *(clevere Lösungen).*

Adjektivkomposita: 1. schaurig-schön · melancholisch-heiter: Wenn Adjektivkomposita aus nebengeordneten Gliedern in der Zusammenschreibung unübersichtlich werden, setzt man einen Bindestrich: *melancholisch-heiter, ironisch-liebevoll.* Die Nebenordnung erkennt man daran, dass man die beiden Glieder auch austauschen könnte: *heiter-melancholisch, liebevoll-ironisch.*

2. Adjektivkomposita als Attribute: *körperfreundliche Seife · drehfreudiger Carvingski:* Komposita mit Adjektiven wie *freudig, freundlich, tüchtig* u. a. als Zweitglied werden in der Regel auf Personen oder Lebewesen bezogen. Vor allem in der Werbesprache besteht heute jedoch die Neigung, Komposita mit solchen Zweitgliedern auch auf Sachen, auf Dingliches anzuwenden: *drehfreudiger Carvingski, hautfreundliche Seife, umweltfreundliches Hybridauto, hochseetüchtige Segelboote* usw.

Adresse: ↑Brief/E-Mail.

Adverb: 1. *das beinahe Scheitern · die zu[n]e Tür* (Adverbien als vorangestellte Attribute): In der gesprochenen und informellen Sprache werden Adverbien vereinzelt wie Adjektive attributiv verwendet: *eine balde Rückantwort, die bislangen Lehren, das beinahe Zustandekommen, die zu[n]e Tür.* Dieser Gebrauch gilt nicht als standardsprachlich. Zur attributiven Verwendung von Adverbien, die mit *-weise* gebildet sind (*probeweise, schrittweise, teilweise* usw.) ↑-weise (1).

2. *öfter/öfters · durchweg/durchwegs · weiter/weiters* (Varianten von Adverbien mit *-s*): Manche Adverbien sind aus Genitivformen von Substantiven entstanden *(des Abends →abends)* und lauten deshalb auf *-s* aus. Dadurch hat sich das *-s* zur Bildung von Adverbien sozusagen verselbstständigt: Es kann auch dann zur Kennzeichnung von Adverbien verwendet werden, wenn diese nicht auf einen Genitiv wie bei *abends* zurückführbar sind (vgl. z. B. *auswärts, nachts*). Dadurch ist es auch erklärbar, dass es bei einigen Adverbien Varianten mit und ohne *-s* gibt, z. B. *öfter/öfters, weiter/weiters, durchweg/durchwegs.* Die Varianten mit *-s* sind insbesondere in Österreich und in der Schweiz üblich.

AG: 1. Deklination: Der Plural von *AG* lautet *die AGs,* nicht *die AGen.* ↑Abkürzungen und Kurzwörter (4 b).

2. *AG* in Firmenbezeichnungen: Tritt *AG* in Firmennamen auf, ist die Abkürzung Bestandteil des Namens und wird nicht durch ein Komma abgetrennt: *Badenwerk AG, Vereinigte Stahlwerke AG.* Genus und Numerus der Firmenbezeichnung richten sich meistens nicht nach dem Namensbestandteil *AG,* sondern nach dem Zweitglied des Firmennamens: *An das Euro-Kreditinstitut AG* (nicht: *An die Euro-Kreditinstitut AG*). *An die Vereinigten Stahlwerke AG* (nicht: *An die Vereinigte Stahlwerke AG*). Dagegen heißt es *Bilanz der Deutschen Milchhof AG,* weil hier *AG* das Zweitglied des Firmennamens bildet. Allerdings sollte man in diesen Fällen die Abkürzung besser ausschreiben: *die Produktion der Dichtungsring-Aktiengesellschaft.*

Ahn: Das früher nur stark deklinierte Substantiv *der Ahn* wird heute im Singular meist schwach flektiert: Genitiv: *des Ahns* oder *des Ahnen,* Dativ und Akkusativ: *dem, den Ahn* oder *dem, den Ahnen.* Der Plural wird nur schwach dekliniert: *die Ahnen.*

ähnlich: Das auf *ähnlich* folgende [substantivierte] Adjektiv wird in gleicher Weise (parallel) dekliniert: *ähnliche schöne Bilder, mit ähnlichen alten Bildern, ähnliche Bekannte.* Im Dativ Singular Maskulinum/Neutrum *(mit ähnlichem Gescheiten/Gescheitem)* ist die schwache Deklination bei Unterordnung häufiger.

Alb/Alp: Mit *Alb* bezeichnet man sowohl den unterirdischen Naturgeist als auch das gespenstische Wesen. Damit ist die Verwechslung mit *Alp* (= Bergweide) ausgeschlossen. Bei den Komposita ist neben der Schreibung mit *b* auch die Schreibung mit *p* zugelassen: *Albtraum, Alptraum; Albdrücken, Alpdrücken.*

-al/-ell: Die Adjektivsuffixe *-al* und *-ell* treten gelegentlich konkurrierend nebeneinander auf: *personal – personell; adverbial – adverbiell; virtual – virtuell.* Manchmal tritt eine Bedeutungsdifferenzierung ein: *formal* „auf die Form bezüglich", *formell* „die [Umgangs]formen beachtend, förmlich"; *rational* „vernunftgemäß", *rationell* „wirtschaftlich"; *ideal* „den höchsten Vorstellungen entsprechend, vollkommen", *ideell* „die Idee betreffend"; *real* „vorhanden, wirklich", *reell* „ehrlich, redlich".

Alimente:

Die Bezeichnung *Alimente* ist nicht fachsprachlich; sie wird seit der Reform des Familienrechts immer seltener verwendet. Hauptsächlich üblich sind die neutral zu bewertenden Ausdrücke *Unterhalt, Unterhaltsbeiträge, Unterhaltszahlungen.*

Alkoholiker, Alkoholikerin:

Als wertneutrale Synonyme dürfen *Alkoholabhängiger, Alkoholabhängige* gelten. Daneben setzen sich auch die Bezeichnungen *Alkoholkranker, Alkoholkranke* immer mehr durch.

all-: 1. Rechtschreibung: Auch in Verbindung mit einem Artikelwort wird *all-* kleingeschrieben: *Dem allen setzte sie nichts entgegen* (vgl. 4). Dasselbe gilt, wenn *all-* allein steht: *Es kamen alle.* Ausnahme: *mein Ein und [mein] Alles.*

2. aller übertriebene/ übertriebener Aufwand · die Beteiligung aller interessierten/ interessierter Kreise: Das auf *all-* folgende Adjektiv oder Partizip wird tendenziell schwach dekliniert: *trotz allem guten/* (vereinzelt:) *gutem Willen; die Beteiligung aller interessierten/*(manchmal:) *interessierter Kreise.* Nur im Nominativ Singular Maskulinum ist die starke Deklination häufiger: *aller übertriebener/übertriebene Aufwand.* Pronomen wie *dieser, diese* etc. und *seine, ihre* etc. behalten nach *alle* ihre starke Deklination: *alle diese wertvollen Bemühungen; alle seine verzweifelten Anstrengungen.* Zur Deklination von *halb* nach *all-* ↑halb (1).

3. alle Anwesenden/Anwesende · für alle Reisenden/Reisende: Im Singular wird das substantivierte Adjektiv oder Partizip nach *all-* meist schwach dekliniert: *alles Fremde; die Beseitigung alles Trennenden; trotz allem Schönen.* Auch im Plural wird im Allgemeinen schwach dekliniert: *alle Abgeordneten, Angehörigen, Anwesenden, Beamten; aller Unzufriedenen, Beteiligten, Reisenden* usw. Starke Formen kommen nur vereinzelt vor: *alle Anwesende, alle Reisende.*

Von Ahnen und Enkeln

Das deutsche Wort *Ahn* ist als althochdeutsch „Ano" (Vorfahre, Großvater) seit dem 9. Jh. belegt. Auch die *Ahnin*, althochdeutsch „Ana", lässt sich bereits im 9./10. Jh. nachweisen. Entsprechungen gibt es im Mittelniederländischen (aenhete, Urgroßvater) und Griechischen (annís, die Großmutter). Vermutlich leitet sich der Begriff aus der indoeuropäischen Wortwurzel „an-" ab und war ursprünglich ein Lallwort der Kindersprache.

Besonders interessant ist, dass das deutsche Wort „Enkel" ursprünglich ein Diminutiv, d. h. eine Verkleinerungsform, des Begriffs Ahn ist – also wörtlich einen „kleinen Ahnen" bezeichnete. Man vermutet, dass dies die enge Verbindung von Großeltern und Enkelkindern widerspiegelt, die die Germanen für diese Verwandtschaftsbeziehung annahmen.

4. dem allem/allen · diesem allem/allen: Nach Personal- und Relativpronomen, nach demonstrativen Artikelwörtern (betontes *der/die/das; dieser/diese/dieses*) und nach Fragewörtern wird *all-* im Allgemeinen stark dekliniert: *das/dieses alles; die/diese alle; ihr alle, euer aller Wohl; was alles; welche alle.* Nur bei *dem* und *diesem*, Dativ Singular Neutrum, steht neben der starken häufig auch die schwache Form: *dem allem* oder (häufiger:) *dem allen; diesem allem* oder: *diesem allen;* bei Voranstellung: *allem dem, allem diesem* (auch: *all[e]dem, all[e] diesem*).

5. die Grenzen allen/alles Wissens · trotz allen/alles Fleißes: Vor artikellosen Substantiven wird *all-* in der Regel stark dekliniert: *alle Freude, aller Schmerz, alle guten Menschen; aller Wahrscheinlichkeit nach; aus aller Welt; wider alles Erwarten.* Eine Ausnahme bildet nur der Genitiv Singular Maskulinum und Neutrum, wo *all-* aus klanglichen Gründen heute meist schwach dekliniert wird: *allen Ernstes; die Grenzen allen Wissens; trotz allen Fleißes.* Die starke Deklination gibt es noch in solchen Fällen, in denen zwischen den Genitiv Singular von *all-* und das maskuline bzw. neutrale Substantiv ein Adjektiv tritt: *trotz allen/alles guten Willens.* Vor einem substantivierten Adjektiv oder Partizip wird *all-* jedoch stark dekliniert, weil der Genitiv deutlich werden muss: *der Urheber alles Bösen.*

6. all die Mühe/alle die Mühe · all meine Freunde/alle meine Freunde: Vor einem Substantiv mit Artikelwort kann *all-* sowohl dekliniert als auch undekliniert stehen. Im Plural stehen die Formen im Nominativ und

Die Erfindung des Alphabets

Dass wir heute ein Nachschlagewerk benutzen, ja, dass wir überhaupt Schriftsprachen erlernen können, verdanken wir einer einfachen Erfindung: dem Alphabet. Kleine Kinder lernen es schon in der Grundschule. Doch wer brachte die Buchstaben in die heutige Reihenfolge? Bereits die alten Ägypter arbeiteten mit einem festen Satz von 23 Hieroglyphen. Dieses System wurde von semitischen Arbeitern verfeinert und ergänzt und von den Phöniziern übernommen. Man fand an der Küste Nordsyriens Schrifttafeln in Keilschrift, die die Reihenfolge der einzelnen Buchstaben aufzeigt – sie sind 3400 Jahre alt. Besonders eine davon ist interessant, zeigt sie doch eine Anordnung der Zeichen, wie sie im Wesentlichen noch heute verwendet wird und die dem hebräischen, griechischen und lateinischen Alphabet entspricht. In Griechenland wurde diese Buchstabenfolge vom phönizischen Alphabet abgeleitet. Griechische Migranten brachten es im 4. Jh. v. Chr. nach Italien, dort übernahmen es die Etrusker und später die Römer. In Mitteleuropa wird es seit dem 1. Jh. v. Chr. verwendet. Der Name „Alphabet" wiederum leitet sich aus dem Altgriechischen ab und fasst die ersten beiden Buchstaben „Alpha" und „Beta" zusammen.

Akkusativ bei allen drei Genera gleichberechtigt nebeneinander, während im Genitiv und Dativ die undeklinierte Form üblicher ist: *all/alle meine Hoffnungen, Wünsche; das Kreischen all/aller ihrer Fans; bei all/allen seinen Misserfolgen.* Im Singular ist bei maskulinen und neutralen Substantiven heute die undeklinierte Form in allen Fällen üblich: *All der Fleiß war vergebens. All mein Zureden half nichts. Es bedurfte all meines Mutes.* Bei femininen Substantiven stehen im Nominativ und Akkusativ Singular beide Möglichkeiten gleichberechtigt nebeneinander *(all/alle meine Arbeit),* während im Genitiv und Dativ die undeklinierten Formen vorherrschen *(all dieser Arbeit war er überdrüssig; ich in all meiner Unschuld und Unwissenheit).*

7. alle drei Minuten/aller drei Minuten: Standardsprachlich korrekt ist heute der Akkusativ: *Er drehte sich alle zehn Schritte um. Alle drei Minuten klingelte das Telefon.* Der Genitiv *(aller drei Minuten)* ist noch regional gebräuchlich.

8. alle Schüler: Das Wort *all-* wird kaum mit einem Genitiv verbunden. Nur vereinzelt: *alle der Schüler* bzw. *alle von den Schülern.* Fast immer heißt es: *alle Schüler/all[e] diese Schüler.*

9. alles, was: Nach *alles* wird das Relativpronomen *was* verwendet, nicht *das*: *Er glaubte alles, was sie ihm erzählte. Alles, was ihm gefiel, kaufte er.* In Sätzen wie *Alles, was ich brauche, bist du/ist ein gutes Fahrrad/sind zuverlässige Winterreifen* bestimmt normalerweise das Subjekt die Form des konjugierten Verbs: Steht das Subjekt im Singular *(ein gutes Fahrrad),* so steht das Verb *sein* ebenfalls im Singular *(ist).* Bei mehrteiligen Subjekten steht das Verb im Plural: *Alles, was ich brauche, sind ein Computer und ein Telefon.* Abweichungen sind hier jedoch möglich: *Alles, was ich brauche, ist Kaffee und Leitungswasser.*

10. alle Kinder/die ganzen Kinder: Der Gebrauch von *ganze* anstelle von *alle* vor Substantiven im Plural kommt informell häufig vor. Zumindest in der geschriebenen Sprache sollte er vermieden werden: *alle* (informell: *die ganzen) Bewohner, Kinder* usw.

11. alles Politiker von hohem Rang: Zusammenfassendes unveränderliches *alles* hat stets den Nominativ nach sich: *Die Delegation bestand aus Schweden, Franzosen, Schweizern und Österreichern, alles Politiker* (nicht: *Politikern) von hohem Rang.*

allein: 1. allein/alleine: Die kürzere Form *allein* gehört der Standardsprache an, während die Form *alleine* im Allgemeinen als umgangssprachlich gilt.

2. Zeichensetzung: Vor *allein* im Sinne von „aber" steht immer ein Komma: *Ich hoffte darauf, allein ich wurde bitter enttäuscht.*

3. Getrennt- oder Zusammenschreibung: Man schreibt *allein* im Allgemeinen getrennt vom folgenden Verb: *allein sein, allein stehen, allein reisen, allein erziehen.* Nur bei idiomatisierter (vor allem bei übertragener) Bedeutung schreibt man zusammen: *er hat mich alleingelassen* (= im Stich gelassen); *sie will im Alter nicht alleinstehen* (= ohne familiären Anhang leben). Steht *allein* als graduierender Bestandteil bei einem Adjektiv, kann getrennt oder zusammengeschrieben werden: *allein gültig/alleingültig; allein verbindlich/alleinverbindlich.* Auch in Verbindung mit Partizipien sind beide Schreibweisen möglich: *eine alleinerziehende/allein erziehende Mutter; die Alleinerziehenden/allein Erziehenden.*

aller guten Dinge sind drei: Richtig ist diese Wendung nur mit dem Genitiv *aller*. Der Nominativ *alle* ist nicht korrekt.

alles, was: ↑all- (9).

allzu: Das Adverb *allzu* schreibt man von einem folgenden Adverb oder Adjektiv immer getrennt: *Damit hat es nicht allzu viel auf sich. Sie hatte allzu viele Bedenken.* Zusammen schreibt man nur das veraltete Wort *allzumal* (= alle zusammen, immer).

Alp: ↑Alb/Alp.

als als/denn als: Wenn man Dopplungen von *als* wie in *Er ist als Schriftsteller bedeutender als als Kaufmann* vermeiden möchte, kann man anstelle des ersten *als* das sonst veraltete *denn* einsetzen: *Er ist als Schriftsteller bedeutender denn als Kaufmann. Lieber sterben, denn als Sklave leben.* Der Ersatz des *als* durch *wie* ist nicht standardsprachlich.

als/denn: ↑als als/denn als.

Als letzter Gruß/Als letzten Gruß: Beide Formulierungen sind richtig. Beschriftungen auf Kranzschleifen sind als verkürzte Sätze aufzufassen. Die vollständigen Sätze könnten etwa lauten: *Wir bringen diesen Kranz als letzten Gruß* (= Akkusativ) und *Dieser Kranz ist als letzter Gruß gedacht* (= Nominativ). Das Adjektiv *letzter/letzten* ist hier kleinzuschreiben.

also: Vor *also* steht ein Komma, wenn es einen Nachtrag (auch in Form eines Adjektivs) einleitet: *Das ist ein veraltetes, also ungebräuchliches Wort. Sie antwortete, also schien sie interessiert zu sein.* Ebenso wird das bekräftigend aus dem Satz herausgehobene *also* durch ein Komma abgetrennt: *Also, es bleibt dabei! Also, bis morgen!* In Kommas eingeschlossen wird ein durch *also* als Nachtrag angeschlossenes Adjektiv dann, wenn der Satz weitergeht: *Er hat alle Kinder, also auch die frechen, gern gehabt.*

als [ob]/als wenn/wie wenn: Die zusammengesetzten unterordnenden Konjunktionen *als ob, als wenn* und *wie wenn* werden in irrealen Vergleichssätzen verwendet: *Ihm war, als ob/als wenn/wie wenn er durch die Prüfung gefallen wäre.* Hier steht in der Regel der Konjunktiv II. Wenn statt *als ob* nur *als* verwendet wird, folgt das konjugierte Verb direkt auf *als* und der Konjunktiv ist obligatorisch: *Es klingt, als wäre/sei er hingefallen.* Letzteres gilt auch für allein stehende *Als-ob*-Sätze in entrüsteten Ausrufen: *Als ob wir nichts Besseres zu tun hätten!*

als/wenn: In einem temporalen Nebensatz wird mit *wenn* das wiederholte Eintreten eines Sachverhalts bezeichnet: *Wenn ich nach Hause kam, war niemand da.* Dagegen bezeichnet man mit *als* das einmalige Eintreten des Sachverhalts: *Als ich nach Hause kam, war niemand da.*

als/wie: 1. Sie ist älter als/wie ich · Die Sache ist anders, als/wie er sie dargestellt hat: Die Vergleichspartikel beim Komparativ ist in der Standardsprache *als.* Es heißt also: *Sie ist älter als ich. Besser etwas als gar nichts.* Die Vergleichspartikel *als* steht standardsprachlich auch nach *anders, niemand, keiner, nichts, umgekehrt: Ich habe mit keinem Menschen als ihm darüber gesprochen. Die Sache ist umgekehrt, als man sie dargestellt hat.*

2. so bald als/wie möglich · doppelt so groß als/wie …: Während in der heutigen Standardsprache *als* die Ungleichheit, das Anderssein bezeichnet, kennzeichnet *wie* die Gleichheit. Deshalb steht *wie* nach der Grundstufe der Vergleichs, besonders in Wechselbeziehung mit *so: Er ist so alt wie ich. Sie ist [eben]so schön wie ihre Schwester. Diese Firma bietet die gleichen Aufstiegsmöglichkeiten wie die frühere.* In einigen Verbindungen gelten *wie* und *als* beide als korrekt: *sowohl – als [auch]* oder *sowohl – wie [auch]; so bald wie möglich* oder *so bald als möglich; so wenig wie möglich* oder *so wenig als möglich; doppelt so … wie …* oder (seltener) *doppelt so … als …*

3. Als/Wie ich im Krankenhaus war, hat sie mich oft besucht: ↑wie (2).

als/wo: ↑wo (2).

alt: Groß oder klein kann man u. a. in den folgenden Wendungen schreiben: *aus Alt mach Neu/aus alt mach neu, aus Alt wird Neu/aus alt wird neu.*

Altbau: ↑Bau (1).

älter: Als Komparativ von *alt* braucht sich *älter* nicht immer auf dieses Adjektiv zu beziehen, sondern kann auch im Sinne von „nicht mehr ganz jung" gebraucht werden: *Er ist ein älterer Herr. Sie waren schon älter, als sie heirateten.*

alters: Die Fügung *seit alters her* ist eine Mischung aus *seit alters* und *von alters her.*

Zur Verwechslung von „wie" und „als"

Die beiden Konjunktionen „wie" und „als" werden in der Umgangssprache häufig verwechselt. Grund ist die Verwendung des Wörtchens „wie" anstelle von „als" in vielen süddeutschen Dialekten. In diesen wurde übrigens, anders als in der deutschen Standardsprache, ein älterer Sprachstand bewahrt. Für die richtige Verwendung im Hochdeutschen gibt es jedoch eine goldene, einfache Regel: „Als" bezieht sich immer auf einen Vergleich, und zwar stets dann, wenn Ungleichheit ausgedrückt wird. Es heißt beispielsweise: Ich bin größer *als* du. Oder: Er verdient mehr *als* sein Schwager. Auch die Konjunktion „wie" wird in Vergleichen verwendet, aber immer dann, wenn Gleichheit ausgedrückt werden soll, beispielsweise: Sie ist genauso schön *wie* ihre Schwester. Es ist heute so heiß *wie* gestern. Als kleine Eselsbrücke kann hier das Wort „wiegen" dienen und das Bild einer ausgeglichenen Waage. Manchmal findet man in der Umgangssprache auch die Kombination: „als wie". Dies ist im Hochdeutschen natürlich unter allen Umständen falsch.

Standardsprachlich korrekt heißt es: *Seit alters wird* ... oder *Von alters her wird dieses Fest im Herbst gefeiert.*

altsprachig/altsprachlich: ↑-sprachig/-sprachlich.

alttestamentarisch/alttestamentlich: Während *alttestamentlich* „das Alte Testament betreffend, auf ihm beruhend" bedeutet *(alttestamentliche Schriften, alttestamentliche Theologie),* drückt *alttestamentarisch* „nach Art des Alten Testaments" einen Vergleich aus: *alttestamentarische Strenge.*

altväterisch/altväterlich: Diese Wörter werden gelegentlich verwechselt. Das Adjektiv *altväterisch* bedeutet „altmodisch, altertümelnd": *altväterische Anschauungen. Er ist recht altväterisch gekleidet.* Dagegen bedeutet *altväterlich* „ehrwürdig, patriarchalisch": *Sein altväterliches Auftreten flößte allen Respekt ein.*

am/an: *sich am köstlichen Wein/an köstlichem Wein laben:* ↑in/im.

am/beim/im + Infinitiv + sein: In Verbindung mit *sein* und einem substantivierten Infinitiv bilden *am, beim* und *im* die sogenannte Verlaufsform, die einen Vorgang oder Zustand ohne zeitliche Begrenzung erscheinen lässt („dabei sein, etwas zu tun"). Im geschriebenen Deutsch sind in dieser Verwendung vor allem *beim* und *im* üblich: *beim Arbeiten, Schreiben, Gemüseputzen sein, beim/im Weggehen sein. Das Fieber ist im Abklingen.* Dagegen gehört die Verlaufsform mit *am* noch vorwiegend der gesprochenen Sprache an: *am Arbeiten, am Weggehen sein. Das Feuer ist am Ausgehen.*

am Montag (Dienstag, Mittwoch usw.), dem/den: 1. ***dem*** **oder den?** Man kann sagen *Die Konferenz findet am Montag, dem 6. März 2017[,] statt* oder: *Die Konferenz findet* *am Montag, den 6. März 2017[,] statt.* Im ersten Satz ist der Monatstag *(6. März 2017)* eine nachgetragene Apposition. Die Datumsangabe ist deshalb im Kasus auf *Montag* abgestimmt. In der zweiten Variante ist die Datumsangabe nicht gleichgesetzt mit *Montag*. Sie kann dann auf den adverbialen Akkusativ zurückgeführt werden: *Die Konferenz findet Montag, den 6. März 2017[,] statt.* Die Mischbildung *am Montag[,] den 6. März* ist zwar nicht unumstritten, in der Geschäftskorrespondenz aber sehr verbreitet. ↑Datum; ↑Apposition (1.3).

2. Kommasetzung: Variante 1 (also die Apposition im gleichen Fall) wird üblicherweise durch ein schließendes Komma vom übrigen Satz getrennt; das Komma kann aber auch weggelassen werden. Im zweiten Satz ist der Monatstag eine selbstständige Zeitangabe im Akkusativ. Es handelt sich also um eine Art Aufzählung, wobei nach der Angabe des Monatstages in der Regel kein Komma steht. Das Komma ist aber auch hier nicht falsch.

Amsterdamer: Die Einwohnerbezeichnung heißt *Amsterdamer* (nicht: *Amsterdammer*). ↑Einwohnerbezeichnungen auf -er (5 und 6).

Amtmann, Amtfrau: Zu *Amtmann* gibt es die beiden Plurale *Amtmänner* und *Amtleute* (↑Mann [2]). Die weibliche Entsprechung lautet *Amtfrau* (früher: *Amtmännin*). In der Anrede hieß es früher *Frau Amtmännin*, heute *Frau Amtfrau*.

am/vom: Man kann sagen *in der Sitzung am 3. Mai* oder *in der Sitzung vom 3. Mai*, Letzteres aber nur mit Bezug auf die Vergangenheit.

an: 1. Die Präposition *an* kann mit dem Dativ oder Akkusativ verbunden werden. Der Dativ ist kennzeichnend für den Ort *(Ich stehe* [wo?] *an der Tür)*, der Akkusativ für die Richtung *(Ich gehe* [wohin?] *an die Tür)*. Manche Verben mit *an* können sowohl mit einem Dativ als auch mit einem Akkusativ verbunden werden: *anbringen, anheften* usw. ↑Wechselpräposition.
2. von – an/ab: ↑von (5).

analog: Nach *analog* kann *zu* stehen oder nicht, beides ist korrekt: *Wir arbeiten analog [zu] den bisherigen Richtlinien; analog [zu] diesem Fall.*

an/am: *sich am köstlichen Wein/an köstlichem Wein laben* ↑in/im.

anbei: Das Substantiv in Verbindung mit *anbei* „als Anlage, in der Anlage" kann sowohl im Nominativ als auch im Akkusativ stehen: *Anbei gewünschter Verrechnungsscheck/Anbei [übersenden wir Ihnen den] gewünschten Verrechnungsscheck. Gewünschter*/(seltener:) *Gewünschten Verrechnungsscheck anbei.* Vgl. auch ↑anliegend.

anbelangen/anlangen – anbetreffen/betreffen: *anbetreffen* ist entstanden aus *betreffen* durch Hinzufügung der Verbpartikel *an-*, die von dem bedeutungsverwandten *anlangen* übernommen wurde. Man kann also sagen: *Was mich/was diese Sache betrifft, so bin ich einverstanden* oder: *Was mich/was diese Sache anbetrifft, so bin ich einverstanden. Anlan-*

Analog und digital

Das Adjektiv *analog* wird im Technikbereich verwendet. Man spricht von analogen und digitalen Signalen. Letztere beruhen auf einem binären Prinzip, d.h., sie sind entweder an- oder ausgeschaltet. Analoge Signale hingegen, auf denen unsere alte Technik fußt, verfügen über endlose Zwischenstufen. Dies macht die Ergebnisse – etwa in der Fotografie – zwar feiner und genauer, die Technik ist aber störanfälliger.

Bei einer mechanischen Uhr bewegen sich die Zeiger stetig weiter – während bei einer digitalen Uhr eine Ziffer stufenlos durch die nächste ersetzt wird. Zunehmend werden diese beiden Begriffe im übertragenen Sinn genutzt: Das digitale Leben findet demnach vor allem im Internet statt.

gen seinerseits hat die Vorsilbe *be-* von *betreffen* übernommen, wodurch die Form *anbelangen* entstanden ist. Diese Form hat *anlangen* in der Gegenwartssprache stark zurückgedrängt.

anberaumen: Das Verb *anberaumen* wird als trennbares Verb verwendet, d.h., die Verbpartikel *an-* wird in den konjugierten Formen vom Verb getrennt und nachgestellt: *Sie beraumte eine Krisensitzung an.*

anbetreffen/betreffen: ↑anbelangen/anlangen.

anbringen: Nach *anbringen an* steht fast immer der *Dativ*: *Er brachte die Lampe an der Decke an.* Vereinzelt tritt der Akkusativ auf, wenn eine Richtung bezeichnet wird (Frage: wohin?): *Das Bücherbrett lässt sich an die Wand anbringen.*

-and/-ant: Die Silbe *-and* hat passivische Bedeutung und steht in Bezeichnungen für eine Person, mit der etwas geschehen soll: *Konfirmand, Diplomand, Rehabilitand* (= jemand, der zu konfirmieren usw. ist). Die Silbe *-ant* hat dagegen aktivische Bedeutung: *Fabrikant, Musikant, Emigrant, Sympathisant* u.a. (= jemand, der etwas fabriziert, der musiziert usw.). Vgl. auch ↑Informand/Informant.

andere: 1. aus anderem wertvollen Material/aus anderem wertvollem Material · mit anderem Neuen/mit anderem Neuem: Das auf *ander-* folgende [substantivierte] Adjektiv oder Partizip wird heute meist in gleicher Weise (parallel) flektiert: *anderes gedrucktes Material, bei anderer seelischer Verfassung, eine Menge anderer wertvoller Gegenstände; ein anderer Abgeordneter, die anderen Beamten, die Forderungen anderer Betroffener.* Nur im Dativ Singular Maskulinum und Neutrum wird häufig schwach flektiert: *aus anderem wertvollen Material, zwischen anderem wertlosen Gerümpel, mit anderem Neuen.*

2. wer anders/wer and[e]res/wer anderer: In Verbindung mit *wer, jemand, niemand* wird heute überwiegend die Form *anders* gebraucht: *wer/jemand/niemand anders; mit wem anders; sie kennt hier niemand anders als dich.* Auch das Neutrum *anderes* wird oft verwendet. Daneben werden, vor allem im Süddeutschen, *wer, jemand, niemand* auch mit dem Maskulinum *anderer* verbunden, und zwar seltener im Nominativ, häufiger in den anderen Kasus: *wer/jemand/niemand anderer; mit jemand/niemand anderem; wen/jemand/niemand anderen.*

3. Vergleichspartikel nach *ander-*: Nach *ander-* steht in der Standardsprache beim Vergleich die Partikel *als*: *Es war alles andere als schön. Er konnte nichts anderes tun als rufen. Sie war ganz anders als bei unserer ersten Begegnung.*

4. Rechtschreibung: Die verschiedenen Formen von *ander-* werden im Allgemeinen, auch in Verbindung mit einem Artikel, kleingeschrieben: *der/die/das andere, die anderen, alles andere, unter anderem.* Man kann auch großschreiben, wenn hervorgehoben werden soll, dass *andere* nicht als unbestimmtes Zahlwort gemeint ist: *die Suche nach dem Anderen* (= nach einer neuen Welt).

5. an einem Tag wie jedem anderen/wie jeder andere: ↑wie (3).

andere/Dritte: Der Satz *Durch Verschulden eines Dritten ist er verunglückt* ist nur dann richtig, wenn beispielsweise zwei Autos wegen Sichtbehinderung, die ein Bauer durch Kartoffelfeuer verursacht hatte, zusammengestoßen sind. Nicht korrekt ist es zu sagen: *Durch Verschulden eines Dritten ist er an einen Baum gefahren,* wenn nur eine einzige weitere Person an diesem Unfall beteiligt ist. Es muss dann heißen: *Durch Verschulden eines anderen ist er an einen Baum gefahren.*

anderes als: Wird nach *anderes* ein Plural mit *als* angeschlossen, dann kann das folgende Verb sowohl im Plural als auch im Singular stehen; der Plural wird im Allgemeinen bevorzugt. *Anderes als leere Kartons fanden/fand sich nicht in dem Verschlag.*

anders: ↑andere (2 und 3).

anders als: ↑andere (3).

anderthalbmal: Zu *anderthalb* oder *ein[und]-einhalb* ↑halb (2); zu *anderthalbmal so groß/anderthalbmal größer* ↑-mal so groß/-mal größer.

an [die]: Wenn *an [die]* als Adverb im Sinn von „ungefähr, etwa" gebraucht wird, übt es keinen Einfluss auf den Kasus des folgenden Substantivs aus: *An die zwanzig Bekannten* (nicht: *Bekannte*) *bin ich begegnet. Sie half an die 50 Kindern* (nicht: *Kinder*). Dies gilt auch für *an [die]* in einem Präpositionalattribut: *Gemeinden von an die 10 000 Einwohnern* (nicht: *Einwohner;* der Dativ *Einwohnern* hängt von der Präposition *von* ab).

aneinander: ↑...einander.

an einem Tag wie jeder andere/wie jedem anderen: ↑wie (3).

-aner: ↑Einwohnerbezeichnungen auf -er (2).

anerkennen: Das Verb *anerkennen* gehört (wie *anberaumen* und *anvertrauen*) zu den trennbaren Partikelverben, bei denen *an-* als Verbpartikel in den konjugierten Formen im Allgemeinen vom Verb getrennt und nachgestellt wird: *Er erkennt einige ihrer Forderungen uneingeschränkt an.* Es besteht jedoch vor allem in juristischen und theologischen Texten die Neigung, *an-* als Präfix anzusehen und deshalb nicht zu trennen.

Anfang/anfangs: Das Substantiv *Anfang* kann mit einer nicht flektierten Zeitangabe (Monatsname, Jahreszahl) oder mit einer Zeitangabe im Genitiv (z. B. *Jahr, Monat, Woche*) stehen: *Anfang Mai, Anfang des Monats Mai, Anfang des Jahres.* Das Adverb *anfangs* „zuerst, im Anfang" steht ohne weitere Zeitangabe: *Anfangs war alles gut. Sie war anfangs sehr zurückhaltend.*

anfangen: 1. Stellung von *an-*: *anfangen* ist ein trennbares Verb, d. h., in Aussagehauptsätzen steht die Verbpartikel *an* am Ende: *Wir fangen morgen erst um 9 Uhr an.* In solchen Fällen können abhängige Infinitive und Infinitivgruppen an unterschiedlichen Stellen stehen: *Danach fing sie an, bitterlich zu weinen.* Neben: *Danach fing sie bitterlich an zu weinen.* Neben: *Danach fing sie bitterlich zu weinen an.* In der Standardsprache ist es allerdings nicht üblich, bei Infinitivgruppen mit Objekt lediglich den Infinitiv auszuklammern. Nicht: *Wir fingen ein Haus an zu bauen.* Sondern: *Wir fingen an, ein Haus zu bauen.* Neben: *Wir fingen ein Haus zu bauen an.*

2. Perfektbildung: Das Perfekt von *anfangen* wird standardsprachlich nur mit *haben* gebildet: *Ich habe bei ihm angefangen.* Regionalsprachlich (norddeutsch): *Ich bin bei ihm angefangen.*

3. Zeichensetzung: Wenn *anfangen* mit einer Infinitivgruppe verbunden ist, kann man ein Komma setzen: *Er fing an[,] die Steine zu sortieren.* ↑Komma (6.2).

anfragen: Das Verb *anfragen* steht, wenn eine Person gefragt wird, mit der Präposition *bei: Sie fragte telefonisch bei ihm wegen der Bücher an.* Das Partizip II *angefragt* wird heute zunehmend auch als Adjektiv gebraucht *(die angefragten Firmen/Redner).*

Anführungszeichen: 1. Formen: Die Anführungszeichen (alltagssprachlich auch: „Gänsefüßchen") haben in Hand- und Maschinenschrift folgende Formen: „ " oder " " oder » «, als halbe Anführungszeichen: ‚ ' oder ' ' oder › ‹. Im deutschen Schriftsatz werden vornehmlich die Anführungszeichen „ " und » «, als halbe Anführungszeichen ‚ ' und › ‹ gebraucht. Während bei einzelnen aus fremden Sprachen angeführten Wörtern oder Wendungen deutsche Anführungszeichen stehen, werden fremdsprachige Sätze oder Abschnitte im Allgemeinen in die in der betreffenden Sprache geltenden Anführungszeichen gesetzt.

2. Gebrauch: a) Direkte Rede und Zitate: Anführungszeichen stehen bei der direkten Rede und bei wörtlicher Anführung einer Textstelle aus einem Buch, Schriftstück, Brief u. Ä. am Anfang und Ende. Dies gilt auch bei der Einfügung eines Zitats in eine andere Formulierung: *Die Frage „Ist Rauchen gesundheitsschädlich?"*

wurde lange diskutiert. Wird das Zitat durch einen Einschub unterbrochen, dann wird jeder der getrennten Teile in Anführungszeichen gesetzt: *„Der Mensch", so heißt es in diesem Buch, „ist ein Gemeinschaftswesen."* **b) Anführung von einzelnen Wörtern, Buchtiteln u.Ä.:** Hervorhebende Anführungszeichen stehen bei einzelnen Wörtern, kurzen Aussprüchen und Titeln von Büchern, Zeitungen, Kunstobjekten, Rundfunk- und Fernsehsendungen u.Ä.: *Das Wort „Doktorand" wird am Schluss mit „d" geschrieben. Die beste Aufführung von Mozarts „Così fan tutte" haben wir in Salzburg erlebt.* Wird dabei der zu dem Titel o.Ä. gehörende Artikel flektiert, muss er außerhalb der Anführungszeichen stehen: *Der Umfang des Magazins „Der Spiegel" hat zugenommen.* (Aber:) *Der Umfang des „Spiegels" hat zugenommen.* Besondere Arten der Hervorhebung belegen die folgenden Beispiele, in denen die Anführungszeichen Ironie, Distanzierung, übertragenen oder wortspielerischen Sprachgebrauch anzeigen: *Ihr „treuster" Freund verriet sie als Erster. Das hat mit „Polizeiaktionen" nichts mehr zu tun.* **c) Halbe Anführungszeichen:** Halbe Anführungszeichen werden bei der Anführung innerhalb eines bereits in Anführungszeichen stehenden Textes verwendet: Goethe schrieb: *„Wielands ‚Oberon' wird als ein Meisterwerk angesehen werden."* **d) Das Fehlen der Anführungszeichen:** Anführungszeichen brauchen nicht gesetzt zu werden, wenn die hervorzuhebenden Textteile bereits auf andere Weise (durch den Zusammenhang, die Schriftart, Sperrung, Farbigkeit) kenntlich gemacht sind: Was für die einen Kitsch ist, ist den anderen Kunst. **e) Das Zusammentreffen von Anführungszeichen und Satzzeichen:** Punkt, Fragezeichen und Ausrufezeichen stehen vor dem schließenden Anführungszeichen, wenn sie selbst zu dem angeführten Textteil gehören. Nach dem Schlusszeichen wird dann kein Punkt mehr gesetzt, andere Satzschlusszeichen (Fragezeichen und Ausrufezeichen) bleiben erhalten: *Er sagte: „Diese Behauptung ist unwahr!" Die kritisierte Textstelle lautet: „Ich muss gestehen, dass mir die Nachricht über den Anschlag insgeheim Schadenfreude bereitet hat." Hat sie wirklich gefragt: „Kommt Marlene morgen?"?* Sonst stehen Punkt, Fragezeichen und Ausrufezeichen nach dem schließenden Anführungszeichen: *Er soll gesagt haben, die Nachricht habe ihm „insgeheim Schadenfreude bereitet". Ist dies ein Zitat aus „Wallenstein"?* Wird das Zitat oder die angeführte Rede wie ein einfaches Substantiv verwendet, so bleibt das Frage- oder Ausrufezeichen erhalten, und man setzt nach dem schließenden Anführungszeichen zusätzlich einen Punkt: *Die Kinder kommentierten jede Straßenbiegung mit einem lauten „Sind wir bald da?". Mich beunruhigt sein ständiges „Ich kann nicht mehr!".* Das Komma steht immer nach dem schließenden Anführungszeichen: *„Es ist möglich", sagte sie, „dass ich morgen verreise."* Auf einen Textteil mit Frage- oder Ausrufezeichen folgt nach dem schließenden Anführungszeichen ebenfalls immer ein Komma: *Als sie ihn fragte: „Weshalb darf ich das nicht?", wurde er sehr verlegen. (Und:) „Weshalb darf ich das nicht?", fragte sie ihn.* Wenn Zitate oder wiedergegebene Rede wie einfache Substantive verwendet werden, steht kein Komma: *Sein ewiges „Ich kann nicht mehr" stört niemanden. Der Satz „Dem Manne kann geholfen werden" hat kein Subjekt.*

Angehörige, der und die: **1. oben genanntem Angehörigen/Angehörigem · ihr als Angehöriger/Angehörigen einer angesehenen Familie:** Zur Deklination substantivierter Adjektive ↑Abgeordnete; ↑Substantivierung (2).

2. einige Angehörige · alle Angehörigen · solche Angehörige[n]: Zur Deklination von *Angehörige* nach *alle, beide, einige* usw. ↑all- usw.

Angeklagte, der und die: **1. der Angeklagte Schmidt/der Angeklagte, Schmidt:** In dem

Satz *Der Angeklagte Schmidt behauptete* ... ist *Schmidt* eine Apposition (Beifügung) zu *Angeklagte*. Namen können als Apposition ohne oder mit Komma an den Bezugsausdruck angeschlossen werden: *Der Angeklagte, Schmidt, behauptete* ...

2. oben genanntem Angeklagten/Angeklagtem · ihr als Angeklagter/Angeklagten: Zur Deklination substantivierter Adjektive ↑Abgeordnete; ↑Substantivierung (2).

3. einige Angeklagte · alle Angeklagten · solche Angeklagte[n]: Zur Deklination von *Angeklagte* nach *alle, beide, einige* usw. ↑all- usw.

angenommen: Nach *angenommen* steht im Allgemeinen ein Komma: *Angenommen, sie kommt erst morgen, wer soll dann heute die Sitzung leiten?* In der Fügung *angenommen dass* braucht vor *dass* kein Komma gesetzt zu werden. Man setzt es vorzugsweise dann, wenn die Fügung nicht als Einheit anzusehen ist, beispielsweise

Anglizismen und Amerikanismen

In den letzten Jahrzehnten wurden zunehmend Begriffe, Wendungen, Redensarten und grammatikalische Strukturen aus dem Englischen entlehnt. Hierfür gibt es folgende Grundregeln: Das grammatikalische Geschlecht entspricht immer dem des deutschen Sprachgebrauchs. So heißt es etwa *die Jeans* – wie „die Hose". Substantive werden stets großgeschrieben. Auch die Konjunktion von Verben folgt der deutschen Schreibweise, so wird z. B. aus „to cancle" das deutsche Wort *canceln, er cancelt.* Dies gilt auch für Neologismen aus dem Englischen, z. B.: „to google" (etwas im Internet nachsehen): *googeln, er googelt.*

Zusammengesetzte Begriffe werden, wenn die Zusammensetzung aus zwei Substantiven besteht, zusammengeschrieben *(Swimmingpool, Carsharing)*. Hier kann man aber einen Bindestrich setzen, wenn die Wortzusammensetzung schwer lesbar ist. Auch Wendungen, die aus Verb und Adverb bestehen, werden meist zusammengeschrieben (*Layout*), seltener ist die Schreibung mit Bindestrich (*Knock-out,* auch *Knockout,* gerne mit *K.o.* abgekürzt). Bei Verbindungen von Adjektiv und Substantiv muss man auf die Betonung achten: Liegt die Hauptbetonung auf dem ersten Teil, schreibt man zusammen (z. B.: *Hotdog*). Bei Betonung beider Bestandteile muss getrennt und ohne Bindestrich geschrieben werden: *Public Viewing, High Society.*

Wichtig auch: Anders als im Englischen werden Substantive, die auf *y* enden, wie im deutschen Sprachgebrauch gebeugt: Der Plural z. B. von *Baby* heißt *Babys*, statt, wie im Englischen, „babies". Es gibt übrigens auch sog. „Scheinanglizismen", also Wendungen, die an die englische Sprache angelehnt sind, dort aber gar nicht oder in anderer Bedeutung vorkommen. Ein Beispiel hierfür ist das Wort *Handy*, das im Englischen „mobile phone", wörtlich übersetzt: „Mobiltelefon", heißt.

weil auf *angenommen* ein besonderes Gewicht gelegt wird: *Angenommen[,] dass morgen gutes Wetter ist, wohin wollen wir fahren?*

Angestellte, der und die: **1. oben genanntem Angestellten/Angestelltem · ihr als Angestellter/Angestellten:** Zur Deklination substantivierter Adjektive ↑Abgeordnete; ↑Substantivierung (2).

2. einige Angestellte · alle Angestellten · solche Angestellte[n]: Zur Deklination von *Angestellte* nach *alle, beide, einige* usw. ↑all- usw.

angewandt/angewendet: ↑anwenden.

Anglizismen: ↑Fremdwort.

Angriff: Nach *Angriff* kann mit der Präposition *auf* oder *gegen* angeschlossen werden, die Präpositionen sind aber nicht in allen Fällen austauschbar. Die allgemeinere Verwendung hat *auf*: *Der Angriff auf die Stadt, auf die Medien, auf das Buch des Konkurrenten.* Die Verwendung von *gegen* ist eher zu finden, wenn der oder das Angegriffene etwas ist, das einen Gegenangriff unternehmen kann: *der Angriff gegen ein Land, gegen die Opposition, gegen den Boxweltmeister.*

Angst/angst: Groß schreibt man das Substantiv: *er hat [eine panische] Angst/ist in Angst.* Entsprechend gilt die Großschreibung auch in der Wendung *Angst [und Bange] machen.* Im Übrigen wird diese Wendung mit dem Dativ gebildet. Es heißt also richtig: *jemandem* (nicht: *jemanden*) *Angst machen.* Klein schreibt man das Adjektiv (Frage: wie?): *mir ist/wird angst.*

ankaufen/kaufen: Im Unterschied zu *kaufen* „für Geld erwerben" wird *ankaufen* dann verwendet, wenn es sich um den Kauf von Wertobjekten oder von größeren Mengen handelt: *Grundstücke, Aktien, Getreide ankaufen. Die Galerie hat mehrere kostbare Gemälde angekauft.*

anknüpfen: Sowohl in konkreter („anbinden, befestigen") als auch in übertragener Bedeutung („inhaltlich an etwas anschließen") wird *anknüpfen an* mit einem Nominalausdruck im Akkusativ verbunden: *Die Kunsthaare werden an die eigenen Haare angeknüpft. Der Kurs knüpft an das Vorwissen der Teilnehmer an.* Der Dativ (*... knüpft am Vorwissen der Teilnehmer an*) kommt nur vereinzelt vor.

ankommen: 1. Das Verb *ankommen* im Sinne von „befallen, überkommen" wird heute gewöhnlich mit dem Akkusativ verbunden; der Dativ ist hier veraltet: *Ein unbehagliches Gefühl kam mich an* (veraltet: *kam mir an*). *Sie* (veraltet: *Ihr*) *kam die Lust zu lachen an.*

2. In Sätzen wie *Es kommt ganz auf die jeweiligen Umstände an* wird in der Umgangssprache oft *drauf* hinzugefügt: *Es kommt ganz auf die jeweiligen Umstände drauf an.* Solche Formulierungen sind im Geschriebenen nicht als standardsprachlich einzustufen, da die Position des Objekts durch *auf die Umstände* und durch *drauf/darauf* doppelt besetzt ist. Davon zu unterscheiden sind standardsprachliche Sätze wie *Es kommt darauf an, dass die Umstände passen*, bei denen eine solche Dopplung nicht erfolgt.

Anlage: 1. als Anlage/in der Anlage: Beide Formulierungen sind möglich: *Als Anlage* oder *In der Anlage übersende ich Ihnen zwei Gutachten.*

2. Singular oder Plural?: Bei Formulierungen wie *Anlage 1 bis 2* oder *Anlage 1 und 2* kann das Verb im Singular oder Plural stehen: *Anlage 1 und 2 enthält/enthalten alles Wichtige zur Klärung all dieser Fragen.* Aber: *[Die] Anlagen 1 und 2 enthalten ...*

anlangen: ↑anbelangen.

anlässlich: Die Präposition *anlässlich* „bei Gelegenheit, aus Anlass" wird mit dem Genitiv verbunden: *Anlässlich des Jahrestages der Befreiung waren alle Gebäude beflaggt.* Die Präposition wird besonders in der Amtssprache verwendet. Andere Möglichkeiten sind *bei, zu* und *aus Anlass.*

anlegen: Im Sinne von „investieren" wird *anlegen in* mit dem Dativ verbunden: *Er legte* *sein Geld in Wertpapieren* (nicht: *Wertpapiere*) *an.* Auch *anlegen an* „landen, [am Ufer] festmachen" wird gewöhnlich mit dem Dativ verbunden: *Das Boot legte langsam am Ufer/an der Schiffsbrücke an.* Die Verbindung mit dem Akkusativ *(an die Schiffsbrücke anlegen)* ist nicht falsch, aber weniger gebräuchlich.

anleimen/anlöten/anmontieren: ↑Wechselpräposition.

anlernen: ↑lehren (5).

anliegend: Die in Geschäftsbriefen häufig gebrauchte Formulierung *Anliegend übersende ich Ihnen ...* ist zwar grammatisch nicht eindeutig, kann aber nicht in dem Sinne missverstanden werden, dass der Absender „anliegt". Eindeutig sind z. B. *als Anlage, in der Anlage* oder *anbei.*

anmuten: In der Bedeutung „erscheinen, vorkommen" wird *anmuten* mit dem Akkusativ und nicht mit dem Dativ verbunden: *Diese Vorgänge muteten ihn seltsam an.*

anomal/anormal: ↑abnorm/abnormal/anomal/anormal.

Anrede: 1. Groß- oder Kleinschreibung: Die Anredepronomen *Sie* und das entsprechende Possessiv *Ihr* schreibt man immer, d. h. nicht nur in Briefen, sondern auch in der wörtlichen Rede im Text, groß: *Wir danken Ihnen allen und wünschen Ihnen ein gutes neues Jahr.* (Aber klein, weil keine Anrede: *Wir danken allen Freunden und wünschen ihnen ein gutes neues Jahr.*) Die Anredepronomen *du, ihr* und die entsprechenden Possessive *dein, euer* werden kleingeschrieben. In Briefen, E-Mails u. Ä. ist sowohl die Groß- als auch die Kleinschreibung korrekt *(Ich danke Dir/dir für Deinen/deinen lieben Brief! Wie geht es Euch/euch?).* Für Fragebogen (z. B. bei schriftlich fixierten Prüfungsfragen) gilt dies nicht; hier schreibt man *du, dein* usw. wie sonst klein. Groß schreibt man bei historischen Titeln wie *Exzellenz, Hoheit, Durchlaucht* u. Ä.: *Euer (Eure) Exzellenz, Euer (Eure) Hoheit, Euer (Eure) Durchlaucht;* ebenso in der 3. Person: *Seine Majestät, Seine Heiligkeit, Ihre Königliche Hoheit.* – Das Reflexivpronomen *sich* wird immer kleingeschrieben: *Machen Sie sich bitte keine Mühe!* Auch die Pronomen *alle* und *beide* dürfen nicht großgeschrieben werden: *Ich grüße euch alle herzlich. Ich möchte Sie gern beide einmal wieder bei uns willkommen heißen dürfen.*

2. Formen der Anrede: Die Frage, ob man eine Person mit ihrem Namen oder (auch) mit ihrem Titel, akademischen Grad o. Ä. ansprechen soll, kann nicht allgemein beantwortet werden. Im Zweifelsfall sollte man den (höchsten) Titel verwenden. ↑Titel und Berufsbezeichnungen; zu Anreden im Brief ↑Brief/E-Mail (2).

anscheinend/scheinbar: Mit *anscheinend* wird die Vermutung zum Ausdruck gebracht, dass etwas so ist, wie es erscheint: *Er ist anscheinend krank. Anscheinend ist niemand im Haus.* Das Adjektiv *scheinbar* sagt, dass etwas nur dem äußeren Eindruck nach, aber nicht in Wirklichkeit so ist, wie es sich darstellt: *Die Zeit stand scheinbar still. Der Widerspruch ist nur scheinbar.*

anschließen: ↑Wechselpräposition.

Anschrift: ↑Brief/E-Mail (1).

anschweißen: ↑Wechselpräposition.

anschwellen: ↑schwellen.

ansehen als: Wenn das Verb *ansehen als* reflexiv gebraucht wird, steht der auf *als* folgende Ausdruck meist im Nominativ: *Er sieht sich als guter Autofahrer an.* Der Akkusativ *(Er sieht sich als guten Autofahrer an)* ist seltener. Bei nicht reflexivem Gebrauch wird durch einen Akkusativ nach *als* der Bezug auf das Akkusativobjekt gekennzeichnet: *Er sah ihn als guten Autofahrer an.*

anstatt: 1. Rektion: Das nicht flektierbare *anstatt* kann sowohl Präposition (= anstelle) als auch Konjunktion (= und nicht) sein. Als Präposition hat es den Genitiv nach sich: *Anstatt des Geldes gab sie ihm ihren Schmuck.* (Nicht standardsprachlich: *Anstatt dem Geld ...*) Nur wenn der Genitiv formal nicht zu erkennen ist oder wenn ein weiteres starkes Substantiv im Genitiv Singular hinzutritt, wird *anstatt* mit dem Dativ verbunden: *Anstatt Worten will ich Taten sehen.* Beim Gebrauch als Konjunktion hängt der folgende Kasus nicht von *anstatt,* sondern vom Verb ab: *Er reichte ihr anstatt ihrem Begleiter die Rechnung. Man zeichnete sie anstatt ihn aus.* – Schwankungen im Kasus gibt es, wenn beides möglich ist: *Er traf den Pfahl anstatt der Konservendose* (= Präposition), aber: *Er traf den Pfahl anstatt die Konservendose [zu treffen]* (= Konjunktion).

2. Komma: Das Komma vor *anstatt dass* steht wie vor dem einfachen *dass,* weil beide Formen gemeinsam eine Konjunktion bilden: *Sie lobte ihn, anstatt dass sie ihn tadelte. Anstatt dass der Minister kam, erschien nur sein Staatssekretär.* Leitet *anstatt* eine Infinitivgruppe mit *zu* ein, so wird diese immer durch Komma abgetrennt: *Er spielte, anstatt zu arbeiten.* ↑Komma (6.1).

anstoßen: Bei *anstoßen* in den Bedeutungen „zufällig an etwas stoßen" und „Anstoß, Ärgernis erregen" wird das Perfekt mit *sein* gebildet: *Er ist im Dunkeln an den Schrank* (alltagssprachlich auch: *am Schrank*) *angestoßen. Er ist bei seiner Abteilungsleiterin angestoßen.* In allen anderen Bedeutungen („die Gläser vor dem Trinken aneinanderstoßen", „durch einen Stoß in Bewegung setzen", „lispeln" usw.) wird *anstoßen* im Perfekt mit *haben* gebildet: *Wir haben auf euer Wohl angestoßen.*

-ant/-and: ↑-and/-ant.

anvertrauen: Das Verb *anvertrauen* wird in der Regel als trennbares Verb verwendet, d. h., die Verbpartikel *an-* wird in den konjugierten Formen meist vom Verb getrennt und nachgestellt: *Ich vertraue dir dieses Geheimnis an.*

anwandeln: Das Verb wird heute nur noch mit dem Akkusativ gebraucht: *Ein Gefühl der Entmutigung wandelte ihn an.* Der Dativ (*... wandelte ihm an)* ist veraltet.

an was/woran: Die Verbindung *an + was (An was hast du das erkannt? Er wusste nicht mehr, an was er sich erinnern sollte)* kommt häufig in Fragesätzen vor. In der geschriebenen Standardsprache dominiert jedoch eindeutig der Gebrauch des Pronominaladverbs *woran*: *Woran wollen wir noch glauben? Er verrät ungern, woran er gerade arbeitet.*

anwenden: Die Formen des Präteritums und des Partizips II lauten: *wendete an/wandte an* und *angewendet/angewandt.* Alle diese Wortformen sind in der Standardsprache gebräuchlich und korrekt. ↑wenden.

Anwesende: *Anwesende* ist ein substantiviertes Adjektiv, das standardsprachlich wie ein Adjektiv flektiert wird: *Verehrte Anwesende!* Vereinzelt kommt auch die substantivische Deklination vor: *Verehrte Anwesenden!* ↑Substantivierung (2).

Anzahl: 1. Eine Anzahl Studierende stand/standen vor dem Haupteingang: Auch wenn nach *Anzahl* das Gezählte im Plural folgt, steht das Verb häufiger im Singular, weil das Subjekt *(Anzahl)* ein Singular ist: *Eine Anzahl Studierende stand vor dem Haupteingang. Eine Anzahl kostbarer Gegenstände wurde gestohlen.* Wenn nach dem Sinn konstruiert wird, wird das Verb in den Plural gesetzt: *Eine Anzahl Studierende standen vor dem Haupteingang. Eine Anzahl kostbarer Gegenstände wurden gestohlen.* Der Plural findet sich vor allem dann, wenn das Gezählte als ↑Apposition im gleichen Kasus wie *Anzahl* steht: *Es liegen eine Anzahl Bauaufträge vor.*

2. eine Anzahl hübscher/hübsche Sachen · eine Anzahl Abgeordneter/Abgeordnete: Nach *Anzahl* steht das Gemessene im Plural und meist im Genitiv: *Eine bemerkenswerte Anzahl hochkarätiger Stars, die ihm die Treue halten, liefern den Beweis* (Neue Zürcher Zeitung). Der Anschluss im gleichen Fall kommt nur vereinzelt vor: *Es gibt dort seit vielen Jahren eine große Anzahl unaufgeklärte Vergewaltigungen und Morde ...* (taz). ↑Apposition (2).

3. Anzahl/Zahl: Die alte Unterscheidung, dass *Zahl* die Gesamtzahl, die Gesamtmenge ausdrückt, *Anzahl* dagegen einen Teil davon, ist auch im heutigen Sprachgebrauch noch nicht verloren gegangen und sollte überall da beachtet werden, wo es auf eine präzise Aussage ankommt: *Die Zahl der Zugezogenen liegt bei ungefähr 500 Personen, darunter eine erhebliche Anzahl Studierender.* In der Alltagssprache werden beide Wörter häufig gleichbedeutend gebraucht.

an/zu Ostern usw.: Der Gebrauch von *an* in Verbindung mit den Namen der Feste ist regional begrenzt. Er kommt vor allem in Süddeutschland vor, während in Norddeutschland *zu* gebräuchlich ist: *an Ostern/Pfingsten/Weihnachten* gegenüber *zu Ostern/Pfingsten/Weihnachten.* Der Gebrauch ohne Präposition ist standardsprachlich möglich: *Ostern bleiben wir zu Hause.*

Apostroph: In den meisten Verwendungen dient der Apostroph als Auslassungszeichen. Mit seiner Verwendung wird angezeigt, dass man bei einem gesprochenen Wort im Vergleich zu einem Wort der Standardsprache einen oder mehrere Buchstaben weglässt. Die Verwendung des Apostrophs ist nur in wenigen Fällen obligatorisch (vgl. 3 c und 4 a). Im Einzelnen sind folgende Fälle zu unterscheiden: **1. Der Apostroph beim Auslassen von Buchstaben am Anfang eines Wortes: a) Mir gehts/geht's gut · komm raus/'raus! · Runter vom Balkon!:** Man kann einen Apostroph setzen, wenn das Pronomen *es* mit dem vorangehenden Wort (Verb, Pronomen, Konjunktion) zusammengezogen wird. Da diese Verbindungen im Allgemeinen nicht schwer lesbar sind, ist das jedoch nicht notwendig. Ein Wortzwischenraum wird in diesen Fällen nicht gesetzt: *Mir gehts / geht's gut. Nimms / Nimm's nicht so ernst.* Im Gegensatz zu *'nauf, 'naus, 'nein* usw. (vgl. b) werden die mit *r-* anlautenden Kürzungen *ran, rauf, raus, rein, rüber, runter* im heutigen Sprachgebrauch meist als selbstständige Nebenformen von *heran, herauf* usw. angesehen und ohne Apostroph geschrieben. Das gilt auch am Satzanfang und bei trennbaren wie nicht trennbaren Zusammensetzungen mit diesen Formen: *Runter vom Balkon! Er ließ ihn rauswerfen. Sie hat ihn reingelegt. War das ein Reinfall!* Nur wenn eine dieser Formen ganz bewusst als Auslassung gekennzeichnet werden soll, kann der Apostroph stehen. Auch bei ugs. *mal* (= einmal) und *was* (= etwas) steht kein Apostroph: *Kommen Sie mal rüber! Hast du noch was auf dem Herzen?* **b) So 'n Blödsinn:** Der Apostroph steht häufig, wenn Buchstaben am Anfang eines Wortes ausgelassen werden und das Wort dadurch schwer lesbar oder missverständlich ist. Dabei erscheint vor dem Apostroph der gewöhnliche Wortzwischenraum. Die verkürzten Formen werden auch am Satzanfang kleingeschrieben: *Wirf die Decken und 's* (= das) *Gepäck ins Auto. 's* (= Es) *ist nun mal nicht zu ändern. So 'n* (= ein) *Blödsinn! Gehen S' 'nauf!* (= Gehen Sie hinauf!). **c) aufs · hinterm · übern:** Auf den Apostroph wird im Normalfall verzichtet, wenn es sich um allgemein übliche Verschmelzungen aus Präposition und Artikel handelt: *ans, aufs, durchs, fürs, hinters, ins, übers, ums, unters, vors; am, beim, hinterm, im, überm, unterm, vorm, zum; hintern, übern, untern, vorn.* Werden mit Verschmelzungen bewusst umgangssprachliche oder dialektale Formen wiedergegeben, die zu unüblichen Konsonantenverbindungen führen, schreibt man in der Regel mit Apostroph: *Er sitzt auf'm Tisch. Wir treffen uns nach'm Essen.*

2. Der Apostroph beim Wegfall von Buchstaben am Ende eines Wortes: a) Das Schluss-e bei Verben, Adjektiven und Adverbien: In der 1. Person Singular des Präsens Indikativ wird in den Formen ohne *-e* üblicherweise kein Apostroph gesetzt: *Ich find das schön.* Der Apostroph wird gesetzt, wenn das *-e* für die Eindeutigkeit einer Form sorgt. Solche Formen treten besonders in dichterischen Texten auf: *Das Grauen packt' ihn und ließ ihn nicht los. Das Wasser rauscht', das Wasser schwoll* (Goethe). Kein Apostroph steht in der Regel bei festen Grußformeln und bei allgemein üblichen Imperativformen (Befehlsformen) ohne *-e: Grüß Gott!, bleib!, geh!* Ebenfalls keinen Apostroph haben die verkürzten Formen von Adjektiven und Adverbien auf *-e*, weil sie als selbstständige Nebenform anzusehen und allgemein üblich sind: *blöd, bös, fad, gern, heut, leis* usw. **b) Andere Buchstaben am Ende eines Wortes:** Der Apostroph kann stehen, wenn bei der Wiedergabe umgangssprachlicher oder dialektaler Formen Buchstaben am Ende eines Wortes weggelassen werden (z. B. um den Wegfall einer Flexionsendung anzuzeigen): *Schauen S'* (= Sie) *zu, dass es klappt. Sie begehrt kein'* (= keinen) *Dank.* Das gilt auch für das weggelassene *-o* oder *-a* von *Santo/Santa* vor männlichen bzw. weiblichen italienischen Namen, die mit Vokal anlauten: *Sant' Angelo, Sant' Agata* usw. Kein Apostroph steht im Allgemeinen bei unflektiert verwendeten Adjektiven und Pronomen: *gut Wetter, solch Glück, manch schöne Stunde.*

3. Der Apostroph im Wortinnern: a) einige/ein'ge · irdische/ird'sche Güter: Der Apostroph steht heute im Allgemeinen für das ausgelassene *-i-* der mit *-ig* und *-isch* gebildeten Adjektive und Indefinita: *ein'ge Leute, wen'ge Stunden, ew'ger Bund.* **b) mozartsche/Mozart'sche Sonaten · heussche/Heuss'sche Schriften:** Ein Apostroph kann bei Ableitungen aus Eigennamen stehen, der Eigenname wird dann großgeschrieben: *mozartsche/Mozart'sche Sonate, hannoversche/Hannover'sche Industrie.* **c) M'gladbach · Ku'damm:** Der Apostroph

Der Apostroph

Traurige Berühmtheit erhielt der Apostroph, ein eigentlich unauffälliges Zeichen, in den letzten Jahren als sog. „Deppen-Apostroph". Angelehnt an das Englische, werden vor allem bei Genitiv-Wendungen vor dem *s* Apostrophs eingefügt – im Deutschen galt dies jahrzehntelang als Rechtschreibfehler. Doch auch der Plural wird häufig, gerne auf Reklameschildern, mit einem Apostroph vor dem Plural-s gebildet. Und das ist selbst im Englischen falsch. Besonders oft geschieht dies bei Anglizismen und Abkürzungen (wenn man etwa statt *DVDs* „DVD's" lesen muss.) Doch im Deutschen wird vor einem *s* im Plural nie ein Apostroph eingefügt. Vor dem *s* bei Genitiv-Wendungen ist er inzwischen in seltenen Ausnahmefällen erlaubt – also fast immer verzichtbar. Dennoch – Sprache ist geduldig und wandelt sich stetig. Denn was heute als Deppen-Apostroph gilt, war noch vor 150 Jahren gängige Rechtschreibung: Der Genitiv wurde im 19. Jh. regelmäßig mit Apostroph gebildet.

muss gesetzt werden, wenn – der Kürze wegen – größere Buchstabengruppen von Namen weggelassen werden: *Lu'hafen (= Ludwigshafen), Borussia M'gladbach (= Mönchengladbach).* **d) stehen/stehn · gegorener/gegorner Saft:** Der Apostroph steht nicht, wenn im Wortinnern ein unbetontes *-e-* wegfällt und die entstehende Wortform allgemein gebräuchlich ist: *sehn, befrein; ich wechsle, auf verlornem Posten, Reglung, wacklig, finstre Gestalten; raschste; unsre* usw. Dies gilt auch für Formen, in denen das *e* einer Endung weggelassen werden muss, weil bereits die Grundform auf *-ee* oder *-ie* endet: *die Seen,* nicht: *die Seeen* und *geschrien,* nicht: *geschrieen.* Es gilt weiter für Wörter dialektaler Herkunft: *Brettl, Dirndl* usw. Bei ungebräuchlichen Auslassungen dagegen setzt man einen Apostroph: *Well'n, g'nug* usw.

4. Der Apostroph bei der Bildung des Genitivs: a) Grass' Blechtrommel · Andrić' Romane: Der Apostroph muss stehen zur Kennzeichnung des Genitivs von Namen, die auf *-s, -ss, -ß, -tz, -z, -x, -ce* oder auf die Laute [ʧ] oder [ts] enden und keinen Artikel o. Ä. bei sich haben: Hans *Sachs' Gedichte, Le Mans' Umgebung; Leibniz' Philosophie, Johannes' des Täufers; Cyrankiewicz' Staatsbesuch;* (aber:) *die Gedichte des Hans Sachs.* **b) Ingeborg Bachmanns Lyrik:** Kein Apostroph steht in der Regel vor dem Genitiv-s von Namen, auch nicht, wenn sie abgekürzt werden: Ingeborg *Bachmanns* (nicht: *Bachmann's) Lyrik, I. B.s Lyrik, Shelleys Briefe* usw. Gelegentlich wird in solchen Fällen ein Apostroph gesetzt, um die Grundform eines Namens zu verdeutlichen: *Andrea's Boutique* (zur Unterscheidung vom männlichen Vornamen *Andreas*).

5. Kurzformen und Jahreszahlen: Der Apostroph steht nicht bei Abkürzungen und anderen Kurzformen mit der Genitiv- oder Pluralform *-s* (↑Abkürzungen und Kurzwörter [4]): *des Jhs., des Pkws, die GmbHs* usw. Die im angelsächsischen Bereich verbreitete Schreibung der verkürzten Jahreszahl mit Apostroph ist im Deutschen nicht üblich: *Im Februar 15 erreichte der Ölpreis einen Tiefpunkt.*

Apposition: siehe S. 38.

April: ↑Monatsnamen.

Arbeitsamt:

Zum 1. 1. 2004 wurden die Arbeitsämter offiziell in *Agentur für Arbeit* umbenannt. In nicht offiziellen Kontexten, besonders in der Umgangssprache, ist die Bezeichnung *Arbeitsamt* aber noch sehr gebräuchlich.

Arbeit suchend/arbeitsuchend/arbeitssuchend: Es kann *Arbeit suchend* (wie die zugrunde liegende Fügung *Arbeit suchen*) oder *arbeitsuchend* geschrieben werden: *Arbeit suchende/arbeitsuchende Leute.* Nur Zusammenschreibung ist möglich, wenn ein Kompositum mit Fugen-s gebildet wird: *arbeitssuchend.*

Architekt: Genitiv, Dativ und Akkusativ haben die Endung *-en.* Dativ und Akkusativ Singular bleiben vereinzelt auch endungslos: *dem/den Architekten/Architekt.* Zur Deklination in Verbindung mit *Herr* und/oder einem Namen ↑Herr (2).

Arm: Der Gebrauch von *Arm* im Sinne von „Ärmel" ist aus der Fachsprache des Textilgewerbes auch in die Gemeinsprache gedrungen: *ein Kleid mit halbem Arm, ein Oberhemd mit langem Arm.*

Art: An die Fügung *eine Art …* kann das folgende Substantiv unmittelbar als ↑Apposition (1.4) oder (seltener) im Genitiv folgen: *Es war der Beginn von einer Art alternativem Untersuchungsausschuss zum „Nationalsozialistischen Untergrund"* (taz). *Da wurde der Sozialstaat zu einer Art inneren antifaschistischen Schutzwalls* (ZEIT). Im Dativ wird das attributive Adjektiv manchmal schwach flektiert: *Das Traditional „Loch Lomond" wurde zu einer Art zweiten Nationalhymne* (Mannheimer Morgen). Meist wird jedoch stark flektiert: *In harmonischen Zeiten gerieten die Gipfel zu einer Art gemeinsamer Arbeitssitzung* (Süddeutsche Zeitung).

Artikel: Zum Gebrauch des Artikels vor ↑Verwandtschaftsbezeichnungen ([die] Tante), ↑Personennamen ([die] Heidrun), ↑Titeln und Berufsbezeichnungen ([die] Ministerpräsidentin Schneider) und ↑Geografischen Namen ([der] Iran) vgl. die einzelnen Stichwörter.

Asylant, Asylantin:

Diese Bezeichnung für „Asylbewerber" ist Ende der 1970er-Jahre gebräuchlich geworden. Gelegentlich werden damit auch „Asylbewerber" und „Asylberechtigte" ohne die nötige Differenzierung gleichermaßen angesprochen. Die Endung *-nt* findet sich auch bei anderen negativ konnotierten Ausdrücken wie *Simulant* oder *Ignorant.* Inzwischen wird das Wort überwiegend abwertend oder sogar als Schimpfwort verwendet und man möchte es deshalb im Sinne der Political Correctness nicht mehr gebrauchen.

-at: Von den Fremdwörtern auf *-at,* die aus dem Lateinischen entlehnt sind, werden einige sowohl mit maskulinem als auch mit neutralem Genus gebraucht, z. B. *der/das Episkopat, der/das Pontifikat, der/das Primat, der/das Prinzipat, der/das Zölibat.*

atemberaubend/atemraubend: Von den beiden bedeutungsgleichen Wörtern ist *atemberaubend* das allgemein üblichere.

-ation/-ierung: Bei der Substantivierung von Verben auf *-ieren* stehen häufig Bildungen auf *-ation* und *-ierung* nebeneinander, teils gleichbedeutend, teils in der Bedeutung differenziert. Im Allgemeinen bringen die Bildungen auf *-ierung* stärker den Vorgang zum Ausdruck als die Bildungen auf *-ation: Konzentrierung – Konzentration, Kanalisierung – Kanalisation, Restaurierung – Restauration.* ↑Substantivierung (1).

auch wenn: Das Komma vor *auch wenn* steht wie vor dem einfachen *wenn,* wenn beide Wörter gemeinsam eine Konjunktion bilden: *Er freut sich über jede Nachricht, auch wenn du ihm nur eine Karte schreibst.* Ist aber das *auch* betont, dann gehört es zum Hauptsatz, und das Komma steht vor *wenn: Er freut sich auch, wenn du ihm nur eine Karte schreibst.*

auf: 1. ↑Wechselpräposition: Die Präposition *auf* kann mit dem Dativ oder mit dem Akkusativ verbunden werden, je nachdem, ob die Präpositionalgruppe eine Ortsangabe (Dativ) oder eine Richtungsangabe (Akkusativ) darstellt. Zweifelsfälle treten bei Verben mit abstrakterer Bedeutung auf, z. B. ↑bestehen.

2. auf und ab gehen · auf- und absteigen: Getrennt schreibt man das selbstständige Adverb: ... *während sie auf und ab gingen.* Getrennt schreibt man auch *auf sein: Soll die Tür auf sein? Bist du gestern noch lange auf gewesen?* Zusammen schreibt man, wenn *auf* Verbzusatz ist: *Der Mond wird bald aufgehen. Wir werden heute auf- und absteigen (aufsteigen und absteigen).*

auf das/darauf: Wenn ein Relativsatz folgt, hängt es vom einzelnen Pronominaladverb bzw. dessen präpositionalem Bestandteil ab, ob eher dieses oder eine Präposition + (Demonstrativ-)Pronomen verwendet wird. Bei *auf, an, aus* und *für* dominiert der Gebrauch von Präposition + Pronomen: *Sie sind gespannt auf das, was noch kommt.* Seltener: *Sie sind gespannt darauf, was noch kommt. Halten sie sich diesmal an das, was sie versprechen?* Seltener: *Halten sie sich diesmal daran, was sie versprechen? Der Staat soll sich aus dem, was nicht regelbar ist, zurückziehen.* Seltener: *Der Staat soll sich daraus, was nicht regelbar ist, zurückziehen. Viele tragen Verantwortung für das, was im März passiert ist.* Seltener: *Viele tragen Verantwortung dafür, was im März passiert ist.*

aufeinander: ↑...einander.

auferlegen: Das Verb *auferlegen* wird heute in der Regel als trennbares Verb verwendet, d. h., die Verbpartikel *auf-* wird in den konjugierten Formen im Allgemeinen vom Verb getrennt und nachgestellt: *Man erlegte mir eine harte Prüfung auf.*

auf es/darauf: ↑es (1).

Apposition

1 Lockere Apposition

1.1 Das Wirken dieses Mannes, eines Vorkämpfers für … / Vorkämpfer für … (Gleicher Kasus vs. Nominativ oder Dativ)

Die lockere Apposition steht in der Regel im gleichen Fall wie ihr Bezugsausdruck. Diese Grundregel gilt insbesondere dann, wenn die Apposition ein Artikelwort enthält:

- das Wirken dieses Mannes (Gen.), *eines Vorkämpfers* (Gen.) für die Meinungsfreiheit; Man ernannte eine Frau zur Richterin am Supreme Court (Dat.), *einem Hort* (Dat.) amerikanischer Männlichkeit.

Sie steht aber häufig im Nominativ, wenn sie ohne Artikelwort angeschlossen wird. Dies ist besonders dann der Fall, wenn der Bezugsausdruck der Apposition ein attributiver Genitiv ist:

- das Wirken dieses Mannes (Gen.), *Vorkämpfer* (Nom.) für die Meinungsfreiheit.

Wenn Missverständnisse möglich sind, muss die lockere Apposition ohne Artikelwort aber auch im gleichen Fall wie das Bezugswort stehen:

- der Sohn des Grafen, *Günstling* des Herzogs (= der Sohn ist Günstling) – der Sohn des Grafen, *Günstlings* des Herzogs (= der Graf ist Günstling).

Dagegen muss die Apposition im Nominativ stehen, wenn sie in gehobener Sprache von ihrem Bezugsausdruck getrennt und zur Hervorhebung vorangestellt wird:

- In zahlreichen vornehmen Familien *ein gern gesehener Gast,* betraute man *ihn* mit dieser Aufgabe (statt: *Ihn, einen gern gesehenen Gast, …*).

Gelegentlich wird die Apposition in der Umgangssprache in den Dativ gesetzt, obwohl der Bezugsausdruck in einem anderen Kasus steht:

- Der Preis für Brot, *das / dem Grundnahrungsmittel* der Bevölkerung, ist gestiegen. Dies lässt sich am besten am Beispiel Brasiliens, *des größten Landes / dem größten Land* des Subkontinents, zeigen.

Dieser Gebrauch gilt nicht als standardsprachlich, kommt aber auch bei Anschluss mit *als* vor: *Die Bedeutung des Rheins als internationaler/internationalem Handelsweg ist bekannt.*

1.2 am Ufer der Enns (eines Nebenflusses / ein Nebenfluss der Donau) (Klammerzusatz)

Eine lockere Apposition kann nicht nur durch Kommasetzung vom Bezugsausdruck abgetrennt werden, sondern sie kann auch in Klammern stehen.

Die in Klammern statt in Kommas eingeschlossene Apposition steht im gleichen Fall wie der Bezugsausdruck:

- Am Ufer der Enns *(eines Nebenflusses der Donau)* machten sie Rast. Mit diesem Buch *(ihrem besten Werk)* hatte sie auch den größten Erfolg. (Bild: die österreichische Stadt Steyr an der Enns)

Wenn das Eingeklammerte nicht als Apposition, sondern als erklärender Zusatz (Parenthese) aufgefasst wird, steht der Nominativ:

- Am Ufer der Enns *([ein] Nebenfluss der Donau)* machten sie Rast. Mit diesem Buch *(ihr bestes Werk)* hatte sie auch den größten Erfolg.

Diese Eigenständigkeit des Zusatzes im Nominativ kann durch Gedankenstriche anstelle von Klammern hervorgehoben werden:

- Mit diesem Buch – *ihr bestes Werk* – hatte sie auch den größten Erfolg.

1.3 *am Mittwoch, dem ... / am Mittwoch, den ...* (Apposition vs. adverbialer Akkusativ)

Bei einer Datumsangabe kann die genauere Angabe zu einem Wochentag als lockere Apposition realisiert werden. Sie steht dann im gleichen Fall:

- Der Terroranschlag in Paris ereignete sich am Freitag, *dem 13. November.*

Die Datumsangabe kann aber auch quasi als eigenständige zeitliche Angabe, d. h. als adverbialer Akkusativ, folgen:

- Der Terroranschlag in Paris ereignete sich am Freitag, *den 13. November.*

Vgl. auch ↑am Montag, dem/den und ↑Datum.

1.4 *Unser Kunde, die Firma Meier, die / der ...* (Genusunterschied)

Wenn einem Substantiv eine Apposition folgt, die ein anderes Genus als das Bezugssubstantiv hat, kann sich das Relativpronomen nach dem Bezugssubstantiv oder nach der Apposition richten. Für die Wahl einer dieser Möglichkeiten ist häufig entscheidend, welchem der beiden Substantive das Hauptgewicht zukommt oder mit welchem der beiden Substantive sich der Inhalt des Relativsatzes am ehesten verbindet:

- Unser Kunde, die Firma Meier, die uns diesen Auftrag vermittelt hat, ...

In diesem Fall ist es besser, das Genus der Apposition weiterzuführen, weil das Hauptgewicht des Satzes auf der Bezeichnung der Firma liegt.

Ähnlich ist auch folgender Satz zu beurteilen:

- Es gab eine Art Brei, die ich nicht kannte.

Der Relativsatz bezieht sich inhaltlich eher auf *Art* als auf *Brei*; dies bewirkt den Anschluss mit *die*.

In dem folgenden Satz bezieht sich der Relativsatz dagegen inhaltlich stärker auf *Brei*. Dies bewirkt den Anschluss mit *der*:

- Es gab eine Art Brei, der mir sehr gut schmeckte.

2 Enge Apposition: *Magistrat Berlin · Franz Meyer Nachfolger*

Vor allem Namen werden häufig als Apposition an ihren Bezugsausdruck angeschlossen. Dadurch entsteht eine kompaktere Konstruktion, als wenn etwas mit einem Genitiv oder einer Präposition angeschlossen wird. Der Name oder die Bezeichnung erhält dann keine Endung, die den Kasus anzeigt:

- der Fall *Dreyfus* (statt: *Dreyfus'* Fall bzw. Fall *des Hauptmanns Dreyfus*), Medizinische Hochschule *Hannover* (statt: *in/von/zu Hannover*), die Begegnung *Obama-Putin* (statt: *zwischen Obama und Putin*).

Hierher gehört auch der Brauch, bei Firmennamen oder Geschäftsbezeichnungen *Nachfolger/Sohn/Witwe* usw. als Apposition hinter den Eigennamen zu setzen:

- Franz Meyer *Nachfolger* (= Franz Meyers Nachfolger), Hans Allgaier *Söhne*.

Zu Artikelgebrauch und Deklination in *nach Präsident Meiers Ansicht – nach Ansicht des Präsidenten Meier* ↑Titel und Berufsbezeichnungen (1.2 und 1.3).

3 *ein Glas Wein/Weines · eine Gruppe Neugierige/Neugieriger · für 10 Jahre treue Mitarbeit/treuer Mitarbeit* (Apposition vs. Genitiv)

Die partitive Apposition nach Maß-, Mengen-, Behälter- und Sammelbezeichnungen steht in direkter Konkurrenz zu anderen Formen partitiver Attribute, insbesondere zum partitiven Genitiv. So kann man sowohl sagen *Eine Tasse grüner Tee wird dir guttun* (partitive Apposition) als auch *Eine Tasse grünen Tees wird dir guttun* (partitiver Genitiv).

Im Gegensatz zum partitiven Genitiv steht die Apposition im gleichen Fall wie ihr Bezugsausdruck:

- Eine Tasse (Nom.) *grüner Tee* (Nom.) wird dir guttun. Gleich bringe ich dir eine Tasse (Akk.) *grünen Tee* (Akk). Mit einer Tasse (Dat.) *grünem Tee* (Dat.) wird dir bald wieder besser sein.

Ob der Anschluss im Genitiv oder als Apposition im gleichen Fall erfolgt, hängt vor allem davon ab, ob das Gemessene im Singular oder im Plural steht. Als Grundregel gilt: Im Plural ist der Genitiv üblich, im Singular die kasusgleiche Apposition:

- Nach einem Vortrag in Buenos Aires im Oktober 1991 habe ihm ein älterer Herr 600 Blatt *privater Aufzeichnungen* von Adolf Eichmann übergeben (taz). Fein säuberlich hat er zu Hause alle seine Gedanken und Argumente auf vier Blatt *liniertem Papier* notiert (Kölner Stadtanzeiger).

Dabei lassen viele der Substantive nur den Plural oder Sammelbezeichnungen im Singular (wie *Stroh, Geflügel*) zu. Nach Substantiven wie *Anzahl, Gruppe, Bündel, Korb* folgt deshalb meist der Genitiv:

- Eine bemerkenswerte Anzahl *hochkarätiger Stars,* die ihm die Treue halten, liefern den Beweis (Neue Zürcher Zeitung). Lavendel wird ein ganzes Bündel *positiver Effekte* zugeschrieben (Berliner Zeitung). Die Folge ist, dass der Investor einen Korb *verschiedener Anlagestrategien* ins Portfolio nehmen wird (Handelsblatt).

Bei klar zählbaren Maßangaben wie *Dutzend* oder *Million* findet sich sowohl der Genitiv als auch die Kasusgleichheit:

- Ein halbes Dutzend *anderer Gesetzesvorschläge* aber wartet noch auf seinen Beschluss durch den Ministerrat (Süddeutsche Zeitung). Mehr als ein Dutzend *ehemalige Parlamentarier* sitzen im Gefängnis, weil sie Geld aus dem Kokainhandel angenommen haben (Süddeutsche Zeitung). Eine Million *vietnamesischer Soldaten* auf beiden Seiten starb zwischen 1965 und 1975 (Süddeutsche Zeitung). Auf eine Million *echte Noten* kommen gerade zwölf Fälschungen (Süddeutsche Zeitung).

Mengenangaben, nach denen das Gemessene auch im Singular stehen kann, sind z. B. die Behälterbezeichnungen *Tasse* und *Glas;* aber auch Substantive wie *Art, Blatt, Block, Zentner, Stück, Menge, Tropfen.* Dabei handelt es sich bei dem Substantiv häufig um ein nicht oder nur bedingt zählbares Substantiv wie *Kaffee, Öl, Geld, Kuchen* oder *Weizen:*

- Ein guter Manager fällt bis zu 200 Entscheidungen täglich – die meisten davon falsch (was gute Manager bei einem Glas *Rotem* unumwunden zugeben) (Handelsblatt). Es war der Beginn von einer Art *alternativem Untersuchungsausschuss* zum „Nationalsozialistischen Untergrund" (taz).

Der Genitiv ist bei Angaben im Singular selten. Er wird nur verwendet, wenn dem Substantiv ein Adjektiv vorangeht, und wird als gehoben empfunden:

- ein Glas *Wein/guter Wein/guten Wein[e]s;* bei einem Stück *Kuchen/frischem Kuchen/ frischen Kuchens.*

Aufforderung: Der Genitiv in Sätzen wie *Die Aufforderung der Politiker wurde nicht beachtet* kann missverständlich sein (die Politiker fordern selbst zu etwas auf, oder sie werden aufgefordert). Soll gesagt werden, dass eine Aufforderung an die Politiker ergangen ist, so bietet sich als eindeutiger Ausdruck *die/seine/ihre Aufforderung an die Politiker* an.

aufführen, sich: Das Substantiv nach *sich aufführen wie* (oder *als*) steht heute im Nominativ (nicht im Akkusativ): *Er führte sich wie ein Narr auf.*

aufgehen: Im Sinne von „seine Erfüllung finden, mit jmdm./etwas eins werden" wird *aufgehen in* mit dem Dativ verbunden: *in der Familie, im Beruf aufgehen. Sie wollte nicht in der Masse aufgehen.* Ebenso: *Eine Zahl geht in einer anderen auf,* d.h., es bleibt kein Rest. Bedeutet aber *aufgehen in* „sich in etwas auflösen, in etwas übergehen", dann steht es mit dem Akkusativ: *in blauen Dunst, in weiße Dämpfe aufgehen. Das Pulver ging in duftenden Schaum auf.*

aufgrund deren/derer/dessen: Verbindungen aus der Präposition *aufgrund* und den Genitivformen *deren/derer/dessen* werden immer getrennt geschrieben: *der Haftbefehl, aufgrund dessen er festgenommen worden war; die Tatsachen, aufgrund deren/derer wir vermuten ...*

aufgrund/durch/infolge/von/vor/wegen/zufolge: Diese kausalen Präpositionen werden häufig nicht richtig verwendet oder verwechselt: **1. *aufgrund (auf Grund)*:** Der dieser Präposition folgende Nominalausdruck bezeichnet die Grundlage für das Eintreten eines Sachverhalts. Ohne diese Grundlage würde der Sachverhalt nicht eintreten: *jmdn. aufgrund bestimmter Aussagen verhaften.* Es kann daher weder einen Sachgrund direkt bezeichnen (wie *durch*) noch die Quelle für eine Angabe einführen (wie *nach, laut, gemäß*). Also nicht: *Aufgrund des Blitzschlages wurde das Haus zerstört,* sondern: *Durch den Blitzschlag ...*

2. *Durch* gibt ein Mittel oder Werkzeug als Ursache an (Instrumental). Die Verknüpfung der Sachverhalte ist unmittelbar: *Durch den Blitzschlag wurde das Haus zerstört. Wir haben durch die Zeitung von dem Unglück erfahren.* Also nicht: *Durch den Kälteeinbruch werden wir den Saisonstart verschieben müssen,* sondern: *Wegen/Infolge des Kälteeinbruchs ...* Nicht: *Diese Anthologie, herausgegeben durch O. Meyer,* sondern: *... herausgegeben von O. Meyer.*

3. *Infolge* weist mittelbar auf den zurückliegenden Grund. Der ihm folgende Nominalausdruck bezeichnet einen Sachverhalt, nicht aber eine Sache oder eine Person: *Infolge dichten Schneetreibens konnte die Maschine nicht starten. ... so leicht war er infolge seiner Abmagerung geworden* (Nigg). Also nicht: *Infolge des genossenen Weines schwankte er hin und her,* sondern: *Wegen des genossenen Weines ...*

4. *Von* deutet auf den Täter oder den Urheber eines Sachverhalts hin. Es steht deshalb in der Passivkonstruktion: *Er wurde von ihr gelobt. Ich bin von Eifersucht gepeinigt.*

5. *Vor* nennt in festen Verbindungen den Auslöser für das Bestehen eines Zustandes und insbesondere den Stimulus für physisch-psychische Zustände: *vor Kälte zittern, vor Sauberkeit glänzen, starr vor Schreck; vor Hunger umkommen.*

6. *Wegen* bezeichnet den Sachgrund ganz allgemein, ohne Rücksicht auf zeitliche Verknüpfung: *Er wurde wegen des Mangels an Beweisen freigesprochen. Wegen Umbau ist das Geschäft geschlossen.*

7. *Zufolge* kann anstelle von *gemäß* oder *laut* stehen. Im Unterschied zu *infolge* ist *zufolge* seinem Bezugsausdruck in der Regel nachgestellt: *Einer internen Regelung zufolge darf er das Fabrikgelände nicht mehr betreten.*

aufhängen: Die Stammformen von *aufhängen* lauten: *hängte auf, hat aufgehängt.* Es heißt also: *Ich hängte* (vereinzelt: *hing*) *die Wäsche* *auf. Ich habe die Wäsche aufgehängt* (vereinzelt: *aufgehangen*). ↑hängen (2).

Aufheben: In der Wendung *[nicht] viel Aufhebens machen* ist *Aufhebens* ein alter Genitiv, der außerhalb solcher festen Wendungen kaum noch gebräuchlich ist. Hier kann statt des Genitivs der Akkusativ stehen: *Sie machten von dem Missgeschick nicht viel Aufhebens/Aufheben.*

auf/in/zu: 1. Vor den Bezeichnungen von Behörden und anderen Dienststellen steht auf die Frage „wohin?" häufig nicht *in,* sondern *auf* oder *zu: Ich gehe aufs/zum Rathaus, auf die/zur Post, aufs/zum Amtsgericht, auf die/zur Wache.* Aber: *Ich gehe auf/in mein Zimmer, aufs/ins Gymnasium. Gehst du schon in die/zur Schule?* Auch auf die Frage „wo?" steht hier gewöhnlich *auf,* nicht *in: Ich habe noch etwas auf dem Rathaus, auf der Post, auf dem Bürgeramt zu erledigen.* Aber: *Wie gefällt es dir denn auf dem/im Gymnasium/in der Schule?* In Verbindung mit Länder- und Städtenamen steht auf die Frage „wo?" die Präposition *in (in England, in Paris),* bei Inselnamen steht *auf (auf Sylt, auf der Mainau),* bei Inselnamen, die zugleich Ländernamen sind, kann *auf* oder *in* stehen *(auf/in Jamaika).* ↑in/nach/zu/bei.

2. auf/in Deutsch/Englisch ...: ↑deutsch (3).

auflösen, sich: Im Sinne von „sich zerteilen, zergehen" wird *sich auflösen in* mit dem Dativ verbunden: *Die Tablette löst sich in lauwarmem Wasser auf.* Bedeutet aber *sich auflösen* „in etw. übergehen, sich in etw. verwandeln", steht es mit dem Akkusativ: *Wolken lösen sich in prasselnden Regen auf.*

Aufnahmeprüfung: In Fügungen wie *die Aufnahmeprüfung ins Gymnasium* wird fälschlicherweise das Präpositionalattribut *(ins Gymnasium)* vom Zweitglied *(-prüfung)* statt vom Erstglied *(Aufnahme-)* abhängig gemacht. Richtig muss es heißen: *die Prüfung zur Aufnahme ins Gymnasium.*

aufnehmen: Nach *jmdn./etwas aufnehmen in/unter/auf ...* steht fast immer der Akkusativ: *Jeder neue Gast wurde so in seine Familie aufgenommen* (Süddeutsche Zeitung). Der Dativ wird nur vereinzelt gebraucht: *Als jemand, der glaubt, er müsse den armen Europäern helfen, dass sie in einer Familie aufgenommen werden* (taz).

aufoktroyieren: Diese Mischbildung wird im geschriebenen Standard seltener gebraucht als das einfache, aber für viele schwerer verständliche fremde Verb *oktroyieren,* das schon allein dasselbe bedeutet wie *aufoktroyieren.* ↑Verbzusätze.

aufrecht: Getrennt vom folgenden Verb schreibt man *aufrecht* im Sinne von „gerade, in aufrechter Haltung": *Er soll aufrecht sitzen. Ich konnte mich nicht mehr aufrecht halten.* Zusammen schreibt man, wenn *aufrecht* in Verbindung mit dem Verb die Bedeutung „bestehen lassen, an etwas festhalten" hat: *seine Meinung aufrechterhalten; den Kontakt, die Verbindung, seine Ansprüche aufrechterhalten.* Getrennt oder zusammen kann man schreiben: *Die Hoffnung hat sie bis zuletzt aufrecht gehalten/aufrechtgehalten.*

aufrunden/abrunden: ↑abrunden/aufrunden.

aufschrecken: Bei dem intransitiven Verb *aufschrecken* lauten die Stammformen *schreckte/* (auch:) *schrak auf, ist aufgeschreckt: Er schreckte/schrak aus seinen Gedanken auf. Die Rehe waren aufgeschreckt.* Das transitive Verb hat die Formen *schreckte auf, hat aufgeschreckt: Ein Geräusch schreckte ihn auf. Er hatte das Wild aufgeschreckt.*

aufsetzen: ↑Wechselpräposition.

Aufsicht[s]führende/Aufsicht Führende: Das Kompositum wird als Adjektiv und als Substantiv gebraucht und kann in beiden Fällen mit oder ohne Fugen-s verwendet werden: *Dies festzustellen sei nun Aufgabe der Regierung von Oberbayern als aufsichtsführende Instanz* (Süddeutsche Zeitung). *Tut er dies aber nicht, sollte die aufsichtführende Behörde eingeschaltet werden* (taz). Auch die Getrenntschreibung *der/die Aufsicht Führende* ist korrekt.

aufspielen, sich: Bei *sich aufspielen als/wie* steht heute der dem *als* oder *wie* folgende Ausdruck im Nominativ, d.h., er wird auf das Subjekt bezogen: *Er spielte sich auf wie ein Narr.* Der Akkusativ ist hier veraltet *(Er spielte sich als Helden auf)*.

aufständisch/aufständig: Die Form *aufständig* ist veraltet.

aufteilen: Bei *aufteilen in* steht der Akkusativ (nicht der Dativ): *Die Spieler wurden in zwei große Gruppen aufgeteilt. Der Teppich ist in gleich große Felder aufgeteilt.*

auf/um: *Die Dividende wurde um 5 % erhöht* besagt, dass die Dividende jetzt 5 % mehr beträgt als vorher. Wie hoch sie genau ist, geht daraus nicht hervor. *Die Dividende wurde auf 5 % erhöht* besagt dagegen, dass die Dividende jetzt 5 % beträgt, aber nicht, um wie viel Prozent sie erhöht worden ist. Nicht korrekt: *Die Gebühren wurden von 3,– EUR auf 10,– EUR, also um mehr als das Dreifache erhöht.* Richtig: *Die Gebühren wurden von 3,– EUR auf 10,– EUR, also um mehr als das Doppelte* (oder: *auf mehr als das Dreifache*) *erhöht.*

Auf und Ab: Die Substantivierung bleibt im Genitiv meist ohne Flexionsendung: *des ewigen Auf und Ab überdrüssig sein* (selten: *des ewigen Auf und Abs ...*).

auf Urlaub/im Urlaub/in Urlaub: ↑Urlaub.

aufwärts: Man schreibt *aufwärts* mit dem folgenden Verb zusammen, wenn die Betonung nur auf dem Verbzusatz liegt: *Wir sind zwei Stunden lang nur aufwärtsgegangen. Mit dem Unternehmen/ihrer Gesundheit wird es wieder aufwärtsgehen. Wir wollen von hier aus aufwärtsfahren.* Getrennt wird das (am Kontrastakzent erkennbare) selbstständige Adverb geschrieben: *Wir wollen aufwärts gehen, nicht fahren.* ↑-wärts.

auf was/worauf: Die Verbindung *auf + was (Auf was stützt sich Ihre Annahme?)* kommt hauptsächlich in der gesprochenen Sprache vor. In der geschriebenen Standardsprache dominiert jedoch eindeutig der Gebrauch des Pronominaladverbs *worauf*: *Worauf stützt sich Ihre Annahme?*

aufwenden: Die Formen des Präteritums und des Partizips II lauten sowohl *wendete auf, aufgewendet* als auch *wandte auf, aufgewandt.* Die schwachen Formen *(wendete, gewendet)* sind häufiger.

Augenblick: *In dem Augenblick, wo ...* ↑da/wo.

Augenzeuge: Wenn *Augenzeuge* Prädikativ zu einem Pluralwort ist, steht es in der Regel im Plural: *Drei SPIEGEL-Journalisten waren Augenzeugen der Katastrophe in New York* (Spiegel). Manchmal wird aber auch der Singular verwendet: *22 500 fanatische Fans wurden Augenzeuge eines denkwürdigen Skispringens* (Freie Presse).

August: ↑Monatsnamen.

aus: 1. Rechtschreibung: Getrennt schreibt man *aus* in den Wendungen *bei jmdm. aus und ein gehen* „verkehren“ und *nicht aus und ein/weder aus noch ein wissen* „ratlos sein“. Anders ist es bei der zusammenfassenden Verbindung von Verben mit dem Verbzusatz *aus-*, wo ein ↑Bindestrich (1.1) gesetzt werden muss: *die ausgehenden und eingehenden/die aus- und eingehenden Sendungen; tief ausatmen und tief einatmen/tief aus- und einatmen.* Getrennt schreibt man *aus sein: Das Licht muss um 10 Uhr aus sein. Er wird wohl auf die Belohnung aus sein.* Groß schreibt man die Substantivierung *das Aus: Der Ball ging ins Aus.*

2. aus ... heraus: Verstärkendes *heraus* kann nur zu loseren Gefügen aus *aus* + Substantiv hinzutreten *(aus einer Notlage, aus einer Laune heraus)*, nicht aber zu festen Verbindungen wie *aus Erfahrung, aus Liebe.*

3. aus/von: Länder- und Städtenamen stehen als Herkunftsangaben mit der Präposition *aus*, besonders wenn mit ihnen der Lebensbereich oder Geburtsort eines Menschen gemeint ist: *Ich komme aus Stuttgart, bin aus Bayern. Sie ist aus Sachsen.* Die Präposition *von (ich bin von*

Mannheim) ist in dieser Verwendung regionalsprachlich. Jedoch wird *von* mit Städtenamen gelegentlich dann verbunden, wenn es um die Angabe eines (kürzlich) verlassenen Aufenthaltsortes geht: *Ich komme gerade aus Stralsund/von Stralsund.*

aus aller Herren Ländern/aus aller Herren Länder: Heute wird im Allgemeinen die unflektierte Form *aus aller Herren Länder* gebraucht.

ausbezahlen/auszahlen: Die Bedeutungen „einen Geldbetrag aushändigen" und „finanziell abfinden" haben *ausbezahlen* und *auszahlen* gemeinsam: *Gehälter, Prämien, ein Erbteil ausbezahlen/auszahlen; Teilhaber, Erben ausbezahlen/auszahlen.* Dagegen kann im Sinne von „entlohnen" standardsprachlich nur *auszahlen* gebraucht werden: *Die Saisonarbeiter wurden ausgezahlt und entlassen.* Auch in reflexivem Gebrauch gilt nur *auszahlen: Verbrechen zahlen sich nicht aus.*

ausbleichen: ↑ bleichen.

ausbreiten: Nach *ausbreiten auf* steht meist der Dativ, weil der Ort, an dem etwas ausgebreitet wird, bezeichnet ist: *die Decke auf dem Rasen, eine Straßenkarte auf dem Tisch ausbreiten.* Bei *sich ausbreiten über* kommt auch die Richtung ins Spiel, daher kommen sowohl der Dativ als auch der Akkusativ vor: *Nebel breitete sich über dem/über das Land aus.* Im Sinne von „sich über etwas weitschweifig äußern" steht *sich ausbreiten über* nur mit dem Akkusativ: *Stundenlang breitete er sich über die Schädlingsbekämpfung aus.*

aus dem/daraus: ↑ auf das/darauf.

Ausdruck: In der Bedeutung „Wort, Bezeichnung" hat *Ausdruck* den Plural *die Ausdrücke,* in der Bedeutung „fertig gedrucktes Werk, ausgedruckter Text" den Plural *die Ausdrucke.* ↑ Druck.

auseinander: ↑ ...einander.

Ausflucht: ↑ Flucht.

ausgenommen: **1. Stellung und Rektion:** Das dem Wort *ausgenommen* vorangestellte Substantiv steht meist im Akkusativ: *Ich muss dem ganzen Buch widersprechen, den Schluss ausgenommen.* Der Nominativ steht bei dieser Konstruktion nur, wenn auch das zugehörige vorangehende Wort diesen Kasus aufweist: *Alle sind da, er* (veraltet: *ihn*) *ausgenommen.* Demgegenüber ist die Nachstellung des Substantivs ein Zeichen dafür, dass *ausgenommen* auf die Deklination keinen Einfluss hat; das Substantiv wird dann vom Verb des Satzes regiert: *Ich muss dem ganzen Buch widersprechen, ausgenommen dem Schluss.*

2. Zeichensetzung: Wenn *ausgenommen* als Konjunktion im Sinne von „außer" gebraucht wird, steht immer ein Komma davor: *Alle sind da, ausgenommen er. Sie kommt bestimmt, ausgenommen es regnet.* In den Fügungen *ausgenommen dass* und *ausgenommen wenn* braucht vor *dass* oder *wenn* kein zusätzliches Komma gesetzt zu werden: *Er ist ganz nett, ausgenommen[,] dass er gern übertreibt. Sie kommt bestimmt, ausgenommen[,] wenn es regnet.*

ausklingen: In konkreter Bedeutung wird das Perfekt von *ausklingen* mit *haben* oder *sein* gebildet: *Der Ton war/hatte ausgeklungen.* Wenn das Verb übertragen im Sinne von „enden" gebraucht wird, ist dagegen nur *sein* möglich: *Alles ist in eine freundliche und versöhnliche Stimmung ausgeklungen. Seine Rede war in der Mahnung ausgeklungen ...*

Ausländer, Ausländerin:
Ausländerinnen und Ausländer ist zwar die richtige Bezeichnung für Menschen ohne deutsche Staatsbürgerschaft, sie sollte aber bedachtsam gebraucht werden. Gemeint sind vor allem Menschen, die nicht überwiegend in Deutschland leben. Da *Ausländer* das Fremde betont, wird der Ausdruck oft als diskriminierend empfunden und ist als Bezeichnung für Einwanderer auch falsch. Häufig wird daher stattdessen *Menschen mit Migrationshintergrund* oder *ausländischer Mitbürger, ausländische Mitbürgerin* gesagt.

Auslassung: ↑ Ellipse.

Auslassungspunkte: Vor und nach den Auslassungspunkten lässt man den normalen Wortzwischenraum, wenn sie für ein oder mehrere Wörter stehen. Bei Auslassung eines Wortteils schließt man sie unmittelbar an den Rest des Wortes an. Hinter den Auslassungspunkten steht kein besonderer Satzschlusspunkt. Der Schlusspunkt eines vorangehenden Satzes oder ein Abkürzungspunkt darf nicht in die Auslassungspunkte einbezogen werden: *Der Kontokorrentkredit wird ... als gedeckter Kredit gewährt. ... ein Kredit, der in laufender Rechnung zur Verfügung gestellt wird. Frankfurt a. M. ...*

Auslassungssatz: ↑ Ellipse.

Auslassungszeichen: ↑ Apostroph.

ausreichend: ↑ Zensuren.

ausringen/auswringen: ↑ auswringen/ausringen.

Ausrufezeichen: 1 a) Das Ausrufezeichen steht auch nach Ausrufesätzen in Fragesatzform: *Wie lange soll ich denn noch warten!* **b)** Das Ausrufezeichen steht nach der Anrede bei Reden und Ansprachen (zur Anrede im Brief ↑ Brief/E-Mail): *Liebe Mitbürgerinnen und Mitbürger! Verehrte Frau Vorsitzende, meine Damen und Herren!* **c)** Das Ausrufezeichen steht eingeklammert innerhalb eines Satzes nach Ausdrücken, auf die eine besondere Aufmerksamkeit gerichtet werden soll: *Er will 100 Meter in 10,2 (!) Sekunden gelaufen sein.*
2. Zusammentreffen von Ausrufezeichen mit anderen Satzzeichen: a) Ausrufezeichen und Anführungszeichen: Das Ausrufezeichen steht vor dem schließenden Anführungszeichen, wenn es zur Anführung gehört. Wenn der übergeordnete Satz folgt oder weitergeführt wird, dann muss ein Komma gesetzt werden: *„Komm mir nicht mehr unter die Augen!", rief sie wütend.* Das Ausrufezeichen steht nach dem schließenden Anführungszeichen, wenn es nicht zur Anführung, sondern zum ganzen Satz gehört: *Spiel doch nicht immer Franz Liszts „Ungarische Rhapsodie"!* Gehört sowohl zur Anführung als auch zum übergeordneten Satz ein Ausrufezeichen, dann müssen beide gesetzt werden: *Lass doch dieses ewige „Ich will nicht!"!* **b) Ausrufezeichen und Gedankenstrich:** Das Ausrufezeichen steht vor dem zweiten Gedankenstrich, wenn es zu dem eingeschobenen Satz oder Satzteil gehört: *Ich fürchte – hoffentlich zu Unrecht! –, dass du krank bist.* **c) Ausrufezeichen und Fragezeichen:** Nach einem Fragezeichen kann noch ein Ausrufezeichen stehen, wenn der Fragesatz gleichzeitig als Ausrufesatz verstanden werden soll: *Warum denn nicht?!*

ausschließlich: Die Präposition *ausschließlich* „ohne, außer" wird mit dem Genitiv verbunden, wenn der Kasus durch ein Begleitwort des abhängigen Substantivs deutlich wird: *die Kosten ausschließlich des genannten Betrags, die Miete ausschließlich der Heizungskosten, Geräte ausschließlich privat genutzter Radios.* Das allein stehende starke Substantiv nach *ausschließlich* bleibt im Singular im Allgemeinen ohne Kasusendung: *die Kosten ausschließlich Porto.* Im Plural weicht man bei allein stehenden stark deklinierten Substantiven auf den Dativ aus, wenn der Genitiv nicht erkennbar ist: *der Preis für die Mahlzeiten ausschließlich Getränken* (statt: *Getränke*), *das Mobiliar ausschließlich Tischen und Stühlen* (statt: *Tische und Stühle*). Wenn Numerus und Kasus undeutlich sind, weil sowohl der Genitiv Singular als auch der Dativ Plural ein *s* hat, z. B. in Formulierungen wie *ausschließlich privat genutzten Radios,* setzt man ein Artikelwort hinzu, wenn man den Singular deutlich machen möchte: *ausschließlich eines/Ihres privat genutzten Radios.*

aussenden: Die Formen des Präteritums und Partizips II lauten: *sendete aus/sandte aus* und *ausgesendet/ausgesandt.* Die starken Formen mit *a* kommen häufiger vor. ↑ senden.

außer: Die Präposition *außer* regiert in der Bedeutung „ausgenommen, abgesehen von" den Dativ: *Man hörte nichts außer dem Ticken der Uhr.* Auch in der Bedeutung „außerhalb" regiert *außer* gewöhnlich den Dativ: *Sie können auch außer der Zeit kommen. Der Kranke ist außer aller Gefahr. Ich bin außer mir über sein Verhalten.* Der veraltete Genitiv kommt nur noch in den Verbindungen *außer Landes gehen, außer Landes sein/leben* und *außer Hauses sein* (selten neben: *außer Haus[e] sein*) vor. In Verbindung mit Verben der Bewegung hat sich in neuerer Zeit der Akkusativ durchgesetzt: *etwas außer jeden Zusammenhang, außer jeden Zweifel stellen; jemanden außer allen Stand setzen, etwas zu tun.* Bei *geraten* allerdings steht der Dativ noch mit dem Akkusativ in Konkurrenz: *Ich geriet außer mir/außer mich vor Wut.* Wenn das Bezugswort des auf *außer* folgenden Substantivs im Nominativ, Genitiv oder Akkusativ steht, ist es möglich, dieses in den gleichen Kasus zu setzen; *außer* ist dann Konjunktion. Nominativ: *Niemand kann es herausbekommen außer ich selbst.* Genitiv: *Ich entsinne mich all dieser Vorfälle nicht mehr außer eines einzigen.* Akkusativ: *Ich kenne niemanden außer ihn.* In allen diesen Beispielen kann man *außer* auch als Präposition (mit dem Dativ) verwenden: *Niemand kann es herausbekommen außer mir* usw. Zur Zeichensetzung ↑Komma (6.1).

außer dass; außer wenn; außer um u. a.: Das Komma steht wie vor dem einfachen *dass, wenn* oder *um,* weil diese Fügungen als zusammengesetzte Konjunktionen verwendet werden: *Wir gehen täglich spazieren, außer wenn es regnet. Ich habe nichts erfahren können, außer dass sie abgereist ist. Außer um einzukaufen, geht sie nicht mehr aus dem Haus.*

Äußeres: Wenn *Äußeres* einem stark deklinierten Adjektiv folgt, dann wird es heute gewöhnlich ebenfalls stark flektiert: *ein anmutiges Äußeres* (nicht mehr üblich: *Äußere*). Im Dativ Singular kommt neben der starken auch die schwache Flexion vor: *mit jugendlichem Äußerem* / (seltener schwach:) *Äußeren.*

außerhalb: Die Präposition *außerhalb* wird heute mit dem Genitiv (nicht mehr mit dem Dativ) verbunden: *außerhalb des Hauses, außerhalb des Bereichs, außerhalb der Landesgrenzen.* Das gilt auch für Orts- und Landesnamen: *außerhalb Bayerns, außerhalb Kölns.* In diesen Fällen kann auch *von* mit dem Eigennamen verwendet werden: *außerhalb von Bayern, von Köln.*

austeilen: Nach *austeilen unter* kann sowohl der Akkusativ als auch der Dativ stehen: *Sie teilten die Lebensmittel unter die Flüchtlinge/den Flüchtlingen aus.*

aus was/woraus: Die Verbindung *aus + was (Aus was folgerst du das?)* kommt hauptsächlich in der gesprochenen Sprache vor. In der geschriebenen Standardsprache dominiert jedoch eindeutig der Gebrauch des Pronominaladverbs *woraus*: *Woraus folgerst du das? Woraus diese Legierung besteht, weiß ich nicht. Das ist etwas, woraus man schließen kann, dass ...*

ausweisen als: Wenn das Verb *ausweisen als* reflexiv gebraucht wird, steht der auf *als* folgende Nominalausdruck meist im Nominativ: *Er wies sich als Kriminalbeamter aus.* Der Akkusativ *(Er wies sich als Kriminalbeamten aus)* ist seltener. Bei nicht reflexivem Gebrauch wird durch einen Akkusativ nach *als* der Bezug auf das Akkusativobjekt gekennzeichnet: *Er zeichnete ihn als umsichtigen Politiker aus.*

auswiegen: ↑wägen (2).

auswringen/ausringen: Als standardsprachlich gilt nicht *ausringen,* sondern *auswringen.*

auszahlen/ausbezahlen: ↑ausbezahlen/auszahlen.

auszeichnen als: Wenn das Verb *auszeichnen als* reflexiv gebraucht wird, steht der auf *als* folgende Nominalausdruck meist im Nominativ: *Er zeichnete sich als umsichtiger Politiker aus.* Der Akkusativ *(Er zeichnete sich als umsichtigen Politiker aus)* ist seltener. Bei nicht reflexivem Gebrauch wird durch einen Akkusativ nach *als* der Bezug auf das Akkusativobjekt gekennzeichnet: *Er zeichnete ihn als umsichtigen Politiker aus.*

Automat: Bis auf den Nominativ Singular haben alle Formen die Endung *-en*, z. B.: *Sie zog sich Zigaretten am Automaten*. Dativ und Akkusativ Singular bleiben vereinzelt auch endungslos *(am Automat/den Automat).*

Automation/Automatisierung: Während *Automatisierung* heute gewöhnlich im Sinne von „laufende Umstellung auf Mechanisierung in technischen Bereichen" gebraucht wird, bezeichnet *Automation* eher den erreichten Zustand, eine Entwicklungsstufe der Mechanisierung.

Autor: 1. Deklination: Es heißt *des Autors, dem Autor, den Autor*. Vereinzelt tritt auch die schwache Flexion auf: *des Autoren, dem Autoren, den Autoren.* ↑ Fremdwort (3).

2. Komposita mit Autor: Die Komposita mit *Autor* als Erstglied sind fast ausschließlich mit dem Fugenelement *-en-* gebräuchlich. Es heißt: *Autorenverzeichnis, Autorenverband,* aber auch: *Autorenlesung, Autorenexemplar.* Komposita ohne Fugenelement liegen vor in *Autorkorrektur* (neben: *Autorenkorrektur*) und in *Autorreferat* (neben: *Autorenreferat*).

Autotypenbezeichnungen: 1. Schreibung: Autotypenbezeichnungen wie *VW Golf, Opel Astra, Ford Mondeo* u. a. werden ohne Bindestrich geschrieben.

2. Deklination: Auch im Genitiv Singular und im Plural stehen Autotypenbezeichnungen in der Regel ohne Deklinationsendung, also: *des Opel Astra, des Fiat Punto, 5 VW Golf; die neuen Passat.*

3. Genus: Autotypenbezeichnungen bzw. Markennamen von Autos sind – von wenigen Ausnahmen (*die Dauphine* [Renault], *die Isabella* [Borgward], *das Goggomobil*) abgesehen – maskulin: *der Ford Mondeo, der Opel Astra, der VW, der Mercedes, der BMW.* Die Bezeichnungen von Motorradtypen bzw. Namen von Motorrädern sind dagegen feminin: *die Zündapp, die Honda, eine schwere BMW 500.*

4. Coupé, Cabrio: Die Bezeichnung der Ausführung kann (ebenfalls ohne Deklinationsendung) angeschlossen werden, ohne dass sich am Genus etwas ändert: *der Mercedes CLK Coupé, des VW Golf Cabrio.* Man kann aber auch Komposita bilden. Dann richtet sich das Genus nach der Bezeichnung der Ausführung; sie wird dekliniert, und man setzt Bindestriche: *zwei Audi-A4-Cabrios, des Audi-A4-Cabrios, das Mercedes-CLK-Coupé.*

Avatar

Der Begriff *Avatar* begegnet uns häufiger im Bereich der sozialen Medien, der Internetforen und der Computerspiele. Er ist entlehnt aus dem Englischen, stammt aber aus dem Sanskrit, also einer altindischen Sprache, und bezeichnete den Abstieg eines Gottes ins irdische Leben. Heute ist damit ein Alter Ego im Internet gemeint, etwa ein Profilbild in Form eines Tiers oder Fantasiewesens, oder eine Figur, die jemand in einem Computerspiel verkörpert. Wie aber hängen diese beiden Begriffe, deren Bedeutung ja unterschiedlicher nicht sein könnte, zusammen? Das Bindeglied ist die Literatur: Der französische Autor Théophile Gautier schrieb 1856 den fantastischen Roman „Avatar", in dem die indische Mythologie eine Rolle spielt. Das Konzept des „Avatars" in unserem heutigen Sprachgebrauch führte dann der amerikanische Autor Neal Stephenson in seinem als Kultroman geltenden Buch „Snow Crash" von 1992 ein.

B

backen: Das Präteritum lautet *buk* oder *backte*. In der 2. und 3. Person Singular Präsens werden statt der umgelauteten (starken) Formen *du bäckst, er bäckt* immer häufiger die nicht umgelauteten Formen *du backst, er backt* gebraucht: *Der Kuchen bäckt/backt bereits 20 Minuten. Dieser Herd bäckt/backt ganz hervorragend.*

Bad: Die Ableitungen von Ortsnamen mit vorangehendem *Bad* werden ohne oder mit Bindestrich geschrieben: *Bad Hersfelder/Bad-Hersfelder Festspiele.*

bairisch: ↑bayerisch/bayrisch/bairisch.

bald: 1. Vergleichsformen: Zum Adverb *bald* kann man Formen von *ehe* als Vergleichsformen stellen: *bald – eher – am ehesten*. Die regelmäßigen Vergleichsformen *bälder/balder – am bäldesten/am baldesten* kommen nur noch gelegentlich regionalsprachlich vor.

2. Komma bei *bald – bald*: Die mehrgliedrige Konjunktion *bald – bald* verbindet aufgezählte Satzteile oder Sätze. Vor dem zweiten (und jedem weiteren) *bald* steht ein Komma: *Bald ist er hier, bald dort. Bald lachte das Kind, bald weinte es, bald schrie es nach der Mutter.*

3. *Sein baldes Kommen*: Das Adverb *bald* kann im Allgemeinen nicht als Attribut einem Substantiv vorangestellt werden. In der gesprochenen und informellen Sprache werden Adverbien jedoch vereinzelt wie Adjektive attributiv verwendet.

Balkon · Ballon: Die Wörter können französisch [bal'kõ:], [bal'õ:] ausgesprochen werden oder aber integriert (deutsch) als [bal'kɔŋ], [ba'lɔŋ], auch (vor allem in Süddeutschland) [bal'ko:n], [ba'lo:n]. Bei der deutschen Aussprache sind die Pluralformen *die Balkone, die Ballone* gebräuchlich, sonst die Pluralformen *die Balkons, die Ballons.*

bang[e]: 1. banger/bänger · bangste/bängste: Der Komparativ und der Superlativ von *bang[e]* können ohne und mit Umlaut gebildet werden. In der Standardsprache werden die nicht umgelauteten Formen *banger, bangste* vorgezogen. Die umgelautete Form ist aber fester Bestandteil der Redewendung *bang und bänger.*

2. bange/Bange: Neben *bang[e]* existiert auch das Substantiv *die Bange* „Angst, Furcht", das in Verbindung mit *haben* und mit *machen* (↑3) gebraucht wird: *Ich habe keine Bange, dass ... Nur keine Bange! Sie hat mir ganz schön Bange gemacht!* Sonst schreibt man klein: *Mir ist angst und bang[e]. Ihm wird bang.*

3. Ich mache ihm Bange: Die Fügung *Bange machen* wird in der Regel mit dem Dativ verbunden: *Willst du mir Bange machen?* ↑Angst/angst.

Bär: Bis auf den Nominativ Singular haben alle Formen die Endung *-en*. Der Genitiv lautet *des Bären*, der Dativ und Akkusativ lauten *dem, den Bären* (manchmal: *dem/den Bär*). ↑Teddybär.

-bar: Adjektive auf *-bar* werden heute fast ausschließlich zu transitiven Verben gebildet. Das Suffix *-bar* gibt an, was mit der im Bezugsausdruck genannten Person oder Sache getan werden kann: *lieferbare Waren* sind Waren, die geliefert werden können, *befahrbare Wege* sind Wege, die befahren werden können. Die Beliebtheit solcher Bildungen rührt daher, dass sie überaus sprachökonomisch sind, z. B.: *Die Firma stellt abwaschbare Tapeten her* gegenüber *Die Firma stellt Tapeten her, die abgewaschen werden können.* Daneben gibt es eine Reihe von meist älteren oder fachsprachlichen *-bar-* Adjektiven, die zu intransitiven Verben (d. h. Verben, die kein persönliches Passiv bilden können) gebildet sind: *verfügbare Mittel*

Bank – ein Wort geht auf die Reise

Das Wort *Bank* für das Geldinstitut sowie für die Sitzbank entstammt derselben indogermanischen Wurzel – und hat eine kleine Odyssee hinter sich. Im Althochdeutschen gab es bereits das heutige Wort *Bank* – für das Sitzmöbel. Es gelangte mit der Völkerwanderung nach Italien, wo es zunächst als „banco" die Sitzbank bezeichnete. Später kam es in Italien zu einer Bedeutungsverschiebung: Zunächst wurde mit dem Substantiv ein Rechentisch für Geldverleiher bezeichnet. Zu Zeiten der Renaissance, als sich vor allem in Florenz und Venedig das moderne Bankenwesen entwickelte, wurde der Begriff „banco" für die neu entstehenden Geldinstitute verwendet. Und in dieser Bedeutung gelangte das Wort im 15. Jh. als sog. „Rückentlehnung" nach Deutschland zurück. Doch auch wenn der Singular identisch ist – im Plural unterscheiden wir *Bänke* und *Banken*.

sind z. B. Mittel, über die verfügt werden kann, *unverzichtbare Forderungen* sind Forderungen, auf die nicht verzichtet werden kann. Teilweise haben diese Bildungen auch aktivische Bedeutungen: *brennbares Material* ist z. B. Material, das brennen kann, ein *unsinkbares Schiff* ist ein Schiff, das nicht sinken kann. In der Gegenwartssprache ist die Bildung von *-bar*-Adjektiven zu intransitiven Verben – von fachsprachlichen Ausnahmen abgesehen – weitgehend blockiert.

Barbar: Bis auf den Nominativ Singular haben alle Formen die Endung *-en.* Der Genitiv lautet *des Barbaren,* der Dativ und der Akkusativ lauten *dem, den Barbaren.*

-bar/-fähig: Die von Verben abgeleiteten Adjektive auf ↑ *-bar* haben meist passivischen Sinn, die auf *-fähig* sind im Allgemeinen aktivisch: *Die Ware ist nicht lieferbar* besagt, dass die Ware nicht geliefert werden kann, dagegen wird mit dem Satz *Die Firma ist nicht lieferfähig* ausgedrückt, dass die Firma nicht liefern kann. Man kann also z. B. nicht sagen: *ein lenkfähiger* (richtig: *lenkbarer*) *Schlitten* oder *ein leicht beeinflussfähiges* (richtig: *beeinflussbares*) *Kind.*

-bar/-lich: ↑ -lich/bar.

Baron, Baronin, Baronesse: Als Bestandteil des Familiennamens steht *Baron* hinter dem Vornamen: *Hans Baron von Grote.* Das Genitiv-s wird nur an den eigentlichen Namen angehängt: *der Wagen Hans Baron von Grotes; Baron von Grotes Wagen.* Nur wenn der Artikel unmittelbar vorangeht, wird *Baron* selbst flektiert: *der Wagen des Barons von Grote.* Die feminine Form lautet *Baronin,* eine unverheiratete weibliche Angehörige der Familie wird *Baronesse* genannt. Diese Bezeichnungen werden im Familiennamen wie die maskuline Form verwendet: *Eva Baronin/Baronesse von Grote; Baronin/Baronesse von Grotes Wagen.* Die persönliche Anrede lautet (offiziell) *Herr Baron von Grote, Frau Baronin von Grote* oder

Herr Baron, Frau Baronin. Jedoch lässt man das *Herr* oder *Frau* heute gewöhnlich weg; man schreibt im Brief: *Sehr geehrter Baron von Grote* oder *Sehr geehrte Baronin von Grote* und sagt im Gespräch *Baron Grote, Baronin Grote.*

basieren: Nach *basieren auf* im Sinne von „fußen, beruhen, sich stützen auf" steht der Dativ: *Ihre Ausführungen basierten auf genauer Kenntnis der Verhältnisse.* Im Sinne von „gründen auf, aufbauen" kann sowohl der Dativ als auch der Akkusativ stehen: *Er basierte seine Theorie auf zahlreichen Versuchen/auf zahlreiche Versuche.*

Basler: Die Einwohner von Basel heißen *Basler.* In der Schweiz gilt nur diese Form, sonst ist auch die dreisilbige Form *Baseler* gebräuchlich. ↑Einwohnerbezeichnungen auf -er (6).

Bau: **1. Plural:** Das Substantiv *der Bau* hat in der Bedeutung „Bauwerk" den Plural *die Bauten,* der eigentlich zu dem veralteten Kanzleiwort *die Baute* „das Gebäude" gehört. Es heißt daher auch: *die Neubauten, Altbauten, Hochbauten.* Im Sinne von „Erdwohnung bestimmter Tiere" lautet dagegen der Plural *die Baue: Fuchsbaue, Dachsbaue.* Auch die Fachausdrücke des Bergbaus haben diesen Plural: *die Tagebaue, die Abbaue.*
2. in/im Bau: Beide Formen sind üblich und bedeuten dasselbe: *die Brücke ist bereits in/im Bau.* ↑in/im (1).

bauen: Nach *bauen auf* im Sinne von „sich verlassen auf, sein Vertrauen setzen in" steht der Akkusativ: *Du kannst auf mein Wort bauen. Ich baue auf ihn.*

Bauer: **1. Bauer, Bäuerin:** In der Bedeutung „Landwirt" wird *der Bauer* im Singular im Genitiv fast immer, im Dativ und Akkusativ meist schwach flektiert: *des Bauers/Bauern; dem, den Bauer/Bauern.* Der Plural lautet *die Bauern,* die abgeleitete feminine Form *die Bäuerin.*
2. Bauer, Bauerin: *Der Bauer* im Sinne von „Bauender, Erbauer" – in Komposita wie *Städtebauer, Orgelbauer, Tiefbauer* – hat starke Deklination. Der Genitiv Singular lautet *des Bauers,* der Plural *die Bauer.* Hierzu lautet die abgeleitete feminine Form *die Bauerin,* also z. B. *die Städtebauerin, die Obstbauerin.* ↑Ackerbauer.
3. das/der Bauer: Auch im Sinne von „Vogelkäfig" wird *Bauer* stark dekliniert. In dieser Bedeutung hat es im Allgemeinen neutrales, selten auch maskulines Genus: *das* (selten: *der*) *Bauer.*

bausparen: Es heißt: *Wir wollen bausparen. Wer bauspart, ist klug. ... weil du bausparst.* Beim Infinitiv wird *zu* wie bei einem Partikelverb eingeschoben: *Es lohnt sich, bauzusparen.*

Bayer: *Bayer* wird meist schwach dekliniert. Der Genitiv Singular lautet *des Bayern* (vereinzelt: *Bayers*). Im Dativ und Akkusativ Singular wird meist schwach, aber auch stark flektiert: *dem, den Bayern/Bayer.*

bayerisch/bayrisch/bairisch: Das Adjektiv zu *Bayern* lautet *bayerisch* oder *bayrisch.* Die Form mit *-e-* wird in der Standardsprache und in offiziellen Namen bevorzugt verwendet: *eine bayerische Tracht; der Bayerische Wald.* In der Sprachwissenschaft wird *bairisch* mit *-i-* verwendet, wenn es um die Sprache des Dialektraumes geht.

Beamte, der: **1. tüchtigem Beamten/Beamtem · ihm als Beamten/Beamtem:** *Beamte* wird noch heute im Allgemeinen wie ein attributives Adjektiv dekliniert: *Er ist Beamter geworden. Der Beamte wurde versetzt. Die Beamten waren nicht einverstanden. Zwei Beamte erstatteten Bericht; ein kleiner Beamter, der kleine Beamte.* **a)** Im Genitiv Plural ist heute nach einem stark deklinierten Adjektiv die parallele Flexion üblich: *die Ernennung städtischer Beamter* (vereinzelt: *Beamten*). **b)** Ausnahmen und Schwankungen treten beim Dativ Singular auf. Nach einem stark deklinierten Adjektiv wird heute meist schwach flektiert: *Tüchtigem Beamten* (manchmal: *Beamtem*) *wurde Auszeichnung verliehen.* In Konstruktionen wie den folgenden kommt

Beamen und Beamer

Das englische Lehnwort *beamen* findet sich inzwischen vermehrt auch in Zeitschriften- und seriösen Blogartikeln wieder. Mal möchte man sich weg-, mal irgendwo hinbeamen, etwa an einen entspannten Urlaubsort. Doch was ist mit diesem Wort gemeint? Eigentlich ist dieses Verb von einem Tageslichtprojektor, einem *Beamer* abgeleitet. In der Science-Fiction-Literatur und in der -Serie „Raumschiff Enterprise" bezeichnet es jedoch die Teleportation von einem Ort an einen anderen. Von diesem Genre aus sickerte der Begriff in den allgemeinen deutschen Sprachgebrauch ein. Möchte also jemand an einen anderen Ort gebeamt werden, so handelt es sich um einen, meist weit entfernten und schwer erreichbaren, Sehnsuchtsort. Allerdings forscht die Wissenschaft seit Jahren daran, zumindest Gegenstände mittels Teleportation durch den Raum zu *beamen*. Bisher gelang dies aber nur mit Lichtteilchen, sodass diese Art des Reisens wohl Zukunftsmusik bleiben wird.

neben der starken Deklination auch die schwache vor: *Ihm als Beamten …,* (besser:) *Ihm als Beamtem …* ↑Substantivierung (2).

2. einige Beamte · alle Beamten · solche Beamte[n]: Zur Deklination von *Beamte* nach *alle, einige, beide* usw. ↑all- usw.

Beamtin: Die abgeleitete feminine Form zu *der Beamte* wird mit der Endung *-in* gebildet. Es heißt also: *die Beamtin* (nicht: *die Beamte*).

Becher: ↑Glas, ↑Apposition (3).

bedeuten: 1. Diese Ernennung bedeutet schnellen Aufstieg/schneller Aufstieg: Im Sinne von „besagen, heißen, einen bestimmten Sinn haben" hat *bedeuten* gewöhnlich den Akkusativ bei sich: *Das bedeutet einen Eingriff in meine Rechte.* Wenn solche Sätze den bestimmten oder unbestimmten Artikel enthalten, darf nach *bedeuten* kein Nominativ stehen (also nicht: *Dieses bedeutet ein Eingriff*). Weil aber *bedeuten* auch im Sinn von „so viel sein wie" eine Gleichsetzung ausdrücken kann *(round table bedeutet „runder Tisch"),* kommen Sätze ohne Artikel auch mit dem Nominativ vor, z. B. *Mord bedeutet elektrischer Stuhl.* Der Nominativ ist hier korrekt.

2. er bedeutete mir/er bedeutete mich …: Im Sinne von „zu verstehen geben" steht *bedeuten* mit dem Dativ: *Er bedeutete mir zu schweigen. Sie bedeutete ihm, er solle den Wagen holen.* Die Verbindung mit dem Akkusativ im Sinne von „belehren" ist veraltet.

bedeutend/bedeutsam: Das Adjektiv *bedeutend* heißt so viel wie „bemerkenswert, groß, außergewöhnlich, hervorragend" und drückt Lob, Wertschätzung und Anerkennung aus: *Sie ist eine bedeutende Verlegerin. Dies war ein bedeutendes Ereignis.* Das Adjektiv *bedeutsam* gebraucht man in Bezug auf etwas, was sich als wichtig erweist. Es wird in der Regel nicht auf Personen bezogen: *Das ist eine bedeutsame Entdeckung. Die Rede des Präsidenten war für uns alle bedeutsam.*

bedienen, sich: Bei *sich jmds., einer Sache als etwas bedienen* steht das unmittelbar mit *als* angeschlossene Substantiv im Nominativ: *Sie bedienten sich dieser Wiese als Flugplatz. Er bediente sich seines Bruders als Dolmetscher.* Mit Artikel und/oder adjektivischem Attribut ist auch der Genitiv möglich: *Sie bedienten sich dieser Wiese als eines Flugplatzes. Er bediente sich seines Bruders als geschickten Dolmetschers.* Zu einem Satz wie *Er lässt sich bedienen wie ein Fürst/wie einen Fürsten* ↑wie (3).

Bedienstete, der und die: **1. tüchtigem Bediensteten/Bedienstetem · ihr als Bediensteten/Bediensteter:** Zur Deklination substantivierter Adjektive ↑Abgeordnete; ↑Substantivierung (2).
2. einige Bedienstete · alle Bediensteten · solche Bedienstete[n]: Zur Deklination von *Bedienstete* nach *alle, beide, einige* usw. ↑all- usw.

bedürfen: Das Verb *bedürfen* gehört zu den wenigen Verben, die ein Genitivobjekt bei sich haben: *Er bedarf der Schonung. Es bedurfte nur eines Wortes.* Wenn dem Substantiv kein Artikel oder Adjektiv vorangeht, bleibt es endungslos: *Dazu bedarf es Geld/Mut.*

beerben: Das Verb *beerben* wird heute allgemein in der Bedeutung „jemandes Erbe antreten, bekommen" gebraucht: *Der Neffe hat seinen verstorbenen Onkel beerbt.* In der Rechtssprache hat sich vereinzelt auch der ältere Gebrauch von *beerben* im Sinne von „jemanden zum Erben einsetzen" erhalten *(Der Verstorbene hat seine einzige Tochter beerbt).*

befallen: Das Partizip II von *befallen* wird als Attribut nur in passivischem Sinn verwendet: *Die [von der Seuche] befallenen Schweine wurden geschlachtet.* Aktivischer Gebrauch ist nicht üblich. Also nicht: *die ihn befallene Krankheit,* sondern: *die Krankheit, die ihn befallen hat.*

befassen: Das Verb *befassen* wird heute nicht nur reflexiv gebraucht *(sich mit jemandem, mit etwas befassen),* sondern kommt nach dem Muster von *beschäftigen* auch transitiv vor. Diese Verwendung gehört der Amtssprache an und gilt als stilistisch unschön, z. B.: *Sie befasste die Gerichte mit Klagen.*

befehlen: 1. befehlen/befiehl!: Im Indikativ des Präsens heißt es: *ich befehle, du befiehlst, er befiehlt.* Der Imperativ lautet: *befiehl!* (nicht: *befehle!*).
2. beföhle/befähle: Im Konjunktiv II sind die Formen *beföhle* und *befähle* möglich, beide kommen aber nur sehr selten vor.

Befehlsform: ↑Imperativ.

befindlich: Das Adjektiv *befindlich* gehört zwar zu *sich befinden,* es wird aber nicht wie dieses Verb mit *sich* verbunden. Also nicht: *der sich im Kasten befindliche Schmuck,* sondern: *der im Kasten befindliche Schmuck* oder (stilistisch weniger schön): *der sich im Kasten befindende Schmuck.*

befriedigend: ↑Zensuren.

beginnen: 1. Konjunktiv: Im Konjunktiv II wird heute meist die Form *begänne,* seltener *begönne* gebraucht.
2. Komma: Wenn *beginnen* mit einer Infinitivgruppe verbunden ist, kann man ein Komma setzen: *Er begann ein Loch zu bohren/Er begann, ein Loch zu bohren.* ↑Komma (6.2).

begleiten: Bei *begleiten* steht die Angabe des Ziels gewöhnlich im Akkusativ (Frage: wohin?): *Er begleitete mich auf die Straße, vor das Tor, in den Park.* In Verbindung mit *auf* steht jedoch meist der Dativ, wenn ausgedrückt wird, dass man eine Reise o. Ä. gemeinsam unternimmt: *Ich begleite ihn auf dieser* (seltener: *auf diese*) *Reise.*

begründen/gründen: Das Verb *begründen* wird im Allgemeinen auf etwas Abstraktes bezogen: *jmds. Ruhm, Reichtum, Ruf, eine Theorie, Herrschaft, Schule* (= Denkrichtung) *begründen.* Dagegen hat *gründen* die Bedeutung „ins Leben rufen, etwas neu schaffen". Es wird im Allgemeinen auf Einrichtungen, auf Formen menschlicher Gemeinschaft u. Ä. bezogen: *eine Stadt, eine Firma, ein Unternehmen, eine Existenz gründen.* Anstelle von *gründen* wird in diesen Fällen häufig auch *begründen* gebraucht, wobei dann das Präfix *be-* im Sinne einer Verstärkung zu verstehen ist. So z. B.: *einen Hausstand, einen Verein gründen/begründen.*

behangen/behängt: Das Partizip II des transitiven Verbs *behängen* lautet meist *behängt* (manchmal: *behangen*): *Sie hatten den Vorbau mit bunten Girlanden behängt. Die Wände* *waren mit Teppichen behängt. Die Dachrinne war mit Eiszapfen behangen.* ↑ hängen.

beharren: In Verbindung mit *auf* steht nach *beharren* fast immer der Dativ: *Ich beharre auf meinem Anspruch.* Vereinzelt tritt auch der Akkusativ auf: *Ich beharre auf meinen Anspruch.*

behelfen: Während *helfen* nur mit dem Dativ verbunden wird *(ich helfe dir; ich helfe mir selbst),* kann bei *sich behelfen* das Reflexiv im Akkusativ oder im Dativ stehen: *Ich behalf mich* (oder: *mir*) *notdürftig mit einem alten Mantel. Kannst du dich* (oder: *dir*) *so lange behelfen?*

Behinderte:

Das Wort *Behinderte* wird oft als zu unpersönlich und damit als diskriminierend empfunden. Um zu betonen, dass eine Behinderung nicht den ganzen Menschen ausmacht, kann man von *behinderten Personen, behinderten Menschen* oder *Menschen mit Behinderung* sprechen.

bei: 1. *bei* mit dem Dativ: Die Präposition *bei* regiert standardsprachlich ausschließlich den Dativ. Regional- und umgangssprachlich kommt noch der (früher gebräuchliche) Akkusativ vor: *Komm bei mich! Die Fliegen gehen bei die Wurst. Heute gehen wir bei Tante Emma.* Standardsprachlich heißt es hier *zu* oder *an*: *Komm zu mir! Die Fliegen gehen an die Wurst.* ↑ in/nach/zu/bei.

2. bei dem, bei der/wobei: Bei relativischem Gebrauch steht *bei* mit Relativpronomen, nicht das Pronominaladverb *wobei.* Es heißt also z. B.: *Der Freund, bei dem* (nicht: *wobei*) *ich wohnte. Die Fahrt, bei der* (nicht: *wobei*) *er verunglückte.*

3. bei was / wobei: Die Verbindung von *bei* + *was (Bei was hast du dich denn verletzt?)* kommt auch in der Standardsprache in Fragesätzen vor. In der geschriebenen Standardsprache dominiert hier jedoch eindeutig der Gebrauch des Pronominaladverbs *wobei*: *Wobei hast du dich denn verletzt? Er wollte ihr nicht sagen, wobei er solche Probleme hatte.*

Behindertengerecht oder barrierefrei?

Die Diskriminierung von Menschen aufgrund ihrer Fähigkeiten wird Ableismus genannt (von engl.: „able" – „fähig sein"), ein Wort, das ursprünglich aus den Sozialwissenschaften stammt. Spätestens seit der Veröffentlichung der UN-Behindertenrechtskonvention (2006) spricht man auch in Deutschland von „Menschen mit Behinderungen" und nicht von „Behinderten", und betrachtet die Behinderung als nur ein Merkmal eines Menschen – das in der Interaktion mit der Umwelt zu Problemen führen kann. Entsprechend wurde das Wort *behindertengerecht* durch den Begriff *barrierefrei* ersetzt. Der Fokus wird hierdurch von der Person mit Behinderung auf die Umwelt verlagert. Bauten und Verkehrsmittel sollen barrierefrei sein oder umgebaut werden, was nicht nur Personen mit Behinderung, sondern allen Menschen zugutekommt – dem Rollstuhlfahrer ebenso wie der Mutter, die mit einem Kinderwagen, oder dem Handwerker, der mit schweren Lasten unterwegs ist.

beide: 1 a) wir beide/wir beiden · ihr beide/ihr beiden: Nach den verschiedenen Formen des Personalpronomens wird *beide* stark dekliniert, nur im Nominativ nach *wir* und *ihr* tritt daneben die schwache Flexion auf. Nach *wir* ist sie seltener: *Wir beide* (seltener: *wir beiden*) *werden jetzt die Sache bereinigen.* Nach *ihr* hat *beide* meist die schwache Form, besonders wenn es als Anrede herausgehoben ist: *Ihr beiden, seid ihr wieder versöhnt? Seid ihr beiden/ihr beide wieder versöhnt?* Zwischen *wir* bzw. *ihr* und einem Substantiv wird *beide* wie ein gewöhnliches Adjektiv schwach dekliniert: *wir beiden Armen, ihr beiden Diebe.* Die übrigen Formen lauten: Nominativ: *sie beide;* Genitiv: *unser, euer, ihrer beider;* Dativ: *uns, euch, ihnen beiden;* Akkusativ: *uns, euch, sie beide.* Beispiele: *Sie beide waren schuld. Mit unser beider Hilfe. Euer beider Anteilnahme wird sie getröstet haben. Der Gegenstand ihrer beider Interesses ... Für uns beide allein ... Euch beide unartigen Kinder kann ich nicht mitnehmen.* **b) dies[es] beides, diese beiden/alles beides, alle beide:** Nach dem Neutrum Singular *dies[es]* und *alles* sowie nach *alle* wird *beide* stark dekliniert: *dies[es] beides, alles beides, alle beide. Man bedarf aller beider.* Nach den Pluralformen *diese, jene* wird dagegen schwach dekliniert: *Diese beiden habe ich gesehen. Jene beiden kamen zurück.* **c) beide jungen Mädchen/ beide junge Mädchen · beide Abgeordneten/beide Abgeordnete:** Ein attributives Adjektiv wird nach *beide* meist schwach dekliniert: *beide jungen Mädchen.* Die starke Flexion überwiegt aber im Genitiv Plural: *die Bürger beider deutscher Staaten.* Bei den substantivierten Adjektiven und Partizipien kommen starke und schwache Formen gleichermaßen vor: *beide Abgeordneten/Abgeordnete, Angestellten/Angestellte, Beamten/Beamte, Reisenden/Reisende, beider Kranken/Kranker, Toten/Toter.* ↑ Substantivierung (2).
2a) beide/die beiden: Sowohl *beide* wie *die beiden* bezieht sich auf zwei schon bekannte oder genannte Lebewesen oder Dinge. Die Form *beide* wird im Satz besonders betont: *Beide Brüder sind gefangen* (= alle zwei, nicht nur einer). *Es gibt darüber zwei Theorien; sie sind beide falsch.* Der Ausdruck *die beiden* ist meist nicht betont. Er nimmt Vorerwähntes auf und fasst die Aussage über die zwei nur zusammen: *Die beiden Brüder sind gefangen* (nicht entkommen). *Ich habe die beiden* (= sie, die zwei) *gestern gesehen.* **b) wir zwei beide[n]:** Da *zwei* und *beide* gleichbedeutend sind, sind Fügungen wie *die zwei beiden* oder *wir zwei beide[n]* ein ↑ Pleonasmus. Sie werden manchmal verstärkend oder auch scherzhaft gebraucht.
3. beide/beides: In bestimmten Fällen (aber nicht, wenn es sich um Personen handelt) kann man statt der allein stehenden Pluralform *beide* das Neutrum Singular *beides* verwenden. Damit wird die Zusammenfassung der genannten Dinge zu einer Einheit bezeichnet: *Buch und Regenschirm, beides hatte er im Abteil liegen lassen.* Werden dagegen die betreffenden Dinge für sich gesehen, dann gebraucht man *beide: Das Werk und die Aufführung, beide gaben den Kritikern Rätsel auf.*
4. Rechtschreibung: Das Wort *beide* wird auch in Verbindung mit einem Artikel immer kleingeschrieben: *Es waren die beiden dort. Einer von beiden/Einer von den beiden muss es sein.* Auch bei der Anrede im Brief ist *beide* kleinzuschreiben: *Ich grüße Sie beide herzlich.*

beiderseitig/gegenseitig: Das Adjektiv *beiderseitig* drückt aus, dass etwas für zwei Partner in gleicher Weise gilt, während *gegenseitig* zwei Partner unmittelbar zueinander in Beziehung setzt. So sagt z. B. der Satz *Sie handelten in gegenseitigem Einverständnis* aus, dass zwei Partner wechselseitig mit ihrem Handeln einverstanden sind. Dagegen meint der Satz *Wir lösen den Vertrag in/mit beiderseitigem Einverständnis,* dass beide Partner mit der Lösung des Vertrages einverstanden sind; *beiderseitig* bezieht sich also auf das Verhältnis zweier Partner zu einer Sache, *gegenseitig* bezieht sich auf das Verhältnis zweier

Partner zueinander in Bezug auf eine Sache. Es ist zu beachten, dass *beiderseitig* im Unterschied zu *gegenseitig* nicht als adverbiale Bestimmung verwendet werden kann; in diesem Fall muss *beiderseits* gebraucht werden: *Sie beschuldigten sich gegenseitig des Verrats.* Aber: *Man war beiderseits* (nicht: *beiderseitig*) *nicht bereit nachzugeben.* ↑beiderseits.

beiderseits: Als Präposition wird *beiderseits* mit dem Genitiv verbunden: *beiderseits des Weges, des Flusses; die Autobahnen, die Wälder beiderseits Heidelbergs.* Nicht korrekt ist es, einen Ortsnamen unflektiert zu lassen. Man kann aber *von* verwenden: *die Wälder beiderseits von Heidelberg.*

beieinander: ↑...einander.

beige: Das ursprünglich nicht flektierbare Farbadjektiv wird heute in attributiver Funktion sowohl unflektiert als auch flektiert gebraucht: *ein beige Kleid/ ein beiges Kleid.* Will man das umgehen, kann man auf Komposita mit *-farben* oder *-farbig* ausweichen: *ein beigefarbenes Kleid, beigefarbige Schuhe.* ↑Farbbezeichnungen (2.1). Häufig wird die substantivierte Form verwendet: *Schuhe in Beige.* ↑Farbbezeichnungen (3.2).

beigefügt/beiliegend: Die in Geschäftsbriefen häufig gebrauchte Formulierung *Beigefügt/Beiliegend übersenden wir Ihnen ...* ist zwar grammatisch nicht eindeutig, kann aber nicht in dem Sinne missverstanden werden, dass der Sender beigefügt sei oder beiliegt. Andere Formulierungen sind: *Hiermit übersende ich Ihnen ...* oder *Anbei erhalten Sie ...*

beinah[e]: Das Adverb *beinah[e]* kann im Allgemeinen nicht als Attribut einem Substantiv vorangestellt werden (also nicht: *das beinahe Scheitern*). In der gesprochenen und informellen Sprache werden Adverbien jedoch vereinzelt wie Adjektive attributiv verwendet.

beispielsweise[,] dass: In Verbindung mit der Konjunktion *dass* wird nach *beispielsweise* gewöhnlich ein Komma gesetzt: *Nach dem Unfall wurden einige Details bekannt, beispielsweise, dass die Beifahrerin nicht angeschnallt war.* Man kann die Fügung aber auch als konjunktionale Einheit ansehen und das Komma weglassen: *Nach dem Unfall wurden einige Details bekannt, beispielsweise dass die Beifahrerin nicht angeschnallt war.*

beißen: 1. Der Hund beißt ihm/ihn ins Bein: Bei dem Verb *beißen* kann ein Ausdruck im Akkusativ allein als Objekt stehen *(Der Hund beißt den Fremden)* oder zusätzlich zu einer adverbialen Bestimmung, die sich auf einen Körperteil bezieht: *Der Hund beißt den Fremden ins Bein.* Der Dativ tritt nur zusammen mit der adverbialen Bestimmung auf: *Der Hund beißt dem Fremden ins Bein.* Bei adverbialen Bestimmungen mit *auf* steht die Person immer im Dativ: *Ich habe mir auf die Lippe gebissen.* **2. Der Rauch beißt mir/mich in die Augen:** Auch bei übertragenem Gebrauch wird meist der Dativ verwendet: *Der Rauch biss mir* (selten: *mich*) *in die Augen.*

beistehen: Das Perfekt wird mit *haben* gebildet: *Er hat mir beigestanden.* Süddeutsch, österreichisch und schweizerisch ist jedoch die Perfektbildung mit *sein* gebräuchlich.

bekannt: 1. bekannt wegen/durch/für: Wie *berüchtigt* und *berühmt* wird *bekannt* mit der Präposition *wegen* verbunden, wenn der bloße Grund für die Bekanntheit angegeben werden soll: *Er ist wegen seines Ehrgeizes* (nicht: *durch seinen Ehrgeiz*) *bekannt.* Häufiger wird die Präposition *für* gebraucht: *Er ist bekannt für seine gute Ware.* **2. Rechtschreibung:** In Verbindung mit dem Verb *sein* wird getrennt geschrieben: *bekannt sein; er ist mit ihr gut bekannt gewesen.* In Verbindung mit allen anderen Verben kann getrennt oder zusammengeschrieben werden: *Das Ergebnis der Wahl wird morgen bekannt gegeben/bekanntgegeben.*

Bekannte, der und die: **1. oben genanntem Bekannten/Bekanntem · ihr als Bekannten/ Bekannter:** Zur Deklination substantivierter Adjektive ↑Abgeordnete; ↑Substantivierung (2).

2. einige Bekannte · alle Bekannten · solche Bekannte[n]: Zur Deklination von *Bekannte* nach *alle, beide, einige* usw. ↑all- usw.

Beklagte, der und die: ↑Angeklagte.

beleuchten/erleuchten: Das Verb *beleuchten* bedeutet „[von außen] Licht auf etwas werfen" *(Die Bühne wird mit Scheinwerfern beleuchtet)* oder „etwas mit Licht versehen" *(ein Fahrzeug beleuchten).* Dagegen bedeutet *etw. wird erleuchtet,* dass etwas von innen mit Licht erfüllt wird: *Der Saal war festlich erleuchtet.* Im Unterschied zu *beleuchten* kann bei konkreter (nicht übertragener) Bedeutung von *erleuchten* nicht der Mensch, sondern nur die Lichtquelle im Subjekt stehen. Nicht richtig: *Der Mann erleuchtete das Zimmer.* Richtig ist: *Viele Kerzen erleuchteten das Zimmer.*

belieben: Das Verb *belieben* kann man persönlich *(ich beliebe)* oder unpersönlich *(es beliebt mir)* gebrauchen. Es wirkt leicht gespreizt und wird heute im Allgemeinen nur noch ironisch verwendet. *Es beliebt mir* heißt so viel wie „es gefällt mir, es macht mir Spaß oder Freude" (z. B.: *Ihr könnt tun, was euch beliebt*); *ich beliebe* bedeutet dagegen „ich wünsche, ich pflege, ich lasse mich herbei" (z. B.: *Er beliebte[,] lange zu schlafen*). ↑Komma (6.2).

bereits schon: Die Verwendung von *bereits schon* sollte vermieden werden, da beide Wörter dieselbe Bedeutung haben. Man sollte also nicht sagen: *Sie ist bereits schon angekommen,* sondern nur *Sie ist bereits angekommen* oder *Sie ist schon angekommen.*

bergab, bergan, bergauf: Diese drei Wörter sind selbstständige Adverbien, sie werden nicht mit einem Verb zusammengeschrieben: *Wir sind bergab gelaufen; ... weil es hinter dem Dorf bergauf geht. Wir müssen eine halbe Stunde bergan steigen.*

Bergnamen: ↑Gebirgsnamen.

bergsteigen: Es heißt: *Wollen wir in diesem Urlaub bergsteigen? Wenn ich bergsteige, bekomme ich Herzklopfen.* Beim Infinitiv und beim Partizip II wird *zu* bzw. *ge-* wie bei einem Partikelverb eingeschoben: *In meiner Jugend bin/habe ich auch berggestiegen. Wir fahren nach Südtirol, um bergzusteigen.*

Berliner/berlinerisch/berlinisch: Die Zugehörigkeit zu Berlin und den Berlinern wird heute überwiegend mit dem Wort *Berliner* ausgedrückt, das als undekliniertes attributives Adjektiv gebraucht, aber immer großgeschrieben wird: *der Berliner Verkehr, die Berliner Mundart, eine Berliner Firma* (↑Einwohnerbezeichnungen auf -er [6]). Die Adjektive *berlinisch* und *berlinerisch* beziehen sich dagegen auf charakteristische Eigentümlichkeiten des Berliners, vor allem auf seine Sprache: *das Berlinische, die berlinische Mundart, ein berlinischer Ausdruck.* Allgemeiner gebräuchlich ist *berlinerisch: ein typisch berlinerisches Wort; er spricht ganz berlinerisch.*

Berufsbezeichnungen: ↑Titel und Berufsbezeichnungen.

beruhen: In Verbindung mit der Präposition *auf* wird *beruhen* heute nur mit dem Dativ verbunden: *Seine Ansicht beruht auf einem Irrtum. Ihr Aufsatz beruht auf gründlicher Kenntnis des Materials.*

besagt: Das aus der Amtssprache stammende *besagt* „genannt, bereits erwähnt" wird wie ein gewöhnliches Adjektiv behandelt; das folgende Adjektiv wird deshalb parallel flektiert: *besagter äußerer Umstand; besagte äußere Umstände; aus besagter wichtiger Ursache.* Im Dativ Singular Maskulinum/Neutrum ist jedoch die schwache Form häufiger: *aus besagtem wichtigen/wichtigem Grund.*

Beschäftigte, der und die: **1. oben genanntem Beschäftigten/Beschäftigtem · ihr als Beschäftigten/Beschäftigter:** Zur Deklination substantivierter Adjektive ↑Abgeordnete; ↑Substantivierung (2).

2. einige Beschäftigte · alle Beschäftigten · solche Beschäftigte[n]: Zur Deklination von *Beschäftigte* nach *alle, beide, einige* usw. ↑all- usw.

bescheren: Das Verb *bescheren* wird in der Regel mit dem Dativ und dem Akkusativ verbunden: *Das Christkind hatte dem Jungen eine Eisenbahn beschert.* In übertragener Verwendung: *Das Schicksal hat ihnen keine Kinder beschert.* Nach dem Vorbild von *beschenken* wird *bescheren* häufig auch mit dem Akkusativ der Person verbunden, jedoch wird dann das Geschenk meist nicht genannt: *Wir bescheren die Kinder um 5 Uhr. Bescheren* kann auch als intransitives Verb gebraucht werden: *Wir bescheren um 17 Uhr.*

beschließen/schließen: Das Verb *beschließen* bedeutet nicht nur „entscheiden", sondern wie das einfache *schließen* auch so viel wie „beenden". Dabei wird das Verb durch das Präfix *be-* deutlich als Handlungsverb ausgewiesen. (Das Gleiche gilt für die Substantive *Beschluss* und *Schluss.*) Man kann also durchaus sagen: *eine Versammlung beschließen* (neben: *eine Versammlung schließen*), aber nur *seine Tage beschließen, sein Leben beschließen.*

Beschuldigte, der und die: ↑Angeklagte.

besitzen/haben: Das Verb *haben* hat eine allgemeinere Bedeutung als *besitzen: Er hat Geld bei sich* (= dabei), aber: *Er besitzt viel Geld* (= er ist reich). Es tritt überall dort auf, wo die Vorstellung eines Besitzes im wörtlichen Sinne (gleich welcher Art) nicht zutreffend ist. So sagt man nicht: *Sie besitzt einen guten Posten,* sondern: *Sie hat einen guten Posten.* Nicht: *Er besitzt eine nette Frau und drei reizende Kinder,* sondern: *Er hat eine nette Frau und drei reizende Kinder.* In den meisten Fällen kann *haben* für *besitzen* eintreten, nicht aber umgekehrt. Nicht korrekt ist es, *besitzen* statt *haben* zu verwenden, wenn nur ein Vorhandensein und nicht die speziellere Beziehung des Verfügens ausgedrückt werden soll. Man kann also nicht sagen: *Er besaß Schulden. Sie besitzt blaue Augen. Das Zimmer besitzt drei Fenster.* Auch in festen Wendungen kann man *haben* nicht durch *besitzen* ersetzen. Also nicht: *Er besaß ein Ohr/kein Herz für die Not des einfachen Mannes. Sie besitzt keine Ahnung.*

besonders: Vor *besonders* steht ein Komma, wenn es einen Zusatz einleitet: *Er liebt den Alkohol, besonders den Wein. Äpfel und andere Früchte, besonders aber Feigen, isst sie gern.* Tritt zu diesem *besonders* noch ein *wenn* (*als, weil* o.Ä.), dann steht zwischen *besonders wenn* im Allgemeinen kein Komma: *Sie geht gern spazieren, besonders wenn die Sonne scheint.* In Ausnahmefällen kann auch hier ein Komma stehen, und zwar dann, wenn *besonders* nachdrücklich hervorgehoben wird: *Ganz besonders, wenn Nebel aufkommt, kann diese Strecke gefährlich werden.*

besser (bessere/bessre Pläne): Bei den deklinierten Formen von *besser* wird das *e* der zweiten Silbe gewöhnlich nicht weggelassen: *bessere Pläne,* seltener: *bessre Pläne.*

bestanden: In manchen Zusammenhängen ist *bestanden* das Partizip II eines nicht mehr gebräuchlichen transitiven Verbs *bestehen* mit der Bedeutung „auf, an, in etwas stehen": *das mit Schilf bestandene Ufer, mit Wald bestandene Berghänge.*

bestbezahlt: Bei Adjektivkomposita wird in der Regel nur ein Glied gesteigert. Da *best* bereits der Superlativ von *gut* ist, ist eine weitere Komparation an *bezahlt* nicht nötig: *der bestbezahlte Job.*

bestehen: 1. Konjunktiv: Der Konjunktiv II von *bestehen* lautet meist *bestünde*, vereinzelt *bestände.*

2. Er besteht auf seiner Forderung/auf seine Forderung: Heute wird *bestehen auf* überwiegend mit dem Dativ verbunden: *Bayerns Brauer bestehen auf einem Bierpreis in seiner jetzigen Höhe* (Süddeutsche Zeitung). Manchmal wird auch der Akkusativ verwendet: *Aber nicht alle von ihnen bestehen auf eine gesetzliche Regelung* (taz).

3. ↑bestanden.

bestmöglich: ↑bestbezahlt; ↑möglich.

bestreiten: ↑Negation (1).

Beteiligte, der und die: **1. oben genanntem Beteiligten/Beteiligtem · ihr als Beteiligten/Beteiligter:** Zur Deklination substantivierter Adjektive ↑Abgeordnete; ↑Substantivierung (2).
2. einige Beteiligte · alle Beteiligten · solche Beteiligte[n]: Zur Deklination von *Beteiligte* nach *alle, beide, einige* usw. ↑all- usw.
3. die an etwas Beteiligten: Nach *Beteiligte* wird mit der Präposition *an* angeschlossen. Es heißt also: *Die an dem Unfall Beteiligten wurden vernommen.* Auch die Verbindung mit dem Genitiv ist möglich: *Die Beteiligten des Unfalls wurden vernommen.*
4. der Beteiligte Schmidt: Zu der Verbindung mit einem Familiennamen ↑Angeklagte.

betrachten: Wenn das Verb *betrachten als* reflexiv gebraucht wird, steht der auf *als* folgende Ausdruck meist im Nominativ: *Er betrachtet sich als mein Freund, als großer Künstler. Er betrachtet sich als Verbündeter der Regierung.* Der Akkusativ *(Er betrachtet sich als meinen Freund, als großen Künstler, als Verbündeten)* ist seltener. Bei nicht reflexivem Gebrauch wird durch einen Akkusativ nach *als* der Bezug auf das Akkusativobjekt gekennzeichnet: *Er betrachtet ihn als großen Künstler.*

betragen: Die auf *betragen* folgende Maßangabe steht im Akkusativ: *Die Summe beträgt den vierten Teil der vorgesehenen Ausgaben.*

betreffend: Bei nachgestelltem *betreffend* kann man Kommas setzen, weil die Wortgruppe auch als Partizipialgruppe angesehen werden kann: *Unser letztes Schreiben[,] den Bruch des Vertrages betreffend[,] ist ...*

betreffs: Die schwerfällige Präposition, die leicht durch *wegen* zu ersetzen ist, steht mit dem Genitiv: *Betreffs des Bahnbaues teilen wir Ihnen mit, dass ...*

betroffen: 1. die vom Erdbeben betroffenen Gebiete: In der Bedeutung „widerfahren, heimsuchen" wird das transitive Verb *betreffen* heute nur noch in Formen mit dem Partizip II gebraucht: *Das Land wurde von einem schweren Erdbeben betroffen. Ein schweres Unglück hat, hatte die Familie betroffen* (nicht mehr üblich: *ein Unglück betrifft, betraf die Familie*). Dieses Partizip II kann nur in passivischem Sinn verwendet werden: *die vom Erdbeben betroffenen Gebiete* (aber nicht aktivisch: *das ihn betroffene Unglück,* sondern: *das Unglück, das ihn betroffen hat*).
2. ein betroffenes Gesicht; betroffen aussehen: In der Bedeutung „bestürzt, unangenehm überrascht" hat *betroffen* keine Beziehungen zum heutigen Gebrauch des Verbs *betreffen* – es ist eine isolierte Form. Man kann deshalb *betreffen* nicht im Sinne von „betroffen machen" verwenden; also nicht: *Ein Unglück betraf mich* (im Sinn von „machte mich betroffen").

Betroffene, der und die: **1. oben genanntem Betroffenen/Betroffenem · ihr als Betroffenen/Betroffener:** Zur Deklination substantivierter Adjektive ↑Abgeordnete; ↑Substantivierung (2).
2. einige Betroffene · alle Betroffenen · solche Betroffene[n]: Zur Deklination von *Betroffene* nach *alle, beide, einige* usw. ↑all- usw.
3. der Betroffene Dr. Meyer: Zu der Verbindung mit einem Familiennamen ↑Angeklagte.

betten: Nach *betten an/auf/in* steht gewöhnlich der Akkusativ, seltener der Dativ: *Man bettete den Kranken auf das* (seltener: *dem*) *Sofa. Sie bettete ihren Kopf an seine* (seltener: *seiner*) *Schulter.*

Bevollmächtigte, der und die: **1. oben genanntem Bevollmächtigten/Bevollmächtigtem · ihr als Bevollmächtigten/Bevollmächtigter:** Zur Deklination substantivierter Adjektive ↑Abgeordnete; ↑Substantivierung (2).
2. einige Bevollmächtigte · alle Bevollmächtigten · solche Bevollmächtigte[n]: Zur Deklination von *Bevollmächtigte* nach *alle, beide, einige* usw. ↑all- usw.

bevor: 1. bevor/bevor nicht: Die Konjunktion *bevor* leitet einen Adverbialsatz ein und besagt, dass der vom Adverbialsatz bezeichnete Sach-

Kommasetzung bei *bevor, ehe, nachdem*

1. Die Konjunktionen *bevor, ehe, nachdem* leiten einen untergeordneten Temporalsatz ein, der durch Komma abgetrennt wird:	**1. Die Konjunktionen *bevor, ehe, nachdem* stehen nicht am Anfang des Temporalsatzes: Dann wird der Temporalsatz als Ganzes durch Komma abgetrennt. Vor *bevor, ehe, nachdem* steht kein Komma:**
Ruf mich bitte an, *bevor* du kommst.	Sie rief mich an, *schon bevor* du kamst.
Bevor du noch kamst, rief er mich schon an.	*Schon ehe* du kamst, rief sie mich an.
Wir kehrten, *als* es Abend wurde, zurück.	Erst *als* es Abend wurde, kehrten wir zurück.
Er musste sich, *ehe* er schreiben konnte, erst Papier suchen.	*Denn bevor* er schreiben konnte, musste er sich erst Papier suchen.
Ein ganzes Jahr, *nachdem* ich gekündigt hatte, arbeitete ich noch mit.	*Drei Wochen nachdem* der Sohn zurückgekehrt war, starb die Mutter (= Die Mutter starb, *drei Wochen nachdem* der Sohn zurückgekehrt war, nicht: Die Mutter starb drei Wochen, nachdem ...).
Die Gurte nicht lösen, *bevor* die Maschine ausgerollt ist.	*Lange bevor* es Autos gab, ist diese Geschichte passiert.

2. In einigen Fügungen kann vor *bevor, ehe, nachdem* ein zusätzliches Komma gesetzt werden:

Ich habe sie öfter gesehen, *zum Beispiel[,] bevor* wir gestern ins Kino gingen.

Weitere Beispiele für solche Fügungen: besonders[,] bevor; beispielsweise[,] bevor; nämlich[,] bevor; vor allem[,] bevor verhalt nicht vor dem vom übergeordneten Satz bezeichneten Sachverhalt eintritt: *Ich kam nach Hause, bevor Vater da war* (d.h., Vater war noch nicht da, als ich nach Hause kam). Neben dieser rein zeitlichen Aussage kann man aber mit *bevor* zugleich auch eine Bedingung ausdrücken. Nur in diesem Fall kann auch der *bevor*-Satz noch einmal zusätzlich verneint werden: *Ich treffe keine Entscheidung, bevor ich nicht mit ihm gesprochen habe* (besser: ... *bevor ich mit ihm gesprochen habe*). Ist der *bevor*-Satz dem übergeordneten Satz vorangestellt, so ist diese zusätzliche Verneinung zu empfehlen: *Bevor du nicht unterschrieben hast, lasse ich dich nicht fort.* ↑ Negation (2).

2. drei Wochen bevor ...: Ein mit *bevor* eingeleiteter Nebensatz wird immer durch Komma vom Hauptsatz getrennt. Zu Einzelheiten vgl. die Tabelle auf S. 59.

bewahren: ↑ Negation (1).

bewähren, sich: Bei *sich bewähren als* steht das dem *als* folgende Substantiv heute gewöhnlich im Nominativ, d.h., es wird auf das Subjekt bezogen: *Er hat sich als zuverlässiger Mitarbeiter bewährt.* Der Akkusativ ist veraltet: *Er hat sich als zuverlässigen Mitarbeiter bewährt.*

bewegen: Das schwach flektierte *bewegen (bewegte, bewegt)* hat die Bedeutung „eine Orts- oder Lageveränderung bewirken oder vornehmen", übertragen „eine Gemütsbewegung hervorrufen": *Der Wind bewegte die Fahnen. Seine Worte bewegten uns tief.* Das stark flektierte *bewegen (bewog, bewogen)* hat die Bedeutung „jmdn. zu einem Entschluss bestimmen, zu etwas veranlassen": *Ihre Mahnungen bewogen ihn zum Verzicht.*

-bewehrt: In der juristischen Fachsprache übliche Zusammensetzungen wie *strafbewehrt, bußgeldbewehrt* werden mit *e* geschrieben. Sie gehen zurück auf *bewehren* in der veralteten Bedeutung „zum Schutz (gegen etwas) mit etwas versehen".

Beziehung und Vitamin B

Das Wort *Beziehung* hat in den letzten Jahrzehnten vor allem umgangssprachlich eine Bedeutungserweiterung erfahren. Schon seit dem 18. Jh. existiert der Begriff im Sinne von: *in Beziehung zu jemandem stehen*. Oder auch: *eine gute Beziehung zu einer Person haben*. Das Wort Beziehung war damals aber ohne konkreten Bezug zu einer Sache oder Person nicht gebräuchlich – anders als heute. Im Deutschen Wörterbuch der Brüder Grimm von 1854 findet man das Substantiv zwar bereits mit klarer zwischenmenschlicher Bedeutung, aber: das Wort „Liebesbeziehung" etwa sucht man dort vergeblich. Doch meint eine heutige Aussage wie: *Helga ist jetzt in einer (festen) Beziehung* genau das: Sie führt eine – meist nicht eheliche – ernsthafte Liebesbeziehung. Das Wort im Plural wiederum, als *Beziehungen*, bezeichnet meist gute Kontakte in der Berufswelt: das berühmt-berüchtigte Vitamin B.

bezeichnen als: Wenn das Verb *bezeichnen als* reflexiv gebraucht wird, steht der auf *als* folgende Ausdruck meist im Nominativ: *Er bezeichnete sich als der Retter der Kinder*. Der Akkusativ *(Er bezeichnete sich als den Retter ...)* ist seltener. Bei nicht reflexivem Gebrauch wird durch einen Akkusativ nach *als* der Bezug auf das Akkusativobjekt gekennzeichnet: *Er bezeichnete ihn als den Retter der Kinder.* Nach *sich bezeichnen* kann nur mit *als,* nicht mit *für* angeschlossen werden: *Sie bezeichnete sich als unzuständig.*

bezeigen/bezeugen: In einigen Fällen berühren sich *bezeigen* und *bezeugen* inhaltlich so eng, dass der Gebrauch beider Verben möglich ist: *Er bezeigte mir seine Dankbarkeit* (= gab seiner Dankbarkeit Ausdruck). *Er bezeugte* (= legte Zeugnis ab, bekundete) *auf diese Art seine Dankbarkeit.*

Beziehung/Bezug: Die beiden Substantive sind auch in der Bedeutung „Verhältnis, Zusammenhang" nur bedingt austauschbar. Man sagt: *die Beziehung* (nicht: *der Bezug*) *zwischen Angebot und Nachfrage; Julian hat keine Beziehung* (auch möglich: *keinen Bezug*) *zur Kunst.* Es heißt aber nur: *In dieser Beziehung* (= was dies betrifft) *hat sie recht.*

beziehungsweise: 1. beziehungsweise/oder vielmehr/genauer gesagt: Die aus der Amtssprache stammende Konjunktion *beziehungsweise* (abgekürzt: *bzw.*) kann in vielen Fällen – meist stilistisch besser – durch *oder, [oder] vielmehr, genauer/besser gesagt* ersetzt werden: *Er war mit ihm bekannt beziehungsweise befreundet.* Besser: *Er war mit ihm bekannt oder vielmehr befreundet. Sie wohnt in Frankfurt beziehungsweise in einem Vorort von Frankfurt.* Besser: *Sie wohnt in Frankfurt oder genauer gesagt in einem Vorort von Frankfurt. Die Firma Müller bzw. die Firma Meier wird die Ware liefern.* Besser: *Die Firma Müller oder die Firma Meier wird die Ware liefern.* In Fällen, wo ein wirklicher Bezug auf zwei verschiedene Substantive vorliegt, kann *beziehungsweise,* wenn man es vermeiden will, durch *und im andern Fall* oder einfach durch *und* ersetzt werden: *Die Fünf- und Zweicentstücke sind aus gelblichem bzw. rötlichem Metall/... sind aus gelblichem und im andern Fall aus rötlichem Metall. Ihr Sohn und ihre Tochter sind 10 bzw. 14 Jahre alt/... sind 10 und 14 Jahre alt.*

2. Komma bei beziehungsweise: Die Kommasetzung bei *beziehungsweise* ist die gleiche wie bei *und* und *oder.*

beziffern, sich: Die Fügung *sich beziffern auf* im Sinne von „sich belaufen auf, betragen" sollte nicht bei unbestimmten Angaben gebraucht werden. Also: *Der Sachschaden beziffert sich auf 3 Millionen Euro.* Aber nicht: *Der Betrag bezifferte sich auf eine große Summe.*

bezüglich: Die besonders in der Amtssprache gebräuchliche Präposition *bezüglich* „in Bezug auf", die in vielen Fällen besser durch *wegen, in, über, nach, von* u.a. ersetzt wird, steht mit dem Genitiv: *Ihre Anfrage bezüglich/wegen der Bücher. Mehr kann ich bezüglich dieses Briefes/zu diesem Brief nicht sagen.* Der Dativ ist korrekt in Fällen wie *bezüglich Entwicklungsprogrammen.*

bezweifeln/zweifeln: Das Verb *bezweifeln* bedeutet „an einem Sachverhalt Zweifel hegen, ihn infrage stellen": *Ich bezweifle seine Angaben.* Dagegen bedeutet *zweifeln* „sich in Bezug auf etwas im Zustand der Unsicherheit befinden". Nach *bezweifeln* wird meist mit *dass* angeschlossen: *Ich bezweifle, dass sie das getan hat.* Manchmal wird auch mit *ob* angeschlossen: *Doch Berater Föller bezweifelt, ob das wirklich stimmt* (Süddeutsche Zeitung). Auf *zweifeln* kann sowohl ein indirekter (mit *ob* angeschlossener) Fragesatz als auch ein mit *dass* eingeleiteter Inhaltssatz folgen: *Ich zweifle, ob sie kommt/[daran], dass sie kommt.*

Bildunterschrift: Kurze Bildunterschriften – auch wenn sie aus einem ganzen Satz bestehen – werden in Bezug auf die Interpunktion wie ↑ Überschriften behandelt und ohne Schlusspunkt gesetzt. Sie erhalten jedoch die erforderlichen Kommas. Bildunterschriften, die aus mehreren Sätzen bestehen, erhalten die üblichen Kommas und Schlusspunkte, sie werden also wie gewöhnlicher Text behandelt. Haben sie eine Überschrift, dann steht diese ohne Punkt. Das erste Wort einer Bildunterschrift wird immer großgeschrieben.

Binde-s: ↑ Fugenelement.

Bindestrich

Der Bindestrich stimmt in seiner Form mit dem Trennungsstrich überein. Muss ein mit Bindestrich geschriebenes Wort am Bindestrich getrennt werden, dann wird kein besonderer Trennungsstrich gesetzt.

1 Der Bindestrich zur Ergänzung (Ergänzungs[binde]strich)

1.1 Privat- und öffentliche Mittel · Geld- und andere Sorgen

Der Ergänzungs[binde]strich *(Hin- und Rückfahrt)* darf nicht stehen, wenn gemeinsame Wortbestandteile hinsichtlich Zusammen- oder Getrenntschreibung nicht übereinstimmen, beispielsweise, wenn eine getrennt geschriebene Fügung (z. B. *öffentliche Mittel, zur Verfügung halten*) vorliegt und diese in Verbindung mit einem Kompositum (z. B. *Privatmittel, bereithalten*) als Erste steht. Man schreibt demnach:

- diagonal, voraus- oder zurückfahren/zurück-, voraus- oder diagonal fahren;
- mittelständische und Kleinunternehmen/Klein- und mittelständische Unternehmen (= Kleinunternehmen und mittelständische Unternehmen; aber: klein- und mittelständische Unternehmen = kleinständische und mittelständische Unternehmen).

1.2 Textilgroßhandel und Textileinzelhandel/Textilgroß- und -einzelhandel

Stimmen bei drei- und mehrgliedrigen Komposita die ersten und die letzten Glieder überein, so können beide weggelassen werden. In diesem Fall muss nach dem zweiten Ergänzungsstrich kleingeschrieben werden: *Warenein- und -ausgang.*

2 Der Bindestrich zur Verdeutlichung

2.1 i-Punkt · n-fach · CO_2-gesättigt · 3-Tonner

Ein Bindestrich steht in Zusammensetzungen mit einzelnen Buchstaben, mit Formelzeichen und mit Ziffern:

- i-Punkt, A-Dur, Es-Dur, fis-Moll, O-Beine, V-Ausschnitt, x-beliebig, T-förmig, n-Eck, pH-Wert, CO_2-gesättigt, Fugen-s, 3-Tonner, 5-mal, 100-prozentig, 17-Jährige.

Vor Suffixen steht nur dann ein Bindestrich, wenn sie mit einem Einzelbuchstaben verbunden werden:

- n-fach, 2π-fach, n-tel, die x-te Wurzel.

Ohne Bindestrich jedoch: *5%ig, ver307fachen, der 68er, 32stel.*

Zusammensetzungen mit Ziffern + *fach* können mit oder ohne Bindestrich geschrieben werden:

- 8-fach/8fach, 10^6-fach/10^6fach, 1,5-fach/1,5fach.

Bei Zusammensetzungen aus Ziffern, einem Suffix und einem Wort wird der letzte Bestandteil mit einem Bindestrich angeschlossen (zu Schreibungen ohne Bindestrich ↑Achtzigerjahre).

- ein 10er-Schlüssel, eine 100stel-Sekunde.

Zu *5%-Klausel, $^3/_8$-Takt* ↑3.3.

2.2 km-Zahl · TÜV-geprüft · Lungen-Tbc

In Zusammensetzungen mit Abkürzungen und Kurzwörtern stehen Bindestriche:

- Kfz-Papiere, K.-o.-Schlag, TÜV-geprüft; Lungen-Tbc, Blitz-K.-o.

Keinen Bindestrich haben dagegen fachsprachliche Kurzformen wie *BStMdI, RücklVO* usw. und Ableitungen von Kurzwörtern wie *AFDler.*

2.3 *Abt.-Leiterin · röm.-kath.*

Werden Komposita oder Teile von ihnen abgekürzt, so steht ein Bindestrich:

- Abt.-Leiterin (Abteilungsleiterin), Bestell-Nr. (Bestellnummer).

Wenn nur der letzte Teil einer Zusammensetzung abgekürzt wird, ist kein Bindestrich nötig: *Blumenstr. (Blumenstraße), langfr. (langfristig).*

3 Der Bindestrich zur Aneinanderreihung

3.1 *September-Oktober-Heft · DIN-A4-Blatt*

Wenn mehrere Wörter oder Buchstaben vor einem Zweitglied stehen, dann wird die ganze Fügung durch Bindestriche verbunden (durchgekoppelt):

- September-Oktober-Heft, Mitte-links-Regierung, Meyer-&-Neumann-Gruppe, S-Bahn-Wagen (aber: S-Bahnhof), Chrom-Molybdän-legiert.

In substantivischen Aneinanderreihungen wird das erste Wort auch dann großgeschrieben, wenn es kein Substantiv ist: *Ad-hoc-Bildung.*

Übersichtliche Aneinanderreihungen dieser Art kann man auch zusammenschreiben: *Rotgrünblindheit.* Werden die Bestimmungswörter in Anführungszeichen gesetzt, kann auf die Durchkoppelung ebenfalls verzichtet werden: *„25 Jahre CCI"-Feier.*

3.2 *das In-den-April-Schicken*

Stehen mehrere Wörter als Bestimmung vor einem substantivierten Infinitiv, dann wird die ganze Fügung durchgekoppelt:

- das In-den-April-Schicken, kein Auf-die-lange-Bank-Schieben, beim Ins-Blaue-Fahren, das Für-sich-haben-Wollen.

Einfache Komposita mit nur zwei Bestandteilen schreibt man jedoch zusammen: *das Sichausweinen.*

Übersichtliche Komposita mit drei Bestandteilen kann man zusammen- oder mit Bindestrich schreiben: *das Außerachtlassen/Außer-Acht-Lassen.*

Vgl. ↑Substantivierung (1).

3.3 *2-kg-Dose · 4 × 100-m-Staffel*

Aneinanderreihungen mit Ziffern werden durch Bindestriche verbunden:

- 3/8-Takt, 70-Cent-Marke, 2-kg-Dose, 80-kW-Motor, 1.-Klasse-Kabine, Formel-1-Rennwagen, 4- bis 5-Zimmer-Wohnung, 4-5-Zimmer-Wohnung, 3 : 1(2 : 0)-Sieg, 400-m-Lauf, 4 × 100-m-Staffel, 5-km-Gehen, 3/4-Liter-Flasche (aber: 1/2 Flasche, 1/1 Flasche).

Aber aus grafischen Gründen mit nur einem Bindestrich: *5%-Klausel.*

Zusammen schreibt man hingegen, wenn die Zahl in Buchstaben geschrieben und nicht zu unübersichtlich ist: *Dreiachteltakt, Siebzigcentmarke;* (aber:) *Null-Komma-sieben-Liter-Flasche.*

4 Zusammensetzungen mit Adjektiven

Bei längeren Zusammensetzungen ist der Bindestrich einer Zusammenschreibung vorzuziehen: *heiter-verspielt, südost-nordwestlich.*

Kein Bindestrich steht, wenn der zweite Bestandteil durch den ersten näher bestimmt wird oder ein Fugenelement wie *-o-* erscheint:

- schweizerdeutsche Mundart, frankokanadische Familien; bitterböse, lauwarm.

Zu *blaurot/blau-rot* ↑Farbbezeichnungen. Zu *original französisch/original-französisch* ↑original. Zum Bindestrich bei Vor- und Familiennamen *(die Hofer-Marie, der Huber-Anton)* und weiteren Einzelheiten ↑Personennamen.

Binger: Die Einwohner von Bingen heißen *Binger* (nicht: *Bingener*). ↑ Einwohnerbezeichnungen auf -er (1 und 6).

binnen: Die Präposition *binnen* regiert überwiegend den Dativ: *binnen wenigen Augenblicken, binnen drei Jahren, binnen Kurzem.* Das gilt vor allem dann, wenn der Kasus nicht an einem Attribut deutlich werden kann. Ist dies jedoch der Fall, dann wird in gehobener Sprache gelegentlich auch der Genitiv gebraucht: *binnen knapper zwei Stunden; binnen eines Jahres.*

Binnen-I: ↑ Geschlechtergerechter Sprachgebrauch (2).

Binnenmajuskel: ↑ Großschreibung im Wortinnern.

Birma/Burma:

Bei beiden Schreibungen handelt es sich um Varianten des einheimischen Namens *Myanmar. Burma* ist die Schreibung des angelsächsischen Sprachraums, dem sich ganz Skandinavien, die Schweiz und Ungarn angeschlossen haben, *Birma* die des romanischen Sprachraums. Die Form *Birma* ist derzeit in Deutschland am geläufigsten; für den amtlichen Gebrauch wird *Myanmar* empfohlen. Die Einwohner von Birma heißen *Birmanen*, das zugehörige Adjektiv lautet *birmanisch.* Zu der Namensform *Burma* dagegen lautet die Einwohnerbezeichnung *die Burmesen*, das Adjektiv *burmesisch.*

Birne/Lampe: ↑ Glühbirne/Glühlampe.

bis: 1 a) bis Berlin · bis nächsten Sonntag: Gewöhnlich steht *bis* vor Präpositionen, die den Kasus des folgenden Substantivs bestimmen: *bis zum Abend.* In bestimmten Fällen steht *bis* aber wie andere Präpositionen unmittelbar vor einem Substantiv; es regiert dann den Akkusativ: *bis nächsten Sonntag.* Auch eine nachgetragene Apposition bei *bis* steht, wenn es sich um eine substantivische Zeitbestimmung handelt, im Akkusativ: *bis [nächsten] Dienstag, den 3. September.* In anderen Fällen wird jedoch der Dativ vorgezogen, besonders bei Ortsnamen: *bis 1954 (dem Jahr des Todes)* (F. Maurer); *bis Landquart, einer kleinen Alpenstation* (Th. Mann). Das einfache *bis* wird hier so verwendet, als stünde *bis zu.* **b) vom 1. bis 15. April:** In Verbindung mit *von* ist *bis* Präposition mit dem Akkusativ, wenn Anfang und Ende eines Zeitabschnitts, einer Zahlenreihe u. dgl. angegeben werden: *vom 1. (ersten) bis 15. (fünfzehnten) April; von Freitag, dem 1. Oktober, bis Montag, den 4. Oktober.* Vgl. aber das Folgende.

2. Städte von 20 000 bis 100 000 Einwohnern · Artikel 22, erster bis dritter Absatz: Keinen Einfluss übt *bis* aus, wenn es als nebenordnende Konjunktion (wie *und*) auftritt und einen ungefähren Wert, einen Zeitabschnitt, den Umfang eines Zitats o. Ä. angibt: *Ich komme in zwei bis drei Stunden. Städte von 20000 bis 100000 Einwohnern. Der Baum hat eine Höhe von 4 bis 6 Metern.* (Der Dativ *Einwohnern* bzw. *Metern* ist von der Präposition *von* abhängig, ↑ Meter [4].) *Jugendliche im Alter von 11 bis 17 Jahren* (der Dativ *Jahren* ist von der Präposition *von* abhängig). *Bündel mit 20 bis 30 Stäben* (der Dativ *Stäben* ist von der Präposition *mit* abhängig). *Deutsche Dichter des 10. bis 15. Jahrhunderts* (der Genitiv *Jahrhunderts* gehört zu *des* und bildet zusammen mit dem Artikel ein Attribut zu *Dichter*). *Artikel 22, erster bis dritter Absatz* (Nominativ bei einfacher Aufzählung). – Nicht korrekt ist es, *bis* mit *zwischen* zu verbinden. Nicht: *Die Bewerber sind zwischen 25 bis 40 Jahre alt,* sondern: *... sind 25 bis 40 Jahre alt* oder: *... sind zwischen 25 und 40 Jahre alt* oder: *... sind zwischen 25 und 40 Jahren.*

3. *bis, bis auf, bis zu:* einschließend oder ausschließend?: Bei Zeitangaben ist es üblich, *bis* einschließend zu verstehen: *Weihnachtsferien vom 22. Dezember bis [zum] 5. Januar* (der 5. Januar ist letzter Ferientag). *Der Schlosspark ist von April bis Oktober geöffnet* (im Oktober ist er noch geöffnet). *Der Rasen muss bis Mitt-*

woch gemäht werden (es kann auch noch am Mittwoch geschehen). Es gibt aber Fälle, die durchaus zweifelhaft sind: *Das umfangreiche Gedicht ist bis auf die letzte Strophe vorzüglich gelungen.* Ist die letzte Strophe nicht gelungen? Ist das ganze Gedicht gelungen? Hier kann nur eine andere Formulierung Klarheit schaffen. Manchmal ist auch ein zusätzliches *einschließlich* (regionalsprachlich, bes. in Bayern auch: *mit*) verdeutlichend: *Die Ausstellung ist bis einschließlich* (regionalsprachlich *[bis] mit*) *15. Mai geöffnet. Die gesamte Jugendmannschaft ist in den Zimmern 20 bis einschließlich 35 untergebracht.*

4. Jugendliche bis zu 17 Jahren · bis zu 8 Mitglieder: In Verbindung mit *zu* gibt *bis* vor Zahlen die obere Grenze eines Zahlenwerts an. Dabei steht gewöhnlich der Dativ, den die Präposition *zu* verlangt: *Gemeinden bis zu 10 000 Einwohnern. Jugendlichen bis zu 17 Jahren ist der Zutritt verboten. Darauf steht Gefängnis bis zu zehn Jahren.* In der Umgangssprache wird das *zu* in solchen Sätzen oft weggelassen; dann tritt der Akkusativ ein: *Kinder bis 12 Jahre zahlen die Hälfte.* – Anders steht es mit einem Satz wie: *Der Vorstand kann bis zu 8 Mitglieder umfassen.* Hier ist *bis zu* eine adverbiale Fügung, die einen nicht genau angegebenen Wert begrenzt: Es können im Höchstfall 8 Mitglieder sein. Der Kasus wird dann in der Regel nicht von *bis zu* bestimmt, das hier auch durch *höchstens, rund* oder *ungefähr* ersetzt werden könnte, sondern vom Verb (bei *umfassen* ist das der Akkusativ). Wenn die Unbestimmtheitsangabe wegfällt, bleibt der Satz völlig erhalten: *Der Vorstand kann 8 Mitglieder*

Bis – ein vielseitiges Wörtchen

Das Wörtchen *bis* verweist meist auf einen Endpunkt, ein Ziel – und das sowohl räumlich als auch zeitlich oder auch im übertragenen Sinn. Es leitet sich ab von dem mittelhochdeutschen Wort „biz" bzw. „bitze", das sich wiederum zusammensetzte aus den Wörtern „bi": „dabei" und „ze": „zu". Diese Wortzusammensetzung ersetzte ab ca. dem 12. Jh. eine ganze Reihe anderer sprachlicher Alternativen und wurde ausgesprochen vielseitig als Adverb, Präposition und Konjunktion genutzt, was die breite Verwendung des Wortes, auch in Wortzusammensetzungen, bis heute erklärt.

Bis als Präposition schließt in aller Regel den Zielpunkt, auf den verwiesen wird, mit ein. So dürfen auf einem *Spielplatz für Kinder bis 12 Jahre* auch 12-jährige Kinder spielen, während auf einem *Spielplatz für Kinder unter 12 Jahren* streng genommen mit dem 12. Geburtstag eines Kindes Schluss ist.

Auch im übertragenen Sinn, in Redensarten und abstrakten und metaphorischen Zusammenhängen findet die Präposition Verwendung: *Mit engen Freunden könnte man bis ans Ende der Welt gehen, mit Gegnern kämpft man bis aufs Messer,* und manchmal *blamiert man sich halt bis auf die Knochen.*

umfassen. Der Dativ kommt zwar auch dann vor, wenn *bis zu* gestrichen oder durch *höchstens* ersetzt werden könnte *(Das dauert bis zu einem Jahr),* aber der vom Verb bestimmte Kasus ist in solchen Fällen vorzuziehen: *Das dauert [bis zu] ein Jahr* (Akkusativ). Gelegentlich werden auch andere Präpositionen so verwendet: *Die Auflage der Zeitung betrug 2010 bis über eine halbe Million Exemplare.* Weitere Beispiele mit *bis zu: Wir können nur bis zu zehn Schülern Prämien geben. Bis zu sechs Kinder schlafen in einem Zimmer. Viele Elefanten haben bis zu drei Meter lange Stoßzähne.*

5. bis/bis nicht: Als unterordnende Konjunktion kennzeichnet *bis* die zeitliche Grenze, an der ein Vorgang endet: *Warte, bis ich komme.* Enthält der Hauptsatz einen verneinten Komparativ, dann wird *bis* mit *als* verbunden: *Das Kind hörte nicht eher zu weinen auf, als bis es vor Müdigkeit einschlief.* Neben der zeitlichen Aussage kann *bis* aber in Verbindung mit einem verneinten übergeordneten Satz auch eine Bedingung zum Ausdruck bringen. Nur in diesem Fall ist es zulässig, aber nicht notwendig, auch den *bis*-Satz zu verneinen: *Du darfst nicht gehen, bis nicht die Arbeit gemacht ist.* (Besser: *... bis die Arbeit gemacht ist.*) Ist der *bis*-Satz dem übergeordneten Satz vorangestellt, so ist dagegen die zusätzliche Negation zu empfehlen: *Bis nicht die Arbeit gemacht ist, darfst du nicht gehen.* ↑Negation (2).

6. Vgl. ↑bis-Zeichen.

bisher: 1. bisher/seither, seitdem: Die Adverbien *seither* und *seitdem* verlangen den bestimmten Ausgangspunkt eines Geschehens in der Vergangenheit: *Ich habe sie im April gesprochen, seitdem habe ich sie nicht mehr gesehen.* Dagegen gibt *bisher* die Erstreckung von einem nicht näher genannten, unbestimmten Ausgangspunkt bis zur Gegenwart an: *alle bisher untersuchten Fälle. Sie war bisher* (nicht: *seither*) *Professorin in Münster und ist jetzt in Bonn.* Dasselbe gilt für die Adjektive *bisherig* und *seitherig: Der bisherige* (nicht: *seitherige*) *Wirtschaftsminister trat zurück.*

2. bisher/bis heute: Da das Adverb *bisher* sich auf den Ablauf der Zeit in der Vergangenheit bezieht, sollte es nicht mit dem Präsens verbunden werden. Also nicht: *Die Presse schweigt bisher zu diesen Ereignissen,* sondern: *Die Presse schwieg bisher, hat bisher geschwiegen.* Will man deutlich den gegenwärtigen Zeitpunkt betonen, so heißt es *bis heute: Die Presse schweigt bis heute zu diesen Ereignissen.*

bisschen: 1. Schreibung: Das Wort bedeutet eigentlich „kleiner Bissen" und wird mit Doppel-*s* geschrieben. Die Kleinschreibung ist die Folge davon, dass der ursprünglich substantivische Begriff zu einem Indefinitpronomen im Sinne von „wenig" wurde.

2. Deklination: Auch in Verbindung mit dem bestimmten und dem unbestimmten Artikel bleibt *bisschen* immer endungslos: *das/ein bisschen Stoff, des/eines bisschen Stoffes, dem/einem bisschen Stoff; wegen des bisschen schmutziger Arbeit, nur ein klein bisschen/ein kleines bisschen Geduld; mit ein/einem bisschen Geduld.*

bis-Zeichen: Das *bis*-Zeichen, ein langer Strich (–), kann (ohne Leerzeichen davor und danach) gesetzt werden, wenn ein Zwischenwert angegeben wird: *Man braucht ein Brett mit 6–8 Meter[n] Länge. Er hat 4–5-mal angerufen.* Wenn der *bis*-Strich an das Ende oder an den Anfang einer Zeile zu stehen käme, wird *bis* ausgeschrieben. Das *bis*-Zeichen ist nicht zulässig, wenn *bis* in Verbindung mit *von* die Erstreckung eines Zeitraumes bezeichnet: *Die Tagung dauert vom 5. bis 9. Mai* (nicht: *vom 5.–9. Mai*). *Sprechstunde von 9 bis 11 Uhr* (nicht: *von 9–11 Uhr*). Bei verkürzter Wiedergabe eines Zeitraums ohne die Präposition *von* kann dagegen der Strich gesetzt werden: *Sprechstunde täglich 8–12, 15–17 Uhr.*

bis zu 12 Jahren/bis 12 Jahre: Zur Flexion in Fällen wie *bis zu 12 Jahren/bis 12 Jahre* ↑bis (4).

bitte: 1. Stellung und Komma: Das auffordernd betonte *bitte* kann in vielen Verwendungen als Ellipse aufgefasst werden (aus *ich bitte*). Es wird dann durch ein Komma abgetrennt oder in Kommas eingeschlossen. Meist aber wird *bitte* als bloße Höflichkeitsformel gebraucht und steht dann ohne Komma (vgl. unten stehende Tabelle).
2. *bitte* + Infinitivgruppe: *Bitte* wird häufig zusammen mit Infinitiven verwendet, die den Charakter einer Aufforderung haben: *Bitte nicht rauchen! Bitte die Rückseite beachten!* Der Gebrauch von *zu* in solchen Sätzen kommt nur vereinzelt vor: *Bitte die Rückseite zu beachten!*
3. Bitte[,] seien Sie so freundlich: Standardsprachlich heißt es: *Bitte[,] seien Sie so freundlich und öffnen Sie mir die Tür.* Die Formulierung *Bitte[,] sind Sie so freundlich ...* ist nicht üblich, kann aber in einem entsprechenden Kontext auch als Aufforderung verstanden werden.

bitten: 1. doppelter Akkusativ: Gewöhnlich steht *bitten* mit der Präposition *um: Ich bitte dringend um Ruhe. Ich muss Sie um eine kleine Gefälligkeit bitten.* In bestimmten Fällen hat sich der doppelte Akkusativ erhalten, der an die Stelle eines alten Genitivs getreten ist: *Ich habe dich vorhin etwas gebeten. Eines bitte ich euch inständig ...*
2. Komma: Wenn *bitten* mit einer Infinitivgruppe verbunden ist, kann man das Komma setzen: *Ich bitte die Türen zu schließen/Ich bitte, die Türen zu schließen.* ↑Komma (6.2).

blass: Komparativ und Superlativ von *blass* können ohne und mit Umlaut gebildet werden. Neben *blasser* steht die Form *blässer.* In der Standardsprache werden heute fast nur noch die Formen *blasser, blasseste* gebraucht. Die umgelautete Form wird aber in der Redewendung *blass und blässer* bevorzugt.

Blatt: Nach Mengenangaben mit Zahlen kann der Singular *Blatt* stehen: *zwanzig Blatt Schreibmaschinenpapier.* Sonst lautet der Plural *die Blätter: Er riss mehrere Blätter aus dem Heft.* ↑Maß-, Mengen- und Währungsangaben (1). Nach *Blatt* kann das Gezählte entweder im Genitiv angeschlossen werden (tendenziell im Plural: *30 Blatt privater Auf-*

Kommasetzung bei *bitte*

Betontes *bitte* wird durch Komma[s] abgetrennt:	Formelhaftes *bitte* ist ohne Komma in den Ablauf des Satzes einbezogen:
Bitte, kommen Sie einmal herüber.	Bitte kommen Sie einmal herüber.
Legen Sie, bitte, einige Entwürfe vor.	Legen Sie bitte einige Entwürfe vor.
Unterschreiben Sie, bitte!	Unterschreiben Sie bitte!
	Bitte die Rückseite beachten!
	Bitte nicht rauchen!

zeichnungen) oder auch als Apposition im gleichen Fall wie das Bezugswort (tendenziell im Singular: *auf vier Blatt liniertem Papier*). ↑Apposition (3).

blau: 1. Groß- und Kleinschreibung: ↑Farbbezeichnungen (3.2).

2. blau streichen/blaustreichen: Steht *blau* vor einem Verb und bezeichnet es das Ergebnis einer Handlung, dann kann sowohl getrennt als auch zusammengeschrieben werden: *das Kleid blau färben/blaufärben; das Fahrrad blau streichen/blaustreichen.* In Verbindung mit dem Partizip II kann ebenfalls getrennt oder zusammengeschrieben werden: *blau gefiederte/blaugefiederte Vögel.*

3. des Blaus /Blau · die beiden Blau/Blaus: ↑Farbbezeichnungen (2.2)

4. ein blau-weißes Kleid: ↑Farbbezeichnungen (3.1).

bläulich: Man schreibt getrennt: *bläulich rot, bläulich grün, gelblich grün, rötlich blau, grünlich gelb* usw.

bleichen: Das transitive Verb *bleichen* „bleich machen, aufhellen" (also mit Objekt) wird schwach konjugiert: *Man bleichte die Wäsche.* Die starken Formen des intransitiven Verbs *bleichen* „bleich werden, Farbe verlieren" (Präteritum *blich,* Partizip II *geblichen*) sind veraltet. Hier treten meist ebenfalls die schwachen Formen ein: *Muschelschalen bleichten rings auf dem Gerölle* (Carossa). *Sie hatte früh gebleichtes Haar* (R. Herzog). Auch bei den Verbbildungen mit Vorsilbe und *-bleichen* gewinnt die schwache Konjugation mehr und mehr an Boden: *ausbleichen: Das Mittel bleichte die Farben aus, hat die Farben ausgebleicht.* Aber: *Der Teppich ist ausgeblichen.* Bei *erbleichen* sind heute nur noch schwache Formen üblich: *Der aber erbleichte wie Kalk* (Winckler). *... und er war tief erbleicht* (H. Mann). Die Formen von *verbleichen* werden noch häufiger stark gebildet, besonders das Partizip II: *verblichene Wäsche.* Auch das substantivierte Partizip II ist in der Bedeutung ‚Verstorbener" noch im Gebrauch: *der liebe Verblichene.*

bleu: Das aus dem Französischen entlehnte Farbadjektiv *bleu* kann nicht dekliniert oder gesteigert werden. Wenn man das umgehen möchte, kann man auf Zusammensetzungen mit *-farben* oder *-farbig* ausweichen: *ein bleufarbenes Kleid, bleufarbige Handschuhe.* ↑Farbbezeichnungen (2.1). Häufig wird die substantivierte Form verwendet: *ein zartes Bleu; Stoffe in Bleu und Rosé.* ↑Farbbezeichnungen (3.2).

Block: 1. Blöcke/Blocks: Das Substantiv hat zwei verschiedene Plurale, einen umgelauteten mit der Endung *-e (Blöcke)* und einen nicht umgelauteten auf *-s (Blocks).* Die Doppelformen werden zur Bedeutungsdifferenzierung benutzt. Die Tendenz geht dahin, für klotzförmige, kompakte Gegenstände oder massive Brocken den Plural *Blöcke* zu verwenden. Den Plural *Blocks* (neben: *Blöcke*) wählt man für zusammengesetzte, komplexe Dinge, insbesondere für zusammengeheftete, geschichtete Papiere jeder Art. Nach englisch-amerikanischem Vorbild wird der Plural *Blocks* in der Regel auch auf Gebäudekomplexe angewandt. Man gebraucht also *-blöcke* vorzugsweise in Zusammensetzungen mit *Beton-, Eis-, Eisen-, Fels[en]-, Gesteins-, Granit-, Holz-, Lava-, Marmor-, Metall-, Motor-, Richt-, Stahl-, Stein-, Zylinder-* sowie in der Fügung *erratische Blöcke.* Neben *-blöcke* ist *-blocks* möglich in Komposita mit *Abreiß-, Brief-, Briefmarken-, Formular-, Notiz-, Papier-, Rezept-, Schreib-, Zeichen-.* In Komposita mit *Häuser-, Miet-, Wohn-* ist *-blocks* üblicher. Schwankungen kommen auch hier gelegentlich vor, besonders aber bei einer letzten, vierten Gruppe von Komposita, in denen *-block* die Bedeutung „Zusammenschluss politischer oder wirtschaftlicher Einheiten" angenommen hat. In Verbindung mit *Bündnis-, Macht-, Militär-, Staaten-, Währungs-, Wirtschafts-* u. a. gilt sowohl *-blöcke* als auch *-blocks.*

2. fünf Blöcke/Block[s] Schreibpapier: ↑ Maß-, Mengen- und Währungsangaben (1).

blöd/blöde: Beide Formen sind ohne Bedeutungsunterschied gebräuchlich.

Blonde: Sowohl *der/die Blonde* „blonder Mensch" als auch ugs. *das/die Blonde* „helles Bier, [Berliner] Weißbier" werden wie ein attributives ↑ Adjektiv flektiert: *eine Blonde, zwei kleine Blonde* (nicht: *Blonden*). *Sie tanzte mit einem Blonden. Er trank ein kühles Blondes/eine kühle Blonde.* Das feminine Genus bei der Bedeutung „Weißbier" ist von dem gleichbedeutenden Berliner Ausdruck *die Weiße* beeinflusst.

boxen: Wird *boxen* auf einen Körperteil bezogen, kann die betroffene Person mit einem Nominalausdruck im Dativ oder (seltener) im Akkusativ bezeichnet werden: *Er boxte ihm/ihn in den Magen.*

Bozner: Die Einwohner von Bozen heißen *Bozner.* ↑ Einwohnerbezeichnungen auf -er (1 und 6).

brauchen: 1. Dazu braucht es keines Beweises/keinen Beweis: Bei der unpersönlichen Konstruktion von *brauchen* kann das Objekt im Genitiv stehen: *Es brauchte keiner weiteren Worte.* Diese Ausdrucksweise ist heute selten, sie gehört der gehobenen Sprache an. Üblicher ist der ursprünglich regional- und umgangssprachliche Akkusativ geworden: *Dazu braucht es keinen Wahrsager* (Frisch).

2. Du brauchst nicht [zu] kommen: Verneintes oder durch *nur, erst* u.a. eingeschränktes *brauchen* + Infinitiv mit *zu* drückt aus, dass ein Sachverhalt nicht oder nur unter bestimmten Bedingungen realisiert werden muss: *Du brauchst nicht zu kommen* (= es besteht für dich keine Notwendigkeit zu kommen). Besonders in der gesprochenen Sprache wird das *zu* vor dem Infinitiv oft weggelassen, d.h., verneintes oder eingeschränktes *brauchen* wird wie verneintes oder eingeschränktes *müssen* verwendet: *Du brauchst nicht kommen = Du*

Die Boheme

Ein Lehnwort aus dem Französischen ist das Substantiv *Boheme*, das ursprünglich „Böhmen" bezeichnete und sich ab dem 17. Jh. auf Fahrende, Vagabunden und Bummelstudenten bezog. Ab ca. 1840 wurde der Begriff verstärkt für die Pariser Künstler-Boheme verwendet, also Menschen, die in (selbst gewählter) Armut leben, idealistisch sind und sich der Kunst und Literatur verschrieben haben. Im Deutschen kam das Wort um 1865 auf und wurde von vielen Literaten, auch im Sinne einer Selbstbeschreibung, benutzt. In der Bedeutung wird der Begriff auch heute noch verwendet. Ein männliches Mitglied der Boheme wird *Bohemien* genannt, eine Frau *Bohemienne*. Inzwischen wird das Wort *Boheme* aber auch für eine neue *digitale Boheme* benutzt, also Menschen, die in freien Medienberufen im Kultursektor arbeiten.

musst nicht kommen. Damit schließt sich *brauchen* an die Reihe der Modalverben *(müssen, dürfen, können, sollen, wollen, mögen)* an, die ebenfalls mit dem reinen Infinitiv verbunden werden (vgl. auch ↑3 und 4). In der geschriebenen Sprache wird das *zu* vor dem Infinitiv meistens noch gesetzt: *Du brauchst nicht zu kommen.*

3. Das hättest du nicht zu tun brauchen: Wie bei den Modalverben wird *brauchen* nach dem Infinitiv eines Vollverbs nicht im Partizip II, sondern im Infinitiv eingesetzt: *Das hättest du nicht zu tun brauchen* (nicht: *gebraucht*). *Er hat nicht zu schießen brauchen.*

4. brauchte/bräuchte: Der Umlaut bei der schwachen Form ist sehr gebräuchlich und auch standardsprachlich korrekt. Durch den Umlaut lässt sich der Konjunktiv II hier vom regulär gleichlautenden Indikativ Präteritum *(brauchte)* unterscheiden.

5. brauchen/gebrauchen: Das Verb *brauchen* wird außer im Sinne von „nötig haben, benötigen" auch im Sinne von „benutzen, von etwas Gebrauch machen" verwendet: *seine Ellbogen, seinen Verstand brauchen.* Nicht korrekt ist dagegen die Verwendung des Verbs gebrauchen im Sinne von nötig haben, benötigen, bedürfen. Es heißt richtig: *ich brauche* (nicht: *gebrauche*) *noch etwas Geld zum Ankauf des neuen Baugrundstückes.*

braun: 1. Rechtschreibung: a) Zur Groß- und Kleinschreibung ↑Farbbezeichnungen (3.2). **b)** Zur Getrennt- oder Zusammenschreibung ↑Farbbezeichnungen (3.3).

2. des Brauns/Braun · die beiden Brauns/Braun: ↑Farbbezeichnungen (2.2).

3. das braun-grüne/braungrüne Kleid: ↑Farbbezeichnungen (3.1).

brechen: 1. brechen/brich!: Im Indikativ des Präsens heißt es: *ich breche, du brichst, er bricht.* Der Imperativ lautet: *brich!* (nicht: *breche!*).

2. In der Wendung *den Stab über jemanden brechen* „jemanden [voreilig] verurteilen" wird der Akkusativ gesetzt. In älteren Texten, wenn an die ursprüngliche Handlung des Stabbrechens als Rechtsbrauch angeknüpft wird, findet sich vereinzelt der Dativ.

Breite: Es heißt *Das Tor misst 3 m in der Breite* (nicht: *in die Breite*). ↑messen.

Bremer: Die Einwohner von Bremen heißen *Bremer* (nicht: *Bremener*). ↑Einwohnerbezeichnungen auf -er (1 und 6).

brennbar: ↑-bar.

brennen: 1. Die Füße brennen mir: Nennt das Subjekt zu *brennen* (im übertragenen Sinne von „schmerzen") einen Körperteil, dann regiert *brennen* den Dativ: *Die Füße brennen mir. Mir brennen die Augen.*

2. Der Pfeffer brennt mir auf der Zunge: Auch wenn das Subjekt zu *brennen* eine Substanz bezeichnet, steht heute der Dativ.

Brief/E-Mail: 1. Anschrift: Die Anschrift auf Briefen in Papierform steht gewöhnlich im Akkusativ. Der Dativ hat sich aber noch bei bestimmten Ehrentiteln erhalten *(Seiner Hochwürden Monsignore ...)*. Bei Anschriften, die einer oder mehreren Personen gelten, wird heute auf *An, An den/die/das* verzichtet, in der Regel auch bei Anschriften in Schreiben an Firmen. Trotzdem sollte man in Deutschland und Österreich die Form *Herrn* (früher: *An Herrn* ...) verwenden, in der Schweiz gilt mittlerweile auch die Form *Herr* als zulässig. Bei Anschriften, die einem Amt, einer Institution und dergleichen gelten, wird dagegen *An den/die/das* noch häufiger gesetzt. Die Anrede *Frau* bzw. *Herrn* kann in einer eigenen Zeile oder in der Namenszeile geschrieben werden. ↑Titel und Berufsbezeichnungen sind nur zu deklinieren, wenn sie vor dem Namen stehen. Bis auf *Dr., Prof.* und die üblichen Abkürzungen der Diplomgrade (*Dipl.-Ing., Dipl.-Kfm.* u. Ä.) sollte man Abkürzungen vermeiden. Bei Firmenanschriften wird das Wort *Firma* heute kaum noch benutzt, auch wenn diese Information nicht aus dem Namen selbst hervorgeht.

Beschwerdebriefe

Egal, ob auf Papier oder per Mail: Auch Beschwerdebriefe sollte man möglichst freundlich formulieren. Das zeugt von Souveränität – und hat auch ganz handfeste Gründe: Im Zweifel kann der zuständige Sacharbeiter nichts für den Beschwerdegrund und wird sich der Angelegenheit lieber annehmen, wenn ihn ein Schreiben in freundlichem Ton erreicht. Freundlich heißt aber selbstverständlich nicht: unterwürfig. Das früher in Amtsschreiben gern verwendete *hochachtungsvoll* gilt als altertümlich und sollte nicht mehr verwendet werden. Und auch in Beschwerdebriefen gilt die Grußformel *Mit freundlichen Grüßen* als geläufig. Möchte man sie vermeiden – zum Beispiel, weil der Briefwechsel sich schon etwas länger hinzieht und sich unerfreulich und schleppend gestaltet – kann man sie ersetzen durch die Formel: *In Hoffnung auf eine baldige positive Antwort.* Auch hier folgt nach der Grußformel und vor dem Namen bzw. der Unterschrift kein Komma.

Die Abkürzungen *i. H., i. Fa.* und *c/o* werden heute nur noch selten verwendet.
2. Anrede: a) Nach der Anrede steht heute üblicherweise ein Komma, nicht mehr ein Ausrufezeichen: Das erste Wort des eigentlichen Briefes schreibt man nach dem Komma klein, wenn es kein Substantiv oder Anredepronomen ist (nur in der Schweiz, wo nach der Anrede kein Komma steht, beginnt die nächste Zeile mit einem Großbuchstaben). **b)** Als Anreden sind das ursprünglich vertraute, inzwischen auch neutral verwendete *Liebe[r]* und das förmlichere *Sehr geehrte[r]* üblich; das neutrale *Hallo* setzt sich besonders in E-Mails immer mehr durch. Auch unter Geschäftsleuten, die sich siezen, ist es – anders als in Briefen – weithin akzeptiert, wenn der Umgangston nicht ganz so förmlich ist. Die Anrede *Sehr verehrte[r]* sollte man nur verwenden, wenn man den Adressaten persönlich kennt und ihm gegenüber besonders ehrerbietig sein möchte. Veraltet ist die Anrede mit *Werte[r].* **c)** Gebraucht man die Amts- oder Berufsbezeichnung des Adressaten, so wird der Name meist weggelassen: *Sehr geehrter Herr Präsident/Sehr geehrte Frau Senatorin.* Lediglich bei der Anrede eines Professors oder einer Professorin wird der Name oft mit genannt: *Sehr geehrter Herr Professor/Sehr geehrter Herr Professor Schmidt; Sehr geehrte Frau Professorin/Sehr geehrte Frau Professorin Schmidt* (auch: *Sehr geehrte Frau Professor/Sehr geehrte Frau Professor Schmidt*). Titel werden im Normalfall ausgeschrieben. (Im Falle von *Professor/Professorin* ist die Kurzform *Prof.* allerdings inzwischen ebenfalls gebräuchlich, wenn man sie mit *Dr.* kombiniert.) Der Doktorgrad wird gewöhnlich abgekürzt vor den Familiennamen gesetzt (↑ Doktor/Doktorin). Redet man mehrere Doktorinnen und Doktoren (z. B. in einer Gemeinschaftspraxis) an, so ist nach wie vor die Anrede *Sehr geehrte Damen und Herren Doktoren* üblich; handelt es sich nur um Männer, heißt die Anrede *Sehr geehrte Herren Dok-*

toren. Ein Adjektiv in der Anrede sollte sich nicht auf mehrere Namen o.Ä. beziehen, wenn es grammatisch nur zu einem passt (↑ Ellipse): Nicht: *Sehr geehrte Frau und Herr Müller,* sondern: *Sehr geehrte Frau Müller, sehr geehrter Herr Müller.* Anrede und fortlaufender Text werden sowohl im Brief als auch in der E-Mail durch eine Leerzeile getrennt.

3. Briefschluss: a) Die Grußformel beginnt normalerweise mit einem großen Anfangsbuchstaben und steht ohne Punkt, Komma oder Ausrufezeichen: *Mit freundlichem Gruß/Mit freundlichen Grüßen/Mit den besten Grüßen/Hochachtungsvoll/Freundliche Grüße/Herzliche Grüße.* Wird sie jedoch in den Briefschluss einbezogen, gilt die reguläre Zeichensetzung und Groß- und Kleinschreibung: *Ich hoffe, Ihnen damit geholfen zu haben, und verbleibe mit freundlichen Grüßen* [Handschriftliche Unterschrift]. Bilden Schlusssatz und Unterschrift[en] eine grammatische Einheit, ist auf die Kongruenz zwischen Subjekt und Prädikat zu achten: *Ein gutes neues Jahr wünschen Ihnen Eva Müller und Familie.* **b)** Bei Geschäftsbriefen unterschreibt der Ranghöhere gewöhnlich links. Zusätze wie *i.A., i.V.* oder *ppa.* können entweder vor der handschriftlichen Unterschrift oder vor der gedruckten Wiedergabe des Namens stehen. **c)** Der Zusatz *nach Diktat verreist* (in Verbindung mit der Abkürzung *gez.*) wird in der modernen Korrespondenz immer seltener gebraucht. **d)** Wie in der Anrede (↑ 2) darf auch im Briefschluss das Weglassen von *Dein(e), Euer, Eure* oder *Ihr(e)* nicht zu ungrammatischen Formulierungen führen. Nicht: *Eure Renate und Peter,* sondern: *Eure Renate und Euer Peter.*

bruchlanden: Von *bruchlanden* werden im Allgemeinen nur der Infinitiv und das Partizip II gebraucht: *Wir mussten bruchlanden, sind bruchgelandet; die bruchgelandete Do 27.* Vereinzelt kommen auch andere Formen vor: *... wenn die Maschine bruchlandet.*

bruchrechnen: Von *bruchrechnen* ist nur der Infinitiv gebräuchlich: *Ich kann gut bruchrechnen.* Vereinzelt können auch andere Formen vorkommen: *Störe sie nicht, wenn sie bruchrechnet!*

Bruchzahlen: 1. ein Viertel des Weges/ein viertel Zentner: Groß schreibt man, wenn die Bruchzahl als Substantiv gebraucht wird: *ein Drittel, drei Fünftel, ein Achtel des Betrages, ein Viertel des Weges, drei Tausendstel von dieser Summe, mit drei Viertel(n) der Stimmen* usw. Klein schreibt man, wenn die Bruchzahl vor Maß- und Gewichtsangaben attributiv gebraucht wird: *ein viertel Zentner Mehl, ein achtel Kilo, drei tausendstel Sekunden* usw.

2. drei achtel Liter/drei Achtelliter: Zusammen schreibt man, wenn Bruchzahlen zum Erstglied allgemein gebräuchlicher fester Maßbezeichnungen geworden sind: *ein Viertelpfund, drei Achtelliter, eine Viertelstunde, zwei Zehntelsekunden* usw. Die Getrenntschreibung bleibt aber immer möglich, wenn man einzelne Bruchteile zählen will: *drei achtel Liter; zwei viertel Zentner.*

3. Ein Drittel der Mitglieder stimmte nicht ab · Zwei Fünftel Kernenergie decken/deckt den Bedarf: Wenn das Subjekt des Satzes aus einer Bruchzahl und einem Substantiv im Genitiv besteht, dann richtet sich das Verb bei grammatischer Kongruenz in seinem Numerus nach der Bruchzahl. Es heißt also standardsprachlich: *Ein Drittel der Mitglieder stimmte nicht ab. Zwei Drittel der Mannschaft wurden gerettet. Sieben Achtel der Energie gingen verloren.* Bei pluralischer Angabe kommt der Singular nur vereinzelt vor. Bei *einem Drittel/Viertel/Fünftel* wird der Plural insbesondere dann verwendet, wenn die Bruchzahl durch eine Angabe wie *knapp, fast, mehr als* modifiziert wird: *Knapp ein Drittel der Banken verschlüsseln vertrauliche Daten ihrer Web-Kunden bei der Übertragung nicht* (Handelsblatt). Zur Deklination von *Drittel, Viertel* u.a. *(mit zwei Drit-*

tel/Dritteln der Summe kommen wir nicht aus) ↑Drittel, ↑Maß-, Mengen- und Währungsangaben (1). Zu Dezimalzahlen (z. B. *0,1* oder *0,5*) ↑Dezimalzahlen (2).

Bruder: 1. Ihres Herrn Bruders: In der (gehobenen) Verbindung mit *Herr* erhält *Bruder* im Genitiv immer das Genitiv-s: *der Besuch Ihres Herrn Bruders.* ↑Herr (2b).

2. Brüder/Gebrüder: Während *Brüder* lediglich die Mehrzahl bezeichnet, bezieht sich *Gebrüder* auf die Gesamtheit der Brüder einer Familie (veraltet) bzw. (kaufmännisch) auf Brüder, die gemeinsam ein Unternehmen leiten. Es heißt im Übrigen richtig *die Brüder* (nicht: *Gebrüder*) *Grimm,* denn Jacob und Wilhelm Grimm waren die beiden ältesten von fünf Brüdern und nannten sich selbst *Brüder Grimm.*

Bruderschaft/Brüderschaft: Die beiden Wörter werden nur selten gleichbedeutend verwendet. Im Allgemeinen bedeutet *Bruderschaft* „kirchliche Körperschaft (von Geistlichen und Laien)", *Brüderschaft* wird dagegen im Sinne von „enge Freundschaft" gebraucht: *mit jemandem Brüderschaft schließen* oder *trinken* usw.

Brunft/Brunst: Beide Wörter bedeuten „Zeit der Paarung[sbereitschaft] bei Säugetieren".

brustschwimmen/Brust schwimmen: ↑rückenschwimmen/Rücken schwimmen.

buchen/verbuchen/abbuchen: Die Bedeutungen der Verben überschneiden sich teilweise. Sowohl *buchen* als auch *verbuchen* können im Sinne von „[in die Geschäftsbücher] eintragen, registrieren" verwendet werden: *einen Betrag auf ein Konto buchen, eine Summe im Haben verbuchen.* Dabei betont *verbuchen* stärker die (Rechts)verbindlichkeit des Vorgangs. Auch *abbuchen* wird gelegentlich in diesem Sinne verwendet; seine Hauptbedeutung ist jedoch „von einem Konto wegnehmen": *Die Bank buchte den Betrag von meinem Konto ab.* – Im Sinne von „vorbestellen, reservieren lassen" wird nur *buchen* gebraucht: *Sie hat den Flug nach Rom bereits gebucht.*

Brillant und Brillanz

Zu den mit schöner Regelmäßigkeit falsch geschriebenen Wörtern gehört das Adjektiv *brillant*. Es stammt aus dem Französischen, deswegen wird es ohne zweites „i" geschrieben, obwohl es ausgesprochen wird. Das Adjektiv leitet sich ab von dem ebenso häufig falsch geschriebenen Substantiv *Brillant*, ein Wort, das häufig fälschlich synonym für „Diamant" verwendet wird. Doch es bezeichnet nur einen Diamanten mit einem ganz besonderen Schliff, nämlich besagtem „Brillantschliff". Dieser spezielle Schliff wurde um 1910 entwickelt und zeichnet sich durch seine besondere Brillanz aus – womit sich sprachlich der Kreis schließt. Denn dieses Wort meint eigentlich, wie viel Licht von einem Edelstein reflektiert wird, wie sehr er also funkelt. Und auch dieses Substantiv erfuhr, ebenso wie das Adjektiv, eine Bedeutungserweiterung, denn man spricht durchaus auch von intellektueller oder künstlerischer Brillanz.

Buch führen: Man schreibt getrennt: *Buch führen* (nicht: *buchführen*). Das Partizip I kann dagegen getrennt oder zusammengeschrieben werden: *die Buch führende/buchführende Geschäftsstelle.*

Buchstabe: Zur Groß- und Kleinschreibung und zur Deklination einzelner Buchstaben *(des, die A[s])* ↑Einzelbuchstaben.

Buchtitel: 1. ↑Anführungszeichen (2).

2. Groß- oder Kleinschreibung: Wenn ein Buchtitel in Anführungszeichen gesetzt wird, schreibt man das erste Wort groß: *Er kaufte sich „Das Glasperlenspiel" von Hermann Hesse.* Adjektive, Zahlwörter, Artikelwörter und Pronomen, die im Innern des Buchtitels stehen, werden gewöhnlich kleingeschrieben: *Die drei Musketiere.* Fällt aber der Artikel aus und rückt dadurch das Adjektiv usw. an den Anfang des Titels, dann wird es – mit oder ohne Anführungszeichen – großgeschrieben: *Sie las das „Siebte Kreuz"* (oder: *„Das siebte Kreuz"*) *von Anna Seghers. Kennst du Miltons Verlorenes Paradies?*

3. Deklination: Buchtitel sollten stets dekliniert werden, auch dann, wenn sie in Anführungszeichen stehen: *Sie las aus dem „Dreißigsten Jahr" von Ingeborg Bachmann vor. Er fand das Zitat in Büchmanns „Geflügelten Worten".* Aber häufig will man einen solchen Titel unverändert wiedergeben. Dazu umschreibt man ihn mit einem entsprechenden Substantiv: *Er fand das Zitat in Büchmanns Werk „Geflügelte Worte".* Notwendig ist das bei Titeln, die mit einem Possessiv wie *mein* oder *unser* beginnen: *Er liest aus dem Buch „Mein Leben"* (statt: *Er liest aus „Meinem Leben"*).

4. Singular oder Plural: Ein pluralischer Buchtitel mit Artikel verlangt in der Regel auch ein pluralisches Prädikat: „Die Räuber" *haben eine starke Wirkung ausgeübt.* Aber auch der Singular ist möglich, insbesondere, wenn der Titel keinen Artikel enthält: *„Gespenster" erregte großes Interesse.* Anders ist es, wenn ein Titel mehrere Einzelsubjekte enthält. Er wird dann gewöhnlich als Einheit aufgefasst und das Prädikat steht im Singular: *„Romeo und Julia" wird neu inszeniert.* Auch hier kann man Kongruenzprobleme umgehen, indem man ein passendes Substantiv vor den Titel setzt: *Der Film „Die Unglaublichen" heißt in der englischen Originalfassung „The Incredibles".*

5. Zeichensetzung: Bei der Angabe von Buchtiteln kann nach dem Verfassernamen entweder ein Komma oder ein Doppelpunkt stehen: *Franz Kafka, Das Urteil, Frankfurt a. M.[,] 1958* (oder: *Franz Kafka: Das Urteil ...*).

bummeln: ↑Perfektbildung mit sein/haben.

Bund: Im heutigen Sprachgebrauch werden *der Bund* und *das Bund* in der Bedeutung und in der Pluralbildung unterschieden. **1. der Bund (Plural: die Bünde):** Dieses Wort bedeutet „enge Verbindung mit einer gleich gesinnten Person oder einer Anzahl von Personen; organisierter Zusammenschluss, Bündnis" und „das Verbindende, Bindestück, bes. oberer, fester Rand an Röcken und Hosen". Dazu gehören die gleichfalls männlichen Zusammensetzungen *Freundschafts-, Ehe-, Geheim-, Sport-, Staaten-, Völkerbund* usw. und *Hosen-, Hemden-, Rockbund.*

2. das Bund (Plural: die Bunde): Dieses Wort bedeutet „etwas, was zu einem Bündel zusammengebunden ist", z. B. *ein Bund Stricke, ein Bund Radieschen.* Dazu gehören die sächlichen Zusammensetzungen *Reisig-, Stroh-, Garbenbund* usw. und als Ausnahme *der* und *das Schlüsselbund.* Zur Flexion des Gemessenen nach *Bund* (*der Preis eines Bund[e]s Rettich*) ↑Bündel.

Bündel: Das Gemessene nach *Bündel* wird meist im Genitiv angeschlossen, insbesondere dann, wenn die auf *Bündel* folgende Nominalgruppe ein Adjektivattribut enthält: *Lavendel wird ein ganzes Bündel positiver Effekte zugeschrieben* (Berliner Zeitung). Ein Anschluss mit einer im Kasus mit *Bündel* übereinstimmenden Apposition kommt seltener vor, und zwar eher in Sätzen ohne Adjektivattribut: *Dafür können Halter ein Bündel Stroh oder Schilfrohr in den Teich stellen, bevor sich Eis bildet* (Kölner Stadtanzeiger). ↑Apposition (3).

Burma:
↑*Birma*/Burma.

bzw.: ↑beziehungsweise.

C

Café/Kaffee: Mit dem Wort *das Café* wird eine Gaststätte bezeichnet, die in erster Linie Kaffee und Kuchen anbietet (die Schreibung *das Kaffee* ist in diesem Zusammenhang nicht mehr üblich). Demgegenüber bezieht sich *der Kaffee* auf die Kaffeepflanze bzw. deren bohnenförmigen Samen und das daraus gewonnene Getränk und auch auf die Kaffeemahlzeit am Morgen oder am Nachmittag.

Celsius: ↑ Grad.

Cent: **1. Aussprache:** Die Münzbezeichnung *Cent* (Abk.: *c* oder *ct*) wird [tsɛnt] oder [sɛnt] ausgesprochen.
2. Weglassen der Flexionsendung: *Cent* bleibt als Währungseinheit unverändert: *Das kostet zwanzig Cent.* Der Plural tritt aber ein, wenn einzelne Münzen gezählt werden: *Es sind dreißig Cents in der Dose.*
3. Kongruenz: Bei einer pluralischen Centangabe steht das Verb im Plural. Es heißt also richtig: *Achtzig Cent reichen nicht aus.*

Ceylon:
Der geografische Name *Ceylon* bezeichnet die Insel im Indischen Ozean. Der auf dieser Insel liegende Staat heißt seit 1972 *Sri Lanka.*

chamois: Das aus dem Französischen entlehnte Farbadjektiv *chamois* kann nicht dekliniert oder gesteigert werden. Wenn man das umgehen möchte, kann man auf Zusammensetzungen mit *-farben* oder *-farbig* ausweichen: *ein chamoisfarbenes Leder, Hemd.* ↑ Farbbezeichnungen (2.1). Häufig wird die substantivierte Form verwendet: *in Chamois.* ↑ Farbbezeichnungen (3.2).

chic, Chic/schick, Schick: ↑ schick, Schick/chic, Chic.

Christus: Zur Flexion dieses Namens ↑ Jesus Christus.

c, k oder z: Fremdwörter, die im Deutschen zum Alltagswortschatz gehören, werden oft schon integriert, d. h. den normalen Regeln für heimische Wörter entsprechend, geschrieben. Das gilt besonders für deutsche Neubildungen aus fremden Bestandteilen. Das *c* wird dann je nach der Aussprache durch *k, z, s* oder *ss* ersetzt, z. B. *Nikotinpflaster.* **1. Die Schreibung der Fremdwörter in den Fachsprachen:** Damit die Schreibungen international verständlich sind, wird in den Fachsprachen das *c* in Fremdwörtern weitgehend erhalten: *Cadmium, Calcium, Carotin, cyclisch, Nicotin, Silicon.*
2. Fremdwörter und ihre Abkürzungen in verschiedener Schreibung: Häufiger haben Abkürzungen, denen ein Fremdwort zugrunde liegt, die ursprüngliche Schreibung bewahrt, während die ausgeschriebenen Wörter auch in ihrer Schreibung in den heimischen Wortschatz integriert werden: *Tbc/Tuberkulose, WC/Wasserklosett, Co./Kompanie.*

Chamois – eine spezielle Farbe

Die Farbe *chamois* changiert zwischen gelb und beige. Das Wort stammt aus dem Französischen und bedeutet eigentlich: Gämse. Denn die Haut der Gämsen ist begehrt und wird zu hochwertigen Lederwaren verarbeitet. Das sog. „Chamoisleder", oder auch „Sämischleder", ist ein in aufwendiger Gerbung hergestelltes Leder, das häufig für Trachtenkleidung verwendet wird, weil es sich weich und samtig anfühlt. Die Farbe *Chamois* bezeichnet also die Farbe hell gegerbten (Gams-)Leders.

Co./Co: Diese Abkürzung für *Kompanie* in Firmennamen kann mit oder ohne Punkt geschrieben werden. ↑Abkürzungen und Kurzwörter (1). Die Schreibung mit *C* rührt von der alten Schreibung *Compagnie* her.

Cognac: ↑Kognak/Cognac.

Cottbuser/Cottbusser: **1.** Die Einwohnerbezeichnung auf *-er* kann mit einem *s* oder mit Doppel-s geschrieben werden: *Cottbuser* oder *Cottbusser.* Beides wird mit einem stimmlosen [s] gesprochen.
2. Der Name *Cottbuser Tor* in Hoyerswerda wird mit *C* und mit einem *s* geschrieben. Den Namen *Kottbusser Tor* in Berlin schreibt man mit *K* und Doppel-s.

creme: Das aus dem Französischen entlehnte Farbadjektiv *creme* kann nicht dekliniert oder gesteigert werden. Wenn man das umgehen möchte, kann man auf Zusammensetzungen mit *-farben* oder *-farbig* ausweichen: *ein cremefarbener Hut, cremefarbige Schuhe.* ↑Farbbezeichnungen (2.1). Häufig wird die substantivierte Form verwendet: *in Creme.* ↑Farbbezeichnungen (3.2).

Clementinen, Mandarinen und Orangen

Die bei uns beliebte Clementine (möglich ist auch die Schreibweise Klementine) ist eine Kreuzung aus Mandarine und Bitterorange. Sie verdankt ihrem Namen vermutlich dem Trappistenmönch Marie-Clément Rodier, der 1902 im Garten eines algerischen Waisenhauses, in dem er arbeitete, besagten Fruchtbaum entdeckte und beschrieb. Unklar ist, ob diese Züchtung auch auf ihn zurückgeht, oder ob sie weit älteren Datums ist und es bereits im Alten China Clementinen gab. Denn: Auch wenn Orangen-, Mandarinen- und Clementinenbäume in den Mittelmeerländern heutzutage allgegenwärtig sind und im Herbst mit ihren farbenfrohen Früchten das Landschaftsbild prägen – die alten Römer kannten diese Früchte noch nicht. Vermutlich kannten sie gar keine Zitrusfrüchte.

Orangen und Mandarinen stammen ursprünglich aus China. Die Orange eroberte ab dem 15. Jh. den europäischen Kontinent, die Mandarine wurde erst im Jahr 1805 in Europa eingeführt. Ihr Name erinnert noch an ihre chinesische Herkunft, denn er leitet sich vermutlich von der orangen Kleidung der ranghohen chinesischen Beamten ab, den Mandarins. Auch der deutsche Name Apfelsine deutet noch auf die chinesische Herkunft hin, denn er bedeutete ursprünglich: chinesischer Apfel.

D

da: 1. Getrennt- oder Zusammenschreibung mit Verben: Ob *da (dabei, dafür, dahin ...)* Adverb (mit Getrenntschreibung) oder Verbzusatz (mit Zusammenschreibung) ist, zeigen die Betonung und die Verwendung im Satz an. Getrenntschreibung: *Ich würde gern dabei bleiben. Du sollst genau da bleiben, wo du jetzt bist. Es wird daher kommen, dass ...* Zusammenschreibung: *Kannst du nicht noch ein bisschen dableiben? Sie will die Bücher dabehalten. Sie haben faul dagelegen, untätig dagesessen. Wie die Tage nur dahingehen! Er hat nur so dahergeredet. Sie sind in Shorts dahergekommen.* In manchen Fällen, etwa bei *dableiben* im Vergleich zu *da bleiben,* geht mit der Betonung und der Entscheidung für Getrennt- oder Zusammenschreibung auch ein (meist geringer) Bedeutungsunterschied einher. In anderen Fällen, wie bei *dafürkönnen* und *dafür können,* ist ein solcher Bedeutungsunterschied kaum auszumachen. Verbindungen mit *sein* werden immer getrennt geschrieben: *Könntest du bitte da sein, wenn die Handwerker kommen?*
2. Da kann ich nichts für/ Dafür kann ich nichts: Die mit *da* zusammengesetzten Pronominaladverbien werden in der geschriebenen Standardsprache nicht durch andere Wörter oder Wortgruppen voneinander getrennt. Die Trennung *(Da habe ich mir nichts bei gedacht)* kommt vor allem in der gesprochenen Sprache vor. In der Standardsprache schreibt man: *Dabei habe ich mir nichts gedacht.*

dabei: Getrenntschreibung: *Sie will unbedingt dabei sein. Er wird unter allen Umständen dabei* (= bei seiner Meinung) *bleiben. Sie muss dabei* (= bei dieser Arbeit u.Ä.) *sitzen/stehen.* Zusammenschreibung: *Hoffentlich kann ich dabeibleiben, bis alles fertig ist. Sie wird das Geld dabeihaben. Er hat während der Unterhaltung dabeigesessen/dabeigestanden.* ↑ da (1).

dabei/da ... bei: ↑ da (2).

da-/dar-: In zusammengesetzten Adverbien steht *dar-* heute nur noch, wenn der zweite Bestandteil mit einem Vokal beginnt: *daran, darein, darin, darüber* usw. Man kann diese Wörter nach Sprechsilben oder nach ihren Wortbildungsbestandteilen trennen: *da-ran/ dar-an, da-rüber/dar-über.*

dafür/da ... für: ↑ da (2).

dafürkönnen/dafür können: Abhängig von der Betonung ist sowohl die Getrennt- als auch die Zusammenschreibung korrekt. Getrenntschreibung bei deutlicher Betonung des Verbs: *Sie behauptet, nichts dafür* (= für den eben erwähnten Fehler) *zu können/dass sie nichts dafür kann.* Zusammenschreibung bei stärkerer Betonung des Verbzusatzes: *Sie behauptet, nicht dafürzukönnen; dass sie trotzdem nichts dafürkann.*

dagegen/da ... gegen: ↑ da (2).

dagegenhalten/dagegen halten: Bei Getrenntschreibung werden das Adverb und das Verb betont: *Er wird dagegen sein. Sie wird nichts dagegen haben. Du sollst das Brett dagegen halten, hier ist kein Bohrloch.* Bei Zusammenschreibung gibt es nur eine Betonung, die Bedeutung ist übertragen: *Sie hat dagegengehalten (= erwidert), dass ... Wir wollen uns dagegenstellen und kämpfen.* ↑ da (1).

daher kommen/daherkommen: ↑ dagegenhalten/dagegen halten, ↑ da (1).

da herkommen/daher kommen: Anstelle von standardsprachlich *daher* (Richtungsadverb) + *kommen* wird regional- oder umgangssprachlich häufig *da* (Lageadverb) + *herkommen* gebraucht: *In Südamerika liegt Argentinien. Da kommen die besten Steaks her. Die besten Steaks kommen da her.* (In geschriebener

Standardsprache: *Daher* (oder: *von dort*) *kommen die besten Steaks*).

dahin: ↑dagegenhalten/dagegen halten, ↑da (1).

dahin fahren, fliegen, gehen usw./da hinfahren, hinfliegen, hingehen usw.: Anstelle von standardsprachlich *dahin* (Richtungsadverb) + Bewegungsverb wird regional- oder umgangssprachlich häufig *da* (Lageadverb) + Bewegungsverb mit *hin-* gebraucht: *Im Engadin ist es schön. Da solltet ihr auch einmal hinfahren. Das ist eine nette Bar. Da werde ich öfter einmal hingehen. Ich werde da öfter einmal hingehen. Ich werde öfter einmal da hingehen.* (In geschriebener Standardsprache: *Dahin werde ich öfter einmal gehen*).

dalassen/da lassen: ↑da (1).

daliegen/da liegen: ↑da (1).

damit/da ... mit: ↑da (2).

damit/mit ihm/mit dem: Grundsätzlich ist es sowohl möglich, das Pronominaladverb *(damit)* zu verwenden als auch eine Präposition + Personal- oder Demonstrativpronomen; meist nimmt man aber *damit*, wenn man sich auf eine Sache oder einen Begriff bezieht; wird dagegen eine Person bezeichnet, dann steht die Fügung Präposition + Pronomen. Sachbezug: *Ich fahre mit meinem neuen Boot. Ich fahre damit* (seltener: *mit ihm*) *nach Schweden.* Personenbezug: *Fährst du mit deiner Schwester nach Schweden? Ja, ich fahre mit ihr* (nicht: *damit*) *nach Schweden.*

danach/da ... nach: ↑da (2).

daneben: Zur Schreibung in Verbindung mit Verben vgl. ↑dagegenhalten/dagegen halten, ↑da (1).

dank: 1. dank seinem Einfluss/dank seines Einflusses: Besonders im Plural überwiegt heute der Genitiv: *dank sehr komplizierter Verfahren* (seltener: *dank sehr komplizierten Verfahren*); *dank der Fortschritte der Wissenschaft* (seltener: *dank den Fortschritten der Wissenschaft*). Folgt auf *dank* ein allein stehendes stark flektiertes Substantiv im Plural, dann wird der Dativ gewählt: *dank Fortschritten der Wissenschaft.*

2. dank seiner Fehler: Im Zusammenhang mit etwas Negativem sollte *dank* nur ironisch verwendet werden: *Dank deiner Hilfe haben wir es nicht geschafft.*

dankbar: Die Fügung *dankbar sein* kann nur dann mit einem *zu*-Infinitiv verbunden werden, wenn das Subjekt das gleiche bleibt: *Ich bin dankbar, das erleben zu können* (= dass ich das erleben kann). Wechselt das Subjekt, dann muss man einen Nebensatz anschließen: *Wir wären Ihnen dankbar, wenn Sie uns die Unterlagen sofort übersenden würden* (nicht: *Wir wären Ihnen dankbar, uns die Unterlagen sofort zu übersenden*).

danke schön/Dankeschön: Man schreibt getrennt: *Er sagte: „Danke schön!“* Wenn Grußformeln ohne Anführungszeichen bei einem Verb wie *sagen, rufen* stehen, kann man sie groß- oder kleinschreiben: *Ich möchte ihr nur Danke schön /danke schön sagen.* Man schreibt zusammen, wenn die Formel als Ganzes substantiviert wird: *Er lässt dir ein herzliches Dankeschön für deine Hilfe sagen.*

daran: 1. daran gehen/darangehen: ↑da (1).

2. daran/dran: Die Form *dran* ist meist umgangssprachlich. Das gilt auch für Verben wie *drangehen, dranhängen, dransetzen.*

darauf: 1. darauf gehen/draufgehen: Zur Schreibung in Verbindung mit Verben ↑dagegenhalten/dagegen halten, ↑da (1). In Verbindung mit dem Partizip I wird getrennt oder zusammengeschrieben: *Ihr Schreiben und der darauf folgende Briefwechsel. Am darauffolgenden Tag.*

2. darauf/drauf: Die Form *drauf* ist meist umgangssprachlich, kommt aber in Verbindung mit Verben und in einigen Wendungen in der gesprochenen Standardsprache häufig vor: *Es kommt drauf an, was er sagt.*

3. darauf/auf dem, auf das: ↑auf das/darauf, ↑damit/mit ihm/mit dem.

daraus: 1. daraus/draus: Die Form *draus* ist umgangssprachlich: *Ich mache mir nichts draus.*
2. daraus, dass/daraus, wenn: Die Verbindung von *daraus* und *wenn* ist nicht korrekt. Es kann nur heißen: *Der Streit entsteht daraus, dass die Begriffe missverstanden werden.*

dar-/da-: ↑ da-/dar.

darein/darin, worein/worin: Die Adverbien *darin* und *worin* bezeichnen die Lage. Sie können nicht zur Angabe der Richtung verwendet werden wie früher und in gehobener Sprache *darein* und *worein.* Man sagt also nicht: *Hier ist das Papier, worin ich Geld gewickelt hatte,* sondern: *das Papier, in das* (gehoben: *worein*) *ich Geld gewickelt hatte.* Nicht: *Das ist nun einmal mein Los. Ich muss mich darin fügen,* sondern (gehoben): *... darein fügen.* Ebenso auch: *sich dareinfinden; seinen Stolz dareinsetzen, -legen; sich dareinmengen; dareinreden* u. a.

darin: 1. darin/drin: Die Form *drin* kommt in der Umgangssprache, aber auch in der gesprochenen Standardsprache häufig vor: *Es ist schon jemand drin.* Zudem tritt sie in festen Fügungen auf: *In dem Spiel ist noch alles drin* (= noch nichts entschieden).
2. darin/in ihm/in dem: Der relativische Gebrauch der mit *da[r]-* gebildeten Pronominaladverbien ist veraltet. Vgl. außerdem ↑ damit/mit ihm/mit dem.

Darlehen/Darlehn: Die Vollform *Darlehen* ist heute üblicher als die kürzere Form *Darlehn.* Diese trifft man aber noch häufig in Komposita: *Darlehnsvertrag, Darlehnshingabe, Spar- und Darlehnskasse* u. a. Beide Formen sind richtig.

darnach, darneben, darnieder: ↑ da-/dar.

darüber: 1. darüber stehen/darüberstehen: ↑ dagegenhalten/dagegen halten, ↑ da (1).
2. darüber/drüber: Die Form *drüber* ist meist umgangssprachlich (z. B. *drüberwischen*), kommt aber in bestimmten Wendungen auch in der gesprochenen Standardsprache häufig vor: *Ich habe noch mal drüber nachgedacht.*

darum: 1. darum kommen/darumkommen: ↑ dagegenhalten/dagegen halten, ↑ da (1).
2. darum/drum: Die Form *drum* ist meist umgangssprachlich. Das gilt auch für *drumlegen, drumwickeln, das ganze Drum und Dran* usw.

darunter: 1. in verschiedenen Ländern, darunter der/darunter die Bundesrepublik: Beide Konstruktionen sind korrekt. Ebenso: *Mehreren Schülern, darunter zwei Zehnjährige[n], wurden Preise verliehen.*
2. darunter liegen/darunterliegen: ↑ dagegenhalten/dagegen halten, ↑ da (1).
3. darunter/drunter: Die verkürzte Form kommt in der gesprochenen Sprache oft vor, entspricht aber nicht dem geschriebenen Standard: *Da kann ich mir nichts drunter vorstellen. Es ging alles drunter und drüber.*

Darlehen

Umgangssprachlich werden die Begriffe Kredit und *Darlehen* synonym verwendet. Das Wort *Darlehen* – für einen geliehenen Geldbetrag – ist alt. Es leitet sich vermutlich ab vom althochdeutschen Begriff „analêhan", was so viel wie „Anleihe" bedeutete. Der Begriff entwickelte sich zu mittelhochdeutsch „darlīhen", jemandem etwas überlassen. Im 16. Jh. wurde meist das Wort „Darleihen" verwendet – ein Begriff, der noch im 19 Jh. üblich war. Der Wortbestandteil „-leihen" wurde zunehmend durch das ältere „-lehen" verdrängt. Denn auch beim mittelalterlichen „Lehen" ging es um eine Leihgabe, in dem Fall um gegen Gefolgschaft verliehenes Land. Und obwohl es bereits im alten Mesopotamien um 3000 v. Chr. Geldleihe gegen Zins gab, kam das *Darlehen* in unserem heutigen Sinn, nämlich als Verleihen einer Geldsumme, in Deutschland erst im 16. Jh. auf.

das/dass: Im Unterschied zum Artikel und Pronomen *das* wird die gleichlautende Konjunktion *dass* mit *ss* geschrieben. Verwechslungsmöglichkeiten ergeben sich besonders in *dass*-Sätzen, die mit Frage- oder Relativsätzen verbunden sind: *Was glaubst du, dass sie gesagt hat? Was ratet ihr, dass ich tun soll?* Die Konjunktion *dass* wird hier undeutlich, weil das Pronomen *was* vorangeht, das Lesende oder Hörende spontan mit *das* fortsetzen wollen. Man kann sich merken: Den Artikel und das Pronomen *das* kann man meist durch *dieses* oder durch *welches* ersetzen, die Konjunktion *dass* nicht. Da diese Einsetzprobe bei den oben genannten Sätzen keinen Sinn ergibt, kann es dort nur *dass* heißen. Ähnlich ist es mit der bekannten Lebensregel *Was du nicht willst, dass man dir tu, das füg auch keinem andern zu* (nach Tobias 4,16). Hier entspricht dem *was* am Anfang das *das* des nachgestellten Hauptsatzes (*was du nicht willst, ... das füg ...*), und ein eingeschobener *dass*-Satz erläutert als Nebensatz 2. Grades den vorangestellten *was*-Satz (eigentlich: *Was du nicht willst, dass man es dir tue ...*). Anders ist es in dem Satz *Was ist es, das ich tun soll?* Hier ist *das* Pronomen. Das kann man erkennen, wenn man die Antwort gibt: *Das, was du tun sollst, ist ...*

das gleiche/dasselbe: ↑der gleiche/derselbe.

das heißt (d. h.): Vor *das heißt* steht immer ein Komma, wenn es Zusätze einleitet: *Wir werden sie am 2. Mai, das heißt an ihrem Geburtstag, besuchen.* Direkt nach *das heißt* steht nur dann ein Komma, wenn ein unter- oder nebengeordneter Satz folgt. Zu Weiterem vgl. die folgende Tabelle.

Kommasetzung bei *das heißt* und *das ist*

Auf *das heißt* oder *das ist* folgt ein erläuternder Satzteil, der ohne Komma an *das heißt/das ist* anschließt:	Auf *das heißt* (seltener *das ist*) folgt ein erläuternder unter- oder beigeordneter Satz. Er wird durch Komma abgetrennt:
Am frühen Abend, *d. h. nach Büroschluss,* ist der Verkehr besonders stark.	Am frühen Abend, *d. h., sobald die Büros geschlossen haben,* ist der Verkehr besonders stark.
Wir werden ihn am 27. August besuchen, *das heißt an seinem Geburtstag.*	Wir werden ihn am 27. August besuchen, *das heißt, wenn er Geburtstag hat.*
Dies war nur ein schwacher, *d. h. untauglicher Versuch.*	
Wir werden den Vorfall nicht weitermelden, *d. h. keine Strafanzeige erstatten.*	Wir werden den Vorfall nicht weitermelden, *d. h., wir haben kein Interesse an einer Strafanzeige.*
Im Juni, *das ist nach meinem Examen,* wollen wir heiraten.	Im Juni, *d. i., wenn ich mein Examen hinter mir habe,* wollen wir heiraten.

das ist (d.i.): Ein Komma steht vor *das ist,* wenn es Zusätze einleitet: *Ein Düker, das ist eine im Flussbett verlegte Rohrleitung, verbindet die Insel mit dem Ufer.* Zu Weiterem vgl. die Tabelle auf S. 80.

da sitzen/dasitzen: Getrenntschreibung: *Er soll nicht hier, sondern da sitzen. Das ist ihr Platz, sie hat schon vorher da* (= an diesem Platz) *gesessen.* Zusammenschreibung: *Wie der Kerl wieder dasitzt! Er hat faul dagesessen.* ↑ da (1).

dasjenige: ↑ derjenige, diejenige, dasjenige.

dasjenige, was: Dem allein stehenden ankündigenden Demonstrativpronomen *dasjenige* entspricht das Relativpronomen *was* (nicht: *das*): *Dasjenige, was sie am liebsten tun, ist ihnen verboten.* (Aber: *Dasjenige Kind, das die richtige Lösung hat, bekommt einen Preis.*)

dass: 1. Häufung von *dass*: Die mehrfache Wiederholung der gleichen Konjunktion ist eintönig. Also nicht: *Ich bitte dich, dass du, wenn du P. anrufst, ihm sagst, dass ich in der Zeitung gelesen hätte, dass zu befürchten sei, dass das schlechte Wetter noch länger anhält.* Besser ist hier eine Infinitivgruppe oder ein Nebensatz ohne Einleitewort: *Ich bitte dich, wenn du P. anrufst, ihm zu sagen, ich hätte in der Zeitung gelesen, es sei zu befürchten, dass das schlechte Wetter noch länger anhält.*

2. dass/dass nicht: ↑ Negation (1).

3. dass/ob: Die Konjunktion *ob* leitet indirekte Fragesätze ein: *Sie fragt, ob es wahr ist* (für: *Sie fragt: „Ist es wahr?“*). Die Konjunktion *dass* dagegen dient zur Einleitung von Inhaltssätzen: *Ich weiß, dass sie kommt* (= sie kommt). *Ich bezweifle, dass sie kommt. Ich weiß nichts davon, dass sie kommt.* Also nicht: *Für den Fall, ob er wichtige Mitteilungen zu machen hat, kannst du ... Ich bezweifle, ob die Erde rund ist.* In allen diesen Fällen wird *ob* besser durch *dass ersetzt.* ↑ bezweifeln/zweifeln.

4. Kommasetzung: a) Steht *dass* hinter einer nebenordnenden Konjunktion (z. B. *aber, denn, und, oder*), so steht das Komma vor dieser Konjunktion: *Du sagst mir nichts Neues, denn dass sie zugestimmt hat, wusste ich schon gestern.* **b)** Mit einigen Adverbien bildet *dass* Fügungen, die als Einheit anzusehen sind. Das Komma steht dann gewöhnlich vor der ganzen Fügung: *als dass, auch dass, ohne dass, so dass*: *Ich habe alles gesehen, auch dass sie das Geld eingesteckt hat.* **c)** In anderen Verbindungen dagegen kann zwischen den Teilen, d. h. vor der eigentlichen Konjunktion, noch ein Komma gesetzt werden, wenn die Teile der Fügung nicht als Einheit angesehen werden: *geschweige[,] dass; kaum[,] dass; angenommen[,] dass; vorausgesetzt[,] dass* u. a.

dasselbe: ↑ derselbe, dieselbe, dasselbe.

dasselbe/das gleiche: ↑ der gleiche/derselbe.

dasselbe, was: Dem allein stehenden ankündigenden Demonstrativpronomen *dasselbe* entspricht das Relativpronomen *was* (nicht: *das*), also: *Sie hat mir dasselbe gesagt, was du mir gesagt hast.* (Aber: *Es ist dasselbe Kleid, das ich gestern getragen habe.*)

das/was: 1. Als Relativpronomen für Bezüge auf Neutra im Singular kommt neben *das* auch *was* infrage. Die beiden Pronomina sind aber nicht beliebig austauschbar. So wird im Allgemeinen *das* gebraucht, wenn das Bezugswort etwas Bestimmtes oder etwas Einzelnes bezeichnet: *Das Boot, das gekentert ist, ... Das Gerücht, das sich schnell ausbreitete, ...* Dagegen wird das Relativpronomen *was* gebraucht, wenn das Bezugswort ein substantiviertes Adjektiv oder Partizip ist, das etwas Allgemeines, Unbestimmtes oder Abstraktes bezeichnet: *All das Schöne, was wir in diesen Tagen erlebten, ... Das Einzige, was zu tun war, ...* Das Relativpronomen *was* wird immer gesetzt, wenn es sich nicht auf ein einzelnes Bezugswort, sondern auf einen ganzen Satz bezieht: *Die Autofahrerin zeigte ihm einen Vogel, was ihn maßlos ärgerte.* Wenn das Bezugswort ein substantivierter Superlativ ist, wird *was* häufiger verwendet

als *das: Es ist das Tollste, was ich je erlebt habe.* Schließlich wird meistens *was* gebraucht, wenn das Bezugswort ein Indefinitpronomen oder Zahlwort ist. Nach *etwas* steht hingegen häufiger *das* (zu *etwas, das/was* ↑etwas [1]): *Das ist dasselbe/das Gleiche, was ich auch schon gesagt habe. Es gibt nichts, was dich aus der Ruhe bringen könnte. In dem Laden entdeckte ich vieles/vielerlei/allerlei/manches, was mich interessierte. Nach langem Suchen fanden wir etwas, das/was allen gefiel.*
2. Tritt eine Präposition zum Relativpronomen hinzu, dann steht ein Pronominaladverb wie *wofür, wovon* etc. oder *das* (selten: *was*). Gebräuchlich ist im geschriebenen Standarddeutsch das Pronominaladverb: *Es gibt vieles, wofür/für das ich mich interessiere. Ich kenne nichts, wodurch/durch das man dich aus der Ruhe bringen könnte.*

datieren: Man sagt: *Sie hat den Brief auf den 4. Juli datiert,* aber: *Der Brief ist vom 4. Juli datiert, der Brief datiert vom 4. Juli.* Bei archäologischen Funden heißt es: *Die Vase wurde auf 250 n. Chr., auf/in das 3. Jahrhundert datiert. Die Vase datiert aus dem 3. Jahrhundert, aus spätrömischer Zeit, vom Jahre 250 n. Chr.* In anderer Bedeutung sagt man: *Unsere Bekanntschaft datiert* (= besteht) *seit 1989, seit dem Mauerfall.* ↑vordatieren/vorausdatieren; nachdatieren/zurückdatieren.

Dativ: 1. Dass du mir ja nicht zu spät kommst: Der grammatisch nicht notwendige freie Dativ bezeichnet eine Person, die nur zusätzlich an einer Handlung beteiligt ist. Meist steht er bei Ausdrücken der Verwunderung, Aufforderung und Frage und drückt emotionale Beteiligung aus: *Das sind uns vielleicht Helden.*
2. Zum Gebrauch des Dativs in der Apposition *(Der Preis für Brot, das/dem Grundnahrungsmittel der Bevölkerung, ...)* ↑Apposition (1.1).

Dativ-e: Die Endung *-e* im Dativ Singular wird nur noch selten gesetzt. In festen Redewendungen und formelhaften Verbindungen hat sie sich noch ziemlich fest gehalten: *im Grunde genommen, zu Pferde sitzen, zu Kreuze kriechen, im Zuge sein, zu Buche schlagen* u. Ä. In den Fällen, in denen das *-e* fakultativ ist, hängt seine Setzung u. a. vom Satzrhythmus ab: *dem Kind[e], im Haus[e], in seinem Sinn[e], auf demselben Weg[e], auf dem Land[e], im Raum[e].*

Dativ oder Genitiv bzw. Nominativ: Zu Fügungen wie *die Bedeutung des Flusses, des wichtigsten Handelswegs/dem wichtigen Handelsweg* ↑Apposition (1.1).

Datum: 1. Die reine Datumsangabe kann zum Beispiel folgende Formen haben: *04.08.2017/04.08.17/4.8.17/4.8.2017/4. August 2017/4. Aug. 17.* Nach den Empfehlungen der International Organization for Standardization (ISO) sollen die Angaben in der Reihenfolge Jahr, Monat, Tag durch Bindestrich gegliedert werden: *2017-08-24, 17-08-24.* Es steht kein Apostroph bei der Jahreszahl.
2. Im Satzzusammenhang und in Verbindung mit Orts- und Uhrzeitangaben gibt es folgende Möglichkeiten: **a)** Eine zweigliedrige Tages- und Uhrzeitangabe mit zwei Präpositionen steht gewöhnlich ohne Komma: *Sie rief ihn am 3. Juli kurz vor 18 Uhr an. Wir haben [am] Mittwoch um 10 Uhr eine wichtige Besprechung.* **b)** Bei allen anderen Formen der Zeitangabe wird das Komma zwischen den einzelnen Datumsbestandteilen gesetzt. Nach dem letzten Datumsbestandteil kann ein Komma stehen, wenn der Satz weitergeführt wird: *Wir kommen am 30. Oktober, 16:15 Uhr[,] in der Kantine zusammen. Am Freitag, dem 12. August 2017, gegen 15 Uhr[,] fielen in der Innenstadt die Verkehrsampeln aus.* **c)** Datumsangaben, deren erster Bestandteil im Akkusativ steht: *Meine Freundin kommt nächsten Freitag, den 17. Juli[,] an. [Spätestens] Montag, den 5. November[,] reisen wir ab. Die Tagung findet Donnerstag, 15. 4.[,] im Rosengarten statt.* **d)** Steht der Wochentag im Dativ (mit

am), kann die Angabe von Tag und Monat sowohl im Dativ als auch im Akkusativ stehen. Steht sie ebenfalls im Dativ *(... , dem 9. Mai, ...)*, ist sie als nachgetragene Apposition anzusehen. Sie wird dann gewöhnlich durch zwei Kommas abgetrennt; allerdings kann das schließende Komma auch bei solchen Datumsangaben mit *am* und Dativ entfallen. Werden Tag und Monat im Akkusativ angegeben, obwohl der Wochentag im Dativ steht *(am Montag, den 9. Mai ...)*, ist die Datumsangabe selbstständiger und deshalb nicht auf den Dativ von *am Montag* abgestimmt. Hier setzt man gewöhnlich nur ein Komma, weil man diese Monatsangabe als Aufzählungsglied auffasst; zwei Kommas sind aber auch hier nicht falsch: *Am Montag, dem 9. Mai 2017[,] lief das Schiff vom Stapel. – Am Montag, den 9. Mai 2017[,] lief das Schiff vom Stapel.* ↑ am Montag [Dienstag, Mittwoch usw.], dem/den.

davon, dass: In der Verbindung *davon, dass* steht nach *davon* immer ein Komma: *Das hast du nun davon, dass du so lange gefaulenzt hast. Davon, dass du jammerst, kommt das verlorene Geld nicht wieder.*

davon/da ... von: ↑ da (2).

davor/da ... vor: ↑ da (2).

da/weil: Zwischen den kausalen Konjunktionen *da* und *weil* bestehen im Gebrauch feine Unterschiede, die sich auch auf die Stellung der von ihnen eingeleiteten Nebensätze auswirken können. Die Konjunktion *da* wird meist verwendet, wenn der vom Nebensatz bezeichnete Sachverhalt als bekannt vorausgesetzt wird. Der Nebensatz steht dann oft vor dem übergeordneten Satz: *Es ist kurz vor Mittag, und da heute Sonnabend ist, mache ich Schluss* (Remarque). Auch wenn der Hauptsatz mit *so* eingeleitet wird, steht *da*: *Da du einmal angefangen hast davon zu sprechen, so kann ich dir auch alles berichten.* Die Konjunktion *weil* ist allgemeiner verwendbar. Sie steht auch dann, wenn der Sachverhalt im Nebensatz gewichtig ist und neue Information enthält. Der Nebensatz steht dann oft nach dem übergeordneten Satz. Wenn im Hauptsatz durch Wörter wie *darum, deshalb, deswegen, besonders, vor allem* auf die Gewichtigkeit des Grundes verstärkt hingewiesen wird, steht nur *weil*: *... wenn man bedenkt, dass er das Französische schon deshalb beherrschen musste, weil er das Werk Marcel Prousts im Urtext lesen wollte* (Jens). Auch auf die direkte Frage mit *warum?* antwortet man mit *weil* (nicht mit *da*): *Warum hat sie nicht wenigstens die Rechnung bezahlt? Weil sie kein Geld mehr hat.*

da/wo: Beide Relativadverbien beziehen sich in der Regel auf ein Substantiv oder Adverb, das entweder Ort oder Zeit bezeichnet: *Kein Tag vergeht, da du nicht weinst* (Frisch). *Ein Torweg, wo Antiquare ihre Tische aufgestellt haben ...* (Koeppen). *Es kommt die Stunde, wo es keine Lösung mehr gibt* (Frisch). Das Relativadverb *da* wird allerdings nur noch in gewählter Sprache gebraucht; gelegentlich auch, weil die Meinung besteht, man dürfe *wo* nicht bei Zeitangaben verwenden. Das trifft nicht zu. Verbindungen wie *in dem Augenblick, wo ...; zu dem Zeitpunkt, wo ...; der Tag, wo ...; jetzt, wo ...* sind durchaus korrekt. Auch Schriftsteller verwenden dieses temporale *wo*: *An Abenden, wo ... der Mond seine Bahn beschrieb* (Hesse). *Und jetzt schreien sie, wo es zu spät ist!* (Musil). ↑ wo (2).

dazu: Zur Schreibung in Verbindung mit Verben vgl. ↑ da (1).

dazu/da ... zu: ↑ da (2).

dazugehörend/ dazugehörig: Beide Formen sind möglich: *die Pläne und die dazugehörigen/dazugehörenden Zeichnungen.* Die Form *dazugehörig* tritt häufiger auf.

dazukönnen: ↑ dafürkönnen/dafür können.

dazwischen: Zur Schreibung in Verbindung mit Verben ↑ dagegenhalten/dagegen halten, ↑ da (1).

de: Dieser Namenszusatz wird am Satzanfang und in substantivischen Aneinanderreihungen wie *De-Sica-Filme, De-Gaulle-Rede* großgeschrieben. ↑van.

dein: 1. in Briefen: Das dem Anredepronomen *du* entsprechende Possessivum *dein* wird kleingeschrieben, auch in schriftlichen Aufgabenstellungen, Fragebogen u.Ä. In Briefen sind Groß- und Kleinschreibung jedoch beide richtig: *Als ich Deinen/deinen Brief erhielt, war ich glücklich.*

2. Groß- oder Kleinschreibung von *dein, deine, deinig*: Klein schreibt man das Artikelwort und das Pronomen: *dein Buch, deine Brille. Ich gedenke deiner.* Klein schreibt man *dein, deinig* auch dann, wenn es mit dem Artikel steht, sich aber auf ein vorausgegangenes Substantiv bezieht: *Wessen Buch ist das? Ist es das dein[ig]e?* Groß schreibt man die Substantivierung: *Dies war ein Streit über das Mein und das Dein, ein Streit über Mein und Dein, Mein und Dein verwechseln.* Groß oder klein schreibt man: *Grüß mir die Dein[ig]en/die dein[ig]en! Und auch du musst das Dein[ig]e/dein[ig]e dazu tun.*

deinetwegen/wegen dir: In der geschriebenen Standardsprache heißt es *deinetwegen*; im Gesprochenen oft *wegen dir.* ↑wegen (2).

deinige/Deinige: ↑dein (2).

delegieren: 1. jemanden zu/in etwas delegieren: Eine Person wird *zu* einem Kongress, aber *in* einen Ausschuss o.dgl. delegiert (= als Vertreter abgeordnet).

2. etwas an/auf jemanden delegieren: Eine vorgesetzte Stelle kann Teile ihres Aufgabenbereichs auf nachgeordnete Stellen oder Personen übertragen. In dieser Bedeutung wird *delegieren* gewöhnlich mit der Präposition *an* verbunden: *Die Direktorin hat diese Kontrollen an die Abteilungsleiter delegiert.* Der Anschluss mit der Präposition *auf (auf die Abteilungsleiter, auf die Gemeinden)* ist seltener und eher typisch für das Verb *übertragen.*

Delegierte: ↑Abgeordnete.

dem/den: Zu *am Montag, dem/den 5. 3. 17* ↑Datum.

demjenigen: ↑derjenige, diejenige, dasjenige.

demselben: ↑derselbe, dieselbe, dasselbe.

demzufolge/dem zufolge: Zusammen schreibt man, wenn es sich um das Pronominaladverb im Sinne von „infolgedessen, deshalb“ handelt: *Die Ware ist beschädigt und wird demzufolge zurückgeschickt. Demzufolge ist die Angelegenheit geklärt.* Getrennt schreibt man, wenn es sich um den Dativ Singular und die Präposition *zufolge* handelt: *Der Vertrag, dem zufolge sie sich verpflichten, ...*

Denkmal: Neben der Pluralform *die Denkmäler* gibt es auch die (weniger gebräuchliche) Form *die Denkmale.* In Komposita wie *Bau-, Grab-, Kunstdenkmal* kommt sie etwas häufiger vor. ↑[1]Mal.

denn/als: Als Vergleichspartikel ist *denn* veraltet, es ist fast durchweg durch *als* ersetzt worden. Verwendet wird es nur noch in bestimmten Verbindungen und aus stilistischen Gründen in gehobener Ausdrucksweise: *Er benimmt sich mehr wie ein Freund denn wie ein Fremder. Er ist mir mehr denn je verhasst.* Vor allem gebraucht man *denn,* um doppeltes *als* zu vermeiden. *Er ist als Forscher bedeutender denn als Schriftsteller* (statt: *als als Schriftsteller*). ↑als als/denn als.

denselben: ↑derselbe, dieselbe, dasselbe.

der: ↑Artikel, ↑der, die, das/welcher, welche, welches, ↑der/er.

derartig: Das Pronominaladjektiv *derartig* und ein folgendes Adjektiv oder substantiviertes Adjektiv (Partizip) werden parallel dekliniert: *derartige schlimme Fehler; mit einem derartigen frechen Betragen; derartige [schwache] Kranke.* Die schwache Flexion des folgenden Adjektivs oder substantivierten Adjektivs (Partizips) *(die Vermeidung derartiger persönlichen Beschuldigungen; derartige Kranken)* ist nicht mehr üblich. Oft steht *derartig* auch wie das Adverb *derart* undekliniert vor einem Adjektiv: *Mit einem derart/derartig frechen Betragen.*

der, die, das/welcher, welche, welches: **1.** Das Relativpronomen, das im heutigen Deutsch gewöhnlich gebraucht wird, ist *der, die, das,* Plural *die.* Die kurzen Genitivformen *des* für *dessen* und *wes* für *wessen* sind nicht mehr gebräuchlich (noch zu finden in: *Wes Brot ich ess, des Lied ich sing* [Sprichwort]). Die Genitivform lautet im Plural und im Singular Femininum *deren* oder *derer.*

2. Das Relativpronomen *welcher, welche, welches,* Plural *welche* wird in der gesprochenen Sprache kaum gebraucht. In der geschriebenen Sprache wird es noch verwendet, hauptsächlich um bei einer Häufung von Relativsätzen zu variieren oder um das Zusammentreffen des Relativpronomens *der, die, das* mit dem Artikel zu vermeiden: *Das ist der Mann, welcher* (üblich: *der*) *der Frau noch Geld schuldet. Die, welche* (oder: *die*) *die Freiheit liebten, beugten sich nicht.*

3. Auch die alten Genitivformen *welches, welcher, welches,* Plural *welcher* werden heute nur selten gebraucht; dafür treten *dessen* und *deren* ein: *Die Person, deren* (selten: *welcher*) *wir heute gedenken, ... Der Mann, dessen* (nicht: *welches*) *sie sich annahm, ...* Die attributive Verwendung von *welcher* im Relativsatz findet sich nur vereinzelt in gehobener Sprache: *Er sagte „Guten Abend", welchen Gruß sie mit einem Nicken erwiderte.* Neben *der, die, das* und *welcher, welche, welches* werden als verallgemeinernde Relativpronomen *wer* und *was* gebraucht: *Verloren ist, wer sich selbst aufgibt. Es ist das Schlimmste, was ich je erlebt habe.*

der/die (Maskulinum oder Femininum?): Bei Sach- und Kollektivbezeichnungen ist der Anschluss sowohl im Femininum als auch im Maskulinum korrekt: *Die Autoindustrie ist der beste Abnehmer/die beste Abnehmerin für Kunststoffe. Die Berufsgenossenschaft als Träger/Trägerin der gesetzlichen Unfallver-*

Der, die, das / welcher, welche, welches

Der Gebrauch von *welcher* in allen Formen als Relativpronomen – also als Pronomen, das einen Nebensatz einleitet – kam in den Niederlanden im 13. Jh. in Mode und wurde erst im 15. Jh. ins Hochdeutsche übernommen. Vor allem durch die Kanzlei- und Rechtssprache wurde es im deutschen Sprachgebrauch verbreitet. Allerdings: Diese Wendungen waren und blieben immer eher ein Phänomen der Schriftsprache, in deutschen Dialekten zum Beispiel kommen sie so gut wie gar nicht vor. Deshalb reihen vor allem ungeübte Schreiber, wenn sie sich gehoben und gewählt ausdrücken wollen, gehäuft Relativsätze aneinander, die mit Formen von „welch" eingeleitet werden, etwa: „Die Frau, welche die Straße entlangging ...", „Das Buch, welches auf dem Tisch lag ..." Doch gelten solche Formulierungen als altertümlich, stilistisch schwerfällig und unschön zu lesen. Deshalb sollte man – mit den o. g. Ausnahmen – bei den Formen *der, die, das* bleiben.

sicherung. Zu *Unser Kunde, die Firma Meier, die/der ...* ↑Apposition (1.4).

der/die (Singular oder Plural?): Das Relativpronomen in Sätzen wie *Einer der Studenten, der* oder *die* ... steht im Plural, wenn es sich auf die pluralische Gruppe bezieht. Mit einem Relativpronomen im Singular hingegen bezieht man sich auf das Indefinitpronomen *einer.* Dann gilt das im Relativsatz Gesagte auch nur für ein Individuum, ↑einer, eine, eines (2).

dereinst[ig]/einst[ig]: Das Adverb *einst* kann sich sowohl auf die Vergangenheit *(Er war einst einer der besten Sprinter)* als auch auf die Zukunft *(Du wirst es einst bereuen)* beziehen. Dagegen wird *dereinst* nur auf die Zukunft bezogen: *Dereinst wird die Menschheit in Frieden leben.* Der Bezug auf die Vergangenheit *(Ich habe sie dereinst geliebt)* ist heute nicht mehr üblich. Das Adjektiv *dereinstig* ist selten und bezieht sich ebenfalls nur auf die Zukunft. Das Adjektiv *einstig* richtet sich im Allgemeinen nur auf die Vergangenheit: *Du wirst dort deinen einstigen* (= früheren) *Chef treffen.*

derem: Die Dativform *derem* wird vereinzelt anstelle des attributiven Genitivs *deren* verwendet: *Der Arzt begleitet die Patientin bis zu derem* (statt: *deren*) *Tod.* Dieser Gebrauch gilt jedoch nicht als standardsprachlich.

deren: In einem Ausdruck wie *deren Vermögen* ist *deren* ein Genitiv und übt deshalb keinerlei Einfluss auf die Deklination nachfolgender Wörter aus. Ein nachfolgendes [substantiviertes] Adjektiv oder Partizip sollte deshalb stark dekliniert werden: *Sie sprach mit Margot und deren nettem Mann. Das ist nur für die Mitglieder und deren Angehörige.*

deren/derer: Im Femininum Singular und im Plural gibt es für den Genitiv zwei Formen: *deren* und *derer.* Die Grundregel lautet: *derer* wird ausschließlich pronominal verwendet, d.h. nicht in Verbindung mit einem Substantiv. *Deren* wird meist in Verbindung mit einem Substantiv gebraucht. *Derer* kann sowohl vorausweisend als auch rückverweisend verwendet werden: *Hinzu kommt die Zahl derer, die täglich nach Wolfsburg pendeln. Man erstellte eine Rangliste, aufgrund derer die Kandidaten festgelegt wurden.* Während bei vorausweisendem pronominalen Gebrauch nur *derer* steht, kann für den Rückverweis auch *deren* verwendet werden: *Er kaufte alle Bücher, deren er habhaft werden konnte.* Für den Rückverweis sind also prinzipiell sowohl *derer* als auch *deren* korrekt: *die Tatsachen, aufgrund deren* oder *derer wir vermuten ...; die Opfer, deren* oder *derer wir heute gedenken.*

deren/dessen: Beim Gebrauch mit einem Substantiv werden vereinzelt anstelle der Genitivform *deren* oder *dessen* die Dativformen *derem* und *dessem* gebildet, die nicht als standardsprachlich gelten: *in Bezug auf die Wirtschaft, in deren/derem Rahmen ...* Auch im relativen Gebrauch gelten *deren* und *dessen* als vorangestellte Genitivattribute. Als solche haben sie keinen Einfluss auf die Deklination nachfolgender Wortgruppen. Ein nachfolgendes Adjektiv oder Partizip wird deshalb in der Regel stark dekliniert: *Der Mann, auf dessen erschöpftem Gesicht der Schweiß glänzte, ... Die Lampen, von deren grellem Licht er geblendet wurde, gingen plötzlich aus.*

deren/dessen vs. ihr/sein: Die Genitivformen *deren* und *dessen* verwendet man anstelle der Possessive *ihr* bzw. *sein,* wenn es Missverständnisse geben könnte: *Nico begrüßte seinen Freund und dessen Schwester* (mit *seine Schwester* könnte auch Nicos Schwester gemeint sein). Hierbei beziehen sich *deren* und *dessen* immer auf die letztgenannte Person oder Sache. In unmissverständlichen Fällen ist der Ersatz des Possessivs durch das Demonstrativ unnötig: *Ich begrüßte Luca und seine* (unnötig: *dessen*) *neue Freundin.*

der/er; der/ihr: Zu *Das muss der/er doch selbst wissen* oder *Das habe ich mit der/ihr verabredet* usw.: Es gilt im Allgemeinen als unhöflich oder umgangssprachlich, wenn man in Bezug auf Personen die Demonstrativpronomen *der, die, das* statt der Personalpronomen *er, sie, es* gebraucht: *Meine Mutter ist sehr altmodisch. Mit der* (höflicher: mit *ihr*) *kann ich nicht darüber sprechen. – Ich weiß es von meinem Vater. Der* (standardsprachlich: *Er*) *hat es im Betrieb gehört.* In manchen Gegenden kann der Eigennamen im Mündlichen mit Artikel gebraucht werden: *Ist die Maria hier? Nein, die ist eben schon gegangen.* In solchen Fällen ist die Artikelverwendung nicht als unhöflich zu verstehen. Bei besonderer Hervorhebung kann auch im geschriebenen Standard das Demonstrativ stehen, wenn man damit an das letzte Satzglied im vorangehenden Satz anschließen will: *So ist das etwa bei Bundeskanzlerin Angela Merkel. Die kennt fast jeder* (Thüringische Landeszeitung 2013).

der gleiche/derselbe: Das Demonstrativ *derselbe, dieselbe, dasselbe* kennzeichnet ebenso wie *der/die/das gleiche* eine Übereinstimmung, eine Gleichheit. Dabei bezeichnet *der gleiche* die Identität der Gattung und *derselbe* die Identität der Einzelperson und des Einzelgegenstands: *Die beiden Monteure der Firma fahren denselben Wagen* bedeutet, dass beide den einen Firmenwagen abwechselnd benutzen. Aber: *Die beiden Monteure der Firma fahren den gleichen Wagen* sagt aus, dass beide einen Wagen desselben Fabrikats benutzen.

derjenige, diejenige, dasjenige: Dieses Demonstrativ (in Verbindung mit einem Relativsatz) ist nachdrücklicher und gelegentlich deutlicher als einfaches *der, die, das.* Wenn man schreibt *Der Antiquar verkaufte die Bücher, die beschädigt waren, für die Hälfte ihres Wertes,* dann geht aus dem Artikel *die* nicht hervor, ob die beschädigten Bücher einen Teil oder die Gesamtheit der Bücher umfassen. Das Demonstrativ dagegen, das auswählende, determinierende Kraft hat, hebt die beschädigten unter anderen Büchern heraus. Meint man das Letztere, dann schafft die Wahl von *diejenigen* sofort Klarheit. Die oft schwerfällige Fügung *derjenige, der* kann durch einfaches *wer,* seltener durch *der,* ersetzt werden: *Das wird nur derjenige begreifen, der es erlebt hat.* Dafür besser: *Das wird nur begreifen, wer es erlebt hat* oder: *... der es erlebt hat.* Besonders schwerfällig ist *derjenige, welcher,* das heute nur noch ironisch etwa im Sinne von „Übeltäter" gebraucht wird: *Du bist also derjenige, welcher [das getan hat]. Sie sind derjenige, welcher, und haben immer gegen ihn gehetzt* (H. Mann).

derselbe, dieselbe, dasselbe: 1. desselben/sein, derselben/ihr (*derselbe* anstelle eines Possessivs): Es ist inhaltlich unnötig und stilistisch unschön, anstelle eines Possessivs das Pronomen *derselbe* zu gebrauchen: *Das höchste Bauwerk von Paris ist der Eiffelturm. Die Höhe desselben* (besser: *Seine Höhe*) *beträgt 300 m.*

2. derselbe/er, dieselbe/sie, dasselbe/es (*derselbe* anstelle eines Personalpronomens): Es ist auch inhaltlich unnötig und stilistisch unschön, *derselbe* anstelle eines Personalpronomens zu gebrauchen: *Nachdem die Äpfel geerntet worden waren, wurden dieselben* (besser: *sie*) *auf Horden gelagert.*

3. in demselben/im selben Verlag: Das Demonstrativ *derselbe, dieselbe, dasselbe* wird immer zusammengeschrieben, auch bei besonderer Betonung darf es nicht getrennt werden. Nur bei Verbindung mit einer Verschmelzung aus Präposition und Artikel wird der zweite Bestandteil *(selbe)* abgetrennt: *zur selben* (= zu derselben) *Zeit, ins selbe* (= in dasselbe) *Flugzeug, vom selben* (= von demselben) *Autor.*

4. derselbe/der gleiche: ↑der gleiche/derselbe.

der/welcher: ↑der, die, das/welcher, welche, welches.

derzeit: Das Adverb *derzeit* wird heute weitgehend auf die Gegenwart bezogen und in der Bedeutung „augenblicklich, gegenwärtig, zurzeit" gebraucht: *Ich habe derzeit nichts da-*

von auf Lager. Das trifft auch für das Adjektiv *derzeitig* zu: *Der derzeitige Direktor ist Herr Mosner.*

des/dessen: Die Genitivformen für den Singular Maskulin *des* (statt: *dessen*) und das Femininum *der* (statt: *deren*) sind heute ungebräuchlich: *Des freut sich das entmenschte Paar* (Schiller). *Wes Brot ich ess, des Lied ich sing* (Sprichwort).

desselben: ↑derselbe, dieselbe, dasselbe.

dessem: Die Dativform *dessem* wird vereinzelt anstelle des attributiven Genitivs *dessen* verwendet: *Der Arzt begleitet den Patienten bis zu dessem* (statt: *dessen*) *Tod.* Dieser Gebrauch gilt jedoch nicht als standardsprachlich.

dessen: In einem Ausdruck wie *der Mann, auf dessen Gesicht ...* ist *dessen* ein attributiver Genitiv und übt deshalb keinerlei Einfluss auf die Deklination nachfolgender Wörter aus. Ein nachfolgendes Adjektiv oder Partizip sollte deshalb stark flektiert werden: *Der Mann, auf dessen erschöpftem Gesicht der Schweiß glänzte; vor dem Denkmal und dessen breitem Sockel; für den Kranken und dessen Angehörige.*

dessen/sein: ↑deren/dessen vs. ihr/sein.

des Weiter[e]n: Die Verbindung *des Weiter[e]n* schreibt man immer getrennt und *Weiter[e]n* groß: *des Weiter[e]n darlegen. Des Weiter[e]n wurde berichtet, dass ...* ↑weit (1).

deucht: Die Formen *[mir] deucht, deuchte, [mir hat] gedeucht* sind alte Nebenformen von *dünken.* ↑dünken (1).

deutlich: In Verbindung mit Verben schreibt man immer getrennt: *deutlich sprechen, schreiben; jemandem etwas deutlich machen. Daraus ist deutlich geworden, dass ...*

deutsch: **1. Rechtschreibung: a) Kleinschreibung:** Da das Adjektiv *deutsch* nur in Namen, in bestimmten namenähnlichen Fügungen und in Substantivierungen großgeschrieben wird, ist die Kleinschreibung der Normalfall: *das deutsche Recht, die deutsche Sprache.* Kleinschreibung gilt für *deutsch* („in deutscher Sprache") auch in Verbindung mit Verben, wenn es mit „wie?" erfragt werden kann: *Sie wollen sich deutsch unterhalten. Der Brief ist deutsch geschrieben. Redet sie jetzt deutsch oder niederländisch?* **b) Großschreibung:** Nach den Präpositionen *auf, in* und *zu* schreibt man *Deutsch* groß: *Der Prospekt erscheint auf/in Deutsch und Englisch* (= in den Sprachen Deutsch und Englisch). Groß schreibt man das substantivierte Adjektiv im Sinne von „deutsche Sprache" allgemein immer dann, wenn es mit „was?" („wovon?", „worin?") erfragbar ist: *Sein Deutsch ist schlecht. Sie kann/lernt/versteht Deutsch. Sie hat zwar gerade (wie?) englisch gesprochen, aber ihre Muttersprache ist (was?) Deutsch.* In der Bedeutung „das Fach Deutsch" schreibt man immer groß: *Er hat eine Vier in Deutsch geschrieben. Sie unterrichtet Deutsch [als Fremdsprache]. Deutsch* als Bestandteil von Eigennamen und von bestimmten namenähnlichen Fügungen schreibt man groß, auch wenn es nicht substantiviert ist: *das Institut für Deutsche Sprache, Zweites Deutsches Fernsehen, der Deutsch-Französische Krieg (1870/71), Tag der Deutschen Einheit* (als Name des Feiertags, aber: *die deutsche Einheit*).
2. Steigerung: Der Superlativ von *deutsch* lautet *der deutscheste, am deutschesten.* Zum Gebrauch dieser Formen ↑Vergleichsformen.
3. auf/in Deutsch: Um auszudrücken, dass etwas in deutscher Sprache erfolgt, können die Präpositionen *auf* und *in* verwendet werden: *sein neuer Roman erscheint auf/in Deutsch, eine Vorlesung auf/in Deutsch halten.*

Deutsch, das/Deutsche, das: Die endungslose Form *das Deutsch* bezeichnet immer eine besondere, näher bestimmte Art der deutschen Sprache: *Sein Deutsch ist schlecht. Es gibt viele Fremdwörter im heutigen Deutsch.* Der Genitiv mit *-s* (z. B. *des heutigen Deutschs*) ist selten, aber korrekt; auch die gebräuchliche endungslose Form im Genitiv (z. B. *des heu-*

tigen Deutsch, des heutigen Standarddeutsch) ist richtig. Die Form auf *-e* (*das Deutsche,* Genitiv: des *Deutschen*) bezeichnet vor allem die deutsche Sprache allgemein: *Das Deutsche ist eine indoeuropäische Sprache. Sie hat aus dem Englischen ins Deutsche übersetzt.* (Als Bezeichnung für eine näher bestimmte Art der Sprache auch:) *Man streitet sich, ob es sich hier um eine Besonderheit des Gegenwartsdeutschen handelt.* ↑ Sprachbezeichnungen (1).

Deutsche/-r: Im Allgemeinen wird heute *wir Deutschen,* seltener *wir Deutsche* gesagt (aber im Akkusativ: *für uns Deutsche*).

deutschsprachig/deutschsprachlich: Das Adjektiv *deutschsprachig* bedeutet „die deutsche Sprache sprechend" *(die deutschsprachige Schweiz)* und „in deutscher Sprache" *(deutschsprachiger Unterricht; deutschsprachige Literatur).* Dagegen bedeutet *deutschsprachlich* „die deutsche Sprache betreffend", *deutschsprachlicher Unterricht* ist also Unterricht über die deutsche Sprache, z. B. auf Englisch oder Französisch.

Dezember: ↑ Monatsnamen.

Dezimalzahlen: 1. null Komma eins, null Komma fünf: Ausgesprochen oder in Worten ausgeschrieben werden Dezimalzahlen üblicherweise mit der Form *eins* (nicht: *ein*): *1,5 (eins Komma fünf); 0,1 (null Komma eins).* Das gilt immer für das Rechnen mit bloßen Zahlen *(zwei Komma drei eins geteilt durch null Komma eins)* und in der Standardsprache auch dann, wenn das Gemessene folgt: *null Komma eins Prozent der Bevölkerung, eins Komma zwei Punkte.* Ausdrücke wie *ein Komma zwei* oder *null Komma ein* sind vor allem in Verbindung mit unflektierten Mengenangaben *(null Komma ein Prozent, mit null Komma einem Prozent)* ebenfalls geläufig. Zur Schreibung ↑ null, ↑ Zahlen und Ziffern.

2. durchschnittlich 0,9 Kinder, 0,1 % der Bevölkerung: Das Gemessene folgt nach Dezimalzahlen genau wie nach allen anderen Zahlen außer 1 üblicherweise im Plural *(durchschnittlich 0,9 Kinder; 0,7 Musikinstrumente pro Haushalt).* Es gelten auch dieselben Ausnahmen von dieser Regel wie bei anderen Zahlen (↑ Maß-, Mengen- und Währungsangaben [1], ↑ Singular vs. Plural bei Substantiven): *2,1 Prozent* (nicht: *Prozente*) wie *3 Prozent* (nicht: *Prozente*). Ist der Ausdruck mit der Dezimalzahl Subjekt, so steht das zugehörige konjugierte Verb im Plural: *5,1 (fünf Komma eins) ml des Serums wurden vernichtet. Solches Spielzeug besitzen nur 0,01 (null Komma null eins) Kinder pro Familie. An dieser Krankheit leiden 0,1 (null Komma eins) Prozent der Bevölkerung.*

3. nach 1,5 Kilometer[n], von 3,5 Meter[n] Länge: Im Dativ Plural schwankt die Deklination von Maßangaben nach Dezimalzahlen. Wenn das Gemessene folgt, wie in *von 3,5 Meter Länge, mit 0,7 Meter Stoff,* wird die Maßbezeichnung meistens nicht dekliniert, aber auch die deklinierten Formen *(von 3,5 Metern Länge, mit 0,7 Metern Stoff)* sind korrekt. Folgt der Maßbezeichnung kein weiteres Substantiv unmittelbar, so wird sie in der Regel dekliniert: *Nach ca. 1,5 Kilometern sehen Sie eine Kreuzung.*

4. von drei Komma fünf Meter[n], von drei Meter[n] fünfzig: Liest man Ausdrücke wie *von 3,5 m* oder *von 3,5 m Länge* laut vor, so hat man die Wahl zwischen *von drei Komma fünf Metern* bzw. *von drei Komma fünf Meter(n) Länge* (vgl. 3) und *von drei Meter fünfzig (Länge).* Bei dieser zuletzt genannten Möglichkeit ist die Deklination der Maßbezeichnung *(von drei Metern fünfzig)* weniger üblich, selbst wenn das Gemessene nicht folgt.

d. h.: ↑ das heißt.

d. i.: ↑ das ist.

Diagonale: Das Wort wird wie alle femininen Substantive auf *-e* flektiert, im Singular endungslos, im Plural (schwach) auf *-n: die Diagonalen.* Ohne Artikel kommt im Plural auch starke Flexion wie bei substantivierten Adjektiven vor: *zwei Diagonalen* oder *zwei Diagonale*.

Diakonisse/Diakonissin: Das Suffix *-in*, das für die Bildung femininer Substantive zu maskulinen Personenbezeichnungen verwendet wird, ist bei dem Femininum *die Diakonisse* überflüssig, wird aber zur Verdeutlichung häufig gesetzt. Beide Formen gelten als korrekt.

die: ↑der, die, das/welcher, welche, welches.

die/der: Zu Fällen wie *Einer der Studenten, die/der ...* ↑der/die; ↑einer, eine, eines (2).

die gleiche/dieselbe: ↑der gleiche/derselbe.

diejenige: ↑derjenige, diejenige, dasjenige.

Dienstagabend/Dienstag Abend: 1. Verbindungen aus Wochentag und Tageszeitangabe schreibt man zusammen, sofern ihnen ein Artikel, ein anderes Artikelwort, ein Adjektiv oder eine Präposition vorausgeht: *Den (nächsten) Dienstagabend halte ich mir frei. Am Dienstagabend/jeden Dienstagabend hat sie Ballettstunde. Meine Dienstagabende sind für die nächste Zeit alle belegt. Seit Dienstagabend streiken die Lokführer.* Entsprechendes gilt für *Morgen, Mittag* und *Nacht,* nicht aber für *früh,* das als nachgetragenes Adjektiv nur getrennt geschrieben wird *([am] Dienstag früh).*

2. Wenn die Verbindung aus Wochentag und Tageszeit allein (ohne ein vorangehendes Begleitwort) steht, ist die Getrenntschreibung korrekt: *Ihr könnt uns Dienstag Abend besuchen. Der Überfall fand Dienstag Abend statt.*

3. Zu *am Dienstag, dem 14. März/den 14. März* ↑Datum (2); zur Deklination *(des Dienstag[e]s/des Dienstag)* ↑Wochentage; zu Dienstagabend/dienstagabends/dienstags abends ↑Zeitangaben.

Dienstmädchen:

Statt der veraltenden Bezeichnung *Dienstmädchen* wird heute das neutralere Wort *Hausangestellte* gebraucht.

dienstverpflichten: Von *dienstverpflichten* werden im Allgemeinen nur Formen verwendet, bei denen *dienst* nicht für sich allein steht: *Man wollte uns dienstverpflichten. Wir sind dienstverpflichtet worden. Wenn man uns dienstverpflichtet, dann ...*

dies: ↑dieser, diese, dieses (3).

dieselbe/die gleiche: ↑der gleiche/derselbe.

dieselbe, dieselben: ↑derselbe, dieselbe, dasselbe.

dieserart/dieser Art: Von dem unveränderlichen Demonstrativ *dieserart* „so geartet" *(Ich kann mit dieserart Leuten nicht umgehen)* und dem Adverb *dieserart* „auf diese Weise" *(Während ich dieserart weiterschrieb ...)* ist der Dativ bzw. Genitiv der Fügung *diese Art* zu unterscheiden: *Mit dieser Art von Bildern/Mit Bildern dieser Art* (nicht: *dieserart) kann ich nichts anfangen.*

dieser, diese, dieses: 1. Anfang dieses/diesen Jahres: Das Demonstrativ *dieser, diese, dieses* wird in der Regel stark flektiert. Wenn es bei einem Maskulinum oder Neutrum steht, heißt es daher im Genitiv Singular *dieses: die Ansichten dieses Ministers, die Fenster dieses Hauses.* Nur bei wenigen Substantiven hat sich die schwache Form *diesen* ausgebreitet, z. B. *Anfang diesen* (neben: *dieses*) *Jahres* in Analogie zu *Anfang vorigen/nächsten Jahres,* auch wenn *dieses Jahres* insgesamt noch überwiegt.

2. Überbringer dieses Schreibens/Überbringer dieses: Das Demonstrativ kann allein stehend oder als Artikelwort gebraucht werden. Im Genitiv wird es standardsprachlich jedoch nur noch als Artikelwort verwendet: *die Bewohner dieser Stadt; der Kragen dieses Mantels.* Der selbstständige Gebrauch in *der Überbringer dieses* (= dieses Schreibens) gehört der älteren Amtssprache an und gilt nicht mehr als korrekt.

3. dieses/dies: Anstatt des Neutrums *dieses* wird häufig auch das unflektierte *dies* in gleicher Bedeutung gebraucht, vor allem wenn es allein stehend verwendet wird: *Ich wusste, dass es dies gab. Dies alberne Geschwätz widert mich an.*

4. mit diesem [seinem] ersten Buch: Ein Adjektiv nach *dieser* wird schwach flektiert: *mit diesem ersten Buch* ... Das Possessiv hingegen wird auch nach *dieser* immer stark flektiert. Es heißt richtig: *Mit diesem seinem ersten Buch* (nicht: *mit diesem seinen ersten Buch*) *hatte er viel Erfolg.*

5. dieser – jener: Ist in einem Satz von zwei Lebewesen oder Dingen die Rede, auf die man sich mit *dieser – jener* zurückbezieht, dann bezeichnet *dieser* das zuletzt genannte Lebewesen oder Ding, *jener* das zuerst genannte: *Mutter und Tochter kamen näher, diese trug ein Sommerkleid, jene ein Kostüm.* Deutlicher als *dieser – jener* sind in der genannten Funktion ↑ *ersterer – letzterer.*

die/sie: Zu *Das kann die/sie nicht wissen* usw. ↑ der/er; der/ihr.

diesseits: Als Präposition wird *diesseits* mit dem Genitiv verbunden: *diesseits des Flusses; die Autobahn diesseits Frankfurts.* Man kann aber auch mit *von* anschließen: *die Autobahn diesseits von Frankfurt.*

die/welche: ↑ der, die, das/welcher, welche, welches.

[DIN-]A4-Blatt: Bei Aneinanderreihungen wie *[DIN-]A4-Blatt, [DIN-]C6-Umschlag* darf zwischen *A* und *4, C* und *6* usw. kein Bindestrich stehen und kein Zwischenraum gelassen werden, weil Buchstabe und Ziffer hier eine Einheit bilden.

Diplomat: Der Genitiv lautet *des Diplomaten,* der Dativ und der Akkusativ lauten *dem, den Diplomaten.*

direkte Rede Die direkte Rede steht in Anführungszeichen und hat, wenn sie angekündigt ist, den Doppelpunkt vor sich, z. B.: *Er sagte: „Ich komme morgen."* Der Doppelpunkt steht auch dann, wenn der Satz nach der wörtlichen Rede weitergeführt wird: *Er sagte: „Ich komme gleich", und legte den Hörer auf.* Ist die direkte Rede vorangestellt, wird sie auch dann durch Komma abgetrennt, wenn sie durch Ausrufe- oder Fragezeichen abgeschlossen ist: *„Kommst du morgen?", fragte sie. „Bleib sofort stehen!", brüllte sie.* Das gilt auch, wenn nach der wörtlichen Rede der übergeordnete Satz weitergeführt wird, und zwar gleichgültig, ob die wörtliche Rede ein Satzzeichen enthält oder nicht: *Als er mich fragte: „Warum darf ich das nicht?", war ich sehr verlegen.* Es steht aber weder Komma noch Doppelpunkt, wenn eine direkte Rede in den Satz

DIN-A4

Heute ist es eine Selbstverständlichkeit, dass Papier genormt ist. Am bekanntesten ist das DIN-A4-Format, der normale Briefbogen – welcher exakt 210 mal 297 Millimeter misst. Die Papierformate wurden erstmalig vom Deutschen Institut für Normung im Jahr 1922 festgelegt. Der deutsche Mathematiker und Ingenieur Dr. Walter Porstmann hatte sie aufgrund von Berechnungen entwickelt. Auch vorher gab es schon genormtes Papier – bzw. Versuche, eine Normierung durchzusetzen. Dies war beispielsweise für den Buchdruck wichtig. Doch gelang die Normierung natürlich erst vollständig, als sich die maschinelle Herstellung von Papier in größerem Umfang durchgesetzt hatte. Handgeschöpftes Papier lässt sich schlecht normen. Seit 1975 folgt die Normierung von Papier auch international demselben Standard – sodass man fast überall auf der Welt DIN-A4-Papier erhalten kann.

einbezogen ist, z. B. als Subjekt oder Objekt: *Nachdem er „Das ist gut" gesagt hatte, war ich beruhigt.* ↑ Doppelpunkt, ↑ Anführungszeichen.

Dirigent: Der Genitiv lautet *des Dirigenten,* der Dativ und der Akkusativ lauten *dem, den Dirigenten.* Zu *des Dirigenten Hofmeyer/Dirigent Hofmeyers* ↑ Titel und Berufsbezeichnungen (1.2 und 1.3).

distributiver Singular: Zu Sätzen wie *Beschämt senkten sie den Kopf/die Köpfe* ↑ Singular vs. Plural bei Substantiven.

Disziplin- und andere Schwierigkeiten: ↑ Bindestrich (1.1).

doch: Vor *doch* steht ein Komma, wenn es wie *aber* oder *jedoch* als nebenordnende Konjunktion Sätze oder Wortgruppen miteinander verbindet: *Er probierte es oft, doch vergebens. Sie versprach, mir zu helfen, doch sie kam nicht.* Ohne Komma: *So lass ihn doch auch einmal etwas sagen.*

doch/ja: Als Antwort auf eine verneinte Entscheidungsfrage wird nicht *ja,* sondern *doch* gebraucht, wenn die Verneinung nicht gelten soll; *ja* wäre hier missverständlich: *„Stimmt das etwa nicht?" – „Doch"* (= das stimmt)! *„Hast du kein Vertrauen mehr zu mir?" – „Doch"* (= ich habe Vertrauen zu dir)!

Doktor, Doktorin: 1. Doktor/Doktorin: Nach der Anrede *Frau* ist bei *Doktor* – anders als bei den meisten Berufsbezeichnungen – die feminine Form unüblich; es heißt also meist: *Frau Doktor Meier.* Wenn der Titel nachgestellt wird, werden häufig geschlechtsspezifische Bezeichnungen verwendet: *Frau Meier, Doktorin beider Rechte.* Die Abkürzung *Dr.* ist nicht geschlechtsspezifisch: *Sehr geehrte Frau Dr. Meier.*

2. Doktor Meiers/des Doktor Meier: Steht *Doktor* in Verbindung mit einem Familiennamen, bleibt es undekliniert: *der Bericht [Herrn] Doktor/Dr. Meiers. Die Praxis Frau Doktor/Dr. Müllers.* Auch wenn, was standardsprachlich nur im Genitiv vorkommt, der Artikel hinzutritt, wird *Doktor* nicht flektiert: *die Villa des Doktor Meier.*

3. Doktor Meier/Dr. Meier: In Anschrift und Anrede wird der Doktortitel gewöhnlich mit dem Namen verbunden: *Herrn Dr. Werner Martens; Frau Dr. Scholz, Sie haben ...* Beim Schreiben wird der Doktorgrad gewöhnlich abgekürzt. Nur wer sehr höflich sein will, lässt den Namen weg; er muss dann aber *Doktor* ausschreiben: *Sehr geehrter Herr Doktor,...*

4. Doktoren, Dres., Dr. mult.: Redet man mehrere Doktorinnen und Doktoren (z. B. in einer Gemeinschaftspraxis) an, lautet die Anrede *Sehr geehrte Damen und Herren Doktoren.* Die Abkürzung *Dres.* steht für *doctores* und wird zusammenfassend vor eine Aufzählung mehrerer Personen gesetzt, die den Doktorgrad erworben haben, z. B.: *Dres. R. Müller und H. Otto, Rechtsanwälte.* Ist eine Person Träger mehrerer Doktortitel, führt man diese ohne Komma hintereinander vor dem Namen auf: *Frau Dr. phil. Dr. med. Helga Berner.* Bei mehr als drei Titeln kann man sich mit *Dr. mult.* (= doctor multiplex „mehrfacher Doktor") helfen. In diesem Fall verwendet man nicht *Dres.* ↑ Titel und Berufsbezeichnungen (2).

Dollar: Der Plural lautet *die Dollars: Auf seine Dollars kann er verzichten.* Aber: *in Dollar* (nicht: *Dollars) zahlen.* Auch in Verbindung mit Zahlwörtern außer *eins* steht *Dollar* unflektiert: *Dieses Auto kostet 5000 Dollar.* ↑ Maß-, Mengen- und Währungsangaben (1).

Dompteurin/ Dompteuse: Das feminine Substantiv zu *Dompteur* ist sowohl in der französischen Form auf *-euse* (also *Dompteuse*) als auch in der Form auf *-in* (also *Dompteurin*) üblich. Das Wort *Dompteuse* tritt noch häufiger auf. ↑ Titel und Berufsbezeichnungen (3).

Donnerstag: Zu *Donnerstagabend* ↑ Dienstagabend. Zu *Donnerstagabend/donnerstagabends/donnerstags abends* ↑ Zeitangaben. Zu *am Donnerstag, dem/den 14.1.* ↑ Datum. Zur

Deklination *des Donnerstag[e]s/des Donnerstag* ↑ Wochentage.

doof: Zu dem umgangssprachlichen Ausdruck lauten Komparativ und Superlativ meist *doofer* und *doofste*, aber manchmal auch *döfer* und *döfste*.

Doppelperfekt und Doppelplusquamperfekt (Er hatte sie vergessen gehabt): Formen wie *habe gesagt gehabt* und *hatte gesagt gehabt* werden Doppelperfekt und Doppelplusquamperfekt genannt, weil sie mit zwei Partizipien II gebildet werden. Das Partizip II kommt also quasi „doppelt" vor. Das Doppelplusquamperfekt kann in Erzähltexten genutzt werden, um Vorvorvergangenheit auszudrücken, also eine weitere Stufe in der Vergangenheit vor dem Plusquamperfekt. In der gesprochenen Sprache ist das Doppelperfekt darüber hinaus häufig Ersatz für das im Gesprochenen weniger gebräuchliche Plusquamperfekt. Auch im Konjunktiv können die doppelten Perfektbildungen genutzt werden, um Vorvergangenheit zu kennzeichnen: *Ihr Vater habe sich damals im Wald versteckt gehabt und sei nur ins Dorf zurückgekehrt, weil er Angst um seine schwangere Frau gehabt habe* (Süddeutsche Zeitung).

Doppelpunkt: 1. Direkte Rede: Der Doppelpunkt steht vor der direkten Rede, wenn diese vorher angekündigt wird, auch dann, wenn der ankündigende Satz nach der direkten Rede weitergeführt wird: *Sie fragte mich: „Weshalb darf ich das nicht?", und begann zu schimpfen.* Die wörtliche Rede wird nach dem Doppelpunkt immer mit großem Anfangsbuchstaben begonnen.

2. Aufzählungen: Der Doppelpunkt steht vor angekündigten Aufzählungen. Das erste Wort wird nur dann großgeschrieben, wenn es ein Substantiv ist: *Sie hat schon mehrere Länder besucht: Frankreich, Spanien, Polen, Ungarn. Folgende Teile werden nachgeliefert: gebogene Rohre, Muffen und Dichtungen.*

3. Sätze, Satzstücke, Einzelwörter: Der Doppelpunkt steht vor Sätzen, Satzteilen oder einzelnen Wörtern, die ausdrücklich angekündigt sind. Dabei schreibt man das erste Wort eines selbstständigen Satzes in der Regel groß. Unselbstständige Einzelwörter oder das erste Wort eines Satzteils schreibt man klein, wenn sie keine Substantive sind: *Eines war bemerkenswert: dass niemand von der Gesetzesänderung wusste. Haus und Hof, Geld und Gut: Alles ist verloren.* Nach einem Doppelpunkt kann aber groß- oder kleingeschrieben werden, wenn der folgende Satz auch mit Gedankenstrich oder Komma angeschlossen werden könnte; daher ist auch möglich: *Haus und Hof, Geld und Gut: alles ist verloren.*

4. Doppelpunkt und Ziffernschreibung: Bei der Angabe von Sport- und Wahlergebnissen, kartografischen Angaben u. a. drückt der Doppelpunkt ein (Zahlen)verhältnis aus: *Hamburger SV – Bayern München 3 : 2. Die Wahlprognosen zeigen ein Verhältnis von 60 : 40 für die Kandidatin der konservativen Partei.* Schließlich wird der Doppelpunkt als Gliederungszeichen zwischen Stunden, Minuten und Sekunden bei genauen Zeitangaben verwendet (Sekunden und Zehntelsekunden werden durch ein Komma getrennt): *Die Zeit des Siegers im Marathonlauf beträgt 2 : 35 : 30,2 Stunden* (= 2 Stunden, 35 Minuten, 30,2 Sekunden). *Die Operation beginnt um 05:30 Uhr.* (Anstelle des Doppelpunktes wird hier gelegentlich auch nur ein Punkt gesetzt: *13.58 Minuten; 4.25.30,9 Stunden;* aber nicht uneinheitlich: *4 : 25.30,9 Stunden.*)

5. Doppelpunkt in Verbindung mit anderen Satzzeichen: ↑ Fragezeichen; ↑ Gedankenstrich; ↑ Klammern.

doppelt so ... wie/doppelt so ... als: Nach *doppelt so* (oder auch *halb so*) kann *wie* oder *als* stehen, je nachdem, ob die (grammatische) Gleichheit oder die (sachliche) Ungleichheit betont wird. Man neigt wegen des vorausgehenden *so* heute jedoch mehr zur Betonung der Gleichheit und bevorzugt wie: *Er ist doppelt so alt wie sie* (selten: *als sie*). ↑als/wie.

doppelt/zweifach: Die beiden Wörter werden heute meist wie folgt unterschieden: *zweifach* (gehoben auch noch: *zwiefach*) bezeichnet zweierlei Verschiedenes: *Er hat ein zweifaches Verbrechen* (z. B. Mord und Raub) *begangen*. Dagegen meint *doppelt* zweimal dasselbe: *Sie muss die doppelte Summe zahlen. Der Koffer hat einen doppelten Boden.*

Dorado/Eldorado: *El Dorado*, wörtlich „das vergoldete [Land]", ist die spanische Bezeichnung für ein sagenhaftes Gold und Glücksland. Man kann also neben *das Dorado* auch *das Eldorado* verwenden.

Dorn: Im Sinne von „spitzer, harter Pflanzenteil" hat *Dorn* die Pluralform *die Dornen*, als Bezeichnung für ein dornartiges Werkzeug oder Metallstück hat es die Pluralform *die Dorne* (*Drehdorne, Fräsdorne* usw.).

dorthin fahren, fliegen, gehen usw./dort hinfahren, hinfliegen usw.: ↑dahin fahren usw.

Dos and Don'ts: Die Apostrophsetzung erklärt sich durch den Apostroph im engl. *don't* (kurz für: *do not*).

downloaden: Beim Verb *downloaden* „herunterladen" finden sich zwei Formen des Partizips II: *Eine angehängte Datei kann von anderen Benutzern erst dann downgeloadet werden, wenn sie der für diese SIG verantwortliche Benutzer freigegeben hat* (CT). *Im Jahr 2005 wurden... 21 Milliarden Videos über das Internet gedownloadet* (News Aktuell). In Pressetexten kommt *downgeloadet* häufiger vor, in der Internetkommunikation hingegen *gedownloadet*. Beim Infinitiv mit *zu* wird in Pressetexten meist die Form *downzuloaden* verwendet. Wenn man die konjugierten Formen im Hauptsatz nicht verwenden möchte, kann man auf das Verb *herunterladen* ausweichen: *Deshalb lädt er keine Musik mehr aus dem Internet herunter* (taz).

Dozent: 1. Genitiv, Dativ und Akkusativ lauten auf *-en*: *des jungen Dozenten, mit dem Dozen-*

Dos and Don'ts

Die Formulierung *Dos und Don'ts* stammt aus dem Englischen und ist erst in den letzten Jahren nach Deutschland übergeschwappt. Wörtlich übersetzt bedeutet sie: „Was man tun und lassen sollte", es handelt sich also in erster Linie um (Verhaltens-)Regeln. Ursprünglich bezog sich die Phrase in Deutschland auf Benimmregeln und Kleidungstipps im Berufsleben, vor allem in der Bewerbungsphase. Inzwischen findet man die Formulierung in allen möglichen Zusammenhängen. Salopp gesprochen: Was früher der Knigge war, sind heute die *Dos und Don'ts*. Und so haben sie inzwischen Einzug gehalten bei Tipps zur Freizeitmode und zu Tischmanieren, zum richtigen Auftreten auf einer Vietnamreise oder beim Oktoberfest. Manchmal geraten sie geradezu zu Anleitungen in jeder Lebenslage, etwa wenn es um die *Dos und Don'ts* bei einer Firmengründung geht, dem richtigen Umgang mit Gewürzen oder dem Auftragen von Make-up.

ten, den Dozenten. Das Weglassen der Flexionsendung ist korrekt in Verbindung mit *Herr* und Namen: *Herrn Dozenten Dr. Müller* oder *Herrn Dozent Dr. Müller.*
2. Zu *des Dozenten Meyer/Dozent Meyers* ↑Titel und Berufsbezeichnungen (1.2; 1.3).

Dramaturg: Das Substantiv wird in der geschriebenen Standardsprache schwach flektiert. Der Genitiv lautet *des Dramaturgen* (vereinzelt: *des Dramaturgs*), der Dativ und Akkusativ lauten *dem, den Dramaturgen* (vereinzelt: *dem, den Dramaturg*).

dran/daran: ↑daran (2).

drauf/darauf: ↑darauf.

draus/daraus: ↑daraus.

drei: 1. die Aussagen dreier Zeugen/dieser drei Zeugen: Steht *drei* ohne Artikelwort bei einem Substantiv, wird es im Genitiv flektiert: *die Aussagen dreier [einwandfreier] Zeugen.* (Aber: *die Aussagen dieser drei Zeugen.*) ↑zwei (1).
2. der Sieg dreier englischer/englischen Reiter: Ein auf *dreier* folgendes attributives Adjektiv wird stark, d.h. parallel flektiert: *der Sieg dreier englischer Reiter.* Folgt dagegen ein substantiviertes Adjektiv oder Partizip, kann dieses auch schwach flektiert werden. Häufiger ist aber auch hier die starke Flexion: *die Entlassung dreier Angestellter/Angestellten.* ↑zwei (2).
3. wir drei/wir dreie: Bei substantivischem Gebrauch bleibt *drei* im Nominativ endungslos. Die Form *wir dreie* u.Ä. ist umgangssprachlich. ↑Zahlen und Ziffern (6).
4. zu dreien/zu dritt: ↑Zahlen und Ziffern (6), ↑zu + Zahlwort.
5. Groß- oder Kleinschreibung: ↑acht/Acht, ↑Zensuren.

Dreikonsonantenregel: ↑Zusammentreffen dreier gleicher Buchstaben.

dreimal so groß/dreimal größer: ↑-mal so groß/-mal größer.

dreimal so ... wie/als: ↑doppelt so ... wie/doppelt so ... als.

drei viertel: 1. in drei viertel Stunden/in einer Dreiviertelstunde: Man schreibt *drei viertel* als Attribut klein und getrennt; Substantive wie *Dreiviertelmehrheit* oder geläufige Maßangaben mit dem Erstglied *Dreiviertel-* schreibt man jedoch zusammen: *in drei viertel Stunden* (in Ziffern: *¾ Stunden;* seltener: *drei Viertelstunden* = dreimal eine Viertelstunde), *mit drei viertel Liter[n]* (seltener: *drei Viertellitern*) *Milch,* aber: *in einer Dreiviertelstunde, in eindreiviertel Jahren, mit einem Dreiviertelliter Milch, fast eine Dreiviertelmillion.* Getrennt schreibt man Verbindungen mit dem Substantiv *Viertel* (↑2): *drei Viertel des Kuchens, in drei Viertel[n] der Länge, aus einem Viertel Sahne und drei Viertel[n] Milch.* Bei Uhrzeitangaben wird nur getrennt geschrieben: *Es ist drei viertel zwölf.*
2. drei viertel/drei Viertel: Klein schreibt man direkt vor Kardinalzahlen (*eins, zwei, drei* usw.): *Um drei viertel fünf war der Saal drei viertel voll.* Aber groß: *um drei Viertel größer, drei Viertel des Umsatzes. Der Saal war zu drei Vierteln voll.*
3. drei viertel/drei Viertel der Bevölkerung wohnt/wohnen ...: ↑Singular vs. Plural beim Verb (1).

Dresd[e]ner: Die Einwohner von Dresden heißen *Dresdener* oder *Dresdner.* ↑Einwohnerbezeichnungen auf -er (1 und 6).

drin/darin: ↑darin (3).

dringlich/vordringlich: Mit *dringlich* wird angegeben, was jemanden „drängt", sodass es bald erledigt werden sollte: *eine dringliche Angelegenheit.* Mit *vordringlich* wird demgegenüber das bezeichnet, was „sich vordrängt", was das Übergewicht über etwas erlangt, einer Sache vorangeht: *die vordringlichen Bedürfnisse der Wirtschaft befriedigen.* Die beiden Wörter haben zwar eine ähnliche, nicht jedoch dieselbe Bedeutung.

dritte: Klein schreibt man das Zahlwort in adjektivischer Verwendung: *Jeder dritte Bundes-*

bürger hat diesen Film gesehen. Groß schreibt man das substantivierte Zahlwort: *Sie ist die Dritte* (= der Zählung, der Reihe nach). Groß schreibt man das Zahlwort auch in Namen und in bestimmten namenähnlichen Fügungen: *der Dritte Punische Krieg; Richard der Dritte; die Dritte Welt; der Dritte Oktober* (= Tag der Deutschen Einheit, aber: *Wir verschieben den Termin vom dritten Oktober auf den ersten November*). ↑ achte/Achte.

Dritte/andere: ↑ andere/Dritte.

Drittel: 1. Deklination: Im Dativ Plural erhält *Drittel* meist eine Flexionsendung: *Mit zwei Dritteln [der Summe] kommen wir nicht aus. Ich habe die Arbeit zu zwei Dritteln geschafft.* Daneben kommt aber auch die endungslose Form vor, besonders dann, wenn auf *Drittel* das Gemessene folgt: *Mit zwei Drittel Windenergie soll der Bedarf gedeckt werden.* ↑ Maß-, Mengen- und Währungsangaben (1).

2. Ein Drittel der Mitglieder stimmte/stimmten ab · Zwei Drittel der Mannschaft wurden/wurde gerettet: ↑ Singular vs. Plural beim Verb (1).

drohen: Wenn *drohen* mit einer Infinitivgruppe verbunden ist, kann man ein Komma setzen oder es weglassen: *Der Kranke drohte, sich ein Leid anzutun. Der Kranke drohte sich ein Leid anzutun.*

drüber: ↑ darüber (3).

Druck: Es gibt zwei Substantive *Druck;* bei beiden schwankt der Plural. Das erste ist zu dem Verb *drücken* gebildet und entspricht dessen konkreten und übertragenen Bedeutungen. Der Plural lautet meist *Drücke* (mit Umlaut), etwas seltener *Drucke* in Technik *(Dampf-, Gas-, Über-, Unterdrücke* oder *-drucke)* und Medizin *(Blutdrücke* oder *Blutdrucke).* Ist nicht der physikalische Druck gemeint, so ist nur der Plural mit Umlaut anerkannt, z. B. in Kunst *(Gips-, Wachsabdrücke)* oder Geologie *(Tier-, Pflanzenabdrücke)* und vor allem außerhalb der Fachsprachen (*Fingerabdrücke, Händedrücke, Ausdrücke* [= Wörter, Wendungen], *Eindrücke* u. a.). Das andere Substantiv mit der Pluralform *Drucke* (ohne Umlaut) oder (seltener:) *Drucks,* aber nicht *Drücke* entspricht dem Verb *drucken,* das die Tätigkeit der Buchdrucker bezeichnet. Dieses Substantiv steht in Bildungen wie *Abdrucke, Aufdrucke, Firmenaufdrucke, Preisaufdrucke, Ausdrucke, Nachdrucke, Neudrucke, Vordrucke* u. a. Im Textilwesen wird ebenfalls neben *Drucke* auch *Drucks* verwendet. ↑ drucken.

drucken: In Verbindung mit der Präposition *auf* kann nach *drucken* sowohl der Akkusativ wie der Dativ stehen: Der Akkusativ bezeichnet das Papier als Ziel des Druckvorgangs, während der Dativ das Papier als die Stelle kennzeichnet, an der sich das Drucken abspielt. Der Gebrauch des Dativs überwiegt: *Die Grafik wird auf mattem (auf mattes) Papier gedruckt.*

drücken: 1. etwas drückt mir/mich auf die Schulter: Wird *drücken* auf einen Körperteil bezogen, kann die betroffene Person mit einem Ausdruck im Dativ oder im Akkusativ bezeichnet werden. Der Dativ (Dativ der Beteiligung) ist üblicher: *Die Kiste drückte mir auf die Schulter.* Seltener im Akkusativ: *Der Rucksack drückt mich im Kreuz.*

2. ihn/ihm drückt der Schuh: Bezieht sich *drücken* unmittelbar auf eine Person, steht ausschließlich der Akkusativ: *Diese Schuhe haben mich schon immer gedrückt.* Das gilt auch für übertragenen Gebrauch: *Ich weiß, wo ihn der Schuh drückt* (= was ihn bedrückt). Hier ist der Dativ veraltet.

3. sich vor/von etwas drücken: Im Sinne von „etwas nicht mitmachen, nicht tun wollen" wird mit *vor* angeschlossen: *Sie drückt sich gern vor der Arbeit.*

drunter: ↑ darunter (3).

-d/-t: ↑ -and/-ant, ↑ ent-/end-, ↑ seid/seit, ↑ tod-/tot-, Tod-/Tot-.

du: ↑ Anrede (1 und 2).

du/dich: In dem Satz *Wenn ich du wäre, ...* ist

du ein prädikativer Nominativ. Der Akkusativ *(dich)* ist hier nicht korrekt.

Dummejungenstreich/Dumme-Jungen-Streich: Die deklinierten Formen von *Dummejungenstreich/Dumme-Jungen-Streich* lauten entweder (mit erstarrtem *-e*): *des Dummejungenstreich[e]s, die Dummejungenstreiche, ein Dummejungenstreich* usw. oder (mit durchgehend flektiertem ersten Bestandteil und mit Bindestrichen): *des Dummen-Jungen-Streich[e]s, die Dummen-Jungen-Streiche, ein Dummer-Jungen-Streich* usw.

dumpf: Die Vergleichsformen von *dumpf* werden ohne Umlaut gebildet: *dumpfer, der dumpfeste/dumpfste Schlag.*

dünken: 1. dünkt/deucht: Das Verb *dünken* hat neben den jüngeren schwachen Formen *dünkte, gedünkt* alte Formen: *deuchte, gedeucht* (z. T. auch auf das Präsens übertragen: *mir deucht*).

2. mich/mir dünkt: Neben den Akkusativ *(mich dünkt)* trat schon früh der Dativ *(mir dünkt)*. Von beiden Formen ist der Dativ die seltenere.

3. Er dünkt sich ein Held/einen Helden: In einem Satz wie *Er dünkt sich ein Held/einen Helden* bezieht sich *Held* auf das Pronomen *sich* im Akkusativ. Anders als z. B. bei *nennen* ist hier der Akkusativ zur Kennzeichnung der Gleichsetzung nicht erforderlich, der Nominativ ist ebenfalls gebräuchlich.

du oder wir haben das getan: ↑ oder (3).

durch: ↑ aufgrund/durch/infolge/von/vor/wegen/zufolge.

durch-: Mit Verben kann *durch-* sowohl trennbare als auch nicht trennbare Verbindungen bilden, z. B. *durchbeißen/durchbeißen, durchblättern/durchblättern, durchfahren/durchfahren.* In nicht trennbaren Verbindungen ist *durch-* ein Präfix und es ist unbetont. Die Verbindungen werden auf dem zweiten, dem verbalen Bestandteil betont: *durchbrechen, ich durchbreche, durchbrach, habe durchbrochen.* Das *zu* beim Infinitiv steht frei vor dem Verb: *Er versuchte die Absperrung zu durchbrechen.* Bei den trennbaren Verbindungen ist *durch* Verbpartikel und wird betont: *durchbrechen, ich breche durch, brach durch, bin/habe durchgebrochen.* Das *zu* beim Infinitiv wird bei diesen Verben in den Infinitiv einbezogen: *Sie versuchte den Stock durchzubrechen.* Das Partizip II der Verbindung mit der Partikel *durch-* wird mit *-ge-* gebildet: *Sie hat den Stock durchgebrochen.* Anders beim Präfixverb: *Er hat die Absperrung durchbrochen.*

Der Dünkel

Ein enger Verwandter des Verbs „dünken" ist der *Dünkel.* Dieses Substantiv wurde wahrscheinlich von Martin Luther aus der Taufe gehoben, es ersetzte das ältere und zur selben Wortfamilie gehörende „dunc". Ursprünglich konnte der Begriff auch eher neutral verwendet werden und meinte dann lediglich „Meinung, eigene Vorstellung" oder auch „Gutdünken" – letzteres Wort ebenfalls eine Ableitung von „dünken". Doch schon früh wurde der Begriff *Dünkel* im Sinne von „Überheblichkeit, falscher Stolz" benutzt. Bereits der Barockdichter Andreas Gryphius (Abbildung oben) formulierte: *„der dünkel nahm mich ein: ich glaubt es könte mir kaum einer gleiche sein".* Im 18. Jh. war der Begriff in diesem Wortsinn allgemein gebräuchlich, und er wird auch heute noch so verwendet. Besonders geläufig ist er noch in Wortzusammensetzungen, etwa im Substantiv „Standesdünkel" oder im Adjektiv „dünkelhaft".

durchdiskutieren: ↑ Verbzusätze.

durcheinander: ↑ ...einander.

durchgehend/durchgehends: Die Form ohne *-s* ist standardsprachlich: *Das Geschäft ist durchgehend geöffnet.* Die Form mit *-s* kommt vor allem in Österreich vor.

durchgehen/durchgehen: Dieses Verb wird meist als trennbare Verbindung, d. h. mit der Verbpartikel *durch* gebraucht. Das Perfekt kann mit *haben* und mit *sein* gebildet werden. In konkretem Sinn heißt es mit trennbarer Verbpartikel: *durchgehen: Sie ist durch den Wald durchgegangen.* Selten noch in fester Verbindung: *Sie hat den Wald durchgangen.* In übertragenem Sinn nur als trennbare Verbpartikel: *Der Lehrer ist* (seltener: *hat*) *die Arbeiten durchgegangen. Ihr Temperament ist mit ihr durchgegangen.*

Durchkopplung: ↑ Bindestrich (3).

Durchlaucht: Das Possessiv wird in der Verbindung mit *Durchlaucht* großgeschrieben: *Euer/Eure Durchlaucht.*

durch'n: Die umgangs- und regionalsprachliche Form für *durch den* kann mit Apostroph geschrieben werden. ↑ Apostroph (1 c).

durchs: Die Verschmelzung von *durch* und *das* wird ohne Apostroph geschrieben; ↑ Apostroph (1 c).

durch was/wodurch: Die Verbindung *durch + was (Ich weiß nicht, durch was sie dazu veranlasst wurde)* kommt hauptsächlich in der gesprochenen Sprache vor. In der geschriebenen Standardsprache dominiert jedoch eindeutig der Gebrauch des Pronominaladverbs *wodurch*: *Wodurch hatte sie ihn so irritiert? Ich weiß nicht, wodurch sie dazu veranlasst wurde.*

dürfen: 1. Das Partizip II des Vollverbs *dürfen* heißt *gedurft: Sie hat es nicht gedurft.* Wenn *dürfen* als Modalverb gebraucht wird, steht nach einem Infinitiv nicht das Partizip II *gedurft*, sondern der Infinitiv *dürfen: Sie hätte es tun dürfen.* ↑ Infinitiv und Infinitivgruppe (2).
2. *Dürfen* sollte nicht zusammen mit anderen Wörtern, die eine Erlaubnis ausdrücken, in pleonastischer Weise verwendet werden. Also nicht: *Ich bitte um die Erlaubnis, das tun zu dürfen.* Sondern entweder: *Darf ich das tun?* Oder: *Ich bitte um die Erlaubnis, das zu tun.*

dursten/dürsten: In der Bedeutung „Durst haben“ ist heute *dursten* üblich: *Das Vieh durstet. Du trinkst und ich muss dursten.* Unpersönlich und in gehobener Sprache kommt auch noch *dürsten* vor: *Weil ihn durstete/dürstete, ging er ins Haus.* In der übertragenen Bedeutung „heftiges Verlangen haben“ wird *dürsten* gebraucht: *Unser Jahrhundert dürstet nach einer Tat* (Musil). Bei *durstig* hat sich die umlautlose Form durchgesetzt, während sich ein altes *dürstig* in *blutdürstig* erhalten hat.

durstig/dürstig: ↑ dursten/dürsten.

düster: Bei *düster* bleibt, wenn es dekliniert oder gesteigert wird, das *e* der Endungssilbe gewöhnlich erhalten: *ein düsterer Tag. Sie blickte noch düsterer drein.* Nur in den deklinierten Formen des Komparativs wird das erste der drei Endungs-e manchmal weggelassen: *ein noch düstererer/düstrerer Blick.* ↑ Adjektiv (3).

Dutzend/dutzend: 1. Rechtschreibung: *Dutzend* in der Bedeutung „Anzahl von zwölf Stück“ ist ein Substantiv und wird deshalb großgeschrieben. Bezeichnet es aber eine unbestimmte Menge, kann es auch als Zahladjektiv aufgefasst und kleingeschrieben werden. Also: *einige Dutzend/dutzend Hühner, Dutzende/dutzende von Hühnern;* aber nur: *ein ganzes Dutzend* („genau 12“), *zwei Dutzend* („genau 24“) *Eier.*
2. Deklination: Als Bezeichnung der Zähleinheit von 12 Stück bleibt *Dutzend* im Plural unflektiert: *mit zwei Dutzend frischen Eiern.* Als Bezeichnung einer unbestimmten Menge wird es im Nominativ, Dativ und Akkusativ Plural flektiert, wenn der Kasus nicht durch ein anderes Wort festgelegt ist: *Dutzende/dutzende von Fehlern* (aber: *einige Dutzend/dutzend Fehler*), *zu Dutzenden/dutzenden* usw. Im Genitiv

Plural wird *Dutzend* wie ein substantiviertes Adjektiv flektiert: *die Einsprüche Dutzender/dutzender von Besuchern.*

3. Das Gezählte nach *Dutzend*: Nach *Dutzend* steht das Gezählte entweder im gleichen Kasus (↑Apposition [3]) oder im Genitiv: *Mehr als ein Dutzend ehemalige Parlamentarier sitzen im Gefängnis, weil sie Geld aus dem Kokainhandel angenommen haben* (Süddeutsche Zeitung). *Ein halbes Dutzend anderer Gesetzesvorschläge aber wartet noch auf seinen Beschluss durch den Ministerrat* (Süddeutsche Zeitung). ↑Maß-, Mengen- und Währungsangaben.

4. Ein Dutzend Eier kostet/kosten ...: Bei *Dutzend* als Mengeneinheit steht das Prädikat meist im Singular, weil man vor allem die Einheit sieht: *Das/Ein Dutzend Eier kostet 2,40 €.* Doch ist mit dem Blick auf das Gezählte auch der Plural möglich: *Ein Dutzend Eier kosten 2,40 €.*

dutzendmal/ein Dutzend Mal: Man schreibt immer getrennt: *viele/einige Dutzend Male. Ich habe sie [viele] Dutzend Mal/Dutzende Mal gewarnt. Er ist ein Dutzend Mal dort gewesen.* Statt groß- kann man bei der Bezeichnung für eine unbestimmte Menge auch kleinschreiben: *viele dutzend Mal, einige dutzend Male, dutzend[e] Mal[e].* ↑Dutzend/dutzend, ↑²Mal. Zusammen schreibt man das Adverb *dutzendmal.* Es steht nie in Verbindung mit einem Adjektiv oder Artikelwort; auch existiert keine Form auf *-male: Ich habe dutzendmal* (= sehr oft) *darauf hingewiesen.*

dutzendweise: ↑-weise.

du und er/du und sie (Plural) habt euch gefreut: ↑und (5).

du und ich/du und wir: Wenn ein Pronomen der 1. Person beteiligt ist, ist das Gesamtsubjekt austauschbar mit *wir,* es heißt deshalb:
Du und ich [, wir] haben uns sehr gefreut.
Du und wir [, wir] haben uns sehr gefreut.
↑und (5).

Im Dutzend billiger

Das Wort *Dutzend* leitet sich ab vom mittelhochdeutschen Wort „totzen". Es wurde im 14. Jh. aus dem Französischen entlehnt und geht auf den lateinischen Begriff „duodezim" zurück, das ebenfalls *Dutzend* bedeutet. Es gibt weltweit wenige Kulturen, in denen das Zahlensystem nicht auf der Basis von zehn, sondern zwölf beruht. Obwohl die europäischen Kulturen das Dezimalsystem verwenden, spielt das Zwölfersystem traditionell eine große Rolle. Dies zeigt sich beispielsweise durch die Eigenständigkeit der Ziffernbezeichnungen „elf" und „zwölf" in der deutschen Sprache, die Einteilung des Ziffernblatts der Uhr und die zwölf Tierkreiszeichen sowie die Mengenangaben *Dutzend* sowie „Gros" (womit zwölf Dutzend gemeint sind). Da Billigware oft im Dutzend verkauft wurde, kam es im Laufe der Zeit zu Formulierungen wie „Dutzendware" oder sogar „Dutzendgesicht".

E

-e: 1. Bei den Doppelformen mit *Ge-* wie *Geschrei/Geschreie, Geheul/Geheule* usw. bezeichnet oft die Form mit *-e* im Gegensatz zur neutralen e-losen Form eine fortgesetzte oder wiederholte, negativ bewertete Handlung.
2. Bei *Schütz/Schütze, Hirt/Hirte, Tür/Türe* usw. sind viele der e-losen Formen regional- oder umgangssprachlich. Manche sind in der Bedeutung differenziert wie *Bursch* (regional, Verbindungswesen) – *Bursche.*
3. Zu *im Sinn/im Sinne, im Haus/im Hause, auf dem Land/auf dem Lande* ↑ Dativ-e.
4. Zum Weglassen des *e* beim Adjektiv (*dunkele/dunkle* usw.) ↑ Adjektiv (3).
5. Zum Weglassen des *e* bei Vergleichsformen (*finsterer/finstrer* usw.) ↑ Vergleichsformen (1.2).
6. Zur Schreibung von Einwohnerbezeichnungen (*Tegernseer* usw.) ↑ Einwohnerbezeichnungen auf -er (3).

e-Ausfall beim Verb: 1. Endungs-e in der 1. Person Singular: *ich schreibe/ich schreib:* Grundsätzlich ist das Endungs-e in der 1. Person Singular Indikativ Präsens Aktiv fakultativ. Formen ohne Endungs-e finden sich unabhängig vom Stammauslaut des Verbs vor allem in der gesprochenen Sprache, in informeller geschriebener Sprache (beispielsweise im Chat) sowie in literarischen Texten: *Ich schreib dir.* In der geschriebenen Standardsprache wird das Endungs-e am ehesten dann weggelassen, wenn der Verbstamm vokalisch oder auf *r, l, n* oder *m* endet *(ich droh, ich hol, ich renn, ich komm).* Sonst bleibt das *e* im Allgemeinen erhalten *(Ich schreibe einen Brief).* Ein nicht vorhandenes *e* wird nicht durch Apostroph ersetzt. ↑ Apostroph (2). Das Endungs-e ist obligatorisch, wenn bei mit *-eln* gebildeten Verben das *e* dieser Silbe weggelassen wird *(ich sammle, wechsle).* Formen wie *(ich) sammel, (ich) wechsel* kommen in der Alltagssprache häufig vor, gelten aber nicht als standardsprachlich. Mit *-ern* gebildete Verben werden gewöhnlich mit Endungs-e gebildet, und zwar auch dann, wenn das zu *-ern* gehörende *-e* weggelassen wird: *Ich wandere/wandre; ich rudere/rudre.* Ein Apostroph wird auch hier nicht gesetzt.
2. Bildung der 2. Person Singular und Plural Präteritum: *du starbst/starbest; ihr starbt/starbet:* In der 2. Person Singular Präteritum ist das *-e* nur bei bestimmten Verben häufig: *du fand[e]st, du bot[e]st.* Bei starken Verben, deren Stamm auf s-Laut endet, bleibt das *e* in der 2. Person Singular Präteritum normalerweise erhalten: *du aßest, hießest, lasest, rissest, saßest, vergaßest, wuschest;* in der 2. Person Plural Präteritum ist das *e* seltener: *ihr aß[e]t, hieß[e]t, las[e]t, riss[e]t, saß[e]t, vergaß[e]t, wusch[e]t.* Im Konjunktiv II der starken Verben wird das *e* in der Regel gesetzt, vor allem dann, wenn der Stammvokal nicht umgelautet wird: *ich schritte, du riefest.* Dagegen ist vor allem in gesprochener Sprache möglich: *ich nähm, du trügst.* Ein Apostroph wird in all diesen Fällen nicht gesetzt.
3. Wegfall des *-e* in der 1. und 3. Person Plural: *wir, sie schreien/schrein, schrieen/schrien:* Das *e* der Endung *-en* in der 1. und 3. Person Plural Indikativ des Präsens Aktiv sowie des Konjunktivs I kann nach Vokal oder *h* wegfallen; dies geschieht vor allem in der Literatur aus vers- und satzrhythmischen Gründen und in der (gesprochenen) Umgangssprache: *wir (sie) fliehn/flohn/flöhn* (statt: *fliehen/flohen/flöhen*). Nach *-ie* wird es nicht geschrieben, es fällt also in der 1. und 3. Person Plural Indikativ des Präteritums Aktiv sowie des Konjunktivs II und im Partizip II weg: *wir (sie) schrien* (nicht: *schrieen*), *wir (sie) knien* (nicht:

knieen). In diesen Fällen wird kein Apostroph gesetzt.

4. Wegfall des -*e* in der 1. und 3. Person Singular Präteritum in dichterischer Sprache: *ich, er lebte/lebt'*: Der Wegfall des *e* in der 1. und 3. Person Singular Präteritum findet sich vornehmlich in dichterischer Sprache. In diesen Fällen setzt man nur dann einen Apostroph, wenn die Form schwer lesbar oder missverständlich ist: *Das Wasser rauscht', das Wasser schwoll'* (Goethe). Außerhalb des dichterischen Gebrauchs ist jedoch das *e* zu setzen *(ich suchte, er suchte).*

5. Weglassen des *e* bei Verben auf *-eln* und *-ern*: In der 1. Person Singular Indikativ Präsens fällt bei den mit *-eln* gebildeten Verben das *e* dieser Bildungssilbe häufiger weg *(ich sammle,* auch: *ich sammele)* als bei den mit *-ern* gebildeten *(ich wandre;* öfter jedoch: *ich wandere).* Die von Verben auf *-eln* abgeleiteten Verbalabstrakta auf *-ung* werden ebenfalls meist ohne *e* gebildet: *Sammlung, Entwicklung.* Bei einigen wird die Form mit *e* allerdings vorgezogen: *Besiegelung, Bespiegelung, Gabelung, Bekrittelung.* Die von Verben auf *-ern* abgeleiteten Substantive auf *-ung* haben das *e* zumeist erhalten: *Wanderung, Teuerung.*

eben: Bei *eben* bleibt, wenn es dekliniert oder gesteigert wird, das *e* in der Endungssilbe gewöhnlich erhalten: *ein ebenes Gelände. Die Landschaft ist hier ebener als im Süden.* ↑ Adjektiv (3).

ebenso: 1. ebenso – wie/ebenso – als: Standardsprachlich heißt es heute *ebenso – wie* (nicht: *ebenso – als*): *Das ist ein ebenso spannendes wie lehrreiches Buch. Sie ist ebenso groß wie ich.* Das gilt auch für den Vergleichssatz: *Er muss sich ebenso quälen, wie ich mich früher gequält habe.* ↑ als/wie (2).

2. Rechtschreibung: Man schreibt *ebenso* von einem folgenden Adverb oder Adjektiv getrennt: *Sie spielt ebenso gut Klavier wie ich; ebenso viele Tage.* Entsprechend auch: *ebenso oft, ebenso weit. Ich hätte ebenso gut zu Hause bleiben können.* Hingegen darf *ebenso viel Mal* auch zusammengeschrieben werden: *ebensovielmal.*

ebensolch[e]: Das folgende [substantivierte] Adjektiv oder Partizip wird im Allgemeinen parallel flektiert: *nach ebensolcher exakter Zeitnahme.* (Hierbei ist im Singular der Unterschied zu ↑ *solch[e]* zu beachten, nach dem das folgende Adjektiv außer im Nominativ/Akkusativ Neutrum häufiger schwach flektiert wird: *in solcher angesehenen Stellung.*)

echt: Der Adjektivstamm *echt* kann in der Bedeutung „rein, nicht imitiert" mit einem folgenden Adjektiv ein Kompositum *(echtsilbern, echtgolden)* bilden, aber auch eine Wortgruppe *(echt silbern, echt golden)* ist möglich. Ebenso: *Das Besteck ist echtsilbern/echt silbern.*

edieren/editieren: Beiden Verben liegt das lateinische *edere* („herausgeben") zugrunde. Da *edieren* im heutigen Deutsch fest mit der Bedeutung „Bücher herausgeben" verbunden ist, verwendet man in der Fachsprache der Informatik für die Bedeutung „(Daten) in einen/einem Rechner eingeben, löschen, ändern" meist das Wort *editieren,* das sich vom englischen Verb *to edit* herleitet.

-ee: Zu *Tegernseer* usw. ↑ Einwohnerbezeichnungen auf -er (3).

effektiv/effizient: Das Adjektiv *effektiv* wird vorwiegend in zwei Bedeutungen gebraucht. Zum einen bedeutet es „tatsächlich, real": *Wer heute bei uns einen Kredit aufnimmt, zahlt effektiv* (= tatsächlich, d.h. unter Berücksichtigung aller preisbestimmenden Faktoren) *nur 2,5 % Zinsen.* Zum anderen hat es die Bedeutung „wirksam, erfolgreich"; *ein effektiver Schutz.* In der Bedeutung „wirksam, erfolgreich" überschneiden sich *effektiv* und *effizient.* Eine Unterscheidung ist jedoch insofern möglich, als bei der Verwendung von *effektiv* das Hauptaugenmerk auf dem Ergebnis liegt, bei *effizient* hingegen auf der Methode. *Effizient arbeiten* heißt wirkungsvoll arbeiten, ohne unnötige Kosten zu verursachen, Ressourcen oder Zeit zu verbrauchen: *Das Kraftwerk wandelt sehr effizient Wasserkraft in Strom um.*

egal: Im Allgemeinen kann man *egal* als Auslassungssatz ansehen; dann steht sowohl vor als auch nach *egal* ein Komma: *Ich werde gehen, [es ist] egal, ob du mitkommst oder nicht.* Man kann das Komma nach *egal* aber auch weglassen: *Ich werde gehen, egal ob du mitkommst oder nicht.* Genauso: *Bitte schreib mir, egal[,] wo du bist.* In anderer Reihenfolge: *Egal[,] was du tust, ich werde es akzeptieren.*

ehe: 1. ehe/ehe nicht: Die Konjunktion *ehe* drückt aus, dass ein Sachverhalt eintritt, wenn ein anderer noch nicht eingetreten ist: *Ich kam nach Hause, ehe das Gewitter begann* (d. h., das Gewitter hatte noch nicht begonnen, als ich nach Hause kam). Da die Konjunktion bereits eine negative Aussage enthält, wird der mit *ehe* eingeleitete Nebensatz nicht zusätzlich verneint: *Man darf die Wagentür nie öffnen, ehe man sich umgesehen hat.* Wenn jedoch der Nebensatz dem Hauptsatz vorangeht und außer der zeitlichen Beziehung auch eine Bedingung zum Ausdruck gebracht wird, dann wird die Negation gesetzt: *Ehe ihr nicht alle still seid, kann ich euch das Märchen nicht vorlesen* (= wenn ihr nicht vorher ...). ↑ Negation (2).
2. Komma: Ein mit *ehe* eingeleiteter Nebensatz wird durch Komma vom Hauptsatz getrennt. Zu Einzelheiten vgl. die Tabelle bei *bevor* (S. 59).
3. Verkürzung: Wird *ehe* zu *eh* verkürzt, dann steht kein Apostroph: *Eh ich nach Hause gehe, muss ich noch was erledigen.* ↑ Apostroph (2 a).

ehebrechen: Von *ehebrechen* ist nur der Infinitiv gebräuchlich: *Du sollst nicht ehebrechen.* Sonst wird die Fügung *die Ehe brechen* verwendet: *Ich breche/brach die Ehe/habe die Ehe gebrochen; wenn er die Ehe bricht.*

Ehe, Hochzeit und Heirat

Unter einer *Ehe* versteht man in unserem Kulturkreis traditionell die dauerhafte Verbindung zwischen Mann und Frau, seit einigen Jahren auch von gleichgeschlechtlichen Paaren. Mit der Christianisierung wurde die kirchliche Trauung üblich, erst im 19. Jh. kam die zivilrechtliche Eheschließung hinzu, die auch Ehescheidung und Wiederverheiratung ermöglichte. Auch wenn wir in der heutigen Zeit bei *Ehe* und *Heirat* vor allem an Liebe und Romantik denken – es handelt sich um einen Rechtsvertrag, und die (gegenseitige) Versorgung und Familiengründung standen viele Jahrhunderte im Vordergrund. Dies zeigt sich auch sprachgeschichtlich. Das Wort *Heirat* stammt aus dem Althochdeutschen und meinte zum einen „Vermählung", zum anderen den „Hausstand". Auch das Substantiv *Ehe* ist alt und leitet sich ab vom althochdeutschen „ewa", „ewi", das einen Vertrag, ein Gesetz, aber auch ein göttliches Gebot meinte. Die *Hochzeit* hingegen kommt vom mittelhochdeutschen „hoch(ge)zit" – „Hoch-Zeit", womit im Frühmittelalter jedes kirchliche wie weltliche Fest bezeichnet wurde. Ab dem 13. Jh. verengte sich der Begriff auf die Trauung.

eigen: **1.** Bei *eigen* bleibt, wenn es dekliniert wird, das *e* der Endungssilbe gewöhnlich erhalten: *mein eigenes Zimmer.*
2. Klein schreibt man in: *Das haben sie sich zu eigen gemacht.* Groß schreibt man: *Sie möchte gern etwas Eigenes haben. Sein Eigen wurde ein Raub der Flammen.*

Eigennamen: **1. Arten von Eigennamen:** Es gibt verschiedene Arten von Eigennamen: ↑ Personennamen; ↑ Firmennamen; ↑ Geografische Namen, ↑ Ortsnamen, ↑ Völker- und Stammesnamen; ↑ Schiffsnamen, ↑ Flugzeugtypen; ↑ Buchtitel, ↑ Zeitungsnamen.
2. Groß- oder Kleinschreibung: Adjektive, Partizipien und Zahlwörter als Teile von Eigennamen sind großzuschreiben: *der Heilige Abend, die Vereinigten Staaten [von Amerika], Elisabeth die Zweite.* Präpositionen werden nur dann großgeschrieben, wenn sie am Anfang eines Straßen- oder Gebäudenamens stehen: *Am Erlenberg, In der Mittleren Holdergasse, Zur Linde, Zum Grünen Baum.* Die Präposition *von* bei deutschen Familiennamen wird kleingeschrieben, wenn sie nicht mit dem Namen verschmolzen ist: *von Grolmann, von der Au (auch: Vonderau), von den Steinen.*
3. Namenähnliche Wörter und Fügungen: Keine Eigennamen im eigentlichen Sinn sind die Tier- und Pflanzennamen, die Krankheitsnamen, die Tages- und die ↑ Monatsnamen. Auch die in allen Fach- und Berufssprachen vorkommenden namenähnlichen Fügungen, die feste Begriffe bezeichnen, werden nicht als Namen angesehen. Enthalten sie Adjektive, so werden diese deshalb in der Regel kleingeschrieben: *die englische Krankheit (Rachitis), das große Latinum, die allgemeine Hochschulreife; holländische Soße.* In einigen Fällen ist jedoch die Großschreibung des Adjektivs in Anlehnung an fachsprachliche Gepflogenheiten zugelassen. So hat sich die Großschreibung beispielsweise bei *Gelbe Karte* oder *Erste Hilfe* weitgehend etabliert. Nicht mit Eigennamen zu verwechseln sind auch die zahlreichen festen Fügungen aus einem Adjektiv und einem Substantiv, die mit neuer, übertragener Gesamtbedeutung gebraucht werden, etwa *graue Maus* (= unscheinbare Person), *runder Tisch* (= Kreis gleichberechtigter Partner) oder *toter Punkt* (= Übermüdungszustand; vorübergehender Stillstand [bei Verhandlungen]). Die Möglichkeit, das Adjektiv großzuschreiben, ist nur in Einzelfällen festgelegt, etwa bei *Blauer Brief* (= Mahn- oder Kündigungsschreiben), *Letzter Wille* (= Testament) oder *Schwarzes Brett* (= Anschlagtafel).

Eigenschaftswort: ↑ Adjektiv.

[1]ein (Artikel): **1. mit lauter Stimme/mit einer lauten Stimme:** Der unbestimmte Artikel wird gelegentlich bewusst als Stilmittel benutzt: *mit einer lauten Stimme* statt: *mit lauter Stimme; eine blutige Rache nehmen* statt: *blutige Rache nehmen; einen tätigen Beistand leisten* statt: *tätigen Beistand leisten.*
2. Das Urteil war mild/ein mildes: ↑ Adjektiv (2).
3. mit ein paar Bohnen, mit ein wenig Liebe, mit ein[em] bisschen Grieß: *ein paar* und *ein wenig* sind indeklinabel. In der Verbindung *ein bisschen* kann dagegen der unbestimmte Artikel dekliniert werden.

[2]ein (Zahlwort): **1. ein/eins:** Wenn die Zahl 1 allein steht, wird *eins,* das aus dem Neutrum *eines* hervorgegangen ist, verwendet: *Die Uhr schlägt eins. Eins, zwei, drei.* So auch, wenn *hundert-, tausend-* usw. vorangeht: *hundert[und]eins, tausend[und]eins* (aber: *einhundert* usw.). Dagegen wird in Verbindung mit Substantiven (attributiv) vor allem *ein* verwendet und bei einem Substantiv im Singular auch flektiert: *hundertundein Salutschuss, hundertundeine Seite, ein Märchen aus Tausendundeiner Nacht.* Wird dagegen, was ebenfalls möglich ist, das folgende Substantiv in den Plural gesetzt, bleibt *ein* unflektiert (*und* fällt dabei häufig weg): *mit hundert[und]ein Salutschüs-*

sen. *Es wurden tausend[und]ein Salutschüsse abgefeuert.* Daneben wird die Form auf *-eins* immer gebräuchlicher. Auch sie verbindet sich mit dem Plural: *Es wurden tausend[und]eins Salutschüsse abgefeuert.* Vor dem Substantiv *Uhr* als Zeitangabe und bei der Wiedergabe von Rechenvorgängen mit Bruchzahlen bleibt *ein* im Allgemeinen unflektiert: *Wir treffen uns nach ein Uhr. Ein Sechstel multipliziert mit ein Viertel.* Ansonsten sind bei Bruchzahlen flektierte und unflektierte Formen richtig: *mit einem Fünftel [des Gewichts]* oder *mit ein Fünftel [des Gewichts]; bei einem Drittel [weniger Einkommen]* oder *bei ein Drittel [weniger Einkommen].* Allgemein üblich und korrekt ist unflektiertes *ein* zwischen Zahl und Bruchzahl in Fügungen wie *der Weg von fünfeinhalb Kilometern, nach zweieinviertel Jahren.* Dasselbe gilt, wenn *ein* durch *oder, bis, und* (und anderen) mit *zwei* oder *ander* verbunden wird: *Gedulden Sie sich noch ein bis zwei Tage. Ein und dem andern kann man es schon sagen. Familien mit ein[em] oder zwei Kindern.* Ebenso: *das ist ein und dasselbe; in ein[em] und einem halben Jahr; ein Zeitraum zwischen ein[em] und drei Jahren.* In Verbindung mit *mehrere* wird *ein* dagegen meist flektiert: *für einen oder mehrere Betriebe; der Ausfall eines oder mehrerer Konsonanten.* Flektiert wird *ein* auch in *mit hundert zu einer Stimme* (oder: *mit hundert Stimmen zu einer*). – Zu *1,5 (eins Komma fünf)* und *0,1 (null Komma eins)* ↑ Dezimalzahlen.

2. eines Jahres/dieses einen Jahres: Das Zahlwort *ein* wird stark flektiert, wenn es allein vor einem Substantiv steht; das gilt auch für den Genitiv: *die Hälfte eines Brotes, einer Wohnung; binnen eines* (nicht: *einen*) *Jahres.* Nur wenn ein stark flektiertes Artikelwort vorausgeht, wird *ein* schwach flektiert: *der Ertrag des/dieses einen Jahres.*

3. in einem/ein Meter Höhe: Vor Maß- und Mengenangaben wird *ein* gewöhnlich flektiert: *mit einem Liter Milch, für einen Zentner Weizen, nach einem Kilometer. Der Stab ist einen Meter lang.* In kurzen Ausdrücken wie *der ein[en] Meter lange Stab* kann die Flexionsendung *-en* allerdings auch weggelassen werden.

4. Rechtschreibung: Bis auf *der Eine* (= Gott) und *jmds. Ein und Alles sein* ist die Kleinschreibung bei allen Formen des Zahlwortes richtig. In Fällen wie *Sie ist die eine/Eine und Einzige* kann man durch Großschreibung zum Ausdruck bringen, dass *ein* als Substantiv aufgefasst werden soll.

5. einer, eine, eines: Zum Indefinitum ↑ einer, eine, eines.

...einander: Man schreibt Fügungen mit *...einander* (wie *aneinander, gegeneinander, übereinander* usw.) mit einem Verb von diesem getrennt, wenn sowohl *...einander* als auch das Verb betont werden: *aneinander denken, aneinander vorbeilaufen.* Man schreibt *...einander* mit dem folgenden Verb zusammen, wenn die Betonung nur auf dem Verbzusatz, also auf dem *a* von *...einander*, liegt: *aneinandergeraten, untereinanderliegen, zueinanderhalten.*

einander gegenseitig: Die Verwendung von *einander gegenseitig* ist pleonastisch. Es heißt: *Sie schadeten einander* oder *Sie schadeten sich gegenseitig.*

einarbeiten: ↑ ein- + Verb.

einbegriffen: 1. Das Wort *einbegriffen* (auch *inbegriffen*) steht nach dem Substantiv, der die Person oder Sache, die eingeschlossen werden soll, bezeichnet: *Er zahlte alles, den Schnaps des Freundes einbegriffen.* Wenn dieser Ausdruck an ein Objekt im Genitiv, Dativ oder Akkusativ angeschlossen wird, steht er im Akkusativ: *Er nahm sich der Verletzten an, den Attentäter einbegriffen. Sie misstraute ihrer Umgebung, ihre Freundin einbegriffen.* Er steht aber im Nominativ, wenn er an ein Subjekt angeschlossen wird: *Alle Menschen, der Pilot einbegriffen, kamen ums Leben.*

2. Bei *einbegriffen in* kann sowohl der Dativ als auch der Akkusativ stehen: *In diesem Preis/In* *diesen Preis sind alle Extras einbegriffen.* Meist wird der Dativ gewählt: *Frühstück und Bedienung sind im Preis einbegriffen.*

einbetten: ↑ ein- + Verb.

ein bisschen: Zu *mit ein bisschen/mit einem bisschen Geduld* ↑ [1]ein (3).

einbrechen: ↑ ein- + Verb.

eindeutig/unzweideutig: *Eindeutig* bedeutet „klar, unmissverständlich" und drückt aus, dass keine andere Deutung möglich ist oder für möglich gehalten wird. Dagegen drückt *unzweideutig* eine beabsichtigte Eindeutigkeit aus; es setzt die Möglichkeit einer anderen Deutung voraus, verneint sie aber ausdrücklich: *Das Ministerium gab für diesen Fall unzweideutige Bestimmungen heraus.*

eindringen: ↑ ein- + Verb

eineinhalb: Das Zahlwort *eineinhalb* bleibt immer unflektiert: *nach eineinhalb Jahren* (aber aufgelöst: *nach einem und einem halben Jahr;* diese Form ist selten). Statt *eineinhalb* kann man auch *anderthalb* sagen. Vgl. auch ↑ halb (1).

einer, eine, eines (Indefinitum): **1. der Besuch eines unserer Vertreter/einer unserer Vertreter · bei der Rückkehr eines meiner Mitarbeiter/einer meiner Mitarbeiter:** Es handelt sich hier um eine Konstruktion, bei der auf das Indefinitum *einer* ein Genitiv folgt: *der Besuch eines [Vertreters]* (Mask.) *unserer Vertreter* (Mask.); *bei der Rückkehr eines [Mitarbeiters]* (Mask.) *meiner Mitarbeiter* (Mask.); *bei der Rückkehr einer [Mitarbeiterin]* (Fem.) *meiner Mitarbeiterinnen* (Fem.).

2. einer der schönsten Filme, die/den …: Wenn man das Relativpronomen auf *einer* bezieht, wählt man den Singular: *einer der schönsten Filme, den ich je gesehen habe.* Das ergibt allerdings streng genommen keine sinnvolle Lesart, denn es wurden ja mehrere Filme gesehen. Bezieht man es hingegen auf das Pluralwort *Filme*, verwendet man den Plural: *einer der schönsten Filme, die ich je gesehen habe.*

3. Rechtschreibung: Bei allen Formen von *einer, eine, eines* ist die Kleinschreibung immer richtig: *Nur eine von ihnen erriet die Lösung; von einem wie ihm hätte ich das nicht erwartet; einer nach dem anderen; zum einen … zum anderen.*

4. Zu *Das soll einer wissen* ↑ man (1).

einerseits – and[e]rerseits/anderseits: 1. Zeichensetzung: Das Komma steht in der Regel unmittelbar vor dem Wort *and[e]rerseits,* gleichgültig, ob Satzglieder oder Sätze miteinander verbunden werden. Im Einzelnen vgl. jedoch die Tabelle auf S. 106.

2. einerseits – im anderen Fall: Die Entsprechung von *einerseits* ist *andererseits,* nicht: *im anderen Fall.*

einesteils – ander[e]nteils: Das Komma steht wie bei ↑ einerseits – and[e]rerseits/anderseits (1): *Es waren einesteils Fachbücher und Zeitschriften, ander[e]nteils Werke der schönen Literatur.*

eine Zeit lang/Zeitlang: Immer getrennt schreibt man: *einige Zeit lang, eine kurze Zeit lang.* Neben der Getrenntschreibung ist auch die Zusammenschreibung richtig in *Eine Zeit lang/Zeitlang* (= Weile) *konnte er sich konzentrieren.*

einfügen, einführen, eingeben, eingebettet: ↑ ein- + Verb.

Eingeborene:

Die Bezeichnung *Eingeborene* wird gelegentlich als diskriminierend empfunden. Alternative Bezeichnungen sind *Urbevölkerung, einheimische Bevölkerung, Ureinwohner* und *Ureinwohnerinnen* oder die fachsprachliche Bezeichnung *Autochthone.*

eingehen: Das Perfekt wird mit *sein* gebildet. Es heißt also: *Wir sind Verpflichtungen eingegangen.*

eingemeinden: Das Verb *eingemeinden* gehört der Verwaltungssprache an. Es kann mit dem Dativ verbunden werden oder mit *in* und dem Akkusativ: *Neckarau wurde 1899 der*

Stadt Mannheim/in die Stadt Mannheim eingemeindet. Vor einem allein stehenden Ortsnamen wird *in* durch *nach* ersetzt: *Höchst ist 1928 nach Frankfurt eingemeindet worden.* ↑ in/nach/zu/bei.

eingeschlossen: ↑ ein- + Verb.

-einhalb: Zahlwörter auf *-einhalb* bleiben immer unflektiert: *mit fünfeinhalb Jahren.*

einheften: ↑ ein- + Verb.

einhundert/hundert · eintausend/tausend: Soweit es nicht auf besondere Genauigkeit ankommt, lässt man bei der Wiedergabe der Zahlen von 100 bis 199 *ein-* gewöhnlich weg: *183 = hundertdreiundachtzig* oder *einhundertdreiundachtzig.* Steht aber eine größere Einheit davor, muss *ein-* mitgesprochen und auch mitgeschrieben werden: *2183 = zweitausendeinhundertdreiundachtzig.* Zur Groß- oder Kleinschreibung von *hundert/tausend* ↑ hundert/Hundert.

einig: 1. [sich] einig sein: Sowohl *einig sein* als auch die reflexive Form *sich einig sein* sind sprachlich korrekt. Allerdings kann *sich einig sein* nur im Hinblick auf mindestens zwei Personen gebraucht werden: *Ich bin mir noch nicht einig* (= noch nicht im Klaren, noch nicht schlüssig), *wohin ich dieses Jahr in Urlaub fahre* ist umgangssprachlich. Gegen die Fügung *mit sich selbst [nicht] einig sein* ist dagegen nichts einzuwenden: *Ich war mit mir selbst noch nicht einig, ob ...*
2. Rechtschreibung: In Verbindung mit einem Verb wird getrennt geschrieben: *einig sein, einig werden.* Eine Ausnahme ist wegen der übertragenen Bedeutung *einiggehen.*

einige (einiges altes/alte Gerümpel): Das Adjektiv nach *einige* wird im Plural in der Regel parallel (also stark) dekliniert, während die Flexion im Singular nicht einheitlich ist. Insgesamt wird nur im Dativ Singular nicht parallel dekliniert. Im Einzelnen: Singular: Im Nominativ Maskulinum und im Genitiv/Dativ Femininum wird das Adjektiv stark flektiert: *einiger poetischer Geist; das Vorhandensein einiger poetischer Begabung.* Im Genitiv Maskulinum und Neutrum herrscht bei *einige* selbst schwa-

Kommasetzung bei *einerseits* und *and[e]rerseits*

1. Die zweigliedrige nebenordnende Konjunktion verbindet gleichrangige Sätze oder Satzteile. Vor *and[e]rerseits* steht immer ein Komma:	**1. Die Wörter *einerseits* und *and[e]rerseits* können in den Ablauf ihrer Teilsätze einbezogen sein:**
Einerseits wollte sie sich nicht binden, *andererseits* lag ihr an einem schnellen Abschluss der Verhandlungen.	Sie wollte sich *einerseits* nicht binden, hatte aber *andererseits* großes Interesse an einem schnellen Abschluss der Verhandlungen.
2. Das Wort *einerseits* kann fehlen. Vor *and[e]rerseits* steht auch dann ein Komma:	**2. Das Wort *and[e]rerseits* ist in den Ablauf des zweiten Satzes einbezogen:**
Er ist sicher sehr fleißig, *andererseits* kann man nicht sagen, dass er sich überarbeitet.	Er ist sicher sehr fleißig. Man kann *andererseits* aber nicht sagen, dass er sich überarbeitet.

che Flexion vor, sodass es heißt: *einigen poetischen Geistes/Verständnisses.* Im Nominativ und Akkusativ Neutrum überwiegt die starke Flexion *(einiges altes Gerümpel)*, die schwache ist selten *(einiges alte Gerümpel)*. Im Dativ Maskulinum und Neutrum herrscht schwache Flexion vor: *bei einigem guten/gutem Willen; bei einigem poetischen/poetischem Verständnis.* Plural: Im Plural wird nach *einige* meist stark (parallel) flektiert: *einige gute Menschen, einiger guter Menschen, einigen guten Menschen.* Das substantivierte Adjektiv (Partizip) verhält sich im Singular und im Plural ähnlich wie das attributive Adjektiv: *einiges Neues* (auch: *einiges Neue*), *mit einigem Neuen, einige Angestellte, einiger Angestellter* (manchmal: *einiger Angestellten*).

einiges, was: Dem ankündigenden *einiges* entspricht standardsprachlich meist als Relativpronomen *was*, nicht *das*, also: *Sie hat einiges, was ich unbedingt kaufen möchte.*

einkalkulieren: ↑ ein- + Verb.

einkehren: ↑ ein- + Verb.

Einklang: Man kann sagen *im* oder *in Einklang stehen/sein*, aber nur: *in Einklang bringen.* ↑ in/im.

Einkommensteuer/Einkommenssteuer: ↑ Fugenelement (2).

einladen: In der Bedeutung „zum Kommen auffordern" wird *einladen in* immer mit dem Akkusativ verbunden, weil damit eine Richtung bezeichnet wird (Frage: wohin?): *jemanden in sein Haus/ins Theater einladen.* Ebenso: *Sie hat mich auf ihr Gut eingeladen.* Vor allein stehenden Orts- und Ländernamen steht nicht *in*, sondern *nach: Sie hat mich nach Paris/nach England* (aber: *in die USA/in die Schweiz*) *eingeladen.*

einlenken: Bei übertragener Bedeutung „von Falschem oder allzu scharf Geäußertem abrücken" wird das Perfekt mit *haben* gebildet: *Sie haben sich über irgendetwas gestritten, aber dann hat er wieder eingelenkt.*

einliefern: Nach *einliefern in* steht der Akkusativ, weil eine Richtung bezeichnet wird (Frage: wohin?): *Der Verletzte wurde ins Krankenhaus eingeliefert. Sie ist in die Charité eingeliefert worden.*

einliegend: Die in Geschäftsbriefen häufig gebrauchte Formulierung *Einliegend übersende ich Ihnen ...* ist zwar grammatisch nicht eindeutig, kann aber nicht in dem Sinne missverstanden werden, dass der Absender eingelegt ist. Besser: *anbei.*

einmal/das eine Mal: ↑ ²Mal.

einmal - ein andermal: Es heißt: *einmal – ein andermal*, nicht: *einmal – ebenso.*

einmal mehr: Diese Lehnübersetzung des englischen *once more* wird – vor allem in der Sprache der Medien – anstelle von *noch einmal* oder *wiederum* gebraucht: *Einmal mehr sind die „Begleitumstände" das Eigentliche* (Augstein).

einmarschieren: ↑ ein- + Verb.

einordnen: ↑ ein- + Verb.

einpflanzen: ↑ ein- + Verb.

einpflegen: ↑ ein- + Verb.

einreisen: Bei *einreisen* kann der Präposition *in* ein Ländername mit Artikel oder Attribut im Akkusativ folgen *(Sie sind in die Schweiz, in die USA, in das nunmehr EU-Mitglied gewordene Slowenien eingereist)*. Korrekt ist auch die Präposition *nach* zusammen mit einem artikellosen Ländernamen *(Mit diesem Dokument können Sie nach Australien, nach Deutschland, nach Frankreich einreisen)*. Beides bezeichnet die Richtung der Einreise (Frage: wohin?). Die Präposition *in* zusammen mit einem artikellosen Ländernamen wird als Angabe des Ortes im Dativ verstanden (Frage: wo?): Wann sind Sie in Österreich eingereist? ↑ in/nach/zu/bei.

eins: Klein schreibt man das Zahlwort und das Indefinitpronomen: *Es schlägt eins. Es ist Viertel nach eins/halb eins/gegen eins. Vergleiche Abschnitt/Nummer/Punkt eins. Ich tue eins nach dem anderen. Es ist mir alles eins*

(= gleichgültig). Groß schreibt man das Substantiv: *Die Eins steht oben am Rand. Sie hat in Latein eine Eins geschrieben.* ↑ acht/Acht, ↑ Zensuren. Zu *ein* oder *eins* ↑ ²ein (1).

einsalzen: Das Partizip II von *einsalzen* kann *eingesalzen* oder *eingesalzt* lauten: *eingesalzenes* oder *eingesalztes Fleisch.*

einschalten: 1. Nach *sich einschalten in* steht gewöhnlich der Akkusativ, weil eine Richtung bezeichnet wird (Frage: wohin?): *Die Ministerin hat sich in die Verhandlungen eingeschaltet.* Es ist aber auch der Dativ möglich, wenn nur der Bereich gemeint ist, in dem das Einschalten geschieht: *Die Regierung hat sich in dieser Angelegenheit eingeschaltet.*

2. Das Partizip II von *einschalten* lautet in der Standardsprache *eingeschaltet* (regional auch: *eingeschalten*).

einschlafen: Es heißt: *Er ist über seiner Arbeit eingeschlafen*, weil hier ein Ort oder ein Zustand, nicht aber eine Richtung bezeichnet wird. ↑ über (1).

einschlagen: 1. Der Blitz schlägt in das/in dem Haus ein: ↑ ein- + Verb.

2. Perfektbildung: Das Perfekt wird überwiegend mit *haben,* seltener mit *sein* gebildet: *Der Blitz hat eingeschlagen. Die Bombe hatte in das Haus eingeschlagen. Sein neuer Roman hat gut eingeschlagen.* Aber auch: *Eine Bombe war in unmittelbarer Nähe des Hauses eingeschlagen. Der Artikel ist gut eingeschlagen.*

einschleichen, sich: 1. sich in ein/in einem Haus einschleichen: ↑ ein- + Verb.

2. Gebrauch des Partizips II: Das Partizip II von *sich einschleichen* wird nicht attributiv wie ein Adjektiv verwendet, weder mit noch ohne *sich.* Nicht: *der [sich] während meiner Abwesenheit in das Haus eingeschlichene Dieb.* Besser: *der Dieb, der sich ... eingeschlichen hatte.*

einschließen [sich]: ↑ ein- + Verb.

einschließlich: 1. Rektion: Die Präposition *einschließlich* wird mit dem Genitiv (nicht mit dem Dativ) verbunden, wenn dieser deutlich wird: *Die Aufwendungen einschließlich aller Reparaturen, einschließlich des Portos.* Wenn Orts- oder Ländernamen folgen, sind sowohl Formen mit Genitiv-s als auch endungslose Formen korrekt: *Brandenburg einschließlich Berlins/einschließlich Berlin.* Ein allein stehendes stark dekliniertes Substantiv nach *einschließlich* bleibt dagegen im Singular im Allgemeinen unflektiert (auch ↑ Substantivierung und ↑ Personennamen gehören hierher): *einschließlich Porto; einschließlich Isabel; einschließlich Auf- und Abladen. Das Buch hat 700 Seiten, einschließlich Vorwort.* Demgegenüber weicht man im Plural üblicherweise bei allein stehenden stark deklinierten Substantiven auf den Dativ aus, weil der Genitiv undeutlich ist: *einschließlich Tischen und Stühlen* (statt: *Tische und Stühle*), *einschließlich Gläsern* (statt: *Gläser*). Undeutlich sind Numerus und Kasus auch, wenn sowohl der Genitiv Singular als auch der Dativ Plural ein *-s* hat, z. B. in Formulierungen wie *einschließlich aktuellen Passfotos.* Wenn man den Singular deutlich machen möchte, setzt man ein Artikelwort hinzu: *einschließlich eines aktuellen Passfotos.* Die Verbindung aus *einschließlich* + Pronomen *(einschließlich deiner/dir)* kann man vermeiden; z. B.: *Alle meine Freunde, du eingeschlossen/auch du, waren verreist.*

2. Kongruenz: Das Verb richtet sich nach dem Subjekt: *Die Kosten einschließlich des Portos werden erstattet. Der Vertrag einschließlich der Nachträge wird registriert.*

einschreiben: ↑ ein- + Verb.

einsetzen: ↑ ein- + Verb.

einsperren: ↑ ein- + Verb.

einst: ↑ dereinst[ig]/einst[ig].

einstecken: Da *einstecken* „in die Tasche o. Ä. stecken, um es bei sich zu haben" einen Vorgang und nicht einen Zustand bezeichnet, sagt man *Ich habe leider kein Geld eingesteckt* (= und deshalb auch [jetzt] keins bei mir). Die

Form mit dem Infinitiv *(Ich habe leider kein Geld einstecken)* ist umgangssprachlich. Vgl. aber ↑ stecken.

einst[ig]/dereinst[ig]: ↑ dereinst[ig]/einst[ig].

einstöckig: Als *einstöckiges Haus* wird im Allgemeinen ein Haus mit nur einem (ebenerdigen) Geschoss bezeichnet. Vgl. aber ↑ Stock.

einstufen: ↑ ein- + Verb.

-einte: Die Ordinalzahl zu *eins* ist in der Standardsprache *erste*, nicht *einte*. Es heißt daher *der hundertunderste Vers* usw. Die Form *hundertundeinte* ist regionalsprachlich.

eintragen: ↑ ein- + Verb.

eintreten: Nach *eintreten in* steht der Akkusativ, weil eine Richtung bezeichnet wird (Frage: wohin?): *Sie trat leise in das Zimmer ein.* Ebenso: *Sie treten jetzt in neue Verhandlungen ein. Wir sind in den Sportverein eingetreten.*

ein und dasselbe: ↑ ²ein (1).

ein- + Verb: Nach *ein-* + Verb (z. B. *einfügen, einführen, einheften, einstufen* ...) kann in der Regel sowohl der Akkusativ als auch der Dativ stehen. Wird eine Richtung bezeichnet, dann steht der Akkusativ: *ein Zitat in einen Text einfügen; Waren in ein Land einführen; Akten in den Ordner einheften, in eine andere Gehaltsklasse einstufen.* Wird aber der Ort bezeichnet, an dem etwas geschieht, dann steht der Dativ: *Wie viele Steinchen sind in diesem Mosaik eingefügt? In diesem Land wurde eine neue Währung eingeführt. Die Akte war noch im alten Ordner eingeheftet. Sie ist in einer höheren Gehaltsklasse eingestuft als ich.*

einverleiben: Das Verb *einverleiben* gehört zu denjenigen Verben, die sowohl trennbar als auch nicht trennbar auftreten: *2004 verleibte sich der Konzern die Ruhrgas AG ein* (taz). *Es einverleibte sich die Stile einer zurückliegenden Ära ...* (Der Standard).

Einwand/Einwendung: Die beiden Substantive stehen sich inhaltlich so nahe, dass sie fast immer gegeneinander ausgetauscht werden können. Dennoch enthält *Einwendung* im Unterschied zu *Einwand* noch stärker den verbalen Charakter, drückt also besonders den Vorgang des Protestierens oder Widersprechens aus und nicht nur das kritische Gegenargument selbst. Für *etwas einwenden* sagt man auch sehr oft *Einwände* oder *Einwendungen machen, vorbringen.*

Einwanderin/Einwandrerin: Die feminine Form zu *Einwanderer* lautet *die Einwanderin* (nicht: *Einwandererin*), zu *Einwandrer* dagegen *die Einwandrerin.*

Eintrichtern

Das Verb *eintrichtern* meinte ursprünglich, eine Flüssigkeit durch einen Trichter einzufüllen. Heute wird der Begriff stets im übertragenen Sinn gebraucht: Mal wird einem kranken Kind Medizin eingetrichtert, also mit Mühe verabreicht, mal wird Schülern, ebenso mühselig, der Lernstoff eingetrichtert – in letzterem Fall umfasst die Redensart also eine weitere, abstraktere Ebene. Die Wendung ist seit dem 16. Jh. bekannt. 1647 wurde sie in dem Poetiklehrbuch „Poetischer Trichter" des Nürnberger Dichters Georg P. Harsdörffer aufgegriffen. Obwohl der Trichter dort als Metapher für den sorgsamen Umgang mit Zeit steht, wurde aus ihm recht schnell der auch heute noch viel zitierte „Nürnberger Trichter", der stupides Auswendiglernen meint. Möglicherweise spielt bei der Bildung beider Redensarten aber auch der berüchtigte „Schwedentrunk" eine Rolle, eine Foltermethode, bei der Gefangenen Wasser und Jauche mithilfe eines Trichters eingeflößt wurde.

einwandern: Bei *einwandern* kann der Präposition *in* ein Ländername mit Artikel oder Attribut im Akkusativ folgen *(Sie sind in die Schweiz, in die USA, in das südliche Kanada eingewandert).* Korrekt ist auch die Präposition *nach* zusammen mit einem artikellosen Ländernamen *(Vor hundert Jahren sind sie nach Australien, nach Deutschland, nach Frankreich eingewandert).* Beides bezeichnet die Richtung der Einwanderung (Frage: wohin?). Die Präposition *in* zusammen mit einem artikellosen Ländernamen wird als Angabe des Ortes im Dativ verstanden (Frage: wo?): *Sein Großvater war in Kanada eingewandert.*

einwärts: ↑ -wärts.

ein wenig: In Verbindung mit einem Substantiv bleibt *ein wenig* „etwas" unflektiert: *Mit ein wenig Geduld hättest du mehr erreicht; bitte ein wenig mehr Freundlichkeit.* Allein stehend kann *wenig* auch flektiert werden: *Meine Aufzeichnungen sollen dazu ein weniges beitragen* (Hesse). Zur Groß- oder Kleinschreibung ↑ wenig (3).

einwickeln: ↑ ein- + Verb.

Einwohnerbezeichnungen auf -er: siehe S. 111.

Einzahl oder Mehrzahl?: ↑ Singular vs. Plural beim Verb; ↑ Singular vs. Plural bei Substantiven.

Einzelbuchstaben: Substantivierte Einzelbuchstaben sind Neutra, man schreibt sie im Allgemeinen groß: *das A und das O; einem ein X für ein U vormachen, ein großes T schreiben.* In gesprochener Sprache wird im Genitiv Singular und im Plural häufig die Endung *-s* angefügt. Beim Schreiben vermeidet man das aus Gründen der Lesbarkeit: *des A, des O, die A, die B* (nicht: *des/die As, des Os, die Bs*). Einzelbuchstaben schreibt man auch als Teile von Komposita mit Bindestrich generell groß: *T-förmig, T-Eisen.* Kleinschreibung gilt nur dann, wenn der Einzelbuchstabe als Kleinbuchstabe zitiert wird: *das Dehnungs-h, das n-Eck, das Schluss-s, der i-Punkt.* Ebenso: *der s-Laut.* Auch wenn man den Kleinbuchstaben meint, wie er im Schriftbild vorkommt, schreibt man klein: *der Punkt auf dem „i"; das n in Land; ein kleines t schreiben.* In manchen Komposita ist Klein- oder Großschreibung möglich, wenn man sich auf die Form des Klein- bzw. des Großbuchstabens bezieht: *s-förmig/S-förmig* (= in der Form eines kleinen s bzw. eines großen S), *x-beinig/X-beinig* (aber nur: *X-Beine*).

einzeln: Das auf *einzeln* folgende Adjektiv wird in gleicher Weise (parallel) dekliniert: *einzelnes verlorenes Gerät; einzelnes Gutes; einzelne mittlere Betriebe; einzelner Geistlicher.* Schwache Flexion im Genitiv Plural *(einzelner Geistlichen)* ist selten. Im Dativ Singular Maskulinum/Neutrum ist jedoch die schwache Form *(einzelnem Angestellten)* etwas häufiger als die starke Form *einzelnem Angestelltem.*

Einziehung/Einzug: Die Bedeutung der beiden Substantive hat sich differenziert. *Einziehung* wird nur als Verbalabstraktum zu „jemanden/etwas einziehen" gebraucht: *die Einziehung von Auskünften/Steuern, die Einziehung von Reservisten.* Dagegen gehört *Einzug* vor allem zu *einziehen* „einmarschieren, hereinkommen": *der Einzug der Truppen in die Stadt, der Einzug in die neue Wohnung.* Doch sagt man auch *der Einzug* (= das Einkassieren) *von Beiträgen.*

einzig: 1. Vergleichsformen: In seiner ursprünglichen Bedeutung „nur einmal [in seiner Art] vorhanden" bezeichnet *einzig* bereits einen höchsten (bzw. niedrigsten) Grad. Bei übertragener Bedeutung (= hervorragend, ausgezeichnet) ist die Steigerung möglich, dabei ist sie auch hier beschränkt auf den Ausdruck besonderen Überschwangs: *Gute Nacht, Engel. Einzigstes, einzigstes Mädchen, und ich kenne ihrer viele* (Goethe). ↑ Vergleichsformen.
2. Groß- oder Kleinschreibung: Groß schreibt man die Substantivierung: *der/die/das Einzige; das Einzige, was jetzt noch zu tun wäre; kein/etwas Einziges; er als Einziger.*

Einwohnerbezeichnungen auf -er

1 Aacher/Aachener · Simmern – Simmerer · Geldern – Gelderner

Früher wurde vor dem Ableitungssuffix *-er* das *-en* deutscher Ortsnamen im Allgemeinen weggelassen. Man sagte also
Aacher, Binger, Göttinger, Emder, Gießer, Barmer, Nordhäuser, Saarbrücker, Ellwanger usw.

Mehr und mehr ging man jedoch dazu über, die Ortsnamen – vor allem zweisilbige – in der Ableitung auf *-er* vollständig zu erhalten. Deshalb sagt man heute außerhalb des Dialekts nicht mehr *Gießer, Aacher* (im Aachener Dialekt eigentlich *Öcher*), sondern *Gießener, Aachener* und nur *Essener, Hagener, Münch[e]ner.* Dennoch haben sich viele Kurzformen ohne *-en* vor *-er* erhalten, besonders bei mehrsilbigen Ortsnamen, in den Dialekten und im örtlichen Sprachgebrauch:
Bremer, Lüner, Uelzer (seltener: Uelzener), Emder (seltener: Emdener); Sonthofer, Eisleber, Melsunger, Erlanger, Mühlhäuser, Kirchheimbolander, Saarbrücker, Zweibrücker; Sankt-Galler (= schweiz.; binnendt. auch: Sankt-Gallener).

In den folgenden Fällen werden die Kurzformen durch feste Benennungen gestützt:
Binger (Loch), Barmer (Ersatzkasse), Nordhäuser (Branntwein), Steinhäger (Schnaps), Kaufunger (Wald).

Ortsnamen auf *-ingen* gehen nur gekürzt in eine Einwohnerbezeichnung auf *-er* ein *(Göttinger, Tübinger).* Bei solchen auf *-hausen, -kirchen, -hagen* u.a. treten beide Formen auf (vgl. *Gelnhäuser* und *Oberhausener, Altenkircher* und *Euskirchener, Stadthäger* und *Langenhagener*); hier richtet man sich am besten nach den jeweils ortsüblichen Formen.

Kaiser Karl vor dem Aachener Rathaus

Dieselben Unterschiede zwischen gekürzten und ungekürzten Formen treten auch bei Einwohnerbezeichnungen zu Ortsnamen auf *-ern* auf: z. B. *Kaiserslauterer* (aber als Adjektiv auch mit *n: Kaiserslauterner Senke*), *Simmerer* und *Gelderner, Eberner, Schlüchterner.* Ebenso bei Ortsnamen auf *-er: Eschweiler* und *Badenweilerer, Marienwerderer* und *Lauchhammer* sowie *-eln* (vgl. *Rintelner* und *Rinteler* gegenüber [nur] *Süchtelner*).

Ein Unterschied wird teilweise bei den Namen auf *-weil* und *-weiler* gemacht (vgl. *Rottweiler* zu *Rottweil,* aber *Badenweilerer* zu *Badenweiler*). Allerdings wird bei den meisten Ortsnamen auf *-weiler* auch die Einwohnerbezeichnung lediglich mit *-weiler* und nicht mit *-weilerer* gebildet *(der Eschweiler, der Ahrweiler).*

Ursprünglich nicht deutsche Ortsnamen auf *-en* (meist zum Stamm gehörend) schließlich gehen immer ungekürzt in die Einwohnerbezeichnung auf *-er* ein (*Dresd[e]ner, Meiß[e]ner, Pils[e]ner, Xantener, Bozner* u.a).

2 Kasseler/Kasselaner · Badener/ Badenser

Die Endungen *-aner* und *-enser* werden meist (aber nicht nur) bei Ortsnamen gebraucht, deren Endsilbe ein unbetontes *er* enthält. Dadurch wird ein doppeltes *-erer* vermieden:
der Hannover-aner, Weißwasser-aner, Wetter-aner, Halver-aner, Hemer-aner, Salzgitter-aner, Jauer-aner, Jever-aner, Münster-aner, Neumünster-aner, Munster-aner; (auch:) der Kassel-aner (Kasseläner ist regional), (ebenso:) der Weimar-aner; Orleaner (zu frz. *Orléanais,* Einwohner der Stadt Orleans).

Ortsnamen auf *-e* und *-a* haben noch gelegentlich die Endung *-enser*. Dies ist eine Möglichkeit, das Aufeinandertreffen zweier unbetonter Vokale zu vermeiden:
der Hallenser, Thalenser, Wernenser, Jenenser (neben: Jenaer).

Ebenso: der Badenser (= Einwohner des früheren Landes Baden; wird, anders als Badener, häufig als abwertend empfunden).

Insgesamt ist der Gebrauch von *-aner* und *-enser* stark zurückgegangen, unbedingt nötig ist er in keinem Fall.

3 Angermünde – Angermünder · Tegernsee – Tegernseer · Fulda – Fuldaer · Tokio – Tokioter

Endet ein Ortsname auf *-e (-ee, -oe),* wird bei der Bildung von Einwohnerbezeichnungen mit *-er* in der Regel ein *e* weggelassen:
Angermünde – Angermünder; (ebenso:) Haller (Westfalen; zu Halle in Sachsen-Anhalt vgl. oben unter 2), Thaler, Werner, Olper, Klever; Falkenseer, Tegernseer, Hahnenkleer; Itzehoer, Oldesloer, Buchloer, Laboer.

Bei den übrigen Vokalen besteht die Tendenz, den Ortsnamen unverändert zu lassen (*Fuldaer* [nicht mehr: *Fulder*], *Jenaer* [aber auch: *Jenenser,* vgl. Punkt 2], *Pirnaer, Bebraer, Chicagoer, Kairoer*), wenn nicht lat.-roman. Endungen gebraucht werden wie bei *Luganese* (zu *Lugano;* auch: *Luganer*). Die Einwohner von Tokio werden *Tokioter,* seltener *Tokioer* genannt.

4 Osteroder/Osteröder · Darmstädter · Neustädter/Neustadter:

Der Umlaut in Einwohnerbezeichnungen auf *-er* geht immer mehr zurück. Auch hier ist die Tendenz zu beobachten, den Namen unverändert zu lassen (im Zweifelsfall sollte man sich stets nach dem örtlichen Sprachgebrauch richten). Man sagt z.B. *der Wernigeröder,* aber: *der Ebenroder; der Osteroder/Osteröder, der Königshöfer/Königsho-*

Tokioter wie Touristen tummeln sich zahlreich auf den Straßen der japanischen Hauptstadt.

fener, aber nur: *der Wörishofer; der Mühlhäuser, Nordhäuser, Gelnhäuser,* aber: *der Heiligenhauser* und *der Oberhausener; der Stadthäger, Steinhäger,* aber: *der Greifenhagener* und *der Wolfhager.*

Die Ortsnamen auf *-stadt* bilden ihre Einwohnerbezeichnung überwiegend mit Umlaut (vgl. *der Städter*): *der Darmstädter, Rudolstädter,* der *Neustädter* (i. Sachsen), aber: *der Neustadter* (a. d. Weinstraße), *der Schifferstadter.*

Ohne Umlaut sind die Einwohnerbezeichnungen zu Ortsnamen auf *-walde: der Arnswalder, der Finsterwalder.*

5 Cottbus – Cottbuser/Cottbusser · Amsterdam – Amsterdamer

Verdopplung des Konsonantbuchstabens vor *-er* ist nur bei Ortsnamen auf *-us* (mit kurzem, unbetontem *u*) üblich, die Formen mit nur einem Konsonantbuchstaben sind aber häufiger:
der Cottbuser/Cottbusser, Putbuser/Putbusser, Petkuser/Petkusser.

Es heißt aber nur *der Lebuser,* weil *Lebus* mit langem, betontem *u* gesprochen wird. Darüber hinaus ist die Verdopplung des Konsonantbuchstabens noch bei *Lissabonner* üblich, aber nicht mehr bei
Amsterdamer, Rotterdamer, Potsdamer, Nevigeser, Worbiser, Husumer.

6 deutscher/Münchener Adel

Ableitungen von Ortsnamen auf *-er* wie *Münch[e]ner* (zu *München*), *Berliner* (zu Berlin), *Frankfurter* (zu *Frankfurt*), *Wiener* (zu *Wien*) werden immer großgeschrieben, d. h. auch in Fügungen wie *Münch[e]ner Oktoberfest, Berliner Flüsse, Frankfurter Verkehr, Wiener Walzer.* Es handelt sich hier um Bildungen aus Einwohnerbezeichnungen. Grammatisch sind sie als nicht

Weltweit bekannt: das Münchener Oktoberfest

flektierbare Adjektive anzusehen, bei denen sich wegen der Formgleichheit mit Einwohnerbezeichnungen die Großschreibung erhalten hat. Diese Bildungen unterscheiden sich damit grundsätzlich von scheinbar gleich gebauten Wörtern wie *deutscher* und *österreichischer* in Fügungen wie *deutscher Michel* und *österreichischer Beitrag,* die Formen der Adjektive *deutsch* bzw. *österreichisch* darstellen und deshalb kleinzuschreiben sind. Also: *ein deutscher* (zu *deutsch*), *ein österreichischer* (zu *österreichisch*) und *ein Schweizer* (zu *Schweiz*) *Botschaftsangestellter.*

Wenn ein Bezug auf zwei Ortsnamen gegeben ist, gebraucht man den Bindestrich und setzt das Ableitungssuffix *-er* nur einmal: *der Köln-Bonner Flughafen, die Deutz-Mondorfer Straße.*

7 Sachsen-Anhalter/Sachsen-Anhaltiner

Während man früher mit *Sachsen-Anhaltiner* ausschließlich die Angehörigen des Fürstengeschlechts bezeichnete, sind heute sowohl *Sachsen-Anhaltiner* als auch *Sachsen-Anhalter* gebräuchliche Bezeichnungen für die Einwohner Sachsen-Anhalts.

Einzug/Einziehung: ↑ Einziehung/Einzug.

Einzug halten: Nach *Einzug halten in* (= vordringen) kann sowohl der Akkusativ als auch der Dativ stehen. Wird eine Richtung bezeichnet, dann steht der Akkusativ: *Der Computer hat in die Kinderzimmer Einzug gehalten.* Wird der Ort bezeichnet, an dem etwas vordringt, wo etwas üblich wird, dann steht der Dativ: *Der Computer hat in den Kinderzimmern Einzug gehalten.*

eitel: Bei *eitel* fällt, wenn es dekliniert oder gesteigert wird, das *e* der Endsilbe weg: *ein eitler/noch eitlerer Mensch.*

ekeln: Oft wird das Verb reflexiv gebraucht: *Sie ekelt sich vor Mäusen.* Bei unpersönlicher Konstruktion steht die Person im Akkusativ und nur sehr vereinzelt im Dativ: *... bis zu dem Tag, an dem es mich vor seinem Verfall zu ekeln begann* (Rinser). *Mir graute vor Scham ..., ja, mir ekelte vor dir!* (Frisch). Sonst steht die Person nur im Akkusativ: *Ich hatte Hunger, aber der Hummer ekelte mich* (Frisch).

-el: Zum Weglassen des *e* bei Adjektiven auf *-el* in attributiver Stellung *(dunkele/dunkle Mächte)* ↑ Adjektiv (3). Zum Weglassen des *e* beim Komparativ *(dunkeler/dunkler)* ↑ Vergleichsformen (1.2).

Elb[e]-: Zu *Elb-* oder *Elbeschifffahrt* ↑ Flussnamen (2).

Eldorado: ↑ Dorado/Eldorado.

-ell/-al: ↑ -al/-ell.

Ellbogen/Ellenbogen: Beide Formen sind korrekt.

Ellipse: siehe S. 115.

E-Mail: ↑ Brief/E-Mail.

Emder/Emdener: Die Bezeichnung der Einwohner von Emden ist *die Emder,* seltener auch *die Emdener.* ↑ Einwohnerbezeichnungen auf -er (1 und 6).

empfehlen: Wenn das Verb *empfehlen als* reflexiv gebraucht wird, steht das auf *als* folgende Substantiv meist im Nominativ: *Er empfahl sich als geeigneter Mann.* Der Akkusativ *(Er empfahl sich als geeigneten Mann)* ist seltener. Bei nicht reflexivem Gebrauch wird durch einen Akkusativ nach *als* der Bezug auf das Akkusativobjekt gekennzeichnet: *Er empfahl ihn als geeigneten Mann.*

empfinden: 1. Wenn das Verb *empfinden als* reflexiv gebraucht wird, steht das auf *als* folgende Substantiv meist im Nominativ: *Er empfand sich als Begnadeter.* Der Akkusativ *(Er empfand sich als Begnadeten)* ist seltener. Bei nicht reflexivem Gebrauch wird durch einen Akkusativ nach *als* der Bezug auf das Akkusativobjekt gekennzeichnet: *Er empfand ihn als Begnadeten.*

2. etwas als kränkend empfinden: Die Konjunktion *als,* mit der nach *empfinden* angeschlossen wird, sollte nicht weggelassen werden, also nur: *Er empfand es als kränkend, dass man ihn an der Tür warten ließ.* (Nicht: *Er empfand es kränkend, dass ...*)

-en: Zu Ableitungen auf *-er* von Ortsnamen auf *-en* (*Emd[en]er, Bremer* usw.) ↑ Einwohnerbezeichnungen auf -er (1). Zum Weglassen des *e* bei Adjektiven auf *-en (golden – gold[e]nes)* ↑ Adjektiv (3).

end-: ↑ ent-/end-.

Ende: 1. Ende des Jahres/Ende Jahr: Anstelle von *Ende des/dieses Jahres* ist in der Schweiz *Ende Jahr* gebräuchlicher.

2. Ende dieses/diesen Jahres: ↑ dieser, diese, dieses (1).

3. zu Ende: Man schreibt nur getrennt: *Hier ist der Film zu Ende. Wir wollen das heute noch zu Ende bringen, führen.*

energiesparend/Energie sparend: Man kann zusammenschreiben oder aber (wie die zugrunde liegende Fügung *Energie sparen*) getrennt: *energiesparende/Energie sparende Maßnahmen.* Wenn der Ausdruck gesteigert wird oder durch ein Adverb näher bestimmt ist, wird das Partizip immer zusammengeschrieben, z. B.: *dieses Modell ist noch energiesparender; höchst energiesparende Technik.*

Ellipse

Ellipsen sind Auslassungen von sprachlichen Bestandteilen, wenn diese aufgrund des Kontextes mitverstanden werden können.

1 Sätze und Teilsätze

1.1 Das Kabinett *hielt* den Mund und Adenauer [...] seine Rede (Einsparung von Verben)

Bei Aneinanderreihungen von Sätzen oder Teilsätzen reicht es aus, gleiche Elemente nur in einem der Sätze/Teilsätze zu nennen. Nach dieser Grundregel sollten die Formen nicht nur gleich lauten, sondern auch in der Bedeutung und Verwendung übereinstimmen.

Einsparungen wie *Die Uhr schlug Mitternacht und der Mann [...] mit der Faust auf den Tisch* folgen nicht dieser Grundregel und sollten nur gezielt verwendet werden, um bestimmte Stileffekte zu erzielen:

- Das Kabinett *hielt* den Mund und Adenauer [...] seine Rede.

Gelegentlich finden sich auch Beispiele, in denen ein Verb trotz Abweichungen in Numerus oder Person eingespart wird. Numerus und Person sollten sich dann nach dem näher stehenden Subjekt richten:

- Eine Stimme *ist* dafür, alle anderen [...] dagegen. Erst *wurden* die Teppiche verkauft und dann [...] der Schmuck verhökert. Ich *nehme* die gelben Figuren und ihr [...] die roten.

1.2 Für die Lieferung danken wir Ihnen und [...] bestellen ... (Einsparung von Pronomen)

Auf der Basis der Grundregel können in aneinandergereihten Sätzen auch Pronomen eingespart werden. Es kommt auch vor, dass gleichlautende Pronomen ausgespart werden, die unterschiedliche Kasus aufweisen. Das sollte aber vermieden werden.

- Das waren Menschen, die *uns* (Dat.) ablehnend gegenüberstanden, ja [...] (Akk.) hassten. (Besser: Das waren Menschen, die *uns* ablehnend gegenüberstanden, ja *uns* hassten.) Ich suchte die Geschenke, *die* (Akk.) ich versteckt hatte, aber [...] (Nom.) von meinen Kindern bereits entdeckt worden waren. (Besser: Ich suchte die Geschenke, *die* ich versteckt hatte, aber *die* von meinen Kindern bereits entdeckt worden waren.)

Es ist grammatikalisch unproblematisch, wenn das Pronomen und die Ellipse an unterschiedlichen Positionen im Satz stehen:

- Für die gelieferten Süßwaren danken *wir* und [...] bestellen weitere 20 Packungen.

Wenn man aber meint, dass der Positionswechsel das Verständnis erschwert, kann man die Positionen der Satzglieder angleichen:

- *Wir* danken für die gelieferten Süßwaren und [...] bestellen weitere 20 Packungen.

1.3 *Es begann zu stürmen und zu schneien* (Keine Einsparung von *zu*)

Die Infinitivpartikel *zu* hingegen kann nicht eingespart werden:

- Es begann *zu* stürmen und *zu* schneien. Das Auto ist *zu* waschen und *zu* polieren.

2 Wortgruppen

2.1 *die Kraft und […] Tiefe des Gedankens · meine Bücher und […] Bilder* (Einsparung von Artikeln und Attributen)

Bei mehreren Wortgruppen mit gleichlautenden Attributen und Artikelwörtern reicht es häufig aus, das Attribut bzw. Artikelwort nur einmal zu nennen. Die Einsparung eines Attributs bzw. Artikelworts ist auch dann möglich, wenn es nur formgleich ist, nicht aber grammatisch übereinstimmt:

- mit *großem* (Dat. Sing. Mask.) Fleiß und […] (Dat. Sing. Neutr.) Geschick; die Versorgung *des* (Gen. Sing. Neutr.) Hauses und […] (Gen. Sing. Mask.) Gartens.

Wenn das Attribut bzw. Artikelwort nicht formal identisch ist, sollte auf die Einsparung verzichtet werden:

- Besser nicht: mit *ungeheurem* Aufwand und […] Mehrausgaben.

Hier ist nicht ganz klar, ob auch die Mehrausgaben ungeheuer waren oder nur der Aufwand.

Ebenfalls problematisch sind Genitivattribute mit unterschiedlichen Bedeutungen:

- die Beschreibung […] und Arbeitsweise *der Maschine.*

In *die Beschreibung der Maschine* beschreibt eine Person die Maschine, bei *die Arbeitsweise der Maschine* arbeitet die Maschine. Das kann man vermeiden, indem man die Ellipse auflöst:

- Besser: die Beschreibung der Maschine und die Arbeitsweise der Maschine/die Beschreibung der Maschine und ihre Arbeitsweise.

Die prinzipielle Möglichkeit der Einsparung von Attributen kann auch dazu führen, dass ein Attribut als Ellipse zu vorangehenden Substantiven interpretiert wird, obwohl es sich eigentlich nur auf ein Substantiv beziehen soll (im folgenden Beispiel *Machenschaften*):

- Sie wandten sich gegen die Unterdrückung, die Korruption und die Machenschaften *des Militärs.*

Wenn deutlich herausgestellt werden soll, dass sich ein Attribut nur auf einen Bestandteil bezieht, kann der unterschiedliche Status durch *sowie* gekennzeichnet werden. Außerdem kann man Präpositionen wiederholen oder die entsprechenden Teile umstellen:

Sprache und Sparsamkeit

Die *Ellipse* ist nicht nur ein sprachliches Mittel, das zur Vermeidung von Wortwiederholungen verwendet und darum aus stilistischen Gründen häufig eingesetzt wird. Sie hat auch ihren festen Platz in Komik und Humor – Heinz Erhardt etwa war ein Meister absichtlich falsch eingesetzter Ellipsen, in der Fachsprache *Zeugmata* (Singular: *Zeugma*) genannt. Doch zuallererst und vor allem ist die *Ellipse* ein Mittel der sog. *Sprachökonomie*. Darunter versteht man die grundsätzliche Tendenz von Sprache, keine überflüssigen Wörter zu verlieren – auch wenn der eine oder andere Zeitgenosse geschwätzig ist und es anders hält. *Sprachökonomie* gehört zu den grundsätzlichen Gesetzen der Sprache und treibt seit jeher den Sprachwandel voran, und zwar in jeder Sprache: Das reicht von vernuschelten und verschluckten Silben in der gesprochenen Sprache über verkürzte Wörter in Dialekten bis hin zu grammatikalischen Auslassungen – eben der *Ellipse*.

- Besser: Sie wandten sich gegen die Unterdrückung und die Korruption sowie gegen die Machenschaften *des Militärs*. Sie wandten sich gegen die Machenschaften des Militärs, die Unterdrückung und die Korruption.

Einsparungen von Anredeformeln in Briefen sind trotz Abweichung im Genus verbreitet:

- Besser nicht: *Sehr geehrte* Frau und […] Herr Müller …

Auch hier gilt, dass man die Ellipse besser auflösen sollte:

- *Sehr geehrte* Frau Müller und *sehr geehrter* Herr Müller/*Sehr geehrte* Familie Müller …

2.2 *mit Geld und guten Worten* (Einsparung einer Präposition)

Steht die gleiche Präposition vor zwei oder mehreren Substantiven, dann braucht sie nur einmal gesetzt zu werden:

- *mit* Geld und […] guten Worten; *von seinen* Eltern, […] Brüdern und […] Schwestern; *durch* Fleiß, […] Intelligenz und […] Disziplin.

Bei Substantiven und Pronomen, die durch mehrteilige Konjunktionen verbunden sind, wird im Allgemeinen die Präposition nicht weggelassen:

- sowohl *für* mich als auch *für* dich; weder *mit* Geld noch *mit* guten Worten.

Sind die Substantive durch weitere Bestandteile (Attribute) erweitert, ist es aus Gründen der Überschaubarkeit ratsam, die zweite Präposition nicht einzusparen:

- Die Frage *nach* der Ursache des Brandes im Haus der Nachbarn und *nach* den finanziellen Folgen für die Betroffenen bleibt unbeantwortet.

3 öffentliche […] und Privatmittel

Gelegentlich werden Wortgruppen und Wortteile kombiniert; auch das gilt als korrekt:

- öffentliche […] und Privat*mittel;* aus Alters-[…] und geschlechtlichen *Gründen;* Freie […] und Hanse*stadt* Hamburg.

englisch: Zur Schreibung von *sich englisch unterhalten; [kein] Englisch sprechen* usw. ↑ deutsch (1). Zu *auf/in Englisch* ↑ deutsch (3).

Englisch, das/Englische, das: ↑ Sprachbezeichnungen.

englischsprachig/englischsprachlich: ↑ deutschsprachig /deutschsprachlich.

-ens: Zu Genitiven wie *Grazens [Umgebung]* usw. ↑ Ortsnamen; zu *Fritzens Streiche* ↑ Personennamen (2.1).

-enser: Zu den Bildungen auf *-enser* (*Hallenser, Jenenser* usw.) ↑ Einwohnerbezeichnungen auf -er (2).

ent-/end-: Das Präfix *ent-* wird immer mit *t* geschrieben: *entbehren, Entbehrung, [un]entbehrlich; entscheiden, Entscheidung, [un]entschieden; Entkonsolidierung; entgelten, Entgelt* usw. Demgegenüber werden alle Komposita mit dem Stamm von *Ende* und alle Ableitungen von *Ende* mit *d* geschrieben: *endgültig, [un]endlich, endlos, Endpunkt, Endsumme* usw.

entbehren: Im Sinn von „auf jmdn./etw. verzichten" steht nach *entbehren* der Akkusativ: *Ich kann das Buch nicht länger entbehren. Ich habe in meiner Jugend viel[es] entbehren müssen.* Im Sinn von „ohne etwas sein" regiert das Verb dagegen den Genitiv: *Diese Behauptung entbehrt jeder Grundlage. Sein Verhalten entbehrt nicht einer gewissen Komik.*

entbinden: Die passivische Konstruktion *Frau X ist entbunden worden* gehört zu transitivem *jemanden entbinden* „Geburtshilfe leisten". Üblich ist heute die aktivische Form *Frau X hat entbunden* (zu intransitivem *entbinden* „gebären").

enteisen/enteisenen: Das Verb *enteisen* bedeutet „von Eis befreien" *(eine enteiste Windschutzscheibe).* Dagegen bedeutet *enteisenen* „vom Eisengehalt befreien" *(enteisentes Mineralwasser).* Regulär müsste es statt *enteisenen* und *enteisent enteisnen* und *enteisnet* heißen, analog zu *Regen – beregnen – beregnet.* Wegen der Ähnlichkeit zu *enteisen* (von *Eis*) wird der Infinitiv *enteisnen* aber vermieden und durch *enteisenen* ersetzt.

entflechten: Im Indikativ des Präsens heißt es *entflechtet* oder *entflicht.* In der Fachsprache des Verkehrs und der Wirtschaft ist die Form mit *e* geläufiger.

entgegen: Die Präposition (im Singular fast immer und im Plural meist mit dem Dativ) steht in der Regel vor dem Substantiv: *Entgegen meinem Wunsch ist sie nicht abgereist.* Die Verwendung als Postposition *(Meinem Wunsch entgegen ist sie nicht abgereist)* ist seltener.

enthalten: 1. sich nicht enthalten können: ↑ Negation (1).

2. Genitivobjekt: Das Verb *sich enthalten* gehört zu den wenigen Verben, die ein Genitivobjekt bei sich haben: *Sie enthielt sich jeglichen Kommentars. Einiger bissiger Bemerkungen konnten sie sich dennoch nicht enthalten.*

entheben: Das Verb *entheben* wird mit dem Akkusativ und dem Genitiv verbunden: *jemanden seines Amtes entheben, sich aller Sorgen enthoben fühlen.*

entladen, sich: Nach *sich entladen über* steht bei konkretem Gebrauch der Dativ: *Das Gewitter entlud sich über dem See.* Bei Übertragung der räumlichen Bedeutung steht in der Regel der Akkusativ: *Sein Zorn wird sich über mich entladen.* Nach *sich entladen auf* steht immer der Akkusativ: *Das Gewitter entlud sich auf die Stadt.* Nach *sich entladen in* steht der Dativ: *Die Begeisterung der Zuschauerinnen und Zuschauer entlud sich in stürmischem Beifall.*

entlang: 1. Stellung und Rektion: Das Wort kann entweder vor oder nach dem Substantiv stehen: *die Wand entlang/entlang der Wand; den Fluss entlang/entlang des Flusses* usw. Im heutigen Sprachgebrauch wird *entlang,* wenn es nach dem Substantiv steht, gewöhnlich mit dem Akkusativ und abgesehen vom Schweizerischen nur selten mit dem Dativ verbunden: *die Wand/das Seil entlang.* Wenn *entlang* vor dem Substantiv steht, dann wird es mit dem Genitiv und manchmal mit dem Dativ verbunden: *entlang des Flusses/dem Fluss; entlang der Linien/den Linien.*

2. Rechtschreibung: Zusammen schreibt man, wenn (betontes) *entlang* Verbzusatz ist: *Wir werden am Ufer entlanglaufen/das Ufer entlanglaufen.* Getrennt schreibt man, wenn das Verb ebenfalls betont wird: *Wir werden am Ufer entlang weiterfahren.*

entsalzen: Das Partizip II von *entsalzen* „vom Salzgehalt befreien" wird nur mit *-t* gebildet: *entsalztes Wasser.*

entscheiden: a) sich entscheiden für/zu: *sich entscheiden* wird in der Regel mit der Präposition *für* verbunden: *Sie hat sich für diesen Schritt entschieden* (aber: *zu diesem Schritt entschlossen*). *Ich entscheide mich dafür* (seltener: *dazu*), *diese Möglichkeit zu nutzen.* **b) [sich] zwischen einem Haus und/oder einer Wohnung entscheiden:** ↑ zwischen (1).

entschließen: *sich entschließen* wird fast immer mit der Präposition *zu* verbunden: *Wir haben uns zum Ankauf des Grundstücks entschlossen.* Der Anschluss mit *für* tritt vereinzelt auf: *Deshalb haben sich die Stadtwerke für die teurere Variante entschlossen, den Umbau* (Süddeutsche Zeitung).

entsenden: Die Formen des Präteritums und Partizips II lauten: *entsendete/entsandte* und *entsendet/entsandt*: *Jedes Land entsandte/*(vereinzelt:) *entsendete zwei Delegierte. Man hatte sie als Beraterin nach Genf entsandt/*(seltener:) *entsendet.*

Geld und Entgelt

Zu den Wörtern, die immer wieder falsch geschrieben werden, gehört das Substantiv *Entgelt*. Man versteht darunter eine Gegenleistung jedweder Art, für Waren oder auch für Arbeit. Da es sich dabei natürlich zumeist um *Geld* handelt, wird das Wort oft fälschlich mit „d" am Ende geschrieben – aber tatsächlich können auch Gegenleistungen bei Tauschgeschäften oder die Bezahlung in Naturalien Entgelte sein. Manchmal findet sich auch die etwas kuriose Schreibweise mit der Vorsilbe „End-" statt „Ent-" – meist dann, wenn es sich um Arbeitsentgelte handelt. Der Schreiber geht dann davon aus, dass das *Geld* am Ende eines Monats bzw. nach dem Ende der vereinbarten Arbeitsleistung fällig wird. Doch hat die Vorsilbe „Ent-" nichts mit Ende zu tun (↑ „ent-/end-"). Der Begriff *Entgelt* leitet sich vielmehr vom Verb entgelten ab, das „bezahlen, vergüten" bedeutet und wiederum eine Sprachfamilie bildet mit Worten wie „gelten", „Gültigkeit" etc. Und doch – geht man weiter in der Sprachgeschichte zurück, stellt sich heraus, dass sowohl die Wörter *Geld* als auch *Entgelt* einer einzigen Wurzel entstammen: nämlich dem althochdeutschen Wort „gelt", das „Bezahlung", „Vergeltung", aber auch „Opfer" bedeuten konnte.

entsinnen, sich: 1. entsänne/entsönne: Im Konjunktiv II wird heute im Allgemeinen *entsänne* gebraucht, seltener *entsönne*.

2. sich jmds./einer Sache, an jmdn./an etwas entsinnen: *sich entsinnen* kann mit einem Genitivobjekt oder Präpositionalobjekt gebraucht werden: *Ich kann mich meines Lehrers/an meinen Lehrer, seiner/an ihn, dessen/daran nicht mehr entsinnen.*

entsorgen: Bei *entsorgen* steht meistens der Dativ, weil ein Ort bezeichnet wird: *Diese Glühlampen dürfen nicht im Hausmüll entsorgt werden.* Seltener wird eine Richtung bezeichnet; dann steht der Akkusativ: *Die Chemikalien wurden illegal ins Meer entsorgt.*

entsprechend: Das Partizip I des Verbs *entsprechen* wird in der Standardsprache meist mit dem Dativ verbunden. Das gilt auch dann, wenn man *entsprechend* voranstellt und als Präposition verwendet: *entsprechend meinem Vorschlag, entsprechend unseren Anordnungen* usw. Bei nachgestelltem *entsprechend* kann man ein Komma setzen, weil die Wortgruppe auch noch als Partizipialgruppe angesehen werden kann. Notwendig ist das Komma nicht: *Ich habe[,] ihren Anordnungen entsprechend[,] gehandelt. Meinem Vorschlag entsprechend[,] ist das Haus verkauft worden.*

entstehen: Der (nur selten gebrauchte) Konjunktiv II von *entstehen* kann *entstünde* oder *entstände* lauten. Die ältere Form mit *ü* ist auch heute noch die gebräuchlichere.

entweder – oder: 1. Kongruenz: Werden zwei Subjekte durch *entweder – oder* verbunden, dann ist der Bezug nur auf eines der Subjekte möglich: *Entweder Klaus oder Petra hat* (nicht: *haben*) *Schuld.* Das konjugierte Verb richtet sich nach der Person des zunächst stehenden Subjekts: *Entweder er oder ich gebe* (nicht: *gibt*) *klein bei.*

2. Wortstellung: Beide Gebrauchsweisen sind korrekt: *Entweder ich gehe noch einmal im Meer schwimmen[,] oder ich fahre gleich nach Hause. Entweder gehe ich noch einmal im Meer schwimmen[,] oder ich fahre gleich nach Hause.*

3. Komma: Werden gleichrangige Hauptsätze mit *entweder – oder* verbunden, dann kann ein Komma gesetzt werden. Obligatorisch ist das Komma aber nicht: *Entweder kommt er sofort nach Hause[,] oder er geht noch ein Glas Bier trinken.* Werden gleichrangige Nebensätze oder einfache Satzglieder mit *entweder – oder* verbunden, so steht vor *oder* kein Komma: *Die Frage ist, ob ich entweder zu Hause bleibe oder [ob ich] wegfahre. Sie sagt jetzt entweder Ja oder Nein! Entweder sie ruft an oder schreibt oder lässt sonst etwas von sich hören.*

4. Rechtschreibung: Wird *entweder – oder* als Substantiv gebraucht, schreibt man nur das erste Wort groß: *das Entweder-oder.*

entwenden: Präteritum und Partizip II lauten *entwendete* bzw. *entwendet.*

er: Zu *er und/oder ich haben/hat das getan* ↑ oder.

-er: 1. Zu *Aacher – Aachener* usw. ↑ Einwohnerbezeichnungen auf -er (1).

2. Zu *finster – finst[e]res* usw. ↑ Adjektiv (3).

3. Zu *Eroberin* usw. ↑ feminine Formen.

erachten: Die zu *erachten* gehörende Ergänzung kann mit *als* oder *für* angeschlossen werden: *Ich erachte das als/für überflüssig, als/für zu niedrig. Sie erachtete es als [eine] Zumutung/für eine Zumutung, die Werkstatt auszufegen.*

Erachten: Standardsprachlich heißt es *meines Erachtens/nach meinem Erachten / meinem Erachten nach.* Von diesen drei Möglichkeiten ist *meines Erachtens (seines Erachtens, ihres Erachtens, ...)* am gebräuchlisten: *Meines Erachtens hatte er Angst. Nach meinem Erachten ist es für dieses Vorhaben zu spät. Meinem Erachten nach ist das Ergebnis falsch.*

erbarmen, sich: Das reflexive Verb *sich erbarmen* kann ein Genitivobjekt oder ein mit *über* angeschlossenes Präpositionalobjekt bei sich haben: *Niemand erbarmte sich der hungernden Flüchtlinge* / (veraltend:) *über die hungernden Flüchtlinge.*

Erbteil: In der Alltagssprache hat *Erbteil* neutrales Genus: *das Erbteil,* in der Rechtssprache (BGB) maskulines Genus: *der Erbteil.*

erdenklich: In Fügungen mit einem substantivierten Adjektiv oder Partizip wie *alles erdenklich* / (seltener:) *erdenkliche Gute* und auch vor einem anderen attributiven Adjektiv *(jeder erdenklich/ erdenkliche hilfreiche Beitrag)* kann das Adjektiv *erdenklich* endungslos oder mit einer Flexionsendung stehen. Die Form mit einer Flexionsendung hat einen etwas anderen Sinn als die adverbial verwendete Form ohne Endung: *Wir führen alles erdenkliche im Handel Erhältliche* (= alle möglichen Waren, die im Handel erhältlich sind). *Wir führen alles erdenklich* (= soweit man sich nur vorstellen kann) *im Handel Erhältliche.* Fast immer endungslos ist *erdenklich* bei Superlativen wie *das erdenklich Beste; das erdenklich beste Programm.*

erfreuen, sich: In Verbindung mit einem Präpositionalobjekt mit *an* hat das reflexive Verb *sich erfreuen* die Bedeutung „an etwas seine Freude haben": *Sie erfreute sich an der Blumenpracht.* Dagegen bedeutet *sich erfreuen* mit Genitivobjekt „etwas genießen, im Genuss von etwas sein": ... *die gnädige Frau erfreut sich des besten Wohlbefindens* (Geissler).

ergeben, sich: In Verbindung mit der Präposition *in* steht nach *sich ergeben* der Akkusativ, nicht der Dativ: *sich ins Unvermeidliche ergeben.*

erhaben: In Verbindung mit der Präposition *über* steht nach *erhaben sein* der Akkusativ, nicht der Dativ: *Sie ist über jeden Zweifel/über alles Lob erhaben.*

erhöht: Das adjektivisch gebrauchte Partizip II von *erhöhen* wird nicht gesteigert. Man sagt also nicht: *in erhöhterem Maße.*

erinnern: Der Gebrauch von *erinnern* mit einem Akkusativobjekt *(jmdn./etwas erinnern)* kommt vor allem in Norddeutschland vor: *Ich erinnere den Vorfall. Erinnerst du das?* Standardsprachlich ist ein Präpositionalobjekt: *Ich erinnere mich an den Vorfall. Erinnerst du dich daran?* oder (in gehobener Sprache) ein Genitivobjekt: *Ich erinnere mich des Vorfalls.*

erkennen: Bei *sich zu erkennen geben als* steht der folgende Nominalausdruck gewöhnlich im Nominativ, d. h., er wird auf das Subjekt bezogen: *Er gab sich als Deutscher zu erkennen.* Der Akkusativ ist veraltet.

erklären, sich: Bei *sich erklären als* steht der folgende Nominalausdruck gewöhnlich im Nominativ, d. h., er wird auf das Subjekt bezogen: *Er erklärte sich als pflichttreuer Beamter.* Der Akkusativ ist seltener.

Erlanger: Die Einwohner von Erlangen heißen *Erlanger* (nicht: *Erlangener*). ↑ Einwohnerbezeichnungen auf -er (1 und 6).

Erlaubnis: Bei Sätzen wie *Sie bat um die Erlaubnis, möglichst bald reisen zu dürfen* handelt es sich eigentlich um einen ↑ Pleonasmus. Ausreichend: *Sie bat um die Erlaubnis, möglichst bald zu reisen.*

erleuchten/beleuchten: ↑ beleuchten/erleuchten.

erlöschen: Das intransitive Verb *erlöschen* wird (im Gegensatz zu transitivem *löschen*) stark flektiert: *erlöschen – erlosch – erloschen.* Im Indikativ Präsens lauten die Formen *ich erlösche, du erlischst, er/sie/es erlischt;* Imperativ: *erlisch!*

Ermessen: Standardsprachlich heißt es *nach meinem/unserem Ermessen.* Bei der nicht standardsprachlichen Mischform *meines/unseres Ermessens nach* tritt an die Stelle des Dativs der Genitiv, obwohl die Präposition *nach* den Dativ verlangt. Bei *Ermessen* ist diese Mischbildung noch nicht so verbreitet wie bei *Erachten.* ↑ Erachten.

er oder ich habe das getan: ↑ oder (3).

Ersatzmann: Der Plural lautet meist *die Ersatzleute.* Sollen aber beispielsweise Ersatzleute für eine Herrenmannschaft im Sport bezeichnet werden, wird auch *die Ersatzmänner* gebraucht. ↑ Mann (2).

erschallen: Das Verb *erschallen* wird sowohl stark als auch schwach konjugiert. Die Formen lauten also: *erscholl/erschallte* und *erschollen*/(häufiger:) *erschallt*. Die starken Formen *(erscholl, erschollen)* werden häufig als gehoben empfunden.

erscheinen/scheinen: *erscheinen* deckt sich inhaltlich nur in einem ganz bestimmten Anwendungsbereich mit *scheinen*, und zwar dann, wenn es im Sinne von „sich jmdm. in bestimmter Weise darstellen, einen bestimmten Eindruck erwecken" gebraucht wird. Austauschbar sind die beiden Verben auch in dieser Bedeutung nur dann, wenn kein Infinitiv mit *zu* folgt, z. B.: *Dies erschien/schien ihr unmöglich* (= Adjektivgruppe; einfaches Satzglied). *Eine Besserung der Lage erschien/schien aussichtslos.* Aber bei folgendem *zu*-Infinitiv lediglich: *Das scheint* (nicht: *erscheint*) *mir richtig zu sein. Die Zeit scheint stillzustehen.* In Zweifelsfällen ist *scheinen* vorzuziehen.

erschrecken: 1. Konjugation: Das transitive *erschrecken* wird schwach flektiert *(erschreckte – erschreckt): Das erschreckte die Zuhörer. Ihr Aussehen hat mich erschreckt.* Imperativ: *Erschreck[e] die brütenden Vögel nicht!* Das intransitive *erschrecken* wird dagegen stark flektiert *(erschrak – erschrocken): Die Kinder erschraken. Ich bin über sein Aussehen erschrocken.* Im Indikativ Präsens lauten die Formen *ich erschrecke, du erschrickst, er erschrickt;* Imperativ: *Erschrick nicht!*

2. sich erschrecken: Beim (ugs.) reflexiven Gebrauch von *erschrecken* treten sowohl starke als auch schwache Flexionsformen auf: *ich erschreckte/erschrak mich; ich habe mich erschreckt/erschrocken; erschreck[e]/erschrick dich nicht!* ↑ schrecken.

ersinnen: Das Verb wird stark flektiert *(ersinnen – ersann – ersonnen): Sie hat eine Strategie ersonnen. Der Plan ist raffiniert ersonnen.*

erste: 1. Rechtschreibung: Klein schreibt man das Adjektiv auch in vielen festen Verbindungen wie *die erste Geige spielen* („den Part der Violine I übernehmen" oder „die führende Rolle spielen", groß schreibt man aber: *der Erste Geiger* = der Konzertmeister). Groß oder klein kann man *Erste/erste Hilfe leisten* schreiben. Groß schreibt man das substantivierte Zahlwort: *der/die/das Erste.* Groß schreibt man auch bei vorangehendem (mit einer Präposition verschmolzenem) Artikel: *fürs Erste* (= vorerst), *zum Ersten* (= erstens) usw.

2. Herrn Ersten Staatsanwalt: ↑ Herr (4).

erstere – letztere: *erstere* und *letztere* werden nicht mehr auf die durch eine Zahl ausgedrückte strenge Reihenfolge beliebig vieler Lebewesen oder Dinge bezogen, sondern auf das Näher- oder Fernerliegen zweier Lebewesen oder Dinge. Sie werden wie *diese – jene* oder *der/die/das eine – der/die/das andere* gebraucht: *Sie besaß ein Haus in der Stadt und eins auf dem Lande. Ersteres/Jenes [Haus] hatte sie gekauft, letzteres/dieses [Haus] war ihr durch Erbschaft zugefallen.* Nicht angemessen ist *erstere – letztere,* wenn von mehr als zwei Lebewesen oder Dingen die Rede ist. Also nicht: *Charlotte, Maria und Hans gingen spazieren. Die Erstere war barhäuptig, der Letztere trug eine Pelzmütze.* Auch setzt *erstere – letztere* eine gegensätzliche Betrachtungsweise voraus. Um Gemeinsamkeiten zu beschreiben, verwendet man beispielsweise *beide* oder *die eine wie die andere.* Zur Schreibung ↑ ersterer.

ersterer: 1. Flexion: Das auf *ersterer* folgende Adjektiv wird in gleicher Weise (parallel) flektiert: *ersteres klassisches Hörspiel.* (Vgl. auch ↑ erstere – letztere).

2. Groß- oder Kleinschreibung: Bei attributivem Gebrauch schreibt man klein: *Das erstere Stück hat mir besser gefallen als das letztere [Stück].* Die häufiger gebrauchte substantivierte Form, mit der man sich beispielsweise auf einen bekannten oder erwähnten Sachverhalt bezieht, wird großgeschrieben: *Ich möchte Ersteres/das Erstere gern näher erläutern.* Manch-

Erzählung und erzählen

Unter einer *Erzählung* verstehen wir heute in aller Regel eine fiktive Geschichte. Das Wort ist neueren Datums; der alte Begriff lautete *Mär* – heute noch in „Märchen" enthalten –, der aber bereits im 17. Jh. als veraltet galt.

Das Wort *Erzählung* leitet sich ab vom Verb *erzählen* – für „berichten" –, das als „irzellen" seit dem 8. Jh. belegt ist und zunächst nichts anderes als „zählen", „der Reihe nach aufzählen" meinte. Diese rechnerische Bedeutung hat sich im Lauf der Jahrhunderte verloren. Dennoch bedeutete das Wort noch längere Zeit, vor allem im Rechtswesen, „einen Hergang der Reihe nach berichten". Eng verwandt mit dem Begriff ist übrigens das englische Verb „to tell" – die Wortähnlichkeit erkennt man heute noch am plattdeutschen Ausdruck „vertellen" – sowie das davon abgeleitete Substantiv „tale": die „Geschichte".

mal müssen die Schreibenden selbst entscheiden, was dem Gemeinten am nächsten kommt.

Erster Vorsitzender, Erste Vorsitzende: ↑ Titel und Berufsbezeichnungen (2).

erstklassig: Dieses Adjektiv drückt bereits einen höchsten Grad aus und wird deshalb nicht gesteigert: *eine erstklassige* (nicht: *die erstklassigste*) *Ausführung.*

erst mal/erstmal: Man kann getrennt oder zusammenschreiben: *Bitte lies dir erst mal/erstmal die Aufgabe durch.* Immer getrennt schreibt man *erst einmal.*

erstmalig/erstmals: *erstmalig* ist ein Adjektiv, das in der Regel attributiv beim Substantiv steht: *die erstmalige* (= erste) *Aufführung.* Als adverbiale Bestimmung verwendet man das Adverb *erstmals: Das Stück wurde gestern erstmals* (= zum ersten Mal) *von Laien gespielt.* Nicht: *... erstmalig von Laien gespielt.*

er und du/er und ihr habt euch gefreut · er und ich/er und wir haben uns gefreut: ↑ und (5).

erweiterter Infinitiv: ↑ Komma (6).

Erziehungsurlaub:

Seit 2001 lautet die offizielle Bezeichnung vonseiten des Gesetzgebers *Elternzeit,* um die Erziehungsleistung nicht als Urlaub abzuwerten.

es: 1. *es* nach Präpositionen: Das neutrale Personalpronomen *es* sollte nicht nach Präpositionen stehen, weil *es* in den meisten Verwendungen unbetont ist und dem Wörtchen hier eine Betonung verliehen wird, die es nicht tragen kann. Für *auf/über/durch/neben es* u. Ä. schreibt man besser *darauf, darüber, dadurch, daneben* u. Ä.: *Das Unglück ist jetzt passiert. Ich habe schon lange darauf* (nicht: *auf es*) *gewartet.* In Fällen, in denen sich die Konstruktion Präposition + *es* nicht auf diese Weise umgehen lässt (z. B. wenn sich *es* auf eine Person bezieht oder bei der Präposition *ohne*), sollte man die betreffende Sache oder Person besser noch einmal nennen: *Die Frau wartete immer noch auf das Kind. Sie wollte nicht ohne es/das Kind/den Jungen/das Mädchen weggehen.*

2. Es/Sie ist eine mächtige Frau: *es* kann sich nicht nur auf ein neutrales Substantiv beziehen *(Das Kind schläft. Wecke es nicht auf!),* sondern auch auf einen oder mehrere nicht neutrale: *Ich kannte seinen Bruder. Es war ein bedeutender Arzt* (oder: *Er war ein bedeutender Arzt*). *An der Ecke standen ein Mädchen und ein Junge. Es* (oder: *sie) waren seine Kinder.* Das ist aber nur möglich, wenn – wie in diesen Beispielen – eine Identifizierung oder Charakterisierung ausgedrückt wird.

3. es als Objektsgenitiv: In einigen Redewendungen ist *es* ein alter Objektsgenitiv, der sich verfestigt hat. *Es* ist hier deshalb nicht im Sinne eines Pronomens rückbezüglich: *Er ist es zufrieden. Es nimmt mich wunder. Die Sache ist es mir auf jeden Fall wert.*
4. es als Subjekt: Mit unpersönlichen Verben, die üblicherweise kein persönliches Subjekt haben, wird *es* als Subjekt verbunden: *Es regnet. Es schneit,* gegenüber: *er, sie, es* (= das Kind) *springt.* Eine Reihe von Verben kann sowohl persönlich als auch unpersönlich gebraucht werden. Hierzu gehören Wachstumsverben *(Es blüht. Es grünt. – Die Blume blüht. Die Wiese grünt),* Geräuschverben *(Es klopft, knistert, raschelt* u. a. – *Der Specht klopft. Das Feuer knistert. Das Stroh raschelt)* und Verben körperlicher und seelischer Empfindung. Bei den Verben physischer und psychischer Empfindung tritt bei unpersönlichem Gebrauch die Bezeichnung für eine Person in den Akkusativ: *Es friert, hungert, dürstet mich.* Tritt der Akkusativ vor das Verb, dann fällt das unpersönliche Subjekt *es* weg und es entstehen Sätze ohne Subjekt: *Mich friert, hungert, durstet/dürstet* u. a.

-esch/-isch: ↑ Ortsnamen, ↑ Personennamen (4).

es gibt/es hat: In der Schweiz, in Österreich und in Süddeutschland kann statt *es gibt* (= es ist/sind [ausreichend] vorhanden) auch *es hat* gesagt werden: *Hier hat es/hats/hat's viele Quellen.*

es hat/es gibt: ↑ es gibt/es hat.

Es ist/sind zwei Jahre her: Der Singular ist hier sinnvoll, weil sich das konjugierte Verb auf einen potenziellen Subjektsatz bezieht: *Dass er geschrieben hat, ist zwei Jahre her. Zwei Jahre* ist ein Adverbial im Akkusativ und als solches nicht ausschlaggebend für den Numerus des konjugierten Verbs. Demgegenüber wird der Plural in dem Satz *Es sind nun schon zwei Jahre her, dass sie geschrieben hat* in Analogie zu Gleichsetzungssätzen wie *Es sind drei Kilometer* oder *Es waren fünf Personen* gebildet.

Eskimo:

Die Bezeichnung *Eskimo* wird gelegentlich als diskriminierend empfunden (↑ Political Correctness), auch wenn die Wortherkunft „Rohfleischesser“ inzwischen sprachwissenschaftlich umstritten ist. Als Ausweichbezeichnung (im Plural) wurde *Inuit* vorgeschlagen; diese bezieht sich jedoch nur auf einen Teil der Völkergruppe.

es sei denn, dass: Vor *dass* steht – wie sonst auch – ein Komma: *Ich komme gern, es sei denn, dass ich selbst Besuch bekomme.*

Esslöffel: Zu *mit 5 Esslöffel/Esslöffeln Rahm* ↑ Maß-, Mengen- und Währungsangaben (1).

Es wird/werden acht Stunden dazu benötigt: *Es* hat hier keinen Einfluss das Verb. Das konjugierte Verb bezieht sich auf das Subjekt *acht Stunden* und steht deshalb im Plural: *Acht Stunden werden dazu benötigt.*

Es wird/werden acht Stunden gearbeitet: Da *acht Stunden* hier reine Zeitangabe und nicht Subjekt ist, steht das Verb im Singular: *Acht Stunden [lang] wird gearbeitet.*

etc.: Zum Gebrauch dieser Abkürzung bei Aufzählungen und zur Frage der Kommasetzung ↑ u. a., usf., usw., etc., wie, z. B.

Ether: ↑ Äther/Ether.

etliche: Nach *etliche* (= Plural) wird das folgende [substantivierte] Adjektiv oder Partizip in der Regel in gleicher Weise (stark) flektiert: *etliche erfolgreiche Abschlüsse, etliche Verletzte.* Im Genitiv kommt vereinzelt die schwache Flexion vor: *die Behebung etlicher kleiner/kleinen Mängel.* Auch im Singular wird meist parallel flektiert: *etlicher politischer Zündstoff.* Im Dativ kann bei Maskulina und Neutra auch schwach flektiert werden: *mit etlichem politischen Zündstoff.*

etwaig: *etwaig* wird heute gewöhnlich als Adjektiv, nicht als Artikelwort verwendet. Das folgende [substantivierte] Adjektiv oder Partizip wird daher in gleicher Weise (stark) flektiert: *etwaiges besseres Material, etwaige verhängnisvolle Folgen, wegen etwaiger kleiner Mängel.*

etwa/in etwa: ↑ in etwa.

etwas, das/was: Nach *etwas* werden Relativsätze häufiger mit *das* angeschlossen, aber auch der Anschluss mit *was* ist möglich: *Ich habe etwas von ihm gehört, das ich einfach nicht glauben kann. Er tat etwas, was man ihm nicht zugetraut hatte. ... etwas anderes, Erschütterndes, was er neulich gesehen hatte* (Th. Mann).

Et-Zeichen: Das Zeichen & ist eine verschnörkelte Schreibung des lateinischen Wortes *et,* die schon in mittelalterlichen Handschriften belegt ist. Es bedeutet *und,* sollte aber nur bei Firmenbezeichnungen angewendet werden: *Voß & Co., Mayer & Neumann.* Treten solche Firmenbezeichnungen in Aneinanderreihungen auf, dann wird die ganze Fügung durch Bindestriche verbunden (durchgekoppelt): *Mayer-&-Neumann-Gruppe.* ↑ Bindestrich (3.1).

euer: 1. Deklination des Adjektivs oder Partizips nach *euer*: Nach der Form *euer* (Nominativ Singular) wird das folgende Adjektiv oder Partizip stark flektiert: *euer von allen unterschriebener Brief.*

2. Groß- oder Kleinschreibung: In Briefen sind Groß- und Kleinschreibung beide richtig: *Als ich Euren/euren Brief erhielt, war ich erleichtert.* Groß schreibt man in Titeln: *Euer Hochwürden, Euer (Ew.) Exzellenz.* Groß oder klein schreibt man: *Ihr müsst das Eure/das eure* oder *das Eurige/das eurige tun. Grüßt die Euern/euern* (oder: *die Euren/die euren*) oder *die Eurigen/die eurigen* (= eure Angehörigen)!

3. Genitiv-Plural-Form: Die Genitiv-Plural-Form des Personalpronomens lautet *euer: Wir haben euer gedacht.* Außer in Verbindung mit *aller (für euer aller Unterstützung)* kann daneben auch *eu[e]rer* verwendet werden.

4. Das Buch ist eures/euch/euer: ↑ mir.

euere/eure: In bestimmten Formen von *unser* und *euer* kann ein unbetontes *e* weggelassen werden: **1.** Das zum Stamm gehörende *e* kann wegfallen im Nominativ, Akkusativ Singular Femininum *(unsere/unsre Trübsal),* im Genitiv Singular aller drei Genera *(unseres/unsres Vaters, eures/eueres Hauses; unserer/unsrer Trübsal),* im Dativ Singular Femininum *(unserer/unsrer Trübsal)* und im Nominativ, Genitiv, Akkusativ Plural aller drei Genera *(unsere/unsre Väter, unsere/unsre Häuser, eure/euere Töchter).*

2. Das zum Stamm oder zur Endung gehörende *e* kann wegfallen im Dativ Singular Maskulinum, Neutrum *(unserem/unserm/unsrem Schrank; eurem/euerm/euerem Haus),* im Akkusativ Singular Maskulinum *(unseren/unsern/unsren Schrank)* und im Dativ Plural aller drei Genera *(unseren/unsern/unsren Schränken; euren/euern/eueren Häusern; unseren/unsern/unsren Trübsalen).* Dabei werden bei *unser* die Varianten mit *e* häufiger verwendet, bei *euer* die Varianten ohne *e.*

Euer/Eure Exzellenz u.a.: In Titeln wird *euer/eure* großgeschrieben (Abk.: *Ew.*).

euert-/euret-: ↑ euret-/euert-.

eurer/euer: ↑ euer.

euret-/euert-: Beide Formen sind korrekt. Häufiger sind Bildungen mit *euret-: euert-/eurethalben, -wegen, -willen.* Zu *euert-/euretwegen* oder *wegen euch* ↑ wegen (2); zur Klein- und Großschreibung ↑ Anrede (2).

eurige/Eurige: ↑ euer (2).

-eurin/-euse: ↑ Titel und Berufsbezeichnungen (3).

Euro: Das Zeichen für die europäische Währung ist €, der Währungscode *EUR.* Der Genitiv lautet *des Euro* oder *des Euros,* der Plural *die Euros.* In Verbindung mit Zahlwörtern über *eins* bleibt *Euro* jedoch unflektiert: *Das kostet 4000 Euro; im Wert von 300 Euro.* ↑ Maß-, Mengen- und Währungsangaben (1).

Exponent: Der Genitiv lautet *des Exponenten,* Dativ und Akkusativ lauten *dem/den Exponenten.*

Exzellenz: ↑ Euer/Eure Exzellenz u.a.

F

Fabrikant: 1. Der Genitiv lautet *des Fabrikanten,* Dativ und Akkusativ lauten *dem/den Fabrikanten* (vereinzelt: *Fabrikant*).
2. Zu *des Fabrikanten Müller/Fabrikant Müllers* ↑ Titel und Berufsbezeichnungen (1.2 und 1.3).

fachsimpeln: Das nur in der Umgangssprache gebräuchliche Verb bildet meist Formen, in denen der 1. Bestandteil nicht vom Stamm getrennt wird: *gefachsimpelt, zu fachsimpeln.* Nur vereinzelt kommen die Formen *fachgesimpelt* und *fachzusimpeln* vor.

fad/fade: Beide Formen sind ohne Bedeutungsunterschied gebräuchlich.

fahren: 1. Perfekt mit *sein* oder *haben*: ↑ Perfektbildung mit sein/haben.
2. nach Frankreich/in die Schweiz fahren: ↑ in/nach/zu/bei.

falls: Steht die Konjunktion *falls* mit einem Adjektiv oder Partizip, dann kann man von einem verkürzten Nebensatz sprechen (z. B. *falls möglich = falls es möglich ist*). Solche Ausdrücke sind oft formelhaft geworden und können formal auch als einfache Adverbiale angesehen werden. Das Komma braucht daher nicht gesetzt zu werden: *Falls möglich, wollen wir alle an dem großen Umzug teilnehmen* oder: *Falls möglich wollen wir alle an dem großen Umzug teilnehmen.*

falten: Das Partizip II lautet *gefaltet* (nicht: *gefalten*): *eine gefaltete Serviette.*

falzen: Das Partizip II lautet *gefalzt* (nicht: *gefalzen*): *gefalztes Blech* usw.

Familiennamen: Zur Deklination, zum Artikelgebrauch und zur Rechtschreibung ↑ Personennamen.

Farbbezeichnungen: siehe S. 127.

Farbige:
Als Fremdbezeichnung wird *Farbiger* von manchen als diskriminierend empfunden. Die Bezeichnungen *Farbige, Farbiger* sollten daher nur verwendet werden, wenn in bestimmten Kontexten die Hautfarbe relevant ist (wie z. B. in Bevölkerungsstatistiken). Als Bezeichnung für in Deutschland lebende Menschen dunkler Hautfarbe kann stattdessen *Afrodeutsche, Afrodeutscher* verwendet werden.

Fass: 1. Als Maßbezeichnung kann *Fass* unflektiert bleiben: *3 Fässer/Fass Bier.* ↑ Maß-, Mengen- und Währungsangaben (1).
2. Das Gemessene nach *Fass*: *ein Fass Teer* (nicht: *Teers*); *ein Fass spanischer Wein* (gehoben: *spanischen Wein[e]s*); *der Preis eines Fasses Wein; mit dreißig Fässern hochprozentigem Rum* (gehoben: *hochprozentigen Rums*); *mit einem Fass grüner Heringe/grüne Heringe.* ↑ Maß-, Mengen- und Währungsangaben (2).

fassen: Die 2. und 3. Person Singular Präsens Indikativ haben keinen Umlaut: *du fasst, er fasst.* Im Übrigen heißt es: *Ich fasse mir* (seltener: *mich*) *an den Kopf.*

Februar: ↑ Monatsnamen.

fechten: Im Indikativ Präsens Singular existiert neben der starken Flexion *(du fichtst/er ficht)* auch die schwache *(du fechtest/er fechtet),* besonders bei dem abgeleiteten Verb *anfechten*: *Er ficht/* (manchmal:) *fechtet den Bescheid an.* Das Partizip II von *fechten* und *anfechten* wird hingegen ausschließlich stark gebildet: *Er hat den Bescheid angefochten.* Auch in Redewendungen des Musters *Das ficht ihn nicht an* kommt nur die starke Form vor.

feig/feige: Beide Formen sind ohne Bedeutungsunterschied gebräuchlich.

Feind: Das Substantiv wird immer großgeschrieben: *Wer soll mein Feind sein? Ich war ein Feind alles Stillosen.* Das einfache *feind* in Verbindung mit *sein, bleiben* und *werden* wird kleingeschrieben: *jemandem feind werden/*

Farbbezeichnungen

1 Steigerung

Absolute Farben gibt es nicht, sondern es gibt verschiedene Abstufungen und Helligkeitsgrade; Farbadjektive können deshalb – auch in übertragener Bedeutung – durchaus in Vergleichen und mit ihren Vergleichsformen verwendet werden:

- Inges Kleid ist röter als Renates Bluse. Das Meer wirkte noch blauer als am Vortag. Das ist der schwärzeste Undank. Du bist ja noch blauer (= betrunkener; ugs.) als neulich.

Nicht steigerungsfähig sind *lila, beige* usw. (↑ 2.1) und im Allgemeinen auch zusammengesetzte Farbadjektive wie *dunkelrot.*

2 Deklination

2.1 ein rosa Kleid · die beigen Taschen · cremefarbige Hüte

Neben den heimischen Bezeichnungen für die Grundfarben gibt es fremdsprachige (oft aus Substantiven hervorgegangene) Farbadjektive:

- rosa, lila, sepia, orange, beige, bleu, creme, chamois, oliv, ocker, cognac, türkis usw.

Diese Farbadjektive wurden früher nicht dekliniert. Heute dagegen werden *beige* und *orange* eher dekliniert als undekliniert verwendet *(ein beiger Mantel, ein oranges Kleid, eine noch orangere Tapete),* während *rosa, lila* und andere ohne Endung bleiben. Alternativ kann man Komposita mit *-farben* oder *-farbig* bilden:

- ein orange[n]farbenes/orange[n]farbiges Kleid, die cremefarbigen/cremefarbenen Hüte, ein beigefarbenes Kleid, die olivfarbenen Schuhe; (auch: in Chamois usw.).

Bildungen wie *die lilanen Taschen* sind umgangssprachlich.

2.2 des Blaus/Blau · die beiden Blau/Blaus

Substantivierte Farbbezeichnungen erhalten im Genitiv Singular gewöhnlich die Endung *-s* (vgl. aber ↑ weiß [2]), ↑ schwarz [4]), oder sie bleiben ohne Endung. Pluralformen mit der Endung *-s* sind umgangssprachlich.

- des Blaus/Blau, des Grüns/Grün; die beiden Blau/Blaus, verschiedene Rot/Rots.

Stilistisch wirken Zusammensetzungen mit *-töne (Blautöne, Rottöne)* oft eleganter.

3 Rechtschreibung

3.1 ein blau-rotes Kleid/ein blaurotes Kleid

Zusammengesetzte Farbbezeichnungen aus nebengeordneten, gleichrangigen Adjektiven schreibt man üblicherweise mit Bindestrich, um

das Nebeneinander von zwei oder mehr Farben deutlich zu machen:
- ein schwarz-weiß verzierter Rand, ein blau-rotes Kleid, die blau-weiß-rote Fahne.

Ist hingegen eine Mischfarbe gemeint, dann bevorzugt man im Allgemeinen die Schreibung ohne Bindestrich:
- ein gelbgrünes Kleid (= das Kleid hat eine gelblich grüne Farbe).

Adjektive auf *-lich* werden immer von einer folgenden Farbbezeichnung getrennt geschrieben: *grünlich blau; gelblich rot.* ↑ blau (4), ↑ braun (3), ↑ rot (2).

3.2 Seine Lieblingsfarbe ist blau/Blau · die Farbe Blau

Klein schreibt man (adjektivische) Farbbezeichnungen in Fällen wie
- ein blaues Kleid, der gelbe Sack, grau in grau, er ist mir nicht grün (= nicht gewogen), der Stoff ist rot, schwarz auf weiß.

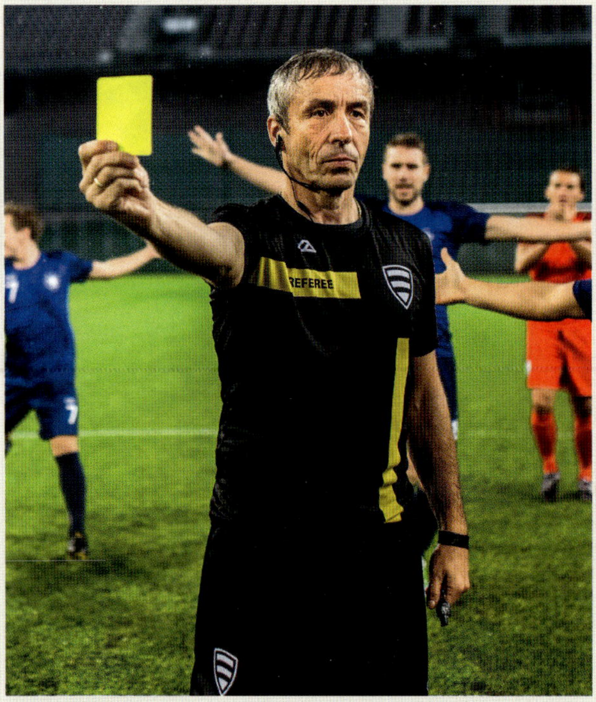

Groß schreibt man substantivierte Farbbezeichnungen und solche, die Teil eines Namens sind:
- das Blau des Himmels, ins Blaue reden, die Farbe Blau, mit Blau bemalt, Stoffe in Blau, ein Auto in Blaumetallic/Blau metallic (↑metallic), ins Grüne fahren, bei Grün, die Ampel steht auf/zeigt Grün/Gelb/Rot, er spielt Rot aus, ins Schwarze treffen, Farbumschlag von Rot auf Gelb, aus Schwarz Weiß machen wollen; das Rote Kreuz, das Schwarze Meer.

In einigen Fällen ist sowohl Groß- als auch Kleinschreibung möglich:
- Seine Lieblingsfarbe ist Gelb [was?]/gelb [wie?]; der blaue/Blaue Brief; die grüne/Grüne Grenze, das Gelbe/gelbe Trikot, die Gelbe/gelbe Karte.

3.3 *blau streichen/blaustreichen · blau gefiederte/blaugefiederte Vögel*

Steht ein Farbadjektiv vor einem Verb und bezeichnet es das Ergebnis einer Handlung, dann kann sowohl getrennt als auch zusammengeschrieben werden:
- das Kleid blau färben/blaufärben; das Fahrrad blau streichen/blaustreichen.

In Verbindung mit dem Partizip II kann ebenfalls getrennt oder zusammengeschrieben werden: *blau gefiederte/blaugefiederte Vögel.*

sein/bleiben. Wer soll mir feind sein/werden? Ich war allem Stillosen feind.

Fels/Felsen: Das Substantiv *der Fels* „feste Masse harten Gesteins" bleibt (außer im Genitiv: *des nackten Felses/Fels*) endungslos: *brüchiger Fels, beim Graben auf Fels stoßen, das Klettern im Fels. Der Felsen (des Felsens; die Felsen)* wird im Sinne von „vegetationslose, schroffe Gesteinsbildung" verwendet: *ein steiler Felsen, auf einen Felsen klettern.* Das ältere schwach deklinierende *der Fels (des Felsen; die Felsen)* wirkt heute gehoben oder wird bei übertragener Bedeutung verwendet: *wie ein Fels [in der Brandung]* (= unerschütterlich) *dastehen.*

feminine Formen: Feminine Personenbezeichnungen werden aus maskulinen in der Regel durch das Suffix *-in* abgeleitet, das an den vollständigen Stamm *(Dieb – Diebin, Chef – Chefin)* oder an den Stamm ohne das auslautende *-e (Bote – Botin, Germane – Germanin),* manchmal mit Umlaut *(Franzose – Französin),* angehängt wird. Diese Art der Bildung von Feminina gilt auch für Stämme, die auf *-er (Bäcker – Bäckerin)* oder *-rer* enden: *Bewahrer – Bewahrerin, Betörer – Betörerin, Führer – Führerin, Lehrer – Lehrerin, Verehrer – Verehrerin.* Bei maskulinen Personenbezeichnungen auf *-erer* wird die feminine Endung *-in* an die Stelle des zweiten *-er* gesetzt: *Eroberer – Eroberin* (nicht: *Erobererin*), *Förderer – Förderin, Lästerer – Lästerin.* Wird ein *-erer* auf *-rer* verkürzt, tritt *-in* an den vollständigen Stamm: *Bewunderer – Bewunderin,* aber: *Bewundrer – Bewundrerin; Ruderer – Ruderin,* aber: *Rudrer – Rudrerin.* Zu weiteren Möglichkeiten der sprachlichen Gleichbehandlung ↑ Geschlechtergerechter Sprachgebrauch.

fern: 1. Klein schreibt man das Adjektiv: *von fern beobachten, von nah und fern.* Groß schreibt man das substantivierte Adjektiv sowie das Adjektiv in Eigennamen: *Wir suchen das Ferne; der Ferne Osten.* Zusammengeschrieben werden *fernbleiben, fernhalten, fernliegen, fernsehen, fernstehen.*
2. Die Präposition *fern* steht mit dem Genitiv *(fern allen Trubels),* seltener mit dem Dativ *(fern allem Trubel).*

festsetzen, sich: In Verbindung mit Präpositionen (*in, an, auf* usw.) steht nach *sich festsetzen* im Sinne von „haften, sich einnisten, bleiben" der Dativ: *In den Rillen* (nicht: *In die Rillen*) *setzt sich Schmutz fest. Sie hatten sich an dieser Stelle* (nicht: *an diese Stelle*) *festgesetzt.*

feststehen: Der Verbzusatz *fest-* wird in Wendungen wie *Fest steht bisher nur ...; Fest steht, dass ...* getrennt vom konjugierten Verb geschrieben.

fett: 1. Rechtschreibung: Das Adjektiv *fett* wird meistens vom folgenden Verb getrennt geschrieben: *eine Schlagzeile fett drucken.* In Verbindung mit dem Partizip II kann getrennt oder zusammengeschrieben werden: *Das waren fett gedruckte/fettgedruckte Buchstaben.*
2. fett/fettig: Das Adjektiv *fett* wird im Sinne von „dick, feist", übertragen im Sinne von „üppig, fruchtbar" gebraucht; *fettig* dagegen bedeutet „mit Fett durchsetzt, bedeckt, beschmiert". Man kann daher einerseits nur von *fettigem* (nicht: *fettem*) *Papier,* andererseits nur von *fetter* (nicht: *fettiger*) *Ackererde* sprechen. *Fette Finger* sind dicke, *fettige Finger* dagegen mit Fett beschmierte Finger.

ff.: Die Abkürzungen für „folgende [Seite]" und „[fort]folgende [Seiten]" stehen nicht direkt hinter der Seitenzahl; man setzt ein Leerzeichen bzw. bei gedruckten Texten einen sogenannten Festabstand (er ist in der Regel etwas kleiner): *S. 7 f., auf den Seiten 323 ff.*

fingerbreit/zwei Fingerbreit/zwei Finger breit: Alle drei Schreibweisen sind möglich. Zusammen und klein schreibt man das adjektivische Kompositum: *Die Tür steht fingerbreit offen.* Getrennt schreibt man, wenn *breit* durch *Finger* (mit vorangehendem Artikel, Zahlwort o.Ä.) näher bestimmt wird: *Die Tür stand* *einen Finger breit offen.* Zusammen und groß oder aber getrennt schreibt man die Maßangabe *der Fingerbreit: Die Tür stand einen Fingerbreit/Finger breit offen.*

finster: Bei *finster* bleibt, wenn es dekliniert oder gesteigert wird, das *e* der Endungssilbe gewöhnlich erhalten: *ein finsteres Zimmer; noch finsterer dreinblicken.* Nur in den deklinierten Formen des Komparativs wird das erste der drei Endungs-e manchmal weggelassen: *eine noch finsterere/finstrere Höhle.*

Firmennamen: 1. Deklination: Firmennamen werden auch dann dekliniert, wenn sie in Anführungszeichen stehen: *die Verwaltung der „Deutschen Bank"; die Leistungen des Rheinisch-Westfälischen Elektrizitätswerkes.* Soll der Firmenname unverändert wiedergegeben werden, dann kann mit einem geeigneten Substantiv eine Apposition gebildet werden: *die Maschinen der Fluggesellschaft „Deutsche Lufthansa AG".* ↑ AG (2).

2. Genus: Wenn bei Firmennamen das Genus (Geschlecht) nicht ersichtlich ist, richtet sich der Anschluss entweder nach dem vollständigen Firmennamen (also: *[Die Robert] Bosch [GmbH] hat ihre Umsatzprognosen erhöht. [Die Robert] Bosch [GmbH], die neue Märkte sucht* ...) oder auch nach einem in Gedanken zu ergänzenden „das Unternehmen" *([Das Unternehmen] Bosch hat seine Umsatzprognosen erhöht).* Bei *AG* und *GmbH* überwiegt das Femininum, es sei denn, der Kurzform geht ein Maskulinum wie *Konzern* voraus: *Der Maschinenbau- und Lkw-Konzern MAN AG will seine Vorzugsaktien in Stammaktien umwandeln.*

3. Singular oder Plural: Bei Firmennamen wie „Müller & Meier" oder „Schmidt, Müller & Partner" als Subjekt kann das Verb sowohl im Plural als auch im Singular stehen: *[Die Rechtsanwälte] Müller & Meier suchen eine Sekretärin. [Die PR- Agentur] Schmidt & Müller hat den Auftrag erhalten.* Enthält ein pluralischer Firmenname eine Abkürzung wie *AG, GmbH* als Apposition, dann schwankt der Gebrauch (der Singular kommt aber häufiger vor): *Die goldgas Stadtwerke GmbH ist neuer Premiumpartner des Handball-Bundesligisten Rhein-Neckar Löwen* (Mannheimer Morgen). *Die Kölner Ford-Werke AG sind in diesem Jahr bislang der Verlierer auf dem deutschen Pkw-Markt* (Handelsblatt). Mit dem Plural bezieht man sich in diesen Beispielen auf Werke, mit dem Singular auf die Handels- bzw. Aktiengesellschaft. Bei Kurzwörtern als Firmennamen wie *BMW* (= Bayerische Motoren Werke) ist der Anschluss im Singular häufiger: *BMW hat* oder *haben neue Märkte erschlossen.*

Flasche: Das Gemessene nach *Flasche: eine Flasche Bier* (nicht: *Bier[e]s*); *eine Flasche spanischer Wein* (gehoben: *spanischen Wein[e]s*); *mit drei Flaschen hochprozentigem Rum* (gehoben: *hochprozentigen Rums*). ↑ Apposition (3).

flattern: ↑ Perfektbildung mit sein/haben.

flechten: Es heißt: *du flichtst, er flicht; flicht!* (↑ entflechten). Die leichter auszusprechenden umgangssprachlichen Formen [↑ flɛçtəst] und [flɪçst], also mit *e* bzw. ohne *t* nach dem *ch,* kommen in gesprochener Sprache vor.

Fleisch und Blut: Zu *meines eigenen Fleisch und Blutes* ↑ Wortpaar.

fliegen: 1. Perfekt mit *sein* oder *haben*: ↑ Perfektbildung mit sein/haben.

2. nach Frankreich/in die Schweiz fliegen: ↑ in/nach/zu/bei.

fliehen: Intransitives *fliehen* „die Flucht ergreifen, davonlaufen" bildet das Perfekt mit *sein*: *Zwei Häftlinge sind geflohen.* Transitives *fliehen* „meiden" bildet das Perfekt dagegen mit *haben*: *Sie hatte den Lärm der Stadt geflohen.*

Flucht: Der Plural lautet *die Fluchten* (entsprechend: *Zimmerfluchten*). Es heißt aber: *die Ausflüchte.* Das Wort *Zuflucht* wird im Allgemeinen nur im Singular gebraucht. Selten: *die Zuflüchte,* dafür eher: *die Zufluchtsorte.*

Flüchtling:
Durch die Endsilbe *-ing* wird das Wort gelegentlich mit Unterlegenheit assoziiert. Allerdings wird das Wort auch in offiziellen Zusammenhängen verwendet, zum Beispiel in der Genfer Flüchtlingskonvention. Alternative Ausdrücke sind *Geflüchtete, geflüchtete Personen/Menschen* oder, zur Betonung des Flüchtlingsschutzes, *geschützte Personen.*

Flüchtlingskrise, -welle, -flut:
Diese Ausdrücke sollten kritisch hinterfragt werden: Der Ausdruck ***Flüchtlingskrise*** sagt aus, dass es eine durch Flüchtlinge verursachte Krise gebe und weist die Verantwortung den geflohenen Menschen zu, anstatt die Gründe der Probleme in den Fluchtursachen und strukturellen Problemen zu suchen. Auch Vergleiche wie ***Flüchtlingswelle*** und ***Flüchtlingsflut*** zeichnen das Bild eines (bedrohenden) Naturphänomens, dem die Politik ausgesetzt ist, und blenden (Einzel-)schicksale der Geflüchteten aus.

Flugzeugtypen: 1. Genus: Die meisten Bezeichnungen für Flugzeug- und Hubschraubertypen sind Feminina: *die Boeing 747, die Tupolev, die Transall.* Bestimmte Bezeichnungen, denen ein gewöhnliches Substantiv zugrunde liegt, haben dessen Genus: *der Eurofighter, der Airbus.* In Zweifelsfällen kann die Entscheidung für ein Genus vermieden werden: *Hubschrauber des Typs NH 90.*

2. Deklination: Flugzeugbezeichnungen sind grundsätzlich auch dann zu flektieren, wenn sie in Anführungszeichen stehen: *die Geschwindigkeit des „Eurofighters".* (Aber neben *des Airbusses* auch: *des Airbus*).

Flussbett: Der Plural lautet *die Flussbetten,* seltener *die Flussbette.*

Flussnamen: 1. Genus: Deutsche Flussnamen sind im Allgemeinen Feminina: *die Weser, die Oder, die Elbe, die Neiße, die Spree, die Havel, die Lahn, die Mosel, die Nahe, die Donau.* Die wenigen maskulinen Flussnamen sind meist vorgermanischen Ursprungs: *der Rhein, der Main, der Lech, der Inn, der Neckar, der Regen, der Eisack.* Die Namen fremdländischer Flüsse sind überwiegend Maskulina: *der Nil, der Kongo, der Amazonas, der Orinoko, der Mississippi, der Jangtsekiang, der Ganges, der Indus, der Euphrat, der Tigris, der Don, der Bug, der Ebro, der Tiber.* Feminina sind die meisten auf *-a* oder *-e* endenden Flussnamen: *die Wolga, die Lena, die Moskwa, die Adda* (aber: *der Paraná*); *die Loire, die Rhone, die Seine, die Themse.*

2. Komposita mit *Saal[e]-, Elb[e]-*: Wenn früher *Saale* als Erstglied eines Kompositums gebraucht wurde, entfiel das Endungs-e: *Saalburg, Saalfeld;* auch: *Saalbrücke, Saaltal.* Heute bleibt das *-e* meist erhalten: *Saaletalsperre,*

Flyer – fliegende Blätter

Unter einem *Flyer* versteht man einen Prospekt, der meistens aus einem in drei Teile gefalteten Din-A4-Blatt besteht. Der Begriff setzte sich erst in der Werbebranche durch und sickerte von dort in den allgemeinen deutschen Sprachgebrauch ein, wo er eine ganze Reihe älterer Begriffe weitgehend ersetzte, wie: Werbeprospekt, Handzettel, Flugblatt. Und tatsächlich leitet sich das Wort von *Flugblatt* ab, denn der Anglizismus wird aus dem englischen Verb „to fly", „fliegen", gebildet. Flugblätter gibt es seit dem späten 15. Jh., sie traten also schon bald nach der Erfindung des Buchdrucks von Johannes Gutenberg im Jahr 1440 ihren Siegeszug an. Zunächst wurden sie von fahrenden Händlern genutzt, später kamen mit der wachsenden Alphabetisierung der Bevölkerung auch religiöse und politische Pamphlete hinzu – eine Bandbreite, die der *Flyer* auch heute noch besitzt.

Saaletal, Saalestrand. Diese Tendenz ist weniger stark bei *Elbe*. Man sagt: *Elbmündung, Elbtunnel, Elbschifffahrt, elbabwärts* usw. Eine feste Regel gibt es jedoch nicht, sodass man z. B. neben *Elbufer* auch *Elbeufer* bilden kann.
3. Deklination: ↑ Geografische Namen (1.2).

Föhn: Man schreibt sowohl das Wort für den warmen, trockenen Fallwind wie auch das Wort für den Haartrockner mit *h* (ausgenommen ist nur das eingetragene Warenzeichen *Fön*). Entsprechend schreibt man: *sie föhnt ihr Haar*.

folgen: In den Bedeutungen „nachgehen, nachfahren; danach kommen; später nachkommen" sowie „zuhören" und „sich nach jmdm. richten" bildet *folgen* das Perfekt mit *sein*: *Er ist ihr heimlich gefolgt. Er war ihr zwei Wochen später in den Tod gefolgt. Das Kind ist dem Unterricht aufmerksam gefolgt. Er war ihr in allen Stücken gefolgt*. In der Bedeutung „gehorchen" wird das Perfekt mit *haben* gebildet: *Warum hast du [mir] nicht gefolgt?*

folgend: 1. Deklination des [substantivierten] Adjektivs/Partizips nach *folgend*: Wenn *folgend* kein Artikelwort vorausgeht, gilt: Nach *folgend* wird das [substantivierte] Adjektiv oder Partizip meist stark flektiert: *folgender landwirtschaftlicher Betrieb* (manchmal: *landwirtschaftliche Betrieb*); *bei folgender kleiner* (manchmal: *kleinen*) *Anekdote; folgendes gravierendes* (manchmal: *gravierende*) *Problem*. Aber im Dativ Singular Maskulinum/Neutrum: *nach folgendem wirksamen Prinzip* (Kirst) (nur vereinzelt stark: *mit folgendem kleinem Trick*). Auch im Plural wird überwiegend stark flektiert: *folgende auffallende Fakten* (Bergengruen); *wegen folgender beleidigender Äußerungen; wegen folgender Abgeordneter*. Die schwache Flexion kommt manchmal vor: *wegen folgender wichtigen Ereignisse; die Wortmeldungen folgender Abgeordneten*.
2. Rechtschreibung: Groß schreibt man das substantivierte Partizip: *Die Folgenden* (= die

Fond und Fonds

Zwei Wörter, die gerne verwechselt werden, obwohl sie zwei völlig unterschiedliche Bedeutungen haben, sind *Fond* und *Fonds*. Das Wort *Fond* stammt aus dem Französischen und bedeutet eigentlich „Hintergrund", „Grund", „Boden". Entsprechend kann der Begriff, je nach Zusammenhang, ganz unterschiedliche Dinge meinen. Bei Autos ist mit dem *Fond* die Rückbank gemeint, in der Kunst der Hintergrund eines Bildes und beim Kochen eine Fleisch- oder Gemüsebrühe, die zur weiteren Verwendung bereitgestellt wird. Der Plural von *Fond* lautet natürlich *Fonds*, und da wird die Sache kompliziert: Denn der *Fonds*, also Singular, meinte ursprünglich einen Vorrat, eine Rücklage, meist eine Geldreserve – und auch heute noch wird damit eine Vermögensreserve, ein Sondervermögen oder ein Bündel von Wertpapieren bezeichnet. Beide Wörter entstammen derselben Wurzel – altfranzösisch „fonds" – und wurden bereits im 18. Jh. entlehnt. Und möglicherweise liegt beiden Begriffen dieselbe Idee zugrunde: Die Grundidee hinter dem Bratenfond und dem Fonds ist die des Vorrats, und hier schließt sich der Kreis.

hinterhergehenden Personen) *wichen entsetzt zurück. Wir möchten Ihnen Folgendes* (= dieses) *mitteilen.* Ebenfalls groß schreibt man: *aus/in/nach/von/zu Folgendem, im/vom/zum Folgenden.*

Folgendes, was: Ist *Folgendes* Bezugswort für ein Relativpronomen, dann ist das Relativpronomen *was* (nicht: *das*), also: *Sie hat mir Folgendes gesagt, was du übrigens für dich behalten sollst.*

formal/formell: Das Adjektiv *formal* bedeutet „die Form betreffend": *Die Arbeit bereitet ihm formale Schwierigkeiten.* Dagegen bedeutet *formell* „den äußeren Formen gemäß; förmlich": *Er hat sich formell entschuldigt. Sie ist immer sehr formell.* ↑ -al/-ell.

fort/weg: In der Bedeutung „von einer Stelle weg [und auf ein Ziel zu]" kann *fort* gewöhnlich mit *weg* ausgetauscht werden; *fort* klingt in den meisten Fällen gewählter: *Wir müssen schnell weg/fort. Ich muss noch die Post wegbringen/fortbringen. Das Hochwasser riss die Brücke weg/fort. Sie wischte die Zeichnung wieder weg/fort* usw. Auch wenn das Entferntsein, die Abwesenheit ausgedrückt werden soll, kann *fort* anstelle von *weg* verwendet werden: *Er ist schon drei Tage weg/fort. Sie war lange weggeblieben/fortgeblieben.* Dagegen sollte *fort* nicht für *weg* im Sinn einer Richtungsänderung gebraucht werden, wie es bisweilen in gewählter Ausdrucksweise geschieht: *Sie blickte schnell weg* (nicht: *fort*).

f/ph: Die integrierte (eingedeutschte) *f-/F-*Schreibung für *ph/Ph* findet sich vor allem bei in der Alltagssprache häufig gebrauchten Fremdwörtern mit den aus dem Griechischen entlehnten Wortbestandteilen *-phon, -phot* und *-graph: Telefon* (*telefonisch, telefonieren* usw.), *Fotografie* (*fotografisch, fotografieren* usw.), *Grafik* (*Grafiker[in], grafisch* usw.). Besonders in fachsprachlichen Verwendungskontexten ist auch die Schreibung mit *ph* noch häufig anzutreffen: *Stereophonie; Mammographie; Photovoltaik, photosynthetisch.* Nur mit *Ph/ph* werden z. B. *Philosophie, Physik* und *Strophe* geschrieben.

fragen: 1. fragst/frägst; fragte/frug: Die Formen des schwachen Verbs lauten *fragen, fragte, gefragt.* Die aus dem Niederdeutschen stammende starke Form *frug* wird heute nur noch selten und vor allem regionalsprachlich gebraucht. Dasselbe gilt für *frägst* und *frägt:* Auch sie sind nicht standardsprachlich.

2. eine gefragte Ware: *gefragt* ist hier nicht mehr zu beanstanden, denn aus dem eigentlichen *fragen nach* hat sich im Lauf der Zeit *gefragt [sein]* in der Bedeutung „begehrt, viel verlangt [sein]" entwickelt: *ein gefragter Redner.*

Fragezeichen: 1. Das eingeklammerte Fragezeichen: Ein eingeklammertes Fragezeichen innerhalb eines Satzes weist auf Unbewiesenes, Fragliches oder Unglaubwürdiges hin: *Die schönsten (?) Bilder der Ausstellung wurden prämiert. Friedrich I. Barbarossa, geboren in Waiblingen (?) 1122 oder um 1125.*

2. Fragesätze ohne Fragezeichen: Kein Fragezeichen steht nach indirekten Fragesätzen: *Er fragte sie, wann sie kommen könne.* (Als direkter Fragesatz: *Wann können Sie kommen?*) Nicht das Frage-, sondern ein Ausrufezeichen setzt man, wenn man einen Satz nachdrücklich als Ausruf des Erstaunens, des Ärgers o. Ä. kennzeichnen will: *Kannst du nicht endlich deinen Mund halten! Was sind denn das für Sachen!*

3. In Verbindung mit anderen Satzzeichen:
a) Mit Anführungszeichen: Gehört das Fragezeichen zur Anführung, dann steht es vor dem schließenden Anführungszeichen. Dem Anführungszeichen folgt ein Komma, wenn nach der wörtlichen Rede oder nach dem Zitat der übergeordnete Satz folgt oder weitergeführt wird: *Sie fragte: „Weshalb darf ich das nicht?", und schaute mich wütend an.* Beendet die wörtliche Rede oder die angeführte Textstelle den übergeordneten Satz, dann steht kein

Punkt mehr: *Sie fragte mich: „Weshalb darf ich das nicht?"* Eine Ausnahme bilden Zitate, die wie Substantive in den Satz eingegliedert sind: *Mich beeindruckte ihr mutiges „Weshalb darf ich das nicht?".* Das Fragezeichen steht nach dem schließenden Anführungszeichen, wenn es nicht zur Anführung, sondern zum ganzen Satz gehört: *Wer kennt das Gedicht „Der Erlkönig"?* Gehört sowohl zur Anführung als auch zum übergeordneten Satz ein Fragezeichen, dann müssen beide gesetzt werden: *Kennst du den Roman „Quo vadis?"?* **b) Mit Gedankenstrich:** Das Fragezeichen steht vor dem zweiten Gedankenstrich, wenn es zu dem eingeschobenen Satz oder Satzteil gehört: *Sie empfahl uns immer – erinnern Sie sich noch? –, nachsichtig gegen andere zu sein.* **c) Mit Ausrufezeichen:** Nach einem Fragezeichen kann noch ein Ausrufezeichen stehen, wenn die Frage gleichzeitig als Ausruf verstanden werden soll: *Auch du, mein Sohn?!* **d) Mit Doppelpunkt:** Das Fragezeichen macht den Doppelpunkt überflüssig, wenn eine Frage gleichzeitig die Ankündigung einer Aufzählung in Form einer Liste ist: *Mit welchem Antrieb wird das Spezialfahrzeug geliefert?*
a) Elektroantrieb
b) Hybridantrieb

französisch: Zur Schreibung von *sich französisch unterhalten; [kein] Französisch sprechen* usw. ↑ deutsch (1). Zu *auf/in Französisch* ↑ deutsch (3).

Französisch[e], das: ↑ Sprachbezeichnungen.

französischsprachig/französischsprachlich: ↑ deutschsprachig/deutschsprachlich.

frau: ↑ man (2).

Frau: 1. Frau Minister/ Frau Ministerin: Im offiziellen Sprachgebrauch verwendet man in der Anrede *Frau Doktor* (seltener: *Frau Doktorin*), aber *Frau Professorin* (sonst auch noch: *Frau Professor*). Bei Funktions- oder Berufsbezeichnungen werden grundsätzlich die femininen Formen bevorzugt: z. B. *Frau Bundestagspräsidentin Müller, Frau Staatssekretärin, Frau Rechtsanwältin. Sie ist Professorin für Molekularbiologie.*
2. Frau/Gattin/Gemahlin: Wenn man von der eigenen Frau spricht, sagt man *meine Frau* (nicht: *meine Gattin* oder *meine [Frau] Gemahlin*). Das Wort *Gattin* gehört der gehobenen Stilschicht an und wird außer in Österreich nur auf die Ehefrau eines anderen angewandt und auch dann nur, wenn man sich besonders höflich ausdrücken will. *Frau Gemahlin* (meist in dieser Verbindung) ist ebenfalls gewählt und wird besonders in der geschriebenen Sprache verwendet. Auch *Frau Mutter* ist gehoben und nicht im Zusammenhang mit der eigenen Mutter zu gebrauchen.
3. Frau/Fräulein: Bei der Anrede oder zur Bezeichnung einer erwachsenen weiblichen Person wird *Frau* verwendet, und zwar unabhängig von Alter und Familienstand. *Fräulein* ist nicht mehr üblich, außer wenn die angesprochene Frau sich diese Anrede explizit selbst wünscht.
4. Zu *Frau Abgeordnete/Abgeordneter Eva Meier* ↑ Brief/E-Mail (1), zu *seitens Frau Meyer/Meyers* ↑ seitens.
5. Zu *Frau Müllers Auto/das Auto von Frau Müller* ↑ Genitivattribut (1.2).

-frau: ↑ -mann/-frau.

frei: Das Adjektiv *frei* schreibt man in seinen konkreten Bedeutungen grundsätzlich getrennt vom folgenden Verb: *frei* (= ungestützt) *stehen. Die Ausfahrt bitte frei halten/geben/lassen!* Getrennt- und Zusammenschreibung sind bei konkreter Bedeutung von *frei* möglich, wenn *frei* das Ergebnis einer Handlung bzw. einen veränderten Zustand bezeichnet: *Den Oberkörper bitte frei machen/freimachen! Sie konnte sich von ihren Vorurteilen frei machen/freimachen.* Ebenfalls getrennt oder zusammen schreibt man: *Ich muss mal wieder ein paar Tage frei machen/freimachen. Die Gefangenen wurden frei gelassen/freigelassen.*

In übertragener Bedeutung schreibt man zusammen: *jemanden vom Dienst freistellen* (= befreien), *jemandem die Teilnahme freistellen* (= die Entscheidung überlassen). *Er hat den Angeklagten freigesprochen* (= für unschuldig erklärt). Verbindungen aus *frei* und einem folgenden Partizip können bei wörtlicher Bedeutung von *frei* getrennt oder zusammengeschrieben werden: *ein frei stehendes/freistehendes Haus, Eier von frei laufenden/freilaufenden Hühnern.*

Freiherr, Freifrau, Freiin: Als Bestandteil des mehrteiligen Familiennamens steht *Freiherr* usw. hinter dem Vornamen: *Peter Freiherr von Hartog; Eva Freifrau/Freiin von Hartog.* Das Genitiv-s wird nur an den Kern des Familiennamens, den „eigentlichen Namen", angehängt: *der Besitz Peter Freiherr von Hartogs* (aber: *der Besitz der Freiin von Hartog*). Anders beim Akkusativ: *ein Brief an Peter Freiherrn /* (auch:) *an Peter Freiherr von Hartog. Peter, [den letzten] Freiherrn von Hartog.* Die persönliche Anrede lautet (offiziell) *Freiherr von Hartog* oder *Herr Baron.* Jedoch kann man den Titel *Freiherr* auch weglassen; man schreibt im Brief z. B. *Sehr geehrter Freiherr von Hartog!* oder *Sehr geehrter Herr von Hartog!* Im Gespräch gebraucht man die Anrede *Herr von Hartog* oder *Baron Hartog.* Für *Freifrau* und *Freiin* gilt Entsprechendes.

Freitag: Zu *Freitagabend* ↑ Dienstagabend. Zu *Freitagabend/freitagsabends/freitags abends* ↑ Zeitangaben. Zu *Am Freitag, dem/den 14. 1.* ↑ Datum. Zur Deklination ↑ Wochentage.

fremdsprachig/fremdsprachlich: Die Bildung *fremdsprachig* bedeutet „sich in einer fremden Sprache bewegend": *fremdsprachiger Unterricht, fremdsprachige Bevölkerungsteile, Literatur, Wörterbücher.* Die Bildung *fremdsprachlich* bedeutet „eine fremde Sprache betreffend": *Der muttersprachliche Unterricht findet im Raum 106 statt, der fremdsprachliche im Sprachlabor.* Außerdem wird *fremdsprachlich* im Sinn von „zu einer fremden Sprache gehörend, daraus kommend" gebraucht: *fremdsprachliche Wörter im Deutschen, fremdsprachliche Wortbildungsmuster.*

Fremdwort: 1. Rechtschreibung: a) Bei **mehrteiligen Substantiven** wird der erste Bestandteil großgeschrieben *(Cordon bleu).* Handelt es sich nicht um eine substantivische Fügung, so bleibt es bei der Kleinschreibung: *de facto, a cappella.* (Aber in substantivischen Zusammensetzungen: *De-facto-Anerkennung, A-cappella-Chor*). Bestandteile im Innern mehrteiliger Fügungen, die in der Ausgangssprache substantivisch sind, werden großgeschrieben *(Corpus Delicti),* sofern sie nicht ihrerseits Teile einer adverbialen Fügung sind *(Eau de Toilette).* Nicht substantivische Zweitglieder der Fügungen werden kleingeschrieben *(Status quo, Jour fixe).* **b)** In der Regel werden fremdsprachliche **Zusammensetzungen** wie heimische Komposita zusammengeschrieben; für Mischbildungen gilt Entsprechendes: *Teamwork, Waveboard, Teamarbeit, Fallmanager.* **c)** Aus Gründen der besseren Übersichtlichkeit kann wie bei heimischen Komposita ein Bindestrich gesetzt werden: *Cloud-Computing/Cloudcomputing, Midlife-Crisis/Midlifecrisis.* **d)** Ist das Erstglied ein Adjektiv oder ein Partizip, so sind Getrennt- und Zusammenschreibung möglich, wenn man das Wort mit dem Hauptakzent auf dem ersten Bestandteil aussprechen kann: *Happy End/Happyend, Soft Drink/Softdrink,* aber nur: *High Society, Joint Venture, Social Media.* **e)** Sind reine **„Zitatwörter"** im Deutschen weniger gebräuchlich, sollte man sie mit Anführungszeichen oder anderer Schriftart kenntlich machen; in diesem Fall bleibt die Kleinschreibung der Substantive erhalten: *Wir wurden zu einem „business lunch" eingeladen.* „Es ist ein für die englische *detective novel* typisches Handlungsmuster."

2. Verben aus dem Englischen: Bei einem Teil der Verben wird der erste Bestandteil vom Stamm getrennt wie in ↑ *downloaden – down-*

zuloaden – downgeloaded, ebenso z. B. *updaten – upzudaten – upgedated, outsourcen – outzusourcen – outgesourct* usw. Bei anderen ist der erste Bestandteil eher fest, d. h., er wird nicht vom Stamm getrennt: *highlighten – zu highlighten – gehighlightet, layouten – zu layouten – [ge]layoutet.*

3. Deklination: Manche Fremdwörter können im Singular wie im Plural sowohl stark als auch schwach dekliniert werden: *des Papageis/Papageien, die Papageie/Papageien;* manche werden überwiegend schwach dekliniert *(die Globen/Globusse);* bei anderen hat sich die starke Deklination durchgesetzt *(die Synonyme, die Kataloge).* **a) Genitiv-s:** Der Genitiv wird bei aus dem Englischen entlehnten Wörtern auf *-ing* mit *-s* gebildet: *des Leasings.* Auch viele andere Anglizismen bilden den Genitiv auf *-s*, niemals aber auf *-es.* So heißt es *des Bluffs, Teams* (nicht: *des Bluffes, Teames*). Bei seltener gebrauchten Fremdwörtern wird das Genitiv-s häufig weggelassen (besser ist die Form mit *-s: die Schreibung des griechischen Beta[s]*). Endet das Fremdwort auf *-s, -ß, -x* oder *-st*, wird der Genitiv mit *-es* gebildet, wenn das Wort weitgehend eingedeutscht ist: *des Prozesses, Komplexes.* In anderen Fällen stehen beide Formen nebeneinander: *des Atlas/Atlasses, des Globus/Globusses.* **b) Plural:** Manche Fremdwörter haben ihre fremden Endungen bewahrt: *Appendix – Appendizes, Frater – Fratres, Cello – Celli* (manchmal: *Cellos*). Außerdem kommen Doppelformen vor, von denen die eine integriert, die andere nicht oder weniger weit integriert ist: *die Themen/Themata, die Synonyme/Synonyma, die Balkons/Balkone.* Bei Fremdwörtern aus dem Englischen, die auf *-y* enden, wird der Plural mit *-s* gebildet (nur bei Zitatwörtern gilt die englische Schreibung, z. B. *Grand Old Ladies*):

Fremdschämen

Jugendsprache ist schnelllebig. Innerhalb kurzer Zeit werden Wörter aus der Taufe gehoben, die rasend schnell Verbreitung finden – um dann genauso schnell wieder in Vergessenheit zu geraten. Doch gibt es zwischendurch Wörter, die sich fest in der deutschen Sprache etablieren, und manche davon sind so speziell oder originell, dass man sich fragt, wieso dieser Begriff nicht schon viel früher erfunden wurde. Zu diesen Begriffen gehört das Verb *fremdschämen*, ein sog. Neologismus, also eine sprachliche Neuprägung, die es im Jahr 2009 erstmalig in den Duden schaffte und Anfang der 2000er-Jahre überhaupt erst aufkam. 2010 wurde dieser sprachliche Shootingstar in Österreich zum Wort des Jahres gekürt. Zum Verb gibt es auch ein passendes Substantiv, die *Fremdscham*, das besonders in der Psychologie gebräuchlich wurde und ein Gefühl bezeichnet, das jeder kennt: Schämt man sich fremd, dann schämt man sich gewissermaßen stellvertretend für die Peinlichkeiten einer völlig fremden Person.

die Ponys, die Partys, die Babys. **c) Fremdwörter auf *-or, -ismus, -us*:** Wird die Grundform auf der vorletzten Silbe betont, wird nach dem folgenden Muster im Singular stark und im Plural schwach dekliniert: *der Autor, des Autors, dem, den Autor;* Plural: *die, der, den, die Autoren.* Wird die Grundform auf *-or* jedoch auf der letzten Silbe betont, hat auch der Plural starke Formen: *der Major, des Majors, dem, den Major;* Plural: *die Majore, der Majore, den Majoren, die Majore.* Die Fremdwörter auf *-ismus* und (bis auf wenige Ausnahmen) *-us* und *-os* haben im Singular keine Flexionsendungen: *des Egoismus; des Rhythmus; des Kosmos.*

Freund: Das Substantiv *Freund* wird großgeschrieben: *Er ist mein Freund. Wir bleiben gut Freund.* Klein schreibt man *freund* in den veraltenden Fügungen *jmdm. freund sein/werden/bleiben.*

Freund/Freundin: In dieser Wendung bleibt meist das maskuline Genus erhalten: *Frau Meier ist ein Freund* (nicht üblich: *eine Freundin*) *der Ordnung.* Bei der Apposition: *Frau Meier, stets ein Freund* (nicht üblich: *eine Freundin*) *der Ordnung.*

Friede/Frieden: Beide Nominativformen können in den Bedeutungen „Nicht-Kriegszustand" und „Harmonie, Ruhe" gebraucht werden. Die Form *Frieden* setzt sich immer mehr durch: *Der häusliche Frieden war gestört. Im Verein ist wieder Frieden eingekehrt. Noch bestand Friede zwischen den beiden Ländern* (Rothfels). In der religiösen Bedeutung „Geborgenheit in Gott" verwendet man dagegen noch häufiger die ältere Form *Friede: Friede sei mit euch! Friede ihrer Asche!* Der Genitiv lautet für beide Formen *des Friedens.*

frieren: Das Verb *frieren* wird persönlich *(ich friere)* und unpersönlich *(mich friert/es friert mich)* gebraucht. Wird ein Objekt mit *an* angeschlossen, dann steht es im Dativ: *Ich friere an den Füßen.*

frisch: 1. Rechtschreibung: Man schreibt getrennt: *Wir werden die Lebensmittel in der Kühltruhe frisch halten.* Getrennt oder zusammen kann man schreiben: *Wo kann ich mich frisch machen/frischmachen?* In Verbindung mit einem Partizip kann ebenso getrennt oder zusammengeschrieben werden: *frisch gebackenes/frischgebackenes Brot.* Aber nur zusammen: *ein frischgebackenes Ehepaar.*
2. Steigerung: Der Superlativ von *frisch* lautet *frischeste.*

Friseurin/Friseuse: Die offizielle Berufsbezeichnung lautet *Friseurin.* ↑ Titel und Berufsbezeichnungen (3).

froh: 1. Standardsprachlich heißt es *über etwas froh sein,* süddeutsch und schweizerisch auch *um etwas froh sein: Ich war froh über den Erfolg. ... sie war froh um unser Wiedersehen* (Frisch).
2. Es heißt richtig: *frohen Mutes, frohen Sinnes* (nicht: *frohes Mutes, frohes Sinnes*).

fromm: Der Komparativ und der Superlativ von *fromm* können mit und ohne Umlaut gebildet werden. Die umgelauteten Formen kommen im Superlativ häufiger vor: *frömmer/frommer, frömmste/frommste.*

fruchten: Die Verneinung kann mit *nicht* oder *nichts* ausgedrückt werden: *Alle Ermahnungen haben nichts/*(seltener:) *nicht gefruchtet.*

Früh/früh: In Süddeutschland, Österreich und der Schweiz ist neben dem Adverb *früh* auch das Substantiv *[die] Früh* gebräuchlich. Das Adverb schreibt man klein: *Dienstag früh, von früh bis spät* usw. Das Substantiv dagegen schreibt man groß: *in der Früh.* Klein oder groß kann man schreiben: *heute früh/Früh, morgen früh/Früh.*

Fugenelement: siehe S. 138.

fühlen: 1. sich als Held/als Helden fühlen: Bei *sich fühlen als/wie* steht das dem *als* oder *wie* folgende Substantiv im Nominativ, d.h., es wird auf das Subjekt des Satzes bezogen: *Er fühlt sich als Held. Sie fühlte sich wie ein Fisch im Wasser.*

Fugenelement

1 Allgemeines

Das Fugenelement ist ein Bindeglied zwischen Bestandteilen von Komposita, z. B. *Bad-e-tuch, Schönheit-s-ideal, Tag-es-licht.*

Manche Fugenelemente stimmen zwar formal mit Flexionsendungen überein *(die Bearbeitung des Antrag-s → Antrag-s-bearbeitung),* aber andere kommen nicht als Flexionsendung infrage *(Schönheit-s-ideal).* Welches Fugenelement zu wählen ist, hängt von der Wortart sowie der Laut-, Silben- und Wortbildungsstruktur des ersten Glieds ab. Das häufigste Fugenelement ist das Fugen-*s.*

2 Das Fugen-s

2.1 Komposita mit schwankendem Gebrauch des Fugen-s: *Einkommen[s]steuer, verfassung[s]gebend*

Durch behördliche Sprachregelung ist in Komposita mit *-steuer* das Fugen-s getilgt worden: *Einkommen-, Grunderwerb-, Körperschaft-, Vermögen-, Versicherungsteuer* u. a. Daneben sind aber die Formen mit Fugen-s (*Einkommenssteuer* usw.) üblich und berechtigt.

Bei Komposita aus einem Substantiv als Erstglied und einem Partizip als Zweitglied wird das Fugen-s häufig weggelassen, weil das Objektverhältnis der verbalen Fügung auch in der Zusammensetzung noch erhalten ist:

- verfassunggebend (seltener: verfassungsgebend); (substantiviert:) Vertragschließende; Gewerbetreibende (aber: kriegsentscheidend, staatserhaltend).

2.2 Fugen-s und Bindestrich: *Stadtverwaltungspressesprecherin/Stadtverwaltungs-Pressesprecherin*

Bei Komposita, die durch ein Fugen-s gegliedert werden, erübrigt sich im Allgemeinen ein Bindestrich. Er kann aber aus Gründen der Übersichtlichkeit, besonders bei mehrgliedrigen Komposita, gesetzt werden:

- Schulspartagsverlosung/Schulspartags-Verlosung; Stadtverwaltungspressesprecherin/Stadtverwaltungs-Pressesprecherin.

Die Lesbarkeit solch langer Komposita kann natürlich auch dadurch verbessert werden, dass sie aufgelöst werden:

- die Verlosung im Rahmen des Schulspartages; die Pressesprecherin der Stadtverwaltung.

Zusammensetzungen mit einem Buchstabenkurzwort erhalten in der Regel einen Bindestrich:

- Bauunternehmungs-GmbH, Stadtverwaltungs-PR.

2. Er hat sein Ende kommen fühlen/gefühlt: Nach einem Infinitiv ohne *zu* kann sowohl der sogenannte Ersatzinfinitiv *fühlen* als auch das Partizip II *gefühlt* gebraucht werden: *Er hat sein Ende kommen fühlen/gefühlt.*
3. Zu *Sie ließ mich ihre Abneigung fühlen* ↑ lassen (4).

Fülle: Nach *Fülle* steht das Verb meist im Singular, weil *Fülle* formal ein Singular ist: *Eine Fülle von Modellen wurde angeboten.* Es kann aber auch nach dem Sinn konstruiert und das Verb in den Plural gesetzt werden: *Eine Fülle von Modellen wurden angeboten.*

fünf: ↑ acht/Acht, ↑ Rechenaufgaben, ↑ Zensuren.

Fünfprozentklausel: In Verbindung mit der Ziffer 5 schreibt man *5-Prozent-Klausel,* aber: *5%-Klausel* (aus grafischen Gründen mit nur einem Bindestrich).

fünfte: ↑ achte/Achte.

Fünftel: Im Dativ Plural wird *Fünftel* meist mit Flexionsendung verwendet: *Mit drei Fünfteln [der Summe] kommen wir nicht aus. Ich habe die Arbeit zu drei Fünfteln geschafft.* Daneben kommt aber auch die endungslose Form vor, besonders dann, wenn auf *Fünftel* das Gemessene folgt: *Mit zwei Fünftel Kernenergie soll der Bedarf gedeckt werden.* ↑ Maß-, Mengen- und Währungsangaben (1). ↑ Bruchzahlen.

Funke/Funken: Beide Nominativformen werden heute ohne stilistischen Unterschied gebraucht, jedoch ist die Form *Funke* häufiger. Nur die jüngere Form *Funken* hat die Bedeutung „geringes Maß von“: *Hier ist kein Funken Anstand.* Der Genitiv zu beiden Formen lautet *des Funkens.*

funktional/funktionell: Die Bedeutung „auf die Funktion bezogen“ haben beide Wörter gemeinsam: *nach funktionalen/funktionellen Prinzipien.* Im Sinne von „wirksam“ und (medizinisch) „die Leistungsfähigkeit eines Organs betreffend“ kann jedoch nur *funktionell* verwendet werden: *funktionelle Störungen, Erkrankungen.* ↑ -al/-ell.

für das (es)/dafür: ↑ auf das/darauf.

füreinander: Man schreibt *füreinander* immer getrennt vom folgenden Verb: *Sie wollen füreinander da sein, leben.*

für einen Mann o.Ä. wie ihn/wie er: ↑ wie (3).

für/gegen: Die früher übliche Verwendung von *für* in der Bedeutung „zum Schutze gegen, wider“ gehört heute der Umgangssprache an: *Ich brauche ein Mittel für den Husten.* In der Standardsprache heißt es: *Ich brauche ein Mittel gegen den Husten.* ↑ gut (1).

für'n: Die umgangssprachliche Form für *für den* und *für einen* kann mit Apostroph geschrieben werden. ↑ Apostroph (1 c).

fürs: Diese Verschmelzung aus *für* und *das* wird ohne Apostroph geschrieben. ↑ Apostroph (1 c).

Fürst: 1. Genitiv, Dativ und Akkusativ lauten auf *-en: des Fürsten, dem/den Fürsten,* (vereinzelt: *dem/den Fürst*), Plural: *die Fürsten.*
2. Als Bestandteil des Familiennamens steht *Fürst* hinter dem Vornamen: *Heinrich Fürst [von] Sorden; ein Brief an Heinrich Fürst von Sorden* (aber: *ein Brief an Heinrich, den Fürsten von Sorden*). Das Genitiv-s wird nur an den eigentlichen Familiennamen angehängt: *der Besitz Heinrich Fürst Sordens* (aber: *der Besitz des Fürsten Sorden*). Die feminine Form lautet *Fürstin.* Diese Bezeichnung wird im Familiennamen wie die entsprechende maskuline Form verwendet: *Amalie Fürstin [von] Sorden.* Die persönliche Anrede sowie die Anschrift lautet (offiziell) *Herr Fürst von Sorden, Frau Fürstin von Sorden.* Jedoch lässt man das *Herr* oder *Frau* heute in der Anrede gewöhnlich weg; man schreibt im Brief *Sehr geehrter Fürst von Sorden* oder *Sehr geehrte Fürstin von Sorden* und sagt im Gespräch *Fürst Sorden, Fürstin Sorden.*

für was/wofür: Die Verbindung *für + was (Für was hast du das gekauft? Ich frage mich, für was das sein soll)* kommt nicht nur in der gesprochenen, sondern gelegentlich auch in der geschriebenen Standardsprache in Fragesätzen vor. In der geschriebenen Standardsprache dominiert hier jedoch eindeutig der Gebrauch des Pronominaladverbs *wofür: Wofür steht ihre Generation heute? Sie fragte sich, wofür sie das alles gemacht hatte.*

für 25 Jahre treue Mitarbeit/treuer Mitarbeit: Beide Formulierungen sind korrekt. Normalsprachlich ist *für 25 Jahre treue Mitarbeit* (= Apposition), während *für 25 Jahre treuer Mitarbeit* (= Genitiv) der gehobenen Stilschicht angehört. ↑ Apposition (3).

Fuß: 1. Rechtschreibung: Adjektivische Komposita schreibt man zusammen: *ein fußtiefes Loch, ein fußbreiter Pfad.* Getrennt schreibt man, wenn *breit, hoch, tief, lang* durch das Substantiv *Fuß* (mit vorangehendem Artikel, Zahlwort o. Ä.) näher bestimmt wird: *ein drei Fuß tiefes Loch. Der Pfad war nur zwei Fuß breit.* Zusammen und groß oder aber getrennt schreibt man die Maßangabe: *Sie wichen keinen Fußbreit/Fuß breit.*
2. Flexion: Als Maßbezeichnung bleibt *Fuß* unflektiert: *drei Fuß lang, 8000 Fuß hoch.* ↑ Maß-, Mengen- und Währungsangaben (1).

fußbreit/zwei Fußbreit/zwei Fuß breit: ↑ Fuß (1).

Fußnoten: 1. Das Fußnotenzeichen: Als Fußnoten- und Anmerkungszeichen sind hochgestellte Ziffern ohne Klammern üblich. Sie stehen ohne Leerzeichen an dem Wort, auf das sie sich beziehen: *Die verschiedenen Holzsorten[1] werden mit Spezialklebern verarbeitet und später längere Zeit getrocknet.* Das Fußnotenzeichen wiederholt sich am Fuß der Seite oder (seltener) am Textende, ihm folgt der Fußnotentext: *[1] Zum Beispiel Fichte, Eiche, Buche.*
2. Fußnoten und Satzzeichen: Treffen Fußnotenziffern mit Satzzeichen zusammen, gilt Folgendes: Wenn sich die Fußnote auf den gesamten Abschnitt vor einem Satzzeichen bezieht, steht die Ziffer nach dem Satzzeichen: *In dem Tagungsbericht heißt es, der Vortrag behandele „einige neue Gesichtspunkte der Heraldik".[1]* Bezieht sich die Fußnote dagegen nur auf das dem Satzzeichen unmittelbar vorangehende Wort (die unmittelbar vorangehende Wortgruppe), steht die Ziffer vor dem Satzzeichen: *In dem Tagungsbericht heißt es, der Vortrag behandele „einige neue Gesichtspunkte der Heraldik"[1].* Fußnoten können ohne Schlusspunkt stehen, wenn sie nur einzelne Wörter umfassen. Man fasst sie aber besser als Auslassungssätze auf und setzt einen Punkt (besonders wenn im selben Text Fußnoten mit ganzen Sätzen und Schlusspunkt vorkommen).

füttern:
Insbesondere in Bezug auf pflegebedürftige Menschen sollte das Verb *füttern* nicht benutzt werden. Um eine mögliche Assoziation mit der Nahrungsaufnahme von Tieren zu vermeiden, wird häufig die Formulierung *Essen reichen* verwendet.

Fürsorge

Das Substantiv *Fürsorge* ist im alltäglichen deutschen Sprachgebrauch nur noch selten anzutreffen – häufiger vertreten ist das Adjektiv *fürsorglich*, das auch, im Gegensatz zur *Fürsorge*, eindeutig positiv besetzt ist. Ein fürsorglicher Mensch ist zugewandt, sozial, hingebungsvoll. Das Wort *Fürsorge* hingegen ist eher im Vokabular der Sozialpolitik und des Rechts anzutreffen – oft in Zusammensetzungen wie „Fürsorgepflicht", etwa des Arbeitgebers gegenüber seinen Angestellten oder der Eltern gegenüber ihren Kindern. In der Umgangssprache wird es manchmal sogar noch abfällig und diskriminierend gebraucht – etwa wenn jemand behauptet, ein Mensch sei ein „Fall für die Fürsorge". Hintergrund ist, dass in Deutschland das Sozialamt bis 1962 noch Fürsorgeamt hieß.

G

galoppieren: Das Verb *galoppieren* bildet das Perfekt mit *sein,* wenn eine Bewegung bezeichnet wird: *Sie sind durch das Dorf galoppiert.* Steht der Vorgang im Vordergrund, kann *galoppieren* das Perfekt auch mit *haben* bilden: *Wir haben* (neben: *sind*) *fast eine Stunde galoppiert.*

ganz: 1. Rechtschreibung: a) Klein schreibt man das Adjektiv: *ganz Europa, auf der ganzen Welt.* Groß schreibt man das substantivierte Adjektiv: *es geht ums Ganze, im Großen und Ganzen.* **b)** Zusammen schreibt man *ganz* mit einem folgenden Adjektiv, wenn beide gemeinsam das Substantiv näher bestimmen: *ein ganzleinenes Betttuch* (Gegensatz: *halbleinen*), *eine ganzseidene Krawatte.* Die umgangssprachliche Verbindung mit dem Verb *machen* kann man getrennt oder zusammenschreiben: *Er wollte den zerbrochenen Stuhl wieder ganz machen/ganzmachen.*

2. die Kirche als Ganzes: Um etwas in seiner Gesamtheit auszudrücken, verwendet man die Substantivierung *das Ganze* in der Apposition. Es heißt also: *die Kirche als Ganzes* (auch möglich: *als ganze [Kirche]*). Im Kasus richtet sich *das Ganze* nach dem Bezugswort. Entsprechend heißt es: *von der Schule als Ganzem* (nicht: *als Ganzes*).

3. ein ganz kleines Häppchen: Wenn *ganz* Attribut zu einem Adjektiv ist, wird es nicht flektiert: *ein ganz* (nicht: *ganzes*) *kleines Häppchen.*

4. ganze/alle: Zu *die ganzen/alle Bewohner des Hauses stürzten auf die Straße* ↑ all- (10).

ganz machen/ganzmachen: ↑ ganz (1b).

gären: 1. Konjugation: *gären* gehört zu den Verben mit schwankender Konjugation. Insbesondere bei der Bildung des Partizips II kommen beide Formen vor: *gegärt/gegoren.* Im Präteritum sind die schwachen Formen häufiger: *gärte, gärten*/(vereinzelt:) *gor, goren.*

2. Perfekt: Das Perfekt von *gären* kann sowohl mit *sein* als auch mit *haben* gebildet werden, je nachdem, ob man den Vorgang in seiner Dauer bezeichnet *(haben)* oder ob man die Zustandsveränderung kennzeichnet *(sein)*: *Der Wein hat* oder *ist gegoren.*

Gast: In der festen Wendung *zu Gast sein* steht *Gast* trotz eines pluralischen Subjekts in der Regel im Singular: *Es werden Tausende zu Gast sein.*

Gatte, Gattin/Mann, Frau:
Die Wörter *Gatte, Gattin* gehören der gehobenen Stilschicht an. Außer in Österreich werden sie nur für den Ehemann einer anderen Frau bzw. die Ehefrau eines anderen Mannes verwendet. Bei Bezug auf den eigenen Ehemann bzw. die eigene Ehefrau heißt es sonst *mein Mann, meine Frau.*

geb.: Bei der Verwendung dieser Abkürzung kann ein Komma gesetzt werden: *Maria Schmidt[,] geb. Schulze; Klaus-Peter Bauernschmitt[,] geb. Meister.* ↑ geboren (3).

geben: 1. geben/gib: Im Indikativ Präsens heißt es: *ich gebe, du gibst, er gibt.* Der Imperativ Singular lautet: *gib!*

2. Er gab sich als ein Kavalier/als einen Kavalier der alten Schule: Bei *sich geben als* steht der dem *als* folgende Nominalausdruck im Nominativ, d. h., er wird auf das Subjekt bezogen: *Er gab sich als ein Kavalier der alten Schule.*

3. Es gibt kaum etwas Schlimmeres als ein betrunkener/ einen betrunkenen Mann: Für den Gebrauch von *als* gilt die Grundregel, dass die Gleichsetzung von zwei Elementen im Satz mit *als* über den gleichen Fall gekennzeichnet wird: *Es gibt kaum etwas Schlimmeres* (Akk.) *als einen betrunkenen Mann*

(Akk.). Der ebenfalls gebräuchliche Nominativ kann als Ellipse erklärt werden: *Es gibt nichts Schlimmeres als ein betrunkener Mann [es ist].*

Gebietsnamen: ↑ Geografische Namen.

Gebirgsnamen: 1. Bergnamen: Bergnamen sind im Allgemeinen Maskulina, weil sie auf das Genus von *der Berg* bezogen werden: *der Brocken, der Gran Sasso, der Großglockner, der Nanga Parbat;* aber mit dem Genus des Zweitglieds: *das Matterhorn* (wegen: *das Horn*), *die Zugspitze* (wegen: *die Spitze*). Einige auf *-a* endende Bergnamen sind Feminina: *die Schesaplana, die Marmolata;* aber: *der Ätna.*

2. Gebirgsnamen: Gebirgsnamen sind Maskulina, seltener Feminina: *der Atlas, der Harz, der Taunus, der Himalaja, der Ural;* aber: *die Rhön, die Eifel.* Das Neutrum kommt bei Komposita vor, die regulär mit dem Nomen *Gebirge* als Zweitglied gebildet sind: *das Erzgebirge, das Fichtelgebirge.* Viele Gebirgsnamen kommen nur im Plural vor: *die Pyrenäen, die Ardennen.*

3. Zur Deklination der Gebirgsnamen ↑ Geografische Namen (1.2).

geboren: 1. In Hamburg geboren, erhielt er seine Ausbildung in Berlin: Diese in kurzen Lebensabrissen häufig anzutreffende Formulierung gilt als stilistisch unschön, weil satzwertiges Partizip *(in Hamburg geboren)* und Hauptsatz *(Er erhielt seine Ausbildung in Berlin)* inhaltlich in keinem logischen Zusammenhang stehen. Man schreibt besser z. B.: *Er wurde in Hamburg geboren und erhielt seine Ausbildung in Berlin.*

Kommasetzung bei Zusätzen mit geb., verh., verw., gesch.

1. Der zweite Name kann als nachgestellter Beisatz behandelt und mit Komma abgetrennt werden:	**1. Der zweite Name wird in der Regel als Bestandteil des Gesamtnamens behandelt und ohne Komma angeschlossen:**
Herr Hans Schneider, geb. Kühn, wurde als Zeuge vernommen.	Herr Hans Schneider geb. Kühn wurde als Zeuge vernommen.
Der Geburtsort seiner Ehefrau Maria, geborener (geb.) Krüger, ist unbekannt.	Der Geburtsort seiner Ehefrau Maria geb. Krüger ist unbekannt.
Seine Tochter Katharina, verheiratete (verh.) König, starb an Lungenentzündung.	Seine Tochter Katharina verh. König starb an Lungenentzündung.
2. Zwei oder mehrere nachgestellte Namen werden immer als Appositionen behandelt und mit Komma abgetrennt:	
Frau Martha Schneider, geb. Kühn, verw. Schulz, wurde als Zeugin vernommen.	

2. von seiner Ehefrau Lisa, geborene/geborener/geborenen Wenzel: Der am häufigsten vorkommende Nominativ *geborene* (Femininum)/*geborener* (Maskulinum) kann als Ellipse zu einem Nebensatz verstanden werden: *von seiner Ehefrau Lisa, [die eine] geborene Wenzel [ist]; mit ihrem Ehemann Hannes, [der ein] geborener Lüdke [ist].* Wenn man *geboren* aber als nachgetragene Apposition auffasst, passt man es im Kasus an: *von seiner Ehefrau Lisa, geborener Wenzel; mit ihrem Ehemann Hannes, geborenem Lüdke.*

3. Kommasetzung: *Frau Martha Schneider[,] geb. Kühn:* Der dem Familiennamen mit der Abkürzung *geb.* hinzugefügte Geburtsname wird gewöhnlich als Bestandteil des Namens aufgefasst und ohne Komma angeschlossen. Er kann aber auch als nachgestellte Apposition behandelt und mit Komma abgetrennt werden. Auf gleiche Weise werden die mit *verh.* (= verheiratet[e]), *verw.* (= verwitwet[e]), *gesch.* (= geschieden[e]) angeschlossenen Zusätze behandelt. Vgl. die Tabelle auf S. 142.

4. ich bin/wurde geboren: Beide Formen sind möglich: In Autobiografien und Lebensläufen wird gewöhnlich *Ich wurde geboren* verwendet, weil damit außer der Angabe des Ortes auch noch andere Angaben gemacht werden können. *Am 1. Juni 1950 wurde ich als zweites Kind der Eheleute ... in Berlin geboren.* Dagegen kann man bei *Ich bin geboren* nur den Ort angeben, also *Ich bin in Berlin geboren*, aber nicht: *Ich bin am 1. Juni 1950 in Berlin geboren* oder *Ich bin als zweites Kind der Eheleute ... geboren.*

5. geboren/gebürtig: Es heißt: *geboren in Berlin,* aber *gebürtig aus Berlin,* wobei mit *gebürtig* die Herkunft bezeichnet wird. Beachte: Wer in München lebt und auch dort geboren ist, ist im Unterschied zu dem in München lebenden, aber dort nicht geborenen Münchner ein geborener Münchner. Wer in München geboren ist, aber nicht mehr dort lebt, ist ein gebürtiger Münchner.

gebrauchen: ↑ brauchen (5).

Gebrüder/Brüder: ↑ Bruder (2).

gebürtig/geboren: ↑ geboren (5).

Geburtstag: 1. Bedeutung: *Geburtstag* bedeutet nicht „Tag der Geburt", sondern „Jahrestag der Geburt". Seinen ersten Geburtstag feiert man also, wenn man ein Jahr alt wird.

2. fünfzigster Geburtstag: Zu empfehlen ist die Formulierung *mein fünfzigster Geburtstag,* nicht *mein fünfzigjähriger Geburtstag.* ↑ Zahlen und Ziffern (7).

Gedankenstrich: Der Gedankenstrich, der als Zeichen in der Regel länger ist als der Bindestrich, kann zwischen Sätzen und Einzelwörtern und auch innerhalb von Sätzen stehen.

1. In Verbindung mit anderen Satzzeichen: Einschübe mit Gedankenstrichen verändern die sonstige Zeichensetzung nicht. Wenn man den Einschub samt Gedankenstrichen streicht, muss ein Satz mit korrekter Zeichensetzung übrig bleiben. **a) Komma:** Das Komma steht nach dem zweiten oder aber vor dem ersten Gedankenstrich, wenn es auch ohne den eingeschobenen Satzteil oder Satz stehen muss: *Sie wundern sich – schreiben Sie –, dass ich so selten von mir hören lasse.* Beginnt oder schließt der eingeschobene Satz mit einem Nebensatz, dann steht weder nach dem ersten noch vor dem zweiten Gedankenstrich ein Komma, weil die Gedankenstriche bereits die Trennung vom Hauptsatz übernehmen: *Deshalb ist der Triumph so groß, weil nichts anderes den Ausgangspunkt für die Forscher bildete als ein paar Bibelworte – abgesehen von den verstreuten Hügeln, die wenig in die Staubebene zwischen den Flüssen passten – und einige Tonscherben vielleicht.* **b) Doppelpunkt:** Der Doppelpunkt, den eine direkte Rede fordert, steht nach dem zweiten Gedankenstrich: *Verächtlich rief sie ihm zu – sie wandte kaum den Kopf dabei –: „Was willst du hier?"* **c) Ausrufe- oder Fragezeichen:** Das Ausrufe- oder Fragezeichen steht vor dem zweiten Gedankenstrich, wenn es zu dem eingeschobenen Satz oder Satzteil gehört: *Man empfahl uns immer – erinnern Sie sich noch? –, unerbittlich gegen uns selbst, aber nachgiebig gegen andere zu sein. Ich fürchte– hoffentlich zu Unrecht! –, dass du krank bist.* **d) Punkt:** Wird ein vollständiger Satz mit Gedankenstrichen in einen Satz eingeschoben, dann wird der eingeschobene Satz ohne Punkt geschrieben: *Der Schiedsrichter pfiff das Spiel pünktlich ab und die Zuschauer – alle waren trotz der Eiseskälte bis zum Ende geblieben – verließen enttäuscht das Stadion.*

2. Der Gedankenstrich anstelle eines anderen Satzzeichens: a) Anstelle des Punktes: Der Gedankenstrich kann anstelle eines Punktes stehen, wenn das im Satz Gesagte gedanklich weitergeführt werden soll: *Überlege dir einmal, was das alles für Folgen haben kann – schließlich sind wir doch alle für unsere Umwelt verantwortlich und nicht nur Einzelne!* **b) Anstelle des Kommas:** Der Gedankenstrich kann statt des zu schwachen Kommas bei besonderer Betonung eines Gegensatzes oder einer Entsprechung stehen: *Komm bald – aber mit ihm.* **c) Anstelle des Doppelpunktes:** Der Gedankenstrich kann anstelle eines Doppelpunktes stehen, wenn dieser als zu schwach erscheint: *Haus und Hof, Geld und Gut – alles ist verloren. Hier hilft nur noch eins – sofort operieren.*

gedeihen: Das Verb *gedeihen* gehört zu den Verben mit starker Konjugation. Präteritum und Partizip II heißen also *gedieh, gediehen* (vereinzelt: *gedeihte, gedeiht*).

gedenken: 1. Wenn *gedenken* in der Bedeutung „beabsichtigen" mit einer Infinitivgruppe verbunden ist, kann man ein Komma setzen: *Sie gedachte ein Geschäft zu eröffnen./Sie gedachte, ein Geschäft zu eröffnen.* ↑ Komma (6.2).

2. In der Bedeutung „sich ehrend an jmdn. erinnern" steht *gedenken* mit dem Genitiv: *Gedenkt der lieben Verstorbenen.* Die Konstruktion mit dem Dativ *(Sie gedachten dem Toten)* ist standardsprachlich noch nicht anerkannt.

Gedenken: Man sagt *der Opfer gedenken* (Genitiv), aber *im Gedenken an die Opfer* (mit der Präposition *an* und *die Opfer* im Akkusativ, nicht: *im Gedenken der Opfer*).

gefalten/gefaltet: ↑ falten.

gefragt: Zu *die gefragte Ware* ↑ fragen (2).

gegen: 1. gegen/für: ↑ für/gegen.

2. gegen/gegenüber: Statt älterem *gegen* (+ Akkusativ) im Sinne von „zu jmdm., in Bezug auf jmdn., im Vergleich zu" wird heute meist *gegenüber* (+ Dativ) gebraucht: *Er benahm sich wie immer ausgesprochen höflich uns gegenüber* statt: *gegen uns. Gegenüber ihrem Leid ist dein Kummer doch gering* statt: *Gegen ihr Leid ...*

3. gegen das (es)/dagegen: Wo das Pronominaladverb *(dagegen)* keinen eindeutigen Bezug auf einen von mehreren Nominalausdrücken zulässt, verwendet man zur leichteren Verständlichkeit eher das Pronomen. Wenn ein Relativsatz folgt, hängt es vom Einzelfall ab, was verwendet wird. Bei *mit, bei, unter* und *gegen* sind die entsprechenden Pronominaladverbien ungebräuchlich: *Er protestierte lautstark gegen das, was sie taten.* Seltener: *Er protestierte lautstark dagegen, was sie taten.* ↑ auf das/darauf.

4. gegen jemanden wie dich/wie du: ↑ wie (3).

5. gegen was/wogegen: Die Verbindung *gegen + was (Gegen was wendest du dich? Ich frage mich, gegen was du dich wehren willst)* kommt in der gesprochenen Sprache recht häufig vor. Im geschriebenen Standarddeutsch wird in der Regel *wogegen* verwendet: *Wogegen wendest du dich? Ich frage mich, wogegen du dich wehren willst.*

gegeneinander: ↑ ...einander.

gegenüber: 1. Rektion: Standardsprachlich wird *gegenüber* mit dem Dativ verbunden: *Gegenüber dem Bahnhof befindet sich das Rei-*

Das Geheime, Heimliche und Mysteriöse

Das Wort *Geheimnis* hat zwei Bedeutungen: Zum einen bezeichnet es etwas Vertrauliches, das nur wenige wissen dürfen, zum anderen etwas Unerklärliches, Mysteriöses. Obwohl heutzutage eher die erste Bedeutung überwiegt, stand letztere zunächst im Vordergrund: Martin Luther (Abbildung rechts) hat das Wort höchstwahrscheinlich für seine Bibelübersetzung aus der Taufe gehoben und damit den lateinischen Begriff „mysterium", der ein religiöses Mysterium meinte, übersetzt. Das Substantiv ist eine Ableitung des Adjektivs *geheim*, das seit dem 15. Jh. in Gebrauch ist und, ähnlich wie heute, „streng vertraulich" meinte. In beiden Begriffen steckt das Wort „Heim", und das ist kein Zufall. Denn ähnlich wie in *heimlich* und Wortableitungen wie *Heimlichtuerei* geht man vom eigenen Heim als einem Ort des Vertrauten und des Vertrauens aus. Das, was in den eigenen vier Wänden geschieht, dringt nicht nach außen, bleibt also *ge-heim*. Dies unterscheidet sich deutlich von der Wortbedeutung, die sich immer noch in Zusammensetzungen wie *Geheimlehre* (für die jüdische Weisheitslehre Kabbala) oder *geheimnisvoll* findet und das Ominöse, Unaussprechliche und manchmal sogar ein wenig Furchterregende meint.

sebüro. Bei artikellosen geografischen Namen kann auch mit *von* angeschlossen werden: *gegenüber von Mannheim, gegenüber von Sizilien.* Aber: *gegenüber der Schweiz, gegenüber dem Erzgebirge.* Umgangssprachlich wird auch in anderen Fällen mit *von* angeschlossen: *Gegenüber vom Bahnhof befindet sich das Reisebüro* usw. Um einen solchen Anschluss zu vermeiden, kann man *gegenüber* nachstellen (vgl. 2).

2. Stellung: *gegenüber* kann einem Nominalausdruck voran- oder nachgestellt werden: *Gegenüber dem Bahnhof/Dem Bahnhof gegenüber befindet sich das Reisebüro.* Bei Pronomen wird *gegenüber* jedoch immer nachgestellt: *Mir gegenüber wagt man so etwas nicht offen zu sagen.*

gehabt: Gelegentlich wird *gehabt* auch mit Partizipien anderer Verben verbunden: *Eigentlich hatten sie schon beschlossen gehabt zu kündigen.* Damit wird die Abgeschlossenheit eines Vorgangs in der Vergangenheit besonders deutlich markiert. Entsprechende Fälle gibt es auch bei ↑ gewesen. Vgl. auch ↑ Doppelperfekt und Doppelplusquamperfekt.

geheißen: ↑ heißen (1).

gehen: 1. Imperativ: Die allgemein gebräuchliche Form des Imperativs Singular ist *geh!*, die Form *gehe!* ist seltener.

2. Perfekt: *Das Perfekt von gehen* wird immer, auch in übertragener Bedeutung, mit *sein* gebildet: *Das ist* (nicht: *hat*) *noch einmal gut gegangen.*

3. Zu *zu gehen/zugehen* ↑ zu (10); zu *nach Frankreich/in die Schweiz gehen* ↑ in/nach/zu/bei; zu *Ich möchte einmal in Ruhe Rad fahren gehen/Ich möchte endlich zum Radfahren gehen* ↑ Substantivierung (1); zu *Wie gehts/geht's?* ↑ Apostroph (1 a).

gehören: 1. gehören/sein: Standardsprachlich korrekt sind die Fügungen *Das Buch (o.Ä.) gehört mir* oder *Das Buch (o.Ä.) ist mein.* Der Dativ *Das Buch ist mir* ist umgangssprachlich.
2. eingesperrt gehören: In der Umgangssprache wird anstelle eines mit *müssen* oder *sollen* gebildeten Passivs gelegentlich die Konstruktion *gehören* + PartizipII verwendet: *Dem Kerl gehört das Handwerk gelegt. Das gehört verboten* statt: *Dem Kerl muss/sollte das Handwerk gelegt werden. Das sollte verboten werden.*

gehörend/gehörig: Das Adjektiv *gehörig* wird umgangssprachlich häufig wie das Partizip I *gehörend* verwendet. Standardsprachlich heißt es jedoch: *die in den Schrank gehörende* (nicht: *gehörige*) *Wäsche; die mir gehörenden* (nicht: *gehörigen*) *Bücher.*

gehört/hören: ↑hören.

Geistliche: 1. oben genanntem Geistlichen/ Geistlichem · ihm als Geistlichen/ Geistlichem: Zur Deklination substantivierter Adjektive ↑Abgeordnete; ↑Substantivierung (2).
2. einige Geistliche · alle Geistlichen · solche Geistliche[n]: Zur Deklination von *Geistliche* nach *alle, beide, einige* usw. ↑all- usw.

gekündigt: ↑kündigen.

gelassen/lassen: ↑lassen (1).

gelb: 1. Rechtschreibung: a) Klein schreibt man das Adjektiv: *der gelbe Sack.* Aufgrund fachsprachlicher Gepflogenheiten sind in einigen Einzelfällen sowohl Groß- als auch Kleinschreibung richtig: *die Gelbe/gelbe Karte, das Gelbe/gelbe Trikot* (im Radsport). Groß schreibt man das substantivierte Adjektiv: *die Farbe Gelb, eine Tapete in Gelb* usw. ↑Farbbezeichnungen (3.2). **b)** In Verbindung mit dem Partizip II kann getrennt oder zusammengeschrieben werden: *gelb gestreifter/gelbgestreifter Stoff.* **c)** In *Der Spieler sah Gelb-Rot* (= bekam beim Fußballspielen vom Schiedsrichter erst die Gelbe, dann die Rote Karte gezeigt) wird mit Bindestrich geschrieben; die Schreibung *Gelbrot* ist aber ebenfalls korrekt. ↑Farbbezeichnungen (3.1).
2. des Gelbs/Gelb · die beiden Gelb/Gelbs: ↑Farbbezeichnungen (2.2).
3. Zur Steigerung von *gelb* ↑Farbbezeichnungen (1).

gelblich: ↑bläulich.

Geld- und Münzbezeichnungen: ↑Maß-, Mengen- und Währungsangaben.

Gelehrte, der und die: **1. oben genanntem Gelehrten/Gelehrtem · ihr als Gelehrten/ Gelehrter:** Zur Deklination substantivierter Adjektive ↑Abgeordnete; ↑Substantivierung (2).
2. einige Gelehrte · alle Gelehrten · solche Gelehrte[n]: Zur Deklination von *Gelehrte* nach *alle, beide, einige* usw. ↑all- usw.

gelernt: Die attributive Verwendung des Partizips II von *lernen* in Fügungen wie *eine gelernte Schlosserin* „jemand, der das Schlosserhandwerk gelernt hat" ist eigentlich nicht regelgerecht, hat sich aber weitgehend durchgesetzt.

Geliebte, der und die: **1. oben genanntem Geliebten/Geliebtem · ihr als Geliebten/ Geliebter:** Zur Deklination substantivierter Adjektive ↑Abgeordnete; ↑Substantivierung (2).
2. einige Geliebte · alle Geliebten · solche Geliebte[n]: Zur Deklination von *Geliebte* nach *alle, beide, einige* usw. ↑all- usw.

geliked/gelikt/geliket: ↑liken

gelten: 1. gelten als/für: Beide Anschlüsse sind möglich, der *für*-Anschluss ist allerdings wenig gebräuchlich: *Sie gilt als klug*/(selten:) *für klug.* In Verbindung mit *als* steht der folgende Nominalausdruck im Nominativ: *Sie gilt als die Vorzeigefrau der Partei.* In der Verbindung mit *für* enthält der folgende Nominalausdruck einen Artikel und steht im Akkusativ: *Er galt für den witzigsten Kopf seiner Zeit.*
2. gelten/gilt · gälte: Im Indikativ Präsens heißt es: *ich gelte; du giltst; er, sie, es gilt.* Der Konjunktiv II lautet *gälte; gölte* ist veraltet. Zwischen dem Konjunktiv I *gelte* und der

Form *gälte* des Konjunktivs II ist kein Unterschied zu hören; die beiden Formen werden nur beim Schreiben unterschieden.

3. geltend/gültig/gegolten: Ohne nähere zeitliche Bestimmung bezieht sich das Partizip I *geltend* auf etwas, das zum Zeitpunkt der Äußerung gilt: *die geltenden Regelungen* bedeutet so viel wie *die jetzt geltenden Regelungen.* Wird eine zeitliche Bestimmung gegeben, kann sowohl *geltend* als auch *gültig* verwendet werden, z. B. *die vor 1996 geltenden/gültigen Regelungen.* Das Partizip II *gegolten* kann nicht attributiv verwendet werden (nicht: *die gegoltenen Regelungen*).

Gemahlin: ↑ Frau (2).

gemäß: Die Präposition *gemäß* verlangt den Dativ: *gemäß dem Wunsch; gemäß ihren Plänen.* Auch nachgestellt verlangt *gemäß* den Dativ: *seiner Anweisung gemäß, ihrem Wunsche gemäß.*

-gemäß/-mäßig: Bei der Verwendung von *-gemäß* und *-mäßig* ist Folgendes zu beachten: Das Suffix *-mäßig* wird in der Mehrzahl der Bildungen in zwei Bedeutungen verwendet: 1. „in Bezug auf; was ... betrifft": *qualitätsmäßige Verbesserung; wohnungsmäßig* usw. 2. „in der Art von, wie": *robotermäßiges Arbeiten; lehrbuchmäßig* usw. Im Gegensatz dazu hat *-gemäß* die Bedeutung „wie ... verlangt, [genau] entsprechend": *programmgemäß ablaufen; standesgemäß, wahrheitsgemäß* usw. Deutlich wird dieser Bedeutungsunterschied von *-mäßig* und *-gemäß* etwa bei: *Lass den befehlsmäßigen Ton* (= in der Art eines Befehls). Aber: *Niemand führte den Auftrag befehlsgemäß* (= wie es der Befehl verlangt, dem Befehl entsprechend) *aus.* Bei einigen Bildungen tritt allerdings *-mäßig* in derselben Bedeutung wie *-gemäß* auf: *fahrplanmäßig, kalendermäßig, rechtmäßig, verfassungsmäßig* (= konstitutionell), *vorschriftsmäßig, zweckmäßig.* In einigen Fällen treten aber Bildungen mit *-mäßig* konkurrierend neben Bildungen mit *-gemäß* auf, z. B. *ordnungsmäßig* neben *ordnungsgemäß, pflichtmäßig* neben *pflichtgemäß, turnusmäßig* neben *turnusgemäß.* In diesen Fällen sollte man die Bildungen mit *-gemäß* verwenden, weil *-gemäß* in jedem Fall die intendierte Bedeutung hat, *-mäßig* aber eben nicht: *ich habe das ordnungsgemäß* (nicht: *ordnungsmäßig*) *erledigt.*

genau genommen: Die formelhafte Partizipialgruppe mit der Bedeutung „gründlich betrachtet, eigentlich" wird üblicherweise getrennt geschrieben – Kommas können, müssen aber nicht stehen: *Sie hat[,] genau genommen[,] ganz recht. Genau genommen[,] handelt es sich um eine unzulässige Klausel.* Getrennt- oder Zusammenschreibung ist möglich, wenn die Verbindung als Attribut ein Substantiv näher bestimmt: *eine genau genommene/genaugenommene Vorschrift* (aber nur: *eine äußerst genau genommene Vorschrift*).

genauso: 1. genauso/genau so: Wird das (betonte) Adverb *so* „auf diese Art, Weise" durch *genau* „exakt, gerade, eben" näher bestimmt, schreibt man getrennt: *Um dieses Pulverfass zur Explosion zu bringen, genügte ein Funke. Genau so wirkte ...* Sonst (nur *genau-* ist betont) gilt Zusammenschreibung: *Dieses Schnupfenspray wirkt genauso wie jenes.*

2. Man schreibt *genauso* immer getrennt vom folgenden Adverb und allen Formen der unbestimmten Zahlwörter *viel* und *wenig: genauso oft, genauso gern, genauso viel. Ich bin mit genauso wenigen Menschen zusammengekommen wie du.* In Zusammen- oder Getrenntschreibung ist dagegen die Fügung *genausovielmal,* (auch:) *genauso viel Mal* zulässig.

generalüberholen: Von *generalüberholen* werden nur die Formen verwendet, bei denen *general-* nicht wie eine Verbpartikel für sich allein steht: *Ich lasse den Wagen generalüberholen. Der Wagen wurde generalüberholt. ... weil er den Wagen generalüberholt.*

Genitivattribut

Unter einem Genitivattribut versteht man einen Nominalausdruck im Genitiv, der seinem Bezugswort als nähere Bestimmung zugeordnet ist. Das Bezugswort ist meist ein Substantiv *(Menschen dieses Alters).*

1 *der Hut meines Vaters · die Tiere des Waldes*

Der sogenannte Genitivus possessivus drückt ein Besitz- oder allgemeiner ein Zugehörigkeitsverhältnis aus:

- der Hut *meines Vaters*, das Auto *der Tante*; die Häuser *der Stadt*, die Tiere *des Waldes*.

Er steht in Konkurrenz mit verschiedenen anderen Konstruktionen:

1.1 *das Zimmer meines Bruders/meinem Bruder sein Zimmer* (Genitivus possessivus und Dativ + Possessiv)

In der gesprochenen und informellen Sprache wird ein Besitzverhältnis manchmal auch mit einer Dativ-Possessiv-Konstruktion ausgedrückt:

- *Meinem Nachbarn sein Kaninchen* lebt nicht mehr. *Dem sein Bruder* fährt ein geiles Auto. Wem sein Hut ist das?

Die Dativ-Possessiv-Konstruktion wird heute nicht in der geschriebenen Standardsprache verwendet. In älteren Texten finden sich aber Beispiele dafür.

Die Übergänge zwischen einem Dativ als Teil der Handlung und einer solchen Dativ-Possessiv-Konstruktion sind manchmal fließend. In einem Satz wie *Er holte dem Kind seine Puppe aus dem Wasser* sind beide Lesarten denkbar:

- freier Dativ: Er holt *für das Kind* die Puppe aus dem Wasser.
- attributiver possessiver Dativ: Er holt die Puppe *des Kindes* aus dem Wasser.

1.2 *das Haus meiner Eltern/das Haus von meinen Eltern* (Genitivus possessivus und Präpositionalgruppe)

Ein besitzanzeigendes Verhältnis kann in der geschriebenen Standardsprache auch durch *von* + Dativ ausgedrückt werden:

- Der Konsum *harter Drogen/von harten Drogen* hat zugenommen. Im Nachlass fand sich ein merkwürdiger Brief *eines Unbekannten/von einem Unbekannten*.

In der geschriebenen Standardsprache herrscht hier weitgehend freie Wahl. In einigen Fällen wird die Variante mit *von* gegenüber dem Genitiv vorgezogen:

- Der Genitiv ist nicht gebräuchlich, wenn die Nominalgruppe nur aus einem Substantiv besteht. Man sagt also nicht: *der Verbrauch Erdöls* oder *die Ansichten Berliner,* sondern:
  - der Verbrauch *von Erdöl,* die Ansichten *von Berlinern*.
- Bei nachgestellten Eigennamen wird der Anschluss mit *von* häufig dann verwendet, wenn es sich um einen einfachen, kurzen Namen handelt:
  - die Goldmedaillen *von Franzi*/die Goldmedaillen *Franzis,* die Fuge *von Bach* / die Fuge *Bachs.*

– Man kann die *von*-Variante auch wählen, um eine Aneinanderreihung mehrerer Genitivattribute zu vermeiden:
- das Jahr *von Wilhelms Tod*/das Jahr *des Todes von Wilhelm* statt: das Jahr *des Todes Wilhelms.*

Die Präpositionalgruppe ist in einigen Fällen eindeutiger (der Genitiv kann im folgenden Satz sowohl als „von Maria stammendes Geschenk" wie auch als „Geschenk für Maria" verstanden werden):
- Das Geschenk *Marias/von/für Maria.*

2 *der Hut des Vaters/Vaters Hut* (Stellung des Genitivattributs)

Der attributive Genitiv von Gattungsbezeichnungen steht heute gewöhnlich nach dem Bezugswort:
- der Hut *des Vaters,* der Wahnsinn *des Krieges,* das Haus *meiner Schwester.*

Die Voranstellung des Genitivattributs ist vor allem bei artikellosen Eigennamen oder eigennamenähnlichen Substantiven gebräuchlich:
- *Ingeborg Bachmanns* Lyrik, *Vaters* Hut, *Frankreichs* Weine.

Artikellose Eigennamen können dem Bezugswort auch nachgestellt werden. Diese Konstruktion wird jedoch bei ein- und zweisilbigen Personennamen fast ganz vermieden.
- (Nicht:) Auto *Ruths,* Hose *Karls.* Aber möglich: Bild *Michelangelos,* Vermögen *Berlusconis,* Weine *Frankreichs.*

Ausgebaute Nominalgruppen (insbesondere solche mit Artikelwort) kommen vorangestellt vor allem in festen Wendungen und in literarischer Sprache vor:
- *des Tages* Mühen, *aller Laster* Anfang. *Des Mannes* Spielzeug ist sein Himmelreich. Das Wunder ist *des Glaubens* liebstes Kind.

genug: 1. Stellung: *genug* steht nicht vor, sondern hinter einem Adjektiv: *Sie ist alt genug.* Beim Substantiv kann es voran- und nachgestellt werden: *Im Urlaub hat man genug Freizeit* oder *Im Urlaub hat man Freizeit genug.*
2. genug waren /war …: Ist *genug* Subjekt, dann steht das Verb im Plural, wenn ein pluralisches Wort wie etwa *Menschen/Leute* ergänzt werden kann oder wenn ein pluralisches Genitivattribut hinzugefügt ist: *Genug [Menschen] waren dort versammelt.* Kann kein Plural ergänzt werden, dann steht auch das Verb im Singular: *Genug ist nicht genug.*

Geografische Namen: siehe S. 151.

Gerade: Mit Artikel wird *Gerade* meist schwach (wie ein Adjektiv) flektiert. Genitiv: *der Geraden,* (vereinzelt: *der Gerade*); Plural: *die Geraden.* Ohne Artikel (in Verbindung mit einer Kardinalzahl z. B.) kommt im Plural auch starke Flexion vor: *zwei Geraden/Gerade.* ↑Substantivierung (2).

gern/gerne: 1. Das Adverb *gern* hat die Vergleichsformen *lieber, am liebsten.*
2. Die Formen *gern* und *gerne* sind beide korrekt.
3. ↑Apostroph (2 a).

gesalzen/gesalzt: Es gibt beide Formen des Partizips. *Gesalzt* ist jedoch selten und wird nicht übertragen gebraucht: *gesalzenes* / (selten:) *gesalztes Fleisch. Die Suppe ist stark gesalzen* / (selten:) *gesalzt. Sie gab mir eine gesalzene Ohrfeige. Die Preise waren gesalzen.*

gesandt/gesendet: ↑senden.

Geschädigte, der und die: **1. oben genanntem Geschädigten/Geschädigtem · ihr als Geschädigten/ Geschädigter:** Zur Deklination substantivierter Adjektive ↑Abgeordnete; ↑Substantivierung (2)
2. einige Geschädigte · alle Geschädigten: Zur Deklination von *Geschädigte* nach *alle, beide, einige* usw. ↑all- usw.

gescheint/geschienen: ↑scheinen.

geschieden: ↑ geboren (2 u. 3).

-geschlechtig/-geschlechtlich: Die beiden Ableitungen von *Geschlecht* haben verschiedene Bedeutungen. Die Form *-geschlechtig*, die nicht als selbstständiges Wort auftritt, bedeutet „ein Geschlecht habend", sie wird besonders in der Biologie gebraucht: *zweigeschlechtig, getrenntgeschlechtig, andersgeschlechtig*. Die Form *geschlechtlich* tritt als selbstständiges Adjektiv auf und bedeutet „das Geschlecht betreffend, sexuell": *geschlechtliche Liebe*. Als Grundwort eines Kompositums steht sie z. B. in *gleichgeschlechtlich* „auf das eigene Geschlecht bezogen, homosexuell". Im Sprachgebrauch werden die beiden Bildungsweisen nicht immer auseinandergehalten.

Geschlechtergerechter Sprachgebrauch: siehe S. 156.

geschmälzt/geschmelzt: ↑ schmalzen/schmälzen.

geschmolzen oder geschmelzt: ↑ schmelzen (1).

-geschossig: Zu *ein eingeschossiges/dreigeschossiges Haus* ↑ Stock.

geschweige: 1. *geschweige [denn]* in der Bedeutung „noch weniger" darf nur nach einer vorangegangenen verneinten oder eingeschränkten Aussage stehen, auf die es sich verstärkend bezieht: *Ich habe sie nicht sehen, geschweige [denn] sprechen können. Er kann kaum gehen, geschweige denn laufen.*

2. In den Fügungen *geschweige denn dass* und *geschweige dass* kann vor *dass* ein Komma gesetzt werden: *Ich glaube nicht einmal, dass sie anruft, geschweige denn[,] dass sie vorbeikommt. Ich glaube nicht einmal, dass sie anruft, geschweige[,] dass sie vorbeikommt.*

geschwellt/geschwollen: ↑ schwellen.

gesehen: Die adverbial gebrauchte Fügung *so gesehen* kann mit oder ohne Kommas in den Satz eingefügt werden: *Er hat[,] so gesehen[,] nicht unrecht. So gesehen[,] hat sie eigentlich ganz vernünftig reagiert.*

gesendet/gesandt: ↑ senden.

gesetzt: 1. In der Fügung *gesetzt den Fall* steht der Akkusativ, nicht der Nominativ: *Gesetzt den Fall, es machte mir jemand ein Angebot ...*

2. Nach *gesetzt* kann ein Komma stehen: *Gesetzt[,] dass er kommt, wie wollen wir uns dann verhalten?* Zu empfehlen ist ein Komma nach *gesetzt den Fall: Wann brechen wir auf, gesetzt den Fall, dass sich der Nebel auflöst? Gesetzt den Fall, dieses Buch ist vergriffen, dann schenken wir ihr eine Reproduktion.*

gesinnt: 1. Rechtschreibung: *Gesinnt* schreibt man in der Regel getrennt von einem vorangehenden Adjektiv oder Adverb: *gleich gesinnt, freundlich/treu/übel gesinnt.* Bei adjektivischer Verwendung ist jedoch auch Zusammenschreibung möglich: *gleichgesinnte/gleich gesinnte Kolleginnen, ein treugesinnter/treu gesinnter Freund, übelgesinnte/übel gesinnte Zeitgenossen.* Nur zusammen schreibt man *gutgesinnt* und *wohlgesinnt.*

2. gesinnt/gesonnen: Die beiden Partizipien haben unterschiedliche Bedeutung: *gesinnt* bedeutet „von einer bestimmten Gesinnung": *Ein gleich gesinnter, anders gesinnter, übel gesinnter Mensch.* Demgegenüber bedeutet *gesonnen* „willens, gewillt" und wird nur in Verbindung mit *sein* gebraucht (*gesonnen sein* „willens, gewillt sein"): *Ich bin nicht gesonnen, das zu tun.* Dieser Bedeutungsunterschied kommt bei ↑ *wohlgesinnt/wohlgesonnen* allerdings heute nicht mehr zum Tragen.

gespalten/gespaltet: ↑ spalten.

gespenstig/gespenstisch: Die beiden Adjektive haben die gleiche Bedeutung; die Form auf *-ig* wird heute jedoch nur noch recht selten gebraucht.

-gestalt/-gestaltet: Das Wort *gestalt* ist ein altes adjektivisch gebrauchtes Partizip II von *stellen* mit der Bedeutung „so beschaffen sein", das sich in einigen Bildungen wie *wohlgestalt, missgestalt, ungestalt, schöngestalt* u. a. erhalten

Geografische Namen

1 Deklination

1.1 Ohne Artikel stehende geografische Namen

– **Florenz' Geschichte/Geschichte von Florenz/Florenzens Geschichte:**
Bei Länder- oder Ortsnamen, die auf *s, ss, ß, z, tz, x* ausgehen, wird die Genitivform zumeist umgangen, d.h., anstelle des durch Apostroph gebildeten Genitivs bei vorangehendem Namen *(Paris' Museen, Florenz' Geschichte)* gebraucht man entweder *von* oder die Voranstellung einer Gattungsbezeichnung:

- die Museen von Paris, die Geschichte von Florenz; die Museen der Stadt Paris.

– **einschließlich Berlins/Berlin · südlich von Köln/Kölns:**
Nach Präpositionen, die den Genitiv fordern, haben Orts- und Ländernamen ein Genitiv-s; die endungslose Form steht in der Standardsprache nur nach *einschließlich:*

- einschließlich Berlins/Berlin, innerhalb Deutschlands, oberhalb Straßburgs, südlich Kölns.

Nach *nördlich, südlich, östlich, westlich* werden geografische Namen meist mit *von* angeschlossen.

Reich an Geschichte: die italienische Stadt Florenz

1.2 Mit dem Artikel [und Adjektiv] stehende geografische Namen

Die mit dem Artikel gebrauchten geografischen Namen, soweit es sich um Maskulina und Neutra handelt, erhalten im Genitiv meist die Endung *-s: des Balkans, des Engadins, des Rheins, des Brockens;* es kommen jedoch, besonders bei fremden Namen, auch endungslose Formen vor: *des Inns/Inn, des Rigis/Rigi, des Kongos/Kongo, des Sudans/Sudan, des Jemens/Jemen.*

Bei den Namen, die auf *-s, -x* oder *-(t)z* ausgehen, gibt es solche mit und solche ohne Endung sowie eine dritte Gruppe, die zwischen beiden Möglichkeiten schwankt: *des Harzes, des Taunus; des Elsass/Elsasses.*

Komposita mit *-see, -fluss, -strom, -bach, -berg, -gebirge, -wald* u.a. werden wie ihre Zweitglieder flektiert: *des Kochelsees, des Riesengebirges, des Schwarzwald[e]s.*

In der Verbindung Artikel + Adjektiv + geografischer Name ist das Genitiv-s beim Namen korrekt; daneben gilt aber die endungslose Form, besonders bei Ortsnamen, als gleichberechtigt:

- die Länder des heutigen Europas/Europa, des zerstörten Dresdens/Dresden, ein lebendiges Bild des modernen Englands/England.

1.3 Der Plural von Ländernamen

Gelegentlich wird auch von Ländernamen ein Plural gebildet. Die Pluralform hat die Endung *-s* oder sie ist endungslos: *die beiden Amerikas/Amerika.*

2 Der Artikel bei Länder-, Gebiets- und Ortsnamen

Länder-, Gebiets- und Ortsnamen werden im Allgemeinen ohne Artikel verwendet: *Deutschland, Europa, Hessen, Wiesbaden.* Es gibt jedoch auch solche Namen, zu denen normalerweise ein

Markt in Sanaa, der Hauptstadt des Jemen

Artikel gehört. Häufig handelt es sich dabei um Namen, die auf Landschaftsbezeichnungen zurückgehen:

- Maskulina: der Peloponnes, der Balkan, der Sudan, der Spreewald;
- Feminina: die Türkei, die Bretagne, die Riviera, die Pfalz, die Wetterau;
- Neutra: das Elsass, das Engadin, das Tessin, das Vogtland, das Teufelsmoor.

Mit Artikel stehen auch pluralische geografische Namen:

- die USA, die Niederlande, die Azoren, die Alpen, die Bermudas, die Everglades.

Manche Namen werden sowohl mit als auch ohne Artikel gebraucht:

- der Irak (seltener: Irak), der Iran (seltener: Iran), der Jemen (seltener: Jemen).

Entsprechend schwankt der Gebrauch von *im* (Ländername mit Artikel) und *in* (Ländername ohne Artikel): *im/in Irak, im/in Jemen.*

Der bestimmte Artikel steht ferner, wenn Länder- oder Ortsnamen näher bestimmt sind: *das schöne Thüringen, das ganze Deutschland* (aber: *ganz Deutschland*), *das halbe Europa* (aber: *halb Europa*), *das Frankreich Ludwigs XIV., das Berlin von heute.* Meist ohne Artikel stehen Verbindungen wie *Schloss Wilhelmshöhe, Kap Hoorn.* Wird jedoch ein Artikel verwendet, was vor allem im Genitiv geschieht, dann wird das erste Substantiv mit dem Artikel flektiert: *die Grundmauern des Schlosses Wilhelmshöhe.*

In Aufzählungen, Listen u. Ä. können geografische Namen, die gewöhnlich einen Artikel bei sich haben, auch ohne den Artikel stehen:
Gewinner waren: Frankreich, Schweiz, Türkei.
Fulda und Werra.

3 Rechtschreibung

3.1 Groß- und Kleinschreibung

Von geografischen Namen abgeleitete Adjektive auf *-er* schreibt man immer groß:

- das Ulmer Münster, der Köln-Bonner Flughafen, das Wiener Schnitzel, die Frankfurter Verkehrsverhältnisse, die Schweizer Industrie, der Holländer Käse.

Im Gegensatz dazu gilt für deklinierte Adjektive (auch auf *-isch*) die Großschreibung nur dann, wenn sie Bestandteil eines Eigennamens sind:
das Rote Meer, die Hohen Tauern, der Bayerische Wald, die Holsteinische Schweiz. (Aber:) böhmische Dörfer, chinesische Seide, westfälischer Schinken.

3.2 Getrennt- und Zusammenschreibung/Bindestrich

- **Sankt Gallen · sankt-gallisch · Sankt Galler/Sankt-Galler:**
  Die Wörter *Sankt* und *Bad* stehen vor geografischen Namen meist ohne Bindestrich und getrennt: *Sankt/St. Gallen, Bad Ems.* Bei Ableitungen dagegen wird ein Bindestrich gesetzt: *sankt-gallisch/st.-gallisch.* Unflektierte

Adjektive auf *-er* können getrennt oder mit Bindestrich geschrieben werden: *Sankt/St. Galler/Sankt-Galler/St.-Galler, Bad Emser/ Bad-Emser, New Yorker/New-Yorker.* Bei Kopplung mit einem anderen Ortsnamen wird nur ein Bindestrich zwischen beide Namen gesetzt: *Stuttgart-Bad Cannstatt.*

- **Frankfurt-Stadt/Frankfurt Stadt · Wiesbaden-Süd/Wiesbaden Süd:**
  Wenn einem Ortsnamen zur näheren Bestimmung ein Substantiv nachgestellt ist, empfiehlt es sich, einen Bindestrich zu setzen; die Schreibung ohne Bindestrich ist jedoch ebenfalls korrekt: *Frankfurt-Stadt/Frankfurt Stadt, Wiesbaden-Süd/Wiesbaden Süd, Bonn-Hauptbahnhof/Bonn Hauptbahnhof.*

- **moskaufreundlich/Moskau-freundlich · pekinghörig/Peking-hörig:**
  Komposita aus geografischem Namen und adjektivischem Zweitglied schreibt man zusammen und klein: *moskaufreundlich, pekinghörig, washingtontreu.* Um den Namen besonders hervorzuheben, kann man aber auch einen Bindestrich setzen; in diesem Fall wird der Name großgeschrieben: *Moskau-freundlich, Peking-hörig, Washington-treu.*

- **hallisch/hallesch · berlinisch/Berliner:**
  Bei Ableitungen auf *-isch/-sch* und *-er/-erisch* gibt es keine allgemeine Regel, ob mit oder ohne *-i-*. Meist sind beide Varianten möglich:
  - hamburgische/hamburgsche, mannheimische/mannheimsche.

Die Adjektivbildungen auf *-isch/-sch* weichen allerdings immer mehr den Ableitungen auf *-er.* Man sagt also heute meist *Pariser Mode, Berliner Mundart* und nicht mehr *parisische Mode, berlinische Mundart.* Gelegentlich kommen auch Mischformen aus *-er* + *-isch* vor: *wienerisch, berlinerisch.*

hat. Daneben stehen die Bildungen mit dem Partizip II von *gestalten: wohlgestaltet, missgestaltet, schön gestaltet* u.a. Beide Formen werden in der Weise unterschieden, dass im Allgemeinen – jedoch nicht durchgängig – die Bildungen mit *-gestalt* in der Bedeutung „von Natur aus in bestimmter Weise beschaffen und gewachsen" und die Bildungen mit *gestaltet* „von Menschenhand geschaffen" gebraucht werden.

gestreift: Zur Getrennt- oder Zusammenschreibung von *schwarz* usw. *gestreift* (auch: *schwarzgestreift*) ↑ Farbbezeichnungen (3.3).

gesund: 1. Umlaut: Komparativ und Superlativ von *gesund* können mit und ohne Umlaut gebildet werden: *gesünder/gesunder* und *gesündeste/gesundeste.* Die umgelauteten Formen werden häufiger verwendet.
2. Rechtschreibung: In der konkreten Bedeutung „nicht krank" schreibt man *gesund* vom folgenden Verb getrennt. Erlaubt ist die Zusammenschreibung bei dieser konkreten Bedeutung von *gesund* nur dann, wenn *gesund* das Ergebnis einer Handlung bzw. einen veränderten Zustand bezeichnet: *Er hat den Kranken wieder gesund gepflegt/gesundgepflegt. Die Medizin hat sie gesund gemacht/gesundgemacht.* Auch ist nur die Getrenntschreibung korrekt, wenn *gesund* gesteigert oder erweitert ist: *jemanden wieder ganz gesund machen.*

getrauen, sich: Das reflexive Verb *sich getrauen* wird heute im Allgemeinen mit dem Akkusativ verbunden. Der Dativ ist zwar auch korrekt, kommt heute aber seltener vor: *Ich getraue mich* (seltener: *mir*) *das zu tun. Ich getraue mich* (seltener: *mir*) *diesen Schritt leider doch nicht.* Nur mit Akkusativ: *Ich getraue* (neben: *traue*) *mich nicht. Ich getraue* (besser: *traue*) *mich nicht auf die Straße.*

gewahr werden: Bei *gewahr werden* kann das Objekt im Akkusativ oder im Genitiv stehen: *Ich ging an ihr vorüber, ohne sie/ihrer gewahr* *zu werden. ... dass die Insekten die Blumen schon von Weitem gewahr werden* (Friedel). *... ohne des Inhalts recht gewahr zu werden* (Sieburg).

gewandt/gewendet: ↑ wenden.

Gewerkschafter/Gewerkschaftler: Üblich ist die Form *Gewerkschafter*. Daneben wird zunehmend die Form *Gewerkschaftler* gebraucht. In Österreich und in der Schweiz ist nur *Gewerkschafter* gebräuchlich. ↑ -schafter/-schaftler.

gewesen: Gelegentlich wird *gewesen* auch mit Partizipien anderer Verben verbunden: *Ich war eingeschlafen gewesen.* Damit wird die Abgeschlossenheit eines Vorgangs in der Vergangenheit besonders deutlich markiert. Entsprechende Fälle gibt es auch bei ↑ *gehabt.* ↑ Doppelperfekt und Doppelplusquamperfekt.

gewiegt: ↑ wiegen.

gewinkt: ↑ winken.

Gewinn-und-Verlust-Rechnung: Der überwiegend fachsprachlich gebrauchte Ausdruck muss mit Bindestrichen durchgekoppelt werden, da es sich nur um *eine* Rechnung handelt, in der Gewinne und Verluste einander unmittelbar gegenübergestellt werden.

gewiss: Das folgende [substantivierte] Adjektiv oder Partizip nach *gewiss* wird heute in gleicher Weise (parallel) flektiert: *gewisse lebensnotwendige Einrichtungen; die Einstellung gewisser national gesinnter Kreise.*

gewogen: ↑ wägen.

gewohnt/gewöhnt: Heute verwendet man den Akkusativ: *... er war das Steigen nicht gewohnt* (Muschg). Besonders häufig kommt die Konstruktion mit *zu* + Infinitiv vor. Oft wird ein *es* hinzugefügt: *Sie waren [es] gewohnt, zu warten.* Während die Präposition *an* in Verbindung mit *gewohnt* nur vereinzelt auftritt und nicht standardsprachlich ist, wird *gewöhnt* in der geschriebenen Standardsprache immer mit *an* (bzw. *daran*) verbunden. Man unterscheidet also: *Die Kinder sind [es] gewohnt, sich regelmäßig die Zähne zu putzen./Die Kinder sind daran gewöhnt, sich regelmäßig die Zähne zu putzen.*

geworden/worden: ↑ werden.

gewunken: ↑ winken.

Glas: 1. Als Maßbezeichnung kann *Glas* ohne Flexionsendung verwendet werden: *Zwei Glas/Gläser Bier bitte! Ich habe drei Glas/Gläser Sekt getrunken.* ↑ Maß-, Mengen- und Währungsangaben.

2. Das Gemessene nach Glas: *ein Glas Wein* (nicht: *Wein[e]s*); *ein Glas edler Wein* (gehoben: *edlen Wein[e]s*); *der Preis eines Glases Wein* (nicht: *Wein[e]s*); *mit mehreren Gläsern hochprozentigem Rum* (gehoben: *hochprozentigen Rums*). ↑ Apposition (3).

3. Man kann nicht nur *ein Glas frisches Wasser,* sondern auch *ein frisches Glas Wasser* sagen.

glatt: Die Vergleichsformen von *glatt* werden meist ohne Umlaut gebildet: *glatter, glatteste.* Die Formen *glätter, glätteste* kommen nur vereinzelt vor.

Glaube/Glauben: Das Substantiv hat zwei Nominativformen: *der Glaube* und *der Glauben.* Der Genitiv zu beiden lautet *des Glaubens.* Heute wird im Allgemeinen die ältere Form *der Glaube* gebraucht.

glauben: 1. Komma: Wenn *glauben* mit einer Infinitivgruppe verbunden ist, kann man ein Komma setzen: *Er glaubte den Mann zu kennen/Er glaubte, den Mann zu kennen.* ↑ Komma (6.2).

2. Konjunktiv: Zu *Er glaubte, dass er krank sei. Sie glaubte, dass ich käme/kommen würde* ↑ Konjunktiv (1 und 2).

3. glauben machen: *glauben machen* verlangt stets den Akkusativ (nicht den Dativ): *Er will mich glauben machen ...*

4. glauben lassen: *glauben lassen* verlangt den Akkusativ: *Sie ließ ihn glauben, sie sei noch ein Kind.* ↑ lassen (4).

Gläubige/Gläubiger: Der *Gläubige* ist jemand, der an etwas glaubt, der *Gläubiger* ist jemand, der von einem anderen etwas zu bekommen hat, dem also jemand etwas schuldet. Während *der Gläubige* – wie die meisten substantivierten Adjektive – adjektivisch dekliniert wird *(die Hoffnung des Gläubigen/der Gläubigen)*, wird *der Gläubiger* substantivisch wie die Maskulina auf *-er* dekliniert: *Die Hoffnung des Gläubigers/der Gläubiger, dass sie zahlen würde, erfüllte sich nicht.*

gleiche: ↑ der gleiche/derselbe.

gleichsam[,] als [ob]/[wenn]: In der Fügung braucht vor *als* kein Komma gesetzt zu werden: *Ich hob die Hand, gleichsam als ob ich einen Schlag abwehren wollte.* Werden die Teile der Fügung nicht als Einheit angesehen, dann kann ein Komma gesetzt werden: *Ich hob die Hand, gleichsam, als ob ich einen Schlag abwehren wollte.*

gleichviel[,] ob/wo: Im Allgemeinen kann man *„gleichviel,"* als Ellipse ansehen; dann steht sowohl vor als auch nach *gleichviel* ein Komma: *Ich werde dies tun, [es ist] gleichviel, ob er darüber böse ist. Ich werde dir schreiben, gleichviel, wo ich auch bin.* Man kann das Komma nach *gleichviel* aber auch weglassen: *Ich werde dir schreiben, gleichviel wo ich auch bin.* In anderer Reihenfolge: *Gleichviel[,] ob du mitkommst oder nicht, ich werde in der nächsten Woche abreisen.*

gleichzeitig/zugleich: Das Adjektiv *gleichzeitig* bedeutet eigentlich nur „zur gleichen Zeit" *(Sie redeten gleichzeitig)*, während *zugleich*

Gläsern

Das Wort *gläsern* hat zwei Bedeutungen: einmal die offensichtliche – etwas ist aus Glas gefertigt – und einmal die übertragene: Also etwas, eine Angelegenheit ist so wie Glas. Genauso zerbrechlich, genauso durchsichtig. Interessant ist: Während etwa das Adjektiv *durchsichtig* eher neutral verwendet wird, hat *gläsern* eine meist negative Konnotation. Die *gläserne Decke* ist eine Metapher für die fehlenden Aufstiegschancen im Beruf aufgrund von Diskriminierungen und Vorurteilen, die aber nicht offen ausgesprochen werden. Der *gläserne Mensch* ist eine Wendung, die vor allem in Zusammenhang mit dem Datenschutz benutzt wird und jemanden bezeichnet, dessen persönliche und sogar intime Daten durchleuchtet werden können – sei es in einem autoritären Staat, sei es durch eigenes nachlässiges Verhalten in den sozialen Medien. Im Gegensatz zu *gläsern* hat das sinnverwandte Adjektiv *transparent* dagegen fast immer eine positive Bedeutung: Man hat nichts zu verbergen – ein Abrechnungssystem, politische Entscheidungen oder die Herkunft einer Ware sind transparent, also für jeden einsichtig, nachvollziehbar und durchschaubar.

Geschlechtergerechter Sprachgebrauch

Geschlechtergerechtes Formulieren bedeutet, keine maskulinen Personenbezeichnungen zu verwenden, wenn nicht ausschließlich auf Männer Bezug genommen wird. In solchen Fällen gibt es neben der expliziten Doppelnennung *(Kolleginnen und Kollegen)* verschiedene effizientere Möglichkeiten, um den verschiedenen Geschlechtern gerecht zu werden. Zu *man/frau* ↑ man (2). Zu *Kaufmann/Kauffrau* ↑ -mann/-frau. Zu femininen Berufsbezeichnungen ↑ Titel und Berufsbezeichnungen (3).

1 Schrägstrich

Bei Personenbezeichnungen, die sich nur durch die Endung unterscheiden und bei denen sich kein Vokal ändert, kann mithilfe des Schrägstrichs verkürzt geschrieben werden; der Ergänzungsbindestrich vor der Endung wird häufig aus typografischen Gründen weggelassen:

- Mitarbeiter/-innen (Mitarbeiter/innen), Assistent/-in (Assistent/in), jede/-r (jede/r).

Bei Wortpaaren, deren feminine Form nicht ausschließlich eine Verlängerung der maskulinen Form ist (Kollegen und Kolleg-*innen*), müssten innerhalb der sprachsystematischen Regeln zwei Schrägstriche stehen – das ist aus typografischen Gründen meist nicht Mittel der Wahl (nicht üblich: *Kolleg-/-inn-/-en*).

Aus pragmatischen Gründen wird daher im Sprachgebrauch (besonders in informellen Kontexten) inzwischen die Doppelform in der Sparschreibung wie ein Gesamtwort behandelt, das entsprechend unkompliziert flektiert, also auch im Dativ Plural verwendet wird: *den Mitarbeiter/innen, den Kolleg/innen.* Hier wird der Anspruch aufgegeben, die sprachliche Struktur der Einzelformen zu berücksichtigen; der Sprachgebrauch scheint sich losgelöst von orthografischen und grammatischen Regeln zu entwickeln. Vergleichbar damit sind kreative Schreibungen wie *MitarbeiterInnen, Mitarbeiter*innen, Mitarbeiter_innen* (vgl. 2).

2 Großes I, Asterisk und Unterstrich

Die Schreibung mit dem großen I im Wortinnern (Binnen-I, Binnenmajuskel) wie bei

KollegInnen, MitarbeiterInnen ist seit Anfang der 1980er-Jahre belegt; im amtlichen Regelwerk für die deutsche Rechtschreibung ist die Binnengroßschreibung aber nicht Gegenstand.

Ähnlich verhält es sich mit dem Sternchen, das statt des großen I in die Fuge kommt:

- Kolleg*innen, Mitarbeiter*innen.

Dieses Sternchen (Asterisk) findet man häufig in Kontexten, in denen aufgrund aktueller Transgender- und Intersexualitätsdebatten Geschlecht nicht mehr als ein binäres System verstanden wird und die Möglichkeit weiterer Kategorien angedeutet werden soll. Aber auch in Texten, in denen es nur um die Nennung femininer und maskuliner Formen geht, wird der Asterisk inzwischen statt des Binnen-I verwendet.

Eine weitere Möglichkeit, die sich nicht im amtlichen Regelwerk zur deutschen Rechtschreibung findet, ergibt sich mit dem sogenannten „Gender-Gap“, dem Unterstrich an der Stelle von Binnen-I und Sternchen – auch dieser steht innerhalb der Wortform und soll wie das Binnen-I und das Sternchen darauf hinweisen, dass feminine und maskuline Form *(Lehrerinnen und Lehrer)* gleichermaßen gemeint sind:

- Kolleg_innen, Mitarbeiter_innen.

Ähnlich wie das Sternchen hat der Unterstrich die zusätzliche Implikation, mit einer bewussten Irritation des normalen Schriftbildes alle über das binäre System hinausgehenden sozialen Geschlechter und Geschlechtsidentitäten auch sprachlich auszudrücken.

3 Klammern

Buchstaben oder Wortteile können zur Kennzeichnung einer Sparschreibung in Klammern eingeschlossen werden. Dies gilt unabhängig davon, ob die Klammer am Wortende steht wie in *Schüler(in), Friseur(in), Fahrer(innen), eine(r), jede(r)* oder ob sie einen Einschub innerhalb des Wortes kennzeichnet: *Kolleg(inn)en, Student(inn)en.* Die Einklammerung der femininen Endung wird jedoch vielfach abgelehnt, weil sie den Eindruck erwecke, die feminine Form sei zweitrangig und weniger wichtig, was wiederum das Gebot der sprachlichen Gleichbehandlung verletze; sie ist heute nicht mehr häufig zu finden.

4 Substantivierte Partizipien oder Adjektive

Im Plural bietet sich häufig die Verwendung von substantivierten Partizipien und Adjektiven an, die sich gleichermaßen auf maskuline wie auf feminine Formen beziehen. Hier gibt es

- substantivierte Formen des Partizips I: *Studierende, Lehrende;*
- substantivierte Formen des Partizips II: *Abgeordnete, Verwitwete;*
- substantivierte Formen des Adjektivs: *Ältere, Jugendliche.*

5 *der Mensch, die Person, das Opfer*

Wörter, deren grammatisches Geschlecht nicht mit dem natürlichen Geschlecht der bezeichneten Person übereinstimmt und bei denen es keine dazugehörigen femininen oder maskulinen Formen gibt, umfassen automatisch beide Geschlechter; sie können sowohl im Singular als auch im Plural verwendet werden:

- der Mensch, das Mitglied, das Opfer, die Person.

6 Kurzwörter

Viele Kurzwörter haben den Vorteil, dass sie sowohl für feminine als auch für maskuline Lang-

Geschlecht und Gender

Den Begriff *Gender* liest man in den letzten Jahren allenthalben. Er stammt aus dem Englischen und meint nichts anderes als *Geschlecht*. Anders als im Deutschen aber gibt es im Englischen hierfür zwei verschiedene Begriffe mit unterschiedlicher Bedeutung: zum einen „sex", womit das biologische Geschlecht gemeint ist, und eben „gender", welches das soziale Geschlecht meint – die gesellschaftlichen Geschlechterrollen und -normen sowie die eigene Geschlechtsidentität, die in seltenen Fällen vom biologischen Geschlecht abweichen kann. Vom englischen Lehnwort abgeleitet sind Wörter wie das Verb *gendern*, womit im Allgemeinen das Bemühen um einen geschlechtergerechten Sprachgebrauch gemeint ist. Inzwischen gibt es in der Schriftsprache diverse – nicht dudenkonforme – Sonderzeichen, vor allem das Sternchen und den Unterstrich. In der gesprochenen Sprache werden sie, um eine Verwechslung mit der femininen Form zu vermeiden, durch eine kurze sprachliche Pause angezeigt, einen sogenannten Glottisschlag, wie er zum Beispiel auch im Wort „Theater" benutzt wird.

formen gelten, sodass sie problemlos eingesetzt werden können:

- *der/die Hiwi* (Silbenkurzwort: Hilfswissenschaftler oder Hilfswissenschaftlerin),
- *der/die Studi* (Kurzwort mit i-Suffix: Student oder Studentin),
- *der/die Prof* (Kurzwort: Professor oder Professorin),
- *der/die OB* (Buchstabenkurzwort: Oberbürgermeister oder Oberbürgermeisterin).

7 Sachbezeichnung/Umformulierung mithilfe des Adjektivs

Statt der Personenbezeichnung wird vor allem ein Abstraktum verwendet:

- Leitung (statt: Leiterin oder Leiter); Professur (statt: Professorin oder Professor).

Es kann auch statt der maskulinen oder femininen Form ein Adjektiv verwendet werden, z. B. *ärztlicher Rat* statt *Rat der Ärztin/des Arztes.*

8 Erklärender Klammerzusatz (m/w/d)

In Stellenanzeigen ist Gendern inzwischen Standard. Häufig wird zu diesem Zweck eine genderbezogene Klammer hinter der Berufsbezeichnung hinzugefügt.

- Senior Consultant (m/w/d).

Das „d" in der Klammer steht für „divers". Damit sind Menschen bezeichnet, die sich weder als männlich noch weiblich identifizieren.

darüber hinaus – ohne zeitliche Komponente – „in gleicher Weise, ebenso, auch noch" bedeutet: *Diesen Teller können Sie zugleich als Untersatz verwenden.* Im heutigen Sprachgebrauch wird aber auch *gleichzeitig* öfter in dieser nicht zeitlichen Bedeutung verwendet: *Das Regal ist gleichzeitig* (für: *zugleich*) *ein Raumteiler.*

glimmen: Das ursprünglich starke Verb *(glomm, geglommen)* wird heute auch schwach *(glimmte, geglimmt)* konjugiert: *... die Zündschnur glomm weiter* (Broch). *... das letzte Endchen der Zündschnur glimmte gefährlich auf* (Langgässer). Im übertragenen Gebrauch herrschen jedoch die starken Formen vor, die heute sonst als gehoben anzusehen sind: *... seine Augen glommen gefährlich* (Seidel).

Glühbirne/Glühlampe: Allgemeinsprachlich heißt es weitgehend *Glühbirne,* fachsprachlich gilt nur *Glühlampe.*

GmbH: 1. Deklination: Es empfiehlt sich, ein *-s* anzufügen, wenn der Plural gemeint ist, eine Verwechslung mit dem Singular jedoch möglich ist: *das Stammkapital der GmbHs ...*

2. *GmbH* in Firmenbezeichnungen: Tritt *GmbH* als Apposition in Firmennamen auf, dann ist die Kurzform Bestandteil des Namens und wird nicht durch ein Komma abgetrennt. Numerus und Genus der Firmenbezeichnung richten sich nicht nach *GmbH: das Deutsche Reiseunternehmen GmbH; mit den Vereinigten Stahlwerken GmbH.* Nur wenn die Gesellschaftsform das Grundwort eines Firmennamens bildet, bestimmt sie auch dessen Genus: *Die Papierrecycling-Gesellschaft mbH meldete Insolvenz an.*

3. *GmbH* in Zusammensetzungen: In Zusammensetzungen wird grundsätzlich ein Bindestrich gesetzt: *Projektmanagement-GmbH, Veranstaltungs-GmbH.*

goethesch/Goethe'sch/goethisch: ↑ Apostroph (3 b), ↑ Personennamen (4).

Gott: Die Fügung *Gott[,] der Herr/Allmächtige[,] hat ...* kann mit oder ohne Kommas stehen. Aber nur mit Kommas: *Gott, der Herr über Leben und Tod, hat ...* Zu *Gott ein guter/einen guten Mann sein lassen* ↑ lassen (2).

Grabmal: Der Plural lautet *die Grabmäler* oder *die Grabmale.* ↑ [1]Mal.

Grad: 1. Bei Temperaturangaben ist zwischen der Zahl und dem Gradzeichen, gefolgt vom Kennbuchstaben, ein Zwischenraum zu setzen: *−3 °C; 22 °F; +17 °C* (außerhalb von Fachtexten auch noch: *+17°C*). Bei anderen Gradangaben wird das Gradzeichen ohne Zwischenraum an die Zahl angeschlossen: *ein Winkel von 30°; 50° nördlicher Breite.*

2. Bei einer pluralischen Gradangabe muss auch das Verb im Plural stehen: *Es herrschten* (nicht: *herrschte*) *30 Grad [Wärme].*

3. Als Maßeinheit hat *Grad* überwiegend neutrales Genus: *Jedes Grad Wärme kostet etwa 7 % mehr Energie.*

Graf: 1. Deklination: Das Substantiv, das u. a. als Adelstitel verwendet wird, wird in der geschriebenen Sprache schwach dekliniert, Genitiv: *des Grafen,* Dativ/Akkusativ: *dem/den Grafen* (vereinzelt: *Graf*).

2. Als Bestandteil des Familiennamens steht *Graf* hinter dem Vornamen: *Manfred Graf von Senden.* Das Genitiv-s wird nur an den eigentlichen Namen angehängt: *der Besitz Manfred Graf Sendens* (aber: *der Besitz des Grafen Senden*). Die feminine Form lautet *Gräfin,* eine unverheiratete Angehörige der Familie wird *Komtesse* genannt. Diese Bezeichnungen werden im Familiennamen wie die maskuline Form verwendet: *Marianne Gräfin/Komtesse von Senden; Gräfin/Komtesse von Sendens Besitz.* Die persönliche Anrede lautet (offiziell) *Herr Graf [von] Senden, Frau Gräfin [von] Senden* oder *Herr Graf, Frau Gräfin.* Jedoch lässt man *Herr* oder *Frau* heute gewöhnlich weg; man schreibt im Brief *Sehr geehrter Graf von*

Senden (auch ohne *von: Sehr geehrter Graf Senden*) oder *Sehr geehrte Gräfin von Senden* (auch ohne *von: Sehr geehrte Gräfin Senden*) und sagt im Gespräch *Graf Senden, Gräfin Senden.*

Gramm: 1. Flexion: In Verbindung mit Zahlwörtern bleibt *Gramm* im Plural ohne Flexionsendung: *Zwei Gramm* (nicht: *zwei Gramme*) *dieses Pulvers genügen. Der Brief ist um acht Gramm zu schwer. Der Preis dreier Gramm Gold entspricht …* Im Genitiv Singular ist die Verwendung der flektierten Form zu empfehlen: *der Preis eines Gramms Kokain.* ↑ Maß-, Mengen- und Währungsangaben.

2. Das Gemessene nach *Gramm*: *ein Gramm reines Kokain* (gehoben: *reinen Kokains*); *der Preis eines Gramms Kokain; mit 20 Gramm mildem Tabak* (gehoben: *milden Tabaks*); *aus einem Gramm pulverisierter Kristalle/pulverisierte Kristalle.* ↑ Apposition (3).

3. 100 Gramm Speck werden/wird in kleine Würfel geschnitten: Bei einer pluralischen Grammangabe steht das Verb heute gewöhnlich ebenfalls im Plural: *100 g Speck werden* (vereinzelt: *wird*) *in feine Würfel geschnitten.* Steht *Gramm* im Plural ohne Angabe des Gewogenen, dann ist nur der Plural des Verbs möglich: *Zehn Gramm kosten stolze 4 Euro.* Zu Sätzen wie *zehn Gramm sind/ist zu wenig* ↑ Singular vs. Plural beim Verb (2.1).

gratis: Das Adverb *gratis* kann nicht attributiv gebraucht werden. Es heißt also nicht: *Sie bekam dafür ein gratis Getränk,* sondern: *Sie bekam dafür ein Getränk gratis/ein Gratisgetränk.*

grauen: Das unpersönlich oder subjektlos (*mir/mich graut*) gebrauchte Verb wird meist mit dem Dativ, seltener mit dem Akkusativ verbunden: *Es graut mir/* (seltener:) *mich; mir/* (seltener:) *mich graut vor …*

grausen: Das unpersönlich oder subjektlos gebrauchte Verb kann sowohl mit dem Dativ als auch mit dem Akkusativ verbunden werden: *Mir/Mich graust, wenn ich an die Prüfung denke.* Das Verb wird auch reflexiv gebraucht: *Sie graust sich vor Spinnen.*

groß: 1. Groß- oder Kleinschreibung: Klein schreibt man das Adjektiv auch in vielen festen Verbindungen: *das große Einmaleins, das große Los.* Groß- oder kleingeschrieben wird *groß* in einigen festen Verbindungen, die oft fachsprachlicher Herkunft sind: *die Große/große Koalition.* Immer groß schreibt man die Substantivierung: *im Großen und Ganzen, Groß und Klein* (= jedermann).

2. Getrennt- oder Zusammenschreibung: Getrennt schreibt man: *groß sein/werden.* In der Bedeutung „mit sehr großen Buchstaben schreiben" schreibt man ebenfalls getrennt (*groß schreiben*). Zusammen schreibt man *großschreiben* in den Bedeutungen „mit großem Anfangsbuchstaben schreiben" und „wichtig nehmen": *Substantive werden großgeschrieben. Teamarbeit wird bei uns großgeschrieben.* Aber: *Teamarbeit wird bei uns ganz groß geschrieben/nicht so groß geschrieben.* In Verbindung mit adjektivisch gebrauchten Partizipien kann getrennt oder zusammengeschrieben werden: *ein groß angelegter/großangelegter Plan* usw.

großes I im Wortinnern: ↑ Geschlechtergerechter Sprachgebrauch (2).

Großmutter: Zu *Großmutters Geburtstag* ↑ Verwandtschaftsbezeichnungen.

Großschreibung im Wortinnern: Großbuchstaben im Wortinnern sind bisher nicht Gegenstand der amtlichen Rechtschreibregelung, sie werden dennoch in bestimmten Kontexten verwendet, z. B. um die Doppelnennung männlicher und weiblicher Formen zu vermeiden (*BürgerInnen, StudentInnen*). ↑ Geschlechtergerechter Sprachgebrauch (2). Aus gestalterischen Gründen werden Großbuchstaben im Wortinnern auch in Firmen- und Produktnamen o. Ä. verwendet, z. B.: *ProMarkt, TonArt, FinanzGruppe, BahnCard.*

Üblich und allgemein akzeptiert ist die Verwendung von Großbuchstaben innerhalb bestimmter fachsprachlicher Abkürzungen und Kurzwörter wie *ArbSchG* (= Arbeitsschutzgesetz) oder *IGeL* (= individuelle Gesundheitsleistungen).

größtmöglich: ↑ möglich, ↑ Vergleichsformen.

Großvater: Zu *Großvaters Geburtstag* ↑ Verwandtschaftsbezeichnungen.

grün: 1. Groß- oder Kleinschreibung: Bei übertragener Gesamtbedeutung oder aufgrund fachsprachlicher Gepflogenheiten kann in Einzelfällen groß- oder kleingeschrieben werden: *die grüne/Grüne Grenze.* Groß schreibt man das substantivierte Adjektiv: *die Farbe Grün, in Grün, bei Grün die Straße überqueren, die Ampel zeigt Grün/steht auf Grün.* (Aber: *Es ist grün, du kannst losfahren.*)

2. Getrennt- oder Zusammenschreibung: ↑ Farbbezeichnungen (3.1).

3. ein grün-rotes Kleid/ein grünrotes Kleid: ↑ Farbbezeichnungen (3.1).

4. des Grün/des Grüns · die beiden Grün/Grüns: ↑ Farbbezeichnungen (2.2).

5. Zur Steigerung von *grün* ↑ Farbbezeichnungen (1).

Grund: Zu *Der Wert meines Grund und Bodens ...* ↑ Wortpaar.

gründen: Traditionell wird das Verb *gründen* in der Fügung *(eine Sache) auf etwas gründen* mit dem Akkusativ verbunden: *Auf diese Einsichten gründen wir unseren Heilungsplan* (S. Freud). Im Allgemeinen ist heute der Dativ gebräuchlicher: *Nur weil die Partnerschaft auf gemeinsamen Überzeugungen ... gründet ...* (Weizsäcker).

gründen/begründen: ↑ begründen/gründen.

grundsätzlich: Das Adjektiv *grundsätzlich* wird in zwei Bedeutungen verwendet: 1. „ohne Ausnahme“: *Es ist grundsätzlich verboten, auf dem Schulhof zu rauchen.* 2. „im Allgemeinen“ (oft in Verbindung mit einer Einschränkung [mit *aber*]): *Ich habe [zwar] grundsätzlich nichts dagegen, möchte aber darauf hinweisen, dass ...*

Gruppe: 1. eine Gruppe Gelehrter/Gelehrte · eine Gruppe randalierender Jugendlicher/randalierende Jugendliche: Nach *Gruppe* steht die Angabe, woraus die Gruppe besteht, meistens im Genitiv. Nur sehr vereinzelt tritt sie auch im gleichen Fall auf: *eine Gruppe*

Es grünt so grün

Farbbezeichnungen werden aufgrund der Farbsymbolik oft in Redensarten und Wortverbindungen benutzt, da sie eine sinnliche Vorstellung und bestimmte Assoziationen auslösen. Bei der Farbe *Grün* denkt man dabei meist an Frühling, Natur, an pralles Leben und Vitalität. *Im grünen Bereich* ist jemand, bei dem alles gut läuft. *Auf keinen grünen Zweig* kommt entsprechend jemand, der es zu nichts bringt. Und wenn ein Mensch *grün hinter den Ohren* ist, ist er noch jung und reichlich naiv. Das Verb *grünen*, eine direkte Ableitung von *grün*, bedeutet vor allem „sprießen, gedeihen“. Selbst das Substantiv Gras ist ein entfernter Verwandter von *grün*. Anders sieht es übrigens mit der *grünen Minna* aus, mit dem umgangssprachlich ein Gefangenentransporter gemeint ist. Der Begriff leitet sich ab von der früheren grünen Farbe der Berliner Polizeiwagen, es spielt aber auch der Einfluss des Rotwelschen eine Rolle: In der Gaunersprache bedeutete *grün* „unangenehm, unsicher“.

Gelehrter (vereinzelt: *Gelehrte*); *eine Gruppe randalierender Jugendlicher*/(vereinzelt:) *randalierende Jugendliche.* ↑ Apposition (3).

2. Eine Gruppe Reisender stieg/stiegen aus dem Zug: Auch wenn nach *Gruppe* die Angabe, woraus die Gruppe besteht, im Plural folgt, steht das Verb im Singular, weil *Gruppe* formal ein Singular ist: *Eine Gruppe Reisender stieg aus.* Der Plural ist bei *Gruppe* nicht üblich. Vgl. auch ↑ Maß-, Mengen- und Währungsangaben (2).

gruseln: Das unpersönlich oder subjektlos gebrauchte Verb kann sowohl mit dem Dativ als auch mit dem Akkusativ stehen: *In der Dunkelheit gruselte es ihm/ihn. Mir/Mich gruselte vor dem dunklen Friedhof.* Bei *sich gruseln* ist nur der Akkusativ möglich: *Du gruselst dich [vor Spinnen].*

gut: 1. gut gegen/für etwas: Der Anschluss mit *für* (im Sinne von „zum Schutz gegen, wider") ist heute umgangssprachlich: *Das Mittel ist gut für den Husten.* Standardsprachlich heißt es: *Das Mittel ist gut gegen den Husten.* Korrekt ist der Anschluss mit *für* natürlich in der Bedeutung „zum Nutzen von": *Das Mittel ist gut für ihn.* ↑ für/gegen.

2. Seien Sie so gut/Sind Sie so gut: Personen gegenüber, die man siezt, verwendet man die Höflichkeitsform: *Seien Sie so gut.* Nicht gebraucht werden sollte der Indikativ *(Sind Sie so gut).*

3. Groß- oder Kleinschreibung: Klein schreibt man das Adjektiv *gut: eine gute Nachricht; ein gutes neues Jahr.* Groß schreibt man die Substantivierung: *jenseits von Gut und Böse; etwas, nichts, viel, wenig Gutes.* Groß- oder kleinschreiben kann man das Adjektiv, wenn eine Grußformel wie *„Guten Morgen!"* mit einem Verb des Sagens verbunden und ohne Anführungszeichen in einen Satz eingebettet wird: *Er hat uns allen Guten/guten Morgen gesagt/zugerufen.* (Aber nur groß: *Sie hat uns allen „Guten Morgen!" gesagt/zugerufen.*)

4. Getrennt- oder Zusammenschreibung: Das Adjektiv *gut* schreibt man in seinen konkreten Bedeutungen grundsätzlich getrennt vom folgenden Verb: *Sie wird es dort gut, besser haben. Er wird mit ihr gut auskommen.* Getrennt oder zusammen schreibt man *gut gehen/gutgehen* in den Bedeutungen „in guter gesundheitlicher Verfassung sein", „in guten Verhältnissen leben", „einen guten Verlauf nehmen" und „sich gut verkaufen": *Es wird ihr bald wieder gut gehen/gutgehen. Mit dieser Anschaffung warten wir, bis es uns besser geht/bessergeht. Das ist noch einmal gut gegangen/gutgegangen.* Bei wörtlicher Bedeutung in Verbindung mit einem adjektivisch gebrauchten Partizip kann getrennt oder zusammengeschrieben werden: *ein gut gemeinter/gutgemeinter Rat.*

Guten Tag: 1. In kurzen, als weniger förmlich empfundenen Anreden in Briefen und E-Mails besteht die Neigung, das Komma zwischen Anredeformel und Personennamen wegzulassen: *Guten Tag Frau Schmidt, soeben erfahre ich …* Als korrekt im Sinne der Kommaregeln gilt aber weiterhin die Abgrenzung zwischen Anrede und Namen: *Guten Tag, Frau Schmidt, soeben erfahre ich …*

2. Zu *Guten Tag sagen/guten Tag sagen* ↑ gut (3).

gut/schön: Der Gebrauch von *schön* statt *gut* bei Geschmacks- und Geruchsempfindungen ist vor allem in Norddeutschland verbreitet: *Es riecht (schmeckt) gut*/ (regional:) *schön.*

gutschreiben: Das Verb *gutschreiben* wird gewöhnlich mit einem Dativ- und einem Akkusativobjekt verbunden: *Wir werden Ihnen den Betrag gutschreiben* oder: *Wir werden den Betrag Ihrem Konto gutschreiben.* Neben dieser im Bankwesen üblichen Verwendungsweise kommt auch *etwas auf etwas gutschreiben* vor: *Wir werden den Betrag auf Ihr Konto/auf Ihrem Konto gutschreiben.*

H

habilitieren: Das Verb *habilitieren* („die Lehrberechtigung an einer Hochschule erwerben") kann auch reflexiv gebraucht werden: *[sich] in München/bei Prof. X habilitieren.* Transitiv verwendet *(Die Fakultät habilitiert sie. Sie wird von der Fakultät habilitiert)*, bedeutet *habilitieren* „jemandem die Lehrberechtigung erteilen". ↑ promovieren.

halb: 1. Deklination: *halb* wird wie ein Adjektiv dekliniert: *zum halben Preis, mit halber Kraft.* Nach *alle* wird *halb* schwach oder stark flektiert: *alle halbe[n] Jahre, alle halbe[n] Stunden* (oder Singular: *alle halbe Stunde*). Steht *halb* nach dem Zahlwort *ein*, dann wird es entsprechend *ein* entweder flektiert oder nicht flektiert, also: *vor zwei und einer halben Stunde, mit drei und einem halben Brot; vor zwei[und]einhalb Stunden, ein Gewicht von drei[und]einhalb Zentner[n], vier mit ein halb multipliziert.*
2. Groß- oder Kleinschreibung: Klein (und getrennt) schreibt man *halb* vor Maßbezeichnungen: *Es ist/schlägt halb eins.* Groß schreibt man die Substantivierung: *eine Halbe* (= halbe Maß, bayrisch); *das ist nichts Halbes und nichts Ganzes.*
3. Getrennt- oder Zusammenschreibung: Zusammen schreibt man, wenn *halb* als bedeutungsabschwächender Zusatz aufgefasst wird: *ein halbhoher* (= nicht sehr hoher) *Zaun.* Wird *halb* nicht als bedeutungsabschwächender Zusatz, sondern als Gegensatz zu „ganz" aufgefasst, so schreibt man getrennt oder zusammen: *das halb offene/halboffene Fenster.* Nur getrennt schreibt man *halb* in der Bedeutung „teils": *Er machte ein halb freundliches, halb ernstes Gesicht.* In Zweifelsfällen kann man sowohl getrennt als auch zusammenschreiben: *halb blind/halbblind.* Mit den Richtungsadverbien *links, rechts* kann *halb* ebenfalls sowohl getrennt als auch zusammengeschrieben werden: *halb links/halblinks abbiegen.*
4. halb so ... wie/halb so ... als: ↑ doppelt so ... wie/doppelt so ... als.

halbjährig/halbjährlich: Die beiden Wörter bedeuten nicht dasselbe. Zum Beispiel bedeutet *halbjährige Kündigung*, dass die Kündigungsfrist ein halbes Jahr beträgt; *halbjährliche Kündigung* besagt dagegen, dass sich die Möglichkeit der Kündigung jedes halbe Jahr wiederholt.

Habseligkeiten

Das deutsche Wort *Habseligkeiten*, das nur im Plural gebräuchlich ist, wurde 2004 vom Goethe-Institut zum schönsten Wort der deutschen Sprache gekürt. Eine Begründung war, dass es sich lexikalisch um die Verbindung zweier entgegengesetzter Phänomene handelt: das (weltliche) Haben und die Seligkeit. Demnach handelt es sich bei *Habseligkeiten* um materielle Dinge von ideellem Wert – und das ist manchmal sicherlich auch der Fall. Meist ist jedoch die bescheidene Habe armer Menschen gemeint. Denn mit Seligkeit hat der Begriff wortgeschichtlich nichts zu tun: Das Suffix *-selig* ist schlicht eine Adjektivableitung und findet sich ebenso in Wörtern wie *armselig* oder *feindselig.* Auch letzteres Wort wurde substantiviert als *Feindseligkeit.* Tatsächlich lautet der erste Bestandteil des Substantivs *Habseligkeiten* „Habsel" bzw. „Habsal", was die Gesamtheit eines Besitzes meinte.

Hälfte: 1. die größere (kleinere) Hälfte/der größere (kleinere) Teil: Obwohl *Hälfte,* rein logisch betrachtet, nur den halben Teil (50 %) eines Ganzen bezeichnet, wird es heute auch allgemeiner im Sinne von „Teil, Stück" verwendet: *die größere/kleinere Hälfte; zwei ungefähr gleiche Hälften* usw.
2. Die Hälfte der Bücher lag/lagen auf dem Boden: Auch wenn nach *Hälfte* das Gezählte oder Gemessene im Plural folgt, steht das Verb meist im Singular, weil *Hälfte* formal ein Singular ist: *Die Hälfte der Bücher lag auf dem Boden.* Manchmal wird auch nach dem Sinn konstruiert und das Prädikat in den Plural gesetzt: *Die Hälfte der Bücher lagen auf dem Boden.*

Hallenser: Die Einwohner von Halle (Saale) heißen *die Hallenser.* ↑ Einwohnerbezeichnungen auf -er (2).

Haller: Die Einwohner von Halle (Westfalen) heißen *die Haller.* ↑ Einwohnerbezeichnungen auf -er (3).

hallesch/hallisch: ↑ Ortsnamen.

hallo: 1. In sehr kurzen, als vertraulich empfundenen Anreden in Briefen und E-Mails besteht die Neigung, das Komma zwischen Anredeformel und Personennamen wegzulassen: *Hallo Anna, gestern hast Du geschrieben ...* Als korrekt im Sinne der Kommaregeln gilt aber weiterhin die Abgrenzung zwischen Anrede und Namen: *Hallo, Anna, gestern hast Du geschrieben ...*
2. Zu *Hallo rufen/hallo rufen* ↑ gut (3).

halten: Die Form der 2. Person Indikativ Präsens behält auch vor dem *s* ihr *t,* da es zum Verbstamm gehört: *du hältst.*

Hand: 1. eine Hand voll /Handvoll: Immer getrennt wird geschrieben: *Sie hatte ihre Hand voll Muscheln.* Zusammen- oder Getrenntschreibung ist möglich bei: *eine Handvoll/Hand voll Erde, ein paar Handvoll/Hand voll Reis.*
2. zu Händen von/des: ↑ zu Händen.
3. an die/bei der Hand nehmen: Beide Varianten treten auf und sind korrekt.
4. alle hoben die Hand/Hände: Hier ist sowohl der (sog. einteilende oder distributive) Singular als auch der Plural korrekt.

handarbeiten: Von *handarbeiten* wird im Allgemeinen nur der Infinitiv gebraucht: *Ich will handarbeiten.* Sonst: *Ich machte Handarbeiten.* Auch möglich ist aber z. B: *Ich habe gehandarbeitet. Das ist handgearbeitet.*

handbreit/eine Handbreit /eine Hand breit: ↑ fingerbreit/zwei Fingerbreit/zwei Finger breit.

Handvoll/Hand voll: ↑ Hand (1).

hängen: 1. hängen/hangen: Die Präsensform *hängen* wird heute sowohl intransitiv als auch transitiv verwendet: *Das Bild hängt an der Wand. Sie hängt das Bild an die Wand.*
2. *hing/hängte* und *gehangen/gehängt*: Für die Standardsprache ist das Verb mit den starken Stammformen *hing, gehangen* auf den Gebrauch ohne Objekt, das Verb mit den schwachen Stammformen *hängte, gehängt* auf den Gebrauch mit Objekt festgelegt: *Sie hängte das Bild an die Wand.* Aber: *Das Bild hing an der Wand. Ich habe den Mantel in den Schrank gehängt.* Aber: *Der Mantel hat lange im Schrank gehangen.* Diese Regel gilt auch für Präfix- und Partikelverbbildungen: *Er hängte das Bild ab. Sie hat die anderen Läuferinnen abgehängt.* Aber: *Das hing nur von mir ab. Er hat von ihr finanziell abgehangen.*
3. hat/ist gehangen: In der Standardsprache bildet das intransitive Verb *hängen* das Perfekt mit dem Hilfsverb *haben: Das Bild hat an der Wand gehangen. Ich habe sehr an diesem Bild gehangen.* In Süddeutschland hingegen ist die Perfektbildung mit *sein* üblich: *Das Bild ist an der Wand gehangen.*
4. hängen/henken: Das Verb *henken* veraltet allmählich. Es wird heute nur noch vereinzelt im Sinne von „durch den Strang hinrichten" gebraucht: *Die Anführer des Putsches wurden*

im Hof des Staatsgefängnisses gehenkt. Üblicher ist *hängen*: *Die Putschisten wurden gehängt.*

happy: Die Vergleichsformen lauten: *happy – happyer – am happysten.*

harren: Das der gehobenen Sprache angehörende Verb *harren* steht gewöhnlich mit einem Genitivobjekt: *Er harrte der Dinge, die da kommen sollten.* Gelegentlich wird es auch mit einem Präpositionalobjekt mit *auf* gebraucht: *Er harrte auf ein Wort von ihr.*

hat/haben: ↑ Singular vs. Plural beim Verb.

hatte gehabt: ↑ Doppelperfekt und Doppelplusquamperfekt.

hauen: 1. hieb/haute: Die Präteritumform *hieb* wird heute im Allgemeinen nur noch in der geschriebenen Sprache verwendet: **a)** wenn es sich um das Schlagen mit einer Waffe (Säbel, Schwert) oder um das Verwunden im Kampf handelt: *Er hieb um sich, hieb mit dem Schwert auf den Angreifer;* **b)** vereinzelt als gehobene Form für *haute: Er hieb mit den Fäusten aufs Wasser* (Ott). Sonst wird heute die schwache Form *haute* gebraucht: *Er haute* (= schlug) *mit der Faust auf den Tisch. Sie haute* (= schlug) *alles kurz und klein.* Bei Verben mit Präfix oder Verbpartikel wird heute, wenn es sich nicht um das Schlagen mit einer Waffe oder einem Werkzeug handelt, nur noch *haute* gebraucht: *Man zerhaute die Feldsteine. Die Maurer hauten den Putz ab. Sie hauten die Fensterscheiben ein.* Bei einigen Verben (z. B. *aufhauen, behauen, verhauen*) ist überhaupt nur die schwache Form gebräuchlich.

2. gehaut/gehauen: Unabhängig davon, ob im Präteritum *hieb* oder *haute* verwendet wird, wird heute im Allgemeinen *gehauen* gebraucht: *In den Marmor gehauen eine Höhle* (Jahnn). *Sie hätten dann nicht das Gefühl gehabt, übers Ohr gehauen zu werden* (Brecht).

3. Sie haut ihm/ihn auf die Schulter: Wird *hauen* auf einen Körperteil bezogen, dann steht die betroffene Person in der Regel im Dativ: *Sie haute ihm auf die Schulter.* Der Akkusativ ist selten.

Haufen: 1. Ein Haufen Kartoffeln lag/lagen auf dem Boden: Auch wenn nach *Haufen* das Gezählte oder Gemessene im Plural folgt, steht meist das Verb im Singular, weil *Haufen* formal ein Singular ist: *Ein Haufen Kartoffeln lag auf dem Boden.* Manchmal wird aber auch nach dem Sinn konstruiert und das Verb in den Plural gesetzt: *Ein Haufen Kartoffeln lagen auf dem Boden.*

2. Ein Haufen Neugieriger/Neugierige: Nach *Haufen* kann die Angabe, woraus der Haufen besteht, im Genitiv oder als Apposition stehen: *ein Haufen Neugieriger/*(auch:) *Neugierige; einem Haufen randalierender Halbstarker. Die Polizei setzte gegen den Haufen johlender Jugendlicher/*(auch:) *johlende Jugendliche Wasserwerfer ein.* ↑ Apposition (3).

Hauptsache: In umgangssprachlichen Konstruktionen wie *Hauptsache, [du bist] gesund* setzt man nach *Hauptsache* ein Komma. Ebenfalls möglich ist ein Doppelpunkt oder ein Gedankenstrich.

-häuser/-hausener: ↑ Einwohnerbezeichnungen auf -er (1 und 4).

hausschlachten: Von *hausschlachten* werden im Allgemeinen nur der Infinitiv und das Partizip II gebraucht: *Wir dürfen nicht hausschlachten. Wir haben gerade hausgeschlachtet.* In bestimmten Regionen ist das Adjektiv *hausschlachten* gebräuchlich: *hausschlachtene Wurst.*

heben: Die Stammformen lauten *hob* (Konjunktiv: *höbe*) und *gehoben.* Die Form *hub* (Konjunktiv II: *hübe*) ist nicht mehr gebräuchlich. Sie hat sich nur noch bei dem zusammengesetzten Verb *anheben* im Sinne von „anfangen“ gehalten: *Glocken huben zu läuten an* (Seidel).

Heer: 1. ein Heer grünlicher/grünliche Fliegen: Nach *Heer* kann die Angabe, woraus das Heer besteht, im Genitiv oder als Apposition stehen: *ein Heer Bediensteter* (auch: *Bedienstete*); *ein Heer grünlicher Fliegen* / (auch: *grünliche Fliegen*).

2. Ein Heer von Ameisen krabbelte/krabbelten quer über den Weg: Folgt man der Grammatik, steht in der Regel das Verb im Singular, weil *Heer* formal ein Singular ist: *Ein Heer von Ameisen krabbelte quer über den Weg.* Es kann aber auch nach dem Sinn konstruiert und das Verb in den Plural gesetzt werden: *Ein Heer von Ameisen krabbelten quer über den Weg.*

heilig: 1. Klein schreibt man das Adjektiv: *der heilige Paulus, mit heiligem Ernst.* Groß schreibt man das Adjektiv als Teil eines Eigennamens bzw. einer namenähnlichen Fügung: *der Heilige Abend, die Heiligen Drei Könige.* Bei übertragener Gesamtbedeutung kann in Einzelfällen groß- oder kleingeschrieben werden: *der Heilige/heilige Krieg* [des Islam]. Die Abkürzung lautet für die Singularform *hl.* (= heilig), für den Plural *hll.* (= heilige).
2. In Verbindung mit den Verben *sprechen* und *halten* wird zusammengeschrieben: *Sie wurde heiliggesprochen. Sie wollten diesen Tag heilighalten.*

heimwärts: ↑ -wärts.

heiser: Bei *heiser* bleibt, wenn es dekliniert oder gesteigert wird, das *e* der Endungssilbe gewöhnlich erhalten: *Sie ist noch heiserer.* Nur in den deklinierten Formen des Komparativs wird das erste der drei Endungs-e manchmal weggelassen: *ein noch heiserer/heisrerer Tenor.*

heißen: 1. geheißen/gehießen: Die Stammformen lauten standardsprachlich *hieß* und *geheißen*. In regionaler Umgangssprache wird statt *geheißen* auch *gehießen* gebraucht.
2. du hießest/hießt: Zu den Formen des Indikativs Präteritum *du hießest/hießt, ihr hießt/hießet* ↑ e-Ausfall beim Verb (2).
3. Sie hat ihn kommen heißen/geheißen: Nach einem Infinitiv ohne *zu* steht *heißen* überwiegend ebenfalls im Infinitiv: *Sie hat*

Heimweh und Fernweh

Unter dem Begriff *Heimweh* versteht man gemeinhin die Sehnsucht nach der Heimat, nach zu Hause. Bekannt ist das Wort seit dem 17. Jh., und erfunden wurde es wahrscheinlich in der Schweiz – denn bis ins 19. Jh. hinein findet man es in anderen deutschsprachigen Gegenden nicht. Ursprünglich bezeichnete es einen Krankheitszustand, weswegen es vor allem in alten ärztlichen Nachschlagewerken zu finden ist. Dieses „Krankheitsbild" wurde „Nostalgia" oder sogar „Schweizerkrankheit" genannt und bezeichnete eine krank machende Sehnsucht nach der Heimat. Erst in der Zeit der Romantik verbreitete sich der Begriff im ganzen deutschsprachigen Raum und verlor seine medizinische Bedeutung. Das Begriff *Fernweh* hingegen meint nicht nur das genaue Gegenteil von *Heimweh* – nämlich Sehnsucht nach der Ferne –, es handelt sich auch um eine direkte sprachliche Ableitung. Sie wurde im 19. Jh. geprägt, wahrscheinlich vom Fürsten Pückler-Muskau, der das Wort in seinen Reisebeschreibungen erstmalig verwendete.

mich kommen heißen (seltener: *geheißen*). *Sie hat es mich tun heißen* (seltener: *geheißen*).

4. Er hieß ihn den Raum verlassen/Er hieß ihn[,] den Raum zu verlassen: Nach *heißen* steht, wenn das Verb allein folgt, der Infinitiv ohne *zu*: *Er heißt mich kommen. Sie heißt ihn gehen.* Der Gebrauch schwankt, wenn zu dem Verb ein Satzglied tritt: *Er hieß ihn den Raum verlassen.* Oder: *Er hieß ihn[,] den Raum zu verlassen. Sie hieß ihn das Pferd satteln.* Oder: *Sie hieß ihn[,] das Pferd zu satteln.* Treten beim Infinitiv mehrere Satzglieder auf, dann steht im Allgemeinen der Infinitiv mit *zu*: *Sie hieß ihn[,] das Pferd sofort in den Stall zu führen.* ↑ zu (2). ↑ Komma (6.2).

5. Er hieß ihn einen anständigen Menschen: In der Bedeutung „nennen" regiert *heißen* den doppelten Akkusativ. Im (seltenen) Passiv dazu werden beide Akkusative zum Nominativ: *Er wird von ihr ein anständiger Mensch geheißen.*

6. Er hieß ihn ein anständiger Mensch/einen anständigen Menschen werden: Üblicherweise konstruiert man heute mit dem Nominativ: *Er hieß ihn ein anständiger Mensch werden.* Die Konstruktion mit dem Akkusativ ist im Veralten begriffen.

heiter: Bei *heiter* bleibt, wenn es dekliniert oder gesteigert wird, das *e* der Endungssilbe gewöhnlich erhalten: *ein heiteres Gemüt; sie wurde immer heiterer.* Nur in den deklinierten Formen des Komparativs wird das erste der drei Endungs-e manchmal weggelassen: *Sie erzählte eine noch heiterere/heitrere Geschichte.*

Held: Genitiv, Dativ und Akkusativ lauten auf *-en*: *des Helden, dem/den Helden* (vereinzelt: *Held).*

helfen: 1. e/i-Wechsel: Die 2. und 3. Person Singular Indikativ Präsens und der Imperativ Singular lauten: *du hilfst, er/sie/es hilft, hilf!*

2. hülfe/hälfe: Im Konjunktiv II wird heute meist die Form *hülfe*, vereinzelt die Form *hälfe* gebraucht.

3. Das hilft mir/mich nichts: Standardsprachlich regiert *helfen* den Dativ: *Das hilft mir nichts. Was hilft es ihr?*

4. Sie hat ihm waschen geholfen/helfen: Nach einem Infinitiv ohne *zu* wird neben dem Partizip II *geholfen* auch der Infinitiv *helfen* gebraucht: *Ich habe ihm waschen geholfen.* Oder: *Ich habe ihm waschen helfen. Sie hat mir aufräumen geholfen.* Oder: *Sie hat mir aufräumen helfen.* ↑ Infinitiv und Infinitivgruppe (2).

5. Sie half ihm das Gepäck verstauen/Sie half ihm[,] das Gepäck zu verstauen: Nach *helfen* steht, wenn das Verb allein folgt, der Infinitiv ohne *zu*: *Er hilft mir waschen. Sie hilft ihm aufräumen.* Der Gebrauch schwankt, wenn zu dem Verb ein Satzglied tritt: *Er half ihr das Feuer anfachen.* Oder: *Er half ihr[,] das Feuer anzufachen.* Treten mehrere Satzglieder zum Infinitiv, dann steht dieser im Allgemeinen mit *zu*: *Sie half ihm[,] das Gepäck und den Proviant im Wagen zu verstauen.* ↑ zu (2). Zur Kommasetzung gilt: Wenn *helfen* mit einer Infinitivgruppe verbunden ist, kann man ein Komma setzen: *Er half[,] den Schrank in die Wohnung zu tragen. Er half mit allen Kräften[,] den Schrank in die Wohnung zu tragen.* ↑ Komma (6.2).

henken/hängen: ↑ hängen (4).

her: Getrennt vom folgenden Verb schreibt man das selbstständige Adverb: *Wenn es vom Fenster her zieht. Der Wagen ist von der Konzeption her vorbildlich.* Zusammen schreibt man, wenn *her* Verbzusatz ist: *Du sollst nicht über ihn herziehen* (= schlecht von ihm sprechen; ugs.). *Er hat den Sack hinter sich hergezogen. Wir werden hinter dem Wagen herfahren.*

her/hin: Mit *her* wird im Allgemeinen die Richtung auf den Ort des Sprechers zu ausgedrückt: *Her zu mir! Das Geld muss sofort her! Bier her!* Auch in Verbindung mit Verben: *Komm her! Sie sollen das Gepäck herbringen.* Im Gegensatz zu *her* drückt *hin* die Richtung vom Ort des Sprechers weg und auf ein anderes, genanntes oder implizit gegebenes, Ziel aus: *Zu ihr hin! Wo wollen wir hin?* Auch in Verbindung mit Verben: *Kommst du auch hin? Wir werden nicht hingehen.* Bei den mit *-ab, -aus, -unter* usw. zusammengesetzten Adverbien wird an dieser Unterscheidung häufig nicht festgehalten, weil die Bedeutung des Zweitgliedes dieser zusammengesetzten Adverbien dominiert: *Ich musste ihm das Werkzeug heraufreichen.* Im übertragenen Gebrauch ist fast nur *her-* üblich: *Das Buch wird herausgegeben. Sie wollen die Preise herabsetzen. Du bist völlig heruntergekommen.* – In der gesprochenen Sprache werden häufig die verkürzten Formen von *her-* gebraucht: *Geh mal rüber (= herüber)! Ich klettere rauf (= hinauf). Wir laufen rein (= hinein).*

Herr: 1. Deklination: Im Singular lauten die Formen *des, dem, den Herrn* (nicht: *des, dem, den Herren*). Der Plural lautet *die Herren* (vereinzelt: *die Herrn*).

2. Deklination in Verbindung mit Personennamen, Titeln, Berufsbezeichnungen: *Herr* wird vor Namen und Titeln (zu denen hier auch Berufsbezeichnungen zu zählen sind) entsprechend der jeweiligen Verwendung dekliniert: *Wir rechnen mit Herrn Müllers Einverständnis. Wir werden Herrn Botschafter anrufen.* Ohne Flexionsendung bleibt die direkte Anrede, bei der *Herr* im Nominativ steht: *Ich möchte Ihnen, Herr Müller* (nicht: *Herrn Müller*), *zum Geburtstag gratulieren.* **a)** Bei *Herr* + Name wird neben *Herr* auch der Name flektiert: *Wir erwarten Herrn Müllers Besuch. Wir feiern Herrn Meyers Geburtstag.* Das gilt auch für Appositionen: *Die Anordnung des Gerichtsvollziehers, Herrn Müllers, wurde nicht befolgt.* **b)** Bei Artikelwort + *Herr* + Name hat der Name keine Flexionsendung: *Wir erwarten den Besuch des Herrn Müller. Wir feiern den Geburtstag unseres [lieben] Herrn Meyer.* Dies gilt nur für Namen, nicht aber für Titel, Berufs- und Verwandtschaftsbezeichnungen: *Zum Tode Ihres Herrn Vaters* (nicht: *Vater*) ... *Über den Besuch Ihres Herrn Sohnes* (nicht: *Sohn*) *haben wir uns sehr gefreut. Der Brief des Herrn Ministers, des Herrn Oberbürgermeisters.* **c)** Bei *Herr* + stark flektierender Titel + Name wird außer *Herr* nur der Name flektiert: *Wir erwarten Herrn Konsul Müllers Besuch. Wir feiern Herrn Regierungsrat Professor Meyers Geburtstag. Wir stützen uns auf Herrn Rechtsanwalt Dr. Lehmanns Gutachten.* Das gilt auch für Appositionen: *Die Rede des Rektors, Herrn Professor Meyers, wurde beifällig aufgenommen. Die Einführung des neuen Leiters, Herrn Regierungsrat Müllers, findet morgen statt.* Enthält aber der Titel ein attributives Adjektiv, erhält dieses eine Flexionsendung: *Anlässlich der Verabschiedung von Herrn Leitendem Oberstaatsanwalt Beil ...* Bei *Herr* + schwach flektierender Titel + Name wird der Titel meist auch dann flektiert, wenn kein attributives Adjektiv vorangeht: *Ich danke Ihnen, dass Sie heute stellvertretend für Herrn Präsidenten* / (auch:) *Präsident Schmidt an der Sitzung teilnehmen.* **d)** Bei Artikelwort + *Herr* + Titel + Name wird der Titel überwiegend flektiert: *Die Rede des Herrn Ministers Müller war sehr eindrucksvoll* (weniger häufig: *... des Herrn Minister Müller ...*). *Die Verhandlungen des Herrn Rechtsanwalts Dr. Meyer waren ergebnislos* (weniger häufig: *... des Herrn Rechtsanwalt Dr. Meyer ...*). In der Apposition: *Die Rede des Herrn Präsidenten, Professor Müller[s], wurde beifällig aufgenommen.* – Substantivierte Partizipien erhalten eine Flexionsendung: *Das Auftreten des Herrn Abgeordneten Müller war skandalös.* Steht der Titel ohne Namen, wird flektiert: *Das Schreiben des Herrn Bürgermeisters wurde positiv aufgenommen.* Beachte: *Doktor (Dr.)* wird als Bestandteil des Namens stets ohne Flexionsendung verwendet: *Der Vortrag des Herrn Dr. Meyer war schlecht.* ↑ Personennamen (2.2).

3. Guten Tag, die Herren: In salopper Redeweise wird statt der korrekten Anrede *mein Herr* und *meine Herren* gelegentlich *der Herr* und *die Herren* gebraucht: *Guten Tag, die Herren. Vielen Dank, der Herr.* Diese Anrede ist vertraulich und wirkt oft plump oder etwas leutselig.

4. Briefanschrift: Hier wird der auf *Herrn* (= Akkusativ) folgende Titel gewöhnlich flektiert: *Herrn Ersten Vorsitzenden Müller; Herrn Technischen Direktor Schneider; Herrn Regierenden Bürgermeister.* ↑ Brief/E-Mail (1).

5. seiner Sinne/seinen Sinnen nicht mehr Herr sein: Die Wendung *Herr sein/werden* steht mit dem Genitiv, nicht mit dem Dativ: *Er war seiner Sinne* (nicht: *seinen Sinnen*) *nicht mehr Herr.*

6. Zu *der Antrag des Herrn Meyer/von Herrn Meyer* ↑ Genitivattribut (1.2). Zu *aus aller Herren Länder[n]* ↑ Land. Zu *seitens Herrn Meyer* ↑ seitens.

-herr, -herrin: Die entsprechende feminine Form zu *-herr* (in der Bedeutung „Gebieter über") ist *-herrin*, nicht *-frau: Bauherr/Bauherrin, Dienstherr/Dienstherrin, Hausherr/Hausherrin.*

Herr/Herrin der Lage: 1. Singular oder Plural: Üblich ist der Singular: *Wir waren nicht mehr Herr der Lage.*

2. Genus: Meist wird die Abstimmung in Bezug auf das grammatische Geschlecht vorgenommen, es kommt aber auch das Maskulinum bei Bezug auf weibliche Personen vor: *Die Betriebsleiterin ist Herr/Herrin der Lage.*

her sein: ↑ Es ist/sind zwei Jahre her.

herum/umher: Eine scharfe Unterscheidung zwischen *herum* und *umher* ist nicht immer möglich. Das Adverb *herum* bedeutet „rundherum, im Kreise, ringsum": *Sie wickelte das Isolierband darum herum. Ich lief um den Baum herum.* Dagegen bedeutet die Verbpartikel *umher* „kreuz und quer, dahin und dorthin, in diese und jene Richtung": *Ich blickte umher. Sie irrten im Walde umher.* Oft wird an dieser Unterscheidung nicht festgehalten und *herum* statt *umher* als Verbpartikel gebraucht: *Sie tollten auf der Wiese herum. Er fuchtelte vor seinem Gesicht herum.* Wenn es sich um eine erfolglose oder unnütze, aber anhaltende Beschäftigung handelt, wird auch in der Standardsprache nur *herum* gebraucht: *Vergeblich kramte er in seiner Brieftasche herum* (Ott).

Herz: Die Singularformen lauten im Genitiv: *des Herzens,* im Dativ: *dem Herzen* (vereinzelt: *Herz*), im Akkusativ: *das Herz.* Im Plural wird schwach dekliniert: *die Herzen.* In der Umgangssprache und im Bereich der Medizin besteht die Tendenz, im Dativ Singular anstelle der schwachen Form *Herzen* die Form *Herz* zu wählen: *Sie hat es am Herz, hat mit dem Herz zu tun* (= ist herzkrank; ugs.). In medizinischen Texten kommt auch im Genitiv Singular neben *des Herzens* die stark deklinierte Form *des Herzes* vor. Zu *Der Kummer brach ihnen das Herz* (nicht: *die Herzen*) ↑ Singular vs. Plural bei Substantiven.

Herzog: Heute wird meist die umgelautete Pluralform *die Herzöge,* selten die umlautlose Form *die Herzoge* gebraucht. Zu *des Herzogs Heinrich des Löwen/Herzog Heinrichs des Löwen* ↑ Titel und Berufsbezeichnungen (1.2 und 1.3). Nach Anschrift und Anrede eines Herzogs *(Hoheit, Königliche Hoheit)* sollte man sich im Einzelfall erkundigen.

heute/heut: Standardsprachlich ist die Form *heute: Sie kommen heute Abend, heute Mittag, heute früh/Früh.* Die verkürzte Form *heut* ist in der Umgangssprache gebräuchlich, vor allem in festen Fügungen oder in Verbindung mit anderen Zeitadverbien: *von heut an, heut früh/Früh* usw. ↑ Früh/früh.

hierein/hierin: ↑ darein/darin, worein/worin.

hier[her, -hin]: 1. Ob *hier* Adverb (mit Getrenntschreibung) oder Verbzusatz (mit Zusammenschreibung) ist, zeigen die Betonung und die Verwendung im Satz an. Getrenntschreibung: *Ich verstehe nicht, warum die meisten Touristen ausgerechnet hier* (= an genau diesem Ort) *bleiben wollen.* Zusammenschreibung: *Kannst du*

noch ein bisschen hierbleiben (= anstatt wegzugehen)? Verbindungen mit *sein* werden immer getrennt geschrieben: *Wann wirst du endlich hier sein? Er ist heute hier gewesen.*
2. *Hierher* und *hierhin* schreibt man mit dem folgenden Verb zusammen: *Könntest du bitte mal hierherkommen? Man hat ihn sofort hierhergefahren. Du kannst das Buch hierhinlegen. Darf ich mich hierhinsetzen?* Vor allem in gesprochener Sprache kann *hier* auch allein stehen: *Hier möchte ich wieder hinfahren. Ich möchte wieder hier hinfahren.* (In geschriebener Standardsprache: *Hierhin möchte ich wieder fahren*).

hin: Getrennt vom folgenden Verb schreibt man *hin,* wenn es in Zusammenwirken mit einer Präposition das Ziel einer Richtungsangabe bestätigt: *Diese Meinung ist über die ganze Welt hin verbreitet. Er soll bis zur Mauer hin Blumen pflanzen.* Auch in übertragener Bedeutung: *Sie pflegt vor sich hin zu murmeln.* Zusammen schreibt man, wenn *hin* Verbzusatz ist: *Sie hat darauf hingearbeitet. Er hat sein Herz hingegeben. Sie hat ihm das Paket hingebracht.* Der Bindestrich als Ergänzungsstrich (↑ Bindestrich [1.1]) steht, wenn man sagt: *Ich bin hin- und hergelaufen* (= hin- und wieder zurückgelaufen), er steht nicht, wenn es heißt: *Ihr sollt nicht immer hin und her laufen* (= ohne Ziel laufen). Groß schreibt man das substantivische Wortpaar *das Hin und Her.* Schließlich kann *-hin* Zweitglied komplexer Adverbien sein, z. B. *hierhin, daraufhin, weiterhin.*

hinausschießen: ↑ schießen (2).

hindern: ↑ Negation (1).

hin/her: ↑ her/hin.

hinken: Wird ein Vorgang in seinem Verlauf bezeichnet, dann bildet *hinken* das Perfekt mit *haben: Sie hat auf dem rechten Fuß gehinkt.* Wird dagegen die Ortsveränderung bezeichnet, dann bildet man das Perfekt mit *sein: Die Sportlerin ist vom Platz, zum Arzt gehinkt.*

hinstellen als: Wenn das Verb *hinstellen als* reflexiv gebraucht wird, steht das auf *als* folgende Substantiv meist im Nominativ: *Wer stellt sich schon gern als ein Streber hin?* Der Akkusativ, d.h. die Beziehung auf das Reflexivpronomen *(einen Streber),* ist seltener. Bei nicht reflexivem Gebrauch wird durch einen Akkusativ nach *als* der Bezug auf das Akkusativobjekt gekennzeichnet: *Er stellte ihn als einen Streber hin.*

hinter: Die Präposition *hinter* kann mit dem Dativ oder mit dem Akkusativ verbunden werden, je nachdem, ob ein Ort (= Dativ) oder eine Richtung (= Akkusativ) bezeichnet wird: *Ich stehe hinter dem Haus. – Ich gehe hinter das Haus.*

hintereinander: ↑ ...einander.

Hinterteil: *Das Hinterteil* bedeutet heute zuerst „Gesäß"; die Bedeutung „hinterer Teil" ist selten (dafür veraltet auch: *der Hinterteil*).

hinzukommen (Hinzu kommt, dass ...): Der Verbzusatz *hinzu* in Wendungen wie *Hinzu kommt, dass ...* wird vom konjugierten Verb getrennt geschrieben.

Hirsch: Zur schwachen Flexion dieses Wortes in alten Gasthausnamen *(Gasthaus zum Hirschen)* ↑ Schwan.

Hirt/Hirte: Von den beiden Formen überwiegt in Komposita die kürzere *(Schafhirt, Kuhhirt).* Fest ist das *-e* in der Fügung *der Gute Hirte* (= Christus). Der Genitiv lautet für beide Formen *des Hirten* (nicht: *des Hirts*), der Dativ und Akkusativ *dem, den Hirten.*

HIV-positiv:
Das Adjektiv *HIV-positiv* bezieht sich auf Patienten, die sich mit dem HI-Virus infiziert haben; es darf also nicht mit der Bezeichnung *aidskrank* verwechselt werden. Zur Ausdrucksvariation kommt bei entsprechendem Kontext *testpositiv* oder einfach *positiv* infrage.

hoch: 1. Getrennt- oder Zusammenschreibung in Verbindung mit Verben: Vom Verb *sein* schreibt man *hoch* immer getrennt: *hoch sein.* Ebenso getrennt schreibt man das Adverb mit der Bedeutung „weit oben“: *hoch (über den Wolken) fliegen.* Zusammen schreibt man, wenn *hoch* Verbzusatz ist: *Zahlen statistisch hochrechnen; hochstapeln* (etwas vortäuschen) usw. Getrennt oder zusammen kann man schreiben: *jmdn. hoch achten/hochachten; jmdn. hoch schätzen/hochschätzen.*

2. Getrennt- oder Zusammenschreibung in Verbindung mit dem Partizip I/II oder einem Adjektiv: In Verbindung mit einem Partizip kann getrennt oder zusammengeschrieben werden: *ein hoch bezahlter/hochbezahlter Job; hoch besteuerte/hochbesteuerte Einkommen; hoch dotierte/hochdotierte Architektinnen; hoch qualifizierte/ hochqualifizierte Akademiker* usw. Nur zusammen schreibt man: *ein hochgeschlossenes Kleid; hochgestochen reden* usw. Außerdem schreibt man zusammen, wenn das zugrunde liegende Verb zusammengeschrieben wird (*hochfliegende Späne* usw.) und wenn *hoch* rein intensivierend gebraucht wird: *hochanständig* (sehr anständig), *hochaktuell, hochwirksam, hocherfreut, hochglänzend* usw.

höchstens: Man kann sagen: *Das trifft in höchstens drei Fällen zu* oder: *Das trifft höchstens in drei Fällen zu.* Im ersten Satz ist *höchstens* Attribut zu *drei* (= es sind höchstens drei Fälle), im zweiten Satz bezieht es sich (im Sinne von „allenfalls“, „bestenfalls“) auf die gesamte Präpositionalgruppe *in drei Fällen.*

Hode/ Hoden: Die übliche Singularform ist *der Hoden* (Genitiv: *des Hodens*). Seltener sind die Formen *der Hode* (Genitiv: *des Hoden*) und *die Hode* (Genitiv: *der Hode*). Das Wort wird überwiegend im Plural gebraucht, der immer *die Hoden* lautet.

Höflichkeitsform: ↑ Anrede.

Hohelied/Hohe Lied: Bei Zusammenschreibung wird folgendermaßen flektiert: *des Hohelied[e]s, dem Hohelied, das Hohelied.* Ist der erste Bestandteil flektiert, schreibt man nur getrennt: *Hohes Lied, des Hohen Lied[e]s, dem Hohen Lied.* Entsprechendes gilt für *Hohepriester/Hohe Priester.*

höher: 1. Klein schreibt man *höher* auch in festen Begriffen wie *höhere Gewalt, die höhere Laufbahn.*

2. Zusammen schreibt man *jmdn. höhergruppieren, höherstufen* (= in eine höhere Gehaltsgruppe einstufen); *etwas lässt ihr Herz höherschlagen; seine Ansprüche immer höherschrauben.* In Verbindung mit Verben, die einen Verbzusatz haben, schreibt man immer getrennt: *jmdn. höher eingruppieren; etwas höher einstufen.*

hohnlachen/Hohn lachen: Im Infinitiv sind die Schreibungen *hohnlachen/Hohn lachen* beide korrekt. Bei den konjugierten Formen gibt es

Das Hohelied

Das Hohelied des Alten Testaments wird auch „Hohelied Salomos“ genannt. Ob König Salomon wirklich der Verfasser war, ist aber fraglich. Auch das genaue Alter ist schwer bestimmbar – man geht inzwischen davon aus, dass es um 500 v. Chr. niedergeschrieben wurde, einzelne Lieder aber älteren Ursprungs sind. Denn es handelt sich wohl um mehrere Lieder, die im Hohelied zusammengefasst wurden und mit poetischen Worten in einem Wechselgesang von Mann und Frau die Liebe feiern. Dabei schwelgt der Text in üppigen Metaphern; die (erotische) Liebe und das Gegenüber werden mit Früchten, Honig und Wein verglichen. Das Hohelied ist nicht nur in der jüdischen und christlichen Religion wichtig – im Mittelalter wurde es interpretiert als Verhältnis von Gott zum auserwählten Volk bzw. Christus und seiner Kirche. Er hatte auch einen immensen Einfluss auf die europäische Kunst und Literatur.

zwei verschiedene Reihen. Klein und zusammen schreibt man alle fest zusammengesetzten Formen wie z. B.: *ich hohnlache; sie hohnlachte; er hat gehohnlacht; um zu hohnlachen.* Getrennt schreibt man, wenn *Hohn* für sich steht: *ich lache Hohn, sie lachte Hohn, er hat Hohn gelacht, um Hohn zu lachen.* Entsprechendes gilt für *hohnlächeln,* das aber im Allgemeinen nur im Infinitiv gebraucht wird.

Horde: 1. eine Horde Halbstarker/Halbstarke · mit einer Horde lärmender Kinder/lärmende Kinder: Nach *Horde* kann die Angabe, woraus die Horde besteht, im Genitiv oder als Apposition stehen: *eine Horde Halbstarker*/ (auch:) *Halbstarke; eine Horde plündernder Landsknechte* / (auch:) *plündernde Landsknechte.* ↑Apposition (3).

2. Eine Horde Halbstarker kam/kamen herein: Aus grammatischer Sicht steht das Verb im Singular, weil *Horde* formal ein Singular ist: *Eine Horde Halbstarker kam herein.* Es kann aber auch nach dem Sinn konstruiert und das Verb in den Plural gesetzt werden: *Eine Horde Halbstarker kamen herein.*

hören: Nach einem Infinitiv ohne *zu* wird im Perfekt sowohl der Infinitiv *hören* als auch das Partizip II *gehört* gebraucht: *Ich habe sie nicht kommen hören/gehört. Sie hat ihn klagen hören/gehört.* ↑Infinitiv und Infinitivgruppe (2).

Horizontale: Das substantivierte Adjektiv wird überwiegend wie ein echtes feminines Substantiv flektiert, im Singular endungslos, im Plural schwach auf *-n (die Horizontalen).* Ohne Arti-

Die Horde

Die Mongolen waren einst gefürchtet. Der legendäre Herrscher Dschingis Khan (Regierungszeit 1206–1227, Abbildung) vereinte die verschiedenen nomadisch lebenden Mongolenstämme und führte seine *Horden* bis nach Mitteleuropa. Eine ähnlich abenteuerliche Geschichte wie die Mongolenvölker hat auch das Wort *Horde* hinter sich, denn es bezeichnete ursprünglich insbesondere mongolische und türkische Heeresverbände, die alles andere als unorganisiert waren – denn so wird der Begriff heute aufgefasst. Er leitet sich ab vom persischen und turksprachigen Wort „ordu", „Armee, Heer", aber auch „Tross". Das Wort gelangte über das Polnische in die deutsche Sprache. Hier ist es seit dem 15. Jh., zunächst als „horda", belegt. Über das Deutsche wurde das Substantiv auch in andere europäische Sprachen entlehnt. Verbunden mit der Angst vor einer Eroberung durch die Türken erhielt der Begriff seine oftmals negative, abwertende Bedeutung und meint dann einen zügellosen, unorganisierten Haufen. Auch bei in Gruppen lebenden Primaten spricht man manchmal von *Horden*. Eher neutral wird das Wort in der Ethnologie verwandt, hier nennt man kleinere, oft blutsverwandte Jäger-und-Sammlergruppen *Horden* und spricht in dem Zusammenhang von sog. Hordengesellschaften.

kel (in Verbindung mit einem Zahlwort z. B.) kommt im Plural auch starke Deklination vor: *zwei Horizontalen/Horizontale.* ↑ Substantivierung (2).

hundert/Hundert: 1. Groß- oder Kleinschreibung (das Folgende gilt auch für *tausend/Tausend;* vgl. auch ↑ Achtzig/achtzig): **a)** Klein schreibt man das Zahlwort, das immer unflektiert (und meist in attributiver Stellung) auftritt: *hundert Zigaretten, mehr als hundert Bücher, der dritte Teil von hundert.* **b)** Groß- oder Kleinschreibung ist möglich, wenn *hundert* unbestimmte, d. h. nicht in Ziffern schreibbare Mengen bezeichnet und so als Mengensubstantiv angesehen werden kann: *mehrere Hundert/hundert Menschen. Die Summe geht in die Hunderte/hunderte. Viele Hunderte/hunderte fanden keinen Einlass. Man hörte das Brüllen Hunderter/hunderter von verdurstenden Rindern.* **c)** Groß schreibt man das Zahlsubstantiv (= hundert [tausend] Einheiten): *ein halbes Hundert, vier vom Hundert* (Abkürzung: *v. H.*).
2. Getrennt- oder Zusammenschreibung: **a)** Getrennt schreibt man nach unbestimmten Zahlwörtern: *ein paar Hundert/hundert Menschen, mehrere Tausend/tausend Personen.* **b)** Zusammen schreibt man die mit bestimmten Zahlwörtern gebildeten Grund- und Ordnungszahlen: *einhundert, zweihundert, hundert[und]fünfzig, eintausend, zweitausend, [ein]tausenddreihundert[und]zwanzig, anderthalbtausend, zwei[und]einhalbtausend, hundertunderster Tag.* Immer zusammen schreibt man das Zahlwort in Verbindung mit *aber: Sie strömten zu Aberhunderten/aberhunderten herein.*
3. Flexion: a) Nominativ und Akkusativ: Die Zahlangaben *Hundert/hundert* und *Tausend/tausend* werden im Nominativ und Akkusativ Plural mit oder ohne Flexionsendung gebraucht, wenn der Kasus durch ein anderes Wort kenntlich gemacht ist: *Viele Hundert[e]/hundert[e] kamen zu der Veranstaltung.* **b) Genitiv:** Die Zahlangaben *Hundert/hundert* und *Tausend/tausend* werden im Genitiv Plural substantivisch flektiert (d. h., sie haben keine Flexionsendung), wenn der Kasus durch ein anderes Wort kenntlich gemacht ist: *Der Protest einiger Hunderte/hunderte störte sie nicht. Der Abschluss der Hunderte/hunderte von komplizierten Versuchsreihen steht bevor.* Nach flektierten Artikelwörtern kommt aber oft neben *Tausende/tausende* die Form *Tausenden/tausenden* vor: *... trotz dieser Tausenden Seiten ...* (SZ). Wird der Kasus durch ein anderes Wort nicht kenntlich gemacht, wird die Angabe immer adjektivisch dekliniert: *Sie erwarteten die Beteiligung Tausender/tausender. Der Protest Hunderter/hunderter randalierender Zuschauer störte sie nicht.*
4. Hunderte/hunderte Jugendliche/Jugendlicher: Das Gezählte kann im Genitiv stehen, wenn es durch ein Adjektiv näher bestimmt ist: *Sie fanden Hunderte/hunderte toter Fliegen in diesem Raum. Wir befragten Hunderte/hunderte berufstätiger Jugendlicher.* Diese Konstruktion ist heute jedoch selten. Im Allgemeinen wird der Dativ mit *von* verwendet, gleichgültig ob das Gezählte durch ein Adjektiv näher bestimmt ist oder nicht: *Sie fanden Hunderte/hunderte von toten Fliegen in diesem Raum. Wir befragten Hunderte/hunderte von [berufstätigen] Jugendlichen.* Häufig wird auch das appositionelle Verhältnis gewählt. Das Gezählte steht dann im gleichen Kasus wie das Zahlsubstantiv: *Sie fanden Hunderte/hunderte tote Fliegen in diesem Raum. Wir befragten Hunderte/hunderte [berufstätige] Jugendliche.*

hundert[und]ein[s]: ↑ ²ein (1).

hundert[und]einte/-erste: Standardsprachlich heißt es: *hunderterste* oder *hundertunderste.* Die Formen *hunderteinte* und *hundertundeinte* sind regionalsprachlich.

I

i. A./I. A.: Die Abkürzung für *im Auftrag[e]* wird mit kleinem *i* geschrieben, wenn sie der Bezeichnung einer Behörde, Firma u. dgl. folgt: *Der Oberbürgermeister i. A. Meyer.* Sie wird mit großem *I* geschrieben, wenn sie nach einem abgeschlossenen Text oder allein vor einer Unterschrift steht: *Ihre Unterlagen erhalten Sie mit gleicher Post zurück. I. A. Meyer* (↑ Brief [3]).

-ibel: Adjektive auf *-ibel* verlieren, wenn sie dekliniert oder gesteigert werden, das *e* der Endsilbe: *eine flexible Arbeitskraft, eine flexiblere Arbeitskraft.*

ich: 1. Auslassung: In der gesprochenen sowie in der informellen geschriebenen Sprache (etwa im Chat) lässt man *ich* am Satzanfang gern weg: *Weiß schon Bescheid. Habe bereits davon gehört.* Heute ist die Verwendung von *ich* am Satzanfang sonst durchaus üblich. Statt *Bestätige hiermit dankend den Eingang Ihres Auftrages* schreibt man eher: *Ich bestätige hiermit dankend ...* (neben: *Hiermit bestätige ich dankend ...*). Auch Lebensläufe dürfen mit *ich* eingeleitet werden: *Ich wurde am ... geboren* (neben: *Am ... wurde ich geboren*).

2. Ich, der/die ich mich bemühe ... Ich, der/die sich bemüht ...: Die Personalform des Verbs eines an *ich* angeschlossenen Relativsatzes steht in der 3. Person Singular, wenn das Personalpronomen nicht wiederholt wird: *Ich, der/die sich immer bemüht, ...* Wird das Personalpronomen dagegen im Relativsatz wiederholt, erscheint das Verb in der 1. Person Singular: *Ich, der/die ich mich immer bemühe.*

Ich oder du hast das getan/Ich oder er hat das getan: ↑ oder (3).

Ich und du/Ich und ihr/Ich und er/Ich und sie (Plural) haben uns sehr gefreut: ↑ und (5).

ihre, ihrige/Ihre, Ihrige: Groß schreibt man, wenn sich *Ihre/Ihrige* auf die Höflichkeitsanrede *Sie* bezieht. Ansonsten schreibt man diese Wörter klein: *Das ist nicht mein Problem, sondern das ihre/ihrige.* Wenn *ihre* (entsprechend auch *ihrige*) zum Substantiv geworden ist, kann man es groß- oder kleinschreiben: *Alle Mitglieder müssen das Ihr[ig]e* oder *das ihr[ig]e beitragen. Es war einer der Ihr[ig]en* (= ihrer Angehörigen) oder *der ihr[ig]en. Sie nahm alles Ihr[ig]e* (= alles ihr Gehörende) oder *alles ihr[ig]e mit.*

ihr oder sie (Plural): Bei Aneinanderreihungen von Personalpronomen durch *oder* richtet sich das konjugierte Verb nach der Person des ihm näher stehenden Subjektteils. Deshalb heißt es: *Ihr oder sie haben das getan.*

ihr und er/sie/ich/wir ...: Zu *ihr und er habt euch sehr gefreut · ihr und ich haben uns sehr gefreut* usw. ↑ und (5).

Illustrierte: 1. Wir kauften Illustrierte/Illustrierten: Als substantiviertes Partizip wird *Illustrierte* im Allgemeinen wie ein attributives Adjektiv dekliniert: *Wir kauften Illustrierte. Zwei Illustrierte berichteten über die Hochzeit; das Titelbild dieser Illustrierten.* Nach einem vorausgehenden Adjektiv oder speziellen Artikelwort wird *Illustrierte* stark oder schwach dekliniert: *die Klatschspalten vieler Illustrierter/Illustrierten.* ↑ Substantivierung (2).

2. einige Illustrierte · alle Illustrierten · solche Illustrierte[n]: zur Deklination von *Illustrierte* nach *alle, beide, einige* usw. ↑ all- usw.

im/beim/am: Zu *im/am Abklingen sein* ↑ am/beim/im + Infinitiv + sein.

im Grunde genommen: Die Fügung *im Grunde genommen* kann in Kommas eingeschlossen werden: *Du hast[,] im Grunde genommen[,] völlig recht.*

im/in: ↑ in/im.

im/in Frieden: Die übliche Form ist *in Frieden: Sie sind in Frieden miteinander ausgekommen, auseinandergegangen. Lass mich in Frieden! Ruhe in Frieden!* Wird das Wort *Friede* näher bestimmt, dann kann auch *im* verwendet werden: *Er starb im Frieden mit seiner Familie.* Ist mit *Frieden* die Zeit des Friedens (im Gegensatz zu Kriegszeiten) gemeint, dann wird *im* verwendet: *Wir leben im Frieden.* ↑ in/im.

Imperativ: 1. trink[e]! · hand[e]le! · bind[e]! · atme! Bei den meisten Verben wird die Form ohne Endungs-e bevorzugt; sie wird ohne Apostroph geschrieben (↑ Apostroph): *Wasch deine Hände! Steig ein!* Bei den Verben auf *-ern* und *-eln* sind jedoch die Formen mit Endungs-*e* in der Standardsprache verbindlich (wobei das *e* der Bildungssilbe – besonders bei *-eln* – dafür wegfallen kann): *hand[e]le!, samm[e]le!, trau[e]re nicht!* Auch Verben, deren Stamm auf *-d* oder *-t* endet, haben im Allgemeinen das Endungs-e: *Biete* / (auch:) *Biet nicht zu viel!* Schließlich stehen auch Verben mit einem Stamm auf Konsonant + *m* oder *n* im Allgemeinen mit dem Imperativ-e: *Atme langsam!* Ausnahmen sind hier diejenigen Verben, bei denen dem *m* oder *n ein m, n, r, l* oder *h* vorausgeht: *Qualm[e] nicht so!*

2. lies!/lese! Starke Verben mit Wechsel von e/i bilden den Imperativ Singular, indem sie das *e (ä, ö)* des Präsensstamms gegen *i (ie)* auswechseln; ein *-e* wird nicht angehängt (die Ausnahme *siehe* findet sich nur als Ausruf oder als Verweis in Büchern: *siehe S. 50*): *lies!, birg!*

3. Erschrick nicht!/Erschrecke ihn nicht! Infinitive, zu denen es sowohl starke als auch schwache Formen mit unterschiedlichen Bedeutungen gibt, haben dementsprechend unterschiedliche Imperativformen, die nicht gegeneinander ausgetauscht werden sollten: *Erschrick nicht! – Erschrecke mich nicht so! Schwill! – Schwelle den Umfang nicht so auf!* ↑ erschrecken (1); ↑ schwellen.

4. Imperativ in der Höflichkeitsform: *Seien Sie/Sind Sie so nett …* Als Höflichkeitsform verwendet man die dritte Person Plural des Konjunktivs Präsens: *Nehmen Sie Platz! Seien Sie so nett und helfen Sie mir* (nicht: *Sind Sie so nett …*).

in: 1. ↑ Wechselpräposition: Die Präposition *in* kann mit dem Dativ oder mit dem Akkusativ verbunden werden, je nachdem, ob ein Ort (Dativ) oder eine Richtung (Akkusativ) bezeichnet wird: *Ich sitze im Sessel. Ich setze mich in den Sessel. Die Punkte sind noch in die/in der Zeichnung einzutragen.*

2. in Blau · in Birke Natur/natur: In Bearbeitungs- und Farbangaben zu Möbeln u.dgl. werden nach *in* Substantive groß-, die ihnen vor- oder nachgestellten attributiven Adjektive kleingeschrieben (bei *Natur/natur* ist beides möglich): *in Birke Natur/natur, in dunkel Ahorn, in Ahorn dunkel.* Farbbezeichnungen und gewöhnliche Adjektive werden, wenn sie direkt auf die Präposition *in* folgen, als substantiviert angesehen und daher ebenfalls großgeschrieben: *in Blau, in Hell Natur, in Matt Natur; Glasscheiben in Gelb, in Klar.* Man sollte in diesen Fällen jedoch besser die Präposition *in* weglassen und das Adjektiv in seiner Rolle belassen: *Schlafzimmer, hell* (oder: *matt, dunkel*), *Natur. Das Schlafzimmer ist hell* (oder: *matt, dunkel*), *Natur.*

3. in 2017: Die Präposition *in* wird nach englischem Vorbild – vor allem in der Journalisten- und Wirtschaftssprache – öfter mit einer Jahreszahl gebraucht: *In 2017 wird die Staatsverschuldung eine Rekordhöhe erreicht haben.* Standardsprachlich steht aber die Jahreszahl ohne Präposition oder die Fügung *im Jahr/im Jahre* + Jahreszahl: *Die Staatsverschuldung wird 2017/im Jahr 2017 / im Jahre 2017 eine Rekordhöhe erreicht haben.*

in/auf: ↑ auf/in/zu; ↑ deutsch (3).

in Blau: ↑ in (2).

Inch: Es heißt *3 Inch* oder *3 Inches.* ↑ Maß-, Mengen- und Währungsangaben (1).

in das/darein/worein: ↑ auf das/darauf, ↑ damit/mit ihm/mit dem, ↑ darein/darin, worein/worin.

in dem/darin/worin: ↑ auf das/darauf, ↑ damit/mit ihm/mit dem, ↑ darein/darin, worein/worin.

indirekte Rede: 1. Kennzeichnung: Die indirekte Rede wird in der Regel von einem Verb des Sagens und Denkens oder einem entsprechenden Substantiv eingeleitet. Der Gebrauch des Konjunktivs (↑ Konjunktiv [1 und 2]) ist in der indirekten Rede nicht notwendig, wenn durch die Redeeinleitung bereits gekennzeichnet ist, dass es sich um die Wiedergabe fremden Gedankenguts handelt. In manchen Kommunikationsbereichen wie etwa der journalistischen Berichterstattung, in der Sachverhaltsschilderung in juristischen und polizeilichen Texten und in vielen Wissenschaftssprachen ist die Verwendung des Konjunktivs in der indirekten Rede jedoch aus gutem Grund der Standardfall. Um weitere untergeordnete Sätze deutlich als indirekte Rede zu kennzeichnen, setzt man sie ebenfalls in den Konjunktiv: *Die Pressesprecherin sagte, der Standortwechsel sei notwendig, weil sich die wirtschaftliche Lage des Unternehmens geändert habe. Der neue Standort, der mit einer besseren Infrastruktur ausgestattet sei, werde eine Expansion erlauben.* Wenn man hier hingegen einen Wechsel zum Indikativ vornehmen würde *(Der neue Standort, der ... ausgestattet ist, wird eine Expansion erlauben),* könnte der Eindruck entstehen, dass der Schreiber selbst die Verantwortung für die Faktizität übernimmt.

2. Regeln zum Gebrauch des Konjunktivs: In der indirekten Rede wird der Konjunktiv I verwendet, wenn dessen Formen eindeutig sind *(er gehe).* Sonst steht im Allgemeinen der Konjunktiv II *(ich ginge).* Bei den meisten Verben sind allerdings die Formen des Konjunktivs II selbst nicht vom Indikativ Präteritum zu unterscheiden *(ich sagte).* Das gilt für die schwachen Verben und für manche Formen einiger starker Verben. Wenn weder Konjunktiv I noch Konjunktiv II eindeutig sind, kann auf den *würde*-Konjunktiv ausgewichen werden. Der Ersatz ist aber selten zwingend, weil die Einleitung der indirekten Rede hinreichend deutlich macht, dass eine fremde Aussage wiedergegeben wird. Es ist also durchaus möglich, dass aus dem Zusammenhang hervorgeht, ob eine uneindeutige Form als eine Konjunktiv- oder Indikativform verstanden werden soll: *Wir sollten* (= Präteritum Indikativ) *das Auto zurückbringen, weil wir die Leihfrist überschritten hatten. Sie sagt, wir sollten* (= Konjunktiv II) *das Auto zurückbringen ...* Unabhängig davon werden allzu ungebräuchliche Formen des Konjunktivs II durch *würde* + Infinitiv ersetzt: *Er behauptete, die Scheune würde schon seit Stunden brennen* (ungebräuchlich: sie *brennte*). ↑ Konjunktiv (3).

in einem Fall wie diesem/wie dieser: ↑ wie (3).

in etwa/etwa: Wenn einzelne Zahlwörter modifiziert werden, steht fast immer *etwa* (ohne *in*): *Sie waren etwa (ungefähr, ca.) 40 km vom nächsten Ort entfernt. Jetzt sind es noch etwa (ungefähr, ca.) zwanzig.* Wenn das Zahladjektiv nicht einzeln modifiziert wird, kann neben *etwa* auch *in etwa* stehen: *„Die Chancen stehen etwa fünfzig zu fünfzig", sagt ein Projektmitarbeiter hinter vorgehaltener Hand* (Handelsblatt). *Die Aufteilung der Grundflächen und Kosten ist in etwa fünfzig zu fünfzig* (Süddeutsche Zeitung). Adverbien werden nur selten mit *etwa* modifiziert, wenn die Bedeutung „ungefähr" ausgedrückt werden soll: *Das ist etwa* (häufiger: *ungefähr, in etwa*) *da/dort, wo heute das Rathaus steht.* Kaum üblich ist *etwa,* wenn andere Wortgruppen oder ganze Sätze modifiziert werden sollen: *Das ist ungefähr/in etwa das, was ich auch sagen wollte. Die beiden Spieler sind ungefähr/in etwa auf dem gleichen Niveau. Die Angaben der Zeugen stimmten ungefähr/in etwa überein.*

Infinitiv und Infinitivgruppe

Zum Komma beim Infinitiv ↑ Komma (6); zu *das Sichausweinen, das In-die-Knie-Gehen* ↑ Substantivierung (1).

1 Infinitive mit und ohne *zu*

1.1 (zu) tun brauchen

Wenn ein Infinitiv Bestandteil eines Prädikats ist, hängt es von der Art des Verbs ab, ob es sich um einen Infinitiv mit oder ohne *zu* handelt. Das Hilfsverb *werden* und die Modalverben *dürfen, können, mögen, müssen, sollen, wollen* regieren den reinen Infinitiv, Modalitätsverben (wie *beginnen, belieben, brauchen, bleiben, drohen, pflegen, scheinen, vermögen, versprechen, verstehen, versuchen*) den Infinitiv mit *zu:*

– reiner Infinitiv nach *werden* und Modalverben:

- Es wird *schneien.* Er muss es bis nächste Woche *erledigen.* Er muss es bis nächste Woche *erledigt haben.*

– Infinitiv mit *zu* nach Modalitätsverben:

- Anna scheint noch immer *zu schlafen.* Das Fest versprach ein Erfolg *zu werden.*

Teilweise ist nicht ganz klar, zu welcher der beiden Gruppen ein Verb gehört. So kann z. B. ↑ *brauchen* sowohl als Modalverb (ohne *zu*) als auch als Modalitätsverb (mit *zu*) benutzt werden.

Da Modalitätsverben von vornherein den Infinitiv mit einem *zu* an sich binden, kommt es zu einer Dopplung von *zu*-Infinitiven, wenn sie mit Infinitivgruppen kombiniert werden. Man hat aber die Möglichkeit, auf andere Verben auszuweichen oder den Satzbau zu ändern, wenn man diese Dopplung vermeiden möchte:

- Er glaubt zu gehorchen zu haben. → Er glaubt, dass er zu gehorchen hat/gehorchen zu müssen.
- Sie ist nicht der Ansicht, pünktlich zu kommen zu brauchen. → Sie ist nicht der Ansicht, pünktlich kommen zu müssen.

1.2 Ein Tier quälen ist böse/Ein Tier zu quälen[,] ist böse

Der Gebrauch von *zu* schwankt, wenn ein satzwertiger Infinitiv in der Rolle eines Subjekts steht. So heißt es sowohl *Ein Tier quälen ist böse* als auch *Ein Tier zu quälen[,] ist böse.* Entsprechend: *Für dich kochen müsste ein Vergnügen sein* oder *Für dich zu kochen[,] müsste ein Vergnügen sein.* Dasselbe gilt, wenn ein satzwertiger Infinitiv in der Rolle eines ↑ Prädikativs steht: *Ein guter Christ sein heißt allen Menschen ein Helfer sein* oder *Ein guter Christ zu sein[,] heißt[,] allen Menschen ein Helfer zu sein.* In allen Sätzen dieser Art ist also die Setzung von *zu* freigestellt (vgl. auch ↑ 3). Verwendet man den Infinitiv mit *zu,* kann man Kommas setzen oder sie weglassen. ↑ Komma (6.2). Infinitive ohne *zu* werden nicht durch Komma abgetrennt.

1.3 jmdn. etwas (zu) tun heißen

Nicht immer ist es ganz eindeutig, ob ein Infinitiv ein satzwertiger Infinitiv ist (also Prädikat einer Infinitivgruppe) oder Teil eines Prädikats. Die Übergänge sind fließend.

Nach *heißen, helfen* und *lehren* kann ein Infinitiv mit oder ohne *zu* stehen: *Hilf mir schieben!* oder *Hilf mir[,] zu schieben! Helfen Sie mir bitte das Auto in die Garage schieben* oder *Helfen Sie mir bitte[,] das Auto in die Garage zu schieben.* Vgl. neben ↑ heißen usw. auch ↑ zu (2). Verwendet man den Infinitiv mit *zu,* so muss in bestimmten Fällen ein Komma stehen, in anderen kann oder muss man es weglassen. ↑ Komma (6). Infinitive ohne *zu* werden nicht durch Komma abgetrennt.

2 Infinitiv oder Partizip II (Ersatzinfinitiv): *Ich habe kommen müssen*

Bestimmte Verben mit *haben*-Perfekt stehen, wenn ihnen ein Infinitiv vorangeht, nicht im Partizip II, sondern selbst im Infinitiv (im sogenannten Ersatzinfinitiv): *Ich habe kommen müssen* (nicht: *gemusst*). Dieser Gebrauch ist fest bei den ↑ Modalverben und bei *brauchen* (↑ brauchen [3]). Die Verben *heißen, lassen, sehen* stehen überwiegend im Infinitiv, *fühlen, helfen, hören* sowohl im Infinitiv als auch im Partizip II und *lehren, lernen, machen* im Allgemeinen nur im Partizip II (vgl. die Einträge zu den angeführten Verben). Im Infinitiv des Perfekts tritt das Partizip II nur dann auf, wenn der *zu*-Infinitiv von *haben* verwendet wird:

- Ich erinnere mich[,] ihn laufen *gesehen* zu *haben.* Ich erinnere mich[,] sie früher das Bild sehen *gelassen* zu *haben.*

3 Groß- oder Kleinschreibung: *Rohre verlegen – Rohreverlegen · Sie übte Schwimmen/schwimmen*

Der Infinitiv kann in einem Satz Teil eines Subjekts oder Objekts sein, ohne dass er deswegen zum Substantiv werden muss. Für die Groß- oder Kleinschreibung ist in solchen Fällen entscheidend, wie der Infinitiv konstruiert ist.

Kleinschreibung: *Sie verlegt ein Rohr – Rohre verlegen ist ihre Arbeit.* In diesem Fall ist der Infinitiv kleinzuschreiben, denn ein Substantiv hat kein Objekt bei sich (also nicht: *Rohre Verlegen,* sondern: *Rohre verlegen).* Der verbale Gebrauch des Infinitivs lässt sich auch daran erkennen, dass er sich mit der Partikel ***zu*** verbinden lässt: *Rohre zu verlegen ist ihre Arbeit.*

Großschreibung: *[Das] Verlegen von Rohren/eines Rohres ist ihre Arbeit.* Hier muss dagegen großgeschrieben werden, denn eine Verbform kann kein Attribut im Genitiv oder mit *von* bei sich haben (also nicht: *verlegen von Rohren* sondern: *Verlegen von Rohren.*

Aber als zusammengesetzter substantivierter Infinitiv mit Artikel oder Attribut: *das moderne Rohreverlegen.*

Häufig sind auch beide Schreibungen möglich, wenn ein Infinitiv sowohl verbal als auch substantiviert verstanden werden kann:
Sie übte [zu] schwimmen. Sie übte [das] Schwimmen.
Weiteres ↑ Substantivierung (1).

4 Getrennt- oder Zusammenschreibung: *wegzugehen · zu übergeben*

Schreibt man die Grundform eines Verbs mit Zusatz zusammen, dann schreibt man auch den Infinitiv mit *zu* zusammen. Bei untrennbaren Verben steht *zu* für sich, die Verbform wird ohnehin immer zusammengeschrieben:

- Es hat doch keinen Sinn, jetzt *wegzugehen* (wegen: weggehen). Sie erbot sich[,] die Urkunde *zu übergeben.*

Schreibt man die Grundform getrennt, dann wird auch der Infinitiv mit *zu* getrennt geschrieben:

- Er bat sie[,] *da zu bleiben,* wo sie stand (wegen: da bleiben). Sie hätte große Lust gehabt, am Sonntag *Rad zu fahren* (wegen: Rad fahren).

Informand/Informant: *Der Informand* (Plural: *die Informanden*) ist jemand, der informiert werden soll. *Der Informant* (Plural: *die Informanten*) ist jemand, der Informationen gibt (z. B. an die Presse, die Polizei). ↑ -and/-ant.

in/im: 1. in/im Familienbesitz · in/im Urlaub sein: Ist bei einem Abstraktum oder einem Stoffsubstantiv sowohl die Verwendung von *in* als auch die Verwendung von *im* möglich, dann bezieht man sich mit *im* meist auf etwas Erschließbares oder bereits Erwähntes, mit *in* nicht. Man kann beispielsweise sowohl sagen: *Die Firma ist seit 1830 in Familienbesitz* als auch: ... *im Familienbesitz*. Im ersten Fall wird nur festgestellt, dass die Firma seit 1830 ununterbrochen einer Familie gehört, während die zweite Ausdrucksweise mit *im* die Familie stärker hervorhebt und hauptsächlich dann gebraucht wird, wenn die Aussage sich auf eine bereits erwähnte Familie bezieht: *Damals war er Lehrling bei Wilhelm Müller, dem Großvater des jetzigen Inhabers. Das Geschäft ist seit 80 Jahren im Familienbesitz* (= im Besitz der Familie Müller). – Der Satz *Sie ist in Urlaub* sagt allgemein aus, dass sie nicht arbeitet, dass sie Urlaub hat. *Sie ist im Urlaub* bedeutet dagegen, dass sie in ihrem Urlaub ist, ihren Urlaub genommen hat. In vielen Fällen wird allerdings ein Unterschied zwischen *in* und *im* kaum empfunden, sodass beide Formen üblich sind (↑ Bau [2], ↑ Umlauf). Bei Stoffbezeichnungen zieht man das allgemeinere *in* vor: *eine Tablette in Wasser, in Saft auflösen*. Doch ist *im* auch hier nicht falsch.
2. in schlechtem Zustand/im schlechten Zustand: Da Verschmelzungen die Flexionsendung des bestimmten Artikels enthalten, werden darauf folgende Adjektive schwach flektiert: *im (= in dem) schlechten Zustand.* Wenn ein Adjektiv hingegen auf eine einfache Präposition ohne Verschmelzung folgt, ist kein Artikel vorhanden und es wird folglich stark dekliniert: *in schlechtem Zustand.*
3. in/im Jemen: ↑ Geografische Namen (2).

inklusive: Die in der Geschäftssprache übliche Präposition *inklusive* wird nach dem Vorbild des heimischen *einschließlich* mit dem Genitiv verbunden, wenn der Kasus im folgenden Nominalausdruck deutlich wird: *inklusive aller Versandkosten, inklusive des genannten Betrages.* Das allein stehende starke Substantiv nach *inklusive* bleibt dagegen ohne Flexionsendung: *inklusive Porto, inklusive Behälter.* Im Plural wird bei starken allein stehenden Substantiven der Dativ gesetzt, weil der Genitiv undeutlich ist: *inklusive Abfällen, inklusive Gläsern* (statt: *inklusive Abfälle, inklusive Gläser*). Undeutlich sind Numerus und Kasus auch, wenn sowohl der Genitiv Singular als auch der Dativ Plural ein *-s* hat, z. B. in Formulierungen wie *inklusive aktuellen Passfotos.* Wenn man den Singular deutlich machen möchte, setzt man ein Artikelwort hinzu: *inklusive eines aktuellen Passfotos.* Das Wort *inklusive* kann auch nachgestellt werden und übt dann keinen Einfluss aus: *Gläser inklusive.*

in memoriam: Der auf *in memoriam* (= zum Gedächtnis) folgende Eigenname bleibt ohne Flexionsendung, z. B.: *in memoriam Thomas Mann* (nicht: *in memoriam Thomas Manns*).

inmitten: Der Präposition *inmitten* folgt der Genitiv: *inmitten mächtiger Säulen, inmitten des Waldes.* Wo der Genitiv nicht erkennbar ist, z. B. bei einem allein stehenden Substantiv im Plural, verwendet man die Konstruktion mit *von: inmitten von Wäldern, inmitten von Bekannten und Freunden.*

in/nach/zu/bei: Bei der Verwendung dieser Präpositionen zur Angabe einer Richtung treten gelegentlich Schwankungen auf. Die Präposition *in* (mit Akkusativ) bedeutet „in etwas hinein" und steht vor Substantiven (und Namen) mit Artikel: *in den Wald gehen, in die Stadt fahren, in die Schweiz reisen.* – Da *in* jedoch vor artikellosen Siedlungs- und Ländernamen einen Ort (Frage: wo?) bezeichnet, verwendet man bei Richtungsangaben stattdessen die Präposition *nach* in der Bedeutung „in einen bestimmten Ort hinein": *nach Frankfurt fahren, nach Italien reisen.* Bei Inselnamen, die nicht gleichzeitig Ländernamen sind, wird die Richtung mit *auf* bzw. bei artikellosem Inselnamen mit *nach* angegeben: *auf die Mainau fahren; auf die Malediven, nach Kreta fliegen.* – Die Grundbedeutung der Präposition *zu* ist „auf ein bestimmtes Ziel zu" und steht zur Kennzeichnung einer Hinwendung vor allem bei Personennamen und -bezeichnungen: *zum Arzt gehen. Tom geht zu Eva. Der Bus fährt zum Zoo.* – Regionalsprachlich, vor allem im Norddeutschen, findet sich *nach,* wo standardsprachlich bei Personenbezeichnungen *zu,* sonst *zu* oder *in* u. Ä. stehen müssen: *nach dem Fleischer/nach Hagenbeck gehen.* Man sagt allerdings *nach Hause,* um es so als Richtungsangabe von *zu Hause,* das ausnahmsweise einen Ort (= im Hause) bezeichnet, zu unterscheiden. Vgl. auch ↑ auf/in/zu.

innen: Das Adverb *innen* wird auch in Verbindung mit einer Präposition kleingeschrieben: *von innen nach außen; Farbe für außen und innen* (= zum Außen- und Innenanstrich).

Inneres: Wenn das substantivierte Adjektiv *Inneres* einem stark deklinierten Adjektiv folgt, dann wird es gewöhnlich ebenfalls stark flektiert: *mein ganzes Inneres* (nicht mehr verbreitet: *Innere*). Im Dativ Singular kommt neben der starken auch die schwache Deklination vor: *eine Kutsche mit weißem Innerem/Inneren.* ↑ Substantivierung (2).

innerhalb: **1. innerhalb der Mauern Berlins:** Die Präposition *innerhalb* wird heute mit dem Genitiv verbunden: *innerhalb des Hauses, innerhalb dreier Monate, innerhalb Berlins.* Bei Orts- und Ländernamen kann man auch *von* verwenden: *innerhalb von Berlin, von Bayern.* Der Dativ nach *innerhalb* ist jedoch üblich und auch standardsprachlich korrekt, wenn der Genitiv formal nicht zu erkennen ist, z. B.: *innerhalb fünf Monaten* (oder auch hier: *innerhalb von fünf Monaten*). Man verwendet auch den Dativ, wenn dem von *innerhalb* abhängenden Substantiv ein Genitiv vorausgeht, z. B.: *innerhalb Karls schönem Hause.*
2. innerhalb/zwischen: Zwischen den beiden Präpositionen besteht ein klarer Bedeutungsunterschied: *innerhalb* bezieht sich auf ein größeres Ganzes, *zwischen* auf zwei oder mehrere Ganze. Es heißt also nicht: *die Beziehungen innerhalb der Völker Europas,* sondern: ... *zwischen den Völkern Europas.* Richtig ist aber: *die sozialen Abstufungen innerhalb der Bevölkerung* (nicht: *zwischen der Bevölkerung*).

in Sachen: Die Wendung *in Sachen* mit der Bedeutung „bezüglich ..., zum Thema ..., wegen ..." wird gewöhnlich mit dem Genitiv verbunden, wenn der abhängige Ausdruck ein Artikelwort enthält: *in Sachen des guten Geschmacks, in Sachen der Arbeitszeitverkürzung.* Fehlt das Artikelwort, steht meist der Nominativ: *in Sachen Umweltschutz, in Sachen neuer Dienstplan.* Betrachtet man unbegleitete Substantive als Apposition, kann auch der Dativ stehen: *in Sachen Druckern und Drucksystemen.*

Inselnamen: Zu *auf/in Jamaika* ↑ auf/in/zu; zu *nach Kreta/auf die Malediven fliegen* ↑ in/nach/zu/bei.

insgeheim: Der attributive Gebrauch ist nicht korrekt; also nicht: *der insgeheime Beschluss.* ↑ Adverb (1).

insofern, insoweit: **1. zugehörige Konjunktion:** Man sagt in der Regel: *insofern – als; insoweit – als,* nicht: *insofern – dass; insoweit – dass: Er hat insofern unklug gehandelt, als er zu voreilig war.* Auch der Ersatz von *als* durch *weil* nach *insofern* ist nicht standardsprachlich. Das *als* kann aber ganz wegfallen: *Er hat unklug gehandelt, insofern er zu voreilig war.*
2. Komma: Zwischen *insofern/insoweit* und *als* steht kein Komma, wenn die Fügung als konjunktionale Einheit angesehen wird: *Er hatte unklug gehandelt, insofern als er zu voreilig*

war. Wird die Fügung nicht als Einheit betrachtet, so kann ein Komma gesetzt werden: *Er hatte einen richtigen Instinkt bewiesen, insofern, als er schon vor zwei Tagen darauf hinwies* oder: *... bewiesen, insofern als er schon vor zwei Tagen darauf hinwies.* Fällt *als* weg, dann leitet *insofern* oder *insoweit* als einzelne Konjunktion den Nebensatz ein: *Ich hatte keinen Grund zum Misstrauen, insofern Karl nur selten Geld in die Hand bekam. Insoweit es nur Reisebeschreibung sein will, ist das Buch ganz gut.*

In puncto und punkto

Eine Wortkombination, in die sich immer wieder der Fehlerteufel einschleicht, ist *in puncto*. Die Formulierung bedeutet: „in Bezug auf, bezüglich, hinsichtlich". Die Wendung kommt aus dem Lateinischen und bedeutet wortwörtlich: „in diesem Punkt". Sie steht meist mit dem Genitiv, außer es folgt ein einzelnes Substantiv, dann heißt es beispielsweise: „in puncto Geld". Das *puncto* in dieser Wendung wird klein und immer mit „c" geschrieben.

Zu Verwechslungen kommt es häufig mit der Präposition *punkto* – die dasselbe meint, nämlich „in Bezug auf, bezüglich, hinsichtlich". Sie steht ebenfalls mit dem Genitiv, Substantive ohne Artikel bleiben ungebeugt: „punkto Geld". In Deutschland ist das Wort inzwischen eher ungebräuchlich, doch in Österreich und der Schweiz wird es noch häufig verwendet. Punkto, wenn es alleine steht, wird stets und ausnahmslos mit „k" geschrieben.

integrieren: Bei *integrieren in* steht wie bei *einfügen* im Allgemeinen der Akkusativ, weil eine Richtung bezeichnet wird (Frage: wohin?): *jemanden in eine Gruppe, in ein Land integrieren.* Gelegentlich kommt auch der Dativ vor, wenn ein Ort bezeichnet wird (Frage: wo?): *Die Stahlwerke-AG ist in diesen/* (auch:) *in diesem Firmenring voll integriert.*

Intendant: **1.** Der Genitiv lautet *des Intendanten,* der Dativ und Akkusativ *dem, den Intendanten.* Auch in Verbindung mit *Herrn* und dem Namen ist es besser, den Titel zu flektieren: *Herrn Intendanten Meyer.*
2. Zu *des Intendanten Meyer/Intendant Meyers* ↑ Titel und Berufsbezeichnungen (1.2 und 1.3).

Invalide, der und die: Das Wort *Invalide* ist seiner Herkunft nach ein substantiviertes Adjektiv, wird aber als Maskulinum wie ein echtes Substantiv flektiert: *der/ein Invalide,* Genitiv Singular: *des Invaliden,* Plural: *die zurückkehrenden Invaliden, zwei [alte] Invaliden.* Das Femininum wird dagegen adjektivisch flektiert: *die/eine Invalide,* Genitiv Singular: *der Invaliden,* Plural: *die Invaliden.* ↑ Substantivierung (2).

in was/worin/worein: Die Verbindung Präposition + *was* kommt in der gesprochenen Standardsprache und besonders in der Umgangssprache in Relativ- und Fragesätzen häufig vor. Sie ist auch im geschriebenen Standarddeutsch möglich; in den weitaus meisten Fällen wird dort jedoch das Pronominaladverb verwendet: *Worin (in was) besteht der Nutzen? Sie überlegten sich, worein (in was) sie investieren sollen.*

in Zeiten wie den heutigen/wie die heutigen: ↑ wie (3).

i-Punkt: ↑ Bindestrich (2.1), ↑ Einzelbuchstaben.

irgendwelcher: Folgt dem Indefinitum *irgendwelcher* ein [substantiviertes] Adjektiv oder Partizip, dann kann dieses schwach oder stark flektiert werden: *irgendwelches dumme/dummes Zeug; mit irgendwelchem alten/altem Plunder;*

i-Tüpfelchen

Ein *Tüpfelchen* ist das Diminutiv, also die Verkleinerungsform, von Tüpfel. Ein Tüpfel wiederum ist das Diminutiv von Tupfen. Es handelt sich bei diesem etwas kindlich erscheinenden Ausdruck also um die Verkleinerungsform der Verkleinerungsform, und folglich um einen ganz besonders winzigen Tupfen. Und viel winziger als der i-Punkt auf dem Buchstaben „i" kann ein Tupfen auch kaum sein – insofern spricht man hier manchmal auch von einem *i-Tüpfelchen*. Häufiger wird dieser Begriff aber im übertragenen Sinne verwendet: Das *i-Tüpfelchen* ist dann die Krönung einer Sache, das Sahnehäubchen, das Nonplusultra einer Angelegenheit, der letzte Schliff oder das gewisse Etwas. Denn was wäre ein kleines „i" ohne Punkt darauf? Nur ein Strich. Manchmal spricht man auch vom *Tüpfelchen auf dem i* – die Bedeutung ist dieselbe. Das Wort *Tüpfel* ist seit dem 11. Jh. belegt und leitet sich ab vom mittelhochdeutschen Wort „topho" – „Punkt, Fleck", das sich wiederum vermutlich ableitet von einem indoeuropäischen Verb mit der Bedeutung „stoßen, schlagen" und anscheinend ursprünglich einen durch einen leichten Stoß herbeigeführten Fleck bezeichnete. Das *Tüpfelchen* kam dann im 17. Jh. auf, während die charmante Wendung *i-Tüpfelchen* erst ab Mitte des 19. Jhs. belegt ist.

von irgendwelcher tierischen/tierischer Herkunft; die Meinung irgendwelcher klugen/kluger Leute, irgendwelcher Angestellten/Angestellter.

irgendwo: In der Umgangssprache wird *irgendwo* häufig im Sinne von *irgendwie* verwendet *(Das ist doch irgendwo alles verrückt)*. Dieser Gebrauch ist nicht standardsprachlich.

Israeli, Israelin/Israelit, Israelitin · israelisch/israelitisch: Das Wort *der Israeli*, Genitiv: *des Israeli[s]*, Plural: *die Israelis* ist die Bezeichnung für einen männlichen Bürger des (modernen) Staates Israel; die entsprechenden femininen Formen lauten: *die Israeli*, Genitiv: *der Israeli*, Plural: *die Israeli[s]* oder aber: *die Israelin*, Genitiv: *der Israelin*, Plural: *die Israelinnen*. Das Adjektiv *israelisch* bedeutet „zum Staat Israel gehörend". Demgegenüber bedeutet *Israelit* „Angehöriger des Volkes Israel (im Alten Testament)", das dazugehörende Adjektiv *israelitisch* „die Israeliten und ihre Religion und Geschichte betreffend, jüdisch". Es heißt also: *das israelische Parlament, die israelische Außenpolitik*, aber: *israelitische Bräuche.*

ist/sei/wäre: ↑ sei/wäre.

ist/sind: Zu *2 Pfund ist/sind zu viel* ↑ Singular vs. Plural beim Verb (1.1); zu *Drei und drei ist/sind sechs* ↑ Rechenaufgaben.

i.V./I.V.: Die Abkürzung für *in Vertretung, in Vollmacht* wird mit kleinem *i* geschrieben, wenn sie der Bezeichnung einer Behörde, Firma u.dgl. folgt: *Der Oberbürgermeister i.V. Meyer.* Sie wird mit großem *I* geschrieben, wenn sie nach einem abgeschlossenen Text oder allein vor einer Unterschrift steht: *Herr Direktor Müller wird Sie nach seiner Rückkehr sofort anrufen. I.V. Meyer* (↑ Brief [3]).

J

ja: 1. Zeichensetzung: Das bekräftigende *ja* kann aus dem Satz herausgehoben und durch Komma abgetrennt werden: *Ja, freilich ist sie das! Ja, das wird gehen.* Aber meist ohne Komma: *ja doch, ja richtig, ja gewiss.* Darüber hinaus kann *ja* auch als verstärkendes und intensivierendes Adverb einen nebengeordneten Satz oder Satzteil anschließen, der durch Komma abgetrennt wird: *Ich schätze sie, ja ich verehre sie. Es blies ein schneidend, ja abscheulich kalter Wind.*

2. Groß- und Kleinschreibung: In einigen Fällen kann man groß- oder kleinschreiben, etwa wenn *ja* mit einem Verb des Sagens verbunden wird: *Sie sagte, antwortete Ja/ja. Du musst nicht immer zu allem Ja/ja sagen. Seine Antwort war, lautete Ja/ja.*

Jahr: Zu *Jugendliche bis zu 17 Jahren/bis 17 Jahre* ↑ bis (4); zu *dieses/diesen Jahres* ↑ dieser, diese, dieses (1); zu *es ist/sind 2 Jahre her* ↑ Es ist/sind zwei Jahre her; zu *ab 14 Jahren/Jahre* ↑ ab (1). Zu *glückliches neues Jahr* ↑ neu (1).

Jahreszahl: 1. Jahreszahlen werden als Zahlwörter kleingeschrieben: *Sie schrieben [das Jahr] neunzehnhundertneunundneunzig. Es geschah [um das Jahr] zwölfhundert. Die achtziger Jahre* (= neben dem Kompositum *Achtzigerjahre* erlaubte Schreibvariante) *werden uns lange in Erinnerung bleiben.*

2. Bei Datumsangaben (↑ Datum) steht nach der Jahreszahl kein Punkt (nur: *18. 2. 17*). Die im angelsächsischen Bereich verbreitete Schreibung der verkürzten Jahreszahl mit Apostroph ist im Deutschen nicht üblich: *Ende 09 stieg die Arbeitslosenzahl noch einmal an.*

3. Zu der Fügung *in 2017* ↑ in (3).

-jährig/-jährlich: Komposita mit *-jährig* geben eine Zeitdauer oder das Alter an: *ein zweijähriger Aufenthalt, ein zweijähriges Kind.* Komposita mit *-jährlich* geben eine Zeitspanne an, nach deren Ablauf sich etwas wiederholt: *alljährliche Verleihung des Preises, halbjährliche Bezahlung.*

Januar: ↑ Monatsnamen.

je: 1. Rektion: Der Nominalausdruck bei *je* steht meist im Akkusativ, er kann aber auch im Nominativ stehen: *Die Firma setzt je beschäftigten Arbeitnehmer* (auch: *je beschäftigter Arbeitnehmer*) *tausend Euro um* (= für jeden [einzelnen] Arbeitnehmer).

2. Je ein Exemplar wurde/wurden an sie geschickt: In Verbindung mit dem Zahlwort *ein* bezieht sich *je* zwar auf mehrere Exemplare, meint aber jedes Exemplar einzeln. Das Prädikat sollte deshalb hier im Singular stehen: *Je ein Exemplar dieser Bücher wurde an sie geschickt.*

jeder: 1. Deklination des folgenden Adjektivs: Nach *jeder, jede, jedes* wird das folgende Adjektiv schwach dekliniert: *jeder weitere Versuch, jedes einzelne Buch, die Rinde jedes alten Baumes, ein jeder Deutsche, ein jedes Seiende.*

2. jedes/jeden Einflusses: Steht *jeder (jedes)* im Genitiv Singular bei einem stark flektierten maskulinen oder neutralen Substantiv (Endung: *-[e]s*), dann hat *jed...* statt der starken Endung *-es* häufig auch die schwache Endung *-en.* Beides ist korrekt: *jedes/jeden Einflusses bar; am 10. jedes/jeden Monats.* Geht aber der stark flektierte unbestimmte Artikel voraus, dann wird das Pronomen immer schwach flektiert: *am 10. eines jeden Monats.* Umgekehrt wird das Pronomen im Genitiv immer stark flektiert, wenn ihm ein Adjektiv folgt: *die Rinde jedes alten Baumes.*

3. jeder, der/wer: Der auf *jeder, jede, jedes* folgende Relativsatz wird nicht mit *wer/was,* sondern mit *der/das* eingeleitet: *Jeder, der* (nicht: *wer*) *kommt ...*

4. Jeder Kunde und jede Kundin ist/sind: Sind singularische Subjekte, die *jeder, jede,* *jedes* enthalten, durch *und* verbunden, dann steht das gemeinsame Verb meist im Singular, weil mit *jeder* auf das Einzelwesen Bezug genommen wird: *Jeder Junge und jedes Mädchen bekommt ein Eis.* Der Plural des Verbs ist jedoch ebenfalls möglich, weil die beiden nebengeordneten Nominalausdrücke auch eine Gesamtmenge bezeichnen können: *Jeder Ehemann und jede Ehefrau durften selbst entscheiden, ob ...* (Mannheimer Morgen).

5. Zu *an einem Tag wie jedem anderen/jeder andere* ↑ wie (3).

6. die Wünsche eines jeden: Im Genitiv kann das Indefinitpronomen nicht allein stehen. Also nicht: *Die Wünsche jeden/jedes sollen berücksichtigt werden.* Sondern: *Die Wünsche eines jeden sollen berücksichtigt werden.*

je - desto/je - je/je - umso: Zwischen den mit *je* und *desto, je, umso* verbundenen Sätzen oder Satzteilen steht immer ein Komma: *Er wird desto bescheidener, je älter er wird. Je länger ich sie kenne, umso lieber habe ich sie. Wir sind je länger, je mehr von seiner Ehrlichkeit überzeugt.*

jedoch: Nach *jedoch* kann das Subjekt oder das konjugierte Verb stehen: *Jedoch eilte er davon. Jedoch er eilte davon.*

jedweder: Das Pronomen *jedweder* steht nachdrücklich für *jeder,* kommt aber nur noch in gehobener Sprache vor. **1. Deklination:** Vor dem Genitiv Singular eines stark flektierten Maskulinums oder Neutrums wird *jedweder* schwach dekliniert: *jedweden Tisches, jedweden Buches.* Folgt aber ein Adjektiv, dann kann *jedweder* auch stark dekliniert werden: *jedwedes/jedweden wackeren Mannes.*

2. Deklination des Adjektivs nach *jedweder*: Das auf *jedweder, jedwede, jedwedes* folgende [substantivierte] Adjektiv wird schwach dekliniert: *jedwedes neue Verfahren, jedweder freundliche Angestellte.*

jeglicher: Das Pronomen *jeglicher* wird selten und nur in gehobener Sprache für *jeder* gebraucht. **1. Deklination von *jeglicher*:** Vor dem Genitiv Singular eines stark deklinierten Maskulinums oder Neutrums wird *jeglicher (jegliches)* schwach dekliniert, auch wenn ihm ein Adjektiv folgt: ... *Inhaber jeglichen politischen Willens* (Sieburg).

2. Deklination des Adjektivs nach *jeglich*: Das auf *jeglicher, jegliche, jegliches* folgende [substantivierte] Adjektiv wird meist schwach dekliniert: *jegliches neidische Gefühl, jeglicher freundliche Angestellte.*

jemand: 1. Der Genitiv von *jemand* lautet *jemandes* oder *jemands.* Dativ und Akkusativ können mit oder ohne Flexionsendung auftreten *(jemand[em], jemand[en]): Es fiel ihm schwer, jemand/jemandem zu widersprechen.* – Der schwache Dativ *jemanden* ist nicht standardsprachlich: *Nichts, was jemandem* (nicht: *jemanden) etwas bedeuten könnte.* Im Akkusativ wird die endungslose Form oft vorgezogen: *Haben Sie jemand* (seltener: *jemanden) getroffen?*

2. Vor *anders* und vor einem flektierten Adjektiv ist die endungslose Form *jemand* heute üblicher als die deklinierte: *Sie sprach von jemand anders* (↑ andere), *mit jemand Fremdem.*

3. In den Fügungen *jemand anders* und *jemand* + substantiviertes neutrales Adjektiv können *anders* und das Adjektiv unverändert bleiben: *von/an jemand anders, von/an jemand Fremdes.* Beim substantivierten Adjektiv ist jedoch die Verwendung der normalen Flexionsendungen verbreiteter: *mit jemand Fremdem, an jemand Fremden.*

Jenaer/Jenenser: Die Einwohner von Jena heißen *Jenaer* oder auch *Jenenser.* ↑ Einwohnerbezeichnungen auf -er (2 und 3).

jener: 1. Deklination des folgenden Adjektivs: Das auf *jener* folgende Adjektiv wird schwach flektiert: *mit jenem alten Hut, wegen jenes Kleides, wegen jener guten Freundin.*

2. jener/der[jenige]: Es ist nicht sinnvoll, *jener* anstelle von *derjenige* oder hinweisendem *der* zu gebrauchen, weil mit *jener* auf etwas Fernes verwiesen wird. Also nicht: *Jener, der das getan* *hat ...* Sondern: *Derjenige, der das getan hat ...* Oder: *Der, der das getan hat ...*

3. jener/er: Nicht sinnvoll ist auch der Gebrauch von *jener* anstelle eines einfachen Personalpronomens. Also nicht: *Er wird sehr gelobt, obgleich jener es nicht verdient.* Sondern: *Er wird sehr gelobt, obgleich er es nicht verdient.*

4. jener/dieser: Mit dem Pronomen *jener* wird auf etwas vom Sprechenden räumlich oder zeitlich Entferntes, oft durch eine (auch psychische) Grenze von ihm Getrenntes Bezug genommen. Der Gegenbegriff für Nahes ist *dieser* (↑ dieser, diese, dieses [5]): *Jenes Haus [dort] ist rot. Dieses Haus [hier] ist weiß.*

jenseits: Als Präposition wird *jenseits* mit dem Genitiv verbunden: *jenseits des Gebirges; jenseits des Burggrabens; die Autobahn jenseits Frankfurts.* Es ist hierbei nicht korrekt, einen Orts- oder Staatennamen ohne Flexionsendung zu lassen (also nicht: *jenseits Frankfurt).* Man kann stattdessen *von* verwenden: *jenseits von Frankfurt.*

Jesus [Christus]: Die Flexionsformen lauten im Genitiv *Jesu [Christi],* im Dativ *Jesu [Christo],* im Akkusativ *Jesum [Christum]* und im Vokativ *Jesu [Christe].* Der Name bleibt allerdings, außer im Genitiv, heute meist unflektiert: *mit/für Jesus [Christus].* Keine Flexion tritt ein, wenn *Herr* vorausgeht: *das Leiden des/unseres Herrn Jesus* (nicht mehr: *Herrn Jesu*); *der Glaube an den/unseren Herrn Jesus* (nicht mehr: *Herrn Jesum*). ↑ Herr (2).

je - umso: Zum Komma vgl. ↑ je – desto/je – je/je – umso.

jucken: Bei unpersönlichem Gebrauch in der Bedeutung „einen Juckreiz verursachen" steht das Objekt im Akkusativ: *Es juckt mich [am Arm].* Wird als Subjekt ein Körperteil genannt, dann kann das Objekt im Dativ oder im Akkusativ stehen: *die Hand juckt mir/mich.* Beide Formen sind korrekt. Das Gleiche gilt bei übertragenem Gebrauch, wenn ein Körperteil genannt wird: *Es juckt mir/mich in den Beinen* (= ich möchte tanzen). *Es juckt mir/mich in den Fingern, dir eine Ohrfeige zu geben.* Wird aber nur die Person genannt, dann muss sie im Akkusativ stehen: *Was juckt mich das?*

Jude, Jüdin:

In manchen Zusammenhängen kann schon der Gebrauch von *Jude* oder *Jüdin* einen antisemitischen Zungenschlag haben. Man kann einen derartigen Eindruck meist durch die Verwendung von Ausdrücken wie *jüdische Menschen, jüdische Mitbürgerinnen und Mitbürger* usw. vermeiden.

Jugendliche bis zu 17 Jahren/bis 17 Jahre: ↑ bis (4).

Juli: ↑ Monatsnamen.

jung: Groß schreibt man das substantivierte Adjektiv: *Streit zwischen Jung[en] und Alt[en]* (= jüngerer und älterer Generation). Man schreibt auch groß in unveränderlichen Verbindungen wie *Jung und Alt* (= jedermann). Dagegen schreibt man klein: *von jung auf.*

jünger: 1. ein jüngerer Herr: Neben der Verwendung mit direktem Bezug auf *jung (Marie ist jünger als Anna)* kann die Form *jünger* auch als sogenannter absoluter Komparativ im Sinne von „noch nicht alt" gebraucht werden: *Ein jüngerer Herr hat nach dir gefragt.*

2. jüngere/jüngre Menschen: Bei den deklinierten Formen von *jünger* wird das *e* der zweiten Silbe gewöhnlich nicht weggelassen: *jüngere Menschen, jüngeren Datums.*

Juni: ↑ Monatsnamen.

junior/Junior, Juniorin: In Verbindung mit einem Ruf- oder Familiennamen wird *junior* (Abkürzung: *jr.* oder *jun.*) immer kleingeschrieben: *Haben Sie Herrn Becker junior gesehen?* Vor *junior* steht kein Komma. Groß schreibt man dagegen das substantivierte Adjektiv *der Junior* (= Juniorchef einer Firma; Sohn; ugs.). Der Genitiv von *Junior* lautet *des Juniors,* der Nominativ Plural lautet *die Junioren.*

K

Kaiser, Kaiserin: Zum Genitiv *des Kaisers Karl des Großen/Kaiser Karls des Großen* ↑ Titel und Berufsbezeichnungen (1.2 und 1.3).

Kamerad: Der Genitiv lautet *des Kameraden,* der Dativ und Akkusativ lauten *dem, den Kameraden.*

Kanne: Das Gemessene nach *Kanne: eine Kanne Kaffee* (nicht: *Kaffees*); *eine Kanne duftender Kaffee* (gehoben: *duftenden Kaffees*); *mit drei Kannen heißem Tee* (gehoben: *heißen Tees*). ↑ Apposition (3), ↑ Maß-, Mengen- und Währungsangaben (1 und 2).

kaputt: 1. Gebrauch: Das aus der Umgangssprache stammende Wort wird nicht mehr nur prädikativ gebraucht *(Meine Schuhe sind kaputt),* sondern auch attributiv: *der kaputte Fernseher; kaputtes Spielzeug; eine kaputte Ehe.* Dagegen ist *der kaputtene Fernseher* usw. nicht standardsprachlich.

2. Getrennt- oder Zusammenschreibung: Im Verb *kaputtgehen* ist *kaputt-* Verbzusatz; man schreibt zusammen: *kaputtgegangen, kaputtzugehen.* Ebenso: *kaputtsparen, sich kaputtlachen, sich kaputtmachen, sich kaputtarbeiten.* Getrennt oder zusammen kann man *kaputt machen/kaputtmachen* schreiben, weil *kaputt* hier das Resultat einer Handlung bezeichnet: *kaputt gemacht/kaputtgemacht, kaputt zu machen/kaputtzumachen.*

karg: Das Adjektiv *karg* kann seine Vergleichsformen mit oder ohne Umlaut bilden: *karger/kärger, kargste/kärgste.* Die Formen ohne Umlaut *(karger, kargste)* kommen häufiger vor.

Karton: 1. Der allgemein übliche Plural von *Karton* lautet *die Kartons* (ausgesprochen [kar'tɔŋs], gelegentlich [kar'tõ:s]). Der Plural auf *-e* (*die Kartone;* ausgesprochen [kar'to:nə]) ist selten. Als Maßbezeichnung bleibt *Karton* häufig ohne Flexionsendung: *5 Kartons Seife* oder *5 Karton Seife.* ↑ Maß-, Mengen- und Währungsangaben (1).

2. Das Gemessene nach *Karton: ein Karton Wein* (nicht: *Weins*); *ein Karton feine Seife* (gehoben: *feiner Seife*); *der Preis eines Kartons Seife; mit 5 Kartons elsässischem Wein* (gehoben: *elsässischen Wein[e]s*). ↑ Apposition (3).

Kasseler/Kasselaner: Die Einwohner von Kassel heißen *Kasseler* oder auch *Kasselaner.* ↑ Einwohnerbezeichnungen auf -er (2 und 6).

Kasten: 1. die Kästen/die Kasten: Im Plural hat sich heute die umgelautete Form *die Kästen* allgemein durchgesetzt.

2. Das Gemessene nach *Kasten: ein Kasten Bier* (nicht: *Biers*); *ein Kasten bayrisches Bier* (gehoben: *bayrischen Bier[e]s*); *der Preis eines Kastens Bier; mit zwanzig Kästen* (auch: *Kasten*) *bayrischem Bier* (gehoben: *bayrischen Bier[e]s*). ↑ Apposition (3).

kaum dass/kaum, dass: Die Fügung *kaum dass* trennt durch Komma einen Nebensatz ab. Wird die Fügung als Einheit angesehen, steht kein Komma vor *dass: Kaum dass sie fort war, begann der Tumult.* Werden die beiden Teile der Fügung jedoch als eigenständig angesehen, steht ein Komma vor *dass: Kaum, dass sie fort war, begann der Tumult.*

kaum noch/kaum mehr: ↑ nur noch/nur mehr.

kehren: *sich nicht an etwas kehren* steht mit dem Akkusativ: *Ich kehre mich nicht an das Gerede der Leute.*

kein: 1. Deklination des folgenden (substantivierten) Adjektivs: Nach *kein* ohne Flexionsendung wird das folgende [substantivierte] Adjektiv oder Partizip stark flektiert: *Das ist kein guter Ausweg. Kein Abgeordneter meldete sich. Das ist kein unterhaltsames Spiel. Sie hat kein schönes Kleid an.* Wenn *kein* selbst starke Endungen hat, folgt die schwache Form des [substantivierten] Adjektivs auf *-en: keines bö-*

sen Gedankens fähig, mit keiner guten Absicht, mit keinem Bekannten. Die früher im Nominativ und Akkusativ Plural gelegentlich vorkommenden starken Formen sind veraltet. Es heißt also: *Es waren keine guten Aussichten. Er hat keine schönen Bilder gemalt. Es gab keine kommunalen Beamten.*
2. keiner, der .../keiner, welcher ...: Das Relativpronomen, das sich auf *keiner* bzw. *keine* bezieht, ist *der* bzw. *die,* nicht *welcher* bzw. *welche.* Es heißt also: *Da war keiner, der ihm half.* Genauso: *Es gab keine, die nicht betroffen war.*
3. kein + als: Die Vergleichspartikel nach *kein* ist in der Standardsprache *als,* da *kein* meist in Verbindung mit *andere, anderer, anderes* gebraucht wird: *Es kommt kein [anderes] Haus in Betracht als dieses.*
4. in keinster Weise: Diese Wendung wird gelegentlich informell gebraucht. Da *kein* nicht steigerbar ist, heißt es in der Standardsprache *in keiner Weise: Er hat mir in keiner Weise geholfen.*
5. kein/nicht/nicht ein: Als Artikelwort steht *kein* in derselben Position wie ein Artikel am Anfang eines Nominalausdruckes: *Ich habe einen/keinen bestimmten Verdacht. Der/Kein Baum wird gefällt.* Auch wenn, wie etwa bei Stoffsubstantiven, kein Artikel steht, kann *kein* verwendet werden: *Sie trinkt Wasser/kein Wasser.* Ein mit *kein* verneinter Nominalausdruck kann meist (und dann nachdrücklicher) auch mit *nicht ein* verneint werden, wenn ihm ein anderer positiv gegenübergestellt wird: *Ich habe kein Auto/nicht [etwa] ein Auto, sondern einen Sportwagen gekauft.* Ähnlich im Plural: *Sie hat Brüder/sie hat keine Brüder. Sie hat nicht etwa Brüder, sondern nur Schwestern.* Im Zusammenhang mit Eigennamen ist nur *nicht* möglich: *Das ist nicht Isabelle* (nicht: *Das ist keine Isabelle*). In dem Sonderfall *ich habe nicht ein* (statt: *kein*) *Buch gekauft* wirkt die Verneinung besonders nachdrücklich (im Sinne von „nicht ein einziges"); das betonte *ein* steht hier nicht als unbestimmter Artikel, sondern als Zahlwort.

Kaputt

Kaputt ist vielleicht kein schönes, aber ein vielseitiges Wort. Es wird verwendet für defekte Geräte, zerbrochenes Geschirr, psychische Kraftlosigkeit, zerrüttete Beziehungen und dergleichen mehr. Von kaputten Typen sollte man sich fernhalten, eine kaputte Ehe lässt sich nur noch schwer kitten, und ist man selbst kaputt, kann von Überforderung und Übermüdung bis hin zu völliger Erschöpfung alles gemeint sein. Vom Deutschen aus sickerte der Begriff nach dem Zweiten Weltkrieg in etliche Sprachen ein – als es nach der Einnahme Berlins aufseiten der Alliierten lapidar hieß: „Hitler kaputt". Ursprünglich aber stammte das Wort aus dem Französischen – als Begriff im Kartenspiel, wenn alle Stiche verloren gehen. In der deutschen Sprache ist *kaputt* seit dem 30-jährigen Krieg belegt, und zwar in der Bedeutung „zerstören, entzweischlagen".

6. Kein Junge und kein Mädchen will/wollen ...: In solchen Konstruktionen steht gewöhnlich der Singular, weil *kein* auf das einzelne Lebewesen oder Ding bezogen ist; der Plural ist aber auch möglich.
7. keine[r]/niemand: Statt der allein stehenden Formen *keiner* oder *keiner oder keine* kann man auch *niemand* verwenden: *Keiner/Niemand liebt mich. Ich kenne keinen/niemanden, der das verstanden hat. Keine oder keiner /* (besser:) *Niemand ist bereit ...*

Kellnerin: ↑ Ober, Oberin.

Kennzahl/Kennziffer: ↑ Zahl (3).

kentern: Das Perfekt von *kentern* wird mit *sein* gebildet: *Das Boot ist* (nicht: *hat*) *im Sturm gekentert.*

Kilogramm: 1. Zu *1 kg Bohnen wird/werden gekocht* und *2 kg Brot reicht/reichen aus:*

↑ Singular vs. Plural beim Verb (1.1 und 2.1).

2. Zu *5 kg neue Kartoffeln/neuer Kartoffeln* ↑ Apposition (3); zu weiteren Zweifelsfällen vgl. auch ↑ Pfund.

Kilometer: Man schreibt: *Die Strecke ist einen Kilometer lang* (nicht: *ein Kilometer lang;* vgl. aber ↑ Meter). Zu *ein Stau von zehn Kilometern* (aber: *von zehn Kilometer Länge*), *nach drei Kilometern* (aber: *in drei Kilometer Entfernung*) ↑ Meter (4); zu *0,1/1,5 Kilometer* ↑ Dezimalzahlen.

Kinder bis zu 12 Jahren/bis 12 Jahre: ↑ bis (4).

kindlich/kindisch: Das Adjektiv *kindlich* bedeutet „in der Art eines Kindes", aber auch „naiv": *ein kindliches Gesicht, eine kindliche Handschrift. Sie sieht noch etwas kindlich aus. Sie freute sich kindlich über das Lob.* Das Adjektiv *kindisch* wird dagegen nur abwertend im Sinne von „albern" gebraucht: *ein kindisches Benehmen. Er ist im Alter kindisch geworden. Sei doch nicht so kindisch!*

-kirchen: Über Ableitungen auf *-er* von Ortsnamen auf *-kirchen* ↑ Einwohnerbezeichnungen auf -er (1).

Kiste: Das Gemessene nach *Kiste: eine Kiste Wein* (nicht: *Weins*); *eine Kiste badischer Wein* (gehoben: *badischen Wein[e]s*); *mit zwei Kisten badischem Wein* (gehoben: *badischen Wein[e]s*); *mit einer Kiste guter Zigarren/gute Zigarren.* ↑ Apposition (3).

Klammern: 1. Verwendung: In Klammern können neben erklärenden Zusätzen wie bei *Frankenthal (Pfalz)* auch Einschübe stehen, besonders wenn sie ohne Nachdruck gesprochen werden: *Wie die Firma mitteilte, soll mit den Bauarbeiten (die Baugenehmigung wurde schon vor einiger Zeit erteilt) im Frühjahr begonnen werden.* Werden Abschnitte in Inhaltsverzeichnissen, Aufsatzgliederungen u.dgl. mit Zahlen und Buchstaben gekennzeichnet, dann empfiehlt es sich, Klammern nur nach den Kleinbuchstaben zu setzen: *I A 1 a), b).* Werden solche Abschnittskennzeichen als Hinweise im fortlaufenden Text angeführt, dann erhalten sie meist weder Punkt noch Klammer: *Wie schon in Kapitel I erörtert, ist die unter 3 a genannte Ansicht überholt.*

Kindergarten

Heute ist es für uns selbstverständlich, dass die meisten Kinder einen Kindergarten besuchen. Doch ist diese Erfindung noch gar nicht so alt. Der erste Kindergarten wurde in Deutschland im Jahr 1840 gegründet, und zwar von dem Pädagogen Friedrich Fröbel, der sich intensiv mit Pestalozzi auseinandergesetzt und ein umfassendes Konzept zur Erziehung und Bildung von Kindern entwickelt hatte, das sogar einzelne Spielelemente und Beschäftigungsmaterialien umfasste. Mit Letzteren beeinflusste er sogar die moderne Architektur und Kunst. Obwohl Kindergärten in Preußen und Bayern zeitweise verboten wurden, war der Siegeszug dieser Institution auch weltweit nicht aufzuhalten – einer der Gründe, warum es im Englischen das Lehnwort *Kindergarten* gibt. Im deutschen Sprachraum ist zumindest der Begriff eher auf dem Rückzug. Hier wird inzwischen meist von *Kitas* gesprochen, eine Abkürzung von *Kindertagesstätten*, die Kinder in aller Regel ab dem ersten Lebensjahr aufnehmen.

2. Klammern und andere Satzzeichen: Für die Verbindung von Klammern und Komma gelten die gleichen Regeln wie für die Verbindung einschließender Gedankenstriche mit einem Komma, ↑ Gedankenstrich (1 a). Der Schlusspunkt wird hinter die schließende Klammer gesetzt, wenn sich der in Klammern stehende Textteil am Ende eines Satzes nur auf diesen Satz bezieht; der Schlusspunkt steht aber vor der schließenden Klammer, wenn ein oder mehrere Sätze als Ganzes eingeklammert sind: *Dies ist das wichtigste Ergebnis meiner Ausführungen. (Die Belege für meine Beweisführung finden sich auf Seite 25.)* Steht ein eingeklammerter Text am Ende eines einleitenden oder hinweisenden Satzes, dann steht der Doppelpunkt nach der schließenden Klammer: *Im Allgemeinen gelten folgende Bestimmungen (Sonderfälle sind hier nicht erfasst): ...* Gehört ein Ausrufe- oder Fragezeichen zu einem Satz und nicht zu einem am Satzende in Klammern stehenden Text, dann steht es vor dem eingeklammerten Text. Nach der schließenden Klammer steht dann noch ein Punkt: *Wie herrlich leuchtet mir die Natur! Wie glänzt die Sonne, wie lacht die Flur! (Goethe).*

klasse/Klasse: Zum umgangssprachlichen Ausdruck von Bewunderung und Anerkennung werden das Substantiv *Klasse* und das endungslose Adjektiv *klasse* verwendet: *Das ist klasse* (wie?) oder *Klasse* (was?). *Das finde ich klasse. Sie hat klasse gespielt. Das finde ich große Klasse! Die Sängerin war einsame Klasse.* Auch bei attributiver Verwendung bleibt *klasse* unflektiert: *Wir haben einen klasse* (nicht: *klassen*) *Film gesehen.* – Das Gleiche gilt für *spitze/einsame Spitze: Die Sendung war einsame Spitze. Ich finde sie einfach spitze. Das hat er spitze hingekriegt.*

Klausel: Aus grafischen Grunden wird das Prozentzeichen ohne Bindestrich hinter die Ziffer gesetzt: *5%-Klausel.*

kleiden: 1. Der Hut kleidet dich gut: Auch in der Bedeutung „etwas steht jemandem, passt zu jemandem" wird *kleiden* standardsprachlich nur mit dem Akkusativ verbunden: *Das Kostüm kleidet sie gut.*

2. in etwas kleiden: Auch die Verbindung *in etwas kleiden* wird mit dem Akkusativ und nicht mit dem Dativ verbunden: *Sie waren in herrliche pelzverbrämte Gewänder gekleidet.*

klein: 1. Groß- oder Kleinschreibung: Klein schreibt man das Adjektiv auch in vielen festen Verbindungen: *das kleine Einmaleins; von klein auf; die Flamme auf klein stellen, drehen.* Groß schreibt man das substantivierte Adjektiv: *Kleine und Große; Groß und Klein* (= jedermann). In der fachsprachlichen Fügung *Kleine/kleine Anfrage* (im Parlament) sind Groß- und Kleinschreibung beide korrekt.

2. Getrennt- oder Zusammenschreibung: Die Zusammenschreibung ist bei der konkreten Bedeutung von *klein* nur dann erlaubt, wenn *klein* das Ergebnis einer Handlung bzw. einen veränderten Zustand bezeichnet: *Zwiebeln klein schneiden/kleinschneiden, klein hacken/kleinhacken, Holz klein schlagen/kleinschlagen* (aber getrennt als Bestandteil der Paarformel: *alles kurz und klein schlagen*). Immer getrennt schreibt man *die Kosten klein halten* (= niedrig halten) und *klein beigeben.* (= nachgeben). Zusammen schreibt man ansonsten in übertragener Bedeutung: *jemanden kleinkriegen, kleinbekommen; sich kleinmachen* (= sich ducken; unterwürfig sein); *einen Fünfziger kleinmachen* (= wechseln). Auch *kleinschreiben* in den Bedeutungen „mit kleinem Anfangsbuchstaben schreiben" und „nicht wichtig nehmen" schreibt man zusammen. Will man *klein* jedoch für sich genommen steigern oder erweitern, so schreibt man getrennt vom folgenden Verb: *In manchen Firmen wird Umweltschutz so klein geschrieben, dass die Staatsanwaltschaft einschreiten muss.* In Verbindung mit dem adjektivisch gebrauchten Partizip II kann getrennt oder zusammengeschrieben werden: *klein geschnittenes/klein-*

geschnittenes Gemüse; klein gemusterte/kleingemusterte Stoffe.

klettern: Das Perfekt von *klettern* kann mit *haben* gebildet werden, wenn nur der Vorgang bezeichnet wird: *Ich habe noch nie geklettert.* Wird eine Ortsveränderung bezeichnet, dann wird das Perfekt nur mit *sein* gebildet: *Wir sind bis zum Gipfel geklettert.* ↑ Perfektbildung mit sein/haben.

klopfen: 1. Er klopfte mir/mich auf die Schulter: Wird *klopfen* auf einen Körperteil bezogen, dann kann die Bezeichnung für die Person im Dativ oder im Akkusativ stehen. Der Dativ ist üblicher: *Ich klopfte meinem Freund auf die Schulter.* Mit Akkusativ (seltener): *Die Mutter klopfte* (= schlug) *das Kind auf die Finger.* Vgl. z. B. ↑ beißen, ↑ schlagen, ↑ treten.

2. klopfen an: Bei der Verbindung *klopfen an* steht gewöhnlich der Akkusativ, weil eine Richtung bezeichnet wird (Frage: wohin?): *an die Wand, an das Barometer klopfen. Der Specht klopfte an den Stamm der Kiefer.* Es ist aber auch der Dativ möglich, wenn die Stelle bezeichnet wird, an der jemand klopft: *Du musst am Fenster klopfen.* Wird eine Absicht oder ein Zweck genannt, verwendet man den Akkusativ: *Wer klopft an die Tür?* Aber (bei unpersönlichem Gebrauch): *Es klopft an der Tür.*

Klunker: Es heißt sowohl *der Klunker* (Genitiv: *des Klunkers,* Plural: *die Klunker*) als auch *die Klunker* (Genitiv: *der Klunker,* Plural: *die Klunkern*).

kneifen: Wird *kneifen (kniff, gekniffen)* auf einen Körperteil bezogen, dann kann die betroffene Person im Dativ oder im Akkusativ stehen. Der Dativ ist üblicher: *Sie kniff dem Kind/das Kind in den Arm.* Im Gegensatz zum Dativ kann der Akkusativ ohne Angabe des Körperteils stehen (*Sie kniff das Kind*). Vgl. auch ↑ beißen, ↑ schlagen, ↑ treten.

knien: 1. Schreibung: Das Verb *knien* wird im Infinitiv und Partizip I und in allen Präsensformen nur mit einem *e* geschrieben: *knien, ich knie, wir/sie knien; kniende Mönche.*

2. knien/sich knien: Das Verb kann mit und ohne Reflexivpronomen gebraucht werden. Während *knien* einen Zustand bezeichnet, drückt *sich knien* den Bewegungsvorgang aus und bedeutet „eine kniende Stellung einnehmen". Um diesen Unterschied deutlicher auszudrücken, ersetzt man *sich knien* meist durch *sich hinknien.*

Kodex: Der Genitiv Singular lautet *des Kodex* oder *des Kodexes.* Der Plural lautet entweder *die Kodexe* oder *die Kodizes.* Die beiden Pluralformen werden heute gewöhnlich in der Bedeutung differenziert: *Die Kodizes* wird auch im Sinne von „Handschriften", *die Kodexe* (neben: *Kodizes*) nur im Sinne von „Gesetze, Prinzipien" gebraucht. Zu der ebenfalls korrekten Schreibung mit *C* gehören der endungslose Genitiv *(des Codex)* und der Plural *die Codices.*

Kognak/Cognac: *Cognac* ist das Warenzeichen für französischen Weinbrand, der nur aus Weinsorten des Gebietes um die französische Stadt Cognac hergestellt wird, *Kognak* dagegen schreibt man zur Bezeichnung von Weinbrand allgemein.

Kollege, Kollegin: 1. Steht *Kollege* unmittelbar vor einem Familiennamen, so kann es dekliniert werden oder im Singular endungslos bleiben: *Wir bedauern Kollegen Meiers* (oder: *Kollege Meiers) Ausscheiden aus der Firma. Haben Sie Kollegen* (auch: *Kollege) Meier gesehen?* In Verbindung mit einem Artikelwort wird immer dekliniert: *Haben Sie den/unseren Kollegen Meier gesehen?*

2. Die Doppelnennung *Kollege/Kollegin* kann aus streng orthografischer Sicht nicht verkürzt geschrieben werden. Zu möglichen Kurzformen für *Kolleginnen und Kollegen* ↑ Geschlechtergerechter Sprachgebrauch.

Komet: Der Genitiv lautet *des Kometen,* der Dativ und der Akkusativ lauten *dem/den Kometen* (vereinzelt: *Komet).*

Komma

1 Aufgrund der hohen Nachfrage kann es zu Verzögerungen kommen

Überzählige Kommas erscheinen z. B. sehr häufig in Sätzen, die mit einer längeren Präpositionalgruppe *(angesichts/aufgrund/bei/für/mithilfe/wegen ...)* beginnen. Auch das Komma im folgenden Satz ist nicht richtig:

- Beim Transport einer zwei Meter langen Drahtglasscheibe innerhalb eines Gebäudes in der X-Straße, ließ ein 39 Jahre alter Glaser die Scheibe fallen.

2 Wenn der Föhn weht oder bei großer Dürre ist das Rauchen hier verboten

Es steht kein Komma vor *und* bzw. *oder*, wenn sie in einer Aufzählung Satzglieder oder Satzgliedteile mit Nebensätzen verbinden:

- Das Rauchen ist hier verboten bei großer Dürre oder wenn der Föhn weht. Wenn der Föhn weht oder bei großer Dürre ist das Rauchen hier verboten.

Die Teile der Aufzählung werden nur dann durch ein Komma vom übergeordneten Satz abgegrenzt, wenn Haupt- und Nebensatz unmittelbar aufeinanderfolgen:

- Das Rauchen ist hier verboten, wenn der Föhn weht oder bei großer Dürre. Bei großer Dürre oder wenn der Föhn weht, ist das Rauchen hier verboten.

3 Ja, das ist wahr · Ja wenn sie nur käme

Die **Interjektion** und die bekräftigende **Bejahung/Verneinung** werden durch Komma abgetrennt, wenn sie betont sind:

- Ach, das ist schade! Oh, wie ist das schön! Pfui, schäm dich! Ja, das ist wahr.

Kein Komma steht, wenn sich die Interjektion eng an den folgenden Text anschließt und nicht hervorgehoben ist:

- O wunderbares, tiefes Schweigen! Ach geh doch! Ja wenn sie nur käme!

Herausgehobene Satzglieder, die durch ein Pronomen oder Adverb **wieder aufgenommen** werden, trennt man durch ein Komma ab:

- Deinen Vater, den habe ich gut gekannt. Am Anfang, da glaubte ich noch ...

Die **Anrede** wird durch Komma getrennt:

- Junge, pass doch auf! Du, hör mal zu! Guten Tag, Frau Becker! Hallo, Luca! (In Briefen und E-Mails auch: Hallo Luca).

Aber ohne Komma, da Satzglied:

- Du Schafskopf glaubst aber auch alles! Was habt ihr Lieben nicht alles für mich getan! Dich alten Gauner gibt es auch noch!

4 Einschübe und Zusätze

4.1 *ausländische, insbesondere holländische und belgische Firmen*

Einschübe, die die normale Reihenfolge der Satzteile unterbrechen, und Nachträge trennt man durch Komma ab. Andere Erläuterungen können entweder mit Kommas als Einschub gekennzeichnet oder aber ohne Kommas in den Satz einbezogen werden; in diesen Fällen hat der oder die Schreibende Entscheidungsfreiheit:

- Sie hat z.B. als Aida beträchtliche Erfolge errungen. – Sie hat, z.B. als Aida, beträchtliche Erfolge errungen.

Kein schließendes Komma steht, wenn ein erläuterndes Adjektiv oder Partizip **in die substantivische oder verbale Fügung einbezogen** ist:

- Ausländische, insbesondere holländische und belgische Firmen traten als Bewerber auf. Das alte Buch enthält viele farbige, und zwar von Hand kolorierte Holzschnitte. Ich habe nur ein kleines, aber sehr gemütliches Zimmer.

Das schließende Komma steht auch dann nicht, wenn ein **Teil des Prädikats näher bestimmt** und die zugehörige Personalform nur einmal gesetzt wird:

- Er wurde erst wieder ruhiger, als er sein Herz ausgeschüttet, d.h. alles erzählt hatte.

Bei der entgegensetzenden Konjunktion *aber* ist nicht immer zweifelsfrei entscheidbar, ob sie nur einen beigeordneten Satzteil oder einen nachgestellten Zusatz anschließt. In diesen Fällen sind ein oder zwei Kommas korrekt:

- Die meisten Eltern, aber auch einige Schüler[,] waren gegen die Klassenfahrt. Sie waren arm, aber nicht unglücklich[,] und hatten viele Freunde.

4.2 *Katharina die Große · Der Angeklagte[,] Max Müller[,] ...*

Bei der Verbindung einer Berufs- oder Amtsbezeichnung mit einem Personennamen *(der Zahnarzt Müller, die Abgeordnete Meyer)* ist es möglich, Kommas zu setzen oder sie wegzulassen. Das gilt auch, wenn zusätzlich die Höflichkeitsbezeichnungen *Herr* oder *Frau* vor den Namen treten:

- Unsere Referentin[,] [Frau] Anna Müller[,] hat angerufen.

Beinamen stehen gewöhnlich ohne Komma. Entsprechendes gilt für römische Zahlen bei Herrschernamen und für Zusätze wie *junior, senior:*

- Katharina die Große, Herzog Heinrich der Löwe, Karl VII., Hans Holbein der Jüngere, Alexander Weber junior.

Besteht aber ein solcher Beiname aus einem Substantiv mit Attribut, dann wird er im Allgemeinen in Kommas eingeschlossen:

- Friedrich Wilhelm, der Große Kurfürst, schlug die Schweden bei Fehrbellin. Joe Louis, der „braune Bomber", war 12 Jahre lang Weltmeister im Schwergewicht.

Hat eine Person zwei Beinamen, dann wird meist der zweite Beiname in Kommas eingeschlossen:

- Der französische König Ludwig IX., der Heilige, starb auf einem Kreuzzug.

Zu Fügungen wie *Frau Martha Schneider[,] geb. Kühn[,]* ... ↑ geboren (3).

5 Das Komma bei Partizip- und ähnlichen Gruppen

5.1 Muss-Kommas

Als Grundregel gilt, dass man Partizipialgruppen durch Komma[s] abtrennen kann, aber nicht muss: *Aus vollem Halse lachend[,] kam sie auf mich zu.*

Ist die Partizipialgruppe aber als Zusatz oder Nachtrag anzusehen, grenzt man sie mit Komma ab bzw. schließt sie mit Kommas ein. Ein Nachtrag liegt auch vor, wenn die Partizipialgruppe zwischen Subjekt und Prädikat des übergeordneten Hauptsatzes eingeschoben ist:

- Sie saß auf der Terrasse, ganz in Decken verpackt. Der Betrunkene, lautstark fluchend, torkelte aus dem Lokal.

Vgl. dazu auch die Stichwörter ↑ betreffend und ↑ entsprechend.

5.2 Freigestellte Kommas

Ein einfaches Partizip oder ein Partizip mit kurzer näherer Bestimmung kann eine ähnliche Funktion wie ein vollständiger Nebensatz haben. Will man diesem Partizip besonderes Gewicht verleihen, ist es sinnvoll, ein Komma zu setzen:

- Einmal angebrochen, hält sich die Konserve nur noch wenige Tage. (= Nachdem sie einmal angebrochen worden ist, ...)

Es gibt Wortgruppen, die den Partizipialgruppen gleichzustellen sind, weil man sich die Partizipien *habend, seiend, werdend* o.Ä. hinzudenken kann.

Für sie gelten die gleichen Richtlinien wie für Partizipialgruppen:

- Den Kopf im Nacken[,] lachte sie hell auf. Noch im Schlafanzug[,] kochte er Kaffee.

6 Das Komma bei Infinitivgruppen

Als Infinitivgruppen bezeichnet man Ausdrücke mit Infinitiven, die mindestens ein *zu* bei sich haben.

6.1 Muss-Kommas

In drei Fällen muss ein Komma bei Infinitivgruppen stehen:

- ***um, ohne, statt, anstatt, außer, als:*** Infinitivgruppen mit *zu*, die mit *um, ohne, statt, anstatt, außer* oder *als* eingeleitet werden, werden durch Kommas abgetrennt.

- Sie beeilte sich, *um* pünktlich zu sein. Er pflanzte, *ohne* nachzudenken, alles dicht nebeneinander. *Statt* auf den Bus zu warten, nahm er ein Taxi.

- ***Sie hat die Absicht, eine Firma zu gründen:*** Ein Komma steht, wenn eine Infinitivgruppe,

die aus mehr als nur aus einem bloßen (einfachen) Infinitiv mit *zu* besteht, von einem Substantiv abhängt:
- Sie hat die *Absicht,* eine Firma zu gründen. Der *Plan,* morgen abzureisen, kann verwirklicht werden. Wir begrüßen alle *Versuche,* zu einem Ausgleich zu kommen.

– ***Er denkt daran, den Schlüssel einzustecken:*** Ein Komma steht, wenn eine Infinitivgruppe von einem Verweiswort abhängt:
- *Es* gefällt ihr, lange Briefe zu schreiben. Er denkt *daran,* den Schlüssel einzustecken. Ins Olympiastadion zu gehen, *das* ist immer beeindruckend.

Besteht die Infinitivgruppe aus einem bloßen (einfachen) Infinitiv mit *zu,* kann das Komma weggelassen werden:
- *Es* gefällt ihr[,] zu übertreiben. Sie liebt *es[,]* zu reisen. Sie denkt *daran[,]* auszuwandern.

Es kann allerdings nicht weggelassen werden, wenn die Infinitivgruppe vorausgeht und durch das Verweiswort wieder aufgenommen wird:
- Auszuwandern, *daran* denkt sie oft. Auszuschlafen, *das* wäre jetzt schön.

6.2 Freigestellte Kommas
Sonst ist das Komma bei Infinitivgruppen freigestellt. Man kann also die Infinitivgruppe durch Komma abtrennen, muss es aber nicht:
- Dir zu folgen[,] bin ich jetzt nicht bereit. Sie glaubt[,] das nächste Spiel zu gewinnen. Mit dem Fahrrad zur Arbeit zu fahren[,] tat ihr gut. Wir bitten[,] diesen Auftrag zu erledigen.

6.3 Besser mit Komma
Besonders empfehlenswert ist die Kommasetzung, wenn sich erst dadurch Missverständnisse ausschließen lassen:
- Er beschloss[,] am Dienstag die Bettwäsche zu waschen. (Aber:) Er beschloss am Dienstag[,] die Bettwäsche zu waschen. Wir rieten ihm, zu folgen. (Aber:) Wir rieten, ihm zu folgen. Er fürchtet sich, zu verlieren. (Aber:) Er fürchtet, sich zu verlieren. Sie empfahl nicht, zu widersprechen. (Aber:) Sie empfahl, nicht zu widersprechen. Der Dieb bedauerte, es (= das Schmuckstück) zu stehlen. (Aber:) Der Dieb bedauerte es, zu stehlen.

6.4 Besser ohne Komma
Das Komma ist oft nicht sinnvoll, z. B., wenn es grammatikalisch zusammengehörige Glieder auseinanderreißt:
- Den Betrag bitten wir auf unser Konto zu überweisen. Wir wollen diesen Vorgang zu erklären versuchen.
- Du brauchst mir nicht zu antworten. Er pflegt uns jeden Sonntag zu besuchen. Sie schien bei dem Anfall zu ersticken. Ich weiß dein Angebot wirklich zu schätzen. Die Tropfen sind auf Zucker einzunehmen. Sie hat nichts zu verlieren.

Kommandant: Die Formen lauten im Genitiv: *des Kommandanten*, im Dativ und Akkusativ: *dem, den Kommandanten* (vereinzelt: *Kommandant*). Zu *des Kommandanten Meyer/Kommandant Meyers* ↑ Titel und Berufsbezeichnungen (1.2 und 1.3).

Kommazahl: ↑ Zahlen und Ziffern (2).

kommen: 1. kömmst, kömmt: Die umgelauteten Formen *du kömmst* und *er kömmt* sind veraltet; es heißt heute nur *du kommst* und *er kommt.*

2. zu stehen kommen: Bei Sätzen wie *Das kommt dich/dir teuer zu stehen* ist sowohl der Dativ wie der Akkusativ korrekt. Der Akkusativ ist aber üblicher. ↑ stehen (5).

3. auf die Füße zu stehen kommen · auf den Rücken zu liegen kommen: Lageverben, denen sonst eine Präpositionalgruppe im Dativ folgt *(Ich liege auf dem Rücken),* haben eine Präpositionalgruppe im Akkusativ nach sich, wenn sie im Zusammenhang mit *kommen* gebraucht werden, weil eine Richtung bezeichnet wird: *Er kam auf den Rücken zu liegen, auf die Füße zu stehen* (nicht: *auf dem Rücken, auf den Füßen*). *Das Auto überschlug sich und kam wieder auf die Räder zu stehen. Sie kam neben mich* (nicht: *neben mir*) *zu sitzen.*

4. zum Ausdruck kommen · zur Entfaltung kommen: Das Verb *kommen* steht oft mit verblasster Bedeutung, z. B. in: *zum Abschluss kommen* (= beendet werden); *zum Ausdruck kommen* (= gesagt werden); *zur Entfaltung kommen* (= sich entfalten); *zur Zahlung kommen* (= gezahlt werden).

Konjunktiv: siehe S. 196.

Konkurrent: Der Genitiv lautet *des Konkurrenten*, der Dativ und Akkusativ lauten *dem, den Konkurrenten* (vereinzelt: *Konkurrent*).

können: 1. dafürkönnen/dazukönnen: Es heißt in der Standardsprache: *Sie kann nichts dafür. Sie kann nichts dazu* ist umgangssprachlich.

2. die Erlaubnis, etwas tun zu können: Eine Formulierung wie *die Erlaubnis/Möglichkeit, etwas tun zu können* ist pleonastisch, denn die Bedeutung von *können* ist bereits in *Erlaubnis* bzw. *Möglichkeit* enthalten. Einfacher und klarer heißt es: *die Erlaubnis/Möglichkeit, etwas zu tun.* Auch *es kann möglich sein* ist ein ↑ Pleonasmus.

3. Partizip bei *können*: Wird *können* als Vollverb verwendet, dann wird das Perfekt wie üblich mit dem Partizip II gebildet: *Er hat seine Aufgaben nicht gekonnt.* Wird *können* jedoch als Modalverb verwendet, dann steht anstelle des Partizips II der Infinitiv, wenn ein reiner Infinitiv vorangeht (sogenannter Ersatzinfinitiv): *Ich habe es nicht verhindern können* (und nicht: *... verhindern gekonnt*). ↑ Infinitiv und Infinitivgruppe (2).

können/dürfen: *X könnte der Täter sein* heißt: Den Umständen nach ist es möglich, dass X der Täter ist. Man muss damit rechnen, aber es ist noch nicht entschieden; denn es bestehen auch andere Möglichkeiten. – *X dürfte der Täter sein* heißt dagegen: Die Umstände sprechen dafür, dass X der Täter ist. Man hat sich für diese Ansicht entschieden.

konvertieren: Da *konvertieren* auch transitiv gebraucht wird (*eine Währung konvertieren* „frei umtauschen"), wird es in der Bedeutung „die Konfession wechseln" oft mit *haben* verbunden: *Sie hat vor drei Jahren konvertiert.* Wenn die Vorstellung einer Bewegung vorherrscht, kommt auch die Verbindung mit *sein* vor: *Sie ist vor 3 Jahren konvertiert.*

Kopf (Sie bekamen einen roten Kopf/rote Köpfe): Der Singular bezeichnet die übertragene Bedeutung „sich genieren, ein schlechtes Gewissen bekommen": *Die beiden Jungen bekamen einen roten Kopf und schwiegen.* Der Plural bezieht sich in solchen Fällen eher auf die wörtliche Bedeutung: *Die Kinder bekamen vor Aufregung rote Köpfe.* Zu *Ich fasse mir/mich an den Kopf* ↑ fassen.

kopfstehen: Man schreibt zusammen: *kopfgestanden; um kopfzustehen.* Als abgetrennter Verbzusatz wird *kopf* kleingeschrieben: *ich stehe/stand kopf.*

Konjunktiv

Konjunktiv I und II unterscheiden sich nicht zeitlich, sie haben unterschiedliche Funktionen. Der Konjunktiv I wird vornehmlich zur Kennzeichnung der indirekten Rede gebraucht, der Konjunktiv II vor allem als Ausdruck des nur Vorgestellten, des Möglichen und des Irrealen, wobei der Konjunktiv II häufiger vorkommt als der Konjunktiv I. Viele Formen des Konjunktivs I sind gegenüber dem Indikativ gar nicht erkennbar; weil dies auch für zahlreiche Formen des Konjunktivs II gilt, wird die *würde*-Konstruktion immer häufiger verwendet (↑ 3).

1 Konjunktiv I: *Er erzählte, er lebe in Paris*

Der Konjunktiv I kann gebraucht werden:
- als Kennzeichnung der indirekten Rede (das ist am häufigsten),
- als Ausdruck eines Wunsches, einer Aufforderung, einer Annahme o. Ä., die indirekt und mittelbar geäußert werden (z. B. *Man folge mir bitte unauffällig. Sie leben hoch!*),
- als Kennzeichnung von irrealen Vergleichssätzen (aber weniger häufig als der Konjunktiv II, ↑ [2]).

2 Konjunktiv II: *Wenn ich doch Zeit hätte!*

Der Konjunktiv II kann folgendermaßen gebraucht werden:
- Ausdruck des nur Vorgestellten, des Möglichen oder Irrealen. Typisch dafür ist der Bedingungssatz. Wenn dabei das Verb in der Grundform des Konjunktivs II steht, ist das Eintreten des nur Gedachten prinzipiell möglich. Man spricht dann vom „Potenzialis“:

- Wenn sie *käme*, wäre ich froh. Ohne dich *wären* sie nicht so weit. Wenn er doch hier *wäre*!

Wenn die Vergangenheitsform des Konjunktivs II verwendet wird, ist das Eintreten des nur Gedachten nicht mehr möglich. Man nennt dies „Irrealis“:
- Wenn sie gekommen *wäre,* hätte ich sie abgeholt. Er *hätte* alles für sie getan.

Hierzu zählen auch irreale Vergleichssätze:
- Sie benahm sich, als ob sie betrunken *wäre*. Er tat, als *wäre* er krank.

- Ersatz für Formen, die nicht eindeutig Konjunktiv I und deshalb missverständlich sind:
- Petra sagte, ihre Eltern *hätten* (für [Konj. I]: *haben*) gestern ein Fahrrad für sie gekauft.

– Ausdruck der Höflichkeit oder Unverbindlichkeit. Auch der *würde*-Konjunktiv wird so verwendet:

- Ich *wünschte,* dass Sie nachgäben. Es *würde* uns sehr freuen, wenn Sie das Geld bis zum 15. d.M. *überwiesen/überweisen würden.*

3 würde-Konjunktiv: *Sonst würden wir dort nicht wohnen*

Der *würde*-Konjunktiv gilt als ein Kennzeichen der gesprochenen Sprache:

- Ich *würde* das ja gerne machen, habe aber leider keine Zeit. Wenn er mir nicht so auf die Nerven *gehen würde,* würde ich mich öfter mit ihm treffen.

Unter bestimmten Bedingungen hat sich die Verwendung von *würde* + Infinitiv aber auch in der geschriebenen Standardsprache durchgesetzt. Das gilt vornehmlich für folgende Fälle:

– Kennzeichnung des Futurischen, des Noch-nicht-Begonnenen:

- Wenn ich morgen gehen *würde*, dann wäre es noch früh genug. Sie sagten, sie *würden* morgen kommen.

Der Zukunftsbezug von *würde* + Infinitiv ist auch typisch für erlebte Rede:

- Morgen *würde* sie sich allerlei Entschuldigungen ausdenken (Christa Wolf).

– Ersatz, wenn der Konjunktiv II mit der Form des Indikativs Präteritum übereinstimmt (das betrifft z. B. alle Formen des Konjunktivs Präteritum der schwachen Verben [*ich liebte, er liebte* usw.] und andere wie *wir riefen, sie gingen*). Deshalb kann in den folgenden Sätzen die Potenzialität bzw. Irrealität der Aussage nur mit der *würde*-Form eindeutig gekennzeichnet werden:

- Sonst *wohnten* wir dort nicht. Wenn sie mich *riefen, eilte* ich herbei (Indikativ oder Konjunktiv?).
- Sonst *würden* wir dort nicht wohnen. Wenn sie mich *rufen würden, würde* ich *herbeieilen* (= eindeutig als Konjunktiv erkennbar).

– Daneben kann die *würde*-Konstruktion auch anstelle altertümlich wirkender Konjunktiv-II-Formen gebraucht werden:

- Ich *würde* helfen (für: hülfe), wenn ich Gelegenheit dazu hätte.

Hätte, hätte, Fahrradkette

Obwohl der Konjunktiv in der Sprache allgegenwärtig ist – zum Beispiel in obiger salopper Redensart – hat er doch einen schlechten Leumund, selbst in der Schriftsprache, wo er, zumindest in der indirekten Rede, häufig vertreten ist. Vor dreißig Jahren war der Satz in einem Bewerbungsschreiben „Über die Einladung zu einem Vorstellungsgespräch würde ich mich freuen" ein Gebot der Höflichkeit. Jetzt aber gilt der Konjunktiv als zu zaudernd und zögerlich, und man freut sich im Indikativ auf ein Gespräch, das vielleicht nie stattfinden wird. Noch schlechter bestellt ist es mit dem Konjunktiv in der gesprochenen Sprache. Die eigenständigen Formen des Konjunktiv II sind nicht nur auf dem Rückmarsch, sondern klingen oft auch stark veraltet: „hülfe", „gewänne", „hübe" etc. Inzwischen ist die Würde-Form in der Umgangssprache die Regel und nicht die Ausnahme – der Konjunktiv II wird dort meist mit dem Hilfsverb *werden* gebildet.

Korb: Das Gemessene nach *Korb* kann als Apposition im gleichen Kasus wie *Korb* stehen *(ein Korb trockenes Holz)*, steht insgesamt aber häufiger im Genitiv *(ein Korb reifer Äpfel)*. ↑ Apposition (3).

Körperteil: Es heißt *der Körperteil*, nicht *das Körperteil*. ↑ Teil (1).

krank: 1. Getrennt- oder Zusammenschreibung: In der konkreten Bedeutung „nicht gesund" schreibt man *krank* vom folgenden Verb getrennt: *krank werden, krank liegen*. Erlaubt ist die Zusammenschreibung bei dieser konkreten Bedeutung von *krank* nur dann, wenn *krank* das Ergebnis einer Handlung bzw. einen veränderten Zustand bezeichnet: *Ich habe Angst, dass die vielen Schadstoffe uns krank machen/krankmachen*. Nur die Getrenntschreibung ist richtig in Verbindung mit dem Verb *sein (Ich bin krank gewesen)* und wenn *krank* erweitert ist: *Die Früchte dieser Pflanze können vor allem Kinder sehr krank machen. Er merkt nicht, dass er mich ganz krank macht mit seinen Befürchtungen*. In übertragener Bedeutung schreibt man zusammen: *Ich habe krankgefeiert/krankgemacht* (= bin der Arbeit ferngeblieben; ugs.); *sie hat sich krankgeärgert; er hat sich krankgemeldet*.

2. Vergleichsformen: Die Vergleichsformen von *krank* lauten *kränker, kränkste*.

Kranke, der und die: **1. oben genanntem Kranken/Krankem · mir als Kranken/Krankem:** Zur Deklination substantivierter Adjektive ↑ Abgeordnete; ↑ Substantivierung (2).

2. einige Kranke · alle Kranken · solche Kranke[n]: Zur Deklination von *Kranke* nach *alle, beide, einige* usw. ↑ all- usw.

kreischen: In der Standardsprache werden die schwachen Stammformen *kreischte, gekreischt* verwendet. Die starken Formen *krisch, gekrischen* sind veraltet.

kündigen: Das Verb *kündigen* kann mit dem Dativ der Person *(jemandem kündigen)* und/oder mit dem Akkusativ der Sache stehen *([jemandem] etwas kündigen)*. In Österreich und gelegentlich in der Umgangssprache wird auch bei Personen der Akkusativ gebraucht: *Man hat mich gekündigt*.

kurz und bündig: Diese Paarformel kann nur adverbial oder prädikativ verwendet werden: *Seine Antwort war kurz und bündig*. Nicht korrekt: *eine kurz und bündige Antwort*.

Kurzwort: ↑ Abkürzungen und Kurzwörter.

Die gemäßigte Kleinschreibung

Im Deutschen werden bekanntlich Substantive grundsätzlich großgeschrieben. Damit unterscheidet sich die deutsche Schriftsprache von den allermeisten Sprachen dieser Welt. Im Englischen werden z. B. Eigen- und Ortsnamen großgeschrieben, die meisten anderen Begriffe klein (mit Ausnahme des berühmten „I" für „ich", das kleingeschrieben vielleicht weniger auffiele). Ähnlich wird es auch in den romanischen Sprachen gehandhabt.

In Dänemark wurde die Groß-/Kleinschreibung im Jahr 1948 abgeschafft. Viele hofften bei der deutschen Rechtschreibreform 1996 auf eine Einführung der sog. *gemäßigten Kleinschreibung* – also der Großschreibung nur am Satzanfang sowie von Eigen- und Ortsnamen. Doch verwarf man diesen Gedanken, da, so das Argument, das Schriftbild an Übersichtlichkeit verlieren würde. Tatsächlich aber war die Groß-/Kleinschreibung auch in früheren Zeiten nicht in Stein gemeißelt: Die Brüder Grimm (Abbildung) bevorzugten beispielsweise die Kleinschreibung.

L

Lade/Laden: 1. Bedeutung: Die beiden Wörter haben unterschiedliche Bedeutungen: *Die Lade* bedeutet „Schubkasten in einem Möbelstück", *der Laden* wird im Sinne von „Geschäftsraum" und „Fensterverschluss" gebraucht. Es heißt also auch *der Fensterladen.*
2. Plural: Zu *die Lade* lautet der Plural *die Laden. Der Laden* hat zwei Pluralformen: *die Läden,* seltener und dann in der Bedeutung „Fensterverschluss" auch *die Laden.* Das gilt auch für Zusammensetzungen wie z. B. *Rollladen, Fensterladen.*

Land: *aus aller Herren Länder/Ländern:* In der festen Wendung wird heute im Allgemeinen die endungslose Form *aus aller Herren Länder* gebraucht.

landen: Das Verb *landen* kann transitiv (mit Akkusativobjekt) und intransitiv gebraucht werden. Transitives *landen* bedeutet „an Land, auf den Boden bringen, anbringen" und wird im Perfekt mit *haben* gebildet: *Er hat das Schiff gelandet. Die Pilotin hat die Maschine sicher gelandet.* Übertragen: *Er hat einen Hit gelandet.* Intransitives *landen* im Sinne von „auf den Erdboden aufsetzen, ankommen, anlegen" und „an eine Stelle geraten" wird im Perfekt mit *sein* gebildet: *Sie ist in Berlin gelandet. Die Maschine ist soeben gelandet. Er ist mit seinem Wagen im Straßengraben gelandet.* Übertragen: *Wir sind gut zu Hause gelandet.*

Ländernamen: ↑ Geografische Namen.

Landsmännin: ↑ -männin.

lang: 1. Rechtschreibung: a) Groß- oder Kleinschreibung: Die Fügung *über kurz oder lang* mit unflektiertem Adjektiv wird kleingeschrieben. Wahlweise groß oder klein schreibt man die Wendungen mit dekliniertem Adjektiv: *seit Langem/langem, seit Längerem/längerem.* In festen Wendungen mit Artikel wird dagegen nur großgeschrieben: *sich des Langen und Breiten* (= umständlich)/*über etwas äußern.*
b) Getrennt- oder Zusammenschreibung: In Verbindung mit adjektivisch gebrauchten Partizipien kann getrennt oder zusammengeschrieben werden: *ein lang gestrecktes/langgestrecktes Gebäude; ein lang gehegter/langgehegter Wunsch.* Zusammen schreibt man auch: *langher, langhin* (z. B. *ein langhin rollendes Echo*), aber: *lange her, lange hin* (z. B. *es ist schon lange her*).
2. lang/lange: Das Adjektiv *lang* kann sowohl eine räumliche als auch eine zeitliche Erstreckung bezeichnen: *Der Schlauch ist lang. Die Tage waren sehr lang.* Dagegen wird *lange* mit zeitlicher Bedeutung fast ausschließlich adverbial verwendet: *Die Sitzung dauerte lange. Ich habe lange gewartet.* In der Alltagssprache wird auch die kürzere Form so gebraucht: *Ich habe lang gewartet.*

Länge: Es heißt *Der Weg misst 3 m in der Länge* (nicht: *in die Länge*). ↑ messen.

Langeweile/Langweile: Beide Formen sind gebräuchlich, allerdings wird *Langweile* selten verwendet. Die flektierten Formen von *Langeweile* lauten (mit erstarrtem *-e-*): *wegen Langeweile, aus Langeweile* usw.

lassen: 1. Sie haben den Verunglückten liegen lassen/liegen gelassen: Das Verb *lassen* in den Bedeutungen „nicht hindern, zulassen, veranlassen" steht überwiegend im Infinitiv, wenn ihm der reine Infinitiv vorangeht: *Ich habe ihn laufen lassen. Wir haben den Verunglückten liegen lassen.* Heute tritt – zumeist bei übertragener Bedeutung – auch das Partizip II an die Stelle des Infinitivs: *Der Minister hat seine Staatssekretärin fallen gelassen.* Dieser Gebrauch ist korrekt. Im abhängigen Satz steht der Infinitiv *lassen* am Ende: ... *weil sie sich haben bestechen lassen.* Tritt noch ein Modalverb hinzu, dann stehen drei Infinitive nebeneinander; das Modalverb steht immer am Ende: *Ich habe ihn laufen lassen müssen.* Das Partizip *gelassen* kann in diesem Fall nicht eingesetzt werden. Im Infinitiv des Perfekts, der sehr selten vorkommt, ist nur die Form *gelassen haben* möglich: *Ich erinnere mich, sie das Bild früher einmal sehen gelassen zu haben.* Im Passiv kann auch nur das Partizip II stehen: *Das Buch wurde von ihr liegen gelassen.* ↑ Infinitiv und Infinitivgruppe.

2. Lass deinen Geburtstag ein schöner Tag/ einen schönen Tag werden!: Vor allem in festen Redewendungen ist der doppelte Akkusativ üblich: *Sie lässt den lieben Gott einen guten Mann sein.* Möglich ist jedoch auch der Nominativ: *Lass deinen Geburtstag ein schöner Tag werden!*

3. Lassen Sie mich mich erst anziehen/Lassen Sie mich erst anziehen: In dem Satz *Lass mich mich erst anziehen* muss der Akkusativ *mich* zweimal stehen, denn das erste *mich* gehört zu lassen *(lass mich [das und das tun])* und das zweite ist das Reflexivpronomen zu *anziehen (ich ziehe mich an).* Da aber ein Satz wie der obige stilistisch unschön ist, empfiehlt es sich, ihn umzuformen. Besser: *Gestatten Sie mir, dass ...*

4. jemanden etwas fühlen, glauben, merken, sehen, spüren, wissen lassen: In diesen Fügungen wird heute der Akkusativ (und nicht der Dativ!) gebraucht: *Sie ließ mich ihre Abneigung merken. Ich lasse dich das Geschenk sehen. Wir werden ihn unsere Verärgerung spüren lassen.*

5. Passiv: Passivkonstruktionen wie *Der Wagen wird waschen gelassen* oder *Der Drachen wird steigen gelassen* sind zweifelhaft, weil *lassen* bereits einen passivischen Sinn hat. Es sollte deshalb anders formuliert werden, z. B.: *Der Wagen wird [gerade] gewaschen. Man lässt den Drachen steigen.*

laufen: ↑ Perfektbildung mit sein/haben.

laut: 1. Bedeutung und Gebrauch: Die Präposition *laut* steht bei Ausdrücken, die eine mündliche oder schriftliche Äußerung bezeichnen oder den Vermittler einer solchen Äußerung benennen: *laut Gesetz, laut Vorschrift, laut Radio Athen, laut Innenministerium, laut [Professor] Schmidt.*

2. laut unseres Schreibens/ laut unserem Schreiben: Die Präposition *laut* regiert meist den Dativ: *laut dem/ einem amtlichen Nachweis,* auch: *laut ärztlichem Gutachten.*

-leben: Zu den Ableitungen von Ortsnamen auf *-leben* ↑ Einwohnerbezeichnungen auf -er (1).

lebenslang/lebenslänglich: Das Adjektiv *lebenslänglich* wird heute im Allgemeinen nur noch auf Freiheitsstrafen bezogen: *Er erhielt „lebenslänglich". Sie wurde zu lebenslänglicher Haft verurteilt.* Das Adjektiv *lebenslang* „das ganze Leben dauernd" wird ebenfalls auf Freiheitsstrafen bezogen: *Er wurde zu lebenslanger Haft verurteilt.* Darüber hinaus kommt es in Verbindungen wie *lebenslanges Lernen, lebenslanges Wohnrecht, lebenslange Freundschaft* vor.

Lebtag: Es heißt heute *mein Lebtag* (nicht mehr *meinen Lebtag*), *meine Lebtage* und *mein* (ohne Flexionsendung) *Lebtage,* regionalsprachlich auch noch *meiner Lebtage* (= Genitiv Plural): *Ich habe mich mein Lebtag nicht... gefürchtet* (Grass). *Ich werde mich all meine Lebtage daran erinnern.*

lehren: 1. die Kinder/den Kindern das Zeichnen lehren: Im heutigen Sprachgebrauch steht nach *lehren* im Allgemeinen der doppelte Akkusativ: *Man lehrte sie die französische Sprache.*

2. Sie lehrte ihn ein Freund/einen Freund des Volkes sein: Heute wird im Allgemeinen der Nominativ verwendet, d. h., es wird auf die Kasusangleichung in Gleichsetzungen nach *lehren* verzichtet: *Sie lehrte ihn ein Freund des Volkes sein.* Der Akkusativ *(Sie lehrte ihn einen Freund des Volkes sein)* ist veraltet.

3. Ich lehrte sie die Maschine bedienen/zu bedienen: Nach *lehren* steht der Infinitiv ohne *zu,* wenn das Verb allein folgt: *Ich lehrte ihn schreiben, lesen, schwimmen.* Der Gebrauch schwankt, wenn zu dem Verb eine Ergänzung oder eine adverbiale Bestimmung tritt: *Man lehrte ihn[,] ein Pferd zu satteln.* Oder: *Man lehrte ihn ein Pferd satteln.* Treten mehrere Satzglieder zum Infinitiv, dann steht im Allgemeinen der Infinitiv mit *zu: Man lehrte mich[,] die Haustür immer gut zu schließen.* ↑ zu (2). ↑ Komma (6).

Lehrling: Die Bezeichnung *Lehrling* für eine in betrieblicher Ausbildung stehende Person entspricht nicht dem amtlichen Sprachgebrauch. Die amtliche Bezeichnung lautet *der* oder *die Auszubildende,* umgangssprachlich gekürzt *Azubi.*

leicht: Zusammen schreibt man: *Dies wird ihm nicht [sonderlich] leichtfallen* (= wird Anstrengungen erfordern). Aber: *Das ist ihm allzu leicht gefallen. Ich darf dies nicht [so] leichtnehmen* (= muss mehr Mühe darauf verwenden). Aber: *Ich habe die Sache [viel] zu leicht genommen.* Getrennt oder zusammen kann man schreiben: *Sie hat es mir nicht leicht gemacht/leichtgemacht* (= hat mir Schwierigkeiten gemacht). In Verbindung mit einem Adjektiv oder adjektivisch gebrauchten Partizip kann man getrennt oder zusammenschreiben: *eine leicht verdauliche/leichtverdauliche Speise.* Das gilt auch für Substantivierungen: *Leichtverwundete/leicht Verwundete.*

leichter: Zu *leichtere, leichtre* ↑ Adjektiv (3).

Leichte Sprache: Bei Leichter Sprache handelt es sich um eine vereinfachte Form des Deutschen, die Personen mit geringen Lesefähigkeiten das Verständnis schriftlicher Texte und damit gesellschaftliche Teilhabe und Selbstbestimmung ermöglichen soll. Zielgruppen sind u.a. Menschen mit kognitiven Einschränkungen und funktionale Analphabeten. Rechtlich verankert wurde Leichte Sprache im Zuge der Umsetzung der UN-Behindertenrechtskonvention erstmals in der Barrierefreie-Informationstechnik-Verordnung 2.0 (2011). Heute stellt u.a. eine Reihe von Behörden, Ämtern, Parteien, Bildungseinrichtungen und Unternehmen einen Teil ihrer Informationen zusätzlich in Leichter Sprache bereit. Für das Verfassen von Texten wurden Regeln auf allen sprachlichen Ebenen sowie zur medialen und visuellen Gestaltung entwickelt: Es sollten vorrangig kurze und leicht verständliche Wörter verwendet werden; komplexe Wörter werden durch Bindestriche oder Mediopunkte unterteilt (z.B. *Lotto-Gewinn* oder *Lotto·gewinn*), als schwierig empfundene Wörter werden erläutert. Die Verfasser sollten außerdem in kurzen Sätzen schreiben, die möglichst nur eine Aussage enthalten, und passivische Formen vermeiden. Wichtige Informationen sollten immer am Anfang stehen, konsistente Bezeichnungen (z.B. statt Pronomen) und Zwischenüberschriften das Verständnis erleichtern. Der besseren Lesbarkeit dient es außerdem, die Schrift zu vergrößern und Sätze immer in einer neuen Zeile zu beginnen. Die bestehenden Regelwerke differenzieren allgemein anerkannte Grundsätze wie die genannten in unterschiedlicher Weise aus und fügen weitere Regeln hinzu.

leichttun, sich: Zu *Ich tue mir/mich leicht damit* ↑ schwertun, sich.

Leonardo da Vinci: Zur Flexion ↑ Adelsnamen, ↑ Personennamen (2.1).

-ler/-er: ↑ -schafter/-schaftler.

lernen: 1. Rechtschreibung: Nur das Verb *kennenlernen/kennen lernen* kann man zusammen- oder getrennt schreiben. Zu *lesen/Lesen lernen* ↑ Substantivierung (1).

2. Ich lernte die Maschine bedienen/zu bedienen: Nach *lernen* steht der Infinitiv im Allgemeinen ohne *zu,* wenn das Verb allein folgt: *Das Kind lernt sprechen. Seine Frau lernt reiten.* Der Gebrauch schwankt, wenn zu dem Verb eine Ergänzung oder eine adverbiale Bestimmung tritt: *Ich lernte die Maschine bedienen.* Oder: *Ich lernte[,] die Maschine zu bedienen.*

Entsprechend auch in der Vergangenheit: *Ich habe die Maschine bedienen gelernt.* Oder: *Ich habe die Maschine zu bedienen gelernt.*

Lesbe/Lesbierin: Die Selbstbezeichnung homosexueller Frauen lautet *Lesbe*. Sie hat die ebenfalls korrekte Form *Lesbierin* inzwischen weitgehend verdrängt.

letzte: 1. Steigerung: Zu *letzte*, das nicht mehr als Superlativ anzusehen ist, gibt es die Komparativform *letzterer.* ↑ erstere – letztere.

2. Rechtschreibung: Bei übertragener Gesamtbedeutung kann man groß- oder kleinschreiben: *der Letzte/letzte Wille* (= Testament).

3. Wortstellung: *Letzte* kann sowohl vor als auch nach einem Zahlwort stehen: In *die drei letzten Läuferinnen* ist das Zahlwort betont, gemeint sind drei, nicht etwa zwei, vier oder fünf. In *die letzten drei Läuferinnen* ist *letzte* betont, gemeint sind die letzten, nicht die ersten Läuferinnen.

letzterer: Das auf *letztere* folgende Adjektiv wird in gleicher Weise (parallel) flektiert: *letzteres modernes Hörspiel.* Vgl. auch ↑ erstere – letztere, ↑ welch letzterer. Die substantivierte Form wird großgeschrieben: *Ich möchte Letzteres/das Letztere näher erläutern.*

letztmalig/letztmals: *letztmalig* ist ein Adjektiv, das vorwiegend als Attribut (z. B. *letztmalige Aufforderung*) steht. Bei adverbialer Verwendung kann mit gleicher Bedeutung *letztmals* stehen: *Das Stück wurde letztmals* (neben *letztmalig*) *Ende 2016 aufgeführt.*

leugnen: ↑ Negation (1).

-leute/-männer: ↑ Mann (2).

lfd. J./ lfd.M.: Die Flexion wird bei diesen Abkürzungen nicht kenntlich gemacht: *im Juli lfd.J.* (nicht: *lfd. J.s* = laufenden Jahres); *am 15. lfd.M.* (nicht: lfd. M.s = laufenden Monats). ↑ Abkürzungen und Kurzwörter (4a).

-lich/-bar: Adjektive auf *-lich* können vom selben Stamm transitiver Verben wie Adjektive auf *-bar* abgeleitet sein *(begreiflich/begreifbar),* wobei dieses Muster im Gegenwartsdeutschen nur für *-bar* produktiv ist. Solche *-lich-* und *-bar*-Adjektive können sich inhaltlich mehr oder weniger nahe stehen: Deutliche Bedeutungsunterschiede sind erkennbar bei *ausführlich (ausführliche Stellungnahme) – ausführbar (ausführbarer Plan), verantwortlich (verantwortliche Person) – verantwortbar (verantwortbare Entscheidung), löslich (löslicher Kaffee) – lösbar (lösbares Problem).* Andere Bildungen dagegen, z. B. *unvermeidlich/unvermeidbar (unvermeidliche / unvermeidbare Übel),* können als (nahezu) bedeutungsgleich angesehen werden; ähnlich: *erklärlich/erklärbar, unersetzlich/unersetzbar, unübertrefflich/unübertreffbar.*

lieferbar/lieferfähig: ↑ -bar/-fähig.

liegen: 1. Ich bin/habe gelegen: Üblich ist die Perfektbildung mit *haben: Um 10 Uhr habe ich bereits im Bett gelegen. Die Akten haben auf dem Boden gelegen.* Regional wird das Perfekt

Liebe

Der Begriff *Liebe* leitet sich ab vom althochdeutschen „liubi" und meinte so viel wie „Gunst, Zuneigung". Für die erotische und romantische Liebe gab es im Mittelalter das Wort *Minne*, heute noch in „Minnesang" erhalten. Dieser Begriff wurde aber später als abfällig empfunden und durch *Liebe* ersetzt – sodass dieses Wort eine große Bedeutungsfülle in sich vereint. Die Liebe zu Dingen und Werten ist damit genauso abgedeckt wie die zu Menschen, und hier kann, von der Liebe zu Kindern, der christlichen Nächstenliebe bis hin zur romantischen Liebe, alles gemeint sein. Die alten Griechen hatten deshalb für die Liebe drei verschiedene Begriffe: *Eros* für die erotische Liebe, *Philia* für die Liebe zwischen Freunden und *Agape* für die bedingungslose Liebe.

von *liegen* auch mit *sein* gebildet: *Um 10 Uhr bin ich bereits im Bett gelegen. Die Akten sind auf dem Boden gelegen.*

2. Ich habe 20 Flaschen Wein im Keller liegen/zu liegen: Der Gebrauch von *zu* bei *liegen*, das mit dem Hilfsverb *haben* verbunden wird, ist standardsprachlich nicht korrekt. Es heißt also: *Ich habe 20 Flaschen Wein im Keller liegen.*

3. Zu *auf den* (nicht: *dem*) *Rücken zu liegen kommen* ↑ kommen (3).

liken: Es sind verschiedene Schreibungen gängig – z.B. beim Partizip II: *gelikt, geliked* und (seltener) *geliket.* Die zweite dieser Varianten hat zwar einerseits den Vorteil, dass hier das englische Partizip *liked* am besten erkennbar bleibt, andererseits aber die schwerwiegenderen Nachteile, dass diese Schreibung im Deutschen keinem Konjugationsschema entspricht. Aus diesem Grund ist die Schreibung *gelikt* zu empfehlen: *die am häufigsten gelikten Seiten* (nicht: *die am häufigsten gelikeden Seiten*). *Liken* lässt sich – wie andere Anglizismen (*checken, scannen, tunen, timen, faken ...*) – nach den Regeln der schwachen Konjugation flektieren, bei der die Konjugationsendungen an den Stamm (hier: *lik-*) angehängt werden: *ich like/du likst/sie likt/sie hat gelikt* ... ähnlich wie: *ich checke/du checkst/sie checkt/sie hat gecheckt.*

lila: 1. Rechtschreibung: a) Zur Groß- und Kleinschreibung ↑ Farbbezeichnungen (3.2). **b)** Zur Getrennt- und Zusammenschreibung ↑ Farbbezeichnungen (3.3).

2. Flexion und Steigerung: *lila* gehört zu den Farbadjektiven, die in der Standardsprache nicht dekliniert und nicht gesteigert werden: *ein lila Kleid, die lila Hüte.* Umgangssprachlich wird *lila* jedoch häufig flektiert: *das lilane Kleid.* ↑ Farbbezeichnungen (2.1).

links: 1. Das Adverb *links* wird immer kleingeschrieben: *von links her, nach links hin, links um! mit links schreiben; Kritik von links, Widerstand gegen links.* Getrennt schreibt man: *links stehen, fahren, abbiegen; links außen spielen, stürmen* (zusammen aber: *linksum kehrt! der Linksaußen*). Adjektivisch gebrauchte Partizipien können getrennt oder zusammengeschrieben werden: *politisch links stehende/linksstehende Abgeordnete; ein links abbiegendes/linksabbiegendes Fahrzeug.*

2. Als Präposition regiert *links* den Genitiv: *links der Straße, links des Rheins.*

Linksunterzeichneter: ↑ Unterzeichneter.

Liter: 1. Das Gemessene nach *Liter*: *ein Liter spanischer Rotwein* (gehoben: *spanischen Rotweins*); *der Preis eines Liters Benzin; mit 5 Litern unverdünntem Alkohol* (gehoben: *unverdünnten Alkohols*). ↑ Apposition (3).

2. Drei Liter Sirup kostet/kosten nicht viel: Bei pluralischer Literangabe steht das Prädikat heute gewöhnlich im Plural: *Drei Liter Sirup kosten nicht viel.*

3. mit fünf Liter/Litern: Steht *Liter* mit Artikel, dann wird im Dativ Plural die Form mit Flexionsendung gebraucht: *Mit den fünf Litern [Benzin] kommen wir nicht weit.* Ohne Artikel wird im Allgemeinen die Form mit Flexionsendung dann gebraucht, wenn das Gemessene nicht folgt: *Mit fünf Litern kommen wir nicht weit.* Folgt das Gemessene, wird meist die endungslose Form, gelegentlich aber auch die Form mit Flexionsendung gebraucht: *Mit fünf Liter Benzin/Mit fünf Litern Benzin kommen wir nicht weit.* ↑ Maß-, Mengen- und Währungsangaben (1).

locker: 1. Rechtschreibung: Getrennt schreibt man: *locker sein, locker werden, locker sitzen.* Getrennt oder zusammen kann man schreiben: *Die Schraube muss noch locker gemacht/lockergemacht werden.* Zusammen schreibt man bei übertragener Bedeutung: *Er hat nicht lockergelassen* (= nachgegeben; ugs.).

2. Weglassen des e: Bei *locker* bleibt, wenn es dekliniert oder gesteigert wird, das *e* der Endungssilbe gewöhnlich erhalten: *lockerer Boden; den Zügel noch lockerer halten.*

M

M.A.: Die Abkürzung *M.A.* für *Magister Artium* oder auch *Master of Arts* steht gewöhnlich ohne Komma hinter dem Familiennamen: *Karin Schneider M.A.*

machen (Er hat mich lachen machen/ gemacht): In dieser Fügung steht *machen* heute meist im Partizip II: *Er hat mich lachen gemacht. Sie hat viel von sich reden gemacht.* Der Infinitiv von *machen* ist hier weniger gebräuchlich: *Er hat mich lachen machen.* ↑ Infinitiv und Infinitivgruppe (2).

mächtig: Das Adjektiv *mächtig* in der Bedeutung „fähig sein zu etwas" verlangt eine Ergänzung im Genitiv: *Sie ist des Deutschen nicht mächtig.*

Mädchen: 1. Genus: Das Substantiv *Mädchen* hat wie alle Substantive auf *-chen* neutrales Genus, es bezieht sich aber auf weibliche Personen. Deshalb kann es mit einer femininen Form wieder aufgenommen werden: *Das Mädchen ist eine gute Schülerin.* In Relativsätzen ist allerdings das grammatische Geschlecht ausschlaggebend: *Das Mädchen, das* (nicht: *die*) *ihm die Blumen überreichte, war völlig unbefangen.* Beim Personalpronomen und beim Possessiv ist das Femininum wie das Neutrum möglich: *Das Mädchen geht jetzt in die Schule. Es/Sie ist eine gute Schülerin. Das Mädchen hat gestern seine* (seltener: *ihre*) *Puppe vergessen.*

Mai: ↑ Monatsnamen.

mal: ↑ ²Mal, ↑ Apostroph (1 a).

¹Mal (= Zeichen, Fleck; Erkennungszeichen; Monument; Ablaufstelle beim Schlagballspiel): Das Wort, das hauptsächlich in Komposita gebraucht wird, hat zwei Pluralformen: *die Male* und *die Mäler.* In der Bedeutung „kennzeichnender Fleck, Verfärbung in der Haut" wird in der Regel die nicht umgelautete Form *die Male* gebraucht. Das gilt auch für Zusammensetzungen wie *die Brandmale* (selten: *die Brandmäler*), *Muttermale, Wundmale.* Auch in den Bedeutungen „Denk-, Merkzeichen; Monument; Markierung" ist, wenn das einfache Wort überhaupt gebraucht wird, die Pluralform *die Male* üblich. Bei den Zusammensetzungen dagegen kommen beide Pluralformen vor: *Denkmale/ Denkmäler, Ehrenmale/Ehrenmäler, Grabmale/ Grabmäler.*

²Mal (= Zähleinheit für Ereignisse): **1. Groß- oder Kleinschreibung:** Groß schreibt man, wenn es sich um das Substantiv *das Mal* handelt: *jedes Mal, von Mal zu Mal; ein paar Dutzend Mal[e], drei Millionen Male, zum x-ten Mal* usw. Klein schreibt man, wenn es sich um die Angabe beim Multiplizieren handelt: *zwei mal drei ist sechs.* Klein schreibt man auch, wenn es sich um die vor allem in der Umgangssprache vorkommende verkürzte Form von *einmal* handelt: *Wenn das mal gut geht. Sag das noch mal!*

2. Getrennt- oder Zusammenschreibung: Getrennt schreibt man, wenn *Mal* auf irgendeine Weise (besonders durch die Flexion der beistehenden Wörter) als Substantiv erkennbar ist: *beide Mal[e], jedes Mal, das eine Mal, beim ersten, zweiten, x-ten, Mal[e]; zu wiederholten Malen, ein für alle Mal[e].* Zusammen schreibt man dann, wenn *Mal* mit einem seiner beistehenden Wörter zu einem Adverb verschmolzen ist: *ein andermal,* (aber: *ein and[e]res Mal*), *ein paarmal* (aber: *ein paar Male, diese paar Mal[e]*), *diesmal, dreimal, einmal, hundertmal, keinmal, manchmal, sovielmal, [wie]vielmal, vieltausendmal, x-mal.* Sind jedoch beide Wörter betont, so kann auch hier getrennt geschrieben werden: *ein paar Mal; zwei Mal; so viel Mal.*

-mal so groß/-mal größer: Diese Fügungen, die beide einen Vergleich ausdrücken, haben unterschiedliche Bedeutung. In dem Satz *Der*

Rauminhalt der größeren Tonne ist anderthalbmal so groß wie der Rauminhalt der kleineren ist ausgedrückt, dass die größere Tonne um die Hälfte mehr fasst als die kleinere, denn die Fügung *anderthalbmal so groß* sagt aus, dass eine bestimmte Größe (z. B. 100) mit $1^1/_2$ malzunehmen ist ($100 \times 1^1/_2 = 150$; 150 Liter sind um die Hälfte mehr als 100 Liter). Lautet der Satz jedoch *Der Rauminhalt der größeren Tonne ist anderthalbmal größer als der Rauminhalt der kleineren,* dann ist ausgedrückt, dass die größere Tonne um das Anderthalbfache mehr fasst als die kleinere, denn die Fügung *anderthalbmal größer* weist darauf hin, dass zu einer bestimmten Größe (z. B. 100) eine weitere, die anderthalbmal so groß ist ($100 \times 1^1/_2 = 150$), hinzuzufügen ist (also $100 + 150 = 250$; 250 Liter sind um das Anderthalbfache mehr als 100 Liter). Oder: Eine Stange, die zweimal so lang ist wie eine andere von 3 m Länge, ist $3 \times 2 = 6$ m lang. Aber eine Stange, die zweimal länger ist als eine andere von 3 m Länge, ist $2 \times 3 + 3 = 9$ m lang.

man: 1. man: Es gibt das Wort nur im Nominativ Singular und in der Funktion des Subjekts; als Dativ wird *einem,* als Akkusativ *einen* verwendet: *Dort kann man kommen und gehen, wie es einem beliebt. Diese Musik lässt einen nicht mehr los.*

2. man/frau: Die Alternativform *frau* wird im Allgemeinen nur (und oft scherzhaft) im Sinne von „die Frauen" verwendet. Als Ersatz für beide Formen bieten sich das Passiv und unpersönliche Konstruktionen oder das allumfassende *wir* an: *Wir sollten ...* für: *man sollte ...*

manch: 1. Deklination des folgenden Adjektivs und substantivierten Adjektivs: Nach unflektiertem *manch* wird das folgende [substantivierte] Adjektiv oder Partizip stark flektiert: *manch schönes Geschenk, manch Kranker, der Duft manch schöner Blume, mit manch Abgeordnetem, manch bittere Erfahrungen.* Nach flektiertem *manch-* wird das folgende [substantivierte] Adjektiv oder Partizip im Singular schwach dekliniert: *mancher Beamte, manches schöne Kleid, die Ansicht manches bedeutenden Gelehrten, in manchem schwierigen Fall.* Im Plural wird sowohl stark als auch schwach flektiert: *manche schöne/schönen Aussichten, die Ansicht mancher Gelehrter/Gelehrten, die Geheimnisse mancher schöner/schönen Frauen, für manche ältere/älteren Leute.*

2. mancher, der/welcher ...: Das Relativpronomen, das sich auf *mancher* bezieht, ist *der,* nicht *welcher: Es waren viele Menschen da, darunter manche, die* (nicht: *welche*) *ich noch nie gesehen hatte.* Bezieht sich jedoch das neutrale *manches* auf etwas Unbestimmtes (nicht auf eine Person oder auf einen Gegenstand), ist das entsprechende Relativpronomen *was* (nicht: *das* oder *welches*); das Gleiche gilt für *mancherlei: Da war noch manches, was* (nicht: *das*) *ungeklärt blieb. Es wurde mancherlei besprochen, was* (nicht: *das*) *hier nicht wiederholt zu werden braucht.*

3. Manche Dozentin und mancher Bibliothekar steht/stehen...: In solchen Konstruktionen steht gewöhnlich der Singular, weil *manch...* auf das einzelne Lebewesen oder Ding bezogen ist; der Plural ist aber auch möglich.

mancherlei/manches, was: ↑ manch (2).

Mann: 1. Plural: Das Substantiv *Mann* hat verschiedene Pluralformen. Der allgemein übliche Plural lautet heute *Männer.* Der alte Plural *die Mannen* im Sinne von „Gefolgsleute, Vasallen, Lehnsleute" wird heute allenfalls noch scherzhaft oder ironisch, etwa in der Bedeutung „treue Gefolgsleute" oder „Vereinskameraden" gebraucht: *Endlich erschien der Vereinsvorstand mit seinen Mannen.* Die mit dem Singular gleichlautende (alte) Pluralform *Mann* schließlich steht in zusammenfassendem Sinn nach Zahlwörtern, wenn damit eine zu einer Einheit verbundene Anzahl oder Menge, eine Gesamtheit von Personen bezeichnet wird: *zehn Mann hoch. Alle Mann an Deck!*

2. -leute/-männer: Bei Komposita mit *Mann* als Zweitglied wechseln im Plural *-männer* und *-leute.* Wenn von Berufen, Ständen oder von Menschengruppen die Rede ist, die man – ohne Geschlechtsbezug – im Hinblick auf die Gemeinsamkeit ihres Tuns oder ihrer Funktion betrachtet, lautet der Plural *-leute: Bergleute, Seeleute, Edelleute, Kaufleute.* Demgegenüber betont *-männer* (stärker) Individualität und Geschlecht der angesprochenen Personen: *Biedermänner, Ehrenmänner, Lebemänner, Hampelmänner, Strohmänner, Ehemänner* (der Plural *Eheleute* bezeichnet Ehemann und Ehefrau zusammen). Daneben gibt es eine Reihe von Komposita mit *-mann,* die beide Pluralformen zulassen, je nachdem, ob die Gesamtheit *(-leute)* oder die Individualität und das Geschlecht *(-männer)* stärker betont werden soll: *Amtmänner* und *Amtleute, Dienstmänner* und *Dienstleute, Feuerwehrmänner* und *Feuerwehrleute, Ersatzmänner* und *Ersatzleute, Obmänner* und *Obleute.*

3. Mann[s] genug sein: In dieser Fügung ist heute das Genitiv-s allgemein üblich: *Er ist Manns genug[,] sich dort durchzusetzen.*

-männer/-leute: ↑ Mann (2).

-mann/-frau: Zu Komposita mit *-mann* können die femininen Entsprechungen in der Regel mit *-frau* gebildet werden: *Feuerwehrmann, Feuerwehrfrau; Vertrauensmann, Vertrauensfrau; Landsmann, Landsfrau; Kaufmann, Kauffrau* und umgekehrt: *Hausfrau, Hausmann; Putzfrau, Putzmann.* Der Plural zu beiden Formen wird mit *-leute* gebildet: *Feuerwehrleute, Kaufleute* usw. Mittlerweile gibt es bereits für viele Ämter und Verwaltungsbereiche die Empfehlung, Berufs-, Amts- und Funktionsbezeichnungen für Frauen mit den jeweils femininen Formen zu bilden. In bestimmten Zusammenhängen können geschlechtsindifferente Formen aber geeigneter sein: *Ersatzperson, Gewährsperson* usw. ↑ Geschlechtergerechter Sprachgebrauch.

-männin: Feminine Formen auf *-männin* entsprechen nicht mehr dem aktuellen Sprachgebrauch und werden deshalb zunehmend durch die Entsprechungen mit *-frau* ersetzt: *Landsfrau, Amtfrau, Obfrau* usw.

März: ↑ Monatsnamen.

Masse: Zu *Eine Masse dicke[r] Felsbrocken stürzte/stürzten herab* ↑ Singular vs. Plural beim Verb (1.1).

Masseurin / Masseuse: Beide femininen Bildungen zu *Masseur* konnten früher in gleicher Weise gebraucht werden. Inzwischen hat sich die Form *Masseurin* als allein korrekte Berufsbezeichnung durchgesetzt. Die Form *Masseuse* hat heute meist die Bedeutung „Prostituierte in einem Massagesalon". ↑ Titel und Berufsbezeichnungen (3).

maßgebend/maßgeblich: Beide Adjektive bedeuten „das Handeln oder Urteilen bestimmend; entscheidend, wichtig" und lassen sich meistens gegeneinander austauschen. Ein gewisser Unterschied liegt allenfalls darin, dass *maßgebend* stärker den verbalen Charakter erkennen lässt (= das Maß gebend) und einen gewissen Bezug auf die Zukunft hat (= richtungweisend). Wer *maßgebend* an etwas beteiligt ist, bestimmt die weitere Entwicklung, wer *maßgeblich* beteiligt ist, ist in besonderer Weise, in starkem Maße, entscheidend beteiligt.

-mäßig: ↑ -gemäß/-mäßig.

Maß-, Mengen- und Währungsangaben: siehe S. 208.

matt: Das nicht flektierte Adjektiv *matt* kann mit einer Farbbezeichnung ein Kompositum bilden: *ein Auto in Blaumatt, ein Motorrad in Mattblau.* Wenn es hingegen attributiv zu der Farbbezeichnung tritt, dann schreibt man es getrennt von der Farbbezeichnung und klein: *ein Auto in Blau matt, ein Motorrad in matt Blau.* ↑ Farbbezeichnungen (3.2).

MdB/M. d. B.: Die Kurzform für *Mitglied des Bundestages* wird, wenn sie dem Familiennamen nachgestellt ist, in der Regel von Kommas oder Klammern eingefasst: *Karl Müller, MdB, sprach heute ...* oder *Karl Müller (MdB) sprach heute ...* Steht sie vor dem Familiennamen, so wird sie nicht durch Komma abgetrennt: *MdB Karl Müller sprach heute ...* Die Kurzform kann auch mit Punkten geschrieben werden *(M. d. B.)*. Entsprechend verfährt man bei *MdL/M. d. L.* (Mitglied des Landtags).

Mehltau/Meltau: *Mehltau* bezeichnet eine durch bestimmte Pilze hervorgerufene Pflanzenkrankheit, *Meltau* bedeutet „Blattlaushonig, Honigtau".

mehr als: Folgt auf *mehr als* ein Substantiv im Plural mit einem Zahladjektiv als Attribut, dann wird die Konstruktion als pluralisch betrachtet und das konjugierte Verb in den Plural gesetzt: *Mehr als 20 Musiker waren anwesend.* Wenn auf *mehr als* eine singularische Mengenangabe wie *Hälfte, Dutzend* folgt und daraufhin das Gezählte im Plural, sind Singular und Plural des Verbs in gleicher Weise möglich und üblich: *Mehr als ein Dutzend weiterer Eheschließungen ... wurde der Polizei allein in Hamburg bekannt* (Der Spiegel). *Mehr als ein Fünftel aller Kinder leben in Armut* (SZ).

mehrere (die Wahl mehrerer Abgeordneter/ mehrerer Abgeordneten): Das [substantivierte] Adjektiv nach *mehrere* wird stark (parallel) dekliniert: *mehrere dunkle Kleider, mehrere Anwesende, von mehreren Beamten.* Im Genitiv Plural erscheint neben der starken gelegentlich auch die schwache Flexion: *Das Talent mehrerer Mitwirkenden war beachtlich.* Stark: *Die Einwände mehrerer Abgeordneter blieben unberücksichtigt.*

Mehrheit: Auch wenn in einem Subjekt mit *Mehrheit* das Gezählte im Plural folgt, steht in der Regel das Verb im Singular, weil ja das Subjekt *(Mehrheit)* formal ebenfalls ein Singular ist: *Die Mehrheit der Abgeordneten stimmte dem Vorschlag zu.* Es kann aber auch nach dem Sinn konstruiert werden: *Die Mehrheit der Abgeordneten stimmten zu.*

mehrmalig/mehrmals: *mehrmalig* ist ein Adjektiv, das nur attributiv beim Substantiv stehen sollte *(trotz mehrmaliger Aufforderung)* und nicht mit dem Adverb *mehrmals* verwechselt werden darf: *Das Stück wurde mehrmals* (nicht: *mehrmalig*) gespielt.

mehr/noch: ↑ nur noch/nur mehr.

mehrsprachig/mehrsprachlich: ↑ -sprachig/ -sprachlich.

Mehrzahl: Meist steht das Verb im Singular, weil *Mehrzahl* formal ein Singular ist: *Die Mehrzahl der Abgeordneten stimmte zu.* Manchmal wird aber nach dem Sinn konstruiert und das Verb in den Plural gesetzt: *Die Mehrzahl der Abgeordneten stimmten zu.*

Meerschweinchen und Delfine

„Wo ist das Meer?", lässt Joachim Ringelnatz in einem seiner Nonsensgedichte ein Meerschweinchen fragen. Für die Bezeichnung dieser possierlichen Nager gibt es die naheliegende Erklärung, dass sie einst über das Meer eingeführt wurden, denn sie stammen ursprünglich aus Südamerika, wo sie für ihr Fleisch und Fell gezüchtet wurden. Und sie quieken nun einmal wie Schweine – weshalb sie auf Englisch „guinea pigs", wörtlich übersetzt: „Guinea-Schweine", heißen. Das Wort *Meerschweinchen* ist seit dem 17. Jh. in Gebrauch. Evtl. aber wird dieser Begriff auch abgeleitet vom mittelhochdeutschen Substantiv „merswīn", althochdeutsch „meriswīn" – „Meerschwein". Dieser seit dem 9. Jh. belegte Begriff bezeichnete einen Delfin und wurde bis ins 19. Jh. benutzt.

Maß-, Mengen- und Währungsangaben

Zu Fällen wie *1 Pfund Bohnen kostet/kosten ...* und *Verdächtig ist/sind ein junges Paar* ↑ Singular vs. Plural beim Verb. Zu Währungszeichen vor oder hinter dem Betrag *(EUR 17,–/17,– EUR)* ↑ Währungseinheit.

1 *zwei Glas/Gläser Wein · in hundert Meter[n] Höhe:* Deklination der Maß-, Mengen- und Währungsbezeichnungen

Maß-, Mengen- und Währungsangaben des Maskulinums oder Neutrums (z. B. *der Zoll, das Fass*) erscheinen auch nach Zahlwörtern meist als endungslose Form, die dem Nominativ Singular entspricht:

- 100 Gramm, 2 Dutzend, 3 Zoll, 20 Fuß, 7 Paar, 10 Schilling, 4 englische Pfund, 30 Euro, 10 Grad Kälte. Das kostet fünfzig Cent. Bitte überweisen Sie 200 Euro. Sie wiegt 120 Pfund.

Werden andere Wörter (Appellative) als Mengenbezeichnungen verwendet, dann stehen auch sie meist im Singular, sie können aber auch im Plural erscheinen:

- Ich habe einige Glas/Gläser Bier getrunken. Sie kaufte zwei Block/Blöcke Papier.

Treten Feminina auf *-e (die Flasche, die Tasse* usw.) als Mengenbezeichnungen auf, erhalten sie dagegen immer eine Pluralendung:

- zwei Flaschen Wein, drei Tassen Kaffee, 3000 Tonnen Erdöl, 2 Kannen Wasser.

Manche fremden Währungen werden ebenfalls mit Pluralendung verwendet:

- 4 Pesos (Singular: Peso), 100 Lei (Singular: Leu).

Bei einigen fremden Maß- oder Währungsangaben schwankt der Gebrauch:

- 5 Yard[s], 10 Inch[es], 20 Bushel[s], mit guten englischen Pfund[en].

Auch bei einer Gruppe von Substantiven auf *-er* und *-el,* die im Nominativ Plural und im Nominativ Singular gleich lauten, schwankt der Numerusgebrauch nach Präpositionen mit Dativ.

Im Allgemeinen wird die Form mit Flexionsendung gebraucht, wenn das Gemessene nicht folgt:

- Von den 25 Zentnern muss noch das Gewicht der Kisten abgezogen werden. Mit 5 Litern kommen wir nicht aus. Die Explosion war in einer Entfernung von 10 Kilometern zu hören. Er hat eine Länge von fünf bis sechs Metern und ein Gewicht von drei bis vier Zentnern. Mit 800 Rubeln ging sie auf die Reise. Ich habe die Arbeit zu zwei Dritteln geschafft. (Ohne Zahlwort:) Die Zuteilung erfolgt in Hektolitern. Man misst heute nach Metern.

Folgt das Gemessene, wird die endungslose, gelegentlich aber auch die Form mit Flexionsendung gebraucht:

- Die Seilschaft befand sich in hundert Meter/Metern Höhe. Wir kommen mit vier Fünftel/Fünfteln des Gewichtes aus. Das Gerät enthält

ein Display mit 1920 × 1080 Pixel/Pixeln Auflösung.

Zu *von drei Meter[n] fünfzig* ↑ Dezimalzahlen (4).

2 *aus einem Zentner lagerfähiger Äpfel/lagerfähige Äpfel/lagerfähigen Äpfeln:* Deklination des Substantivs nach Mengen- oder Maßbezeichnungen

2.1 Mengen- oder Maßbezeichnungen im Nominativ, Dativ, Akkusativ

In diesen Fällen stimmen gewöhnlich Mengen- oder Maßangabe und Artangabe im Kasus überein:

- von einigen Euro Taschengeld, nach 5 Glas heißem Rotwein, ein Zentner kanadischer Weizen.

In gewählter Sprache wird, wenn ein Adjektiv vorangeht, das Gezählte oder Gemessene vereinzelt in den Genitiv gesetzt:

- ein Sack feinsten Mehles, ein Fass diesjährigen Weines, aus einem Dutzend schöner Bücher.

Steht die Mengen- oder Maßbezeichnung im Dativ und die Artangabe im Plural, wird häufig auch der Genitiv gewählt oder es wird auf den Nominativ ausgewichen: *der Erlös aus einem Zentner lagerfähiger/lagerfähige Äpfel* (auch: *der Erlös aus einem Zentner lagerfähigen Äpfeln*). ↑ Apposition (3).

Substantivierte Adjektive und Partizipien stehen nach Mengenangaben nicht nur in gewählter Sprache, sondern im Allgemeinen im Genitiv, und zwar unabhängig davon, ob sie durch ein Adjektiv näher bestimmt sind oder nicht: *eine Gruppe [randalierender] Jugendlicher, in einer Gruppe [randalierender] Jugendlicher.* ↑ Apposition (3).

2.2 Genitiv Singular

Steht die Mengen- oder Maßbezeichnung im Genitiv auf *-s* und folgt ihr als Artangabe ein einzelnes Substantiv, das seinen Genitiv ebenfalls auf *-s* bildet, dann bleibt dieses Substantiv ohne Flexionsendung. Auf diese Weise wird ein doppelter starker Genitiv vermieden. Es heißt also:

- eines Glases Wasser, eines Tropfens Öl, der Preis eines Pfundes Fleisch, um eines Stückes Brot willen, eines oft benutzten Stückes Papier.

Nicht korrekt ist es, sowohl die Mengen- oder Maßangabe als auch das nachfolgende Substantiv mit Flexionsendung zu verwenden. Gleichfalls nicht korrekt ist es, die Flexionsendung bei beiden Substantiven wegzulassen. Also nicht: *der Preis eines Pfundes Fleisches/Pfund Fleisch; wegen eines Glases Wassers/Glas Wasser.*

Nur wenn ein Adjektiv dem Substantiv der Artangabe vorangeht, wird in der Regel auch die Artangabe in den Genitiv gesetzt:

- der Preis eines Pfundes (selten: Pfund) gekochten Schinkens.

3 Das Weglassen der Maßbezeichnung

In bestimmten Fällen steht nur das Gemessene mit einem Zahlwort davor, während die Maßbezeichnung selbst weggelassen wird:

- drei Kaffee/Kaffees, zwei Kognak[s], drei Eis, vier Bier.

Wohl in Analogie hierzu haben sich die fachsprachlichen Zählungen *zwei bis drei Eigelb, zwei Eiweiß* u. a. gebildet, die bereits fest geworden sind. Oft wird auch nur die Zahl genannt, wenn die Maßbezeichnung eindeutig ist:

- Hier kann man nicht schneller als 60 fahren. Meine Tochter ist fünfzehn.

Mehrzahl oder Einzahl?: ↑ Singular vs. Plural beim Verb, ↑ Singular vs. Plural bei Substantiven.

meinetwegen/wegen meiner/wegen mir: Die im heutigen Deutsch übliche und korrekte Form lautet *meinetwegen; wegen mir* ist umgangssprachlich, *wegen meiner* veraltet (↑ wegen [2]).

meinige/Meinige: Zur Groß- oder Kleinschreibung ↑ dein.

Meiß[e]ner: Die Einwohner von Meißen heißen *die Meiß[e]ner.* ↑ Einwohnerbezeichnungen auf -er (1 und 6).

meist: Auch in Verbindung mit einem Artikel ist die Kleinschreibung von *meist* immer richtig, es kann allerdings auch großgeschrieben werden: *Die meisten/Meisten glauben, dass … Das meiste/Meiste ist bekannt.*

Menge: Wenn *Menge* im Sinne von „Anzahl, Menschenmenge" Subjekt ist, muss das Verb in den Singular gesetzt werden: *Die Menge stürmte das Rathaus.* Das umgangssprachliche *eine Menge* im Sinne von „viele" steht dagegen mit dem Plural: *Eine Menge haben sich bereits gemeldet.* Wenn nach *Menge* das Gezählte genannt wird, kommen Singular und Plural vor. *Eine Menge Äpfel war /waren faul.* Zu *eine Menge hübsche[r] Sachen* ↑ Apposition (3).

Mengenbezeichnung/Mengenangabe: ↑ Maß-, Mengen- und Währungsangaben.

Mensch: Genitiv, Dativ und Akkusativ Singular haben die Endung *-en: des, dem, den Menschen* (im Dativ und Akkusativ vereinzelt: *Mensch*), Plural: *die Menschen.*

merken: Zu *einen etwas merken lassen* ↑ lassen (4).

messen (etwas misst in der/die Höhe): Wird *messen* „eine bestimmte Größe haben" mit *in* verbunden, dann folgt der Nominalausdruck im Dativ: *Das Zimmer misst 2,50 m in der Höhe.*

metallic: Das nicht flektierbare Adjektiv *metallic* kann mit einer Farbbezeichnung ein Kompositum bilden: *ein Auto in Blaumetallic, ein Motorrad in Metallicblau.* Wenn es hingegen attributiv zu der Farbbezeichnung tritt, dann schreibt man es getrennt von der Farbbezeichnung und klein: *ein Auto in Blau metallic, ein Motorrad in metallic Blau.* ↑ Farbbezeichnungen (3.2).

MEZ – die mitteleuropäische Zeitzone

Am 12. März 1893 wurde im Deutschen Reich die mitteleuropäische Zeitzone (MEZ) eingeführt. Bis dahin hatte jeder Ort in Deutschland seine eigene Uhrzeit, die sich am Lauf der Sonne orientierte: Mittag war genau dann, wenn die Sonne im Zenit stand. Doch als die Postkutsche als Beförderungsmittel mehr und mehr der Bahn wich, benötigte man Fahrpläne mit klaren Abfahrts- und Ankunftszeiten. Zunächst musste man sich nämlich zur Erstellung eines Fahrplans mit bis zu sieben Zeitzonen innerhalb Deutschlands herumplagen. An besagtem 12. März nun wurde verfügt, dass „die gesetzliche Zeit in Deutschland die mittlere Sonnenzeit des fünfzehnten Längengrads östlich von Greenwich", einem Städtchen in England, ist. Dieser sog. Null-Meridian wurde bereits 1884 auf einer internationalen Konferenz in Washington festgelegt. Die MEZ weicht übrigens um eine Stunde von der sog. UTC (Weltzeit) ab.

Meter: 1. ein/einen Meter: Die Maßeinheit ist als Maskulinum *(der Meter)* gebräuchlich: *Das Regal ist einen halben Meter breit.* In kurzen Ausdrücken wie *Sie ist ein[en] Meter siebzig* oder *die ein[en] Meter lange Stange* kann man aber auch die endungslose Form *ein* verwenden.
2. Das Gemessene nach *Meter*: *ein Meter englisches Tuch* (gehoben: *englischen Tuches*); *der Preis eines Meters Tuch; ein Umhang aus drei Metern bestem englischem Tuch* (gehoben: *besten englischen Tuchs*). ↑ Apposition (3).
3. Drei Meter Stoff reicht/ reichen für diesen Anzug: Bei einer pluralischen Meterangabe steht das Verb gewöhnlich im Plural: *Drei Meter Stoff reichen für diesen Anzug.*
4. eine Länge von zehn Meter/ Metern · in 800 Meter/Metern Höhe: Steht *Meter* mit vorangehendem Artikel, dann wird im Dativ Plural die Form mit Flexionsendung gebraucht: *Mit den drei Metern [Stoff] kommen wir nicht aus.* Ohne vorangehenden Artikel wird, wenn das Gemessene nicht folgt, im Allgemeinen ebenfalls diese Form gebraucht: *Mit drei Metern kommen wir nicht aus. Der Träger hat eine Länge von zehn Metern; in einer Entfernung, mit einem Abstand, bei einem Höhenunterschied von 20 Metern.* Folgt das Gemessene, dann wird die endungslose, gelegentlich auch die Form mit Endung verwendet: *Mit drei Meter/Metern Stoff kommen wir nicht aus. Der Ort liegt in 800 Meter/Metern Höhe.* ↑ Maß-, Mengen- und Währungsangaben (1). Zu *von 3 Meter[n] fünfzig* ↑ Dezimalzahlen (4).

mich/mir: Zu *mir/mich schmerzen die Füße, der Hund hat mir/mich ins Bein gebissen, mir/mich ekelt vor dem Anblick* usw. vgl. die einzelnen Verben.

mild/milde: Beide Formen sind ohne Bedeutungsunterschied gebräuchlich.

Milliarde: ↑ Million.

Million: 1. Schreibung: *Million* (Abk.: *Mill.* u. *Mio.*) ist ein Substantiv und muss großgeschrieben werden: *ein[und]dreiviertel Millionen, 0,1 Millionen, eine Million dreihundertfünfundzwanzigtausendvierhundertzwölf.* Zu *drei Millionen Mal, drei Millionen Male* ↑ ²Mal (2).
2. Eine Million Londoner war/ waren auf den Beinen: Das Verb kann im Singular stehen, weil *Million* formal ein Singular ist: *Eine Million Londoner war auf den Beinen.* Meist wird aber nach dem Sinn konstruiert und das Verb in den Plural gesetzt, insbesondere bei einer Modifizierung mit *mehr als: Eine Million Dosen stehen bereit. Mehr als eine Million Frauen gingen auf die Straße* (Freie Presse).
3. Anschluss des Gezählten nach *Million*: Nach *Million* kann das Gezählte im Genitiv oder genauso als Apposition im gleichen Fall stehen: *Eine Million vietnamesischer Soldaten auf beiden Seiten starb zwischen 1965 und 1975* (Süddeutsche Zeitung). *Auf eine Million echte Noten kommen gerade zwölf Fälschungen* (Süddeutsche Zeitung). Wenn *Million* im Plural steht, kann neben dem Genitiv auch *von* + Dativ verwendet werden: *Millionen von hungernden Menschen.*

Minderjährige, der und die: Zu allen Zweifelsfragen ↑ Angeklagte, ↑ Substantivierung (2).

mindestens: ↑ zumindest/mindestens/zum Mindesten.

Minister, Ministerin: Zu *des Ministers Müller/Minister Müllers* bzw. *der Ministerin Meyer/Ministerin Meyers* ↑ Titel und Berufsbezeichnungen (1.2 und 1.3). Zu *des Herrn Ministers* (nicht: Minister) ↑ Herr (2 b).

minus: 1. Rektion: Ein allein stehendes, stark flektierendes Substantiv im Singular bleibt nach *minus* im Allgemeinen ohne Flexionsendung: *der Betrag minus Rabatt.* Der Dativ Plural steht bei allein stehenden Substantiven, deren Genitiv mit Nominativ und Akkusativ übereinstimmt: *der Betrag minus Abzügen* (oder ohne Kasusendung: *minus Abzüge*).
2. Fünf minus drei ist/sind, gibt, macht zwei: Bei Rechenaufgaben mit *sein* steht das Verb in der Regel im Singular; doch kommt bei Zahlen

außer *eins* mit *sein* als Prädikat auch der Plural vor. Beides ist standardsprachlich korrekt. Bei *geben* und *machen* verwendet man nur den Singular.

3. Man schreibt klein: *eine Zwei minus in Mathe schreiben.*

mir: 1. Der Gebrauch von *sein* mit einem Personalpronomen im Dativ *(Das Buch ist mir)* gilt als nicht standardsprachlich, die Verwendung des Possessivs *mein (Das Buch ist mein)* gehört einer gehobenen Stilschicht an und veraltet allmählich. Stattdessen: *Das ist mein Buch. Das Buch ist mein[e]s. Das Buch gehört mir.*

2. Zu *mir als Abgeordnetem/Abgeordneten*; zu *mir als anerkanntem/anerkannten Fachmann.* Vgl. auch ↑ mich/mir.

missgestalt/missgestaltet: Zu *ein missgestalter Baum, eine missgestaltete Form* ↑ -gestalt/-gestaltet.

mit: 1. mit [ihr] und/oder ohne sie: Da *mit* den Dativ, *ohne* aber den Akkusativ regiert, ist es eigentlich nicht möglich, den zugehörigen Nominalausdruck nach *mit* wegzulassen. Es müsste streng genommen heißen: *mit ihr und ohne sie, mit Kindern oder ohne Kinder.* Diese doppelte Setzung wirkt jedoch so schwerfällig, dass sich die elliptische Form weitgehend durchgesetzt hat und auch standardsprachlich als korrekt gilt: *mit und ohne sie, mit oder ohne meine Kinder*. Wie in den Beispielen steht zuerst *mit,* danach *ohne* + Akkusativ. Alle anderen Anordnungen sind ausgeschlossen (also nicht: *mit und ohne ihr, ohne und mit ihr, mit und ohne meinen Kindern* usw.).

2. *mit* + Superlativ: Die Ausdrucksweise *mit der beste Schüler, mit das schönste Gebäude* ist umgangssprachlich gefärbt und lässt sich durch *einer* + Genitiv ersetzen: *einer der besten Schüler, eines der schönsten Gebäude.*

3. Frau K. mit ihrer Tochter sprach/sprachen ihr Beileid aus: Das Attribut *mit ihrer Tochter* übt keinen Einfluss auf das Verb aus: Da das Subjekt *Frau K.* ein Singular ist, heißt es fast immer: *Frau K. mit ihrer Tochter sprach ihr Beileid aus.*

4. Zusammen- oder Getrenntschreibung: Getrennt schreibt man *mit* vom folgenden Verb, wenn es die vorübergehende Beteiligung ausdrückt (meist tragen beide Wörter Starkton): *Du kannst mit aufladen helfen. Alle anderen Arbeiten werden wir mit übernehmen.* Zusammen schreibt man (*mit-* trägt meist Starkton), wenn *mit-* eine dauernde Vereinigung oder Teilnahme ausdrückt (*mitarbeiten, mitfahren, mitnehmen, mitreden* usw.). – In manchen Fällen sind beide Schreibungen möglich: *mitberücksichtigen/mit berücksichtigen, mitunterzeichnen/mit unterzeichnen.*

mit dem/damit: ↑ damit/mit ihm/mit dem.

mit einer Art ...: Zu *mit einer Art blauen/blauer Glasur* ↑ Art.

mit oder ohne: ↑ mit (1).

Mittel: Zu *ein Mittel für/gegen den Husten* ↑ für/gegen.

mittels: Die Präposition regiert im Allgemeinen den Genitiv: *mittels elektrischer Energie, mittels eines Flaschenzuges, mittels stabilen Drahtes.* Ein stark flektierendes Substantiv im Singular ohne Artikel und ohne Attribut steht in der Regel ohne Flexionsendung: *mittels Draht* (statt: *mittels Drahtes*). Wenn im Plural der Genitiv nicht erkennbar ist, steht der Dativ: *mittels Drähten.* Der Dativ steht auch, wenn ein weiteres starkes Substantiv im Genitiv Singular hinzutritt: *mittels Vaters neuem Rasierapparat.*

Mittwoch: Zu *Mittwochabend* ↑ Dienstagabend. Zu *Mittwochabend/mittwochabends/mittwochs abends* ↑ Zeitangaben. Zu *am Mittwoch, dem/den 14. 1.* ↑ Datum. Zur Deklination *des Mittwoch[e]s/des Mittwoch* ↑ Wochentage.

mit und ohne: ↑ mit (1).

mit was / womit: Die Verbindung *mit* + *was (Mit was hast du das poliert? Ich weiß nicht, mit was ich ihn gekränkt habe)* kommt hauptsächlich in der gesprochenen Sprache vor. In der geschriebenen Standardsprache dominiert jedoch eindeutig der Gebrauch des Pronominaladverbs *womit*: *Womit hatte sie das verdient? Ziemlich sicher ist, womit er in nächster Zeit das meiste Geld verdienen könnte.*

mitwollen: ↑ mit (4).

-m/-n: Zur Deklination mehrerer attributiver Adjektive oder Partizipien *(nach langem schwerem Leiden/nach langem schweren Leiden)* ↑ Adjektiv (1.1).

möchte: Zu *möchte* gibt es keine eigene Grundform (keinen Infinitiv); ↑ mögen.

Modalverb: *dürfen, können, mögen, müssen, sollen, wollen* bilden die Gruppe der Modalverben. Auch das Verb ↑ brauchen kann zu den Modalverben gezählt werden, wenn es ohne *zu* gebraucht wird. **1. Infinitiv/Partizip II:** Die Modalverben bilden, wenn ihnen ein reiner Infinitiv vorangeht, kein Partizip II, sondern stehen dann selbst im Infinitiv: *Er hat kommen müssen* (nicht: *gemusst*). ↑ Infinitiv und Infinitivgruppe. Werden sie als Vollverben gebraucht, lautet ihr Partizip II *gekonnt, gemocht* usw.: *Sie hat die Vokabeln nicht gekonnt.*

2. Stellung: Die Regel lautet, dass die Modalverben, wenn sie nicht selbst den konjugierten Teil des Prädikats bilden, am Ende des Satzes stehen: *Er hätte wirklich kommen sollen/müssen/dürfen. Ich habe ihn laufen lassen müssen.* Dies gilt auch für Nebensätze: *Er ist gekommen, obwohl er uns nicht mehr hat benachrichtigen können.*

Model: ↑ Mädchen (1).

mögen: Das Partizip II des Vollverbs *mögen* heißt *gemocht: Er hat den Speck nicht gemocht.* Wird *mögen* als Modalverb gebraucht, dann steht nach einem reinen Infinitiv nicht das Partizip II, sondern ebenfalls der Infinitiv: *Er hat den Speck nicht essen mögen* (nicht: *essen gemocht*).

möglichst: Da sich *möglichst* als Gradadverb auf ein Adjektiv oder als Adverb auf den ganzen Satz beziehen kann, kann es zu Doppeldeutigkeit kommen: *Wir suchen für diese Arbeit möglichst junge Leute* (= am liebsten Leute, die sehr jung sind/Leute, die so jung wie möglich sind). Man kann hier bei Bezug auf den Satz *möglichst* durch *nach Möglichkeit/wenn möglich* ersetzen: *Wir suchen für diese Arbeit nach Möglichkeit/wenn möglich junge Leute.* Mit *möglichst* werden vereinzelt doppelte Superlativformen gebildet: *größtmöglichst, schnellstmöglichst.* Sie gelten nicht als standardsprachlich.

Mohammedaner, Mohammedanerin: Die vom Namen des islamischen Religionsstifters Mohammed abgeleiteten Bezeichnungen *Mohammedaner* und *Mohammedanerin* sollten im öffentlichen Sprachgebrauch vermieden werden. Korrekte Bezeichnungen sind *Moslem, Moslemin* oder ↑ *Muslim, Muslima/Muslimin.*

-monatig/-monatlich: Komposita mit *-monatig* nennen eine nach Monaten bemessene Zeitdauer: *ein zweimonatiger Aufenthalt* (= der Aufenthalt dauert zwei Monate). Komposita mit *monatlich* nennen einen nach Monaten bemessenen Turnus, in dem sich etwas [regelmäßig] wiederholt: *eine zweimonatliche Rate* (= eine jeden zweiten Monat fällige Rate).

Monatsnamen: 1. Kasusbildung: Die Monatsnamen werden stark flektiert. Besonderheiten: Das Dativ-e tritt nicht mehr auf: *im Januar* (nicht: *im Januare*). Auch der Genitiv ist im heutigen Sprachgebrauch häufig ohne Endung: *des Januar[s], des Juni[s]; des 6. Juni[s], des 12. Januar[s].* Die Monatsnamen auf *-er* bewahren häufiger die Genitivendung: *des Septembers, des Oktobers. März* bildet den Genitiv meist endungslos: *des März,* zuweilen aber auch auf *-es: des Märzes.* Die schwache Genitivform *des Märzen* ist veraltet. Auch *Mai* und *August* können die Genitivendung *-[e]s* haben (die schwache Genitivform *des Maien* ist veraltet). Allgemein gilt: Die endungs- und artikellose Form des Monatsnamens steht vor allem dann, wenn ein Substantiv vorangeht:

Unsere Monatsnamen

Die Namen unserer Monate stammen aus dem Lateinischen und sind im deutschen Sprachraum seit dem 8. Jh. belegt. Dabei folgen einige der Bezeichnungen einer schlichten Nummerierung: Der September leitet sich ab von „septem" („sieben"), der Oktober von „octo" („acht"), der November von „novem" („neun") und der Dezember von „decem" („zehn"). Nun ist nach unserer Zählung der September nicht der siebte, sondern der neunte Monat im Jahr – was schlicht daran liegt, dass bei den Römern das Jahr erst im März begann. Ihm voraus geht der Februar, der seinen Namen hat vom lateinischen Verb „februare" – „reinigen". Denn in diesem letzten Monat des römischen Jahres fanden etliche Reinigungsriten statt.

Andere Monatsnamen leiten sich von römischen Götternamen ab, der Januar etwa vom Gott Janus, der in unserem modernen Sprachgebrauch redensartlich noch im Begriff „Janusköpfigkeit" erhalten ist, als Symbol für einen zwiespältigen Charakter. Der März war dem Kriegsgott Mars gewidmet, der Mai der Frühlingsgöttin Maia. Und der Monat Juni hat seinen Namen von der Göttin Juno – oft wird auch dieser Begriff synonym für Juni verwendet. Der Juli wiederum trägt seinen Namen zu Ehren des römischen Herrschers Julius Caesar – der unseren Kalender im Wesentlichen, als sog. „Julianischen Kalender", überhaupt erst eingeführt hatte. Und der römische Kaiser Augustus wollte seinem Vorgänger nicht nachstehen. Da er im August sein erstes Konsulat angetreten hatte, wurde dieser Monat nach ihm benannt.

Anfang Januar, Mitte Juli, Ende Oktober. Auch wenn die Monatsnamen als Apposition bei *Monat* stehen, bleiben sie ohne Flexionsendung: *des Monats Januar.*

2. Plural: Die auf *-er* endenden Monatsnamen *(September, Oktober, November, Dezember)* sind im Plural endungslos (*die September* usw.), die auf *-ar (Januar, Februar)* enden mit *-e (die Januare, die Februare).* Ebenso: *die Märze, Aprile, Maie, Auguste. Juni* und *Juli* enden im Plural auf *-s (die Junis, Julis).*

3. Zu *Es ist/sind zwei Monate her* ↑ Es ist/sind zwei Jahre her.

Mongolismus:

Die Bezeichnung *Mongolismus* ist veraltet und wird als diskriminierend empfunden. Die moderne Bezeichnung ist *Downsyndrom;* fachsprachlich wird auch *Trisomie 21* verwendet.

Montag: Zu *Montagabend* ↑ Dienstagabend. Zu *Montagabend/montagabends/montags abends* ↑ Zeitangaben. Zu *Am Montag, dem/den 14. 1.* ↑ Datum. Zur Deklination *des Montag[e]s/des Montag* ↑ Wochentage.

montieren: In Verbindung mit der Präposition *auf* oder *an* kann nach *montieren* sowohl der Dativ als auch der Akkusativ stehen. Der Dativ steht, wenn ein Ort bezeichnet wird (Frage: wo?). Der Akkusativ steht, wenn eine Richtung bezeichnet wird (Frage: wohin?): *eine Lampe an der/an die Decke montieren; die Antenne auf dem Dach/auf das Dach montieren; das Schild an der/an die Wand montieren.*

Morgen/morgen/morgens: Groß schreibt man das Substantiv für die Tageszeit: *am Morgen,* klein das Adverb für den folgenden Tag: *morgen früh, bis morgen.* Zu *dienstagmorgens, dienstags morgens* und *Dienstagmorgen* ↑ Zeitangaben.

Moslem, Moslemin: ↑ Muslim, Muslima/Muslimin.

müde: Die syntaktische Verbindung *müde sein* im Sinne von „überdrüssig sein" wird gewöhnlich mit dem Genitiv konstruiert: *Sie wurde* *seiner nie müde*. Aber auch der Akkusativ ist im folgenden Beispiel richtig: *Ich bin diesen Streit müde*. Meist nicht im Genitiv: *Sie wurden es/* (selten: *dessen*) *nicht müde, zu streiten.*

Mulatte, Mulattin: ↑ Political Correctness.

Münchner/Münchener: Die Einwohner von München heißen *die Münchner/Münchener*. ↑ Einwohnerbezeichnungen auf -er (1 und 6).

münden: In seiner eigentlichen Bedeutung „in etwas fließen" hat *münden in* nur den Akkusativ nach sich: *Dieser Bach mündet in den Bodensee*. Im Sinne von „enden, auslaufen" kann dagegen nach *münden in/auf* sowohl der Akkusativ als auch der Dativ stehen. Der Akkusativ steht, wenn eine Richtung bezeichnet wird (Frage: wohin?). Der Dativ steht, wenn ein Ort bezeichnet ist (Frage: wo?): *Die Straßen münden alle auf diesen / diesem Platz.*

Münzbezeichnungen: ↑ Maß-, Mengen- und Währungsangaben.

Muslim, Muslima / Muslimin: Im heutigen Sprachgebrauch ist die Bezeichnung *Muslim* mit den femininen Entsprechungen *Muslima, Muslimin* deutlich häufiger zu finden als die alternative Bezeichnung *Moslem, Moslemin*. Die Form *Muslim* entspricht der arabischen Form mit der Bedeutung „der sich Gott unterwirft"; sie ist zudem die Eigenbezeichnung der meisten muslimischen Organisationen (↑ Political Correctness). Die Bezeichnung *Moslem* dagegen ist vermutlich aus dem Englischen ins Deutsche gekommen und wird zunehmend seltener verwendet.

müssen: Nach einem reinen Infinitiv steht der Infinitiv des Modalverbs *müssen* und nicht das Partizip II: *Er hat kommen müssen* (nicht: *gemusst*). ↑ Infinitiv und Infinitivgruppe (2).

-mut: Die Bildungen mit *-mut* sind entweder Maskulina oder Feminina. Maskulina sind z. B.: *der Übermut, der Hochmut, der Kleinmut, der Wankelmut, der Gleichmut*. Feminina sind z. B.: *die Anmut, die Demut, die Großmut, die Schwermut.*

N

nach: Zu *Reise nach den/in die USA* ↑ in/nach/zu/bei.

Nachbar: Genitiv, Dativ und Akkusativ Singular haben die Endung *-n*: *des Nachbarn* (vereinzelt: *Nachbars*), *dem/den Nachbarn* (vereinzelt: *Nachbar*), Plural: *die Nachbarn.*

nachdem: 1. *nachdem* als (auch) kausale Konjunktion: Vereinzelt drückt *nachdem* eine kausale Beziehung aus: *Nachdem sich die Arbeiten wegen unvorhergesehener Hindernisse verzögern werden, sind die Wohnungen erst am 1. Juni beziehbar*. Das geht mit einer zeitlichen Abfolge einher: Erst haben sich die Arbeiten verzögert, dann trat der Umstand ein, dass die Wohnungen erst verspätet beziehbar waren. Gleichzeitig ist die Verzögerung der Arbeiten der Grund für die Verzögerung des Einzugstermins.

2. nachdem/seitdem: Mit *seitdem* wird ein Zeitraum bezeichnet, der von einem in der Vergangenheit liegenden Punkt an bis in die Gegenwart fortdauert. Da *nachdem* diese Fortdauer bis in die Gegenwart nicht mitenthält, sind die beiden Konjunktionen im Allgemeinen nicht austauschbar: *Seitdem er verheiratet ist, kommt er nicht mehr zu uns. Nachdem* kann hier höchstens im Sinne von 1. mit einer kausalen Bedeutung verwendet werden: *Nachdem* (= weil) *er verheiratet ist, kommt er nicht mehr zu uns.*

3. Komma: Vor der Konjunktion *nachdem* steht ein Komma, wenn sie einen Nebensatz einleitet. Vgl. auch die Tabelle zu *bevor.*

nach dem/danach: ↑ damit/mit ihm/mit dem.

Nachmittag/nachmittags: Zusammen schreibt man: *am Montagnachmittag* und: *montagnachmittags* (= jeden Montagnachmittag). ↑ Zeitangaben.

nächst: Als eine Superlativform zu *nah* drückt *nächst* gewöhnlich aus, dass etwas unmittelbar kommt oder folgt: *An der nächsten Station muss ich aussteigen. Das nächste Mal werde ich besser aufpassen. Nächste Woche (nächsten Monat, nächstes Jahr) muss ich verreisen.* Steht *nächst* mit einer Zeitangabe, z. B. einem Wochentag, können Missverständnisse entstehen, weil viele Sprecher *nächst* dann auf den betreffenden Wochentag beziehen, der dem Sprechzeitpunkt als erster folgt, während andere erst den danach (Gegensatz *dieser – nächster*) meinen. Missverständlich ist, wenn jemand z. B. an einem Montag sagt: *„Nächsten Donnerstag/Am nächsten Donnerstag werde ich Sie besuchen."* Viele verstehen darunter nicht den nächstfolgenden, sondern den übernächsten Donnerstag. Eindeutig, wenn man den nächstfolgenden Donnerstag meint, ist: *„Diesen Donnerstag/An diesem Donnerstag/Am Donnerstag/Donnerstag werde ich Sie besuchen."* Eindeutig, wenn man den übernächsten Donnerstag meint, ist: *„Ich werde Sie in der nächsten Woche am Donnerstag/nächste Woche Donnerstag besuchen."*

nächstes Mal: ↑ [2]Mal.

nach was/ wonach: Die Verbindung *nach + was (Nach was hat er dich gefragt?)* kommt hauptsächlich in der gesprochenen Sprache vor. In der geschriebenen Standardsprache dominiert jedoch eindeutig der Gebrauch des Pronominaladverbs *wonach*: *Wonach hat er dich gefragt? Er wusste aber nicht, wonach er suchen sollte.*

nahe: Die Präposition *nahe* wird mit dem Dativ verbunden; sie gehört der gehobenen Stilschicht an: *Das Gehöft lag nahe dem Fluss.* Auch nachgestellt mit Dativ: *Dem Weinen nahe stürzte sie hinaus.*

nahe liegend/naheliegend: 1. Rechtschreibung: In konkreter Bedeutung kann getrennt oder zusammengeschrieben werden: *ein nahe liegendes/naheliegendes Naturschutzgebiet.* Getrennt oder zusammen kann man auch *nahe gelegene/nahegelegene, näher gelegene/nähergelegene Ortschaften* schreiben. Bei übertragener Bedeutung, d. h., wenn keine eigenständige Bedeutung der beiden Bestandteile erkennbar ist, schreibt man zusammen: *Natürlich ist das ein [sehr] naheliegender/[noch] näherliegender Gedanke. Die angeführten Gründe sind naheliegend.* Auch die Substantivierung hierzu wird zusammengeschrieben: *Das Naheliegende/Nächstliegende/Naheliegendste wäre, dass ...*
2. Steigerung: Die Vergleichsformen lauten *näher liegend/näherliegend, am nächsten liegen/nächstliegend;* auch: *naheliegender, naheliegendste* (nicht: *nächstliegendst*).

nahe/nah: 1. Rechtschreibung: Klein schreibt man das Adjektiv oder Adverb: *ein naher Verwandter; von nah und fern.* In Verbindung mit einer Präposition kann dekliniertes *nah[e]* groß- oder kleingeschrieben werden: *von Nahem/nahem.*
2. nah/nahe: Beide Formen sind ohne Bedeutungsunterschied gebräuchlich.

näher: *Näher* wird getrennt vom folgenden Verb geschrieben, wenn jeweils eine eigenständige Bedeutung von *näher* und dem Verb erkennbar ist: *Der Gedanke ist der ursprünglichen Idee [noch] näher gekommen.* Bei übertragener Bedeutung, d. h., wenn keine eigenständige Bedeutung der beiden Bestandteile erkennbar ist, schreibt man zusammen: *Ich bin ihr nähergekommen* (= habe sie besser verstehen gelernt). *Er hat ihr früher nähergestanden* (= war viel vertrauter mit ihr). Ist *näher* erweitert, so schreibt man jedoch auch hier getrennt: *Er hat ihr früher noch näher gestanden.*

nahe stehend/nahestehend: ↑ nahe liegend/naheliegend.

-nahme: Substantivische Komposita auf *-nahme* kommen in der Gegenwartssprache relativ häufig vor. Wo sie eine Handlung oder deren Ergebnis bezeichnen, stehen sie zu Recht: *Ihre Stellungnahme war sehr aufschlussreich.* Häufig schwellen sie jedoch eine Aussage unnötig auf und sind stilistisch unschön, z. B.: *Hier lagen die Grenzen der politischen Einflussnahme auf die Massen* (statt: *des politischen Einflusses/der politischen Beeinflussung*). Wendungen wie *unter Mitnahme, unter Zuhilfenahme* sind oft ganz überflüssig: *Unter Mitnahme ihrer Instrumente* (statt: *Mit ihren Instrumenten*) *verließen die Musiker die Bühne.*

Namen: ↑ Eigennamen.

Name/Namen: Üblich ist der Nominativ *der Name*. Die Nominativform *der Namen* kommt selten vor: *In etwa dreißig Briefen an eine Geliebte, deren Namen nicht zu entziffern war* (Hauptmann). Zu beiden Nominativformen lautet der Genitiv Singular *des Namens,* der Dativ *dem Namen,* der Akkusativ *den Namen* und der Plural *die Namen.*

namentlich: Vor *namentlich* steht ein Komma, wenn es erläuternde Zusätze einleitet: *Sie singt gern Kunstlieder, namentlich die Lieder Schuberts. Wein, namentlich Rotwein, trinke ich gern.* Hat *namentlich* noch eine Konjunktion wie *wenn, weil, als* bei sich, steht zwischen diesen Wörtern im Allgemeinen kein Komma, wenn die Fügung als Ganzes einen Nebensatz einleitet: *Er kommt, namentlich wenn auch Sabine kommt.* Wenn *namentlich* besonders hervorgehoben werden soll, kann das zusätzliche Komma gesetzt werden: *Er kommt, namentlich, wenn auch Sabine kommt.*

nämlich: Vor *nämlich* steht ein Komma, wenn es erläuternde Zusätze einleitet: *Dass er nur einen anderen schützen wollte, nämlich die Frau des Angeklagten, ist offenkundig. Ich fahre später, nämlich erst nach Abschluss der Verhandlungen.* Hat *nämlich* noch eine Konjunktion wie *dass, wenn* bei sich, steht im Allgemeinen kein Komma zwischen diesen Wörtern, wenn die Fügung als Ganzes einen Nebensatz einleitet: *Die Unfälle häufen sich in diesem Waldstück, nämlich wenn Nebel auftritt.* Wenn *nämlich* besonders hervorgehoben werden soll, kann das zusätzliche Komma gesetzt werden: *Die Unfälle häufen sich in diesem Waldstück, nämlich, wenn Nebel auftritt.*

Narr: Der Genitiv lautet *des Narren,* der Dativ und Akkusativ lauten *dem, den Narren* (vereinzelt: *Narr*).

Natur: Man kann schreiben: *in Birke Natur* oder *in Birke natur,* aber nur *in Natur, hochglänzend.* ↑ in (2).

naturgemäß/natürlich: Das Adjektiv *naturgemäß* bedeutet „der Natur gemäß, angemessen" *(eine naturgemäße Lebensweise)* und „dem Wesen einer Sache entspringend; dementsprechend" *(Ich bin noch nie im Hochgebirge gewesen und habe naturgemäß keine klaren Vorstellungen von den Gefahren).* Das Wort ist fehl am Platz, wo es für *natürlich* im Sinne von „selbstverständlich, keiner besonderen Erklärung oder Begründung bedürfend" verwendet wird. Es heißt also nicht *Dieser Preisanstieg muss sich naturgemäß auswirken,* wenn man ausdrücken will, dass sich die gestiegenen Preise selbstverständlich/natürlich auswirken müssen. Im Sinne von „der Natur gemäß, angemessen" sind dagegen *naturgemäß* und *natürlich* austauschbar: *eine naturgemäße/natürliche Lebensweise.*

neben: Die Präposition *neben* kann sowohl mit dem Dativ als auch mit dem Akkusativ verbunden werden, je nachdem, ob ein Ort (Dativ, Frage: wo?) oder eine Richtung (Akkusativ, Frage: wohin?) bezeichnet wird: *Sie sitzt neben mir* (wo?). *Er setzt sich neben mich* (wohin?).

neben dem, neben den/daneben: ↑ damit/mit ihm/mit dem.

neben was/woneben: ↑ zu was/wozu.

nebst: Die Präposition *nebst* regiert den Dativ, also: *Herr Alexander Kaltenbach nebst Angehörigen.*

Negation: 1. Infinitivsätze nach Verben mit einer negativen Bedeutung: ***Sie bewahrte ihn davor, einen falschen Schritt zu tun*:** Bestimmte Verben wie *abhalten, abraten, ausbleiben,* *bewahren, sich enthalten, untersagen, verbieten, verhindern, vermeiden, versagen, warnen* drücken aus, dass etwas unterlassen oder verhindert wird bzw. werden soll, also dass ein Sachverhalt nicht eintritt bzw. eintreten soll. Diese Verben haben also selbst schon eine negative Bedeutung. Wenn von diesen Verben ein Nebensatz oder eine Infinitivgruppe abhängt, gilt diese negative Bedeutung für den Nebensatz bzw. die Infinitivgruppe gleich mit, er wird also nicht auch noch verneint. Das gilt ebenso für die Verben des Leugnens und Bezweifelns wie *bestreiten, bezweifeln, leugnen, zweifeln.* Es heißt also korrekt: *Sie hinderte ihn daran, noch mehr zu trinken. Er hielt ihn davon ab, Lärm zu machen.*

2. Negation in konditionalen Nebensätzen mit *bevor, bis, ehe: Ich werde nichts unternehmen, ehe ich die Erlaubnis habe/ehe ich nicht die Erlaubnis habe:* Neben der rein zeitlichen Aussage kann man mit *bevor, bis* oder *ehe* zugleich auch eine Bedingung ausdrücken. Nur in diesem Fall kann auch der Nebensatz mit *bevor, bis* oder *ehe* noch einmal zusätzlich verneint werden: *Ich werde nichts unternehmen, bevor ich nicht die Erlaubnis habe.* Die Negation ist aber auch hier nicht notwendig: *Ich werde nichts unternehmen, bevor ich die Erlaubnis habe. Ich treffe keine Entscheidung, bevor ich mit ihm gesprochen habe.* Ist der Nebensatz mit *bevor, bis* oder *ehe* dem übergeordneten Satz vorangestellt, so ist diese zusätzliche Verneinung zu empfehlen: *Bis du nicht unterschrieben hast, lasse ich dich nicht fort. Ehe ihr nicht aufhört, euch zu unterhalten, werde ich die Sonate nicht vorspielen.*

Neger, Negerin:

Der Ausdruck *Neger* (von lat. *niger* „dunkel, schwarz") gilt im öffentlichen Sprachgebrauch als diskriminierend und wird deshalb im Sinne der ↑ Political Correctness vermieden. Auch die Bezeichnung *Farbiger* wird als eine von weißen Menschen gewählte, koloniale Zuschreibung abgelehnt. Alternative Bezeichnungen sind etwa *Schwarze* oder *Afrikaner, Afroamerikaner, Afrodeutsche* etc. Eine allgemeine Eigenbezeichnung, die zunehmend auch in die Alltags- und Pressesprache Eingang findet, ist *People of Color (PoC).*

nein: Zur Groß- und Kleinschreibung ↑ ja (2).

nein/ja: Als Antwort auf Fragen wie *Stimmt die Rechnung nicht?* bzw. *Möchtest du denn keinen Apfelsaft mehr?* antwortet man *Doch[, sie stimmt]* bzw. *Doch, gern* oder aber *Nein[, sie stimmt nicht]* bzw. *Nein, danke. Ja* ist hier oft missverständlich. Vgl. aber ↑ nicht (2).

nennen: 1. Flexion: Beim unregelmäßigen Verb *nennen* ändert sich im Präteritum und im Partizip II der Stammvokal, obwohl gleichzeitig wie bei den schwachen Verben das Suffix *-t* an den Stamm tritt: *nennen – nannte – genannt.* Der selten gebrauchte Konjunktiv II lautet *ich nennte* usw.: *Nennte er uns den Namen, könnten wir ihm das Geld zurückbringen.*

2. Sie nannte ihn einen dummen Jungen/ein dummer Junge: Nach *nennen* stehen Akkusativobjekt und Prädikativ im gleichen Kasus: *Sie nannte ihn einen dummen Jungen.* ↑ Prädikativ.

neu: 1. Groß- oder Kleinschreibung: Klein schreibt man das Adjektiv, auch in der Verbindung mit *Mitte,* weil es sich nicht um einen Eigennamen handelt: *Die neue Mitte ist pragmatisch, nicht dogmatisch* (SZ). Groß schreibt man das substantivierte Adjektiv: *Ich habe nichts, etwas, allerlei Neues erfahren.* Groß- oder Kleinschreibung ist möglich in der Fügung: *die Neuen/neuen* (= elektronischen) *Medien.* Klein schreibt man *neu* in festen Fügungen ohne Artikel: *neu für alt, etwas auf neu herrichten/trimmen.* Groß oder klein kann man *neu* schreiben in der Fügung: *aus Alt wird Neu/aus alt wird neu.* Groß oder klein schreibt man *neu* auch in präpositionalen Verbindungen, wenn es flektiert wird: *seit Neuestem/neuestem, von Neuem/neuem.*

Neue Rechtschreibung

Gar so neu ist die neue Rechtschreibung nicht mehr: Die letzte große und damals durchaus umstrittene Rechtschreibreform war im Jahr 1996. Stark vereinfacht wurden hierbei die Kommaregeln (siehe S. 191). Änderungen gab es auch bei der Worttrennung – wobei Eselsbrücken wie „Trenne nie st, denn es tut ihm weh" ihre Gültigkeit verloren, denn die Trennung von „st" ist inzwischen die Regel. Dafür hat sich eine andere Eselsbrücke eingebürgert: „Trenne nie ck, die beiden sind ein Paar" – vor der Rechtschreibreform war diese Trennung und die Schreibung mit zwei „k" üblich. Andere Änderungen betrafen die Verwendung des „ß" und Doppel-s (siehe Kasten S. 267) sowie die Großschreibung von Tageszeiten nach den Adverbien „gestern", „heute" und „morgen".

Ein Großteil der Änderungen betraf die Zusammen- und Getrenntschreibung von Wortzusammensetzungen (siehe Kasten S. 335). Letztere machten wohl die meisten Probleme. Deswegen gab es in den Jahren 2004 und 2006 etliche Korrekturen des Reformwerks. Beispielsweise wurde das Wort „aufeinanderlegen" ursprünglich zusammengeschrieben, bei der Rechtschreibreform 1996 aber getrennt geschrieben als „aufeinander legen", inzwischen ist die Zusammenschreibung wieder korrekt – Wortzusammensetzungen von Verben und Adverbien werden, so die Regel, zusammengeschrieben, wenn die Betonung auf dem Adverb liegt.

2. Getrennt- oder Zusammenschreibung: Adjektivisch gebrauchte Verbindungen mit Partizipien können getrennt oder zusammengeschrieben werden: *das neu eröffnete/neueröffnete Zweiggeschäft* usw. Dagegen schreibt man nur zusammen: *die neugeborenen Kinder; sich wie neugeboren fühlen.*

3. neueste/neuste: Heute wird meist die Form mit *e* gebraucht.

neulich: Das Adverb *neulich* kann nicht wie ein Adjektiv attributiv beim Substantiv stehen. Also nicht: *in ihrer neulichen Erklärung,* sondern: *in ihrer neulich verlesenen Erklärung.*

neun: ↑ acht/Acht.

neunte: ↑ achte/Achte.

neusprachlich oder neusprachig: ↑ -sprachig/-sprachlich.

Neustadter/Neustädter: Die Einwohner von Neustadt (Weinstraße) heißen *die Neustadter,* die Einwohner von Neustadt in Sachsen *die Neustädter.* Die Einwohner einer Neustadt sind die *Neustädter,* im Gegensatz zu den *Altstädtern.* ↑ Einwohnerbezeichnungen auf -er (4 und 6).

n-fach: Zur Schreibung ↑ Bindestrich (2.1).

nicht: 1. *nicht* zur Bekräftigung: Das Wörtchen *nicht* dient nicht nur der Verneinung, sondern auch der Bekräftigung und Bestätigung, und zwar besonders in Fragen und Ausrufen, die eine emotionale Beteiligung des Sprechers einbeziehen: *Waren Sie nicht auch bei der Tagung zugegen?* Ähnlich ist auch die Verwendung in verfestigten Ausrufen wie: *Was du nicht sagst! Was man nicht alles so hört!*

2. Negation bei Verben mit negativer Aussage: Ein Nebensatz bzw. eine Infinitivgruppe wird nicht zusätzlich mit *nicht* verneint, wenn im Hauptsatz Verben wie *abraten, leugnen, warnen* stehen, die bereits eine negative Aussage enthalten: *Sie warnte ihn, aufs Eis zu gehen. Er bewahrte sie davor, eine Dummheit zu begehen.* ↑ Negation (1).

3. bis nicht, bevor nicht, ehe nicht: Statt *Du gehst nicht weg, ehe du nicht deine Arbeit erledigt hast* sagt man besser: *Du gehst nicht weg, ehe du deine Arbeit erledigt hast.* Verständlicher als ein Satz ohne zusätzliches *nicht* ist aber *Ehe du nicht deine Arbeit erledigt hast, gehst du nicht weg.* ↑ Negation (2).

4. Rechtschreibung: a) Immer getrennt geschrieben werden *nicht wahr?* und *gar nicht.* **b)** Verbindungen von *nicht* mit einem Adjektiv oder Partizip können getrennt oder zusammengeschrieben werden: *die Sitzung war nicht öffentlich/nichtöffentlich; nicht rostende/nichtrostende Stähle, die nicht Krieg führenden/nichtkriegführenden Parteien.* Zur Schreibung in Fällen wie *das Nicht-einschätzen-Können* ↑ Substantivierung (1).

nicht[,] dass/weil/wenn u. a.: In Verbindung mit unterordnenden Konjunktionen bildet *nicht* Fügungen, die gewöhnlich als Einheit anzusehen sind und nicht durch ein Komma geteilt werden: *Nicht dass ich wüsste. Nicht um dich zu ärgern, sage ich das.* Beide Wörter können aber auch eigenständig sein; dann steht das Komma vor der Konjunktion: *Nicht, dass ich keine Lust hätte, aber ich möchte noch warten* usw.

nicht nur – sondern auch: 1. Komma: Vor *sondern* steht immer ein Komma: *Sie spielte nicht nur Tennis, sondern auch Handball. Er war nicht nur in der Schule Primus, sondern auch auf dem Sportplatz der Beste.*

2. Singular/Plural: Werden singularische Subjekte durch *nicht nur – sondern auch* verbunden, wird das Verb im Allgemeinen in den Singular gesetzt: *Nicht nur das Haus, sondern auch die Scheune stand in Flammen.*

nichts: 1. Singular oder Plural nach *nichts als*: Bei der Verbindung von *nichts als* und einem pluralischen Attribut kann das Verb im Singular oder im Plural stehen; meist wird jedoch die Pluralform bevorzugt: *Ein Raum, in dem nichts als alte Akten gestapelt waren* (selten:) *war.*

2. nichts weniger als: Diese Fügung dient gewöhnlich der verstärkenden Verneinung. *Er ist nichts weniger als höflich* bedeutet also so viel wie *Er ist alles andere, nur nicht höflich.* Da *nichts weniger als* aber auch im Sinne von „nichts Geringeres als" gebraucht werden kann, sollten missverständliche Formulierungen wie die folgende vermieden werden: *Dieses Auto ist nichts weniger als ein Rennwagen* (= durchaus kein/wirklich ein Rennwagen?).

3. Getrennt- oder Zusammenschreibung: In Verbindung mit Verben wird nur getrennt geschrieben: *Er darf nichts ahnen.* In Verbindung mit dem Partizip I kann getrennt oder zusammengeschrieben werden: *die nichts ahnenden/nichtsahnenden Besucher; ein nichtssagender/nichts sagender Gesichtsausdruck.*

niederknien: Das Perfekt von *niederknien* wird mit *sein* gebildet: *Sie ist vor dem Altar niedergekniet.* Zur Schreibweise ↑ knien (1).

Niederlande: Der Name wird immer mit dem bestimmten Artikel verbunden: *Die Niederlande sind ein beliebtes Urlaubsziel. Die Nationalmannschaft der Niederlande ist gestern angereist.* Der Dativ hat die Endung *-n: in den Niederlanden, mit den Niederlanden.*

niederlassen: 1. Dativ oder Akkusativ: Nach *sich niederlassen auf* kann sowohl der Dativ als auch der Akkusativ stehen. Der Dativ steht, wenn ein Ort bezeichnet wird (Frage: wo?), der Akkusativ, wenn eine Richtung bezeichnet wird (Frage: wohin?): *Sie hat sich neben uns auf dem Sofa niedergelassen* (K. Mann). *Er ließ sich auf den Klavierschemel nieder* (Ott).

2. Gebrauch des Partizips II: Das attributiv und damit eigentlich nicht korrekt verwendete Partizip II des reflexiven Verbs *sich niederlassen* hat sich in der Fügung *die niedergelassenen Ärzte* im Sprachgebrauch durchgesetzt.

niemand: 1. niemand, der: Das Relativpronomen, das sich auf *niemand* bezieht, ist *der* und nicht *welcher* oder *wer.* Es heißt also: *Dort war niemand, der mir Auskunft geben konnte.*

2. Deklination: Der Genitiv von *niemand* lautet *niemandes* oder *niemands.* Dativ und Akkusativ können eine Flexionsendung haben, können aber auch endungslos sein: *niemand/niemandem* und *niemand/niemanden.* Nicht korrekt ist die schwache Flexion im Dativ. Es heißt: *Ich habe mit niemand* oder *mit niemandem* (nicht: *mit niemanden*) *gesprochen.* Im Akkusativ wird die endungslose Form oft vorgezogen: *Ich habe niemand* (seltener: *niemanden*) *gesehen.*

3. niemand anders: In Süddeutschland und Österreich ist auch *niemand anderer* gebräuchlich. Vor *anders* und vor einem flektierten substantivierten Adjektiv ist heute die endungslose Form *niemand* üblicher als die Form mit Flexionsendung: *Er wollte niemand anders um sich haben* oder: *Er wollte niemand anderen um sich haben.* Seltener mit Endung: *Er wollte niemanden anders um sich haben.* Entsprechend: *Sie schenkte niemand Fremdes ihr Vertrauen* oder: *Sie schenkte niemand Fremdem ihr Vertrauen.* Seltener mit Endung: *Sie schenkte niemandem Fremdes ihr Vertrauen.*

4. niemand außer mir/niemand außer ich: ↑ außer.

noch mal/nochmal/noch einmal: Die umgangssprachlich gebrauchte Verbindung kann sowohl getrennt als auch zusammengeschrieben werden: *Ich komme noch mal/nochmal wieder.* Die Fügung *noch einmal* wird getrennt geschrieben.

noch/mehr: nur noch/nur mehr.

Nord/Norden: Allgemein gebräuchlich ist heute die Form *Norden* (Genitiv: *des Nordens;* ohne Plural): *Das Gewitter kommt von Norden.* Die Kurzform *Nord* steht fast nur noch in festen Wendungen wie *Nord und Süd* oder in fachsprachlichen Aussagen wie *Der Wind kommt aus Nord. Nord* im Sinne von „Nordwind" (Genitiv: *des Nord[e]s;* Plural selten: *die Norde*) ist seemannssprachlich oder literarisch: *Der eisige Nord heulte um das Haus.* Schließlich dient *Nord* zur näheren Bestimmung eines Stadtteiles: *Leipzig-Nord/Leipzig Nord.* Entsprechendes gilt für *Osten, Süden, Westen.*

normal:
In seiner älteren Bedeutung „geistig gesund" sollte das Wort *normal* im öffentlichen Sprachgebrauch nicht mehr verwendet werden. Das gilt besonders dann, wenn es als Gegensatz zu geistig behindert gemeint ist.

normen/normieren: Beide Formen werden ohne Bedeutungsunterschied gebraucht. Die Form *normen* kommt vor allem in der Fachsprache vor.

Not: Das Substantiv schreibt man groß: *in Not geraten, sein. Es ist Not am Mann.* Getrennt und klein schreibt man: *Dies wird not sein. Hilfe ist/wird hier not.* Aber zusammen bzw. als Verbpartikel klein: *nottun, notgetan, notzutun. Eile tut not.* Getrennt oder zusammen kann man das adjektivisch gebrauchte Partizip in *Not leidende/notleidende Erdbebenopfer* schreiben.

Noten: ↑ Zensuren.

notieren: Bei *notieren in* und *notieren auf* kann sowohl der Dativ als auch der Akkusativ stehen. Der Dativ steht, wenn ein Ort bezeichnet wird (Frage: wo?), der Akkusativ, wenn eine Richtung bezeichnet wird (Frage: wohin?).

nötig/notwendig: Von diesen beiden bedeutungsverwandten Adjektiven verbindet sich nur *nötig* mit *haben* zu der verbalen Fügung *etwas nötig haben* („brauchen, bedürfen, benötigen"): *Sie hat einen Erholungsurlaub dringend nötig* (nicht: *notwendig*). *Er hat es nötig* (nicht: *notwendig*), *mit seinem Können zu prahlen.* In Verbindung mit *sein* sind *nötig* und *notwendig* häufig austauschbar, allerdings ist *notwendig* aufwendiger und dadurch nachdrücklicher: *Es ist nicht nötig, dass Sie mich begleiten* (= Sie brauchen mich nicht zu begleiten). *Es ist nicht notwendig* (= ist nicht unbedingt erforderlich), *dass Sie mich [auf dieser Reise] begleiten.* Aber nur: *Es wäre nicht nötig gewesen, dass ...; Alles, was zum Leben nötig ist,* *haben wir.* Auch in Verbindung mit anderen Verben ist ein Austausch häufig möglich: *Man hielt es nicht für nötig/notwendig, die Sperrstunde einzuführen. Änderungen haben sich nicht als notwendig/nötig erwiesen.* Im Sinne von „zwangsläufig" kann *nötig* nicht anstelle von *notwendig* gebraucht werden: *Das ist die notwendige* (nicht: *nötige*) *Folge.*

November: ↑ Monatsnamen.

null: 1. Rechtschreibung: Man schreibt das Zahlwort auch nach Präpositionen klein: *null Grad; sie verloren drei zu null; das ist null und nichtig; Werte von null bis zehn. Das Thermometer steht auf null; Temperaturen über, unter null [Grad]; die Stunde null.* Groß schreibt man das Substantiv, das für die Ziffer oder für „Versager" steht: *die Zahl/Ziffer Null; es handelte sich um eine Zahl mit fünf Nullen.*
2. Kongruenz: Nach *0,1 (null Komma eins)* steht die Maßeinheit im Plural: *0,1 Milliliter müssen hinzugefügt werden. Erst 0,1 Sekunden sind seit dem Start vergangen.*
3. Zu *Null-Komma-sieben-Liter-Flasche* ↑ Bindestrich (3.3).

nur noch/nur mehr: Anstelle von *nur noch* wird in Süddeutschland und in Österreich häufig *nur mehr* gebraucht, z. B.: *Sie hatte nur mehr den einen Gedanken.* Entsprechendes gilt für *kaum noch/kaum mehr.*

nutzen/nützen: 1. Bedeutung und Gebrauch: In der Bedeutung der beiden Formen besteht kein Unterschied: *Was nutzt/nützt das alles. Dieses Werk soll der Allgemeinheit nutzen/nützen. Nutze/nütze diese günstige Gelegenheit. Nutzen/nützen* und auch die entsprechenden Verben *ausnutzen/ausnützen, benutzen/benützen* kommen jeweils in zwei Varianten vor, die von den Sprechern nicht im Gebrauch unterschieden werden müssen. Die umgelauteten Formen werden besonders in Süddeutschland, in der Schweiz und in Österreich gebraucht.
2. Dativ/Akkusativ: Standardsprachlich heißt es: *Das nutzt/nützt mir nichts.*

nutznießen: Das Verb ist fast nur im Infinitiv und Partizip I *(nutznießend)* gebräuchlich; selten: *Wir nutznießten von dieser Situation, haben davon genutznießt.*

nutz/nütze: Die beiden Wörter unterscheiden sich nicht in der Bedeutung. Sie werden heute nur noch in der Verbindung mit *sein* gebraucht. Die Form *nutz* ist in Süddeutschland, in Österreich und in der Schweiz gebräuchlich; standardsprachlich ist die Form *nütze: Er ist aber auch zu nichts mehr nütze.*

Das Nonplusultra

Unter einem *Nonplusultra* – oft fälschlich klein und getrennt geschrieben – versteht man eine Sache, die unübertroffen ist, eine Spitzenleistung oder ein Optimum. Das Substantiv stammt aus der Bildungssprache, genauer gesagt aus dem Lateinischen. Die zugrundeliegende Phrase „non plus ultra" bedeutet übersetzt: „nicht darüber hinaus". Der Sage nach brachte der Held Herakles diesen Spruch an den „Säulen des Herakles" an, die in Gibraltar und am Deschebel Musa standen und das Ende der Welt markierten. Bereits beim griechischen Dichter Pindar (522–466 v. Chr.) findet sich die Wendung „über die Säulen des Herakles hinaus" in einer Ode für einen überragenden Sportler – was der heutigen Verwendung des Wortes *Nonplusultra* bereits entspricht.

O

ob/dass: ↑ dass (3).

oben erwähnt/obenerwähnt: Die Verbindung kann getrennt oder zusammengeschrieben werden, wenn sie wie ein Adjektiv verwendet wird: *die oben erwähnte/obenerwähnte Stadt.* Entsprechend schreibt man *oben genannt/obengenannt, oben zitiert/obenzitiert* und die Substantivierungen *das Obenerwähnte /oben Erwähnte, das Obengesagte /oben Gesagte.* Aber nur getrennt als Teil des Prädikats: *Wie bereits oben erwähnt [wurde], zeigte sich eine signifikante Besserung.*

Ober, Oberin:

Als Anrede für eine Kellnerin ist *Frau Ober* korrekt, aber veraltet. Man kann eine Kellnerin beispielsweise auch mit „Entschuldigen Sie bitte?" oder mit einem Handzeichen an den Tisch bitten. Nicht empfehlenswert ist die Verwendung von *Frau Oberin,* da *Oberin* meist „Oberschwester, Leiterin eines Frauenklosters" bedeutet. Die Suche nach einer einfachen und angemessenen Anredeform für Kellnerinnen war bisher erfolglos.

Oberst: Im Genitiv überwiegend die schwache Form *des Obersten* sowie die endungslose Form *des Oberst* gegenüber der starken Form *des Obersts.* Im Dativ und Akkusativ Singular kommen die endungslosen Formen *(dem/den Oberst)* häufiger vor als die schwachen *(dem/den Obersten).* Der Plural lautet *die Obersten,* seltener *die Oberste.* ↑ Substantivierung (2). Zu *des Oberst[s] Meier/ des Obersten Meier* ↑ Titel und Berufsbezeichnungen (1.3).

Obfrau/Obmännin: Die feminine Bildung zu *Obmann* ist *Obfrau.* Gelegentlich tritt auch noch *die Obmännin* auf. Der Plural lautet *Obfrauen* oder *Obleute.*

obig: Das auf *obig* folgende [substantivierte] Adjektiv (Partizip) wird heute in der Regel in gleicher Weise (parallel) flektiert: *obiger gründlicher Bericht, obige respektlose Bemerkungen.* Im Dativ Singular Maskulinum/Neutrum ist jedoch die schwache Form häufiger: *von obigem kleinen/kleinem Ort aus.*

Obmann: Das Wort hat zwei Pluralformen: *die Obmänner* und *die Obleute.* Wenn Männer und Frauen gleichzeitig gemeint sind, heißt der Plural *die Obleute.*

obwohl: Mit der Konjunktion *obwohl* werden in der geschriebenen Standardsprache Nebensätze eingeleitet: *Ich gehe heute Abend mit ins Kino, obwohl ich ein bisschen erkältet bin.* Im gesprochenen Standarddeutsch kommt *obwohl* jedoch auch in Sätzen mit Satzstellung wie im Aussagehauptsatz vor. Nach einem solchen nebenordnenden *obwohl* wird oft eine deutliche Pause gemacht; zudem ergibt sich durch die Änderung der Satzstellung in der Regel eine andere logische Beziehung der beiden Teilsätze: *Ich gehe heute Abend mit ins Kino, obwohl – ich bin ein bisschen erkältet.*

ocker: ↑ Farbbezeichnungen.

oder: 1. ausschließendes/einschließendes *oder*: Wenn singularische Subjektteile mit der Konjunktion *oder* verbunden sind, dann ist zu unterscheiden, ob es sich um ein ausschließendes *oder* (nur eine von zwei Möglichkeiten kommt in Betracht) oder um ein einschließendes *oder* (von zwei Möglichkeiten kommen beide zugleich in Betracht) handelt. Wenn die Subjektteile mit ausschließendem *oder* oder den Konjunktionen *entweder – oder, beziehungsweise* verbunden sind, dann wird das Verb im Allgemeinen in den Singular gesetzt: *Ich weiß nicht, ob Johannes oder Jakob es getan hat. Entweder mein Vater oder meine Mutter hat das gesagt. Die Firma Meier beziehungsweise die Firma Müller wird Stellung nehmen.*

Sind die singularischen Subjektteile mit dem einschließenden *oder* verbunden, dann wird das Verb im Allgemeinen in den Plural gesetzt: *Ich nehme an, dass dein Pfarrer oder dein Lehrer dir helfen können. Übelkeit oder Erbrechen sind die Folge vom Genuss verdorbener Lebensmittel.* Allerdings ist nicht immer ganz klar, ob ein *oder* ausschließend oder einschließend ist. Folglich gibt es auch Fälle, in denen beide Varianten möglich sind.

2. Anschluss nach unterschiedlichen Subjekten: Wenn zwei singularische Bezugsausdrücke durch eine Konjunktion wie ausschließendes *oder* (bzw. *entweder – oder*) verbunden sind, dann richtet sich das Pronomen nach dem ihm zunächst stehenden Substantiv: *Wir suchen die Kollegin oder den Kollegen, der diese Kundin betreut. Entweder ein einzelnes Wort oder die ganze Wendung, die ihr zu Ohren kam, hatte sie verletzt.*

3. ich/er oder du hast das getan: Besteht das Subjekt aus mehreren, mit der Konjunktion *oder* verbundenen Teilen, die – grammatisch gesehen – in der Person nicht übereinstimmen, dann richtet sich das Verb nach der Person des ihm am nächsten stehenden Subjektteils: *Er oder ich habe das getan. Glaub ja nicht, dass du oder die Richter die Aufgabe hätten, eine Untat zu sühnen* (Tucholsky). Häufig wirken diese Konstruktionen unbeholfen und gezwungen. Man kann sie oft durch Einfügung eines unbestimmten Pronomens umgehen: *Er oder ich – einer war geliefert* (Tucholsky).

öd/öde: Beide Formen sind ohne Bedeutungsunterschied gebräuchlich.

-oe: Zur Bildung von Ableitungen bei Ortsnamen auf *-oe (Laboer)* ↑ Einwohnerbezeichnungen auf -er (3).

offenbaren: 1. offenbart/geoffenbart: Heute wird das Verb *offenbaren* auf der dritten Silbe betont: *offenbaren.* Das Partizip II dazu lautet *offenbart: Er hat [mir] offenbart, dass ...*

2. Er offenbarte sich als treuer Freund/als treuen Freund: Bei *sich offenbaren als* steht der auf *als* folgende Nominalausdruck gewöhnlich im Nominativ, d. h., er wird auf das Subjekt bezogen: *Er offenbarte sich als treuer Freund.* Der Akkusativ, d. h. der Bezug auf das Reflexivpronomen, ist seltener: *Er offenbarte sich als treuen Freund.*

oft: *Oft* ist eines der wenigen Adverbien, die gesteigert werden. Der Komparativ lautet *öfter: Sie war öfter im Theater als ich.* Der Superlativ *am öftesten* wird nur wenig gebraucht. Gebräuchlicher ist *am häufigsten.*

oh: ↑ o/oh.

ohne dass: Zwischen *ohne dass* steht kein Komma, weil die Verbindung als Einheit anzusehen ist: *Sie hat mir geholfen, ohne dass sie es weiß.*

ohneeinander: Man schreibt *ohneeinander* immer vom folgenden Verb getrennt: *Sie können nicht ohneeinander auskommen.*

ohne zu: Vor *ohne zu* steht immer ein Komma, wenn es einen Nebensatz einleitet: *Er ging, ohne sich umzusehen. Sie betrat, ohne zu zögern und ohne mit der Wimper zu zucken, die dunkle Höhle.* ↑ Komma (6.1).

Oktober: ↑ Monatsnamen.

oliv: 1. Rechtschreibung: ↑ Farbbezeichnungen (3).

2. Flexion: Heute kommen sowohl deklinierte Formen als auch die nicht deklinierte Form vor: *ein oliv Kleid/olives Kleid* (nicht: *ein olivenes* Kleid). Daneben kann man auf Komposita mit *-farben* oder *-farbig* zurückgreifen: *ein olivfarbenes/olivfarbiges Kleid.* Vgl. auch ↑ Farbbezeichnungen (2.1).

Olympiade: Im Altertum wurde mit *Olympiade* der Zeitraum von vier Jahren zwischen zwei Olympischen Spielen bezeichnet, heute wird *Olympiade* für die Olympischen Spiele selbst gebraucht.

o/oh: Wenn die Interjektion allein steht und Nachdruck trägt, wird sie meist mit *h* geschrieben: *Oh, wie schön ist das! Oh! Das war eine*

Freude! Sonst vorwiegend ohne *h: o nein!, o ja!; o weh!, o wie schön!, o dass...*

optimal: ↑ Vergleichsformen (2.1).

orange: 1. Rechtschreibung: a) Zur Groß- und Kleinschreibung ↑ Farbbezeichnungen (3.2). **b)** Zur Getrennt- oder Zusammenschreibung ↑ Farbbezeichnungen (3.3).
2. Flexion: Heute kommen sowohl deklinierte Formen als auch die nicht deklinierte Form vor: *ein orange Kleid/ oranges Kleid.* Man kann außerdem auf Komposita mit *-farben* oder *-farbig* zurückgreifen: *ein orangefarbenes/orangefarbiges Kleid.* ↑ Farbbezeichnungen (2.1).

original: In Verbindung mit einem Substantivstamm bildet *original* als Erstglied zahlreiche Zusammensetzungen: *Originalaufnahme, Originalausgabe, Originalfassung;* mit einem Eigennamen wird es im Allgemeinen mit Bindestrich gekoppelt: *ein Original-Dürer.* In Verbindung mit einem Adjektiv wird *original* heute meist als Attribut zu diesem Adjektiv gebraucht, und zwar endungslos, da in adverbialer Funktion: *original französischer Sekt, original Schweizer Uhren.* Vor allem in der Werbesprache tritt *original* inzwischen auch als undekliniertes Adjektiv vor ein Substantiv: *zusammengesetzt aus einem original Tennisschläger der erfolgreichsten deutschen Spielerin aller Zeiten und einer alten Massage-Liege ...* (Mannheimer Morgen).

Ortsnamen: ↑ Geografische Namen.

-os/-ös: Bei manchen Adjektiven kommen gleichberechtigte Doppelformen auf *-os* und *-ös* vor: *dubios/dubiös; nebulos/ nebulös; viskos/viskös* u.a. Die Verschiedenheit beruht auf der unterschiedlichen Herkunft der Suffixe: *-os* geht auf das lateinische *-osus* zurück (z.B. *viscosus*), *-ös* auf das französische *-eux/-euse* (z.B. *visqueux/visqueuse*).

Ostern: 1. Heute wird *Ostern* im Allgemeinen als ein Neutrum Singular aufgefasst: *Hast du ein schönes Ostern gehabt?* Es wird jedoch vorwiegend ohne Artikel gebraucht: *Ostern ist längst vorbei. Ostern fällt in diesem Jahr auf den 21. April.* In regionalem Sprachgebrauch wird *Ostern* noch verschiedentlich als Plural aufgefasst und dann gewöhnlich mit bestimmtem Artikelwort gebraucht: *Wir verreisen erst nach den Ostern. Nächste Ostern werde ich nicht zu Hause bleiben* (dafür üblicher: *nächstes Jahr Ostern* oder *nächstes Jahr zu/an Ostern ...*). In bestimmten formelhaften Wendungen ist der Plural allgemeinsprachlich und nicht regional begrenzt: *Fröhliche Ostern! Weiße Ostern sind zu erwarten. Ostern* wird heute im Allgemeinen nicht als Subjekt oder Objekt mit Artikelwort gebraucht, dafür treten dann Komposita ein: *Die Oster[feier]tage waren sehr anstrengend. Das Osterfest wird in diesem Jahr sicher schön werden.*
2. Ostern/zu Ostern/an Ostern: Man kann sagen: *Was hast du Ostern gemacht? Ostern hatten wir ein Familientreffen.* Ebenso korrekt ist es, die Festtagsbezeichnung mit einer Präposition anzuschließen. Neben *zu Ostern,* das bes. norddeutsch gebräuchlich ist, sagt man vor allem süddeutsch auch *an Ostern: Was hast du an Ostern gemacht? Zu Ostern hatten wir ein Familientreffen.*

Ost/Osten: ↑ Nord/Norden.

outsourcen: Das Verb *outsourcen* „ausgliedern, nach außen verlegen" wird als trennbares Partikelverb gebraucht: *Der Vertrieb wird outgesourct; es wird versucht, noch andere Dienstleistungen outzusourcen.* Selten sind die konjugierten Formen *ich source out; du, er, ihr sourct out,* an deren Stelle man auch auf Formen des Verbs *aussourcen* ausweichen kann: *Unser Konkurrent sourct zu viel aus. Sie sourcten alles aus.*

P

paar/Paar: 1. ein Paar neue Schuhe/neuer Schuhe: Nach *Paar* kann der folgende Nominalausdruck im Genitiv oder als Apposition im gleichen Fall stehen. Heute wird gewöhnlich das appositionelle Verhältnis gewählt, wenn *Paar* im Nominativ oder im Akkusativ steht: *ein Paar neue Schuhe*/(selten:) *neuer Schuhe*. Steht *Paar* im Dativ, so kann man zwischen drei Konstruktionen wählen, denn der folgende Nominalausdruck kann auch im Nominativ stehen: *mit zwei Paar seidenen Strümpfen / seidener Strümpfe / seidene Strümpfe*. ↑ Maß-, Mengen- und Währungsangaben (2), ↑ Apposition (3).

2. Ein Paar Schuhe kostet/kosten 80 Euro: Das Verb kann im Singular stehen, weil *Paar* formal ein Singular ist: *Ein Paar Schuhe kostet 80 Euro*. Oft wird aber nach dem Sinn konstruiert und das Prädikat in den Plural gesetzt: *Ein Paar Schuhe kosten 80 Euro*. Beides ist korrekt.

3. ein Paar neue Schuhe/ein neues Paar Schuhe: Wenn *Paar* mit dem nachfolgenden Substantiv eine begriffliche Einheit bildet, dann kann das eigentlich zum Substantiv gehörende Adjektiv auch vor der Einheit stehen, sofern es sich auf beide Wörter beziehen kann. Man kann also nicht nur *ein Paar neue Schuhe*, sondern auch *ein neues Paar Schuhe* sagen.

Papst: Zu *des Papstes Paul VI./Papst Pauls VI.* ↑ Titel und Berufsbezeichnungen (1.2 und 1.3).

Paragraf/Paragraph: 1. Flexion: Das Substantiv wird in der geschriebenen Standardsprache im Genitiv schwach flektiert: *des Paragrafen*. Im Dativ und Akkusativ wird es meist schwach flektiert, aber auch stark: *dem/den Paragrafen/Paragraf: Nach dem Paragrafen 323 c ist er schuldig. Sie hat gegen den Paragrafen 117 verstoßen*. Wenn eine Zahl folgt, kann die Kasusendung weggelassen werden: *Das ist der Wortlaut des Paragraf 1 der Straßenverkehrsordnung. Sie hat gegen Paragraf 4 verstoßen. Unter Paragraf 117 ist zu lesen ... Nach Paragraf 823 BGB ...*

2. Paragraf 3–7/die Paragrafen 3–7: Bei Hinweisen auf Stellen in Gesetzestexten und bei Zitaten bleibt das Substantiv *Paragraf* ohne Flexionsendung, wenn es ohne Artikel unmittelbar vor den Zahlen steht: *Das geht aus Paragraf 3–7 hervor*. Aber mit Artikel: *Das geht aus den Paragrafen 3–7 hervor*.

3. Paragrafenzeichen: Das Paragrafenzeichen *§* wird nur in Verbindung mit einer Zahl verwendet; werden mehrere Zahlen genannt, schreibt man *§§: [der] § 9, § 17 ff.* (neben: *[die] §§ 17 ff.*), *[die] §§ 10 bis 15* oder *[die] §§ 10–15*. Zwischen das Paragrafenzeichen und die Zahl setzt man einen Festabstand bzw. ein Leerzeichen.

Parallele: Das substantivierte Adjektiv wird überwiegend wie ein echtes feminines Substantiv flektiert, im Singular endungslos, im Plural auf *-n: die Parallelen*. Ohne Artikel (in Verbindung mit einem Kardinalzahlwort z. B.) kommt im Plural auch starke Flexion vor: *zwei Parallelen/Parallele*. ↑ Substantivierung (2).

Partizip: Zu Doppelformen wie *downgeloadet/gedownloadet* ↑ downloaden. Vgl. auch ↑ outsourcen, ↑ updaten. Zu *worden/geworden* ↑ werden. Zu substantivierten Partizipien ↑ Substantivierung (2). Zum Gebrauch des Kommas vgl. die nachfolgende Tabelle.

Patient: Das Substantiv wird in der geschriebenen Standardsprache schwach flektiert: *des Patienten, dem/den Patienten* (vereinzelt: *dem/den Patient)*.

PC: ↑ Political Correctness.

per: Nach *per* steht der Akkusativ oder der Dativ: *per ersten/per erstem Januar, per eingeschriebenen/per eingeschriebenem Brief, per Boten*.

Perfektbildung mit sein/haben: 1. Viele Bewegungsverben können das Perfekt sowohl mit *haben* als auch mit *sein* bilden, z. B. *Sie ist/hat geflogen/geschwommen/geritten,* wobei es teilweise Bedeutungsdifferenzierungen gibt: Bei *fahren* und *fliegen* stellt sich beim Perfekt mit *sein (Ich bin gefahren/geflogen)* die Vorstellung ein, dass der Betreffende als Fahrgast gefahren bzw. geflogen ist, während man beim Perfekt mit *haben (Ich habe gefahren/geflogen)* eher an einen Fahrer bzw. einen Piloten denkt.
2. Das Verb *bummeln* „langsam, ziellos spazieren gehen" wird heute im Perfekt überwiegend mit *sein* verwendet, auch wenn keine Ortsveränderung gemeint ist: *Wir sind ein bisschen gebummelt.* Dadurch wird eine Verwechslung mit *bummeln* „trödeln, langsam arbeiten" vermieden, das im Perfekt nur mit *haben* verwendet wird: *Wir haben ein bisschen gebummelt* (= getrödelt).
3. Das Perfekt von *gehen* und *reisen* wird heute nur noch mit *sein* gebildet; bei *joggen* und *springen* besteht wie bei vielen anderen Bewegungsverben die Neigung dazu. Das Perfekt des Bewegungsverbs *laufen* wird – abgesehen von einigen speziellen Verwendungen – mit *sein* gebildet.
4. Bei bestimmten Verben gibt es auch regionale Unterschiede. Während man im Norden z. B. *Ich habe gelegen/gestanden/gesessen* sagt, heißt es in Süddeutschland, Österreich und der Schweiz: *Ich bin gelegen/gestanden/gesessen.*

Perfekt vs. Präteritum: Die Funktionsbereiche von Präteritum und Perfekt überschneiden sich, da man sich mit beiden Zeiten auf die Vergangenheit beziehen kann. So sind die beiden Vergangenheitszeiten oft austauschbar. Es steht immer Perfekt, wenn der in die Vergangenheit eingeordnete Sachverhalt auf den Sprechzeitpunkt bezogen ist: *Ich habe meinen Schlüssel verloren.* (= Ich habe jetzt keinen Schlüssel und komme deshalb nicht in meine Wohnung.)

Komma bei Partizipialgruppen

Die Partizipialgruppe kann durch Kommas abgetrennt werden, besonders wenn sie in ähnlicher Funktion wie ein vollständiger Nebensatz auftritt:	Die Partizipialgruppe ist formelhaft im Hauptsatz aufgegangen:
Streng genommen, ist die Spitzmaus gar keine Maus.	*Streng genommen* ist die Spitzmaus gar keine Maus.
Es war, *im Grunde genommen,* nur ein Scherz.	Es war *im Grunde genommen* nur ein Scherz.
So gesehen, hat sie gar nicht einmal falsch gehandelt.	*So gesehen* hat sie gar nicht einmal falsch gehandelt.
Das sind, *grob gerechnet,* 20% der Einnahmen.	Das sind *grob gerechnet* 20% der Einnahmen.
Wie gesagt, habe ich keine Zeit dafür.	*Wie gesagt* habe ich keine Zeit dafür.

Personennamen

1 Zum Gebrauch des Artikels

Personennamen werden standardsprachlich im Allgemeinen ohne Artikel gebraucht. Es gibt allerdings Ausnahmen mit Artikel:
- um den Kasus zu verdeutlichen: *die Dramen des Sophokles,*
- bei Namen mit Adjektiv: *der kleine Noah,*
- bei vorangestellter Apposition: *der Dichter Hölderlin,*
- wenn die vorangestellte Apposition jedoch ein Titel oder eine Verwandtschaftsbezeichnung ist, dann ohne Artikel: *Königin Elisabeth, Doktor Schmidt, Frau Eck, Vater Schulze,*
- in der gesprochenen Sprache: *die Inge, den Luca wirst du hier nicht treffen,*
- in der Rechts- und Verwaltungssprache (fast immer in Verbindung mit dem Familiennamen): *die Vorladung des Anton Meier,*
- beim Plural von Personennamen: *die Lauras, die [beiden] Grimm* (Jacob und Wilhelm Grimm),
- als Gattungsbezeichnung o. Ä.: *Er war der Cicero unserer Zeit. Dieses Werk ist ein echter Rembrandt.*

2 Singulardeklination

2.1 Namen ohne Artikelwort

Familien-, Personen- und Vornamen ohne Artikelwort erhalten nur im Genitiv die Endung *-s* (altertümlich: *-ns*), sonst sind sie heute endungslos: *Er verlor gegen Federer. Das war Navratilovas letztes Spiel.* Zu *Mutters Erfolg freut Vatern* ↑ Verwandtschaftsbezeichnungen.

- **Namen auf *s, ß, x, z, tz*** zeigen den Genitiv wie folgt an:
  - durch ↑ Apostroph (4 a): *Moritz' Auto, Demosthenes' Reden,*
  - durch Voranstellung des Artikelwortes mit oder ohne Gattungsbezeichnung (sofern ein Artikel stehen kann): *der Tod des Perikles,*
  - seltener durch die alte Endung *-ens: Fritzens Streiche, Horazens Satiren.*
  - Oft wird statt des Genitivs *von* + Name verwendet: *das Auto von Moritz.*

- ***Gotthold Ephraim Lessings Werke:*** Hat eine Person **mehrere Namen,** dann wird nur der letzte (Vorname oder Familienname) dekliniert:
  - Anna *Marias* Erfolge, Gotthold Ephraim *Lessings* Werke, die Werke Rainer Maria *Rilkes.*

  Einen Sonderfall stellt der Typ **gezählter Vorname + Vorname/Familienname** dar, wo auch der gezählte Vorname flektiert werden muss:
  - die Feldzüge *Gustavs II. Adolfs.*

- Wenn vor dem Familiennamen ein **Zusatz** *(von, zu, van, de, ten)* steht, dann wird heute gewöhnlich der Familienname flektiert:
  - ein Gedicht Joseph *von Eichendorffs,* die Bilder Anton *van Dycks.*

  Ist der Familienname jedoch noch deutlich als **Ortsname** zu erkennen, dann wird der Vorname flektiert:
  - die Lieder *Walthers* von der Vogelweide, der „Parzival" *Wolframs* von Eschenbach, die Geschichte *Gottfriedens* von Berlichingen (Goethe), die Erfindungen *Leonardos* da Vinci, die Regierung *Katharinas* I. von Russland.

  Wo Zweifel bestehen, neigt man wie bei anderen Familiennamen meist zur Flexion des Ortsnamens: *die Erfindungen Leonardo da Vincis* usw. Steht der Name als Genitiv unmittelbar vor dem dazugehörenden Substantiv, dann wird immer häufiger der Ortsname wie ein Familienname flektiert:
  - Wolfram *von Eschenbachs* „Parzival" (auch noch: *Wolframs* von Eschenbach Gedichte,

aber nur: die Gedichte *Wolframs* von Eschenbach). Vergleiche auch ↑ Adelsnamen (1).

– ***der Sieg Kaiser Karls:*** Bei der Verbindung **artikelloses Substantiv + Name** wird nur der Name dekliniert, weil die ganze Fügung als Einheit anzusehen ist:
- Tante *Inges* Kollegin, die Günstlinge Königin *Christines* von Schweden, Architekt *Müllers* Einwand.

Ausnahmen sind ↑ Herr (1 und 2) und substantivierte Partizipien:
- *Herrn Müllers* Einladung. Rufen Sie *Herrn Müller! Abgeordneten Mayers* Akten.

Steht eine Apposition nach dem Namen, dann steht sie im gleichen Kasus:
- am Hofe Kaiser Karls *des Großen,* ein Dekret Papst Innozenz' III. *(des Dritten).*

– ***Regierungsrat Professor Pfeifers Rede:*** Bei **zwei oder mehr artikellosen Substantiven + Namen** wird nur der Name flektiert:
- Regierungsrat Professor *Pfeifers* Rede, Oberärztin Dr. *Hahns* Visite.

Herr wird jedoch immer flektiert:
- *Herrn* Regierungsrat Professor Pfeifers Rede, *Herrn* Professor Dr. Lehmanns Sprechstunde.

Bei substantivierten Partizipien und Appositionen werden die Formen mit Flexionsendung verwendet:
- *Herrn Abgeordneten* Meyer; die Rede *des Rektors, Herrn* Professor *Meyers* ...

– ***das Leben Katharinas der Großen:*** In der Verbindung **Name + Apposition** werden beide Bestandteile dekliniert:
- das Leben *Katharinas der Großen, Elisabeths I.* (= der Ersten).

Es gilt als nicht korrekt, in diesen Fällen nicht den Namen, sondern nur die Apposition zu flektieren (also nicht: *die einzige Tochter Karl des Kühnen*).

2.2 Namen mit Artikelwort

– **Familien-, Personen- und Vornamen** mit **vorangehendem** Artikelwort bleiben ohne Flexionsendung. Der Kasus wird durch das Artikelwort angezeigt:
- die Partie *des* Lohengrin, der Pass *des* Anton Meyer, das Leben *des* heiligen Gregor *des* Großen, die Werke *eines* Schiller, die Bilder *des* jungen Dürer.

Wenn männliche Vornamen mit einem Artikel und einem Attribut gebraucht werden, ist ebenfalls die unflektierte Form üblich:
- die Einfälle *unseres* kleinen Michael (selten, aber nicht falsch: *unseres* kleinen *Michaels*).

Bei Voranstellung des Genitivs (außer bei einfachen Eigennamen heute nur noch in gewählter Sprache) wird dagegen nur die Form mit Flexionsendung verwendet: *des armen Joachims Augen* (Th. Mann).

– **Gattungsbezeichnungen:** Zu Gattungsbezeichnungen gewordene maskuline Personen-

Bildnis Katharinas der Großen

namen müssen wie ein gewöhnliches Substantiv die Genitivendung *-s* erhalten:

- des Zeppelins, des Dobermanns, des Nimrod[e]s.

Bei einigen Wörtern gebraucht man die unflektierte Form, wenn man noch den Namen, die Form mit Genitiv-s, wenn man bereits die Gattungsbezeichnung meint; besonders bei Produktbezeichnungen schwankt der Gebrauch:

- des Ampere[s], des Diesel[s].

– ***unseres [lustigen] Onkels Paul:*** Bei der Fügung **Artikelwort [+ Adjektiv] + Substantiv + Name** wird das bestimmende Substantiv (der Titel, Rang usw.) dekliniert; der Name bleibt endungslos:

- die Reformen des [mächtigen] *Kaisers Karl* (oder: des [mächtigen] *Kaisers Karl* Reformen), des *Königs Ludwig,* unseres [lustigen] *Onkels Paul,* meines *Sohnes Marco,* jenes [berühmten] *Geologen Schardt,* des *Herrn Müller* (aber: *Herr* in Verbindung mit Verwandtschaftsbezeichnungen: Zum Tode Ihres *Herrn Vaters* ...).

Eine Apposition steht im gleichen Kasus wie das bestimmende Substantiv:

- ... im Dienst *des Königs* Philipp *des Zweiten.*

Der Titel *Doktor (Dr.)* bleibt endungslos, weil Titel und Name als Einheit anzusehen sind. Auch (das heute nicht mehr gebräuchliche) *Fräulein* bleibt endungslos:

- die Ausführungen unseres Doktor (nicht: Doktors) Meyer, der Nachlass des Fräulein Meyer.

– ***die Aussage des [verhafteten] Stadtrats Bankier Dr. Schulze:*** In der Verbindung **Artikelwort [+ Adjektiv] + zwei oder mehr Substantive + Name** erhält meist nur das erste Substantiv (der Titel, Rang usw.) die Genitivendung, während das zweite und die folgenden meist endungslos bleiben:

- die Rede der [Ersten] Vorsitzenden Studienrätin Dr. Sander, die Aussage des [verhafteten] Stadtrats Bankier Dr. Schulze.

Ist *Herr* das erste Substantiv, dann bekommt der folgende Titel in der Regel eine Flexionsendung. Bei substantivierten Partizipien wird immer flektiert:

- die Rede des Herrn Studienrats Schönberg, die Abhandlung des Herrn Privatdozenten Dr. Schmidt (auch: des Herrn Privatdozent Dr. Schmidt), die Rede des Herrn Ministers [Dr.] Müller (auch: des Herrn Minister [Dr.] Müller). Aber nur: des Herrn Abgeordneten Müller.

In Anschriften (die den Dativ oder Akkusativ erfordern):

- An den Herrn Regierungspräsidenten Weltin; dem Herrn Regierungspräsidenten Weltin (aber auch: An den Herrn Regierungspräsident Weltin; dem Herrn Regierungspräsident Weltin). Aber nur: An den Herrn Abgeordneten E. Müller.
- *Doktor (Dr.)* bleibt auch hier endungslos: *der Vortrag des Herrn Dr. (= Doktor) Meyer.*

3 Plural

Familien-, Personen- und Vornamen können einen Plural bilden und verhalten sich dann wie Gattungsbezeichnungen (*die Meyers; Krösusse* [Krösus = ein reicher Mann]; *das sind beinahe Napoleons* [= Männer wie Napoleon]).

3.1 Personen- und Vornamen

Maskuline Personen- und Vornamen, die auf einen Konsonanten enden, haben die Endung *-e (die Rolfe).* Verkleinerungsformen auf *-chen* und *-el* sowie Namen auf *-er* und *-en* stehen ohne Endung *(die Hänschen, die Jürgen).* Daneben gibt es den Plural auf *-s (die Rolfs).* Er steht auch meist bei Personen- und Vornamen, die auf Vokal enden *(die Saschas).*

Feminine Personen- und Vornamen auf *-e* bilden den Plural gewöhnlich mit *-n (die Isolden).* Enden sie auf einen Konsonanten (außer s-Lauten), dann bilden sie den Plural mit *-en* oder

-s *(die Brunhilden/die Brunhilds, die Isabels).* Endet der Name auf einen s-Laut, dann bleibt er im Plural unverändert *(die beiden Agnes).* Verkleinerungsformen auf *-chen* und *-el* stehen ohne Endung *(die unglücklichen Gretchen, die beiden Gretel), -s* ist hier umgangssprachlich. Nach den Endungen *-a, -o* und *-i/-y* steht der Plural auf *-s (die Annas, die Cindys).*

3.2 Familiennamen

Die meisten Familiennamen bilden den Plural gewöhnlich auf *-s* (*die Meyers* [= die Mitglieder der Familie Meyer]; *moderne Krulls* [= Hochstapler]). Geht der Familienname auf *s, ß, x, z* aus, dann bleibt er entweder endungslos *([Die] Weiß kommen zum Abendessen)* oder es steht die Endung *-ens ([Die] Weißens kommen zum Abendessen).* Der Plural *die Jacobsens* kann sowohl auf den Singular *Jacobs* als auch auf den Singular *Jacobsen* zurückgehen, während man eine Familie *Jacob* heute *die Jacobs* nennen würde. Besonders im regionalen Sprachgebrauch können allerdings auch Namen auf *-se, -xe, -ze* die Endung *-ns* erhalten. So kann mit *Schulzens* sowohl eine Familie *Schulz* als auch eine Familie *Schulze* gemeint sein.

4 Ableitungen von Personennamen auf *-[i]sch*

Eine allgemeingültige Regel, ob mit oder ohne *-i-*, gibt es nicht. Endet ein Personenname auf *e*, dann kann das *e* weggelassen werden, und es wird mit *-isch* abgeleitet. Wenn das *e* erhalten bleibt, dann wird mit *-sch* abgeleitet:

- die heineschen/heinischen „Reisebilder", goethische/goethesche Gedichte.

Wenn nur *-sch* steht, kann auch ein Apostroph gesetzt werden; dann wird der Name großgeschrieben: *die Heine'schen „Reisebilder", Goethe'sche Gedichte.*

5 Bindestrich

Man kann einen Bindestrich setzen, wenn in einem Kompositum mit einem **Familiennamen** als Erstglied der Name hervorgehoben werden soll: *Schiller-Museum, Opel-Vertretung.* Bei geläufig gewordenen Bezeichnungen schreibt man dagegen zusammen: *Röntgenstrahlen, Dieselmotor.*

Der Bindestrich muss gesetzt werden,

- wenn der Name mehrteilig ist: *Max-Planck-Gesellschaft, St.-Marien-Kirche,*
- wenn Vor- und Familienname umgestellt sind und der Artikel vorangeht: *der Huber-Franz,*
- wenn der Name als Grundwort steht: *Möbel-Schulze, Brillen-Frey* (in Firmennamen unterbleibt die Bindestrichsetzung oft aus typografischen Gründen),
- wenn es sich um Doppelnamen handelt: *Müller-Frankenfeld* oder um Adjektive, die aus einem mehrteiligen Namen, aus einem Titel und Namen oder aus mehreren Namen bestehen: *die schulze-delitzsche Sozialreform, die Dr.-Müller'sche Apotheke, die Thurn-und-Taxis'sche Post.*

Adjektivkomposita mit einteiligen Eigennamen als Erstglied werden im Allgemeinen zusammengeschrieben, weil sie nur einen bestimmten Begriff bezeichnen: *goethefreundlich, lutherfeindlich.* Sie können jedoch auch mit Bindestrich geschrieben werden, wenn der Name hervorgehoben werden soll; in diesem Fall wird der Name großgeschrieben: *Goethe-freundlich, Luther-feindlich.* In Komposita mit mehrteiligen Namen koppelt man durch Bindestriche: *Fidel-Castro-freundlich, de-Gaulle-treu.*

Bei Komposita aus einer Berufsbezeichnung und einem **Vornamen** setzt man den Bindestrich: *Bäcker-Anna.* Andere Komposita mit Vornamen als Zweitglied werden zusammengeschrieben: *Wurzelsepp, Suppenkaspar.*

pervers:
Die Verwendung des Wortes *pervers* in Bezug auf Menschen oder ihre sexuellen Praktiken und Verhaltensweisen ist meist stark diskriminierend.

Pfingsten: Der Gebrauch des Wortes *Pfingsten* entspricht dem des Wortes ↑ Ostern.

pflegen: 1. Konjugation: Bei dem früher allgemein stark flektierten Verb sind heute standardsprachlich nur die schwachen Formen gebräuchlich: *Man pflegte den Kranken, hat ihn gepflegt. Sie pflegte früh aufzustehen.*
2. Komma: In Verbindung mit einem Infinitiv mit *zu* wird das Verb *pflegen* ähnlich wie ein Hilfs- oder Modalverb gebraucht. Es sollte deshalb nicht durch Komma von der Infinitivgruppe abgetrennt werden: *Sie pflegte vor dem Einschlafen noch in einem Kriminalroman zu lesen.* ↑ Komma (6.3).
3. Zu *Ich pflegte gewöhnlich ...* ↑ Pleonasmus.

Pfund: 1. Flexion: In Verbindung mit Zahlwörtern bleibt *Pfund* ohne Pluralendung: *Zwei Pfund Butter genügen. Er hat dreißig Pfund Übergewicht.* Aber: *Sie hat einige überflüssige Pfunde verloren.* ↑ Maß-, Mengen- und Währungsangaben (1).
2. fünf Pfund neue Kartoffeln/neuer Kartoffeln: Es heißt *ein Pfund schieres Fleisch* (gehoben: *schieren Fleisches*); *der Preis eines Pfundes [gekochter] Schinken* oder *eines Pfund [gekochten] Schinkens; mit einem Pfund schierem Rindfleisch* (gehoben: *schieren Rindfleisches*); *aus einem Pfund frischer Krabben* oder *frische Krabben.* ↑ Apposition (3).
3. Zwei Pfund Kalbsleber werden/wird gebraten: Das konjugierte Verb richtet sich nicht nach dem Numerus der Stoffbezeichnung *(Kalbsleber, Erdbeeren, Bohnen)*, sondern nach der Anzahl des durch die Maßangabe *(Pfund)* Gezählten. Wenn es mehr als ein Pfund ist, steht das Verb im Plural: *Zwei Pfund Kalbsleber werden gebraten. Zwei Pfund Mehl müssen reichen. Hundert Pfund sind zu wenig.*

Verflixte Pluralbildung

Die Pluralbildung im Deutschen ist manchmal vertrackt. Zum Beispiel dann, wenn es um Fremdwörter geht. So heißt die Mehrzahl von *Dementi* Dementis, während die von *Spaghetti* Spaghetti ist – auch wenn sich in der Umgangssprache immer mehr das Plural-s etabliert. Der Grund ist simpel: Die berühmten Nudeln stammen, genauso wie ihre Bezeichnung, aus Italien, und sind noch nicht allzu lange in Deutschland beheimatet. Das *Dementi* leitet sich hingegen ab vom Französischen „dementir", „bestreiten", und das Wort wird bereits seit dem späten 19. Jh. in Deutschland benutzt. Allerdings gilt diese Faustregel nicht immer. So lautet der Plural des Substantivs *Album*, wie im Lateinischen, *Alben*. Pluralbildungen, die nicht den deutschen Regeln folgen, nennt man übrigens motivierte Plurale – und hiervon gibt es, von *Kakteen* bis zu *Boni*, einige. Von manchen Wörtern weiß man aber auch nur deshalb nicht den Plural auf Anhieb, weil man ihn so selten benutzt. Wer weiß denn schon, dass der Plural von *Wischmopp* Wischmopps ist, von *Kirmes* Kirmessen und von *Plural* – Plurale?

Kakteen oder Kaktusse – beides ist möglich.

Ist es hingegen ein Pfund, steht das Verb im Singular: *Ein Pfund Erdbeeren kostet 4 Euro.* Es kann aber auch nach dem Sinn konstruiert und das Verb in den Plural gesetzt werden: *Ein Pfund Erdbeeren kosten 2 Euro.*

4. Münzbezeichnung: In Verbindung mit Zahlwörtern bleibt *Pfund* (Zeichen: £) im Plural gewöhnlich ohne Flexionsendung: *Das Bild hat 80 Pfund gekostet.* Zur Stellung des Pfundzeichens vor oder hinter dem Betrag ↑ Währungseinheit.

Planet: Genitiv, Dativ und Akkusativ Singular haben die Endung *-en: des Planeten, dem/den Planeten* (vereinzelt: *dem/den Planet*).

Platzangst:

Das Wort ist in zwei Bedeutungen gebräuchlich. Das Fachwort mit der Bedeutung „Angst, freie Plätze zu überqueren“ lautet *Agoraphobie.* Das Fachwort mit der Bedeutung „Beklemmungsgefühl“ lautet *Klaustrophobie.*

pleite/Pleite: Klein schreibt man das Adjektiv: *Er ist, wird pleite.* Groß schreibt man das Substantiv: *Die Firma macht Pleite, steht vor der Pleite.* Korrekt ist nur der prädikative Gebrauch: *Der Betrieb ist/ging pleite* (nicht: *Der pleite Betrieb*).

Pleonasmus: 1. Unter einem Pleonasmus versteht man das mehrfache Auftreten eines Bedeutungsmerkmals in einem Ausdruck. Meist kommt ein Pleonasmus durch einen bei normalem Sprachgebrauch inhaltlich überflüssigen Zusatz zu einem Wort oder einer Wendung zustande; dies sollte man vermeiden: *weißer Schimmel, alter Greis, Gesichtsmimik.* Etwas anders verhält es sich mit Bildungen wie *Rückantwort* oder *zusammenmixen,* wo das Kompositum gegenüber dem einfachen Wort eine andere Bedeutung (*Rückantwort* = „Antwort auf eine schriftliche oder telefonische Anfrage“) oder ein zusätzliches wertendes Merkmal hat. Ähnliches lässt sich von *lautlose Stille, nochmals wiederholen* sagen, wo die Zusätze streng genommen inhaltlich überflüssig sein mögen; in stilistischer Hinsicht stellen sie jedoch – zumindest im entsprechenden Zusammenhang – eine besondere Betonung und Verstärkung des Ausdrucks dar.

2. Ein verbreiteter Typ von Pleonasmus entsteht dadurch, dass die Bedeutung der Modalverben in einem zusätzlichen Redeteil noch einmal zum Ausdruck gebracht wird: *Es kann sein, dass sie kommt* (nicht: *Es kann möglich sein, dass sie kommt*). *Ich sah mich genötigt abzureisen* (nicht: *Ich sah mich genötigt, abreisen zu müssen*).

3. Pleonasmen entstehen auch durch die Verbindung von Verben mit dem Präfix *ent-* „aus, heraus“ und der Präposition *aus: Heilquellen entspringen dem erloschenen Vulkan* (nicht: *Heilquellen entspringen aus dem erloschenen Vulkan*).

4. Als Pleonasmen gelten auch Häufungen sinngleicher oder sinnverwandter Wörter: *bereits schon, leider zu meinem Bedauern, höchstens nur, ebenso auch, einander gegenseitig, lediglich nur.*

Plural: 1. Unterschiedliche Pluralformen:

a) Betonblöcke/Wohnblocks · Feuerwehrmänner/-leute : Es gibt Wörter, bei denen zwei verschiedene Pluralformen je nach der Bedeutung des Kompositums existieren: *Bau, Block, Druck, [1]Mal, Mann* (s. die einzelnen Stichwörter). **b)** Viele der Substantive, die in der Allgemeinsprache nur im Singular oder nur im Plural auftreten, werden in den Fachsprachen sowohl im Singular als auch im Plural gebraucht (z. B. *die Salze, die Betone/Betons*). Dazu gehören insbesondere Plurale von Stoffsubstantiven und Abstrakta: Ihre Pluralformen dienen, häufig ausgehend von fachsprachlichen Verwendungen, vor allem zur Bezeichnung von Arten und Sorten: *Blute, Elektrizitäten, Gersten, Verbräuche, Bedarfe, Zuwächse* u. a.

c) Ungewöhnliche Plurale begegnen uns auch in der Dichtung, in der sie als Stilmittel gebraucht werden, um besondere Gegebenheiten oder Empfindungen zu kennzeichnen: *die Dürste, die Schilfe, die Zukünfte.*

2. Schwankungen der Bildung: In anderen Fällen kommt es zu Schwankungen in der Pluralbildung, etwa bei der Bildung mit oder ohne Umlaut *(Bogen/Bögen, Generale/Generäle, Lager/Läger, Nachlässe/Nachlasse),* bei unterschiedlichen Pluralendungen *(die Sau – die Säue/die Sauen, die Bösewichte/Bösewichter, die Gemächer/Gemache, die Hospitäler/Hospitale, die Balkone/Balkons, die Ballone/Ballons, die Bestecke/die Bestecks, die Elektrolyte/Elektrolyten, die Fasane/Fasanen, die Ananas/Ananasse, die Bengel/Bengels).* Schwankungen können auch bei Fremdwörtern auftreten. Dann konkurriert jeweils entweder eine fremdsprachliche Pluralbildung oder die für Fremdwörter typische Endung *-[e]n* mit einer an das Deutsche angepassten Form *(die Faktoten/Faktotums, die Globen/Globusse, die Examen/Examina, die Bambini/Bambinos, die Celli/Cellos).*

Plural oder Singular?: Zur Wahl von Plural oder Singular bei Zweifelsfällen wie *Ein Pfund Bohnen wurde/wurden gekocht; 2 Cent ist/sind zu viel* ↑ Singular vs. Plural beim Verb (1.1).

plus: 1. Nach *plus* können alle vier Kasus stehen: *das Gehalt plus den/der/die üblichen Zulagen.* Ein allein stehendes, stark flektiertes Substantiv im Singular bleibt ohne Flexionsendung: *der Betrag plus Porto.*

2. Drei plus zwei ist/sind fünf: Bei Rechenaufgaben mit *sein* steht das Verb in der Regel im Singular; doch kommt bei Zahlen außer *eins* mit *sein* als Prädikat auch der Plural vor. Beides ist standardsprachlich korrekt. Bei *geben* und *machen* steht nur der Singular: *Drei plus zwei gibt/macht fünf.*

3. Man schreibt klein: *eine Zwei plus in Bio schreiben.* Groß schreibt man das Substantiv *das Plus* „Mehrwert; Pluspunkt", das an seinem Artikelwort (bzw. an der Verschmelzung aus Artikel und Präposition) erkennbar ist: *ein Plus machen, im Plus stehen. Diese Neuerung ist ein großes Plus.*

4. Generation 70 plus: Auch hier wird kleingeschrieben: *die Generation 70 plus* (der über 70-Jährigen).

Plusquamperfekt: ↑ Zeitenfolge im Satz.

Political Correctness: siehe S. 236.

Polizist: Genitiv, Dativ und Akkusativ Singular haben die Endung *-en: des Polizisten, dem/den Polizisten* (vereinzelt: *dem/den Polizist*).

Prädikativ (Ihre ganze Freude sind [nicht: ist] der Hund und die Katze): Ein Prädikativ (Prädikativum, Gleichsetzungsnominativ oder Prädikatsnomen) im Nominativ bezieht sich inhaltlich auf einen anderen Nominativ – auf das Subjekt: *Er ist Schuster.* Die Unterscheidung zwischen Prädikativ und Subjekt kann notwendig sein, um zu entscheiden, wonach sich das Verb im Numerus richten muss. Eine hilfreiche Probe ist oft die Umformulierung mit den Konstruktionen *bezeichnet werden als* oder *gelten als:* Was der Konjunktion *als* direkt folgt, ist das Prädikativ (und nicht das Subjekt). Die Sätze *Der Hund ist ihre ganze Freude* und *Ihre ganze Freude ist der Hund* kann man so umformulieren: *Der Hund gilt als ihre ganze Freude. Als ihre ganze Freude kann der Hund bezeichnet werden.* Also ist *ihre ganze Freude* Prädikativ. Der Satz *Ihre ganze Freude kann als Hund bezeichnet werden* ist nicht sinnvoll; *der Hund* ist also nicht Prädikativ, sondern Subjekt. Dementsprechend lautet im folgenden Satz das Subjekt *der Hund und die Katze* und das Verb steht im Plural: *Ihre ganze Freude sind* (nicht: *ist*) *der Hund und die Katze.* Dass *ihre ganze Freude* im gewählten Beispielsatz nicht Subjekt sein kann, wird auch deutlich beim Ersatz des Subjekts durch *du: Du bist* (nicht: *ist*) *ihre ganze Freude.*

Prädikatsnomen: ↑ Prädikativ.

prämiensparen: Von *prämiensparen* wird im Allgemeinen nur der Infinitiv gebraucht: *Wir wollen jetzt auch prämiensparen.* In der Sprache der Werbung kommen vereinzelt auch andere Formen vor: *Wer prämienspart, spart spielend!*

präsentieren als: Wenn das Verb *präsentieren als* reflexiv gebraucht wird, steht der auf *als* folgende Nominalausdruck meist im Nominativ: *Er präsentierte sich als ein echter Weinkenner.* Der Akkusativ, d. h. die Beziehung auf das Reflexivpronomen, ist veraltet. Bei nicht reflexivem Gebrauch wird durch einen Akkusativ nach *als* der Bezug auf das Akkusativobjekt gekennzeichnet: *Er präsentierte ihn als einen echten Weinkenner.*

Präsident: Genitiv, Dativ und Akkusativ Singular haben die Endung *-en: der Besuch des Präsidenten, im Gespräch mit dem Präsidenten Müller, durch Herrn Präsidenten Müller. Ich wende mich an Sie als Präsidenten.* Dativ und Akkusativ bleiben vereinzelt ohne Flexionsendung: *dem/den Präsident.* Das kommt vor allem in zwei Fällen vor: in Verbindung mit *Herr* + Name *(Herrn Präsidenten Karl Müller / Herrn Präsident Karl Müller)* und in Verbindung mit einer Präposition und einem Namen, wenn kein Artikel vorangeht: *Ich sprach mit Präsident Müller / wandte mich an Präsident Müller.* ↑ Herr (2c); zu *des Präsidenten Müller / Präsident Müllers* ↑ Titel und Berufsbezeichnungen (1.2 und 1.3).

Präteritum: ↑ Perfekt vs. Präteritum.

Preisangaben: ↑ Währungseinheit.

preisen als: Wenn das Verb *preisen als* reflexiv gebraucht wird, steht der auf *als* folgende Nominalausdruck meist im Nominativ: *Er pries sich als ein guter Architekt.* Der Akkusativ, d. h. die Beziehung auf das Reflexivpronomen, ist seltener: *Er pries sich als einen guten Architekten.* Bei nicht reflexivem Gebrauch wird durch einen Akkusativ nach *als* der Bezug auf das Akkusativobjekt gekennzeichnet: *Er pries ihn als einen guten Architekten.*

Prinz: Genitiv: *des Prinzen,* Dativ und Akkusativ: *dem, den Prinzen* (auch: *Prinz*); Plural: *die Prinzen.* Als Bestandteil des Familiennamens steht *Prinz* hinter dem Vornamen: *Heinrich Prinz von Preußen.* Im Genitiv heißt es entweder *der Besitz Prinz Heinrichs* oder *der Besitz des Prinzen Heinrich.* Eine Frau in der Position wird *Prinzessin* genannt. Diese Bezeichnung wird im Familiennamen wie die maskuline Form eingesetzt: *Amalie Prinzessin von Preußen.* – Über die richtige Anschrift und Anrede eines Prinzen *(Durchlaucht, Hoheit* oder *Königliche Hoheit)* muss man sich im Einzelfall erkundigen.

privat: Klein schreibt man das Adjektiv: *Ich habe mich nur privat geäußert.* Ebenso: *etwas an privat verkaufen, von privat an privat.* Groß schreibt man das substantivierte Adjektiv: *etwas/nichts Privates.* In Verbindung mit konjugierten Verben schreibt man getrennt: *sich privat versichern.* Fügungen aus *privat* und einem adjektivisch gebrauchten Partizip können getrennt oder zusammengeschrieben werden; das gilt auch für Substantivierungen: *privat versicherte/privatversicherte Patienten; die Privatversicherten/privat Versicherten.*

pro: *Pro* verlangt meist den Dativ *(pro männlichem Angestelltem),* der Akkusativ *(pro männlichen Angestellten)* kommt auch vor. Nur vereinzelt wird dagegen der Nominativ gebraucht *(pro männlicher Angestellter).* Stark flektierende Substantive ohne Adjektiv nach *pro* lassen keinen Kasus erkennen: *pro Stück, pro Band.* Während die ohne Begleitwort stehenden substantivierten Adjektive oder Partizipien eine Flexionsendung haben *(pro Kranken, pro Angestellten),* besteht bei den sonstigen schwach flektierenden Substantiven ohne Adjektivattribut die Tendenz, sie ohne Flexionsendung zu verwenden: *pro Kollege, pro Genosse, pro Demonstrant, pro Christ, pro Doktorand* usw. Da bei *pro* keine Gefahr besteht, dass das Substantiv als Pluralform missverstanden wird, ist *pro Kollegen* usw. ebenso korrekt.

probeweise: ↑ -weise.

Produzent: Genitiv, Dativ und Akkusativ Singular werden durch Anhängen der Endung *-en*

Political Correctness

1 Verwendung der von den Betroffenen gewünschten Bezeichnungen

Wichtigstes Prinzip der Political Correctness (PC) ist die Übernahme der von den Betroffenen gewünschten Bezeichnungen als Fremdbezeichnung.

Herkunft und Ethnie: Seit Jahren wird vom Zentralrat Deutscher Sinti und Roma sowie von einigen anderen Gruppen die Bezeichnung ***Zigeuner*** als diskriminierend abgelehnt, denn es bestehe ein diffamierender Bedeutungszusammenhang mit einem (zum Teil auch romantisch verklärten) Zerrbild, das mit stereotypen Vorstellungen und negativen Vorurteilen besetzt sei. Diese Fremdbezeichnung ist inzwischen im allgemeinen Sprachgebrauch, sowohl in Justiz und Verwaltung als auch in den Medien, weitgehend durch die Bezeichnung ↑ *Sinti und Roma* ersetzt worden. Ebenfalls umstritten ist die Verwendung des Wortes ***Eskimo,*** dessen Etymologie allerdings entgegen früheren Vermutungen nicht geklärt ist. Die Eigenbezeichnung *Inuit,* die heute häufig verwendet wird, bezeichnet wiederum nicht alle indigenen Völker im nördlichen Polargebiet und kommt auch nicht in allen Eskimosprachen vor. Inzwischen historisch belastet ist die Sprachbezeichnung ***Serbokroatisch:*** Als eine plurizentrische Sprache heißt dieselbe Sprache in den jeweiligen Teilen des ehemaligen Jugoslawiens *Serbisch, Bosnisch* bzw. *Kroatisch.*

Hautfarbe: Das bekannteste Beispiel für Political Correctness ist die Ablehnung des Wortes ***Neger***. Die mit diesem Wort verbundenen Vorstellungen sind heute so negativ, dass das Argument, das Wort sei neutral gemeint, nicht mehr akzeptiert wird. Auch die Bezeichnung ***Farbiger*** wird als eine von weißen Menschen gewählte, koloniale Zuschreibung abgelehnt. Inzwischen werden vorzugsweise andere Bezeichnungen wie *Afrikaner, schwarze Deutsche, Afroamerikaner,* ***Afrodeutsche*** gewählt. Interessant in diesem Zusammenhang ist die Tatsache, dass das Adjektiv *schwarz* in der Eigenbezeichnung *schwarze Deutsche* häufig bewusst großgeschrieben wird, um so darauf hinzuweisen, dass das Adjektiv in seiner Bedeutung hier über die reine Farbbezeichnung hinausgeht. Eine Eigenbezeichnung, die zunehmend auch in die Alltagssprache Eingang findet, ist ***People of Color (PoC),*** ein Ausdruck, der mit *People* die Menschen in den Vordergrund stellt. Die Ausdrücke Mulatte / Mulattin für Menschen mit Eltern oder Vorfahren unterschiedlicher Hautfarbe sollten vermieden werden.

Religion: Die Bezeichnung ***Mohammedaner*** für *Muslim* (in etwa: „einer, der sich Gott unterwirft") sollte vermieden werden, weil damit eine unpassende Parallele zu *Christ* „einer, dessen Gott Jesus Christus ist" gezogen wird: Im Islam wird der Religionsstifter Mohammed nicht als Gott, sondern als Prophet verehrt.

Sexuelle Orientierung: Interessant ist die Entwicklung der Bezeichnungen ↑ *schwul* und *lesbisch* als Eigen- und Fremdbezeichnungen: In deutschsprachigen Ländern bezeichnen sich homosexuelle Männer selbst als *Schwule,* homosexuelle Frauen als *Lesben.* Die Verwendung der Bezeichnung *homosexuell* beziehe sich zu Unrecht allein auf das Geschlechtsleben, *Schwulsein* bzw. *Lesbischsein* seien dagegen Ausdruck einer anderen emotionalen Neigung und einer anderen Lebensart. In diesem Fall ist also eine ursprünglich eher abwertend gemeinte Fremdbezeichnung zur „politisch korrekten" geworden.

Körperliche und geistige Einschränkungen: Die Fremdbezeichnung ***Krüppel*** für Menschen mit körperlichen Beeinträchtigungen wird im

Allgemeinen als stark diskriminierend abgelehnt. Auch wenn einzelne Angehörige dieser Gruppe das Wort als Eigenbezeichnung verwenden, um sich von konventionellen Behinderteninitiativen abzusetzen, sollte eine solche Fremdbezeichnung also vermieden werden. Gelegentlich wird auch das Wort ↑ *Behinderte* als zu unpersönlich kritisiert; Ausweichformen sind *behinderte Personen, behinderte Menschen* oder *Menschen mit Behinderungen.* Zusätzlich soll so vermieden werden, die Beeinträchtigung in den Mittelpunkt zu stellen – inwieweit das damit erreicht werden kann, sei dahingestellt.

2 Orientierung an fachsprachlichen Bezeichnungen

Als ein zweites wichtiges PC-Prinzip kann die Verwendung fachsprachlicher Bezeichnungen bzw. die Vermeidung umgangssprachlicher Ausdrücke genannt werden. Dieses Prinzip kommt besonders bei der Benennung von Behinderungen und Verhaltensauffälligkeiten zum Tragen. In der Psychologie als auffällig gekennzeichnetes Verhalten wird nicht mehr als *abartig* bezeichnet; Ausdrücke wie *Irresein, Irrsinn* für verschiedene Formen endogener psychischer Krankheiten oder *Schwachsinn* für *geistige Behinderung* unterschiedlicher Schwere gelten als diffamierend. Zur Bezeichnung körperlicher Auffälligkeiten wird das neutralere fachsprachliche *Fehlbildung* dem Wort *Missbildung* vorgezogen. Das bekannteste Beispiel ist die Ablösung des umgangssprachlichen *Mongolismus* durch die fachsprachlichen Bezeichnungen *Downsyndrom* oder *Trisomie 21. Kleinwüchsige* Menschen werden nicht mehr als *zwergwüchsig* bezeichnet (und allenfalls in artistischem Zusammenhang *Liliputaner/Liliputanerinnen* genannt). Legale Varianten des Sexuallebens sollen neutral benannt und keinesfalls unter den Ausdruck *Perversion* subsumiert werden.

gebildet: *die Klage des Produzenten, im Gespräch mit dem Produzenten, wir treffen den Produzenten.* Dativ und Akkusativ bleiben vereinzelt endungslos: *dem/den Produzent.*

Prokurist, Prokuristin: Der Genitiv der maskulinen Form lautet *des Prokuristen,* der Dativ und Akkusativ *dem, den Prokuristen.* Auch in Verbindung mit *Herrn* und dem Namen ist es besser, den Titel mit Flexionsendung zu verwenden: *Herrn Prokuristen Müller.* Die feminine Form lautet *Prokuristin,* in der Anrede bzw. der Anschrift also *Frau Prokuristin Schneider* (↑ Titel und Berufsbezeichnungen [3]). Zu *des Prokuristen Müller/Prokurist Müllers* bzw. *der Prokuristin Schneider/Prokuristin Schneiders* ↑ Titel und Berufsbezeichnungen (1.3).

promovieren: Das Verb kann einerseits transitiv im Sinn von „jemandem die Doktorwürde verleihen" verwendet werden: *Man hat ihn letztes Jahr [zum Doktor der Medizin] promoviert. Er wurde letztes Jahr [zum Doktor der Medizin] promoviert.* Daher auch: *Er ist promoviert.* Andererseits wird es intransitiv gebraucht, und zwar in der Bedeutung „die Doktorwürde erlangen, den Doktorgrad erwerben": *Sie hat im Fach Geschichte promoviert.* ↑ habilitieren.

Prozent: Bei Prozentangaben mit Zahlen, die ungleich 1 sind, steht das Verb im Plural: *10 Prozent haben zugestimmt; 0,3 Prozent enthielten sich.* Wenn das Subjekt des Satzes aus einer Prozentangabe und einem Ausdruck im Genitiv besteht, dann richtet sich das Verb in seinem Numerus meist nach der Prozentangabe. Es heißt also standardsprachlich: *Ein Prozent der Mitglieder stimmte* (manchmal: *stimmten*) *nicht ab. Neunzig Prozent der Bevölkerung leben* (nur vereinzelt: *lebt*) *in Armut.* Folgt dagegen ein Nominativ Singular, dann kann auch bei pluralischer Prozentangabe das Verb im Singular stehen: *Zehn Prozent Energie gehen/ geht verloren.* Auch im Gleichsetzungssatz ist der Singular neben dem Plural möglich, wenn das Prädikativ im Singular steht: *63 Pro-*

zent sind eine solide Mehrheit. 54 Prozent ist ein überraschendes Ergebnis. In Verbindung mit der Ziffer wird der Bindestrich vor dem Prozentzeichen aus grafischen Gründen meist weggelassen: *5%-Klausel.*

Prozentpunkt: Das Substantiv bedeutet „Prozent als Differenz zwischen zwei Prozentzahlen": *Der Stimmenanteil ist innerhalb eines Jahres um fünf Prozentpunkte auf 33 Prozent gestiegen.*

prüfen/überprüfen: Das Verb *überprüfen* „nochmals prüfen, nachprüfen, kontrollieren" kann in vielen Fällen durch *prüfen* ersetzt werden: *eine Rechnung überprüfen/prüfen, die Richtigkeit einer Angabe überprüfen/prüfen.* Steht im Objekt eine Personenbezeichnung, lässt sich jedoch *prüfen* in diesem Sinn oft nicht einsetzen, weil *jemanden prüfen* meist die Bedeutung „jemandes Wissen, Fähigkeiten feststellen" hat, sodass Verwechslungen möglich sind. Man sagt also: *Die Reisenden wurden an der Grenze überprüft* (nicht: *geprüft*).

[1]Punkt: Man schreibt *Punkt* auch in Wendungen wie *Es ist Punkt acht Uhr* groß.

[2]Punkt: **1.** Nach Ellipsen und unvollständigen Sätzen, deren Satzbedeutung sich aus dem Kontext ergibt, steht der Punkt wie nach vollständigen Sätzen: *Kommst du morgen? – Vielleicht. Auf jeden Fall.*
2a) Ist ein in Anführungszeichen gesetzter Satz als Satzglied oder Gliedteil in einen anderen eingefügt, erhält er keinen Punkt: *Sie einigten sich, „Tue recht und scheue niemand" zu ihrem Wahlspruch zu machen. Das Sprichwort* ↑ *„Aller Anfang ist schwer" hört man oft.* **b)** Der Punkt steht nicht nach frei stehenden Zeilen, also nach Sätzen, Satzstücken und einzelnen Wörtern, die im Druck- oder Schriftbild in besonderen Zeilen deutlich herausgehoben werden und inhaltlich selbstständig sind, wie Überschriften, Schlagzeilen, Buch- und Zeitungstitel, Bildunterschriften. Bildunterschriften, die aus mehreren Sätzen bestehen, erhalten jedoch die üblichen Schlusspunkte. Bei Überschriften o.Ä. spielt es für die Nichtsetzung des Schlusspunkts keine Rolle, ob sie aus einzelnen Wörtern, aus Wortgruppen oder aus einem ganzen Satz bestehen. **c)** Endet ein Satz mit Auslassungspunkten, dann wird kein besonderer Satzschlusspunkt gesetzt: *Ehen werden im Himmel geschlossen ...* **d)** Steht eine Abkürzung am Satzende, dann wird neben den letzten Abkürzungspunkt kein besonderer Satzschlusspunkt gesetzt: *Mein Vater ist Regierungsrat a.D.*

pur: Das Adjektiv *pur* wird in Verbindung mit vielen Substantiven – auch standardsprachlich – nachgestellt: *Spannung pur, Action pur, Exotik pur, Emotion pur, Bescheidenheit pur, Luxus pur, Freiheit pur.*

Pusteblume und Pustekuchen

Das Deutsche wartet mit einer Reihe schöner, bildhafter Begriffe auf. Eins davon ist die *Pusteblume*, womit verblühter Löwenzahn gemeint ist, dessen Fruchtstände Kinder gerne wegpusten. Bezeugt ist dieses Wort seit dem 19. Jh. Das Verb *pusten* im Sinn von „heftig ausatmen, blasen" ist seit dem 15. Jh. bekannt, abgeleitet ist die *Puste*, die umgangssprachlich verwendet wird, wenn man außer Atem ist. Warum aber heißt es *Pustekuchen*? Der Ausdruck kam zuerst im Berlin des frühen 20. Jhs. auf, und er leitet sich sicher nicht von *Kuchen*, und wahrscheinlich auch nicht von *pusten* ab. Ihm liegt wohl die jiddische Wendung „poschut chochem" zugrunde, was soviel heißt wie: „wenig klug".

Q

Quell/Quelle: Neben dem femininen Substantiv *die Quelle* (Plural: *die Quellen*) wird in gehobener, vor allem dichterischer Sprache eine maskuline Nebenform *der Quell* (Plural: *die Quelle*) gebraucht.

Quotient: Genitiv, Dativ und Akkusativ Singular haben jeweils die Endung *-en: der Quotient, des Quotienten, dem/den Quotienten* (vereinzelt: *dem/den Quotient*), Plural: *die Quotienten.*

R

Rasse:

Ob der biologische Begriff der Rasse auch auf Menschen Anwendung findet, ist wissenschaftlich höchst umstritten. Schon weil das Wort *Rasse* durch seinen Gebrauch im Nationalsozialismus schwer belastet ist, sollte es nicht verwendet werden. Wenn auf entsprechende Unterschiede Bezug genommen werden muss, können Formen wie *Menschen anderer Hautfarbe* gewählt werden.

Rasse-: Komposita mit *Rasse-* bringen die Reinrassigkeit von Tieren (und Pflanzen) zum Ausdruck: *Rassehund, -pferd.*

Rauchwaren: Im heutigen Sprachgebrauch wird *Rauchwaren* im Sinn von „Tabakwaren“ (zu *rauchen*) gebraucht. Damit nicht identisch ist *Rauchware[n],* das in der Sprache der Kürschner im Sinn von „Pelzware[n]“ gebraucht wird. Der erste Bestandteil dieses Kompositums ist *rauch* (= haarig, behaart, zottig), eine nicht mehr gebräuchliche Nebenform von *rau.*

realisieren: Das Verb hat durch Einfluss des englischen *realize* neben seinen Bedeutungen „verwirklichen“ und „in Geld umwandeln“ noch die Lehnbedeutung „sich etwas ins Bewusstsein bringen, sich einer Sache bewusst werden“ bekommen.

Rechenaufgaben: Bei Rechenaufgaben mit *sein* steht das Verb in der Regel im Singular; doch kommt bei Zahlen außer *eins* mit *sein* als Prädikat auch der Plural vor. Beides ist standardsprachlich korrekt: *Vier weniger eins ist/sind drei. Zehn geteilt durch fünf ist/sind zwei.* Bei anderen Verben verwendet man den Singular: *Zwei mal zwei gibt vier. Drei und drei macht sechs.*

Rechte: Das substantivierte Adjektiv *die Rechte* „rechte Hand“ wird, wenn es einem stark flektierten Adjektiv folgt, außer im Dativ Singular in gleicher Weise (parallel) flektiert: *Wegen verletzter Rechter brauchte sie nicht mitzuschreiben. Blitzschnelle, harte Rechte sind die besondere Stärke dieses Boxers.* Im Dativ wird dagegen manchmal auch schwach flektiert: *Er drohte mit geballter Rechter/Rechten.* ↑ Substantivierung (2).

recht/Recht: Klein schreibt man das Adjektiv bzw. Adverb z. B. in *jetzt erst recht; alles, was recht ist, aber ...* Groß schreibt man das Substantiv *das Recht* z. B. in *mit/ohne Recht, von Rechts wegen, zu Recht bestehen* (vgl. aber ↑ zurecht-/zu Recht), *Recht finden, sprechen, suchen, ein Recht verleihen, geben, im Recht[e] sein, ein Recht haben.* Klein oder groß kann man schreiben: *Sie wird recht bekommen/Recht bekommen, recht behalten/Recht behalten; ich muss ihm recht geben/Recht geben; Sie könnten recht haben/Recht haben; du hast recht/Recht daran getan.* Aber nur klein schreibt man: *Sie haben ja so recht! Wie recht sie hat! Damit hast du völlig recht.*

rechts: 1. Das Adverb *rechts* wird immer kleingeschrieben, auch nach Präpositionen: *von rechts her, nach rechts hin, rechts um!* (zusammen: *rechtsum kehrt!*); *Protest gegen rechts. An dieser Kreuzung gilt rechts vor links.* Nicht zu verwechseln sind die Fügungen *rechtsherum drehen* und *nach rechts herumdrehen.* Getrennt schreibt man *rechts außen spielen, stürmen* (aber: *der Rechtsaußen*). Adjektivisch gebrauchte Partizipien können getrennt oder zusammengeschrieben werden: *eine politisch rechts stehende/rechtsstehende Partei; rechts abbiegende/rechtsabbiegende Fahrzeuge.* Während man *nach rechts drehend* und *nach rechts [aus]gerichtet* getrennt schreibt, werden fachsprachlich gebrauchte Verbindungen (z. B. *ein rechtsdrehendes Gewinde, rechtsdrehende Milchsäure*) und *rechtsgerichtete Vereinigungen* zusammengeschrieben.

2. Als Präposition regiert *rechts* den Genitiv: *rechts der Straße, rechts des Rheins.*

Rechtsunterzeichneter: ↑ Unterzeichneter.

recyceln/recyclen: Wie andere Verben, die aus dem Englischen stammen, wird *recyceln* (vereinzelt: *recyclen*) in das deutsche Sprachsystem integriert und nach demselben Muster wie etwa *häkeln* konjugiert: *ich recyc(e)le, du recycelst (recyclest), sie recycelt (recyclet), sie hat recycelt (recyclet).* Auch bei der Verwendung als attributives Adjektiv folgt das Partizip II standardsprachlich der deutschen Grammatik und Orthografie: *recyceltes (recycletes) Papier.*

reden/Reden: Klein schreibt man den Infinitiv: *Sie hat gut reden. Sie macht von sich reden.* Groß schreibt man den substantivierten Infinitiv z. B. in *Sein dauerndes Reden geht mir auf die Nerven. Es lag ihr nicht, viel Redens von einer Sache zu machen.*

Der Rhythmus und der Algorithmus

Gäbe es einen Wettbewerb um den ersten Platz für das am meisten falsch geschriebene Wort, es wäre wahrscheinlich das Substantiv *Rhythmus*. Dabei hätte es so einfach sein können: Bereits im Althochdeutschen war das Wort in Gebrauch, und zwar schlicht als „ritmus". Diese Schreibweise ist für das 11. Jh. belegt – doch dann geriet der Begriff in Vergessenheit. Erst im 17. Jh. wurde das Wort *Rhythmus* wieder im Deutschen benutzt, mit der Bedeutung „gleichmäßige Bewegung, Gliederung, musikalisches Gleichmaß". Es stammt aus dem Altgriechischen, „rhythmós" – „Takt, Gleichmaß, Strömen", und wurde als „rhythmus" ins Lateinische übernommen. Das ebenfalls oft falsch geschriebene Wort *Algorithmus* bezieht sich zwar auf wiederkehrende Muster – meist mathematischer Natur – doch hat der Begriff nichts mit *Rhythmus* zu tun. Das Wort stammt aus dem Mittellateinischen und hat eine fast abenteuerliche Geschichte hinter sich. Denn der lateinische Ausdruck „algorismus" wurde nach dem arabischen Mathematiker al-Chwarizmi benannt, während das „th" sich an das griechische „arithmós" anlehnt – was schlicht „Zahl" bedeutet.

Reflexivpronomen: siehe S. 242.

Reihe: 1. eine Reihe Einheimischer/Einheimische: Nach *Reihe* steht die Angabe, woraus die Reihe besteht, fast immer im Genitiv. Der Anschluss als Apposition kommt nur vereinzelt vor: *eine Reihe Einheimischer* / (vereinzelt:) *Einheimische; eine Reihe anstehender Fragen* / (vereinzelt:) *anstehende Fragen.* ↑ Apposition (3).
2. Eine Reihe Abgeordneter verließ/verließen den Saal: Das konjugierte Verb steht meist im Singular, weil *Reihe* formal ein Singular ist: *Eine Reihe Abgeordneter verließ den Saal.* Manchmal wird aber nach dem Sinn konstruiert und das Verb in den Plural gesetzt: *Eine Reihe Abgeordneter verließen den Saal.*

rein: ↑ Apostroph (1 a).

reisen: Im heutigen Sprachgebrauch wird das Perfekt von *reisen* nur noch mit *sein* gebildet, auch wenn der Vorgang oder die Dauer des Reisens ausgedrückt werden soll: *Ich bin* (nicht: *habe*) *früher viel gereist. Wir sind* (nicht: *haben*) *mehrere Tage gereist.* Zu *nach Frankreich, in die Schweiz reisen* ↑ in/nach/zu/bei.

reiten: ↑ Perfektbildung mit sein/haben.

Relativsatz: 1. Stellung des Relativsatzes: Das Relativpronomen, das den Relativsatz einleitet, sollte eindeutig auf das Bezugswort verweisen. Dabei muss der Relativanschluss nicht unmittelbar auf das Substantiv folgen, wenn der Bezug trotzdem klar ist: *Der Bibliothekar stellte das Buch* (Sing. Neutr.) *in den Schrank* (Sing. Mask.), *das* (Sing. Neutr.) *ich ihm gegeben hatte.* Problematisch wird es, wenn es mehrere Substantive gibt, die als Bezugsausdrücke infrage kommen: *Der Bibliothekar stellte das Buch (Sing. Neutr.) in das Regal (Sing. Neutr.), das (Sing. Neutr.) ich ihm gegeben hatte.* Meistens können wir in solchen Fällen aufgrund unseres Weltwissens dennoch den Bezug klar herstellen. Dennoch hat man immer die Möglichkeit, solche potenziellen Stolpersteine zu beseitigen, indem man den Relativsatz unmittelbar auf den Bezugsausdruck folgen lässt: *Der Bibliothekar stellte das Buch, das ich ihm gegeben hatte, in den Schrank.*
2. wo: Der Anschluss mit dem lokalen Relativadverb *wo* gilt nur dann als standardsprachlich korrekt, wenn es sich um einen räumlichen (oder auch um einen zeitlichen) Bezug handelt: *Ich komme eben aus der Stadt, wo ich Zeuge eines Unfalls war. Zu dem Zeitpunkt, wo die Prüfung stattfand, ...* (↑ wo [2]).

relaxed/relaxt: Die Form *relaxed* wurde zunächst unverändert aus dem Englischen übernommen; später erst kamen die konjugierten Formen eines deutschen Partizips II hinzu *(relaxte, relaxtere Stimmung,* nicht: *relaxede, relaxedere Stimmung).* Daher sind bei prädikativer Verwendung von *relaxed/relaxt* beide Schreibweisen korrekt: *Wir waren ganz relaxed/relaxt.* Innerhalb einer mehrteiligen Verbform ist beim Partizip II von *relaxen* allerdings nur die Endung *-t* richtig *(wir haben relaxt).*

Repräsentant: Genitiv, Dativ und Akkusativ haben die Endung *-en: die Einführung des Repräsentanten; im Gespräch mit dem Repräsentanten; wir suchen einen Repräsentanten.*

Richtung: Der Akkusativ wird meist dann gebraucht, wenn jemandem ein Weg gezeigt werden soll: *Sie müssen in diese Richtung gehen.* Befindet sich aber jemand bereits auf einem bestimmten Weg, dann steht gewöhnlich der Dativ: *Sie ging in der gleichen Richtung wie wir.* ↑ in (1).

ringsum/rings um: Man schreibt zusammen, wenn es sich um das Adverb handelt, das im Sinne von „überall, rundherum" gebraucht wird: *Ringsum läuft ein Geländer. Ringsum stehen blühende Sträucher.* Man schreibt getrennt, wenn beide Wörter selbstständig gebraucht werden, *rings* als Adverb, *um* als Präposition: *Rings um den See standen Bäume.*

robben: ↑ Perfektbildung mit sein/haben.

rodeln: ↑ Perfektbildung mit sein/haben.

Rolle: Das Gemessene nach *Rolle: eine Rolle Draht* (nicht: *Drahts*), *eine Rolle verzinkter Draht* (gehoben: *verzinkten Drahtes*); *mit zehn*

Reflexivpronomen

1 *Als sich der Zug näherte/Als der Zug sich näherte*

Wenn das Subjekt nicht im Hauptsatz zu Beginn (= im Vorfeld) steht, kann das Reflexivpronomen unmittelbar vor oder nach dem Subjekt stehen, auf das es sich ja meist bezieht:

- Hauptsatz: Am nächsten Tag verabschiedete die Gruppe *sich* herzlich. Am nächsten Tag verabschiedete *sich* die Gruppe herzlich.
- Nebensatz: als *sich* der Zug näherte; als der Zug *sich* näherte.

2 *Er sah die Frau auf sich/auf ihn zustürzen · Schicken Sie bitte ein Foto von sich/von Ihnen*

Die Frage, ob das Reflexivpronomen oder das Personalpronomen zu setzen ist, stellt sich vor allem bei solchen Konstruktionen, bei denen das Pronomen sowohl auf das Subjekt als auch auf das Objekt bezogen werden kann. Wird das Pronomen auf das Akkusativobjekt bezogen, dann steht das Reflexivpronomen:

- Ich sah den Zug *sich* nähern. (= Ich sah den Zug. Er näherte sich. Ich sah, wie sich der Zug näherte.) Sie hörte den Mann *sich* erschießen. (= Sie hörte den Mann. Er erschoss sich. Sie hörte, wie der Mann sich erschoss.)

Wird dagegen das Pronomen auf das Subjekt bezogen, dann schwankt der Gebrauch. Der Gebrauch des Reflexivpronomens ist hier eigentlich problematisch, weil es nicht eindeutig ist:

- Er sah die Hunde auf *ihn* zurennen. (= Er sah die Hunde. Sie rannten auf ihn zu.) Er sah die Hunde auf *sich* zurennen. (= Er sah die Hunde. Sie rannten auf ihn zu. Oder: Sie rannten aufeinander zu.)

Trotz dieser potenziellen Mehrdeutigkeit kann hier das Reflexivpronomen verwendet werden, wenn es nicht betont ist. Da sich ein Reflexivpronomen meistens auf das Subjekt bezieht, kann man davon ausgehen, dass ein Bezug auf das Subjekt gemeint ist. Andernfalls würde man eher die eindeutige Formulierung *aufeinander zurennen* wählen. Mehrdeutigkeiten dieser Art sind meist auch rein grammatisch; aufgrund unseres Weltwissens gelingt es uns in solchen Fällen meistens problemlos, den adäquaten Bezug herzustellen:

- Er sah die Frau auf *sich* zurennen. (= Er sah die Frau. Sie rannte auf ihn zu. Nicht: Sie rannte auf sich selbst zu.) Er hörte den Fremden die Treppe zu *sich* heraufkommen. (= Er hörte den Fremden. Er kam die Treppe zu ihm herauf. Nicht: Er kam zu sich selbst herauf.)

2.1 Echt reflexive Verben

Bei echt reflexiven Verben, also solchen Verben, die nur mit *sich* und nicht mit einem Personalpronomen verbunden werden können, kann das Reflexivpronomen nur auf das Akkusativobjekt bezogen werden:

- Ich hörte *ihn sich* beschweren. (= Ich hörte ihn. Er beschwerte sich.) Ich sah *ihn sich* beeilen. (= Ich sah ihn. Er beeilte sich.)

2.2 Nicht echt reflexive Verben

Bei den Verben, die nicht echt reflexiv sind, wird im Dativ hingegen eher das Personalpronomen gebraucht:

- Er sah das Mädchen *ihm* zulächeln. (= Er sah das Mädchen. Es lächelte ihm zu. Er sah, wie das Mädchen ihm zulächelte.) Sie hörte den Schaffner *ihr* etwas zurufen. (= Sie hörte den Schaffner. Er rief ihr etwas zu. Sie hörte, wie der Schaffner ihr etwas zurief.)

Die Herstellung der Bezüge wird dabei teilweise noch dadurch erschwert, dass sich ein Pronomen auch auf eine Person außerhalb des Satzes beziehen kann:

- Er sah seine Frau *ihm* zuwinken. (= Er sah seine Frau. Sie winkte ihm [= ihm selbst] zu. Oder: Sie winkte ihm [= einem anderen] zu.)

Auch hier gilt: Wenn es keine Kontextfaktoren gibt, die eine andere Lesart nahelegen, wird man den Satz im Normalfall so verstehen, dass die Frau ihm selbst zuwinkt. Wenn die Formulierung dennoch missverständlich bleibt, kann man durch weiterführende Erläuterungen klarstellen, wie der Satz gemeint ist:

- Er sah seine Frau dem Mann zuwinken, der hinter ihm stand.

Bei nachgestellten Attributen mit Präposition steht das Personalpronomen, wenn beim Reflexivpronomen die Beziehung unklar wäre:

- Der Intendant traf die Schauspieler im Gespräch über *ihn*. (= Der Intendant traf die Schauspieler, die über ihn sprachen.)

Treten keine Unklarheiten auf, dann zieht man das Reflexivpronomen vor:

- Er scheint die Menschen um *sich* her vergessen zu haben. Schicken Sie bitte ein Foto von *sich*. Er schickte ein Foto von *sich*.

3 *sich/einander* (wechselseitige Beziehungen)

Die wechselseitige (reziproke) Beziehung zwischen zwei oder mehreren Subjekten kann durch die Formen des reflexiven Pronomens *(sich, uns, euch)* oder durch *einander* ausgedrückt werden:

- Sie begegneten *sich/einander* vor Gericht. Ihr habt *euch/einander* wohl lange nicht gesehen? Wir treffen *uns* morgen.

Das Pronomen *einander* wird insbesondere dann verwendet, wenn ein gegenseitiger Bezug besonders betont werden soll:

- Beide Partner eröffnen *einander* den Zugang zum jeweils anderen Markt (Handelsblatt). Solche Konzertformen, bei denen erhellende Reflexion und interpretatorische Brillanz *einander* ergänzen, geben dem Festival ein starkes Profil (Süddeutsche Zeitung).

Da *einander* immer ein wechselseitiges Verhältnis ausdrückt, kann es anstelle von *sich* verwendet werden, um Missverständnisse zu vermeiden:

- Sie rauften *sich* die Haare aus. (= Sie rauften sich jeweils die eigenen Haare aus. Oder: Sie rauften jeweils dem anderen die Haare aus.) Sie rauften *einander* die Haare aus. (= Sie rauften jeweils dem anderen die Haare aus.)

In der Verbindung mit *gegenseitig* ist auch *sich* eindeutig wechselseitig:

- Sie rauften sich gegenseitig die Haare aus. (= Sie rauften jeweils dem anderen die Haare aus.)

4 damit kannst du dir/dich behelfen

Zweifel über den richtigen Fall entstehen oft bei reflexiven bzw. reflexiv gebrauchten Verben. Den Akkusativ regieren hier beispielsweise – wenn sie reflexiv gebraucht werden – *sich ekeln* (↑ ekeln) und *sich grausen* (↑ grausen) und sowohl Akkusativ als auch Dativ *sich behelfen* (↑ behelfen), *sich trauen* (↑ trauen) und *sich getrauen*. (Bei diesen beiden Verben überwiegt standardsprachlich der Akkusativ.)

Rollen verzinktem Draht (gehoben: *verzinkten Drahtes*). Im Allgemeinen steht das Gemessene im Singular, doch kommt auch der Plural vor, wenn die gerollten Gegenstände Einzelstücke sind oder als solche angesehen werden: *mit zwei Rollen Folien* (= mehrere Folienstücke). *Wir brauchen noch sieben Rollen Tapete/Tapeten.* ↑ Apposition (3).

rosa: 1. Rechtschreibung: a) Zur Groß- und Kleinschreibung ↑ Farbbezeichnungen (3.2). **b)** In Verbindung mit dem Partizip II kann getrennt oder zusammengeschrieben werden: *der rosa gefärbte/rosagefärbte Abendhimmel.* **2. Flexion:** Das Farbadjektiv *rosa* wird in der Standardsprache nicht dekliniert und nicht gesteigert: *ein rosa Kleid.* Daneben kann man auf Komposita mit *-farben* oder *-farbig* zurückgreifen: *ein rosafarbenes Kleid, rosafarbige Bänder.* Die Form *ein rosa[n]es Kleid* wird inzwischen häufiger gebraucht, gilt aber als umgangssprachlich. ↑ Farbbezeichnungen (2.1).

rot: 1. Rechtschreibung: a) Klein schreibt man das Adjektiv; das betrifft auch die meisten festen Fügungen: *wie ein roter Faden, das rote Tuch* (beim Stierkampf oder im übertragenen Sinn), *in die roten Zahlen kommen. Ich sehe rot, habe rotgesehen.* Groß oder klein kann man die *Rote/rote Karte* schreiben. Groß schreibt man das Substantiv: *Meine Lieblingsfarbe ist Rot* (was ist meine Lieblingsfarbe?); *bei Rot muss man warten, die Ampel steht auf Rot/zeigt Rot.* ↑ Farbbezeichnungen (3.2). **b)** In Verbindung mit dem Partizip II kann getrennt oder zusammengeschrieben werden: *ein rot gefärbter/rotgefärbter Pullover.* **2. rotbraunes/rot-braunes Haar:** ↑ Farbbezeichnungen (3.1). **3. des Rot/Rots · die beiden Rot/Rots:** ↑ Farbbezeichnungen (2.2). **4.** Zur Steigerung von *rot* ↑ Farbbezeichnungen (1). Komparativ und Superlativ von *rot* können mit oder ohne Umlaut gebildet werden: *röter/roter* und *röteste/roteste.*

Rote-Kreuz-Schwester/Rotkreuzschwester: Komposita mit der Fügung *[das] Rote Kreuz* behalten im Allgemeinen das *-e-* des Adjektivs in erstarrter Form bei: *die Rote-Kreuz-Schwester, der Rote-Kreuz-Schwester,* Plural: *die Rote-Kreuz-Schwestern* (entsprechend: *Rote-Kreuz-Krankenhaus, Rote-Kreuz-Lotterie* u. a.). In der Alltagssprache wird jedoch das Adjektiv oft flektiert, und zwar in Übereinstimmung mit dem letzten Glied des Kompositums: *der Roten-Kreuz-Schwester,* Plural: *die Roten-Kreuz-Schwestern. Sie liegt wohl im Roten-Kreuz-Krankenhaus; ein Los aus der Roten-Kreuz-Lotterie.* – Daneben gibt es Formen, in denen das Adjektiv endungslos (in der Grundform) erscheint: *Rotkreuzschwester, Rotkreuzkrankenhaus.* Das Adjektiv bleibt auch in den flektierten Formen unverändert: *des Rotkreuzkrankenhauses, zwei Rotkreuzschwestern.* Alle hier behandelten Formen des Kompositums sind als korrekt anzusehen.

rötlich: ↑ bläulich.

rüber: ↑ Apostroph (1 a).

rückenschwimmen/Rücken schwimmen: Die Zusammensetzung oder Wortgruppe wird im Allgemeinen nur im Infinitiv gebraucht: *Sie kann nicht rückenschwimmen/Rücken schwimmen.* Auch der Infinitiv mit *zu* und das Partizip II kommen gelegentlich vor: *Das Becken ist so voll, dass sie nicht den Mut hat, rückenzuschwimmen/Rücken zu schwimmen. Sie ist rückengeschwommen/Rücken geschwommen.* Wenn aber konjugierte Formen gebildet werden, in denen *Rücken* allein steht, schreibt man das Substantiv groß: *Sie schwimmt zwar ausgezeichnet Brust, aber nur mittelmäßig Rücken.*

Rückerstattung: Das Erstglied des Kompositums *Rückerstattung* dient lediglich der Bestätigung einer an sich schon vorhandenen Bedeutung. In *Erstattung* ist der Begriff „zurück" bereits enthalten. ↑ Pleonasmus, ↑ rück-/zurück-.

Rückgabe: ↑ rück-/zurück-.

rückübersetzen, Rückübersetzung: ↑ rück-/zurück-.

rückvergüten, Rückvergütung: Das Erstglied des Kompositums *Rückvergütung* dient lediglich der Bestätigung einer an sich schon vorhandenen Bedeutung. In *Vergütung* ist der Begriff „zurück" bereits enthalten. ↑ Pleonasmus, ↑ rück-/zurück-.

rückwärts: 1. Bedeutung und Gebrauch: Das Adverb *rückwärts* bedeutet „nach hinten" *(sich rückwärts umblicken, rückwärts einparken)* oder „mit dem Rücken voran" *(rückwärts die Leiter hinuntersteigen).* Es darf aber nicht im Sinne von „zurück, auf dem Rückweg" gebraucht werden. Nicht richtig sind z. B. die Sätze: *Hin werden wir über Frankfurt, rückwärts* (korrekt: *zurück*) *über Mainz fahren. Rückwärts komme ich noch zu dir* (korrekt: *Auf dem Rückweg ...*). – In Süddeutschland und besonders in Österreich steht *rückwärts* auch für „hinten". *Rückwärts einsteigen* bedeutet dann „hinten (in die Straßenbahn) einsteigen". *Eingang von rückwärts* bedeutet „Eingang von hinten". In der Standardsprache sollte man diese missverständliche Ausdrucksweise vermeiden (↑ -wärts).

2. Man schreibt *rückwärts* mit dem folgenden Verb zusammen, wenn die Betonung nur auf dem Verbzusatz liegt: *rückwärtsfahren, rückwärtsgehen, rückwärtslaufen, rückwärtsblicken. Sie war in der Lage, die gesamte Strecke mit verbundenen Augen rückwärtszugehen.* Zusammen schreibt man auch *rückwärtsgewandt.* Getrennt schreibt man, wenn die Betonung abweicht oder das Verb einen Zusatz hat: *rückwärts einparken, rückwärts entlanggehen, rückwärts abspielen.*

Rückzieher: ↑ rück-/zurück-.

rück-/zurück-: In Komposita wird – außer bei Verben (und einigen dazugehörigen Verbalabstrakta) – gewöhnlich statt *zurück* die verkürzte Form *rück-* verwendet: *Rückblick, Rückfahrt, Rückporto* usw. Nur vereinzelt stehen Bildungen mit *rück-* und (weniger angemessen) *zurück-* nebeneinander: *Rückerstattung/Zurückerstattung; Rückgabe/Zurückgabe; Rückübersetzung (rückübersetzen)/Zurückübersetzung (zurückübersetzen).* Verschiedene Bedeutungen haben *Rückführung* (= das Zurückbringen in die Heimat, Rücksiedelung, Eingliederung) und *Zurückführung,* das sich an *zurückführen* anschließt.

rudern: ↑ Perfektbildung mit sein/haben.

rühmen als: Wenn das Verb *rühmen als* reflexiv gebraucht wird, steht der auf *als* folgende Nominalausdruck meist im Nominativ: *Er rühmt sich als großer Schauspieler.* Der Akkusativ, d. h. der Bezug auf *sich,* veraltet allmählich: *Er rühmt sich als großen Schauspieler.* Bei nicht reflexivem Gebrauch wird durch einen Akkusativ nach *als* der Bezug auf das Akkusativobjekt gekennzeichnet: *Er rühmt ihn als großen Schauspieler.*

rühren: Wird *an etwas rühren* in übertragenem Sinn von „etwas im Gespräch berühren, erwähnen" gebraucht, dann kann sowohl der Dativ als auch der Akkusativ stehen: *Wir wollen nicht mehr an diese Sache/an dieser Sache rühren.* Da aber im eigentlichen Gebrauch des Verbs nur der Akkusativ üblich ist *(Bitte nicht an die Gläser rühren!),* wird dieser Kasus meist auch beim übertragenen Sinn verwendet.

rund: Klein schreibt man das Adjektiv auch in der Fügung *runder Tisch* (= Kreis gleichberechtigter Personen). Getrennt oder zusammen kann man die wörtlich gebrauchte Verbindung *rund machen/rundmachen* schreiben: *Diese Knetmasse muss noch rund gemacht/rundgemacht werden.* Zusammen schreibt man in übertragener Bedeutung: *Sein Chef hat ihn [richtig] rundgemacht* (= heftig getadelt; ugs.). Die Vergleichsformen von *rund* lauten *runder, rundeste* (nicht: *ründer, ründeste*).

runter: ↑ Apostroph (1 a).

S

-s-: Zu *Einkommen[s]steuer* usw. ↑ Fugenelement (2).

Sachsen-Anhalter/Sachsen-Anhaltiner: Beide Einwohnerbezeichnungen sind gebräuchlich. ↑ Einwohnerbezeichnungen auf -er (7).

Sachverständige, der und die: **1. besagtem Sachverständigen/Sachverständigem · ihr als Sachverständigen/Sachverständiger:** Zur Deklination substantivierter Adjektive ↑ Abgeordnete; ↑ Substantivierung (2).
2. einige Sachverständige · alle Sachverständigen · solche Sachverständige[n]: Zur Deklination von *Sachverständige* nach *alle, beide, einige* usw. ↑ all- usw.

Sack: 1. Als Maßbezeichnung bleibt *Sack* häufig ohne Flexionsendung: *3 Säcke Kaffee* oder *3 Sack Kaffee.* ↑ Maß-, Mengen- und Währungsangaben (1).
2. Das Gemessene nach *Sack: ein Sack Weizen* (nicht: *Weizens*); *ein Sack kanadischer Weizen* (gehoben: *kanadischen Weizens*); *der Preis eines Sackes Weizen; mit 30 Säcken brasilianischem Kaffee* (gehoben: *brasilianischen Kaffees*); *mit einem Sack neuer* (oder: *neue*) *Kartoffeln.* ↑ Apposition (3).

Saite/Seite: Die beiden Wörter werden beim übertragenen Gebrauch von *Saite* leicht miteinander verwechselt: *gleich gestimmte Saiten verwandter Seelen; andere Saiten aufziehen; eine Saite seines Wesens zum Erklingen bringen.* Bei diesen Beispielen lässt der jeweilige Zusammenhang (mit Wörtern wie *gleich gestimmt, aufziehen, erklingen*) erkennen, dass nicht *Seite,* sondern nur *Saite* gemeint sein kann.

salzen: Bei dem Verb *salzen* und seinen Ableitungen mit Präfix oder Verbpartikel gibt es zwei Formen des Partizips II, die aber verschieden gebraucht werden. Vgl. dazu ↑ gesalzen/gesalzt, ↑ einsalzen, ↑ entsalzen, ↑ versalzen.

Salzgitter: Die Einwohner von Salzgitter heißen *Salzgitterer* oder *Salzgitteraner.* Ortsüblich ist die Form *die Salzgitterschen.* ↑ Einwohnerbezeichnungen auf -er (2).

Samstag: Zu *Samstagabend* ↑ Dienstagabend. Zu *Samstagabend/samstagabends/samstags abends* ↑ Zeitangaben. Zu *am Samstag, dem/den 14. 1.* ↑ Datum. Zur Deklination *des Samstag[e]s/des Samstag* ↑ Wochentage.

Samstag/Sonnabend: Die räumliche Verteilung von *Samstag* und *Sonnabend* hält sich in etwa die Waage: *Samstag* gehört in den Süden, *Sonnabend* in den Norden des deutschen Sprachgebiets. Auch im Westen und Norden setzt sich *Samstag* allmählich durch. Im Osten ist überwiegend *Sonnabend* üblich.

samt: Die Präposition steht mit dem Dativ: *eine Blume samt Wurzeln; das Haus wurde samt allem Inventar versteigert.*

sämtlich: 1. für sämtliche anwesenden/anwesende Bürger: Das auf *sämtlich* folgende Adjektiv (Partizip) wird im Singular stark oder schwach flektiert: *sämtliches irdisches/irdische Leben, sämtlicher aufgehäufte[r] Sand, der Verlust sämtlicher vorhandener/vorhandenen Energie, mit sämtlichem gesammeltem/gesammelten Material, sämtliches vorhandene[s] Eigentum beschlagnahmen.* Bei substantivierten Adjektiven und im Plural herrscht die schwache Flexion vor: *sämtliches Irdische; sämtliche griechischen Bücher, sämtliche Beamten, sämtliche Gefangenen, für sämtliche anwesenden Mitglieder. ... [die] Mitglieder sämtlicher deutschen Parteien.* Im Nominativ und Akkusativ Plural tritt zwar auch starke Deklination auf, aber seltener als die schwache: *... dass Großbritannien nahezu sämtliche internationale Verträge kündigen müsste* (FAZ); häufiger: *sämtliche inter-*

nationalen Verträge. Im Genitiv Plural ist die starke Deklination hingegen verbreiteter: *die Kleidung sämtlicher Gefangener, die Abbestellung sämtlicher wissenschaftlicher Zeitschriften.* **2. sämtlich/sämtliche:** Die endungslose Form *sämtlich* wird als adverbiale Bestimmung im Sinne von „allesamt, vollzählig" gebraucht: *Die Mitglieder waren sämtlich erschienen.* Man beachte den Unterschied im Gebrauch: *sämtliche erschienenen Mitglieder* (= alle, die erschienen waren), aber: *die sämtlich erschienenen Mitglieder* (= die vollzählig, ohne Ausnahme erschienenen Mitglieder).

Sankt: *Sankt* (Abk.: St.; aus lateinisch *sanctus* „heilig") tritt nur als Bestandteil von Namen auf und wird deshalb immer großgeschrieben. Die Einwohnerbezeichnungen und die zugehörigen flexionslosen Adjektive kann man getrennt oder mit einem Bindestrich schreiben: *die St. Goarer/St.-Goarer Stiftskirche.* Bindestriche müssen jedoch stehen, wenn ein Heiligenname oder ein Ortsname mit *Sankt* Bestandteil einer Aneinanderreihung wird: *Sankt-Blasien-Straße; die Sankt-Marien-Kirche* (abgekürzt: *St.-Marien-Kirche*).

Sankt Galler: Die Einwohner von Sankt Gallen heißen im schweizerischen Sprachgebrauch *Sankt Galler,* in Deutschland auch *Sankt Gallener.* Zur Verwendung von Bindestrichen ↑ Sankt, ↑ Einwohnerbezeichnungen auf -er (1 und 6).

Satellit: Der Genitiv lautet *des Satelliten,* der Dativ und Akkusativ lauten *dem, den Satelliten* (vereinzelt: *Satellit*).

satt (etwas satthaben/satt sein): In der übertragenen Bedeutung „überdrüssig" kann *satt* sowohl als prädikativ gebrauchtes Adjektiv mit *sein* wie auch als Verbzusatz mit *haben* verbunden werden. In beiden Fällen steht heute das Objekt im Akkusativ: *Ich bin/habe deine Launen satt; weil ich diesen Regen satt bin/satthabe.* Das Genitivobjekt, das früher besonders bei *satt + sein* gebräuchlich war ist veraltet.

Sakko und Jackett

Nur wenige Wörter werden im Deutschen mit Doppel-k geschrieben – meist sind es Lehnwörter aus einer romanischen Sprache. Hierzu gehört der Begriff *Sakko,* der seit dem 19. Jh. im Gebrauch ist, als der Gehrock modisch abgelöst wurde. Der Name leitet sich ab von Italienisch: „sacco", was schlicht „Sack" bedeutet und auf den typischen geraden Schnitt hinweist. Der Begriff kam wohl über einen angelsächsischen Umweg ins Deutsche: nämlich über die sog. „sackcoat", wörtlich „Sackjacke". Tatsächlich heißt dasselbe Kleidungsstück auf Italienisch „giacca" – Jacke. Mit diesem Wort ist auch unser *Jackett* weitläufig verwandt. Es stammt ab vom französischen „jaquette", „Jäckchen", womit im 14. Jh. eine „Bauernjacke" bezeichnet wurde – erst im 19. Jh. erfuhr dieser Begriff den Bedeutungswandel zur „Anzugjacke".

Sau: Das Substantiv *die Sau* hat zwei Pluralformen: *die Säue* ist der allgemein übliche Plural von *Sau* in der Bedeutung „Hausschwein" und als Schimpfwort; *die Sauen* ist die in der Waidmannssprache gebräuchliche Pluralform für *Sau* in der Bedeutung „Wildschwein". Auch in der Landwirtschaft werden die weiblichen Zuchtschweine *Sauen* genannt.

saugen/säugen: 1. Die Verben *saugen* und *säugen* werden verschieden flektiert. Das transitive Verb *säugen* (= saugen lassen) folgt immer der schwachen Konjugation *(säugte, hat gesäugt).* **2.** Bei *saugen* tritt im Indikativ Präsens, anders als bei anderen starken Verben wie *saufen,* kein Umlaut ein: *ich sauge, du saugst, er, sie,* *es saugt.* Das Verb *saugen* bildet starke und schwache Formen: *ich sog, ich habe gesogen, ich söge* sowie *ich saugte, ich habe gesaugt, ich saugte.* Beim Partizip II ist die schwache Form häufiger. Ob starke oder schwache Formen gewählt werden, hängt auch von der Verwendung ab: *Sie sog/saugte Luft durch die Zähne. Genüsslich sog/saugte er die kühle Milch durch den Strohhalm. Sie hat nachdenklich an ihrer Unterlippe gesogen/gesaugt.*

-sch: Von Personennamen abgeleitete Adjektive mit der Endung *-sch (-sche, -scher, -sches)* werden im Allgemeinen kleingeschrieben: *die bismarcksche Politik, die goetheschen Dramen.* Diese Formen können großgeschrieben werden, wenn die Grundform des Personennamens durch einen Apostroph verdeutlicht werden soll: *die Bismarck'sche Politik, die Goethe'schen Dramen.* Außerdem werden sie als Eigennamen großgeschrieben: *die Galileischen Monde.*

-schafter/-schaftler: Bei Ableitungen von Verben wird immer *-schafter* gebraucht: *kundschaften – Kundschafter, wirtschaften – Wirtschafter* („Verwalter"). Bei Ableitungen von Substantiven können *-schafter* und *-schaftler* auftreten: *Gesellschafter, Botschafter,* ↑ *Gewerkschafter/Gewerkschaftler.* Neben der standardsprachlich üblichen Form *Wissenschaftler* ist in Österreich und in der Schweiz die Form *Wissenschafter* gebräuchlich. Neu gebildete Ableitungen von Substantiven enthalten oft *-ler.*

schämen, sich: Das Verb wird in der geschriebenen Sprache noch weithin mit dem Genitiv verbunden: *Und wenn sich einer seiner Vergangenheit schämt, ist es, als schäme er sich seiner Eltern* (Kirst). Daneben wird häufig auch der Anschluss mit *für,* seltener mit *wegen* verwendet: *Sie schämten sich wegen ihres Versagens. Ich schäme mich für meinen Freund.*

Schar: 1. eine Schar Mitwirkender/Mitwirkende · mit einer Schar fröhlicher Kinder/fröhliche Kinder: Nach *Schar* kann die Angabe, woraus die Schar besteht, im Genitiv oder als Apposition stehen: *eine Schar Mitwirkender*/(auch:) *Mitwirkende. Wir trafen auf eine Schar junger Leute* / (auch:) *junge Leute.* Im Dativ: *Sie kam mit einer Schar fröhlicher Kinder*/(auch:) *fröhliche Kinder.* ↑ Apposition (3).

2. Eine Schar Kinder stand/standen um sie herum: Wenn nach *Schar* die Angabe, woraus die Schar besteht, im Plural folgt, steht das Verb gewöhnlich im Singular, weil das Subjekt mit dem Kern *Schar* formal ein Singular ist: *Eine Schar Kinder stand um sie herum.* Gelegentlich wird aber nach dem Sinn konstruiert und das Verb in den Plural gesetzt: *Eine Schar Kinder standen um sie herum.*

schauen/sehen: Das Verb *schauen* wird regional, besonders in Süddeutschland, in Österreich und der Schweiz, anstelle von *sehen* gebraucht; es drückt dann das bewusste Hinsehen auf etwas aus: *Ich schaute* (sonst: *sah*) *auf die Uhr. Schau* (sonst: *Sieh*) *einmal! Du musst schauen* (sonst: *sehen*), *dass du bald fertig wirst.* Im Sinn von „mit den Augen wahrnehmen" wird jedoch standard- und umgangssprachlich nur *sehen* verwendet: *In der Kassenschlange habe ich deine Schwester gesehen* (nicht: *geschaut*).

scheiden: Im Sinne von „trennen" bildet *scheiden* das Perfekt mit *haben: Wer hat die Böcke von den Schafen geschieden?* Ebenso bei reflexivem Gebrauch: *In dieser Frage haben sich die Meinungen geschieden.* In der Bedeutung „fortgehen, Abschied nehmen" bildet *scheiden* das Perfekt mit *sein: Sie ist 2016 aus dem Dienst geschieden. Wir sind als Freunde voneinander geschieden.*

scheinbar/anscheinend: ↑ anscheinend/scheinbar.

scheinen: 1. Das Verb *scheinen* wird standardsprachlich stark konjugiert: *scheinen, schien, geschienen.*

2. In Verbindung mit einem Infinitiv mit *zu* wird das Verb *scheinen* als Modalitätsverb gebraucht. Es wird kein Komma gesetzt: *Du scheinst heute schlecht gelaunt zu sein. Das schien ihnen nicht zu genügen.* ↑ Komma (6.3). **3.** ↑ erscheinen/scheinen.

scheren: Man unterscheidet folgende Formen und Anwendungen: *Sie haben die Schafe geschoren. Er schor ihm den Bart. Man hat ihm den Schädel kahl geschoren.* (Schwache Formen wie *scherte, geschert* kommen hier ganz selten vor.)

schick, Schick/ chic, Chic: Im Bereich der Modesprache findet man oft die französische Schreibung *Chic* neben der deutschen *(Der Mantel hat Chic/Schick).* Besonders bei der unflektierten Form des Adjektivs *chic/schick* „modisch; geschmackvoll" wird die Schreibung *chic* häufig vorgezogen *(Der Mantel ist chic/schick).* In den flektierten Formen *(ein schicker Mantel, die Farbe des schicken Kleides, schicker, am schicksten)* wird jedoch nur die eingedeutschte Schreibung *schick* gebraucht.

schief/schräg: *schräg* bedeutet „von einer [gedachten] senkrechten oder waagerechten Bezugslinie in gerader Richtung abweichend, ohne einen rechten Winkel zu bilden". Es wird im Allgemeinen sachlich feststellend gebraucht, wenn man Lage oder Stellung irgendwelcher Dinge in Bezug auf eine als Richtschnur dienende Umgebung näher bezeichnen will: *Der Schreibtisch stand schräg im Raum. Die Pfähle wurden schräg eingerammt.* Demgegenüber bringt *schief* meist negativ wertend zum Ausdruck, dass sich etwas nicht in der vorgesehenen geraden Lage oder Stellung befindet, in der es eigentlich sein sollte: *Die Mauer ist ja ganz schief. Das Bild hängt schief.* Dieser wertende Bedeutungsanteil lässt sich aber nicht verallgemeinern. So spricht man abwertend beispielsweise von einem „schrägen Argument" und fachsprachlich ohne Wertung von einer „schiefen Ebene".

schießen: 1. Er hat mir/mich ins Bein geschossen · Ein Gedanke schoss ihm durch den Kopf: Wird *schießen* in seiner Grundbedeutung „einen Schuss abgeben" verwendet, kann die betroffene Person im Dativ oder (seltener) im Akkusativ stehen: *Der Polizist schoss dem/den Fliehenden ins Bein.* Wird *schießen* dagegen in der Bedeutung „sich schnell fortbewegen" auf einen Körperteil bezogen, ist nur der Dativ möglich: *Die Tränen schossen ihm aus den Augen. Ein Gedanke schoss ihr durch den Kopf.* (Vgl. auch ↑ beißen, ↑ schlagen, ↑ treten.)
2. Hat *schießen* die Bedeutung „einen Schuss abgeben", wird sein Perfekt mit *haben* gebildet: *Wer*

Schema F und Amtsschimmel – bürokratische Redensarten

Etwas nach Schema F zu machen bedeutet, in Routinen festzustecken, stereotyp immer dasselbe zu tun. Der Ursprung des Ausdrucks lässt sich recht genau eingrenzen. Im Jahr 1861 führte die preußische Armee ein Formular (in der damaligen Militärsprache: Schema) zum sog. Frontalrapport ein, mit dem die Truppenstärke und -ausrüstung bestimmt wurde. Dieses Formular war mit dem Buchstaben F beschriftet: das berühmte Schema F. Sich penibel auch an unsinnige Vorschriften zu halten, wird mit einer anderen Redensart bezeichnet: Mal reitet jemand den Amtsschimmel, mal wiehert er. Diese Redensart stammt ebenfalls aus dem 19. Jh. Sie leitet sich wahrscheinlich vom Begriff *Simile* (von Lateinisch: „similis", „ähnlich") ab, mit dem in Österreich Formulare bezeichnet wurden. Ein Similereiter, im Volksmund also Schimmelreiter, war demnach jemand, der auf umständliches bürokratisches Handeln bestand.

hat geschossen? Dagegen wird das Perfekt von *schießen* in der Bedeutung „sich schnell fortbewegen" mit *sein* gebildet: *Der Gedanke ist ihr im richtigen Augenblick durch den Kopf geschossen. Er ist damit weit übers Ziel [hinaus]geschossen.*

Schiffsnamen: 1. Genus: Namen von Schiffen sind im Allgemeinen Feminina, vor allem bei Schiffen, die nach Städten und Ländern benannt sind: *die „Bremen", die „Deutschland", die „Europa".* Das gilt heute (nach englischem Vorbild) meist auch dann, wenn ein maskuliner Personenname zugrunde liegt: *die „Graf Spee", die „Bismarck", die „General San Martin", die „Gorch Fock".* Bei Sach- und Tiernamen bleibt das Genus des Namens meist erhalten, feminines Genus ist aber auch möglich: *die Seetüchtigkeit des „Pfeils"/der „Pfeil", das/die „Windspiel", das/die „Krokodil", der/die „Kormoran", der/die „Condor".*

2. Deklination: Schiffsnamen sollten auch dann flektiert werden, wenn sie in Anführungszeichen stehen: *die Seetüchtigkeit des „Pfeils", eine Fahrt mit der „Blauen Ferne".*

3. Gebrauch des Artikels bei Kurzformen: Der Artikel wird beim Gebrauch von Kurzformen bei Schiffsnamen im Allgemeinen weggelassen: *SMS Gneisenau, Kreuzfahrt mit TSS Elektra, U 8 ist gesunken, Transfer von TSS Athinai auf MS Mykonos.* Wird ein Artikel verwendet, dann steht der Gesamtausdruck im Femininum: *die Ankunft der TSS Elektra, der Untergang der SMS Gneisenau.*

schlagen (Er schlug mir/mich auf die Schulter · Die Zweige schlugen mir ins Gesicht): Wird *schlagen* auf einen Körperteil bezogen, kann die betroffene Person im Dativ oder (seltener) im Akkusativ stehen: *Wer hat dir / dich auf die Nase geschlagen? Mein Freund schlug mir / mich auf die Schulter. Ich schlug mir / mich an die Stirn.* Bei einem nicht persönlichen Subjekt wird fast ausschließlich der Dativ verwendet: *Die Zweige schlugen mir ins Gesicht.*

Schlagwort: Das Substantiv *Schlagwort* hat zwei Pluralformen: *die Schlagwörter* und *die Schlagworte.* Nur der Plural *Schlagwörter* wird verwendet, wenn einzelne Wörter, z. B. Stichwörter in einem Lexikon oder einem Schlagwortkatalog, gemeint sind: *Die Schlagwörter sind halbfett gedruckt.* Im Sinne von „Ausspruch, Parole, Propagandamittel" wird meist die Pluralform *Schlagworte,* selten auch *Schlagwörter* verwendet. ↑ Wort.

schleifen: In der Bedeutung „schärfen; eine Oberfläche bearbeiten, glätten" wird *schleifen* stark flektiert *(Ich schliff mein Messer/habe es geschliffen; auf der geschliffenen Oberfläche),* in der Bedeutung „über den Boden ziehen, sich am Boden [hin] bewegen" und in der Wendung *eine Festung schleifen* (= dem Erdboden gleichmachen) dagegen schwach: *Sie schleiften ihn in den Gang. Sie war über die Straße geschleift worden. Das Kleid schleifte auf dem Boden. Die Festung wurde geschleift.*

schluckweise: ↑ -weise.

schlussendlich: Hierbei handelt es sich um ein besonders im Schweizerischen übliches Adverb mit der Bedeutung „schließlich, endlich, zum Schluss".

schlussfolgern: Das Verb *schlussfolgern* wird nicht getrennt: *ich schlussfolgere, ich habe geschlussfolgert; um zu schlussfolgern.*

schmalzen/schmälzen: Beide Wörter werden gleichermaßen mit der Bedeutung „Speisen mit Schmalz zubereiten" gebraucht. Während aber *schmalzen* im Partizip II sowohl die Formen *geschmalzt* als auch *geschmalzen* (in übertragener Bedeutung *[ein geschmalzener Preis]* nur so) hat, gibt es zu *schmälzen* nur *geschmälzt (geschmälzte Maultaschen).* Die rechtschreibliche Variante mit *e (geschmelzt)* ist landschaftlich.

schmecken: Die Ausdrucksweise *etwas schmeckt schön* (standardsprachlich: *etwas schmeckt gut*) ist regional umgangssprachlich. ↑ gut/schön.

schmeicheln: 1. Rektion: Das Verb *schmeicheln* wird heute mit dem Dativ verbunden: *Es schmeichelt mir. Er schmeichelt allen Leuten. Der Haarschnitt schmeichelt deinem Gesicht* (= passt sehr gut dazu).

2. ein geschmeicheltes Bild · sich geschmeichelt fühlen: Diese Verwendungen des Partizips II erinnern daran, dass *schmeicheln* früher mit dem Akkusativ verbunden und transitiv gebraucht wurde: *Ich fühlte mich sehr geschmeichelt* (= geehrt). *Das Bild ist sehr geschmeichelt* (= zu vorteilhaft), *ein sehr geschmeicheltes Bild.*

schmelzen: 1. schwache und starke Konjugation: Intransitives *schmelzen* in der Bedeutung „flüssig, weich werden" wird stark konjugiert: *du schmilzt, er, sie, es schmilzt, schmolz, ist geschmolzen.* Transitives *schmelzen* in der Bedeutung „flüssig machen" wurde früher schwach konjugiert *(er, sie es schmelzt, schmelzte, geschmelzt).* Heute herrschen jedoch in der Standardsprache auch hier die starken Formen vor: *du schmilzt, er, sie, es schmilzt, schmolz das Eisen.*

2. du schmilzest/ schmilzt: Die Form *du schmilzest* ist veraltet; üblich ist heute *du schmilzt.*

3. schmelzendst: Beim Superlativ des Partizips I fällt das *d* nicht weg: *der schmelzendste Gesang.*

schmerzen: Ist das Subjekt zu *schmerzen* ein Körperteil, kann das Verb sowohl mit dem Dativ als auch mit dem Akkusativ verbunden werden: *Mir/Mich schmerzte die Schulter.* Bei einem anderen Subjekt kann *schmerzen* nur mit dem Akkusativ verbunden werden: *Aber der Gedanke schmerzt mich nicht* (Rinser).

schnauben: 1. Umlaut: Im Gegensatz zu anderen starken Verben mit *au* haben die 2. und 3. Person Singular Indikativ Präsens Aktiv von *schnauben* keinen Umlaut: *du schnaubst, er, sie, es schnaubt.*

2. Konjugation: Statt der alten starken Formen *schnob* und *geschnoben* sind heute die schwachen Formen *schnaubte* und *geschnaubt* vorherrschend.

schneiden: Wird *schneiden* durch eine Präposition auf die Bezeichnung eines Körperteils bezogen, kann die betroffene Person im Dativ oder (seltener) im Akkusativ stehen: *Der Friseur hat dem/den Kunden versehentlich ins Ohr geschnitten. Ich habe mir/mich in den Finger geschnitten.* Bei einem nicht persönlichen Subjekt überwiegt der Dativ bei Weitem: *Das Seil schnitt mir/*(selten:) *mich in die Hand. Die Kälte schnitt mir* (nicht: *mich*) *ins Gesicht.* Ähnlich wie *schneiden* werden auch andere Verben der körperlichen Berührung behandelt, vgl. z. B. ↑ schlagen, ↑ beißen, ↑ treten.

schnellstmöglich: Bei Adjektivkomposita wird in der Regel nur ein Glied gesteigert. Da *schnellst* bereits ein Superlativ ist, erfolgt keine weitere Komparation an *möglich.* Es heißt deshalb: *Ich bitte um schnellstmögliche Nachricht.* ↑ möglich.

schon bereits: Die Verwendung von *schon bereits* ist eine unnötige Wiederholung, da beide Wörter das Gleiche ausdrücken. Es heißt also: *Ich habe den Brief schon geschrieben* oder *Ich habe den Brief bereits geschrieben,* aber nicht: *Ich habe den Brief schon bereits geschrieben.*

schräg/schief: ↑ schief/schräg.

Schrägstrich: Vor und nach dem Schrägstrich steht in der Regel kein Zwischenraum. Vor allem bei der Zusammenfassung von Wortgruppen ist jedoch die Schreibung mit Zwischenräumen auch üblich.

schrecken: Das Verb *schrecken* kann sowohl stark als auch schwach konjugiert werden. Das intransitive (starke) *schrecken* kommt heute nur noch in Präfixbildungen *(erschrecken)* und mit Verbpartikel *(auf-, hoch-, zurück-, zusammenschrecken)* vor: *[er]schrecken – [er]schrak] – [er]schrocken: Der Konvent schrickt auf bei der Nachricht* (St. Zweig). *Dann schraken sie erneut zusammen* (Ott). Neben die starken Formen treten jedoch nicht selten auch schwache: *McDowell schreckte aus seinen Gedanken auf* (Thorwald). Das transitive Verb *schrecken* (mit Akkusativobjekt) wird schwach konjugiert: *schrecken – schreckte – geschreckt.* Diese Formen gelten auch für die dazugehörigen Präfixbildungen *(erschrecken,* selten: *verschrecken)* und Verben mit Verbpartikel *(ab-, auf-, zurückschrecken): Du hast mich erschreckt. Ich schreckte die Eier ab.* Auch *zurückschrecken* wird bei transitivem Gebrauch schwach flektiert. Beim intransitiven Gebrauch zeichnen sich jedoch gewisse Unterschiede zwischen konkretem und übertragenem Gebrauch ab. Das konkret gebrauchte intransitive *zurückschrecken* wird im Präteritum noch weitgehend stark flektiert: *Ich schrak [vor der Schlange] zurück.* Das dazugehörige Partizip II wird jedoch schwach gebildet: *Ich bin plötzlich zurückgeschreckt.* Beim übertragenen intransitiven Gebrauch, verbunden mit der Präposition *vor* (*vor etwas zurückschrecken* „etwas nicht wagen"), dominieren die schwachen Formen: *Einstweilen schreckte ich noch davor zurück ...* ↑ erschrecken.

Schreck/Schrecken: Zwei Formen des Substantivs stehen nebeneinander: *der Schreck, des Schreck[e]s,* Plural (selten): *die Schrecke* und *der Schrecken, des Schreckens,* Plural: *die Schrecken.* Die beiden Wörter sind nicht völlig gleichbedeutend: *der Schreck* bedeutet „kurze, plötzliche seelische Erschütterung [mit körperlichen Auswirkungen], die durch etwas Unerwartetes, meist Unangenehmes oder Angsteinflößendes, hervorgerufen wird": *... und wie ein ungeheurer Schreck durchzuckte ihn der Gedanke* (Ott). Der Gebrauch des Substantivs *der Schrecken* in dieser Bedeutung ist – abgesehen von der Wendung *mit dem Schrecken davonkommen* – vor allem regionalsprachlich. Das Substantiv *der Schrecken* bedeutet „lähmende, Entsetzen und Furcht verbreitende Wirkung von etwas [und der daraus folgende länger andauernde Zustand seelischer Qual und Not]": *Die europäischen Völker haben den Schrecken, den Deutschland verbreitet hat, noch in den Knochen* (Augstein). *Ihr Untergang erzeugt einen panischen Schrecken bei den Goten* (Thieß).

Schredder, schreddern: Man schreibt das Substantiv *Schredder* und das davon abgeleitete Verb *schreddern* mit *sch.* Die Schreibung nach englischem Vorbild mit *sh* ist im Deutschen nicht korrekt.

schreiben: 1. schreiben auf: Wird ein Ort bezeichnet, dann steht der Dativ (Frage: wo?): *Ich schreibe auf den Knien* (= benutze die Knie als Unterlage). *Er schreibt auf blauem Papier* (= benutzt blaues Papier zum Schreiben). Wird eine Richtung bezeichnet, dann steht der Akkusativ (Frage: wohin?): *Er hat auf blaues Papier geschrieben.* Wenn man angibt, was geschrieben wird, kann nach *auf* nur Akkusativ stehen: *Ich schreibe meine Adresse auf den Zettel.*

2. jemandem/an jemanden schreiben: Man kann sowohl sagen *jmdm. schreiben* als auch *an jmdn. schreiben: Ich habe ihr/an sie [einen Brief] geschrieben.* Die Konstruktion mit *an* hebt hervor, dass man sich in einer bestimmten Angelegenheit an einen Adressaten (z. B. an eine Behörde oder öffentliche Stelle) wendet.

schreien: Für das Partizip II ist nur die Schreibung *geschrien* korrekt, da ein *e* weggelassen wird, wenn die Flexionsendung *en* auf *ie* folgt.

Schritt: Als Maßbezeichnung bleibt *Schritt* häufig ohne Flexionsendung: *drei Schritt/*(seltener:) *Schritte breit.* Bei der Angabe größerer Entfernungen wird die Form mit Pluralendung vorgezogen: *Der Baum war 50 Schritte /* (seltener:) *Schritt entfernt.* ↑ Maß-, Mengen- und Währungsangaben (1).

Schuld: Groß schreibt man das Substantiv z. B. in: *Das ist meine Schuld.* Ebenfalls groß: *Er hat Schuld [daran].* Aber mit *sein* klein: *Sie ist nicht schuld.* Zusammen oder getrennt und groß kann geschrieben werden: *Er hat sich nichts zuschulden/zu Schulden kommen lassen.*

Schuss: 1. Als Maß- bzw. Mengenbezeichnung bleibt *Schuss* gewöhnlich ohne Flexionsendung: *drei Schuss Rum; mit 50 Schuss Pistolenmunition.*

Zu *Er hat 2 Schuss/2 Schüsse abgegeben* ↑ Maß-, Mengen- und Währungsangaben (1).

2. Das Gemessene nach *Schuss: ein Schuss Rotwein* (nicht: *Rotweins*); *mit einem Schuss schottischem Whisky* (gehoben: *schottischen Whiskys*); *unter Beigabe eines Schusses Rum/ Schuss Rums* ↑ Apposition (3).

Schwan: Das Substantiv *Schwan* wird heute stark dekliniert: *der Schwan, des Schwan[e]s, dem Schwan[e], den Schwan, die Schwäne* usw. Früher hatten Genitiv, Dativ und Akkusativ im Singular und auch der Plural die schwache Endung *-en*. Aus dieser Zeit stammt die heute unübliche Form mit *-en* in dem Namen „Gasthaus zum Schwanen". Entsprechend lässt sich auch die schwache Deklinationsendung in „Gasthaus zum Hirschen" erklären. In regionaler Umgangssprache wird das „zum" zuweilen weggelassen, daher liest man auch Aufschriften wie „Gasthaus Schwanen", „Hotel Hirschen".

Schwarm: 1. ein Schwarm wilde Tauben/ wilder Tauben: Nach *Schwarm* kann die Angabe, woraus der Schwarm besteht, im Genitiv oder als Apposition stehen: *Sie sahen einen Schwarm wilder Tauben*/(seltener:) *wilde Tauben. Der Wärter verwies einen Schwarm lärmender Jugendlicher*/(selten:) *lärmende Jugendliche aus dem Park.*

2. Ein Schwarm Kinder folgte/folgten dem Wagen: Folgt man der grammatischen Kongruenz, steht das Verb im Singular, weil *Schwarm* formal ein Singular ist: *Ein Schwarm Kinder folgte dem Wagen.* Es kann aber auch nach dem Sinn konstruiert und das Verb in den Plural gesetzt werden: *Ein Schwarm Kinder folgten dem Wagen.*

schwarz: 1. Groß oder klein? Klein schreibt man: *schwarz in schwarz, da steht es schwarz auf weiß.* Groß schreibt man das substantivierte Adjektiv: *die Farbe Schwarz, in Schwarz. Meine Lieblingsfarbe ist* (was?) *Schwarz.* (Aber: *Das Kleid ist* [wie?] *schwarz.*) Bei übertragener Gesamtbedeutung kann groß- oder kleingeschrieben werden: *das Schwarze/schwarze Brett* (= Anschlagbrett), *jemandem den Schwarzen/schwarzen Peter zuspielen* (= die Schuld geben).

2. Getrennt oder zusammen? ↑ Farbbezeichnungen (3.3). Zur Flexion, Steigerung und zur Zusammenschreibung oder zum Bindestrich bei Zusammensetzungen mit *schwarz* ↑ Farbbezeichnungen.

3. Vergleichsformen: Wie die meisten Farbadjektive kann auch *schwarz* gesteigert werden. Die Vergleichsformen werden mit Umlaut gebildet: *Dieses Tuch ist schwärzer als jenes. Sie hatte das schwärzeste Haar.*

4. des Schwarz/des Schwarzes: Der Genitiv des Substantivs kann endungslos sein *(des Schwarz)* oder mit der Endung *-es* gebildet werden: *des Schwarzes.*

Schwarze:

Generell sollte man, um einen Menschen zu identifizieren oder zu beschreiben, nicht als Erstes auf die Hautfarbe Bezug nehmen. Die Bezeichnungen *Schwarze, Schwarzer* sollten daher nur verwendet werden, wenn in bestimmten Kontexten die Hautfarbe relevant ist. Als Bezeichnung für in Deutschland lebende Menschen dunkler Hautfarbe wird auch *Afrodeutsche, Afrodeutscher* verwendet. ↑ Farbige.

schwarz-rot-golden/schwarzrotgolden, Schwarz-Rot-Gold/Schwarzrotgold: Man schreibt das Adjektivkompositum mit oder ohne Bindestriche zusammen. Da es sich um eine Kombination verschiedener Farben handelt, sind Bindestriche zu empfehlen: *eine schwarz-rot-goldene/schwarzrotgoldene Fahne.* Das Substantiv wird ebenfalls mit oder ohne Bindestriche zusammengeschrieben: *die Fahne Schwarz-Rot-Gold/Schwarzrotgold.* ↑ Farbbezeichnungen (3.1).

Schwarz-Weiß-Malerei/Schwarzweißmalerei: ↑ Farbbezeichnungen (3.1).

schwarz-weiß/schwarzweiß malen: Auch in der übertragenen Bedeutung „einseitig positiv

Substantiv-Verb-Verbindungen

Zu den Unsicherheiten in der deutschen Rechtschreibung gehört immer wieder die Frage nach der Getrennt- und Zusammenschreibung von Substantiv-Verb-Verbindungen. Es heißt korrekt: *Eis essen*, aber *eislaufen*. Warum? Die Verbindungen, so lautet die Regel, werden immer dann getrennt geschrieben, wenn das Substantiv eigenständig ist – und das ist meistens der Fall. Es heißt daher: *Auto fahren, Rad fahren, Fußball spielen.* Eine Zusammenschreibung gilt hier ausschließlich bei Substantivierung! (siehe S. 271) Klein und zusammen werden Substantiv-Verb-Verbindungen aber immer dann geschrieben, wenn das Substantiv verblasst ist. Und deshalb heißt es: *Eis essen*, aber *eislaufen*. Bei manchen Zusammensetzungen sind auch beide Schreibweisen erlaubt, z. B. *Halt machen/haltmachen*.

oder negativ beurteilen" schreibt man getrennt vom Verb *malen*. Der Bindestrich im ersten Teil der Fügung ist zu empfehlen, er muss aber nicht stehen: *schwarz-weiß malen/ schwarzweiß malen*. Die Formen lauten: *Er hat schwarz-weiß gemalt. Sie malt schwarz-weiß. Er pflegte schwarz-weiß zu malen.* ↑ Farbbezeichnungen (3.1).

schwellen: Das intransitive Verb *schwellen* „größer werden" wird stark konjugiert: *schwillt – schwoll – geschwollen*: *Bochow schwollen die Adern an den Schläfen* (Apitz). Das transitive Handlungsverb *schwellen* „zum Schwellen bringen, weiten, größer machen" wird dagegen schwach konjugiert: *schwellt – schwellte – geschwellt*: *Der Wind schwellte die Segel. Der Stolz hat seine Brust geschwellt.*

schwer: Vom Verb *sein* schreibt man immer getrennt: *Das scheint schwer zu sein.* Getrennt schreibt man auch, wenn *schwer* eine eigenständige Bedeutung hat: *Du hast den Koffer aber schwer gemacht! Sie ist schwer* (= gefährlich) *gefallen* (= gestürzt), *hat sich schwer* (= ernsthaft) *verletzt. Das lässt sich schwer* (= schwerlich, kaum) *machen* (= verwirklichen). Getrennt oder zusammen kann man schreiben: *Die Entscheidung hat uns das Leben schwer gemacht/schwergemacht* (= erschwert). Bei erweiterten oder gesteigerten Adjektiven ist die Getrenntschreibung üblich: *Das hat es uns äußerst schwer, noch [viel] schwerer gemacht.* Zusammen schreibt man: *... damit du es nicht [so] schwernimmst* (= dir nicht [so] zu Herzen nimmst); aber: *... damit du es nicht allzu schwer nimmst. Das ist ihr nicht [besonders] schwergefallen* (= hat sie nicht viel Mühe gekostet); aber: *Das ist ihr viel zu schwer gefallen. Damit habe ich mich [sehr] schwergetan* (↑ schwertun, sich). Von den meisten Adjektiven und Partizipien schreibt man *schwer* üblicherweise getrennt: *schwer begreiflich, schwer nachvollziehbar.* Es gibt jedoch einige besonders häufig gebrauchte Verbindungen, bei denen neben der Getrenntschreibung auch die Zusammenschreibung üblich und korrekt ist: *ein schwer kranker/schwerkranker Mann* (substantiviert: *mit einer Gruppe Schwerkranker/schwer Kranker arbeiten*); *schwer erziehbare/schwererziehbare Kinder* (substantiviert: *eine Anlaufstelle für Schwererziehbare/schwer Erziehbare einrichten*); *eine schwer verständliche/schwer-*

verständliche Sprache (Steigerung: *eine noch schwerer verständliche Sprache, der am schwersten verständliche seiner Romane*); *schwer verletzte/schwerverletzte Opfer* (substantiviert: *ein Unfall mit mehreren Schwerverletzten/schwer Verletzten und Toten*). *Es bestehen [sehr] schwerwiegende/schwer wiegende Bedenken. Ich halte diese Gründe nicht für [besonders] schwerwiegend/schwer wiegend.* Nur zusammen schreibt man: *Sie ist schwerreich* (= sehr reich). Ebenso wenn *schwerwiegend* als Ganzes gesteigert ist: *Es liegen schwerwiegendere Gründe vor. Die schwerwiegendsten Gründe hatte der Verdächtige.* Vgl. weiterhin ↑ schwerbehindert/schwer behindert; ↑ schwerbeschädigt/schwer beschädigt.

schwerbehindert/schwer behindert: Man kann schreiben: *Sie ist schwerbehindert, hat einen schwerbehinderten Sohn* oder *Sie ist schwer behindert, hat einen schwer behinderten Sohn.* Besonders in der Amtssprache ist die Zusammenschreibung üblich, weil in diesem Zusammenhang fachsprachliche Genauigkeit angestrebt wird: Mit dem Status eines/einer *Schwerbehinderten* (nicht: *schwer Behinderten*) sind Rechte wie z. B. der Besitz eines *Schwerbehindertenausweises* verbunden. Zur Deklination von *Schwerbehinderte* ↑ Substantivierung (2).

schwerbeschädigt/schwer beschädigt:
1. Rechtschreibung: Mit Bezug auf Menschen, d. h. in der Bedeutung „durch gesundheitliche Schädigung nur beschränkt erwerbsfähig", schreibt man üblicherweise zusammen: *eine schwerbeschädigte Person.* Die Getrenntschreibung *schwer beschädigt* ist ebenso korrekt (vgl. ↑ schwerbehindert/schwer behindert). Getrennt schreibt man: *ein [besonders] schwer beschädigter Wagen.*
2. schädigen/beschädigen: Außerhalb der unter (1) beschriebenen speziellen Bedeutung des Partizips II verwendet man in Bezug auf Personen und in Bezug auf den menschlichen Körper oder den Körper eines Tieres nicht das Verb *beschädigen,* sondern das Verb *schädigen: Beide Nieren sind schwer geschädigt. Sind Sie der Geschädigte?*

schwerfallen: ↑ schwer.

schwernehmen: ↑ schwer.

schwertun, sich: Man schreibt *sich schwertun* „Schwierigkeiten mit etwas haben" zusammen, auch wenn das Adjektiv erweitert oder gesteigert ist: *Mit dieser Aufgabe hat sie sich [sehr] schwergetan, schwerergetan.* Aber: *Damit hat sie sich allzu schwer getan, noch [viel] schwerer getan.* Bei *sich* handelt es sich meist um einen Akkusativ, selten um einen Dativ: *Ich habe mich/mir in der Schule nicht schwergetan.*

schwerwiegend/schwer wiegend: ↑ schwer.

schwimmen: ↑ Perfektbildung mit sein/haben.

schwul, Schwuler:
Die Ausdrücke *schwul, Schwuler* waren lange lediglich abwertende Bezeichnungen für männliche Homosexuelle. Seit den Siebziger- und Achtzigerjahren des 20. Jhs. werden sie aber von Homosexuellen zunehmend als Eigenbezeichnungen verwendet. Sie setzen sich jetzt immer stärker auch im öffentlichen Sprachgebrauch durch. Der abwertende Gebrauch von *schwul* in Bezug auf Gegenstände oder Sachverhalte (etwa im Sinne von „seltsam" o. Ä.) ist diskriminierend und sollte generell, auch in der Umgangssprache, vermieden werden. Weibliche Homosexuelle nennen sich ↑ *Lesben.* Als Adjektiv mit der Bedeutung „Schwule und Lesben betreffend" verwendet man in Bezug auf Politisches oder Kulturelles anstelle von *homosexuell* das Kompositum *schwul-lesbisch.* ↑ Political Correctness.

sechs: ↑ acht/Acht, ↑ Rechenaufgaben ↑ Zensuren.

sehen: 1. sehen als: Wenn das Verb *sehen als* reflexiv gebraucht wird, steht das auf *als* folgende Substantiv meist im Nominativ: *Er sieht sich schon als großer Künstler.* Der Akkusativ, d. h. die Beziehung auf *sich,* veraltet allmählich: *Er sieht sich schon als großen Künstler.* Bei nicht reflexivem Gebrauch wird durch einen Akkusativ nach *als* der Bezug auf das Akkusativobjekt gekennzeichnet: *Er sieht ihn als großen Künstler.*

2. *Ich habe ihn kommen sehen/gesehen* (Infinitiv statt Partizip II): Nach einem Infinitiv ohne *zu* steht *sehen* überwiegend ebenfalls im Infinitiv: *Ich habe das Unglück kommen sehen.* Seltener, aber ebenfalls möglich: *Sie hat das Unglück kommen gesehen.* ↑ Infinitiv und Infinitivgruppe (2).

sehen/schauen: ↑ schauen/sehen.

seid/seit: Die Verbform *seid* (2. Person Plural Indikativ Präsens und Imperativ Plural von *sein*) wird mit *d*, die Präposition und Konjunktion *seit* mit *t* geschrieben: *Ihr seid wohl neu hier? Seid pünktlich!* Aber: *Er ist seit gestern krank. Seit sie die Abteilung leitet, sind alle zufrieden.* Und: *Seit ihr hier seid, seid ihr zufrieden.*

Seien Sie so gut ...: Es heißt standardsprachlich: *Seien Sie so gut ...* (nicht: *Sind Sie so gut ...*).

sei es - sei es: Wird *sei es – sei es* durch *oder* verbunden, dann kann das zweite *sei es* weggelassen werden: *sei es heute, sei es morgen* oder *sei es heute oder sei es morgen* oder *sei es heute oder morgen.*

[1]sein: Klein schreibt man das Possessiv: *seine Eltern; alles, was sein ist, es ist sein[s].* Groß- oder kleinschreiben kann man: *Er vernachlässigte die Seinen/seinen, er muss das Seine/seine/(Seinige/seinige) dazu tun.* Immer groß schreibt man in historischen Titeln: *Seine* (Abk.: *S[e].*) *Exzellenz, Seiner* (Abk.: *Sr.*) *Exzellenz; ein Brief für Seine Majestät den König.* ↑ Anrede (2). Zu *meinem Vater sein Haus* o.Ä. ↑ Genitivattribut (1.1).

[2]sein: Verbindungen mit dem Verb *sein* werden getrennt geschrieben: *ab sein, da sein* (aber substantiviert: *das Dasein*), *drauf sein* (ugs.), *hier sein.*

sein/dessen: ↑ deren/dessen vs. ihr/sein.

seine/Seine: ↑ [1]sein.

seinetwegen: ↑ wegen (2).

sein/gehören: Zu *das gehört/ist mir* ↑ gehören (1).

sein/haben: Zu *jemand ist/hat geschwommen, geritten, getanzt* ↑ Perfektbildung mit sein/haben.

seinige/Seinige: ↑ [1]sein.

sein / ist / sind: ↑ ist/sind.

sein/werden: Es heißt richtig: *Die Mitglieder werden* (nicht: *sind*) *gebeten, pünktlich zu erscheinen.*

[1]seit: 1. Rektion der Präposition *seit*: Die Präposition *seit* regiert den Dativ: *seit meiner Rückkehr, seit Langem.*

2. Gebrauch der Präposition *seit*: Die Präposition *seit* gibt (ebenso wie die gleichlautende Konjunktion) den Zeitpunkt an, zu dem ein Zustand eingetreten ist oder ein zu einer bestimmten Zeit noch andauernder Vorgang begonnen hat. Sie darf deshalb nur in Verbindung mit Verben stehen, die Zustände oder in der Zeit verlaufende Vorgänge bezeichnen (z.B. *arbeiten, sein*), nicht aber in Verbindung mit Verben, die einen in sich abgeschlossenen, häufig punktuellen Vorgang bezeichnen (z.B. *beginnen, sterben*): *Er arbeitet seit dem 1. August bei uns. Sie ist seit drei Jahren Geschäftsführerin.* Aber: *Er begann seine Arbeit am* (nicht: *seit*) *1. August. Sie ist vor* (nicht: *seit*) *drei Jahren gestorben. Unser vor* (nicht: *seit*) *3 Tagen eröffnetes Schuhgeschäft.*

3. Zu *seit/seid* ↑ seid/seit; zu *seit alters [her]* ↑ alters.

[2]seit: Die Konjunktion *seit* kann zum Ausdruck von Gleichzeitigkeit und Vorzeitigkeit verwendet werden: *Ich fühle mich viel besser, seit ich die Kur mache* (= ich mache sie immer noch). *Ich fühle mich viel besser, seit ich die Kur gemacht habe* (= die Kur ist beendet). Bei Altersangaben wird häufiger auch dann das Präsens verwendet, wenn man das genannte Alter bereits überschritten hat: *Ich spiele Klavier, seit ich sieben bin/war.*

seitdem, seither/bisher: ↑ bisher (1).

Seite: **1.** Zusammen- oder getrennt kann man schreiben: *aufseiten/auf Seiten, vonseiten/von Seiten, zuseiten/zu Seiten.*
2. Seite 3–7/die Seiten 3–7: Bei Hinweisen auf Stellen in Büchern und bei Zitaten bleibt das Wort *Seite* (Abk. *S.*) ohne Flexionsendung, wenn es ohne Artikel unmittelbar vor den Seitenzahlen steht: *H. Paul, Deutsche Grammatik V, Seite 5–12. Die Tabellen folgen auf Seite 3–7.* Aber mit Artikel: ... *auf den Seiten 3–7.* Ebenso: *Ich zitiere S. 3–7/die Seiten 3–7.* ↑ Zitat.

seitens: Die Präposition *seitens* regiert den Genitiv: *seitens des Betriebes, seitens seiner Familie.* Die vor allem in der Amtssprache gebräuchliche Präposition lässt sich in den meisten Fällen durch *von* ersetzen: *Von dem Betrieb, von seiner Familie wurden ihm Schwierigkeiten gemacht.* In Verbindung mit *Herr/Frau* + Eigenname bleibt der Name in der Regel ohne Flexionsendung: *Seitens Herrn/Frau Meyer wurden keine Einwände erhoben.*

Seitenteil: Das Wort kann als Maskulinum oder als Neutrum gebraucht werden: *der* oder *das Seitenteil.* Letzteres ist üblicher.

Seite/Saite: ↑ Saite/Seite.

seither, seitherig: ↑ bisher (1).

seitwärts: ↑ -wärts.

sei/wäre: *sei* ist die Form des Konjunktivs I von *sein,* der vor allem in der ↑ indirekten Rede steht. Dagegen ist *wäre* die Form des Konjunktivs II, der vor allem im Bedingungssatz steht.

selb: ↑ derselbe/dieselbe/dasselbe (3).

selber/selbst: ↑ selbst (1).

selbig: Das auf das weitgehend veraltete *selbig* folgende Adjektiv wird stark (parallel) flektiert: *selbige alte Bücher, selbiger junger Mann.* Nur im Dativ Singular Maskulinum und Neutrum wird das folgende Adjektiv etwas häufiger schwach als stark flektiert: *mit selbigem jungen/ jungem Mann, in selbigem alten/ altem Haus.* Auch im Genitiv Plural kann schwache Flexion vorkommen: *selbiger neuer/ neuen Schuhe wegen, wegen selbiger junger/jungen Frauen.*

selbst: **1. selbst/selber:** Die Pronomen *selbst* und *selber* sind undeklinierbar. Die Form *selbst* gehört mehr der Standardsprache oder der gehobenen Sprache an, die Form *selber* dagegen wird zuweilen als umgangssprachlich empfunden. Beide werden wie eine Apposition gebraucht. Sie treten zu einem Nominalausdruck oder einem anderen Pronomen (Personal- oder Reflexivpronomen) und intensivieren den Bezug auf das Bezeichnete. Sie schließen damit nachdrücklich aus, dass etwas anderes als das vom Bezugsausdruck Bezeichnete gemeint sein kann. Sie stehen immer nach ihrem Bezugsausdruck (wenn auch nicht immer unmittelbar) und sind betont: *Paul selbst/selber hat es gesagt. Paul hat es selbst/selber gesagt.* Ein Bezugsausdruck kann fehlen, wenn kein bestimmtes Bezeichnetes, sondern eine allgemeingültige Aussage vorliegt: *Selber essen macht fett. Selbst ist der Mann* (Sprichwörter).
2. Rechtschreibung: In Verbindung mit Verben wird getrennt geschrieben: *selbst backen, selbst stricken, selbst machen, selbst schreiben* usw. In Verbindung mit einem adjektivisch gebrauchten Partizip kann getrennt oder zusammengeschrieben werden: *selbst gebackenes/selbstgebackenes Brot; selbst gemachte/selbstgemachte Marmelade; selbst gebastelte/selbstgebastelte Geschenke.* Nur zusammen schreibt man *selbstredend, selbstvergessen* und Fälle wie *selbstklebend* (= von selbst klebend), *selbstentzündlich* (= von selbst entzündlich).

selbst wenn: Das Komma vor *selbst wenn* steht wie vor dem einfachen *wenn,* weil beide Wörter gemeinsam die Position einer Konjunktion besetzen: *Ich tue dies nicht, selbst wenn ich dafür bestraft werde.*

selten: In dem Satz *Das Wetter war selten schön* ist die Aussage doppeldeutig, weil unflektiertes *selten* vor einem Adjektiv sowohl „nicht häufig" wie auch (umgangssprachlich) „besonders, ungewöhnlich" bedeuten kann. Der Satz könnte also bedeuten: „Das Wetter war nur an wenigen Tagen schön." Oder: „Das Wetter war ungewöhnlich schön." Diese Doppeldeutigkeit kann durch andere Wortstellung oder durch Umformulierung vermieden werden: *Das Wetter war nur selten schön* oder *Selten war das Wetter schön.* Für die zweite (umgangssprachliche) Bedeutung „besonders, ungewöhnlich" könnte man sagen: *Das Wetter war so schön wie selten zuvor.* Oder: *Es herrschte ein selten schönes Wetter* (beide Wörter sind akzentuiert).

Semikolon: 1. Ein Semikolon steht besonders dann anstelle eines Kommas oder Punktes zwischen zwei Sätzen, wenn der Anschluss mit nebenordnenden Konjunktionen wie *denn, doch, aber* oder *mit* Adverbien wie *darum, daher, deswegen, deshalb* hergestellt wird.

2. Anstelle eines Kommas bei Aufzählungen: Das Semikolon steht im Allgemeinen bei längeren und bei komplexen Aufzählungen zur Gliederung und Kennzeichnung der einzelnen Gruppen des Aufgezählten: *In dieser fruchtbaren Gegend wachsen Roggen, Gerste, Weizen; Kirschen, Pflaumen, Äpfel; Tabak und Hopfen; ferner die verschiedensten Arten von Nutzhölzern.* Das gilt besonders für längere, zeilenweise abgesetzte Aufzählungsglieder: *Ein Zuschuss kann gewährt werden:*

– wenn ein Verdienstausfall nachgewiesen wird;
– bei Teilnehmer(inne)n in der Berufsausbildung.

senden: Das Verb *senden* hat die Stammformen *sendete, gesendet* und *sandte, gesandt.* Im Bereich der Technik werden nur die schwachen Formen gebraucht: ... *die Funker sendeten Peilzeichen* (Ott). *Seine Hörspiele sind alle gesendet worden* (Grass). In der Bedeutung „schicken" kommt im Präteritum die starke Form etwas häufiger vor; beim Partizip II ist aber auch hier die schwache Form *gesendet* häufiger als die starke Form *gesandt.* Der Konjunktiv II von *senden* heißt *sendete*: *Wenn ich könnte, sendete ich ihr ein Fax.*

senior/Senior(in): In Verbindung mit einem Vor- oder Familiennamen wird *senior* (Abk.: *sr.* oder *sen.*) immer kleingeschrieben: *Sicher meinen Sie Herrn Meier senior.* In Bezug auf Frauen ist diese Bezeichnung nicht gebräuchlich. Vor *senior* steht kein Komma. Groß schreibt man das Substantiv *der Senior* „älterer Teilhaber, Sportler; alter Mensch; Ältester". Der Genitiv von *Senior* lautet: *des Seniors,* der Nominativ Plural lautet: *die Senioren.* Die entsprechenden femininen Formen lauten: *die Seniorin, der Seniorin, die Seniorinnen.*

Senkrechte: Der Genitiv Singular von *Senkrechte* lautet *der Senkrechten.* Der Plural lautet *die Senkrechten.* Ohne vorangehenden Artikel kann *Senkrechte* im Plural sowohl ohne weitere Pluralendung als auch mit der Pluralendung *-n* verwendet werden: *zwei Senkrechte* und *zwei Senkrechten.* ↑ Substantivierung (2).

September: ↑ Monatsnamen.

Service: Es gibt zwei Wörter mit der Schreibung *Service:* Das erste ist aus dem Französischen entlehnt worden und bezeichnet einen Satz Tafelgeschirr: *ein altes Meißner Service.* Es hat neutrales Genus *(das Service)* und wird [zɛrˈviːs] (nicht: [zɛrˈviː]) gesprochen. Der Genitiv lautet *des Service* [zɛrˈviːs] oder *des Services* [zɛrˈviːsəs], der Plural *die Service* [zɛrˈviːs, zɛrˈviːsə]. Das zweite Wort *Service* ist aus dem Englischen entlehnt worden, es bezeichnet einen Dienst bzw. eine Dienstleistung sowie den Aufschlag beim Tennis und hat maskulines oder (selten) neutrales Genus: *der/das Service* [ˈzøːɐ̯vɪs, ˈzœrvɪs]; genauso wird auch der Genitiv *des Service* ausgesprochen.

sexy: Die Vergleichsformen lauten: *sexy – sexyer – am sexysten.*

sich: 1. Schreibung: Das Reflexivpronomen *sich* wird in Verbindung mit der Höflichkeitsanrede *Sie* auch im Brief niemals großgeschrieben: *Wir hoffen, Sie haben sich* (nicht: *Sich*) *gut erholt!*

2. sich/einander: Im heutigen Sprachgebrauch wird die wechselseitige Beziehung meist durch *sich* ausgedrückt: *Sie kennen und lieben sich schon viele Jahre.* Zu *einander* ↑ Reflexivpronomen (3).

3. sich/uns: Wenn im Subjekt eines Satzes die 1. Person zusammen mit der 2. oder 3. Person steht, lautet das allen gemeinsame reflexive Pronomen nur *uns* (nicht: *sich*): *Mein Mann und ich würden uns* (nicht: *sich*) *sehr freuen, wenn ...* Wenn aber das Reflexivpronomen dem Subjekt vorausgeht und im ersten Subjektteil eine 3. Person genannt wird, wird *sich* gebraucht: *Fernab vom Verkehr sonnten sich meine Frau und ich.*

4. doppeltes *sich*: Folgen in einem Satz zwei *sich* aufeinander, dann kann keines von ihnen wegfallen: *Er bemühte sich, sich zu verstecken. Das Gebirge erstreckt sich, sich von NW nach NO verbreiternd, bis nach Ungarn.*

5. das Sichverlieben · das Sich-auseinander-Leben: ↑ Substantivierung (1).

6. Zur Stellung von *sich* im Satz ↑ Reflexivpronomen (1). Zu *Er sah die Frau auf sich/ihn zustürzen* ↑ Reflexivpronomen (2).

sicher/sicherlich: Im heutigen Sprachgebrauch wird *sicher* häufig anstelle von *sicherlich* „vermutlich, wahrscheinlich" verwendet: *Es ist sicher/sicherlich schon zu spät. Sicher/sicherlich hat er sich geirrt.* Da *sicher* aber auch „ohne Zweifel, mit Bestimmtheit" bedeuten kann, können in Sätzen wie *Sie hat es sicher* (= ohne Zweifel?/vermutlich?) *gewusst* Verständnisschwierigkeiten auftreten. Hier sollte, wenn eine Vermutung zum Ausdruck gebracht wird, der Eindeutigkeit wegen *sicherlich* verwendet werden.

Sie: 1. Groß schreibt man immer die Höflichkeitsanrede *Sie* und das entsprechende Possessiv *Ihr,* gleichgültig, ob die Anrede einer oder mehreren Personen gilt: *Bleiben Sie alle gesund! Kann ich Ihnen behilflich sein?* ↑ Anrede (2).

2. Bitte kommen Sie und helfen Sie mir: In einer Aneinanderreihung von Aufforderungssätzen verleiht man der Aufforderung mehr Nachdruck, wenn man das Anredepronomen in jedem Satzteil nennt: *Bitte kommen Sie und helfen Sie mir.*

sieben: Klein schreibt man das Zahlwort z. B. in *wir sind zu sieben/siebt.* Klein schreibt man auch in substantivischen Wortgruppen, die zu festen Verbindungen geworden sind: *die sieben Weltwunder, die sieben Todsünden.* Groß schreibt man die Substantivierung: *die Zahl Sieben.* ↑ Rechenaufgaben.

siebente/siebte, siebenzehn/siebzehn, siebenzig/siebzig: 1. Die mit *sieben* gebildeten Zahlwörter *siebenzehn* und *siebenzig* sind veraltet. Üblich sind die Kurzformen *siebzehn, siebzig.* Auch bei einer Bezeichnung der Ordnungszahl wird die Form *siebente* inzwischen seltener als die verkürzte Form *siebte* gebraucht: *der siebte/siebente Teil.*

2. sieb[en]te/Sieb[en]te: Klein schreibt man das Zahlwort in adjektivischer Verwendung: *im sieb[en]ten Himmel schweben, der sieb[en]te Sinn.* Groß schreibt man das substantivierte Zahlwort: *Beim Endlauf wurde sie Sieb[en]te.* ↑ achte/Achte.

siehe: Das bei Verweisen auf Textstellen u. dgl. verwendete Wort (eine besondere Imperativform von ↑ sehen) hat häufig den Akkusativ nach sich: *siehe beiliegenden Prospekt.* Seltener tritt der Nominativ auf: *siehe nebenstehender Text.* Ein Ausrufezeichen wird nach solchen Verweisen nicht gesetzt.

sie (Singular/Plural) oder du hast das getan/sie oder ihr habt das getan: ↑ oder (3).

sie (Singular/Plural) und du habt euch gefreut · sie und ich haben uns gefreut: ↑ und (5).

sind/ist: Zu *2 Pfund ist/sind zu viel* ↑ Singular vs. Plural beim Verb (1.1); zu *Drei und drei ist/sind sechs* ↑ Rechenaufgaben.

Sind/Seien Sie so gut: ↑ Seien Sie so gut ...

Singular vs. Plural beim Verb

1 Subjekt im Singular

1.1 *Ein Kilogramm Kartoffeln wird/werden geschält · Ein Drittel der Mitglieder stimmte/stimmten ab · Eine Menge illustrer Gäste hat/haben sich niedergelassen*

Folgt einer singularischen Mengenangabe das „Gemessene" im Plural, kann das Verb in der Regel sowohl im Singular als auch im Plural stehen. Beides ist standardsprachlich korrekt; allerdings überwiegt der Singular, denn das eigentliche Subjekt steht ja ebenfalls im Singular. Orientiert man sich also ausschließlich an grammatischen Kriterien, dann wählt man den Singular. Aufgrund der Bedeutung ist aber auch der Plural korrekt, denn es geht in allen diesen Fällen um mehrere Dinge. Eine Ausnahme stellt der Ausdruck ↑ Gruppe dar, der nur mit Singular möglich ist.

Vgl. auch ↑ Anzahl, ↑ Fülle, ↑ Hälfte, ↑ Haufen, ↑ Mehrzahl, ↑ Reihe.

1.2 *Eine Reihe Studenten war/waren bereits Mitglied/Mitglieder* (Sätze mit Prädikativ)

Folgt einer Angabe wie *Reihe, Menge, Gruppe* ein Substantiv im Plural und ein Prädikativ (also ein mit dem Verb *sein* angeschlossenes Substantiv), dann kann man auch hier prinzipiell sowohl den Singular als auch den Plural wählen (vgl. 1.1). Der Numerus des Prädikativs übt aber einen entscheidenden Einfluss auf die Entscheidung aus: Steht das Prädikativ im Singular, dann wird bei der Wahl des Numerus für das konjugierte Verb ebenfalls der Singular bevorzugt, steht das Prädikativ im Plural, wählt man für das Verb ebenfalls den Plural:

- Eine Reihe von Lehrern *war* (seltener: *waren*) Gewerkschaftsmitglied./Eine Reihe von Lehrern *waren* Gewerkschaftsmitglieder.

1.3 *Es wird/werden acht Stunden dazu benötigt*

Wenn *es* am Anfang des Satzes steht, zeigt die Umstellung, ob das Verb im Singular oder im Plural stehen muss:

- Es werden acht Stunden dazu benötigt. (= Acht Stunden werden dazu benötigt.)
- (Aber:) Es wird acht Stunden gearbeitet.

Vgl. auch ↑ Es ist/sind zwei Jahre [her].

1.4 *Niemand, weder sie noch er, hatte/hatten es gehört* (Apposition im Plural)

Enthält ein Subjekt im Singular eine Apposition im Plural oder aus aneinandergereihten Teilen, dann steht das Verb meist in Abstimmung mit dem Subjekt im Singular, nur vereinzelt wird das Verb nach der Apposition in den Plural gesetzt.

2 Subjekt im Plural

2.1 *2 kg Fleisch reichen/reicht nicht aus · 2 Cent ist/sind zu viel*

Bildet eine Maß- oder Mengenangabe mit *Euro, Cent, Pfund* usw. das Subjekt des Satzes, dann steht in der geschriebenen Standardsprache das finite Verb im Plural, wenn das Gemessene ungleich eins ist:

- Achtzig Cent *reichen* aber nicht aus dafür. Als Preis *wurden* 58 Euro vereinbart.

Nur bei einem Verb wie *sein* und einem Prädikativ im Singular sind beide Möglichkeiten standardsprachlich korrekt:

- Drei Pfund *sind/ist* zu wenig für acht Personen.

2.2 *Tausend Kilogramm ist/sind ein großes Gewicht*

Wenn außer dem Subjekt noch ein Prädikativ im Nominativ vorhanden ist und eines von beiden

im Plural steht, dann sind Singular und Plural des Verbs möglich, je nachdem, ob das Gesamtobjekt aus Zahl und Gezähltem oder die Vielheit bezeichnet werden soll:

- Tausend Kilogramm *ist* (neben: *sind*) ein großes Gewicht. Tausend Euro *ist* (neben: *sind*) viel Geld. Ein Euro *ist* (neben: *sind*) hundert Cent.

Steht alles außer dem Subjekt (also Gezähltes und Prädikativ) im Plural, dann bietet sich auch für das konjugierte Verb der Plural an:

- Ein Drittel der Angestellten *sind* Gewerkschaftsmitglieder.

2.3 Zwei Stunden Warten war/waren umsonst

Folgt einer Angabe mit *Stunde, Tag, Monat, Jahr* usw., die eine Mehrheit bezeichnet, eine Tätigkeitsbeschreibung im Singular, so kann das Verb sowohl im Singular als auch im Plural stehen:

- Drei Monate Schuften *hat/haben* sich gelohnt. Zwei Stunden Warten *war/waren* umsonst.

2.4 Zwei Drittel der Investitionen sollen gedeckt werden

Bei pluralischer Angabe steht in der Regel der Plural, der Singular kommt nur sehr vereinzelt vor:

- Zwei Drittel der Investitionen *sollen* mit Airbus-Geldern und rückzahlbaren Vorschüssen gedeckt werden (Süddeutsche Zeitung). 82 Prozent der Gesamtkosten *konnten* mit Fördermitteln finanziert werden (Freie Presse).

Zum Plural der Maßeinheit nach 0,1 (0,1 Sekunden) ↑ Dezimalzahlen.

2.5 Die Berliner Nachrichten berichteten/berichtete · Die New York Times ermittelte …

Ist der pluralische Titel einer Zeitung, eines Buches, eines Theaterstückes usw. Subjekt, dann kann das konjugierte Verb sowohl im Singular als auch im Plural stehen, beides ist standardsprachlich korrekt:

- Die Berliner Nachrichten *berichteten/berichtete* über dieses Ereignis.

Vgl. auch ↑ Buchtitel.

Titel fremder Zeitungen *(Times)* usw., die von der Form her Plural sind, werden aber in der Regel mit dem Singular des Verbs verbunden:

- … die New York Times *ermittelte* … (Der Spiegel).

2.6 Die Leute hier, die Landbevölkerung, sind/ist … · Schmidt u. Co., Buchdruckerei, drucken/druckt

Enthält ein Subjekt im Plural eine Apposition im Singular, dann kann das Verb in Übereinstimmung mit dem Subjekt im Plural oder in Übereinstimmung mit der Apposition im Singular stehen:

- Die Einwanderer, der Konjunkturpuffer, *spielen* eine ganz wichtige Rolle. Die Leute hier, vor allem die Landbevölkerung, *ist* nie nationalsozialistisch gewesen (Der Spiegel). Schmidt u. Co., Buchdruckerei, *drucken* (neben: *druckt*) für Behörden und Privatunternehmen. Turm und Brücke – das Hoechster Firmenzeichen – *ist* (neben: *sind*) in allen Erdteilen zu Hause.

3 Mehrere Subjektteile

Wenn ein Subjekt aus mehreren Teilen besteht (= gereihtes Subjekt), steht das Verb im Allgemeinen im Plural. Dennoch gibt es einige Kontexte, in denen der Singular häufiger gebraucht wird, etwa wenn der Artikel beim zweiten Subjektteil weggelassen wird:

- Die Abwicklung und Bezahlung *erfolgte* über zwei Schweizer Firmen (Spiegel). Die Diskriminierung und Verfolgung *setzte* in der Kleinstadt aber womöglich noch früher *ein* (Süddeutsche Zeitung).

Ebenso wenn die Subjektteile durch Teile des Verbs voneinander getrennt sind:

- Hermine Kleefeld *gehörte* dazu sowie Herr Albin ... (Th. Mann).

Darüber hinaus spielen auch Faktoren wie die Wortstellung eine Rolle. So kann sich das konjugierte Verb auch nach dem näher stehenden Subjektteil richten:

- Die Mitschüler und jedermann *gab* zu ... (Hesse).

3.1 *Zeit und Geld fehlt/fehlen*

Bei formelhaften Subjekten, die oft aus Teilen ohne Artikel o. Ä. bestehen, steht das Verb im Singular, wenn das Subjekt als Einheit verstanden wird; der Plural ist jedoch ebenfalls korrekt:

- Grund und Boden *darf* nicht zum Objekt wilder Spekulationen werden. Unaufhaltsam *wachsen* ... Missmut und Unbehagen (Der Spiegel).

3.2 *Die technische und künstlerische Begabung des Kindes ist/sind hervorragend*

Wenn innerhalb des Subjekts eine Auslassung vorliegt, kommt es ebenfalls darauf an, ob man das Subjekt als Einheit versteht oder von zwei Subjekten ausgeht, daher sind sowohl Singular als auch Plural möglich:

- Die Perspektive des Rezipienten und die [Perspektive] des Produzenten *spielt/spielen* bei diesem Ansatz eine Rolle. Die Lohnsteuer- und Einkommensteuerveranlagung *wurde/wurden* korrigiert.

3.3 *Schimpfen und Lachen drang/drangen ...*

Auch wenn mehrere substantivierte Infinitive als Subjekte gereiht werden, sind Singular und Plural korrekt:

- Schlafen und Doping *waren* verboten (Die Zeit). Ein Murren des Unwillens, ein empörtes Zischen *brandete* im Saal auf (V. Baum).

Singular vs. Plural bei Substantiven: 1. Alle hoben die Hand/die Hände: Auch wenn es unlogisch erscheinen mag, steht die Bezeichnung für eine Sache, die sich auf eine Mehrzahl vor allem von Personen bezieht, meistens im (sogenannten einteilenden oder distributiven) Singular, aber auch der Plural ist standardsprachlich korrekt: *Viele haben damals ihr/ihre Leben verloren. Dieser Kummer brach ihnen das Herz/die Herzen. Die Hunde wedelten mit dem Schwanz/den Schwänzen. Sie schüttelten sich die Hand/die Hände. Mehrere Illustrierte brachten das Bild auf der Titelseite/den Titelseiten. Alle hoben die Hand/die Hände.*
2. einen roten Kopf/rote Köpfe bekommen: ↑ Kopf.

Sinti und Roma: Im Singular lauten die maskulinen Formen *Sinto* und *Rom* (mit kurzem *o*), die femininen *Sintiza* und *Romni. Sinti* ist die Selbstbezeichnung der in Deutschland lebenden Gruppen mit deutscher Staatsbürgerschaft, die von der übrigen Bevölkerung früher meist als *Zigeuner* bezeichnet wurden. Die ursprünglich osteuropäischen Gruppen bezeichnen sich vorwiegend als *Roma,* wobei diese Bezeichnung gelegentlich auch, von den Sinti allerdings abgelehnt, für alle Gruppen gebraucht wird. ↑ Political Correctness.

sitzen: 1. Perfekt mit *haben* oder *sein*: Im deutschen Sprachgebiet südlich des Mains – mit Ausnahme von Südhessen und der Pfalz – sowie in Österreich und in der Schweiz wird das Perfekt von *sitzen* mit *sein* gebildet: *Wir sind zusammen auf der Bank gesessen. Der Hut ist ihm schief auf dem Kopf gesessen.* Im übrigen deutschen Sprachgebiet ist die Perfektbildung mit *haben* üblich: *Wir haben zusammen auf der Bank gesessen. Der Hut hat ihm schief auf dem Kopf gesessen.*
2. zu sitzen kommen: Bei der Wendung *zu sitzen kommen* steht die Bezeichnung der Sitzgelegenheit im Akkusativ: *Er kam auf einen* (nicht: *einem*) *harten Stuhl zu sitzen.* ↑ kommen (3).

so: Zu *so schön wie/als* ↑ als/wie (2).

so als [ob]/als [wenn]: Die Fügung ist gewöhnlich als Einheit anzusehen, vor *als* steht dann kein Komma: *Er sah schnell auf, so als ob er ein schlechtes Gewissen hätte.* Das Komma kann gesetzt werden, wenn *so* als Ellipse (für *es ist/war so*) zu gelten hat und besonders betont ist: *Er sah schnell auf, so, als hätte er ein schlechtes Gewissen.* Steht *so* als adverbiale Bestimmung in einem Hauptsatz, dann muss ein Komma vor *als* stehen: *Es klang so, als wenn ein Käuzchen riefe.*

sobald/so bald: Zusammen schreibt man, wenn es sich um die Konjunktion handelt: *Ich rufe an, sobald ich zu Hause bin.* Getrennt schreibt man, wenn es sich um eine adverbiale Fügung handelt: *Ich komme so bald* (= früh, zeitig) *wie möglich. Der kommt so bald nicht wieder.*

so bald wie/als: Nach *so bald* kann mit *wie* oder *als* angeschlossen werden. Beides ist korrekt; der Anschluss mit *wie* ist häufiger: *Schreibe so bald wie/*(seltener:) *als möglich.* ↑ sobald/so bald.

so gesehen/so betrachtet: Zur Kommasetzung vgl. die Tabelle beim Artikel Partizip (Komma bei Partizialgruppen).

Sohn: Da *Sohn* eine Verwandtschaftsbezeichnung ist und kein Eigenname, muss das Substantiv nach *Herrn* (= Genitiv) mit Flexionsendung verwendet werden: *Die Verlobung Ihres Herrn Sohnes* (nicht: *Sohn*). Zu *Franz Meyer Sohn* ↑ Apposition (2).

solang[e]/so lang[e]: Zusammen schreibt man, wenn es sich um die Konjunktion handelt, die einen Nebensatz einleitet: *Solang[e] ich krank war, bist du bei mir geblieben.* Getrennt schreibt man, wenn es sich um eine adverbiale Fügung handelt: *Es dauert heute dreimal so lang[e] wie neulich. Du hast uns so lang[e] warten lassen, dass wir den Zug versäumen.* Die Konjunktion *solang[e]* kann keinen Hauptsatz einleiten. In folgendem Satz muss daher zuerst zusammen- und dann getrennt geschrieben werden: *Solange ich krank war, so lange bist du bei mir geblieben.* ↑ sooft/so oft.

solch[e]: 1 a) *solches herrliches/herrliche Wetter · bei solchem herrlichen/herrlichem Wetter* (Deklination des folgenden Adjektivs oder Partizips): Die Deklination des folgenden Adjektivs kann stark oder schwach sein: *solcher weiche Stoff/*(häufiger:) *solcher weicher Stoff, in solcher grammatischen/*(seltener:) *grammatischer Forschung, für solches ehrenamtliche/*(häufiger:) *ehrenamtliches Engagement, bei solchem natürlichen/*(seltener:) *natürlichem* Wachstum. Plural: *solche vereinzelten* (selten:) *vereinzelte Ergebnisse.* Im Genitiv Plural überwiegen die schwachen Formen nur leicht: *die Folge solcher komplizierten/komplizierter Untersuchungen.* **b) solch herrliches Wetter:** Nach der endungslosen Form *solch* steht regelmäßig ein stark flektiertes Adjektiv: *solch altes Zeug, solch guter Mensch; bei solch ausgezeichnetem Arzt.* **c) solche Angestellten/Angestellte** (Deklination des folgenden substantivierten Adjektivs oder Partizips): Das substantivierte Adjektiv (Partizip) wird nach *solcher, solche, solches* gewöhnlich schwach flektiert: *solches Schöne, mit solchem Schönen.* Im Plural treten starke und schwache Formen auf: *solche Angestellte/ Angestellten; solche Verstorbene/ Verstorbenen; solche Alte/ Alten.*
2. zwei solche Fehler/solcher Fehler: Nach einem bestimmten oder unbestimmten Zahlwort (*zwei, viele, wenige* u. Ä.) verhält sich *solcher, solche, solches* gewöhnlich wie ein Adjektiv: *mit zwei solchen Messern* (wie: *mit zwei derartigen Messern*); *viele solche Fehler.* Man kann es aber auch als Artikelwort behandeln und in den Genitiv setzen: *noch zwei solcher Fehler* (wie: *noch zwei dieser Fehler*). Dieser Gebrauch ist allerdings seltener.

sollen/gesollt: Wenn *sollen* einem Infinitiv folgt, dann steht es selbst in der Form des Infinitivs und nicht des Partizips II (sogenannter Ersatzinfinitiv). Es heißt also: *Er hat kommen sollen* (nicht: *gesollt*). ↑ Infinitiv und Infinitivgruppe (2).

sondern: 1. Komma: Vor der entgegensetzenden Konjunktion *sondern* steht immer ein Komma. Es spielt dabei keine Rolle, ob nach *sondern* ein Satz oder nur ein Wort bzw. eine Wortgruppe folgt: *Das ist nicht deins, sondern meins.*
2. Negation: Die Konjunktion *sondern* schließt immer an einen verneinten Ausdruck an: *nicht du, sondern sie; nicht nur du, sondern auch er. Das ist kein Bett, sondern eine Couch. Ich denke weniger an meinen Kummer, sondern* (auch: *als*) *vielmehr an deine kranke Mutter.*
3. Singular/Plural: ↑ nicht nur – sondern auch.

Sonnabend: ↑ Samstag/Sonnabend.

Sonntag: Zu *Sonntagabend* ↑ Dienstagabend. Zu *Sonntagabend/sonntagabends/sonntags abends* ↑ Zeitangaben. Zu *Am Sonntag, dem/den 14. 1.* ↑ Datum (2). Zu *des Sonntag[e]s/Sonntag* ↑ Wochentage.

sonstig (mit sonstigem unveröffentlichten/unveröffentlichtem Material): Nach *sonstig* wird das folgende Adjektiv (Partizip) gewöhnlich parallel flektiert: *sonstiges überflüssiges Gepäck, sonstiger angenehmer Zeitvertreib.* Nur im Dativ Singular Maskulinum und Neutrum ist die schwache Flexion etwas häufiger: *mit sonstigem unveröffentlichten/unveröffentlichtem Material.*

sooft/so oft: Zusammen schreibt man die Konjunktion: *Sooft ich anrief, war er beim Kochen.* Getrennt schreibt man, wenn es sich um eine adverbiale Fügung handelt: *Ich sagte dir so oft, dass ... Er verschlief so oft, dass ...* Manchmal sind beide Lesarten möglich: *Sie können, sooft Sie wollen, die Bibliothek benutzen. Sie können die Bibliothek benutzen, so oft [und so lange] Sie wollen* (vgl.: *so oft und so lange, wie Sie wollen*).

Sorte: Zu *7 Sorten feinsten Käses/feinster Käse* ↑ Apposition (3). Zu *eine Sorte Fisch, die/der mir gut schmeckt.*

sosehr/so sehr: Zusammen schreibt man die Konjunktion, mit der man einen Nebensatz (nie einen Hauptsatz) einleitet; *sosehr* hat hier eine ähnliche Bedeutung wie *wenn auch* oder *obwohl,* und das konjugierte Verb steht an letzter Stelle im Nebensatz: *Sosehr ich das auch schätze, ...* Getrennt schreibt man, wenn es sich um eine adverbiale Fügung handelt: *Er lachte so sehr, dass ihm die Tränen kamen. Sie war nicht so sehr Vorgesetzte als vielmehr Kollegin.*

soviel/so viel: Zusammen schreibt man die Konjunktion, mit der man einen Nebensatz (nie einen Hauptsatz) einleitet; *soviel* hat hier eine ähnliche Bedeutung wie *soweit: Soviel ich weiß, kommt sie erst morgen zurück.* Alle anderen Verbindungen von *so* und *viel* werden getrennt geschrieben: *Sein Wort bedeutet so viel wie ein Eid. Sie verdient doppelt so viel wie ich.*

so viel wie/als: Nach *so viel* kann mit *wie* oder *als* angeschlossen werden. Der Anschluss mit *wie* ist im heutigen Sprachgebrauch häufiger: *Ich nehme so viel wie*/(seltener:) *als möglich mit.*

soweit/so weit: Zusammen schreibt man die Konjunktion, die einen Nebensatz (nie einen Hauptsatz) einleitet: *Soweit ich es beurteilen kann, wird sie die Firma verlassen.* Alle anderen Verbindungen von *so* und *weit* werden getrennt geschrieben: *Es geht ihm so weit gut. Ich möchte so weit wie/als möglich vorbereitet sein. Spring so weit, wie du kannst. Spring, so weit du kannst. So weit – so gut.*

sowenig/so wenig: Zusammen schreibt man die Konjunktion: *sowenig ich einsehen kann, dass ...* Alle anderen Verbindungen von *so* und *wenig* werden getrennt geschrieben: *Ich bin so wenig dazu bereit wie du.* Also: *Sowenig ich sie mag, so wenig werde ich zur Feier kommen.*

so wenig wie/als: Nach *so wenig* kann mit *wie* oder *als* angeschlossen werden. Der Anschluss mit *wie* ist im heutigen Sprachgebrauch häufiger: *Sprich so wenig wie*/(seltener:) *als möglich mit dem Kranken!*

sowie/so wie: 1. Rechtschreibung: Zusammen schreibt man die Konjunktion, die in ähnlicher Bedeutung wie *sobald* einen Nebensatz einleitet: *Sowie er kommt, soll er nachsehen.* Getrennt schreibt man *so ... wie* beim Vergleich: *So, wie ich sie kenne, kommt sie nicht.*

2. Komma: Vor der Konjunktion *sowie* in der Bedeutung „sobald" steht ein Komma, wenn sie einen Nebensatz einleitet: *Dies tat sie auch, sowie sie wieder nach Hause kam.* Für *sowie* in der Bedeutung „und" *(wissenschaftliche und technische Werke sowie schöne Literatur)* gelten dieselben Kommaregeln wie bei ↑ und (4).

3. Die Direktorin sowie ihr Stellvertreter war/waren anwesend: In diesem Satz kann das Verb im Singular oder im Plural stehen. *Die Direktorin sowie ihr Stellvertreter waren*/ (vereinzelt:) *war anwesend. Anwesend war*/ (auch:) *waren die Direktorin sowie ihr Stellvertreter.* Aber: *Die Direktorin war anwesend sowie ihr Stellvertreter.*

sowohl – als [auch]: 1. Sowohl – als [auch]/ sowohl – wie [auch]: Einem *sowohl* folgt in der mehrteiligen Konjunktion gewöhnlich *als auch: Er beherrscht sowohl Englisch als auch Französisch.* Anstelle von *sowohl – als auch* kann auch *sowohl – wie auch* gebraucht werden: *Er beherrscht sowohl Englisch wie auch Französisch.* Auch bloßes *als* und bloßes *wie* können als Entsprechungen gebraucht werden: *Das mussten sowohl seine Freunde als seine Feinde anerkennen.* In der Regel werden solche Sätze aber stilistisch besser, wenn *sowohl* weggelassen wird: *Das mussten seine Freunde wie seine Feinde anerkennen.*

2. Komma: Bei der mehrteiligen Konjunktion *sowohl – als [auch]/wie [auch]* steht vor *als/wie* kein Komma: *Sowohl die Eltern als auch die Kinder waren krank.* Vor manchen Infinitivgruppen kann oder muss man ein Komma setzen (bzw. man schließt sie in zwei Kommas ein; ↑ Komma [6]). Wenn *sowohl* inhaltlich zur Infinitivgruppe gehört, so setzt man das Komma vor *sowohl: Er behauptet[,] sowohl ein guter Stürmer zu sein als auch das Tor hüten zu können.* Gehört *sowohl – als auch* zum Hauptsatz und ist dann mit Nebensätzen verbunden, werden immer Kommas gesetzt. Im folgenden Beispiel beginnt der Nebensatz mit der Konjunktion *dass* und wird mit einem Komma abgetrennt; *sowohl* gehört zum übergeordneten Satz: *Er behauptet sowohl, dass er ein guter Stürmer sei, als auch, dass er das Tor hüten könne.*

3. Rechtschreibung: Wird *sowohl – als auch* wie ein Substantiv gebraucht, schreibt man nur das erste Wort groß: *das Sowohl-als-auch.*

4. Sowohl sein Freund als/wie [auch] seine Frau hatte/hatten ihn verlassen: Verbindet *sowohl – als auch* zwei Subjektteile, dann kann das Verb entweder im Singular oder im Plural stehen: *Sowohl sein Freund als/wie [auch] seine Frau hatte/hatten ihn verlassen.*

spalten: Zu *spalten* (das gilt entsprechend auch für *abspalten, aufspalten* und *zerspalten*) lautet das Partizip II meist *gespalten,* selten *gespaltet. Die Gesellschaft ... hatte sich ... in zwei Parteien gespalten* (Lenz). *Das Unternehmen hatte sich vom Mutterkonzern abgespalten.* Die Form *gespalten* steht besonders bei adjektivischem Gebrauch: *... ein bemühter junger Mann ... mit ... leicht gespaltenem Kinn* (Maass).

Sphinx: Es heißt standardsprachlich *die Sphinx.* In der archäologischen Fachsprache wird meist das Maskulinum gebraucht: *der Sphinx.* Der Plural lautet *die Sphinxe,* in der Fachsprache auch *die Sphingen.*

spitze/Spitze: ↑ klasse/Klasse.

Sprachbezeichnungen: 1. das Deutsch/das Deutsche: Den endungslosen Substantiven, die eine Sprache bezeichnen *(Arabisch, Chinesisch, Deutsch, Französisch* usw.), entspricht oft auch ein substantiviertes Adjektiv auf *-e* (*das Arabische, Chinesische, Deutsche, Französische* usw.). Um die betreffende Sprache ganz allgemein zu bezeichnen, verwendet man die Form auf *-e,* soweit sie gebildet werden kann*: Die Erzählungen wurden aus dem Japanischen ins Englische übersetzt. Das Deutsche* (oder aber endungslos und ohne Artikel: *Deutsch) gehört zu den indoeuropäischen Sprachen.* Im Übrigen bezeichnet die Form ohne *-e* zusammen mit einem Artikel bzw. Artikelwort eine besondere Art oder Ausprägung der betreffenden Sprache, etwa die einer bestimmten Epoche, eines Einzelnen oder einer bestimmten Gruppe: *Mein Englisch ist nicht besonders gut. Er sprach über Entwicklungstendenzen im heutigen Deutsch.* Der Unterschied zwischen der endungslosen Form und der Form mit *-e* kommt jedoch nicht immer zum Tragen. So wird im Genitiv und Dativ häufig das substantivierte Adjektiv gewählt, auch wenn die Sprache einer bestimmten Epoche oder eine bestimmte Ausprägung einer Einzelsprache gemeint ist: *im Gegenwartsdeutsch[en]; das heutige Standarddeutsch,* aber: *im heutigen Standarddeutschen* (neben: *Standarddeutsch*), *des Standardenglischen* (neben: *des Standardenglisch[s];* der Genitiv auf *-s* ist hier selten, vgl. [2]).

2. Deklination: Die endungslosen Formen der Sprachbezeichnungen bleiben ohne Flexionsendung oder sie bilden den Genitiv auf *-s: des Deutsch – des Deutschs.* Im Allgemeinen wird der Genitiv ohne Flexionsendung häufiger verwendet. Zu *des Deutschen* vgl. (1).

-sprachig/-sprachlich: Das für sich allein nicht vorkommende *-sprachig* weist auf Besitz oder Gebrauch von Sprachen hin, hat also den Sinn von „eine oder mehrere Sprachen sprechend, in einer oder mehreren Sprachen". Entsprechende Komposita sind: *einsprachig, mehrsprachig, deutschsprachig, fremdsprachig.* Beispiele: *zweisprachiger Unterricht* (= Unterricht in zwei Unterrichtssprachen); *die mehrsprachige Schweiz.* Dagegen drückt die Ableitung *-sprachlich* den Bezug auf die Sprache aus, bedeutet also „über die Sprache, die Sprache

ß und ss – Gruß und Kuss

„Gruß und Kuss, dein Julius" – so lautet scherzhaft eine Formel für den Briefschluss. Vor der Rechtschreibreform von 1996 wurden sowohl Gruß als auch Kuss mit ß geschrieben. Jetzt wird nach einem langen Vokal das scharfe S immer noch als ß geschrieben: der Gruß, die Grüße. Doch nach einem kurzen Vokal – wie in Kuss – muss das Doppel-s erfolgen. Das ß – ausgeschrieben Eszett – gibt es übrigens nur in der deutschen Schriftsprache. Entstanden ist es durch die Zusammenziehung der Buchstaben S und Z in der Frakturschrift. Durch die Rechtschreibreform ist der Buchstabe seltener geworden – dies konnte er aber ein wenig wettmachen durch eine Änderung der amtlichen Rechtschreibung im Jahr 2017: Vorher musste ein ß bei der Schreibung in Großbuchstaben zwingend als Doppel-s geschrieben werden, jetzt ist auch die Verwendung als Großbuchstabe korrekt.

betreffend, auf die Sprache bezogen", z. B.: *altsprachlich, neusprachlich, fremdsprachlich, umgangssprachlich, schriftsprachlich.* Beispiele: *altsprachlicher Unterricht* (= Unterricht über Latein und Griechisch). Dazu auch ↑ fremdsprachig/fremdsprachlich.

sprachliche Gleichstellung: ↑ Geschlechtergerechter Sprachgebrauch.

springen: ↑ Perfektbildung mit sein/haben.

ss/ß (Ersatz von ß durch ss bzw. SS): 1. ss für ß: Nur wenn in einer Latein- oder Antiquaschrift kein *ß*-Zeichen vorhanden ist (z. B. auf der Tastatur eines Computers), wird als Notbehelf *ss* gesetzt. In der Schweiz wird das *ß* jedoch ganz generell durch *ss* ersetzt: *Fussball* (für: *Fußball*), *aussen* (für: *außen*), *Strasse* (für: *Straße*). Stoßen drei s-Buchstaben aufeinander, darf keiner ausgelassen werden. Zur besseren Lesbarkeit kann man jedoch einen Bindestrich setzen: *Massschneider* (für: *Maßschneider*), auch: *Mass-Schneider*. Im Falle der Worttrennung wird dieses behelfsmäßige Doppel-*s* in *s-s* aufgelöst; auf derartige Trennungen sollte aber verzichtet werden, um irritierende Wortbilder zu vermeiden: *Bu-ße/Bus-se, Grü-ße/Grüs-se.*

2. ss oder ß in Eigennamen: Wenn ein deutscher Name mit *ß* latinisiert wird, tritt keine Ersatzschreibung mit *ss* ein; das *ß*-Zeichen bleibt erhalten *(Weißenburg – Codex Weißenburgensis)*. Das gilt auch für die Wiedergabe deutscher Eigennamen mit *ß* in fremdsprachigen Texten *(Madame Aßmann est allée à Paris)*.

3. SS für ß: Meistens steht *SS* bei der Verwendung von Großbuchstaben. Treffen auf diese Weise mehrere *S* zusammen, kann man aus Gründen der Übersichtlichkeit einen Bindestrich setzen: *Straße/STRASSE, Maßstab/MASSSTAB*, auch: *MASS-STAB, Fußspuren/FUSSSPUREN*, auch: *FUSS-SPUREN.* Bei Namen in Großbuchstaben wird – besonders in Dokumenten – der Eindeutigkeit halber oft der Buchstabe *ß* verwendet (z. B. in *AßMANN*).

staatenlos: Entgegen der gelegentlich vertretenen Ansicht, dass dieses Kompositum von seiner Bedeutung her eigentlich *staatlos* lauten müsse, ist die Form mit *-en-* durchaus korrekt, denn *-en-* ist hier nicht Pluralendung, sondern ↑ Fugenelement.

Städtenamen: ↑ Ortsnamen.

Stammesnamen: ↑ Völker- und Stammesnamen.

statt: **1. Rektion:** Als Präposition hat es meist den Genitiv nach sich: *Sie trug statt eines Kopftuchs einen Hut.* Der Dativ wird dann verwendet, wenn der Genitiv Plural nicht erkennbar ist. Der Dativ kann auch verwendet werden, wenn dem von *statt* regierten Genitiv Singular ein weiterer Genitiv folgt oder vorausgeht *(statt dem Koffer des Mannes* für: *statt des Koffers des Mannes; statt Mutters klugem Plan* für: *statt Mutters klugen Planes).* Wird aber *statt* nicht als Präposition, sondern als Konjunktion gebraucht, dann hängt der folgende Kasus nicht von *statt* ab, sondern vom Verb: *Er gab das Geld ihr statt ihm* (= Er gab das Geld ihr, statt es ihm zu geben). *Er zeichnete seinen Vorgesetzten statt ihn aus.*

2. Komma: Das Komma bei *statt dass* steht wie beim einfachen *dass,* weil beide Wörter zusammen die Position einer nebensatzeinleitenden Konjunktion einnehmen: *Sie lobte ihn, statt dass sie ihn tadelte. Statt dass die Ministerin kam, erschien nur ihre Staatssekretärin.* Leitet *statt* eine Infinitivgruppe mit *zu* ein, so wird diese immer durch Komma abgetrennt: *Er spielte, statt zu arbeiten.*

Staub saugen/staubsaugen: Beide Schreibweisen sind möglich: *Staub saugen (ich sauge/saugte Staub, ich habe Staub gesaugt; um Staub zu saugen)* oder: *staubsaugen (ich staubsauge/staubsaugte, ich habe gestaubsaugt; um zu staubsaugen).*

stechen: **1. stechen/stich:** Im Indikativ des Präsens heißt es: *ich steche, du stichst, er, sie, es sticht.* Der Imperativ lautet: *stich!* (nicht: *steche!*).

2. Die Wespe hat ihm/ihn in den Arm gestochen · Die Uhr stach ihm in die Augen: Wird *stechen* auf einen Körperteil bezogen, dann kann die betroffene Person im Dativ oder (seltener) im Akkusativ stehen: *Die Wespe stach dem Kind in den Arm. Ich habe mir in den Finger gestochen.* Wird *stechen* im übertragenen Sinn mit einem nicht handlungsfähigen Subjekt verbunden, steht der Dativ: *Die Uhr stach dem jungen Mann in die Augen.* – Ähnlich wie *stechen* werden auch andere Verben der körperlichen Berührung behandelt, vgl. z. B. ↑ schlagen, ↑ beißen, ↑ schneiden.

stecken: **1. Flexion:** Das transitive Verb *stecken* „etwas in etwas einfügen, hineinbringen, etwas festheften" wird schwach komjugiert *(stecken – steckte – gesteckt): Er steckte die Rose an den Hut.* Das intransitive Verb *stecken* „sich irgendwo, in etwas befinden, dort festsitzen, befestigt sein" kann im Präteritum sowohl stark *(stak)* als auch schwach *(steckte)* konjugiert werden. Die schwachen Formen sind in der Standardsprache üblicher, die starken Formen gehören mehr der Literatursprache an. Schwach: *Die Kabinentür war von Köpfen, von Armen, die in Verbandpackungen steckten, ... blockiert* (Plievier). Stark: *Der Arm unter dem übergehängten Mantel und die eine Brustseite staken in einem Verband* (Plievier). Das Partizip II lautet *gesteckt.*

2. die Hände in den Taschen stecken haben: Zu dem intransitiven *stecken (die Hände staken/steckten in den Taschen)* gibt es die persönliche Konstruktion mit *haben* + Infinitiv: *Er hat die Hände [immer] in den Taschen stecken.* Mit ihr wird ein Zustand bezeichnet, nicht aber der Vorgang des Hineinsteckens. Diese Ausdrucksweise ist standardsprachlich. Vgl. aber ↑ einstecken.

stehen: **1. Konjunktiv II:** Der Konjunktiv II von *stehen* lautet fast immer *ich stünde*; vereinzelt *ich stände.*

2. Perfekt mit *haben* oder mit *sein*: Im deutschen Sprachgebiet südlich des Mains – mit Ausnahme von Südhessen – sowie in Österreich und in der Schweiz wird das Perfekt von *stehen* mit *sein* gebildet: *Wir sind unter einem Baum gestanden.* Im übrigen deutschen Sprachgebiet ist die Perfektbildung mit *haben* üblich: *Wir haben unter einem Baum gestanden. Der Wagen hat in der Garage gestanden.*

3. etwas zu stehen haben: Der Gebrauch von *zu* bei *stehen* in diesen mit *haben* gebildeten Fügungen ist nicht standardsprachlich, sondern regionalsprachlich. Standardsprachlich heißt es: *Sie hat einen schönen alten Schrank in ihrem Zimmer stehen.*

4. auf jemanden, auf etwas stehen: In dieser umgangssprachlichen Wendung mit der Bedeutung „für jemanden, für etwas eine besondere Vorliebe haben" regiert *auf* den Akkusativ, nicht den Dativ: *Sie steht besonders auf blonde Männer.*

5. Das kommt mich/mir teuer zu stehen: Diese Fügung wird meist mit dem Akkusativ und manchmal mit dem Dativ verbunden: *Das Haus, das sie sich baute, kam sie/ihr teurer zu stehen, als sie angenommen hatte. Das wird dich/dir noch teuer zu stehen kommen.*

Steigerung: ↑ Vergleichsformen.

Steirer: Die Einwohner der Steiermark heißen *die Steirer.*

Stellungnahme: ↑ -nahme.

stempeln: Im übertragenen Gebrauch wird *stempeln* mit der Präposition *zu*, nicht mit der Vergleichspartikel *als* verbunden: *Ich lasse mich nicht zum* (nicht: *als*) *Lügner/Verbrecher stempeln.* Anders ist es bei *abstempeln: eine Bewegung als reaktionär abstempeln; jemanden als Lügner abstempeln. Die Fraktion ist ... zu Ja-Sagern abgestempelt worden* (Dönhoff).

sterben/versterben: Anstelle des neutralen *sterben* wird im Perfekt und im Präteritum gelegentlich das gehobene, feierliche *versterben* verwendet. Dieses Verb kann aber nicht mit der Angabe der Todesursache gebraucht werden: *Sie starb* (nicht: *verstarb*) *an Blinddarmentzündung.* Aber: *Er verstarb im hohen Alter von 90 Jahren.* Als Attribut und als substantiviertes Partizip sind nur die Formen *verstorben, der Verstorbene* üblich (nicht: *gestorben, der Gestorbene*).

Steuer: Man gebraucht den Plural *die Steuern,* wenn die einzelnen Abgaben oder verschiedene Steuern gemeint sind: *Steuern zahlen.* Sonst steht die Sammelbezeichnung *die Steuer: ... es fiel mir ein, dass ich die Flasche Kognak von der Steuer abschreiben konnte* (Böll).

-steuer: Über Komposita mit *-steuer* (z. B. *Einkommen[s]steuer*) ↑ Fugenelement (2.1).

Stichwort: Das Substantiv *Stichwort* hat zwei Pluralformen: *die Stichwörter* und *die Stichworte.* Die verschiedenen Pluralformen unterscheiden sich in der Bedeutung. *Stichwort* im Sinne von „[an der Spitze eines Artikels stehendes] erläutertes Wort oder erläuterter Begriff in Nachschlagewerken" hat den Plural *die Stichwörter.* Demgegenüber wird der Plural *die Stichworte* gebraucht, wenn es sich um das Einsatzwort eines Schauspielers oder um kurze Aufzeichnungen aus einzelnen wichtigen Wörtern handelt. ↑ Wort.

Stiel/Stil: Das Substantiv *der Stiel* mit *ie* bedeutet „Handhabe, Griff, Schaft, Stängel". Dagegen bezeichnet *der Stil* mit *i* die Einheit der Ausdrucksformen eines Kunstwerks, eines Menschen oder einer Zeit, die Darstellungsweise, Art, Bauart, Schreibart, Kunstrichtung.

Stil/Stiel: ↑ Stiel/Stil.

Stock: Der 1. Stock ist üblicherweise das Geschoss über dem Erdgeschoss. In manchen Gegenden, besonders in Süddeutschland, beginnt dagegen die Zählung der Stockwerke im Erdgeschoss, sodass dort der 1. Stock dem Erdgeschoss bzw. Parterre und der 2. dem 1. Stock entspricht. Dieselbe Uneindeutigkeit besteht bei *einstöckig, zweistöckig, fünfstöckig* usw. Unmissverständlich sind dagegen Bildungen mit *-geschossig* (*eingeschossig, dreigeschossig* usw.), weil *Geschoss* allgemein auch das Parterre und den Keller bezeichnet *(Erd-, Kellergeschoss).* Zu *ein fünf Stock hohes Haus* ↑ Maß-, Mengen- und Währungsangaben (1).

-stöckig: ↑ Stock.

stoßen: 1. sich stoßen an: Das reflexive *sich stoßen an* wird mit dem Dativ und nicht mit dem Akkusativ verbunden: *Sie stießen sich an* *seinem Benehmen. Sie hat sich an einem Balken gestoßen.*

2. Sie stieß mir/mich in die Seite · Er hat sie vor den Kopf gestoßen: Wird *stoßen* auf einen Körperteil bezogen, dann kann die betroffene Person im Dativ oder im Akkusativ stehen. Der Dativ ist hier weniger üblich. Er steht vor allem dann, wenn ein nicht beabsichtigter Stoß gemeint ist: *Er stieß mir gegen die verletzte Hüfte.* Der Akkusativ wird meist gewählt, um einen absichtlichen Stoß zu kennzeichnen: *Er stieß seinen Freund mehrmals in die Seite.* Vgl. den transitiven Gebrauch: *Er hat mich gestoßen.* Hier wird der Akkusativ ohne weiteres Objekt verwendet. Der Akkusativ ist fest in der Wendung *jemanden vor den Kopf stoßen* (= jemanden kränken). Vgl. auch andere Verben der körperlichen Berührung, z. B. ↑ schlagen, ↑ treten.

Straßennamen: Straßennamen werden im Zusammenhang eines Satzes dekliniert: *Ich wohne schon seit 2001 in der Langen Gasse* (nicht: ... in der Lange Gasse).

Strauß: *ein Strauß Flieder* (nicht: *Flieders*); *ein Strauß weißer Flieder* (gehoben: *weißen Flieders*); *mit drei Sträußen weißem Flieder* (gehoben: *weißen Flieders*); *mit einem Strauß roter Rosen/rote Rosen.* ↑ Apposition (3).

streng genommen/strenggenommen: Die formelhafte Partizipialgruppe mit der Bedeutung „gewissenhaft betrachtet, eigentlich" wird üblicherweise getrennt geschrieben, wenn sie wie ein Adjektiv in adverbialer Funktion gebraucht wird: *Sie dürfen[,] streng genommen[,] gar nicht aufstehen. Streng genommen[,] ist die Spitzmaus gar keine Maus.* Getrennt- oder Zusammenschreibung ist möglich, wenn die Verbindung als Attribut ein Substantiv näher bestimmt: *eine streng genommene/strenggenommene Wertung* (aber nur: *eine äußerst streng genommene Wertung*). Man kann *streng genommen* durch Komma[s] vom Rest des Satzes abtrennen, wenn man die Partizipialgruppe als verkürzten Nebensatz auffasst: *Sie dürfen, streng genommen* (= wenn man es streng nimmt), *gar nicht aufstehen.*

Strophe: Bei Hinweisen auf Gedichte, Versepen o. Ä. bleibt das Wort *Strophe* ohne Flexionsendung, wenn es ohne Artikel unmittelbar vor den Strophennummern steht: *Nibelungenlied, Strophe 326–328.* Aber mit Artikel: ... *in den Strophen 10–12 des Gedichtes.* Ebenso: *Ich zitiere Strophe 3–5,* aber: *die Strophen 3–5.*

Stück: 1. Plural: Der standardsprachliche Plural lautet *die Stücke.* Die Form *die Stücker* ist regional- und umgangssprachlich; dasselbe gilt für *[ein] Stücker zehn* für „ungefähr zehn".

2. fünf Stück/fünf Stücke: Als Mengenbezeichnung bleibt *Stück* meist ohne Flexionsendung: *5 Stück Seife,* seltener: *5 Stücke Seife.* ↑ Maß-, Mengen- und Währungsangaben (1).

3. Das Gezählte nach *Stück*: *ein Stück Speck* (nicht: *Specks*); *ein Stück guter Kuchen* (gehoben: *guten Kuchens*); *der Preis eines Stücks Kuchen; mit 20 Stück echtem Bernstein* (gehoben: *echten Bernsteins*); *mit 25 Stück Kreissägen* (nicht: *Kreissäge*). ↑ Apposition (3).

studiert: Sowohl die adjektivische Verwendung des Partizips II von *studieren (eine studierte Frau)* als auch ihre substantivierte Form *(Er ist ein Studierter)* ist umgangssprachlich. Das Partizip hat hier die Bedeutung „gelehrt, [akademisch] gebildet", ist also von seinem Verb in der Bedeutung isoliert.

-stündig/-stündlich: Zeitangaben, die als Suffix sowohl *-ig* als auch *-lich* haben, unterscheiden sich in der Bedeutung; z. B. bezeichnet *-ig* die Dauer (*dreistündig* = drei Stunden lang) und *-lich* die Wiederholung (*dreistündlich* = alle drei Stunden).

Sturm und Drang: Diese Paarformel wird gewöhnlich als Ganzes flektiert: *die Dichter des Sturm und Drangs.* ↑ Wortpaar.

Substantiv-Verb-Verbindung: siehe Kasten S. 254.

substantivierter Infinitiv: ↑ Substantivierung (1)

substantiviertes Adjektiv/Partizip: ↑ Substantivierung (2)

Substantivierung

Von einer Substantivierung spricht man dann, wenn ein ursprünglich einer anderen Wortart angehörendes Wort wie ein Substantiv verwendet wird. Ein substantivierter Gebrauch kommt besonders häufig bei Verben (genauer: Infinitiven) und bei Adjektiven bzw. adjektivisch verwendeten Partizipien vor. Da sich Substantivierungen grammatisch wie Substantive verhalten, werden sie großgeschrieben.

1 Substantivierte Verben

1.1 Infinitive

Substantivierte Infinitive sind in der Grundform formgleich mit dem verbalen Infinitiv *(wandern – das Wandern, denken – das Denken).* Substantivierte Infinitive sind Neutra.

Stehen die Infinitive ohne Artikel oder nähere Bestimmung, dann ist oft nicht klar, ob es sich um einen verbalen Infinitiv (mit Kleinschreibung) oder um einen substantivierten Infinitiv (mit Großschreibung) handelt. Ergänzungsproben zeigen, dass in solchen Fällen Groß- und Kleinschreibung gerechtfertigt sind:

- Ich übte mit den Kindern *[zu] rechnen /[das] Rechnen.* Emma lernt *[zu] schwimmen/[das] Schwimmen.* ... weil *[das] Geben /[zu] geben* seliger denn *[das] Nehmen / [zu] nehmen* ist. ... weil *Auto fahren/Autofahren* Erfahrung verlangt. (Aber: ... weil *sicher Auto fahren* Erfahrung verlangt; weil *sicheres Autofahren* Erfahrung verlangt.) *Glücklichsein/glücklich sein* ist eine Kunst. (Aber Großschreibung bei substantivierten Infinitiven ohne Erweiterung, die als illustrierende Beispiele zu einem substantivischen Bezugswort dienen:) Hausarbeiten wie *Putzen, Kochen* und *Waschen.*

Ein Infinitiv, der direkt von einem Modalverb abhängt, ist nicht substantiviert: *Sie will/muss/darf Auto fahren. Möchtest du Eis essen?*

Substantivierte Infinitive können komplex sein, d.h., der Form des Infinitivs als letztem Bestandteil können andere Bestandteile vorausgehen. Auch hier gilt Großschreibung:

- das Sichverlieben, das allmähliche Sichzusammenballen, am Zustandekommen.

Substantivierte Infinitive mit mehreren Bestandteilen schreibt man mit Bindestrichen, wenn sonst unübersichtliche und schwer lesbare Aneinanderreihungen entstehen. Dabei werden dann immer das erste Wort der Gruppe und der am Schluss stehende substantivierte Infinitiv großgeschrieben, außerdem natürlich auch alle in der Fügung vorkommenden Substantive (↑ Bindestrich):

- das Auf-die-lange-Bank-Schieben, zum Aus-der-Haut-Fahren.

Fest geworden und damit nur noch in Zusammenschreibung üblich sind *das Inkrafttreten, das Zuspätkommen.*

Unübersichtliche Komposita und andere komplexe Bildungen mit substantiviertem Infinitiv sind manchmal stilistisch unschön; sie können durch eine Infinitivgruppe oder durch einen Nebensatz ersetzt werden:

- Nicht: das Gefühl des Noch-nicht-über-die-Lippen-Bringens, sondern: das Gefühl, es noch nicht über die Lippen zu bringen.

1.2 Die Endungen *-ung, -ation, -ierung*

Die produktivsten Typen der substantivierten Verben sind neben dem substantivierten Infinitiv die Substantive auf *-ung,* bei den Fremdwörtern außerdem die Substantive auf *-ion.* Die gehäufte Anwendung in einem Satz wird meistens als stilistisch unschön empfunden (Nominalstil) und kann einen Text schwer lesbar machen. Noch schwerfälliger wirken abgeleitete Substantive wie *Außerachtlassung, Indienststellung, Zurverfügungstellung, Nichtbefolgung* u. a. Im Sinne der besseren Verständlichkeit sollte man also z. B. nicht schreiben:

- Wegen Außerachtlassung aller Sicherheitsmaßnahmen und Nichtbefolgung der Betriebsvorschriften wurden bei der Tieferlegung der Rohre drei Arbeiter verletzt. Besser: Während des Tieferlegens von Rohren wurden drei Arbeiter verletzt, da sie die Sicherheitsmaßnahmen außer Acht gelassen und die Betriebsvorschriften nicht beachet hatten.

Teilweise können substantivierte Verben auf *-ung* auch durch substantivierte Infinitive ersetzt werden: *Bei der Betrachtung/beim Betrachten des Bildes ...* Ob ein substantiviertes Verb auf *-ung* oder ein substantivierter Infinitiv zu wählen ist, kann nicht immer frei entschieden werden, denn oft hat sich eine Form im Wortschatz durchgesetzt. Bei reflexiven Verben wird die Ableitung auf *-ung* bevorzugt, weil dadurch das reflexive *sich* wegfallen kann: *Verständigung, Erholung.*

Bei den Verben auf *-ieren* stehen häufig Bildungen auf *-ierung* und *-ation* nebeneinander, teils gleichbedeutend, teils in der Bedeutung differenziert. Im Allgemeinen bringen die Bildungen auf *-ierung* stärker das Geschehen zum Ausdruck als die Bildungen auf *-ation: Konzentrierung – Konzentration, Konfrontierung – Konfrontation.*

1.3 Substantivische Fügungen

Zu den Erscheinungen des Nominalstils gehören auch die sogenannten Funktionsverbgefüge wie

- in Erfahrung bringen für: erfahren, unter Beweis stellen für: beweisen, in Erwägung ziehen für: erwägen, in Wegfall kommen für: wegfallen, in Abzug bringen für: abziehen.

Durch diese vor allem in der Behördensprache üblichen Wendungen wird nichts Zusätzliches gegenüber dem einfachen Verb ausgesagt.

2 Substantivierte Adjektive und Partizipien

Jedes Adjektiv des Deutschen kann zu einem Substantiv werden, dann tritt die Flexionsform des Adjektivs nicht mehr als Attribut zu einem Substantiv auf *(dieser würdige alte Herr),* sondern sie ist selbst Substantiv und kann selbst Attribute haben *(dieser würdige Alte).* Trotzdem behalten sie häufig das Deklinationsverhalten von Adjektiven bei, d. h. insbesondere den Unterschied zwischen starker und schwacher Adjektivdeklination *(ein Alter, der Alte).* Das gilt auch für substantivierte Partizipien *(ein Abgeordneter, der Abgeordnete).* Daneben gibt es aber auch substantivierte Adjektive, die wie Substantive dekliniert werden (stark: *der Gläubiger,* schwach: *der Junge*), und solche, die zwischen adjektivischer und substantivischer Deklination schwanken *(drei Parallelen/Parallele).* Vor diesem Hintergrund lässt sich erklären, dass es viele Zweifelsfälle in Bezug auf die Deklination substantivierter Adjektive gibt: Sie schwanken einerseits zwischen adjektivischer und substantivischer Deklination und andererseits innerhalb dieser beiden Deklinationsarten dann noch zwischen starker und schwacher Deklination.

Substantivierte Adjektive und Partizipien werden großgeschrieben: *das Unvergleichliche genießen; mit den Optimistischen fröhlich sein; die Hereintretenden begrüßen.* Auch Adjektive/Partizipien in festen Fügungen, denen ein Artikel (bzw. eine mit dem Artikel zusammengezogene

Präposition) vorangeht, werden als Substantive angesehen und dementsprechend großgeschrieben: *den Kürzeren ziehen, auf dem Laufenden bleiben, im Reinen sein, im Dunkeln tappen, im Trüben fischen* usw.

2.1 Adjektivische Deklination

Die Grundregel lautet: Substantivierte Adjektive (Partizipien) werden wie attributive Adjektive nach Artikelwörtern ohne eindeutige Kasuskennzeichnung stark und nach Artikelwörtern mit eindeutiger Kasuskennzeichnung schwach dekliniert:

- Stark: ein *Glücklicher* (wie: ein glücklicher Mensch), zwei *Blonde* (wie: zwei blonde Mädchen). Die Wiederholung von *Bekanntem* ... (wie: von bekanntem Material).

Schwach: der *Glückliche* (wie: der glückliche Mensch), dieser *Blinde* (wie: dieser blinde Mann), einem *Liebenden* (wie: einem liebenden Vater), der *Angestellte* (wie: der angestellte Mann), des *Guten* (wie: des guten Vaters).

Substantivierte Partizipien wie *Angestellte[r], Vorsitzende[r], Gelehrte[r], Bekannte[r]* werden standardsprachlich wie Adjektive flektiert (↑ Abgeordnete; ↑ Beamte):

- drei *Angestellte* (wie: drei angestellte Frauen), zwei *Vorsitzende* (wie: zwei vorsitzende Richterinnen), lauter *Gelehrte* (wie: lauter gelehrte Männer), *Bekannte* dieser Familie (wie: bekannte Mitglieder dieser Familie).

Zu Zweifelsfällen vgl. die einzelnen substantivierten Adjektive und Partizipien (↑ Abgeordnete), Artikelwörter und Adjektive an der jeweiligen alphabetischen Stelle.

Einige besondere Zweifelsfälle:

– ***einige Reisende · sämtliche Reisenden · solche Reisende[n]:*** Die Deklination substantivierter Adjektive nach speziellen Artikelwörtern (wie *alle, einige, sämtliche, solche* usw.) schwankt, denn diese nehmen oft eine Zwischenstellung zwischen Artikelwörtern und Adjektiven ein. Zu Zweifelsfällen vgl. die jeweiligen Einzelstichwörter (*alle, einige* usw.).

– ***ein tüchtiger Beamter · dein angenehmes Äußere/Äußeres · besagtem Angehörigen/Angehörigem:*** Für substantivierte Adjektive nach anderen Adjektiven gelten im Allgemeinen die Regeln der Flexion mehrerer Adjektive (↑ Adjektiv [1.1]); es tritt in der Regel also parallele Flexion auf: wenn das vorangehende Adjektiv stark flektiert wird, wird das folgende substantivierte Adjektiv ebenfalls stark flektiert.

- Er war ein integrer *Beamter* (Der Spiegel); alte und gelähmte *Kranke*; die Beschäftigung älterer *Angestellter*.

Nur der Dativ Singular aller drei Genera bildet eine Ausnahme. Hier tendieren Neutra zu starker Flexion (*Du ... hast deiner Magd noch von fernem Zukünftigem geredet* [Th. Mann]), Maskulina und Feminina hingegen zu schwacher:

- besagtem *Angehörigen* der Firma wurde gekündigt; mit ausgestreckter *Linken*.

Bei substantivierten Adjektiven oder Partizipien nach Zahladjektiven schwankt der

Gebrauch: *zweier Liebender/Liebenden* (P. Ernst). In der geschriebenen Standardsprache überwiegt die starke Form (↑ zwei, ↑ drei).

– ***du Armer · dir Armen · wir Angestellten:*** Nach Personalpronomen der 1. und 2. Person werden substantivierte Adjektive oder Partizipien im Allgemeinen stark flektiert, weil diese Pronomen selbst keine starke Endung aufweisen: *du Lieber, ich Unglücklicher.* Zu den Schwankungen im Dativ Singular und Nominativ Plural ↑ Adjektiv (1.3).

– ***ihm als Ältestem/Ältesten · ihr als Vorsitzender/Vorsitzenden:*** In Verbindungen mit *als* oder *wie* wird stark dekliniert:

- er als *Ältester,* als *Geistlicher;* ich als ... *Vierzehnjähriger* (K. Mann); wir als *Älteste;* ihr (Plural) als *Erblindete.*

Wie auch in anderen oben genannten Fällen schwankt insbesondere im Dativ Singular die Deklination:

- ihm als *Verliebten* (Raabe); ihm als *Dreißigjährigen* (Werfel); aber auch stark: mir als *Ältestem;* ihm als *Verliebtem* (Hesse).

Besonders bei denjenigen substantivierten Partizipien, die auf dem Wege sind, die substantivische Deklination anzunehmen (↑ 2.2), treten Schwankungen auf; zu empfehlen ist die starke Deklination *(ihm als Beamtem/Beamten; dir als Gesandtem/Gesandten).*

2.2 Substantivische Deklination

Bestimmte substantivierte Adjektive (Partizipien) haben sich so weit von ihrer ursprünglichen Wortart gelöst, dass sie nicht mehr wie ein attributives Adjektiv, sondern teilweise oder ausschließlich wie ein Substantiv dekliniert werden.

Einige substantivierte Adjektive schwanken zwischen adjektivischer und substantivischer Deklination. Das substantivierte Adjektiv ↑ *Parallele* wird überwiegend wie ein echtes Substantiv dekliniert: im Singular endungslos *(die Parallele, der Parallele),* im Plural schwach auf *-n (die Parallelen).* Ohne Artikel, z. B. mit einem Kardinalzahlwort, heißt es im Plural überwiegend *drei Parallelen* (also wie ein Substantiv), möglich ist jedoch auch *drei Parallele* (entsprechend zu: *drei parallele Linien,* also wie ein Adjektiv). Entsprechendes gilt für ↑ *Horizontale,* ↑ *Vertikale.* Vgl. aber ↑ *Gerade,* ↑ *Senkrechte,* ↑ *Waagerechte, Waagrechte.*

Einige substantivierte Adjektive werden nur noch wie Substantive flektiert. Stark flektiert wird:

- der Gläubiger, des Gläubigers, die Gläubiger, zwei Gläubiger (↑Gläubige/Gläubiger).

Im Singular endungslos, im Plural schwach flektiert werden:

- die Brünette, der Brünette, zwei (die) Brünetten; die Kokette, der Kokette, zwei (die) Koketten.

Schwach flektiert werden:

- der Invalide, des Invaliden, zwei (die) Invaliden (↑Invalide); der Junge, des Jungen, zwei (die) Jungen.

Stark und schwach flektiert wird:

- der Oberst, des Obersten, des Oberst oder des Obersts, zwei (die) Obersten, (seltener:) zwei (die) Oberste (↑Oberst).

Substantivkomposita: 1. *Niedrigstpreis/ niedrigster Preis · das Hohelied/ein Hohes Lied* (Syntaktische Fügung vs. Kompositum): Heute wird häufig anstelle einer Fügung aus Adjektiv im Superlativ und Substantiv, z. B. *der niedrigste Preis,* ein Kompositum gebraucht: *der Niedrigstpreis.* Diese Komposita werden bevorzugt in bestimmten Bereichen (Werbung, Wirtschaft usw.) gebraucht; vgl. auch: *die beste Lösung – Bestlösung; die tiefste Temperatur – Tiefsttemperatur.* In wenigen Fällen findet sich die Zusammenschreibung fester Fügungen von nicht gesteigertem Adjektiv und Substantiv: *der Hohepriester* (auch: *der Hohe Priester*), *das Hohelied* (auch: *das Hohe Lied*), doch wird bei Flexion des ersten Bestandteils getrennt geschrieben. ↑ *Hohelied/Hohe Lied.*

2. *nukleares Brennstoffproblem · Aufstiegsmöglichkeiten zum Werbe- und Verkaufsleiter* (Bezug auf Zweit- oder Erstglieder von Komposita): Adjektive zu Komposita modifizieren zwar das ganze Kompositum (*die große Eisfabrik* = die Eisfabrik ist groß), beziehen sich aber in der Regel auf das Zweitglied: Groß ist nicht das Eis, sondern die Fabrik, denn das Zweitglied ist das Grundwort des Kompositums und es ist auch der Bestandteil, der dekliniert wird. Man sollte deshalb Verbindungen wie *kleines Kindergeschrei, anorganischer Chemieprofessor, der vierstöckige Hausbesitzer, der siebenköpfige Familienvater* vermeiden, wenn man keinen besonderen Stileffekt wie Ironie damit erzielen will. Manche Fügungen mit Adjektivattributen, die sich auf das Erstglied eines Kompositums beziehen, sind fest im Sprachgebrauch verankert: *deutsche Sprachwissenschaft, evangelisches Pfarrhaus, Bürgerliches Gesetzbuch.* Die Grundregel, dass sich Attribute möglichst auf das Zweitglied beziehen sollten, gilt unabhängig von der Art des Attributs, also auch für Genitiv- und Präpositionalattribute. Dennoch finden sich gerade in der Amts- und Fachsprache konventionalisierte Verbindungen wie *Aufstiegsmöglichkeiten zum Werbe- und Verkaufsleiter, die Lebensbeschreibungen großer Persönlichkeiten.* Man hat in diesen Fällen immer die Möglichkeit, die fragwürdige Attribution aufzulösen: *Möglichkeiten, zum Werbe- und Verkaufsleiter aufzusteigen; Beschreibungen des Lebens großer Persönlichkeiten.*

suchen: Wenn *suchen* mit einer Infinitivgruppe verbunden ist, kann ein Komma gesetzt werden: *Sie suchten meine Bemühungen zu untergraben/Sie suchten, meine Bemühungen zu untergraben.* ↑ Komma (6.3).

südlich: 1. Anschluss: An *südlich* kann im Genitiv oder mit *von* angeschlossen werden. Die Verwendung von *südlich* als Präposition mit dem Genitiv ist dort häufiger, wo dem Nominalausdruck (auch wenn er ein geografischer Name ist) ein Artikelwort vorangeht: *südlich dieser Linie, südlich des Odenwaldes, südlich der Alpen.* Der Anschluss mit *von* wird dagegen bei artikellosen geografischen Namen bevorzugt: *südlich von Heidelberg* (selten: *südlich Heidelbergs*), *südlich von Tunesien* (selten: *südlich Tunesiens*). Die Verwendung eines Substantivs oder Eigennamens ohne Flexionsendung nach *südlich* ist nicht standardsprachlich: *südlich München.* ↑ Geografische Namen (1.1).

2. südlich/südwärts: Mit *südlich* wird die Lage angegeben, *südwärts* bezeichnet dagegen die Richtung: *Die neue Rehabilitationsklinik liegt südlich der Stadt* (Frage: wo?). *Die Vögel ziehen südwärts* (Frage: wohin?).

Süd/Süden: ↑ Nord/Norden.

s. Z.: Die heute zusammengeschriebene Wendung *seinerzeit* wird nach der früher üblichen getrennten Schreibung *seiner Zeit* weiterhin mit *s. Z.* oder mit *s. Zt.* abgekürzt.

T

Tagesangabe: Zu *Am Montag, dem/den 10. Juni* ... ↑ Datum.

Tageszeiten: ↑ Zeitangaben, ↑ Dienstagabend.

-tägig/-täglich: Komposita mit *-tägig* bedeuten „eine entsprechende Reihe von Tagen dauernd" *(ein vierzehntägiger Urlaub)*. Komposita mit *-täglich* bedeuten dagegen „sich nach einer entsprechenden Reihe von Tagen wiederholend" *(vierzehntäglich* [= alle 14 Tage] *stattfindende Vorlesungen)*.

Tag/tags: 1. Tag der Deutschen Einheit: Der bis 1990 in Westdeutschland am 17. Juni begangene Feiertag wurde mit kleinem *d* geschrieben. Der seit 1990 in Gesamtdeutschland am 3. Oktober begangene Feiertag dagegen wird mit großem *D* geschrieben: *Tag der Deutschen Einheit*. (Aber: *die deutsche Einheit*.)
2. Zu *Es ist/sind x Tage her* ... ↑ Es ist/sind zwei Jahre her.

tanzen: ↑ Perfektbildung mit sein/haben.

Tasse: Es heißt richtig: *eine Tasse Kaffee* (nicht: *Kaffees*); *eine Tasse starker Kaffee* (gehoben: *starken Kaffees*); *mit 3 Tassen starkem Kaffee* (gehoben: *starken Kaffees*). ↑ Apposition (3).

taubstumm:
Die früher übliche Bezeichnung *taubstumm* sollte nicht mehr verwendet werden. Auf Wunsch der Betroffenenverbände ersetzt man sie durch *gehörlos*. Die Gebärdensprache ermöglicht es, sich eloquent auszudrücken.

tauchen: ↑ Perfektbildung mit sein/haben.

tausend/Tausend: ↑ hundert/Hundert.

tausend[und]ein[s]: 1. Schreibung: Das Zahlwort *(tausend[und]ein Weizenkorn)* wird nur in Eigennamen großgeschrieben: *ein Märchen aus Tausendundeiner Nacht*.
2. Kongruenz: Nach der Form ohne Flexionsendung *tausend[und]ein* steht das Substantiv im Plural: *mit tausend[und]ein Fragen*. Verwendet man aber die Form mit Flexionsendung, dann folgt der Singular: *mit tausendundeiner Frage*. Das *und* kann in diesem Falle nicht weggelassen werden (eigentlich: *mit 1000 Fragen und einer Frage*). ↑ [2]ein (1).

t/d: ↑ -and/-ant, ↑ ent-/end-, ↑ seid/seit, ↑ tod-/tot-, Tod-/Tot-.

Teddybär: Das Substantiv wird in der geschriebenen Standardsprache oft wie *Bär* schwach flektiert: *des, dem, den Teddybären*, aber auch (vereinzelt) stark: *des Teddybärs*, (auch:) *dem, den Teddybär*. Der Plural lautet *die Teddybären*.

Teil: 1. Genus: Die Ausdrücke *der Teil* und *das Teil* haben unterschiedliche Bedeutungen. Bei der Verwendung als Maskulinum geht es um die Beziehung eines Teils zu einem Ganzen: *Den größten Teil hat sie beigetragen. Ich habe nur einen Teil des Buches gelesen*. In der Bedeutung „einzelnes Stück" wird *Teil* dagegen als Neutrum gebraucht *(das Teil)*: *ein defektes Teil auswechseln; jedes einzelne Teil genau prüfen*. Auch Komposita wie *Einzelteil, Oberteil, Ersatzteil* haben neutrales Genus. In einigen Wendungen ist sowohl *der* als auch *das Teil* gebräuchlich: *Sie trug ihr/ihren Teil dazu bei. Ich für mein/meinen Teil stimme zu.*
2. Ein Teil Äpfel lag/lagen auf der Erde: Folgt man der Grammatik, steht das Verb im Singular, weil *Teil* formal ein Singular ist: *Ein Teil Bücher ist schon verkauft. Ein Teil Äpfel lag auf der Erde*. Man kann aber auch nach dem Sinn konstruieren und das Verb in den Plural setzen: *Ein Teil Bücher sind schon verkauft. Ein Teil der Äpfel lagen auf dem Boden.*

teils – teils: 1. Kongruenz: Werden Subjekte durch *teils – teils* verbunden, dann wird das Prädikat gewöhnlich in den Singular gesetzt: *Teils sein Einfluss, teils seine Herkunft hatte ihm seine Stellung verschafft.*

2. Komma: Vor dem zweiten und vor allen späteren Vorkommen von *teils* steht ein Komma, weil es sich bei den mit *teils* verbundenen Ausdrücken um eine Aufzählung handelt: *Sie verbrachte ihre Ferien teils in Frankreich, teils in Italien, teils in der Schweiz. Teils achtete man mich, teils ignorierte man mich.* Das Komma entfällt nur, wenn eine Konjunktion vor *teils* tritt: *Wir hatten teils Regen und teils Sonnenschein.*

teilweise: ↑ -weise.

Teilzeit/Vollzeit arbeiten: Die Fügungen werden getrennt geschrieben: *Ich arbeite Teilzeit, Vollzeit arbeitende Frauen.*

Thermostat: Das Wort *der Thermostat* kann stark oder schwach flektiert werden: *des, dem, den Thermostaten,* Plural: *die Thermostaten* oder: *des Thermostat[e]s, dem, den Thermostat,* Plural: *die Thermostate.*

tief: 1. Groß- oder Kleinschreibung: In festen adverbialen Wendungen aus *aufs* oder *auf das* und Superlativ, nach denen man mit *wie?* fragen kann, kann das Adjektiv groß- oder kleingeschrieben werden: *Ich habe das auf das, aufs Tiefste/tiefste bedauert.*

2. Getrennt- oder Zusammenschreibung: Von den Verben *sein* und *werden* schreibt man *tief* immer getrennt: *tief sein, werden.* Ebenso getrennt schreibt man das Adverb mit der Bedeutung „weit unten“: *tief graben, tief liegen, tief stehen.* Zusammen schreibt man, wenn *tief* Verbzusatz ist: *tiefstapeln* (als Gegensatz zu *hochstapeln*), *tiefgefrieren* (= bei tiefer Temperatur schnell einfrieren). Verbindungen aus *tief* und einem adjektivisch gebrauchten Partizip können getrennt oder zusammengeschrieben werden: *ein tief bewegter/tiefbewegter alter Mann; sie sprach mit tief bewegter/tiefbewegter Stimme; eine tief erschütterte/tieferschütterte Frau.* Die Vergleichsformen lauten entsprechend: *tiefer blickend/* (selten:) *tiefblickender, am tiefsten blickend/tiefstblickend* (selten: *am tiefblickendsten*). Nur zusammen schreibt man die Superlativformen mit *tiefst-*: *tiefstempfunden, tiefstgehend, tiefstschürfend* usw.

Tiefe: Es heißt *Der Graben misst 3 m in der Tiefe* (nicht: *in die Tiefe*). ↑ messen.

Titel und Berufsbezeichnungen: siehe S. 278.

titulieren: Der mit diesem Verb unmittelbar oder durch *als/mit* verbundene Nominalausdruck bleibt (wegen seines Zitatcharakters) ohne Flexionsendung: *Alle mussten ihn [mit] Herr Doktor titulieren. Sie hat mich [als/mit] „Schurke“ tituliert.*

tod-/tot-, Tod-/Tot-: 1. Komposita mit *tod-*: Mit *d* schreibt man Zusammensetzungen mit *Tod,* meist Adjektive oder Substantive: *todbereit* (= zum Tode bereit), *todgeweiht; Todfeind, Todsünde, Todkranker.* In vielen Fällen dient das Erstglied als Verstärkung des Ausdrucks mit der Bedeutung „sehr, äußerst“:

Telefon

Als 1861 das Telefon erfunden wurde, galt noch die Schreibweise „Telephon“, eine Wortzusammensetzung aus den griechischen Begriffen „tele“ – „fern“ und „phonae“ – „Klang, Stimme“. Das umständlichere „Telefonapparat“ wird kaum noch verwendet, wohl aber umgangssprachlich *Apparat* als Synonym für *Telefon*. Ersterer Begriff ist fast schon ein Multifunktionswort, sein Bedeutungsumfang umfasst Gerätschaften ebenso wie Hilfsmittel und Personal in Organisationen. Bereits das lateinische Wort „apparatus“, von dem sich unser *Apparat* ableitet, hatte diese Bedeutungsbreite, es meinte: „Zubereitung, Einrichtung, Werkzeuge“.

Titel und Berufsbezeichnungen

1 Deklination

1.1 Titel ohne Namen

Ein Titel oder eine Berufsbezeichnung ohne einen nachfolgenden Eigennamen wird in der Regel dekliniert:

- Die Rede des Herrn *Ministers* war kläglich. Wer hat dem *Präsidenten* diesen Rat gegeben?

1.2 Titel + Eigenname

Steht ein Titel oder eine Berufsbezeichnung ohne Artikel bzw. Artikelwort vor einem Eigennamen, dann wird nur der Name dekliniert (↑ Personennamen [2.1]):

- *Staatsanwältin Schneiders* Sondervotum, die Ansprache *Papst Franziskus'*, die Günstlinge *Königin Christines* von Schweden, *Oberärztin Dr. Hahns* Visite.

1.3 Artikel/Pronomen + Titel + Eigenname

Steht ein Titel oder eine Berufsbezeichnung mit Artikel oder Pronomen vor einem Eigennamen, dann wird nur der Titel oder die Berufsbezeichnung dekliniert (bei mehreren Titeln o.Ä. nur der erste; ↑ Personennamen [2.2]). Der Eigenname bleibt ohne Flexionsendung:

- die Rede *des Bürgermeisters Schneider,* die Erkrankung *unseres Prokuristen Schmidt,* die Politik *des Fürsten Metternich,* die Krönung *des Königs Ludwig des Frommen, des Architekten Müller Einwand.*
- die Rede *der [Ersten] Vorsitzenden Studienrätin Dr. Sander,* die Stellungnahme *des Präsidenten Minister a.D. Hambacher.*

Zur Deklination in Verbindung mit *Herr* und *Doktor/Dr.* ↑ Herr (2), ↑ Personennamen (2.1), ↑ Doktor.

2 Rechtschreibung und Zeichensetzung

2.1 Groß- und Kleinschreibung

Man schreibt Adjektive, Partizipien, Artikel- und Zahlwörter als Teile eines Titels groß:

- Erste Staatsanwältin, Regierender Bürgermeister, Zweite Vorsitzende, Seine Magnifizenz.

Berufsbezeichnungen, die ein Adjektiv enthalten, sind keine Titel. Das Adjektiv wird daher in solchen Fügungen kleingeschrieben:

- Er will *technischer* Zeichner werden. Sie hat sich als *freie* Architektin niedergelassen. Dies ist Sache der *kaufmännischen* Direktorin.

2.2 Komma

Mehrere vor dem Eigennamen stehende Titel und Berufsbezeichnungen werden ohne Komma aneinandergereiht:

- Herr Bäckermeister Hans Albert Schulze; Geheimer Regierungsrat Professor Dr. phil. Dr. iur. h.c. Max Schmitz; Dipl.-Hdl. Dipl.-Phys. Inge Meier; Dr.-Ing. Clemens Philipp Graf von Wartberg; Marie Sibylle Baronin von Strantz-Neumann; Ihre Majestät Königin Elisabeth II.

In Namenslisten, Literaturverzeichnissen u.dgl. nachgestellte Titel und Berufsbezeichnungen werden vom Namen und untereinander durch Komma getrennt (nur zwischen Wörtern, deren normale Reihenfolge erhalten bleibt, steht kein Komma):

- Schulze, Hans Albert, Bäckermeister
- Zedel, Ines, Professor Dr.

- Schmitz, Max, Geh. Regierungsrat Dr. phil. Dr. iur. h.c., Generalintendant
- Wartberg, Clemens Philipp Graf von, Dr.-Ing.

3 Feminine Titel und Berufsbezeichnungen

Zu nahezu allen Titeln und Berufsbezeichnungen existieren inzwischen die femininen Entsprechungen, die sich auch weitestgehend durchgesetzt haben:

- Sie ist Professorin an der Musikhochschule, Bundesministerin für Arbeit und Soziales, Redakteurin, Rechtsanwältin; Ministerpräsidentin N.N. sprach vor dem Kongress.
- Ihr wurde der Titel Diplomkauffrau, Diplompädagogin, Magistra Artium verliehen.

Die feminine Form des Titels wird auch in der Anrede verwendet:

- Sehr geehrte Frau Staatssekretärin/Ministerialrätin/Staatsanwältin, ...

Der feminine Titel *Professorin* hat sich auch in der Anrede durchgesetzt; in gesprochener Sprache sind die Formen *Frau Professor* und *Frau Professorin* üblich. Die Bezeichnung *Doktorin* ist hingegen seltener und überwiegend in Österreich gebräuchlich, meist heißt es also *Frau Doktor.* Titel oder Berufsbezeichnung des Mannes [in der Anrede] auf die Ehefrau zu übertragen ist heute nicht mehr üblich. Man sagt in diesen Fällen also nicht *Frau Professor* oder *Frau Doktor.*

Um Missverständnisse zu vermeiden, ist es gelegentlich notwendig, Doppelformen oder andere Formulierungen zu wählen. (Missverständlich:) *Gudrun Weber ist die erste Ärztin, die diese Operation gewagt hat.* Man könnte fälschlicherweise annehmen, dass männliche Kollegen diese Operation schon vor ihr gewagt hätten. (Eindeutig:) *Gudrun Weber ist die erste unter den Ärzten und Ärztinnen, die diese Operation gewagt hat.* Auch folgender Satz kann missverständlich sein: *Maria Schneider ist die bekannteste Bundestagsabgeordnete.* (Eindeutig:) *Sie ist das bekannteste Mitglied des Bundestages.* Sehr selten wird in diesen Fällen zur Geschlechtskennzeichnung einem maskulinen Titel oder einer maskulinen Berufsbezeichnung auch das Attribut *weiblich* vorangestellt *(Sie war der erste weibliche Minister).*

Die femininen Formen zu den maskulinen Berufsbezeichnungen auf *-eur* werden in der Regel mit *-in* gebildet:

- Amateurin, Dekorateurin, Graveurin, Ingenieurin, Konstrukteurin, Redakteurin, Regisseurin.

Zu einigen wenigen Berufsbezeichnungen sind auch die Formen auf *-euse* möglich. Da diese häufig abwertend gebraucht werden (↑ *Masseurin/Masseuse*), wird zunehmend auf sie verzichtet:

- Dompteurin (noch nicht so häufig wie: Dompteuse), Friseurin (offiziell nur so, neben inoffiziell veraltend: Friseuse), Masseurin.

Nur auf *-euse* sind z. B. üblich: *Souffleuse, Diseuse.*

Vgl. auch ↑ Geschlechtergerechter Sprachgebrauch, ↑ feminine Formen.

4 *Meine beiden Töchter sind Lehrerinnen/Lehrerin · Alle drei sind Arzt/Ärzte geworden*

Wenn das Prädikativ eine Berufsbezeichnung nennt, kann es trotz eines pluralischen Subjekts gelegentlich im Singular stehen. Dadurch wird der Blick von den Einzelpersonen stärker auf die Berufsbezeichnung gerichtet:

- Alle drei wollten *Arzt/Ärzte* werden. Meine beiden Töchter sind *Lehrerinnen/Lehrerin.* Die beiden Frauen, die dort stehen, sind *Rechtsanwältinnen.*

Der Singular steht vor allem bei häufigen Verbindungen wie *Arzt/Lehrer sein.*

todernst, todmüde, todschick, todsicher, todunglücklich.
2. Komposita mit *tot-*: Mit *t* schreibt man Zusammensetzungen mit *tot,* meist Verben oder Substantive: *sich totarbeiten, sich totlachen, totmachen, totschießen, totschlagen, totschweigen; Totgeburt, Totgeglaubter, Totschlag.*

Tonne: Das Gemessene nach *Tonne: eine Tonne Teer* (nicht: *Teers*); *mit einer Tonne gesalzener Heringe* oder *gesalzene Heringe.* Bei *Tonne* als Gewichtseinheit: *ein Schiff mit 10 000 Tonnen kanadischem Weizen* (gehoben: *kanadischen Weizens*). ↑ Apposition (3).

tot: Immer getrennt schreibt man *tot* von den Verben *sein* und *scheinen: Sie wird doch nicht wirklich tot sein! Weil er uns allen tot schien, begruben wir ihn.* Auch getrennt: *sich tot stellen, tot umfallen.* In anderen Fällen schreibt man *tot* aber mit dem folgenden Verb zusammen, z. B. bei: *totfahren, sich totlachen, totschweigen.* Verbindungen mit einem adjektivisch gebrauchten Partizip II können getrennt oder zusammengeschrieben werden: *ein tot geborenes/totgeborenes Kind.*

tot-/tod-, Tot-/Tod-: ↑ tod-/tot-, Tod-/Tot-.

traben: ↑ Perfektbildung mit sein/haben.

tragbar/tragfähig: Das Adjektiv *tragbar* (= so beschaffen, dass man es tragen kann) kann nur in passivischem Sinn verwendet werden: *ein tragbares Fernsehgerät. Dieser Mitarbeiter ist für uns nicht tragbar.* In aktivischem Sinn wird *tragfähig* (= so beschaffen, dass es trägt) gebraucht: *eine tragfähige Decke. Das Eis ist noch nicht tragfähig.* ↑ -bar/-fähig.

trauen: Es heißt *Ich traue mich nicht, das zu tun.* Die Verbindung von *sich trauen* mit dem Dativ *(Ich traue mir nicht, das zu tun)* ist seltener.

trendy: Die Vergleichsformen lauten: *trendy – trendyer – am trendysten.*

treten: 1. Perfekt mit *haben* oder *sein*: Beim transitiven Verb *treten* wird das Perfekt mit *haben* gebildet: *Er hat ihn getreten. Sie folgten den Spuren, die andere vor ihnen schon in den Schnee getreten hatten* (Plievier). Das intransitive Verb *treten* bildet das Perfekt mit *sein: Wir waren vor die Tür getreten.* Vgl. aber (2).
2. Er trat mir/mich auf den Fuß · Der Schweiß trat ihr auf die Stirn: Wird *treten* im Sinn von „mit dem Fuß treffen" auf einen Körperteil bezogen, dann kann die betroffene Person im Dativ oder im (seltener) Akkusativ stehen: *Er ist/hat mir auf den Fuß getreten.* Wird *treten* im Sinn von „an eine Stelle gehen oder gelangen" gebraucht, dann kann die betroffene Person nur im Dativ stehen: *Die Tränen traten mir in die Augen. Der Schweiß ist ihr auf die Stirn getreten.* Ähnlich wie *treten* werden auch andere Verben der körperlichen Berührung behandelt (vgl. z. B. ↑ schlagen, ↑ stoßen, ↑ beißen).

triefen: Das ursprünglich starke Verb *triefen* wird heute meist schwach konjugiert: *triefte, getrieft.* Man findet jedoch auch die starken Formen des Präteritums: *troff.* Das starke Partizip II *getroffen* ist heute selten.

trocknen: Das intransitive Verb *trocknen* (z. B. *etwas trocknet*) gehört zu den Verben, die eine allmähliche Veränderung bezeichnen. Diese Verben (wie ↑ gären) können ihr Perfekt sowohl mit *sein* als auch mit *haben* bilden: *Die Wäsche ist/hat gut getrocknet.* Verschiedene Bedeutungen liegen dabei nicht vor. Die Verwendung von *sein* ist bei *trocknen* die häufigere. Nur *sein* wird dann verwendet, wenn etwas wie „Die Wäsche ist trocken" ausgesagt werden soll: *Die Wäsche ist getrocknet.*

Tropfen: Das Gemessene nach *Tropfen: ein Tropfen Honig* (nicht: *Honigs*); *5 Tropfen bittere Medizin* (gehoben: *bitterer Medizin*); *mit dreißig Tropfen reinem Alkohol* (gehoben: *reinen Alkohols*). ↑ Apposition (3).

trotz: Die Präposition *trotz* steht heute gewöhnlich mit dem Genitiv: *Sie gingen trotz des Regens viel spazieren. Trotz aller gegenteiligen Behauptungen ...* Der Dativ nach *trotz* ist älter (vgl. *trotz allem* und *trotz alledem* sowie das Adverb ↑ *trotzdem*) und mittlerweile seltener als der Genitiv. Häufiger kommt der Dativ noch vor, wenn kein Artikelwort vorhanden ist: *trotz nassem Asphalt* neben: *trotz nassen Asphalts.* Er erscheint vor allem dann, wenn *trotz* vor einem allein stehenden starken Substantiv im Plural steht *(trotz Beweisen, trotz Büchern, trotz Atomkraftwerken)* oder wenn ein weiterer Genitiv vorausgeht: *trotz des Bootes starkem Schwanken* (statt: *trotz des Bootes starken Schwankens*).

trotzdem: Das vorangestellte *trotzdem* leitet einen Hauptsatz ein: *Er beeilte sich sehr; trotzdem kam er zu spät.* Die Verwendung von *trotzdem* als unterordnende Konjunktion für „obwohl" gilt heute als umgangssprachlich, obwohl sie früher verbreitet war: *Und trotzdem diese Situation mir selber lästig war, trotzdem ich mich auf alle mögliche Weise anstrengte, ernst zu sein, kam das Lachen stoßweise immer wieder* (Rilke).

trüb/trübe: Beide Formen sind ohne Bedeutungsunterschied gebräuchlich.

trügen: Das Verb *trügen* wird stark flektiert (Präteritum: *[der Schein] trog;* Perfekt: *er hat getrogen;* Konjunktiv II: *er tröge*). Vereinzelt tritt auch schwache Flexion auf *(trügte/hat getrügt).*

Trupp: 1. ein Trupp Maskierter/Maskierte: Nach *Trupp* steht die Angabe, woraus der Trupp besteht, meistens im Genitiv. Gelegentlich tritt sie aber auch in Form einer Apposition auf (d. h., sie steht im gleichen Kasus wie *der/ein Trupp*): *ein Trupp Maskierter* / (auch möglich:) *Maskierte; ein Trupp singender Kinder* / (auch möglich:) *singende Kinder.* ↑ Apposition (3).

2. Ein Trupp Soldaten zog/zogen durch die Stadt: Folgt man der grammatischen Kongruenz, steht das Verb im Singular, weil *Trupp* formal ein Singular ist: *Ein Trupp Soldaten zog durch die Stadt.* Es kann aber auch nach dem Sinn konstruiert und das Verb in den Plural gesetzt werden: *Ein Trupp Soldaten zogen durch die Stadt.*

Trupp/Truppe: Das maskuline Substantiv *der Trupp* (Genitiv: *des Trupps,* Plural: *die Trupps*) hat die Bedeutung „Schar, Gruppe, Haufen": *ein Trupp Studenten.* Das Femininum *die Truppe* (Genitiv: *der Truppe,* Plural: *die Truppen*) hat die Bedeutungen „Heeresabteilung, [größerer] militärischer Verband, Landheer [im Kampfeinsatz]": *Die meuternden Truppen warfen die Gewehre weg* (Schaper). Gelegentlich wird *Truppe* für „Gruppe von Künstlern, die zusammen auftreten" gebraucht: *eine Truppe von Schauspielern, Artisten.*

Tschechien: Die offizielle, vom tschechischen Außenministerium empfohlene deutsche Kurzbezeichnung für die Tschechische Republik ist *Tschechien.* Die historisch belastete Bezeichnung *Tschechei* wird abgelehnt und sollte deshalb nicht mehr gebraucht werden. ↑ Political Correctness.

Tumor: Die medizinische Bezeichnung einer [gutartigen oder bösartigen] Geschwulst wird im Singular auf der ersten Silbe betont *(Tumor)* und hat den Plural *die Tumoren.* Daneben kommt (in der Umgangssprache) Endbetonung im Singular *(Tumor)* mit starkem Plural *die Tumore* vor.

tun: 1. Konjugation: Bis auf die 1. Person *(ich tue)* sind die Formen mit *-e* heute nicht mehr üblich. Es heißt also richtig: *tun; ich tue* oder *ich tu, wir tun, ihr tut, sie tun.* Auch der Imperativ wird heute meist ohne *-e* gebraucht: *tu!*

2. *tun* + Infinitiv: Die Verbindung von *tun* mit einem reinen Infinitiv in Sätzen wie *Sie tut gerade schreiben* oder *Er tut das schon erledigen* ist eine umgangssprachliche und meist auch überflüssige Erweiterung des Prädikats. Sie gilt in der Standardsprache als nicht korrekt. Wenn das Verb besonders hervorgehoben werden soll, ist die Erweiterung mit *tun* jedoch sinnvoll, weil dann das *tun* die syntaktische Funktion des Verbs übernehmen muss: *Singen tut sie gern. Gesehen habe ich sie schon, aber kennen tue ich sie nicht.* Zu *sich schwertun, sich leichttun* ↑ schwertun, sich.

U

u. a., usf., usw., etc., wie, z. B.: 1. Wenn Beispiele aufgezählt werden, dann genügt es, wenn man entweder am Anfang durch *z. B., wie* oder am Ende der Aufzählung durch *u. a., usf., usw., etc.* anzeigt, dass nur eine Auswahl gegeben wird. Nicht: *Sie hat viele Länder besucht, z. B. Österreich, Holland u. a.* Sondern: *Sie hat viele Länder besucht, z. B. Österreich, Holland.* Oder: *Sie hat viele Länder besucht: Österreich, Holland u. a.*

2. Vor den Abkürzungen *u. a., usf., usw., etc.* am Ende einer Aufzählung steht kein Komma und danach kein zusätzlicher Satzschlusspunkt: *Er hat viel im Drogeriemarkt eingekauft: Waschmittel, Toilettenpapier, Taschentücher usw.*

über: 1. Präposition mit Dativ und Akkusativ: Die Präposition *über* kann sowohl mit dem Dativ als auch mit dem Akkusativ verbunden werden, je nachdem, ob ein Ort (Dativ) oder eine Richtung (Akkusativ) bezeichnet wird: *Das Jackett hing über dem Stuhl. Er hängte das Jackett über den Stuhl.* Auch bei abstrakter räumlicher Bedeutung von *über*: *Er schlief über seiner* (nicht: *über seine*) *Arbeit ein* (eigtl.: als er über seiner Arbeit saß). Hierzu gehört der übertragene Gebrauch von *über* in dem Satz: *Über meiner Arbeit habe ich ganz deinen Geburtstag vergessen* (eigtl.: während ich über meiner Arbeit saß); hier steht also der Dativ. Bei nicht räumlicher Bedeutung regiert *über* den Akkusativ: *Kinder über zehn Jahre, über alle Maßen, in Gemeinden über 10 000 Einwohner.*

2. *über* als Adverb: *über* kann verwendet werden, wenn man anzeigen will, dass eine bestimmte Zahl oder eine bestimmte Menge überschritten wird; in diesen Fällen hat *über* keinen Einfluss auf den Kasus des folgenden Substantivs: *Es waren über 100 Gäste. Das ist über ein Euro Unterschied.* Lässt man *über* fort, so bleibt die Konstruktion des Satzes erhalten: *Wir mussten über* (= mehr als) *zwei Stunden warten. Wir mussten zwei Stunden warten.* (Das Weglassen von *über* ist dagegen nicht möglich, wenn *über* als Präposition gebraucht wird, z. B. in dem Satz: *Kinder über zwölf Jahre haben Zutritt.*) Als Adverb übt *über* auch dann keinen Einfluss auf die folgenden Fälle aus, wenn es mit anderen Präpositionen steht: *Gemeinden von über 10 000 Einwohnern.* (Der Dativ *Einwohnern* ist von der Präposition *von* abhängig.) *Wir wissen aus über einem Jahrhundert Erfahrung, wie man ...* (Der Dativ *einem* ist von der Präposition *aus* abhängig).

3. die über Siebzigjährigen: Diese Fügung wird weder zusammengeschrieben noch mit Bindestrich versehen, also nicht: *die Übersiebzigjährigen* oder *die Über-Siebzigjährigen,* sondern: *die über Siebzigjährigen* (auch: *70-Jährigen*), *Krankheiten der über Siebzigjährigen* (auch: *70-Jährigen*). Hier wird *über* als Adverb, wie z. B. *fast, bereits,* gebraucht: *die fast Siebzigjährigen. Die bereits Siebzigjährigen wurden zu einer Feier eingeladen.*

über-: Die Form *über-* kann sowohl eine trennbare Verbpartikel als auch ein nicht trennbares Präfix sein. Als Verbpartikel ist sie betont und abtrennbar, z. B. *übersetzen, er setzt mit der Fähre über.* Ebenso *zum Gegner überlaufen, die Milch läuft über, einen Mantel überlegen* u. a. Dagegen ist das Präfix *über-* fest mit dem Verbstamm verbunden und unbetont, z. B. *einen Text ins Slowenische übersetzen, von Touristen überlaufen werden, sich etwas gründlich überlegen.*

überall her/überallher: Beides ist korrekt: Sie kommen von *überallher/überall her.*

überall hin/überallhin: Beide Varianten sind gleichermaßen korrekt, denn es gibt sowohl das Adverb *überall* als auch das Adverb *überallhin*. Wenn *überallhin* mit einem Verb zusammentrifft, heißt es: *Ich kann dich nicht überallhin fahren*. Der Ausdruck *hin* kann aber auch beim Verb stehen, dann kommt nur *überall* hinzu, auch das ist korrekt: *Ich kann dich nicht überall hinfahren*. Vgl. auch ↑ hier[her, -hin] (2).

über das/darüber/worüber: 1. Wenn ein Relativsatz folgt, hängt es vom einzelnen Pronominaladverb ab, ob eher dieses oder eine Präposition + (Demonstrativ-)Pronomen verwendet wird. Zum Beispiel sind die Pronominaladverbien *darüber* und *dahinter* hier gleichermaßen gebräuchlich wie die entsprechenden Präpositionen + Pronomen: *Du darfst darüber/über das, was ich dir anvertraut habe, nicht sprechen.* **2.** Der relativische Gebrauch der mit *wo[r]-* gebildeten Pronominaladverbien ist sehr selten. Dagegen werden die mit *wo[r]-* gebildeten Pronominaladverbien häufig in Fragesätzen gebraucht: *Und worüber freut sie sich?* Wenn das Bezugswort eine Sache oder einen Begriff bezeichnet, wird überwiegend das Relativpronomen in Verbindung mit einer Präposition gebraucht: *Das ist das Buch, über das wir sprachen*. Bei einem Indefinitpronomen *(alles, manches, etwas, nichts ...)* als Bezugswort ist das Pronominaladverb gebräuchlicher: *Es gibt manches, worüber (über das/über was) man lachen kann.*

überdrüssig: Das Adjektiv *überdrüssig* wird im Allgemeinen mit dem Genitiv verbunden. Gelegentlich gebraucht man auch den Akkusativ statt des Genitivs: *Ich bin des Lebens*/(seltener:) *das Leben überdrüssig. Ich bin seiner*/(seltener:) *ihn überdrüssig*. Der Akkusativ gilt heute als korrekt.

übereinander: ↑ ...einander.

über es, sie/darüber: Das Pronominaladverb *darüber* wird im Allgemeinen gebraucht, wenn die Bezugseinheit eine Sache oder einen Begriff bezeichnet. Wird dagegen eine Person bezeichnet, dann steht die Fügung Präposition + Pronomen, vgl. ↑ damit/mit ihm/mit dem.

überführen/überführen: In der Bedeutung „an einen anderen Ort bringen" kann das Verb *überführen* sowohl als Verb mit Verbpartikel wie als Präfixverb behandelt werden. Im ersten Falle lauten die Formen *überführen, führte über, hat übergeführt: Er ist in ein Krankenhaus übergeführt worden; um ihn in ein Krankenhaus überzuführen*. Im zweiten Falle (unbetontes *über*) lauten die Formen *überführen, überführte, überführt: Er ist in ein Krankenhaus überführt worden; um ihn in ein Krankenhaus zu überführen*. In der Bedeutung „den Beweis der Schuld erbringen" ist *überführen* immer ein Präfixverb, wird also auf der dritten Silbe (dem Verbstamm) betont. Es heißt: *Er wurde des Mordes überführt; man überführte den Täter; um ihn zu überführen.*

überschlägig/überschläglich: Das früher übliche Adjektiv *überschläglich* wird heute häufig – wohl in Analogie zu *abschlägig, einschlägig* – durch *überschlägig* ersetzt: *Die überschlägigen Kosten belaufen sich auf 3500 Euro. Könnten Sie die Kosten einmal überschlägig berechnen?*

Überschrift: Beim Zitieren von Überschriften (Gedicht-, Aufsatz-, Kapitelüberschriften usw.) werden Groß- und Kleinschreibung, Anführungszeichen, Deklination und Zeichensetzung genauso angewendet wie beim Zitieren von ↑ Buchtiteln. Nach einer Überschrift steht kein Punkt.

übersenden: Die Formen des Präteritums und des Partizips II lauten: *übersandte/übersendete* und *übersandt/übersendet*. Die Formen mit *a* sind häufiger (↑ senden).

über was/worüber: Die Verbindung *über + was (Über was habt ihr gesprochen?)* kommt hauptsächlich in der gesprochenen Sprache vor. In der geschriebenen Standardsprache dominiert jedoch eindeutig der Gebrauch des Pronominaladverbs *worüber*: *Worüber will sie sprechen? Er weiß, worüber er schreibt.*

überwiegend: Fügungen wie *die überwiegende Mehrheit* und *die überwiegende Mehrzahl* sind vom logischen Standpunkt aus Pleonasmen, denn eine Mehrheit überwiegt immer. Es soll hier mit *überwiegend* aber ausgedrückt werden, dass es sich um deutlich mehr als die einfache Mehrheit handelt: ... *dass seine Angehörigen ihrer überwiegenden Mehrzahl nach gewöhnliche Hohlköpfe sind* (Th. Mann).

Uhrzeit: Zur Angabe der Uhrzeit dienen die unflektierten Zahlwörter für Kardinalzahlen *ein[s]* bis *zwölf* mit oder ohne *Uhr*. Die Formen auf *-e* sind veraltet oder umgangssprachlich und stehen immer ohne *Uhr*: *Es ist eins;* aber: *Es ist ein Uhr. Um fünf [Uhr] aufstehen* (umgangssprachlich: *um fünfe aufstehen*). Das Wort *Uhr* wird auch sonst meist weggelassen: *Es ist viertel neun/ein Viertel auf neun* (regional für: *Es ist Viertel nach acht*). *Es ist zwanzig [Minuten] vor acht* (regional auch: *Es ist zehn nach halb acht*). Für die zweite Hälfte der Tageszeit verwendet man adverbiale Angaben, wenn Verwechslungen mit der ersten möglich sind, und umgekehrt: *Der Zug fährt um halb acht [Uhr] abends.* Die Zahlen *0* bis *24* werden amtlich viel gebraucht, sind aber in der Alltagssprache kaum geläufig. Sie stehen meist mit *Uhr*: *Der Zug fährt 17:15 Uhr ab. Ich komme um 20 Uhr zu dir. Minute* und *Sekunde* werden auch nach Zahlen flektiert: *fünf Minuten vor zwölf, zehn Sekunden vor halb fünf.* ↑ Datum; ↑ Zahlen und Ziffern (2).

um/auf: ↑ auf/um.

um [die]: Als quantifizierendes Adverb wird *um [die]* gebraucht, wenn unbestimmte Zahlenangaben gemacht werden. Es übt also keinen Einfluss auf den Kasus des folgenden Nominalausdrucks aus, wie es die Präposition *um* tut: *Sie kam mit um [die] zwanzig kleinen Mädchen* (der Dativ *kleinen Mädchen* ist von *mit* abhängig).

umeinander: ↑ ...einander.

Die Uhrzeit und die Urzeit

Noch vor wenigen Jahrzehnten trug fast jeder Mensch, sobald er die Uhrzeit lesen konnte, eine Armbanduhr am Handgelenk. Diese Zeiten sind bis auf Weiteres vorbei, doch wird unser Tagesablauf immer noch durch die Uhr bestimmt. Das Wort *Uhr* ist alt. Es leitet sich ab vom lateinischen „hora" – „Zeit, Tageszeit, Stunde, Uhr", und noch Luther benutzte dieses Wort. Der Begriff *Uhr* kam über das Altfranzösische ins Deutsche und wird seit dem 15. Jh. verwendet. Lange Zeit meinte es vor allem „Stunde" – dies hat sich noch in der Wendung: „Wie viel Uhr ist es?" erhalten. Erst langsam verdrängte die Bezeichnung für die *Uhr*, das (mechanische) Uhrwerk, diese Bedeutung – im 12. Jh. war zwar die sog. Räderuhr erfunden worden, doch die exakte Uhrzeit hatte für die meisten Menschen lange Zeit keine Bewandtnis. Die Vorsilbe „Ur-" in Urzeit weist hingegen auf einen Beginn, auf etwas, das sehr lange zurückliegt.

umgekehrt als: Nach *umgekehrt* steht in der Standardsprache *als: Die Sache verhält sich gerade umgekehrt, als du denkst.* Die Verwendung von *wie* ist hier umgangssprachlich.

umher/herum: ↑ herum/umher.

um ihn, sie/darum: Das Pronominaladverb *darum* wird im Allgemeinen gebraucht, wenn die Bezugseinheit eine Sache oder einen Begriff bezeichnet. Wird dagegen eine Person bezeichnet, dann steht die Fügung Präposition + Pronomen: *Genau darum geht es. Das Gespräch drehte sich nur um sie.* Vgl. ↑ damit/mit ihm/mit dem:

Umlauf: Es heißt: *Die neuen Münzen sind seit dem 1. Oktober in* oder *im Umlauf.* Aber nur: *Die neuen Münzen wurden in Umlauf gesetzt.* ↑ in/im (1).

umso mehr, als/umso mehr als: Vor *als* setzt man in dieser Fügung kein Komma, wenn die Verbindung aus *umso mehr* und der Konjunktion *als* als eine Einheit aufgefasst wird: *Du musst heute früh ins Bett gehen, umso mehr als du morgen einen schweren Tag hast.* Ein Komma kann man aber vor *als* setzen, wenn die Teile nicht als Einheit aufgefasst werden: *Du musst heute früh ins Bett gehen, umso mehr, als du morgen einen schweren Tag hast. Er ist es* (= Dichter) *umso mehr, als er gerade nicht noch nach dem Ruhm des Schriftstellers lechzte* (Nigg).

umsonst/vergebens: Obwohl die Verwendung von *umsonst* im Sinn von *vergebens* gelegentlich getadelt wird, ist gegen den schon im Mittelhochdeutschen gebräuchlichen Austausch beider Wörter nichts einzuwenden. Man sollte jedoch auf die verschiedenen Bedeutungen von *umsonst* achten: 1. „unentgeltlich"; 2. „vergebens"; 3. „ohne Grund", in der Negation: *nicht umsonst* „nicht ohne Grund". Man kann *umsonst* also nur in seiner zweiten Bedeutung durch *vergebens* ersetzen: *All ihr Bemühen ist vergebens.*

umso weniger[,] als: Zum Komma vor *als:* ↑ umso mehr, als/umso mehr als.

um was/worum: Die Verbindung *um + was (Um was handelt es sich?)* kommt in der gesprochenen Umgangssprache recht häufig vor. Im geschriebenen Standarddeutsch wird in der Regel *worum* verwendet: *Worum hat er dich gebeten? Ich weiß, worum es geht.*

um zu: Vor Infinitivgruppen mit *um zu* muss ein Komma gesetzt werden: *Er kam, um zu helfen.* ↑ Komma (6.1).

um zu/zu: Ob eine Infinitivgruppe mit *um zu* oder mit *zu* eingeleitet wird, hängt davon ab, welche Funktion sie im Satz hat. Vgl. auch ↑ Infinitiv und Infinitivgruppe; ↑ zu). **1. *um zu* oder *zu* beim Adverbialsatz:** Die Infinitivgruppe mit *um zu* hat in der Regel die Funktion einer adverbialen Bestimmung, drückt also einen Zweck oder eine Folge aus: *Ich ging in die Stadt, um für den Sonntag einzukaufen* (= damit ich für den Sonntag einkaufen konnte). *Sie ist viel zu aufmerksam, um dies zu übersehen.* In Beispielen wie diesen kann *um* auch weggelassen werden: *Er ist alt genug, dies zu verstehen.*

2. Nur *zu* beim Attributsatz: Die Infinitivgruppe steht immer dann nur mit *zu,* wenn sie Attribut zu einem Substantiv (hier *Weg*) ist: *Der Weg, diese Frage zu lösen, ist schwer.* In diesen Fällen können *zu* und *um zu* nicht miteinander ausgetauscht werden; der Gebrauch von *um zu* ist hier nicht standardsprachlich.

3. Nur *zu* beim Subjekt- oder Objektsatz: Infinitive bzw. Infinitivgruppen stehen immer dann nur mit *zu,* wenn sie die Funktion eines Subjekts *(Diese Aufgabe zu erledigen, hat Vorrang)* oder eines Objekts *(Ich glaube fest, ihn mit dieser List zu überwinden)* haben. In diesen Fällen ist der Gebrauch von *um zu* nicht möglich.

4. Mitgedachtes Subjekt im *um-zu*-Satz: Infinitivgruppen mit *um zu* haben kein Subjekt; in den meisten Fällen kann das Subjekt des übergeordneten Satzes quasi als logisches Subjekt in der Infinitivgruppe mitgedacht werden: *Peter spart, um sich ein neues Auto zu kaufen.*

Um-zu-Sätze sind aber auch dann möglich, wenn der übergeordnete Satz kein Handlungsverb enthält, sondern ein Zustandsverb: *Der Zeitpunkt war günstig, um über das Problem nachzudenken. Der Wasserfall war zu weit weg, um ihn zu besichtigen.* Hier wird für das Handlungsverb des *um-zu*-Satzes ein Handelnder (etwa: *man*) mitgedacht. In Passivsätzen ist der Handelnde nicht Subjekt. In Sätzen wie *Der Aufzug wurde vom Architekten weggelassen, um Geld zu sparen* ist der durch die *von*-Gruppe ausgedrückte Handelnde das mitgedachte Subjekt im *um-zu*-Satz.

unbrennbar: Obwohl die Adjektive auf *-bar* in der Regel von transitiven Verben abgeleitet sind und passivische Bedeutung haben, gibt es einige Ausnahmen: *Unbrennbare Vorhänge* sind z. B. „Vorhänge, die nicht brennen können". ↑ -bar.

und: 1. Ersatz von *und* durch *sowie* und *wie*: Es ist unnötig, *sowie* und *wie* im Sinn von *und* zu verwenden, wenn nur zwei Glieder zu verbinden sind. Also nicht: *Die Mädchen sowie die Jungen begannen zu singen.* Sondern: *Die Mädchen und die Jungen begannen zu singen.* Nicht: *Er hatte plötzlich starke Schmerzen im Rücken wie in den Beinen.* Sondern: *Er hatte plötzlich starke Schmerzen im Rücken und in den Beinen.* Sinnvoll ist die Verwendung von *wie*, wenn man sich damit auf eine Vergleichsgröße bezieht: *Er hatte plötzlich starke Schmerzen im Rücken wie früher schon in den Beinen.* Gerechtfertigt sind *wie* und *sowie* auch, wenn man mit ihnen etwas nachtragen oder ergänzen will, wenn sie also für *und auch, übrigens auch* oder *und außerdem* gesetzt werden: *Die Eltern und auch/sowie die Kinder sind eingeladen.* Gegen die Konjunktionen *sowie* und *wie* ist auch dann nichts einzuwenden, wenn man dadurch mehrere aufeinanderfolgende *und* vermeidet: *Joseph musste ins Dorf laufen, um für den morgigen Tag allerhand Lampen, Lampions, kleine Fahnen und Flaggen sowie Kerzen und Brennmaterial zu Feuerwerkszwecken einzukaufen* (R. Walser).

2. hundertzehn/hundertundzehn: Zusammengesetzte Zahlwörter wie dieses können mit oder ohne *und* gebildet werden.

3. Und-Zeichen: Zum Und-Zeichen & ↑ Et-Zeichen.

4. Zeichensetzung: Es steht kein Komma, wenn *und* nebengeordnete Wortgruppen verbindet, auch wenn ein Nebensatz Teil der Aufzählung ist: *Die Mutter kaufte ihr einen Koffer, einen Mantel, ein Kleid und was sie sonst noch für die Reise brauchte.* Wenn *und* gleichrangige Hauptsätze verbindet, kann ein Komma gesetzt werden, um die Gliederung des Satzgefüges deutlich zu machen. Ein Komma muss stehen, wenn eine Apposition vorausgeht: *Karl, mein Bruder, und ich gingen spazieren* (= 2 Personen: Karl ist „mein Bruder"); aber ohne Komma: *Karl, mein Bruder und ich gingen spazieren* (= 3 Personen: Karl und mein Bruder und ich ...). Man muss auch ein Komma setzen, wenn ein untergeordneter Zwischensatz vorausgeht: *Wir glauben, dass wir richtig gehandelt haben, und werden diesen Weg weitergehen.* Dies gilt ebenso, wenn *und zwar* oder *und das* eine nachgestellte genauere Bestimmung anschließen: *Ich werde kommen, und zwar bald. Sie gab nicht nach, und das mit Recht.*

5. Ich und er haben uns gefreut · Du und er habt euch gefreut: Wenn das Subjekt aus mehreren mit *und* verbundenen Teilen besteht, die – grammatisch gesehen – in der Person nicht übereinstimmen (z. B. *er und ich*), gilt folgende Grundregel: Wenn mit einem der Subjektteile eine 1. Person genannt wird (*ich* oder *wir*), dann ist das Gesamtsubjekt austauschbar mit *wir;* Verb und Pronomen werden entsprechend in die 1. Person Plural gesetzt: *Wir und er (= wir) haben uns über die Geschenke gefreut.* Bei der Verbindung von Subjektteilen in der 2. *(du/ihr)* und 3. Person *(er/sie)* ist das Gesamtsubjekt austauschbar mit *ihr;* Verb und Pronomen werden entsprechend in die 2. Person Plural gesetzt: *Du und er (= ihr) habt euch über die Geschenke gefreut.*

unehelich:

Als wertneutrale Bezeichnung gilt *nicht ehelich.*

unentrinnbar: ↑ -bar.

Unfallbeteiligte: ↑ Beteiligte.

unfassbar/unfasslich: Zwischen den beiden Adjektiven besteht kaum ein Bedeutungsunterschied, jedoch wird *unfasslich* seltener gebraucht: *ein unfassbares* / (seltener:) *unfassliches Ereignis. Es war mir unfassbar, wie so etwas geschehen konnte.* ↑ -lich/-bar.

unfern: Die Präposition *unfern* wird mit dem Genitiv verbunden: *unfern des Doms.* Die Verbindung mit dem Dativ ist veraltet und heute nur noch umgangssprachlich.

-ung: Zusammengebildete Substantive auf *-ung,* d.h. substantivische Ableitungen aus syntaktischen Fügungen mithilfe des Suffixes *-ung,* stellen eine kompakte Ausdrucksweise dar, wirken häufig aber schwerfällig und bürokratisch. Es handelt sich dabei vor allem um jüngere Bildungen, die [aus dem Bedürfnis nach Kürze des Ausdrucks] vorwiegend in der Geschäfts- und Amtssprache entstanden sind: *Zurverfügungstellung, Inverkehrsetzung, Verantwortlichmachung, Außerdienststellung, Außerachtlassung, Inbetriebsetzung* u.Ä. Solche Zusammenbildungen lassen sich fast immer ohne Mühe durch die entsprechenden verbalen Wendungen ersetzen: *Die Inbetriebsetzung der Maschine erfolgt erst morgen.* Besser: *Die Maschine wird erst morgen in Betrieb gesetzt. Bei Außerachtlassung dieser Vorschriften erfolgt Strafe.* Besser: *Wer diese Vorschriften nicht beachtet, wird bestraft.*

ungeachtet: Die Präposition *ungeachtet* regiert den Genitiv, der Dativ ist veraltet: *ungeachtet ihres handwerklichen Könnens* ... Das Wort kann auch nachgestellt werden.

ungeachtet dass: Vor *dass* steht kein Komma, weil *ungeachtet dass* als Einheit anzusehen ist: *Er rettete ihn, ungeachtet dass er selbst nicht schwimmen konnte.* Ein Komma steht aber vor *dass,* wenn das Demonstrativpronomen *dessen* hinzutritt: *Er rettete ihn, ungeachtet dessen, dass er selbst nicht schwimmen konnte.*

ungefähr: Das Adverb *ungefähr* kann heute auch als Adjektiv in attributiver Stellung gebraucht werden: *Er konnte sich nur eine ungefähre Vorstellung machen.*

ungefrühstückt: Das Partizip *ungefrühstückt* wird seit Langem im Sinne von „ohne gefrühstückt zu haben" (also mit aktivischer Bedeutung) gebraucht: *Ungefrühstückt mussten wir aufbrechen.* Das ist im Grunde nicht korrekt, es wird heute meist nur scherzhaft gesagt.

ungenutzt/ungenützt: Beide Formen des Wortes sind gebräuchlich, jedoch wird in der Standardsprache *ungenutzt* vorgezogen: *eine gute Gelegenheit ungenutzt [verstreichen] lassen.* Die Form mit Umlaut *(ungenützt)* wird besonders in Süddeutschland, in der Schweiz und in Österreich gebraucht.

ungestalt/ungestaltet: ↑ -gestalt/-gestaltet.

ungleich: Der Gebrauch von *ungleich* vor einem Komparativ wird bisweilen kritisiert mit der Begründung, dass durch den Komparativ bereits eine Ungleichheit ausgedrückt sei: *Diese Straße ist ungleich besser als jene.* Gegen diese Verwendungsweise von *ungleich* ist jedoch nichts einzuwenden, weil das Wort in diesem Fall im Sinne von „viel, weitaus, wesentlich, erheblich" gebraucht wird, also verstärkende Bedeutung hat.

uni: Das für Textilien, Tapeten u.a. gebrauchte Adjektiv *uni* „einfarbig, nicht gemustert" (gesprochen [yˈniː/ˈʏni]) kann nicht dekliniert werden: *ein uni Chiffonkleid.* Man kann außerdem auf Komposita mit *-farben* oder *-farbig* zurückgreifen: *ein unifarbener Stoff.* Die Groß- und Kleinschreibung wird wie bei Farbbezeichnungen gehandhabt: *Das Kleid ist uni, uni blau, Stoffe in uni Blau,* aber: *Stoffe in Uni.* ↑ Farbbezeichnungen (2.1 und 3.2).

universal: Das Adjektiv *universal* „umfassend, weltweit“ lässt bei genauer Beachtung seiner Bedeutung eigentlich keine Steigerung zu, es wird aber manchmal zur Verstärkung des Ausdrucks im Superlativ gebraucht. Standardsprachlich ist dies nicht zu empfehlen, also: *ein Mann von universaler* (nicht: *universalster*) *Bildung.*

Unmasse: Folgt man der Grammatik, steht ein auf *Unmasse* folgendes Verb im Singular, weil *Unmasse* formal ein Singular ist: *Eine Unmasse Menschen war vor dem Rathaus versammelt.* Man kann aber auch nach dem Sinn konstruieren und das Verb in den Plural setzen: *Eine Unmasse Menschen waren vor dem Rathaus versammelt.*

unrecht/Unrecht: Klein schreibt man das Adjektiv bzw. Adverb: *in unrechte Hände gelangen, unrecht sein.* Groß schreibt man das Substantiv: *jmdm. ein Unrecht tun; zu Unrecht.* Klein oder groß kann man schreiben: *Er wird unrecht/Unrecht bekommen. Sie wird unrecht/Unrecht haben, behalten. Sie gab ihm unrecht/Unrecht. Sie haben unrecht/Unrecht daran getan, ihn zu bestehlen. Mit diesem Vorwurf tust du ihm unrecht/Unrecht.* ↑ recht/Recht.

unsagbar/unsäglich: Beide Adjektive können in gleicher Weise mit der Bedeutung „unbeschreiblich, überaus groß“ verwendet werden: *unsagbares / unsägliches Leid. Sie war unsagbar / unsäglich glücklich.* Daneben kann *unsäglich* auch mit einer starken negativen Wertung verbunden sein: *Er hat wieder einmal einen unsäglichen Vorschlag gemacht.* ↑ -lich/-bar.

unser: Klein schreibt man *unser*, wenn es mit dem Artikel steht, sich aber auf ein vorausgegangenes Substantiv bezieht: *Wessen Bücher sind das? Es sind die unser[e]n/unsrigen.* Groß oder klein schreibt man das Possessiv in Verbindung mit dem bestimmten Artikel o. Ä.: *Wir wollen das Unsere/das Unsrige* oder *das unsere/das unsrige tun. Dort kommen die Unser[e]n/Unsren/Unsrigen* oder *die unser[e]n/unsren/unsrigen* (= unsere Leute). Zum Wegfall des *-e-* ↑ *euere/eure.*

unserer Tante ihr Haus: ↑ Genitivattribut (1.1).

unseretwegen/unsertwegen/ unsretwegen/ wegen uns: ↑ wegen (2).

unsere/unsre: Zum Wegfall eines unbetonten *e* im Possessivum *unser* ↑ euere/eure.

unser/uns[e]rer: Der Genitiv Plural des Personalpronomens der 1. Person Plural lautet *unser: Wir waren unser fünf. Erbarme dich unser.* Außer in Verbindung mit *aller* kann hier auch die Form des Possessivs verwendet werden: *Wir waren uns[e]rer fünf.*

unser von mir selbst abgeschickter/abgeschickte Brief: Bei *unser* gehört die zweite Silbe zum Wortstamm, sie ist keine Deklinationsendung wie bei *dieser.* Das nachfolgende Adjektiv wird deshalb stark flektiert: *unser von mir selbst abgeschickter* Brief. (Aber: *dieser ... abgeschickte Brief.*)

unsinkbar: Wegen seines aktivischen Sinnes „nicht sinken könnend“ entspricht das in der Fach- und Werbesprache gebräuchliche Adjektiv *unsinkbar* (z. B. *unsinkbares Kunststoffboot*) nicht dem Grundmuster der *-bar*-Bildungen in der deutschen Gegenwartssprache. ↑ -bar.

unsrige/Unsrige: ↑ unser.

uns/sich: ↑ sich (3).

unten: Verbindungen aus *unten* mit einem adjektivisch gebrauchten Partizip können getrennt oder zusammengeschrieben werden: *die unten erwähnten/untenerwähnten Fakten; unten genannte/untengenannte Bedingungen.* Das gilt auch für die entsprechenden Substantivierungen: *Bitte beachten Sie das Untenstehende/unten Stehende.*

unter: 1. *unter* als Präposition mit Dativ oder Akkusativ: Die Präposition *unter* kann mit dem Dativ oder mit dem Akkusativ stehen, je nachdem, ob ein Ort (Dativ) oder eine Richtung (Akkusativ) bezeichnet wird. Dativ (wo?): *Der Hund liegt unter dem Tisch.* Akkusativ (wohin?): *Der Hund legt sich unter den Tisch.* Wo die räumliche Bedeutung jedoch völlig geschwunden ist, regiert *unter* den Dativ: *Kinder unter sechs Jahren, unter aller Würde, unter Umständen.*

2. *unter* als Adverb: Das Wort *unter* kann auch Adverb sein und zeigt dann an, dass ein Wert eine bestimmte Zahl oder Menge nicht erreicht. Dann übt es keinen Einfluss auf die Deklinationsform des folgenden Substantivs aus: *Unter drei Gläser Wein trinkt er nicht. Für Kinder, die unter zwölf Jahre alt sind, ist der Film nicht geeignet.* Lässt man *unter* fort, dann bleibt die Satzkonstruktion erhalten: *Für Kinder, die zwölf Jahre alt sind, ...* (Das Weglassen von *unter* ist dagegen nicht möglich, wenn es als Präposition gebraucht wird, z. B. in dem Satz: *Kinder unter zwölf Jahren haben keinen Zutritt.*) Als Adverb übt *unter* auch dann keinen Einfluss auf den Kasus aus, wenn es mit anderen Präpositionen steht: *Es betrifft alle Städte von unter 10 000 Einwohnern.* Der Dativ *Einwohnern* ist in diesem Falle nicht von *unter,* sondern von der Präposition *von* abhängig.

3. die unter Siebzigjährigen: ↑ über (3).

unter anderem: ↑ andere (5).

Unterbringung: Anders als bei dem Verb ↑ *unterbringen* ist bei dem davon abgeleiteten Substantiv auch der Akkusativ üblich. Es kann heißen *die Unterbringung in einem Krankenhaus* oder *die Unterbringung in ein Krankenhaus,* je nachdem, ob ein Ort (Dativ, wo?) oder eine Richtung (Akkusativ, wohin?) bezeichnet wird.

untereinander: ↑ ...einander.

unter es/darunter: Das Pronominaladverb *darunter* wird im Allgemeinen gebraucht, wenn die Bezugseinheit eine Sache oder einen Begriff bezeichnet. Wird dagegen eine Person bezeichnet, dann steht die Fügung Präposition + Pronomen, vgl. ↑ damit/mit ihm/mit dem.

untergraben/untergraben: Die beiden Formen haben verschiedene Bedeutungen. Das Verb mit Verbpartikel *untergraben* bedeutet „durch Graben darunter bringen": *Er hat den Dünger untergegraben, er gräbt ihn unter.* Das Präfixverb *untergraben* wird nur übertragen im Sinne von „langsam zerstören, schwächen" gebraucht: *Sie untergraben die staatliche Ordnung, haben sie untergraben.*

unterhalb: Als Präposition wird *unterhalb* mit dem Genitiv verbunden: *unterhalb des Hauses; unterhalb Heidelbergs.* Es ist hierbei nicht korrekt, einen allein stehenden Ortsnamen ohne Flexionsendung zu verwenden. Man kann *von* verwenden: *der Neckar unterhalb von Heidelberg.*

unters: Als Verschmelzung von *unter* und *das* wird *unters* ohne Apostroph geschrieben. ↑ Apostroph (1 c).

untersagen: ↑ Negation (1).

unterschieben: Das Verb *unterschieben* kann mit Verbpartikel, d. h. Trennbarkeit und Betonung des ersten Bestandteils *(unterschieben; ich schiebe unter, ich schob unter, ich habe untergeschoben, schiebe unter!),* oder als Präfixverb mit Betonung auf dem zweiten, dem verbalen Bestandteil *(unterschieben; ich unterschiebe/ich unterschob, ich habe unterschoben, unterschiebe!)* auftreten. In der konkreten (lokalen) Bedeutung wird das trennbare Partikelverb verwendet: *Er schiebt ihr ein Kissen unter.* Bei übertragener Bedeutung können beide Formen vorkommen. Je näher die konkrete Bedeutung liegt, desto eher wird das trennbare Partikelverb verwendet: *Es handelt sich um ein untergeschobenes* (seltener: *unterschobenes*) *Testament.*

Unterschrift: 1. Zeichensetzung: Nach Unterschriften in Briefen oder anderen Schriftstücken steht kein Punkt:

Mit freundlichen Grüßen
Ihre Emma Meier

2. Groß- oder Kleinschreibung: Der Artikel vor Unterschriften in Anzeigen wird nur dann mit großem Anfangsbuchstaben geschrieben, wenn die Unterschrift nach einem abgeschlossenen Text steht. Handelt es sich jedoch um einen fortlaufenden Text, so muss der Artikel kleingeschrieben werden:

Wir bitten um rege Beteiligung.
Der Vorstand
Um rege Beteiligung
bittet der Vorstand
↑ i.A./I.A.; ↑ i.V./I.V.

3. Reihenfolge: Der Ranghöhere unterzeichnet gewöhnlich links.

Untertan: Das Substantiv *der Untertan* schwankt im Singular zwischen schwacher und starker Deklination. Die schwache Deklination wird häufiger verwendet: *des Untertanen/Untertans, dem, den Untertanen/Untertan.* Im Plural wird nur schwach flektiert *(die Untertanen).*

unter was/worunter: Die Verbindung *unter + was (Unter was soll ich das suchen?)* kommt in der gesprochenen Sprache recht häufig vor. Im geschriebenen Standarddeutsch wird in der Regel *worunter* verwendet: *Sie verriet uns nicht, worunter sie so litt.*

Unterzeichneter: Das scheinbar passivische Wort hat aktivische Bedeutung, denn es gehört zu dem alten reflexiven *sich unterzeichnen* „unterschreiben" (vgl. *der Verliebte* zu *sich verlieben*). Somit ist *der Unterzeichnete* derjenige, der sich unterzeichnet hat. Da ein Brief weder während des Schreibens noch während des Lesens unterzeichnet wird, kann man das Partizip I *der Unterzeichnende* streng genommen nicht verwenden. Man kann aber den Ausdruck *der Unterzeichner* wählen. In Verbindung mit *rechts* und *links* sind sowohl *der rechts/links Unterzeichnete* (nicht: *Unterzeichner*) als auch *der Rechts-/Linksunterzeichnete* korrekt.

Untiefe: Das Substantiv *Untiefe* hat zwei Bedeutungen: Als Ableitung von *untief* „nicht tief" *(un-* ist Verneinungspräfix wie in *unhöflich, unecht, Unruhe)* hat es fachsprachlich die Bedeutung „flache Stelle im Wasser". Als Präfigierung mit *Tiefe (Un-* ist Verstärkungspräfix wie in *Unmenge, Unmasse, Unkosten)* bezeichnet es alltagssprachlich dagegen eine sehr große Tiefe.

unüberwindbar/unüberwindlich: Diese beiden Adjektive gehören zu den Ableitungen auf *-bar* und *-lich,* die meist austauschbar sind: *unüberwindbare/unüberwindliche Schwierigkeiten, unüberwindbare/unüberwindliche Scheu.* Zwischen beiden Adjektiven besteht jedoch inhaltlich ein feiner Unterschied. Die Ableitung auf *-bar* drückt aus, dass etwas von jemandem nicht überwunden werden kann: *Er stieß auf unüberwindbare Schwierigkeiten. Sein Misstrauen erschien ihr unüberwindbar.* Die Ableitung auf *-lich* besagt dagegen, dass es zum Wesen einer Person oder Sache selbst gehört, nicht überwunden werden zu können: *Sie hatte eine unüberwindliche Scheu vor der Öffentlichkeit.* ↑ -lich/-bar.

unvergessen/unvergesslich: Das Adjektiv *unvergesslich* hat heute passivische Bedeutung. Es ist also nicht als Gegensatz zu *vergesslich* aufzufassen, sondern hat die Bedeutung „was nicht vergessen wird, nicht vergessen werden kann": *Er bleibt uns immer unvergesslich; unvergessliche Stunden.* Demgegenüber hat *unvergessen* die Bedeutung „was nicht vergessen worden ist", drückt also von sich aus nicht wie *unvergesslich* aus, dass etwas auch in Zukunft nicht vergessen werden kann. Man kann also wohl sagen: *Diese Einrichtung hat noch unser unvergessener Mitarbeiter XY geschaffen.* Oder (in einer Grabinschrift): *unser liebes, unvergessenes Kind.* Jedoch drückt *unvergesslich* viel stärker die Beziehung auf die Möglichkeit und damit die Zukunft aus. In Todesanzeigen sollte man *unvergesslich* oder *unvergessen* nicht verwenden, weil bei einem eben Gestorbenen von Vergessen wohl nicht gesprochen werden kann. Austauschbar sind die beiden Wörter bei den Wendungen *unvergessen/unvergesslich sein* bzw. *bleiben* in Sätzen wie: *Er wird allen stets unvergessen/unvergesslich sein.*

unvergleichbar/unvergleichlich: Nach dem heutigen Sprachgebrauch unterscheiden sich diese beiden Adjektive in ihrer Bedeutung. Mit *unvergleichbar* wird ausgedrückt, dass etwas mit etwas anderem nicht verglichen werden kann; es ist das weniger gebräuchliche der beiden

Unwetter und Untiefen

Unsinn, unverschämt, unverblümt – die Vorsilbe „un-" ist das häufigste Präfix im Deutschen. Diese unscheinbare Zusammensetzung zweier Buchstaben hat die Macht, einen ursprünglichen Begriff komplett zu verneinen oder gar in sein Gegenteil zu verkehren. *Uninteressant* ist das Gegenteil von *interessant*, *unbezahlbar* heißt, dass man etwas nicht bezahlen kann. Doch manchmal verstärkt die Vorsilbe noch die Wortbedeutung: Ein *Unwetter* ist ein besonders stürmisches, regnerisches, überhaupt unerträgliches Wetter, eine *Untiefe* reicht gewissermaßen noch tiefer herab als die eigentliche Tiefe (vgl. Eintrag „Untiefe"). Manchmal ändert sich auch die Wortbedeutung grundsätzlich: *Unheimlich* und *heimlich* haben inhaltlich nichts mehr miteinander gemein. Und ein *Unwort* ist natürlich ebenso ein Wort wie jedes andere – nur dass der Inhalt besonders verwerflich ist. Dasselbe gilt für den *Unmenschen*. Die Vorsilbe „un-" ist alt, sie stammt aus dem Indogermanischen und ist auch im Englischen noch oft anzutreffen – mit ähnlicher Bedeutungsvielfalt.

Wörter: *Ihre eigenartige Schönheit, unvergleichbar jeder anderen, machte großen Eindruck auf alle Anwesenden.* Mit *unvergleichlich* wird ausgedrückt, dass etwas seinem Wesen nach jeden Vergleich ausschließt, es hat die Bedeutungen „einzigartig, vollkommen, hervorragend, außerordentlich" und ist vielfältiger verwendbar: *ein unvergleichliches Pferd, eine unvergleichliche Tat, sein unvergleichlicher Mut.* ↑ -lich/-bar.

unverletzbar/unverletzlich: Die beiden Adjektive haben etwa die gleiche Bedeutung, jedoch drückt *unverletzlich* stärker als *unverletzbar* aus, dass etwas seinem Wesen nach nicht verletzt werden kann. ↑ -lich/-bar.

unvermeidbar/ unvermeidlich: Die beiden Adjektive unterscheiden sich nicht in der Bedeutung, die Form auf *-lich* wird aber im Allgemeinen häufiger gebraucht.

unversinkbar: Das Adjektiv *unversinkbar* ist nicht korrekt gebildet. ↑ -bar. Vgl. auch ↑ unsinkbar.

unverzichtbar: ↑ -bar.

unweit: Die Präposition *unweit* regiert heute nur noch den Genitiv, der Dativ ist veraltet: *unweit des Ufers.* Bei Ortsnamen darf das Genitiv-s nicht wegfallen: *unweit Berlins.* Nach *unweit* kann auch mit *von* angeschlossen werden. ↑ Geografische Namen (1.1).

unwidersprochen: Da das Partizip II derjenigen intransitiven Verben, die das Perfekt mit *haben* bilden, nicht adjektivisch gebraucht werden kann, das Partizip II *widersprochen* also nicht attributiv verwendet werden kann, wird gelegentlich der adjektivische Gebrauch der verneinten Form *unwidersprochen* als nicht korrekt gekennzeichnet, z. B.: *eine bisher unwidersprochene Meldung. Seine Äußerungen kann ich nicht unwidersprochen lassen. Ihre Meinung blieb unwidersprochen.* Das Wort wird jedoch seit Langem so gebraucht, seine Verwendung ist deshalb nicht zu beanstanden.

unzählig: 1. Ein auf *unzählig* folgendes [substantiviertes] Adjektiv wird in gleicher Weise (parallel) flektiert: *unzählige kleine Fehler;*

unzählige Angestellte; die Äste und Zweige unzähliger kleiner Bäume und Sträucher.
2. Das Adjektiv *unzählig* wird in der Standardsprache nicht gesteigert. Die Fügung *zum unzähligsten Male* ist umgangssprachlich.

unzurechnungsfähig/zurechnungsunfähig: In der juristischen Fachsprache kommen beide Formen des Wortes vor, während die Alltagssprache nur *unzurechnungsfähig* kennt. Da das Substantiv *Zurechnung* im Sinne von „Verantwortlichkeit" nicht mehr gebräuchlich ist, hat *zurechnungsunfähig* (= unfähig zur Zurechnung) keinen Rückhalt im Sprachgebrauch. Bei *unzurechnungsfähig* wird dagegen die geläufige Zusammensetzung *zurechnungsfähig* als Ganzes verneint.

unzweideutig/eindeutig: ↑ eindeutig/unzweideutig.

updaten: Das Verb *updaten* „aktualisieren" wird teils als Präfixverb mit untrennbarem Bestandteil *up,* teils als trennbares Partikelverb gebraucht: Untrennbar: *ich update; du updatest; ihr updatet.* Getrennt: *sie hat upgedatet; ich will versuchen, auch die andere Software noch upzudaten.*

Urbanisation/Urbanisierung: ↑ Substantivierung (1.2).

Urlaub: Man sagt *in* oder *im Urlaub sein* (Frage: wo?), aber nur *in [den] Urlaub fahren* (Frage: wohin?). Besonders im militärischen Bereich ist die Formulierung *auf Urlaub* üblich: *Ich fahre, gehe morgen auf Urlaub. Er ist auf Urlaub.* ↑ in/im.

USA: *USA* ist ein pluralischer Ländername, der mit dem bestimmten Artikel gebraucht wird. Es heißt also *Nachrichten aus den USA*. Ist das pluralische *USA* in einem Satz Kern des Subjekts, steht auch das Verb in der Regel im Plural: *Die USA haben die Vorwürfe dementiert.* ↑ Geografische Namen (2).

usf., usw.: Zum Gebrauch dieser Abkürzungen (für: *und so fort, und so weiter*) bei Aufzählungen und zur Kommasetzung ↑ u. a., usf., usw., etc., wie, z. B.

V

van: Wird ein mit niederländisch *van* („von, aus"; kein Adelsprädikat!) gebildeter Name Bestandteil einer Aneinanderreihung, muss er durchgekoppelt werden. Wenn die Aneinanderreihung ein Substantiv ist, wird *van* als erstes Wort großgeschrieben: *Van-Gogh-Ausstellung* (zu: *Vincent van Gogh*). Das gilt auch für den Satzanfang: *Van Gogh war Autodidakt.*

Variable: Das mathematische Fachwort *Variable* kann wie ein substantiviertes Adjektiv dekliniert werden. Der Genitiv Singular lautet dann: *der Variablen,* der Plural: *die Variablen,* aber: *zwei Variable.* Wird *Variable* wie ein Substantiv dekliniert, so erhält der Plural immer die Endung *-n: mehrere, viele, zwei Variablen.* Beide Deklinationsarten sind korrekt.

Vater: In Verbindung mit *Herr* wird *Vater* im Genitiv mit Flexionsendung verwendet: *der Tod Ihres Herrn Vaters* (nicht: *Vater*). ↑ Herr (2 b). Zum Artikelgebrauch ↑ Verwandtschaftsbezeichnungen.

verbieten: ↑ Negation (1).

verbieten/verbitten: Zwischen beiden Verben ist zu unterscheiden: Das Verb *verbieten (verbot, verboten)* wird dann gebraucht, wenn etwas nicht erlaubt wird: *Jugendlichen unter 18 Jahren ist der Eintritt verboten.* Das Verb *verbitten (verbat, verbeten)* dagegen kann nur reflexiv gebraucht werden und drückt aus, dass jemand einen anderen nachdrücklich ersucht, etwas zu unterlassen: *Ich verbitte mir diesen Ton.*

verbleichen: ↑ bleichen.

verbuchen/buchen: ↑ buchen/verbuchen/abbuchen.

Verbzusätze: Verbzusätze (Verbpartikeln) dienen im Allgemeinen dazu, die Bedeutung des einfachen Verbstammes zu differenzieren, zu verdeutlichen, zu nuancieren oder zu verstärken, z. B.: *laufen – auslaufen, ablaufen, zulaufen, weglaufen, auflaufen.* Das ist vor allem bei Fremdwörtern zu beobachten, deren Inhalt durch heimische Verbpartikeln besser verständlich gemacht werden soll: *abfrottieren, abisolieren, abpatrouillieren, anvisieren, aufoktroyieren, durchdiskutieren, einsuggerieren, vorbeidefilieren.* Aus inhaltlicher Sicht überflüssig sind jedoch zusammengesetzte Verben wie *zusammenaddieren, zurückreduzieren, herauseliminieren, nachimitieren, durchfiltrieren.*

Verdächtige/Verdächtigte, der und die: Als *Verdächtige(n)* bezeichnet man eine Person, die im Verdacht steht, etwas Verbotenes getan zu haben oder zu planen. Eine *Verdächtigte* bzw. ein *Verdächtigter* ist dagegen jemand, gegen den ein Verdacht ausgesprochen worden ist. Zu allen Zweifelsfragen bei der Flexion ↑ Angeklagte, ↑ Substantivierung (2).

verdaulich: *Verdaulich* und die Adjektive *leicht* oder *schwer* können getrennt oder zusammengeschrieben werden: *eine schwer verdauliche/schwerverdauliche Speise; leicht verdauliche/leichtverdauliche Nahrungsmittel.*

verdienen: Wenn das Verb *verdienen* mit einer Infinitivgruppe verbunden ist, kann man ein Komma setzen: *Das verdient an dieser Stelle erwähnt zu werden/Das verdient, an dieser Stelle erwähnt zu werden.* Wenn die Infinitivgruppe aber von einem Verweiswort abhängt, muss ein Komma gesetzt werden: *Sie verdient es, an erster Stelle erwähnt zu werden.* Kein Komma steht in Satzkonstruktionen wie der folgenden: *... weil sie erwähnt zu werden verdient.* ↑ Komma (6.3).

vereinzelt: Nach *vereinzelt* wird das folgende [substantivierte] Adjektiv oder Partizip im Allgemeinen parallel flektiert: *Der Aufruf vereinzelter Gelehrter fand keinen Widerhall.* Im Dativ Singular Maskulinum/Neutrum ist die schwache Deklination etwas häufiger als die starke: *bis hin zu vereinzeltem beherzten Einschreiten* (News Aktuell).

verfügbar: ↑ -bar.

Vergangenheit: ↑ Perfekt vs. Präteritum, ↑ Zeitenfolge im Satz.

vergebens/umsonst: ↑ umsonst/vergebens.

vergebens/vergeblich: Zwischen *vergebens* und *vergeblich* besteht ein grammatischer Unterschied. Das Wort *vergebens* ist ein Adverb und kann deshalb nicht dekliniert werden: *Die Mühe war vergebens.* Demgegenüber ist *vergeblich* ein Adjektiv und kann dekliniert werden: *Das war vergebliche Mühe.* Es wird aber auch häufig unflektiert gebraucht: *All ihre Bemühungen waren vergeblich. Vergeblich suchte sie nach Zusammenhängen.*

vergewissern, sich: 1. Rektion: An das Verb *sich vergewissern* „sich Gewissheit, Sicherheit verschaffen über, sich etwas sichern" wird in der Regel mit dem Genitiv angeschlossen: *... es war gut, ... sich seines Daseins zu vergewissern* (Böll).

2. sich vergewissern, ob/dass: Wenn *sich vergewissern* nur die Bestätigung eines Sachverhalts bezeichnet, den man als gegeben annimmt, wird mit *dass* angeschlossen: *Ich vergewisserte mich, dass die Tür abgeschlossen war.* Besteht aber eine Ungewissheit oder muss mit etwas Unerwartetem gerechnet werden, dann schließt man mit *ob* an: *Ich vergewisserte mich, ob die Tür [auch] abgeschlossen war. Vergewissere dich, ob nicht doch jemand im Nebenzimmer ist!* ↑ dass (3).

Vergleich: 1. Gleichheit (*so ... wie*): Der Vergleich stellt entweder die Gleichheit von Eigenschaften verschiedener Personen, Dinge usw. fest *(Er ist so groß wie sein Bruder)* oder die Gleichheit des Grades verschiedener Eigenschaften einer einzigen Person, eines Dinges usw. *(Sie ist so klug wie schön)* (nicht: *als;* ↑ als/wie [2]). Bei formelhaft gebrauchten Vergleichen kann *so* wegbleiben *(Ihre Hand war [so] kalt wie Eis).*

2. Ungleichheit *(als)*: a) Der Vergleich stellt entweder die Ungleichheit zweier (oder mehrerer) Lebewesen oder Dinge fest *(Er ist größer als du. Sie ist älter als ihre Mitschülerinnen)* oder den ungleichen Grad zweier (oder mehrerer) Eigenschaften eines Lebewesens oder Dinges *(Sie war mehr tot als lebendig. Er ist eher faul und bequem als dumm).* (Umgangssprachlich wird oft *wie* gebraucht; ↑ als/wie [1].) **b) Vergleich mithilfe des Superlativs:** Bei dieser Form des Vergleichs wird der höchste Grad einer Eigenschaft bei einer getroffenen Auswahl von mehreren Lebewesen oder Dingen festgestellt *(Er ist der älteste unter/von seinen Mitschülern. Sie ist die klügste der drei Bewerberinnen).* Der Vergleich mithilfe des Superlativs ist nur dort sinnvoll, wo ein Lebewesen oder Ding mit mehr als einer/einem anderen verglichen werden soll; also nicht: *Er ist der kleinste von den beiden.* Vgl. auch ↑ doppelt so ... wie/doppelt so ... als und ↑ mal so groß/-mal größer.

Vergleichsformen: siehe S. 295.

verhangen/verhängt: Das Partizip II des transitiven Verbs *verhängen* heißt standardsprachlich *verhängt* (nicht: *verhangen*): *Er hat die Fenster mit Decken verhängt. Der Belagerungszustand wurde verhängt.* Es gibt aber ein isoliertes Partizip II *verhangen,* das adjektivisch im Sinne von „mit etwas Hängendem verdeckt" gebraucht wird. Man kann z. B. sagen: *Die Fenster waren dicht verhangen* oder *dicht verhängt,* je nachdem, was ausgedrückt wird. Es kann aber z. B. nur heißen: *Der Himmel war mit Wolken verhangen* (nicht: *verhängt,* was ja bedeuten würde, dass die Wolken davorgehängt worden wären wie Decken). ↑ hängen.

verhauen: Das umgangssprachliche Präfixverb *verhauen* wird im Präteritum schwach konjugiert: *Er verhaute seinen Mitschüler.* Das Partizip II wird dagegen meist in der starken Form gebraucht: *Wir haben sie tüchtig verhauen. Er hat seine Arbeit verhauen* (= zu viele Fehler darin gemacht). ↑ hauen (1 und 2).

verheiratet: Zur Kommasetzung in Namensangaben ↑ geboren (3).

verhindern: ↑ Negation (1).

verhüten: ↑ Negation (1).

verlangen: Wenn das Verb *verlangen* mit einer Infinitivgruppe verbunden ist, kann man ein Komma setzen: *Sie verlangte[,] ihren Bruder zu sprechen.* Wenn die Infinitivgruppe aber von einem Verweiswort abhängt, muss ein Komma gesetzt werden: *Sie verlangte danach, ihren Bruder zu sprechen; weil sie danach verlangte, ihren Bruder zu sprechen.* Kein Komma steht in Satzkonstruktionen wie der folgenden: ... *weil sie ihren Bruder zu sprechen verlangte.* ↑ Komma (6.3).

Verlaufsform: Zu *am/beim/im Weggehen sein* ↑ am/beim/im + Infinitiv + sein.

verlautbaren/verlauten: Das Verb *verlautbaren* kommt aus der Amtssprache und hat die Bedeutung „amtlich bekannt machen". Hierbei braucht die Mitteilung nicht nur mündlich, sondern kann auch schriftlich gegeben werden. Dagegen bedeutet *verlauten* „mündlich [und auf Umwegen] bekannt werden, ohne dass das Gesagte offiziell bestätigt wird". *Immer bestimmter verlautete, die Patrioten würden bald losschlagen* (Feuchtwanger).

verletzbar/verletzlich: Die beiden Adjektive haben etwa die gleiche Bedeutung, jedoch drückt *verletzlich* stärker als *verletzbar* aus, dass jemand oder etwas seinem Wesen nach gegen Angriffe empfindlich ist: *ein [leicht] verletzbarer/ein [sehr] verletzlicher Charakter* (↑ -lich/-bar).

Verliebte, der und die: Zu allen Zweifelsfragen ↑ Angeklagte, ↑ Substantivierung (2).

Verlobte, der und die: Zur Deklination ↑ Substantivierung (2).

vermittels[t]: Die Präposition *vermittels* oder *vermittelst* regiert den Genitiv: *vermittels[t] eines Rundschreibens.* Sie wird häufig, vor allem in der Amtssprache, anstelle von *mit* oder *durch* gebraucht. Standardsprachlich sollte der Gebrauch von *vermittels[t]* vermieden werden.

Vergleichsformen

1 Bildung und Deklination der Vergleichsformen

1.1 Umlaut: *älteste, frömmste, gesündeste*

Manche Adjektive haben Formen mit und ohne Umlaut:

- bang, banger/bänger, bangste/bängste; (entsprechend:) blass, fromm, glatt, karg, krumm, nass, rot, schmal.

In der Standardsprache werden außer bei ↑*fromm (frömmste/frommste)* und ↑*rot (röteste/roteste)* immer mehr die nicht umgelauteten Formen bevorzugt. Sonst in Vergleichsformen umgelautete Adjektive stehen in Zusammensetzungen gelegentlich auch ohne Umlaut:

- Er ist keineswegs *klüger,* allenfalls *altkluger* als sie.

1.2 Wegfall des e beim Komparativ: *müder, dunklerer, teurer*

Bei Adjektiven, die auf unbetontes *-e* enden, fällt dieses *-e* im Komparativ weg:

- müde – müder, leise – leiser, träge – träger.

Bei Adjektiven, die auf *-el* ausgehen, fällt es im Komparativ aus dieser Endung weg:

- ein *dunklerer* (nicht: dunkelerer) Wald; eines *edleren* Menschen.

Adjektive auf *-er* und *-en* werden im Komparativ mit oder ohne *e* gebildet:

- ein *heit[e]reres* Wetter; *finst[e]rere* Gesichter; ein *trock[e]neres* Handtuch, eine noch *bitt[e]rere* Not.

Bei Verwendung ohne Kasusendung wird meist die volle Form gebraucht:

- Er ist noch *heiterer* als sie. Dieses Handtuch ist *trockener.*

Adjektive mit Diphthong *(eu, au, ...)* vor der Silbe *-er (teuer, sauer)* werden jedoch immer ohne *e* gebildet:

- Das Brot ist *teurer* geworden. Diese Gurken sind *saurer* als jene. Die Anstrengungen sind noch *ungeheurer,* als ich annahm.

Das *e* in der Endung wird nur in besonderen Fällen, z. B. in der Dichtung, gelegentlich weggelassen *(dem bessern Rat, den kürzern Weg).*

1.3 Wegfall des e beim Superlativ: *größte, gebildetste*

Einsilbige oder endbetonte mehrsilbige Adjektive auf *-d, -s, -sch, -sk, -ß, -st, -t, -tz, -x, -z* erhalten im Superlativ die Endung *-est,* ebenso die Adjektive auf *-los* und *-haft:*

Die Adjektive auf *-d, -t* und *-sch* dieser Gruppe stehen gelegentlich ohne *e.* Diese Formen sollten aber vermieden werden: *(forschste, blödste,* besser: *forscheste, blödeste).* Eine Ausnahme bildet die Superlativform von *groß: größte* (für: *größeste*).

1.4 *besser bezahlt/bestbezahlt · mehr gekauft/meistgekauft*

Bei *gutbezahlt* und *vielgekauft* wird nur das Erstglied gesteigert: *besser bezahlt/bestbezahlt; mehr gekauft/meistgekauft.* Hier handelt es sich um Adjektive mit unregelmäßigen Vergleichsformen. Aber auch bei Adjektiven mit regelmäßigen Vergleichsformen wird im Komparativ eher der erste Bestandteil gesteigert: *breiter gestreut, weiter verzweigt/weitverzweigter, tiefer gehend/tiefgehender.* Insgesamt besteht im Superlativ eine stärkere Tendenz zur Steigerung des zweiten Bestandteils als im Komparativ. Das führt auch dazu, dass bei einigen Fügungen bzw. Komposita im Komparativ das Erstglied gesteigert wird, im Superlativ das Zweitglied:

- hochwertige – höherwertige/hochwertigere – hochwertigste.

1.5 *dichtmaschiger, altmodischste*

Komposita bzw. Fügungen, bei denen nur das Zweitglied gesteigert werden kann, sind selten:

- Diese Strumpfhose ist *dichtmaschiger.* Wir sahen ihn in *altmodischster* Kleidung.

1.6 *schwerer wiegend/schwerwiegender*

Bei einigen Komposita bzw. Fügungen sind jeweils beide Formen geläufig:

- weitreichende – weiter reichende/weitreichendere – weitestreichende/weitreichendste; schwerwiegende – schwerer wiegende/schwerwiegendere – schwerstwiegende/schwerwiegendste.

1.7 *höchstklassigst, schnellstmöglichst, weitestgehendst*

Die Steigerung beider Kompositionsglieder gilt nicht als standardsprachlich.

2 Der Gebrauch der Vergleichsformen

2.1 Wann sind Vergleichsformen möglich und wann nicht?

Steigerungs- und Vergleichsformen sind bei bestimmten Bedeutungsgruppen von Adjektiven zumindest dann nicht sinnvoll, wenn diese Adjektive in ihrer Grundbedeutung verwendet werden. Unüblich ist die Bildung von Vergleichsformen beispielsweise dann, wenn Adjektive Eigenschaften im Sinne von unveränderlichen Qualitäten bezeichnen:

- einzig, endgültig, schriftlich, mündlich, viereckig, leblos, rund, sterblich;

oder wenn sie bereits einen höchsten oder geringsten Grad bezeichnen:

- erstklassig, entgegengesetzt, hauptsächlich, voll, vollendet, extrem, maximal, minimal, total, universal, optimal.

Solche Adjektive werden trotzdem gelegentlich gesteigert, weil aus bestimmten Gründen der höchste oder geringste Grad noch verstärkt werden soll:

- *extremste* Richtung, *minimalster* Verschleiß, *vollste* Diskretion; zur *vollsten* Zufriedenheit.

Die letztgenannte, in Arbeitszeugnissen übliche Formulierung ist – auch juristisch – besonders umstritten. Alle genannten Beispiele sollten nicht unreflektiert verwendet werden.

Anders zu beurteilen sind jedoch die Vergleichsformen der Adjektive, die an sich einen höchsten oder geringsten Grad ausdrücken (z. B. *leer, still*), aber in relativer Bedeutung verwendet werden können:

- Das Kino ist heute *leerer* als gestern. In den *stillsten* Stunden der Nacht.

Ausgenommen von den Vergleichsformen sind ferner die Adjektivkomposita, deren Erstglied bereits eine Verstärkung bezeichnet (z. B. *schneeweiß, blutjung, steinreich*), außerdem bestimmte Adjektive, die ein Negationselement enthalten (z. B. *unrettbar, unverlierbar, ungelöst*), Zahladjektive (z. B. *drei*) und nicht flektierbare Farbadjektive (*rosa, lila* u. a.; ↑ Farbbezeichnungen [1]). Auch Adjektivkomposita, die einen bestimmten Farbton bezeichnen, werden gewöhnlich nicht gesteigert:

- dunkelrot, hellblau, nilgrün, kaffeebraun.

Auch solche Adjektive, die nur attributiv bzw. nur dekliniert *(das hiesige Theater, der mutmaßliche Mörder, der letzte Zeuge)* oder nur als Prädikativ *(wir sind quitt)* verwendet werden, können nicht gesteigert werden.

Wenn die zuerst genannten von der Bildung der Vergleichsformen ausgenommenen Adjektive jedoch in übertragener Bedeutung verwendet werden oder eine Eigenschaft (und keine Zugehörigkeit) ausdrücken, können sie Vergleichsformen bilden.

- Ohne Vergleichsform: Er lag *leblos* da; das *väterliche* Fahrradgeschäft, *eiserner* Fleiß.
- Mit Vergleichsform: Die Straße ist *lebloser* als gestern. *Väterlicher* als er konnte keiner sein. Das ist *schwärzester* Undank! Erfolge sind nur mit *eisernstem* Fleiß zu erzielen.

Auch die Adjektive mit dem Präfix *un-* und die mit dem Suffix *-los* können, obgleich sie eigentlich eine nicht mehr zu steigernde Verneinung enthalten oder das Fehlen des im Stammwort Ausgedrückten bezeichnen, verschiedentlich Vergleichsformen bilden:

- Er ist noch *unordentlicher* als du. Selbst die *unempfindlichsten* Menschen werden das nicht ohne Anteilnahme sehen. Gestern habe ich die *fruchtloseste* Diskussion überhaupt erlebt. Noch *zwangloser* kann es gar nicht zugehen. *Lieblosere* Briefe kann wohl keiner schreiben.

Partizipien, die wie Adjektive verwendet werden *(das gebadete Kind, die tanzenden Paare)*, können in den meisten Fällen nicht gesteigert werden. Eine Steigerung ist dann möglich, wenn das Partizip schon eine Eigenbedeutung gewonnen hat:

- *reißendere* Flüsse; der *blühendste* Garten; ein *leuchtenderes* Rot.

Ohne Weiteres lassen sich Partizipien steigern, die sich vom Verb gelöst haben:

- das *schreiendste* Unrecht, das *reizendste* Baby, die *gelehrteste* Frau, das *entzückendste* Paar, das *begabtere* von beiden Kindern.

Bei den anderen Partizipien werden die Gradunterschiede meistens durch Umschreibungen ausgedrückt, wenn die Bedeutung des Verbs dies zulässt:

- der mich am meisten verdrießende Umstand; der noch mehr bietende Käufer.

2.2 als oder wie beim Komparativ?

Die Vergleichspartikel beim Komparativ ist heute in der Standardsprache *als: Peter ist größer als Klaus.* In der Umgangssprache (nicht standardsprachlich) wird auch *wie* verwendet: ↑ als als/denn als; ↑ als/denn; ↑ als/wie (1).

vermögen: Wenn *vermögen* mit einer Infinitivgruppe verbunden ist, kann man ein Komma setzen: *Sie vermag[,] den Arm zu heben.* Durch das Komma kann jedoch der Sinn eines Satzes verändert werden: *Er vermochte kaum* (= fast nicht), *ein Wort zu sagen. Er vermochte kaum ein Wort* (= fast kein Wort) *zu sagen.* Das Komma muss gesetzt werden in *Sie vermag es nicht, den Arm zu heben.*

Verneinung: ↑ Negation.

Vernunft/Verstand: Die beiden Substantive haben unterschiedliche Bedeutung. *Verstand* bezeichnet die Fähigkeit des Menschen, das Wahrgenommene sinngemäß aufzufassen und es zu begreifen, die Fähigkeit, mit Begriffen umzugehen, Schlüsse zu ziehen, zu urteilen, zu denken. *Vernunft* bezeichnet das Vermögen des Menschen, Einsichten zu gewinnen, Zusammenhänge zu erkennen, etwas zu überschauen und sinnvoll einzuordnen, das Vermögen, die Rangordnung der gegebenen Werte zu erkennen und sein Handeln danach zu richten: *Es ist nicht gut, wenn die Menschheit den Verstand überanstrengt und Dinge mithilfe der Vernunft zu ordnen sucht, die der Vernunft noch gar nicht zugänglich sind* (Hesse).

verpacken: Nach *verpacken in* kann sowohl der Dativ als auch der Akkusativ stehen. Der Akkusativ steht, wenn eine Richtung bezeichnet wird (Frage: wohin?): *Am nächsten Tag wurde alles, was die Männer besaßen, in Koffer verpackt* (Ott). Wird ein Ort bezeichnet, dann wird der Dativ verwendet (Frage: wo?): *Die Schuhe wurden in einem besonderen Koffer verpackt.*

verraten, sich: **1.** Bei *sich verraten als* steht der nachfolgende Nominalausdruck im Nominativ, d. h., er wird auf das Subjekt bezogen: *Mit seinem auffälligen Benehmen verriet sich der junge Mann als der Täter.* Der Akkusativ, d. h. der Bezug auf *sich*, ist veraltet: *Er verriet sich als einen intriganten Menschen.*
2. Das Partizip II des reflexiven Verbs *sich verraten* kann nicht attributiv verwendet werden. Mit einem Relativsatz kann man es dennoch auf ein Substantiv beziehen: *der junge Mann, der sich als Täter verraten hat.*

Vers: Bei Hinweisen auf Gedichtzeilen oder Bibelstellen bleibt das Wort *Vers* ohne Flexionsendung, wenn es ohne Artikel unmittelbar vor den Verszahlen steht: *vierter Gesang, Vers 3–6; die Reime von Vers 3 und 4.* Aber mit Artikel: *in den Versen 3–6; die Verse 3 und 4 reimen sich.* Ebenso: *Ich zitiere Vers 3–6, die Verse 3–6.* ↑ Zitat.

versagen, sich: ↑ Negation (1).

versalzen: Das Verb *versalzen* wird im Präteritum schwach flektiert: *versalzte.* Als Partizip II wird dagegen die starke Form *versalzen* in der Grundbedeutung (= mit zu viel Salz versehen) und im übertragenen Sinne (= jmdm. die Freude am Erreichten, den Genuss an etwas verderben) gebraucht. Die schwache Form *versalzt* wird in der Grundbedeutung nur noch selten und in der übertragenen Bedeutung gar nicht gebraucht. Es heißt also: *Du hast das Gemüse gründlich versalzen* (vereinzelt: *versalzt*). Und nur: *Er hat mir die ganze Freude versalzen. Das Vergnügen war ihm ziemlich versalzen.*

Versanfang: In Verszeilen wird der Anfang heute im Allgemeinen nur dann großgeschrieben, wenn ein neuer Satz beginnt oder wenn dort ein Wort steht, das ohnehin großgeschrieben werden muss. Eine feste Regel gibt es aber nicht. Über die künstlerische Gestaltung entscheiden die Schreibenden selbst.

verschieden: **1. verschiedene neue Bücher · verschiedener Angestellter/Angestellten:** Wenn *verschieden* im Sinne von „mehrere, manche, manches" gebraucht wird, dann wird das folgende [substantivierte] Adjektiv im Allgemeinen parallel flektiert: *verschiedene neue Bücher, als Vorsitzender verschiedener einflussreicher Organisationen. Nach der Umorganisation kündigten verschiedene Angestellte.* Im Dativ Singular Maskulinum/Neutrum ist aber die schwache Deklination etwas häufiger als die starke: *Menschen mit verschiedenem kulturellen Hintergrund.*

2. Steigerung: In der Bedeutung „von anderer Art“ kann *verschieden* nicht gesteigert werden: *Sie haben verschiedene* (= nicht die gleichen) *Interessen. Die Gläser sind nach Form und Farbe verschieden.* Nicht: *Sie sind verschiedener, als ich dachte.* Hat *verschieden* aber die Bedeutung „unterschiedlich, mannigfaltig“, dann ist der Superlativ möglich: *Sie hatten die verschiedensten* (= mannigfaltigsten) *Interessen.*

verschleißen: Das Verb *verschleißen* wird allgemein in den Bedeutungen „stark abnutzen, [vorzeitig] verbrauchen“ und „sich stark abnutzen“ gebraucht und wird dann stark flektiert: *Durch die lange Fahrt waren die Reifen verschlissen worden. Er verschliss seine Kräfte im Beruf. Die Wäsche ist ganz verschlissen.* In Österreich bedeutet *verschleißen* auch „[als Kleinhändler] verkaufen“, es wird in dieser Bedeutung auch schwach flektiert: *Er verschleißte/verschliss Zeitungen. Er hat Zigaretten verschleißt/verschlissen.*

verschrecken: ↑ schrecken.

versenden: Die Formen des Präteritums und des Partizips II lauten: *versandte/versendete* und *versandt/versendet.* Im Präteritum wird im Singular die starke Form *versandte* häufiger gebraucht, im Plural die schwache Form *versendeten.* ↑ senden.

versichern: Das Verb *versichern* wird in mehreren Bedeutungen gebraucht. Je nach den verschiedenen Bedeutungen regiert das Verb verschiedene Kasus: **1. jemandem etwas versichern:** Wird *versichern* in der Bedeutung „versprechen, fest zusagen, erklären, zusichern“ verwendet, dann steht die Person, der etwas versichert wird, im Dativ: *Jedes Mal wurde ihr versichert, es würde etwas getan, aber es wurde nichts getan* (Böll). Veraltet ist in diesen Fällen der Gebrauch des Akkusativs.

2. jemanden einer Sache versichern: Bei *versichern* in der Bedeutung „jmdm. Gewissheit über etwas geben“ steht die Bezeichnung für die Person (oder personifizierte Sache) im Akkusativ und die für die Sache selbst im Genitiv. Diese Konstruktion klingt gewählt: *jemanden seiner Freundschaft versichern.* Gelegentlich wird auch die Person mit einem Dativ und die Sache mit einem Akkusativ bezeichnet: *Ich versichere Ihnen mein Vertrauen.*

3. sich jemandes, einer Sache versichern: Das reflexive *sich versichern* hat die Bedeutung „sich [einer Sache] vergewissern, sich Gewissheit oder Sicherheit [über jemanden oder etwas] verschaffen“. In dieser Bedeutung steht die Bezeichnung für die Person oder die Sache, über die sich jemand Gewissheit verschaffen will, im Genitiv: *Wieder galt es, ... sich der Haltung der Alliierten für den Fall des Aufstandes ... zu versichern* (Rothfels).

4. jemanden, sich, etwas [gegen etwas] versichern: In der Bedeutung „eine Versicherung abschließen“ steht die Bezeichnung für die Person oder Sache, die versichert werden soll, im Akkusativ, und der Grund oder Zweck des Vertrages wird mit der Präposition *gegen* angeschlossen: *Ich versichere meinen Wagen gegen Feuer und gegen Diebstahl.* Der Schaden kann auch ungenannt bleiben: *Er hat sich, seine Bibliothek hoch versichert.*

Versicherte: Zu *unser oben genannter Versicherte/Versicherter* ↑ Substantivierung (2).

versinken: An das Verb *versinken* kann sowohl mit dem Dativ als auch mit dem Akkusativ angeschlossen werden. Beim Gebrauch des Dativs wird ein Ort bezeichnet (Frage: wo?): *Die Sonne versank im Meer.* Der Akkusativ bezeichnet eine Richtung (Frage: wohin?) und erscheint vor allem bei übertragener Bedeutung: *Je mehr und mehr versank er in eine stille Wehmut* (Th. Mann). Aber auch konkret: *Die Sonne versank schon in den braunen Abenddunst* (Frisch).

versprechen: Wenn das Verb *versprechen* mit einer Infinitivgruppe verbunden ist, kann ein Komma gesetzt werden: *Der Arzt versprach[,]* *zu kommen. Sie hat versprochen[,] ganz pünktlich zu sein.* In Sätzen wie den folgenden sollte das Komma vermieden werden: *Das Unternehmen verspricht zu gedeihen. Sein Sohn verspricht etwas Großes zu werden.* ↑ Komma (6.3).

verständig/verständlich: Die beiden Adjektive haben verschiedene Bedeutungen. Das erste bedeutet „mit Verstand begabt, einsichtig“: *Er ist ein verständiger Mensch. Das Kind ist schon sehr verständig.* Das Wort *verständlich* bedeutet dagegen entweder „gut hörbar“: *mit leiser, aber verständlicher Stimme sprechen* oder „leicht zu begreifen, leicht einzusehen“: *ein leicht verständliches Buch. Sein Wunsch ist durchaus verständlich.*

verstauen: In Verbindung mit Präpositionen kann nach *verstauen* sowohl der Dativ als auch der Akkusativ stehen. Der Akkusativ steht, wenn eine Richtung bezeichnet wird (Frage: wohin?): *Du musst diese Bücher noch in den Schrank verstauen. Wir müssen viel Gepäck in den Wagen verstauen.* Wird ein Ort bezeichnet, dann steht der Dativ (Frage: wo?): *Ich verstaue meine Packen in einer Tüte ...* (Remarque). Der Gebrauch des Dativs überwiegt.

verstehen: 1. Konjunktiv: Der Konjunktiv II von *verstehen* lautet fast immer *verstünde*; vereinzelt *verstände.* ↑ stehen (1).

2. Kommasetzung: Wenn das Verb *verstehen* mit einer Infinitivgruppe verbunden ist, kann ein Komma gesetzt werden: *Er versteht[,] sich nach vorn zu spielen.* Das Komma dient der deutlicheren Gliederung oder dazu, Missverständnisse zu vermeiden. Hängt die Infinitivgruppe jedoch von einem Verweiswort ab, muss ein Komma gesetzt werden: *Sie verstand es ausgezeichnet, uns das Lernen schmackhaft zu machen.* Kein Komma setzt man in *[Sie war beliebt,] weil sie jeden Streit zu schlichten verstand.* ↑ Komma (6.3).

versterben/sterben: ↑ sterben/versterben.

versuchen: Wenn das Verb *versuchen* mit einer Infinitivgruppe verbunden ist, kann ein Komma gesetzt werden: *Er versuchte[,] mir zu helfen. Er versuchte mehrmals[,] mir dabei zu helfen.* Das Komma dient der deutlicheren Gliederung des Satzes oder dazu, Missverständnisse zu vermeiden. Kein Komma steht in *[Er geriet in Schwierigkeiten,] weil er mir zu helfen versuchte.* ↑ Komma (6.3).

versuchsweise: ↑ -weise.

verteilen: Nach *verteilen auf* kann sowohl der Dativ als auch der Akkusativ stehen. In vielen Fällen ändert sich die Bedeutung nicht, wenn statt des Dativs der Akkusativ steht: *In Kufra wurden wir auf kleinere Laster* (möglich auch: *kleineren Lastern) verteilt und unter Planen versteckt* (Süddeutsche Zeitung). Manchmal besteht aber doch ein geringer Unterschied, der unterschiedliche Lesarten bei dem Gebrauch von Akkusativ und Dativ ermöglicht. Ein Satz wie *Der Wirt hatte die Wurst auf die einzelnen voll besetzten Tische verteilt* ermöglicht die Lesart, dass der Wirt die Wurst entsprechend der Anzahl der besetzten Tische in seinem Gasthaus aufgeteilt hat. Den Satz *Der Wirt hatte die Wurst auf den einzelnen voll besetzten Tischen verteilt* wird man eher so verstehen, dass der Wirt jeweils auf jedem einzelnen Tisch die Wurst entsprechend der Anzahl der an diesem Tisch sitzenden Personen aufgeschnitten und verteilt hat.

Vertikale: Das substantivierte Adjektiv *Vertikale* wird überwiegend wie ein echtes Substantiv flektiert, d. h. im Singular endungslos (Genitiv und Dativ: *der Vertikale,* Akkusativ: *die Vertikale*), im Plural auf *-n: die Vertikalen.* Ohne Artikel (in Verbindung mit einem Zahlwort für eine Kardinalzahl z. B.) kommt im Plural auch starke Flexion wie bei einem gewöhnlichen Adjektiv vor: *zwei Vertikale* oder *zwei Vertikalen.* ↑ Substantivierung (2).

vertrauen[s]bildend: ↑ Fugenelement.

Vertraute, der und die: **1. oben genanntem Vertrauten/Vertrautem · ihr als Vertrauten/Vertrauter:** Zur Deklination substantivierter Adjektive ↑ Abgeordnete; ↑ Substantivierung (2). **2. einige Vertraute · alle Vertrauten · solche Vertraute[n]:** Zur Deklination von *Vertraute* nach *alle, beide, einige* usw. ↑ all- usw.

vertretbar: Nicht: *dieser vom Anwalt nicht vertretbare Anspruch,* sondern: *dieser Anspruch, den der Anwalt nicht vertreten kann.*

Verwandte, der und die: **1. besagtem Verwandten/Verwandtem · ihr als Verwandter/Verwandten:** Im Allgemeinen wird *Verwandte* wie ein attributives Adjektiv dekliniert: *ein Verwandter, zwei Verwandte, die Verwandten meiner Freundin* usw. *Er hatte dort Verwandte* (nicht: *Verwandten*). *Liebe Verwandte!* ↑ Substantivierung (2). **a)** Im Genitiv Plural ist heute nach einem stark deklinierten Adjektiv die starke Deklination üblich, es wird also parallel flektiert: *die Namen entfernter Verwandter* (selten: *Verwandten*). **b)** Nach einem stark deklinierten Adjektiv wird im Dativ Singular heute fast immer schwach flektiert: *besagtem Verwandten* (vereinzelt: *Verwandtem*). *Besagter Verwandten* (vereinzelt: *Verwandter*). **c)** In Konstruktionen mit *als* wie den folgenden kommt im Dativ Singular neben der starken Deklination auch die schwache vor: *Dir als Verwandten* ... (besser: *Dir als Verwandtem* ...). *Ihr als Verwandten* ... (besser: *Ihr als Verwandter* ...). **2. einige Verwandte · alle Verwandten · solche Verwandte[n]:** Zur Deklination von *Verwandte* nach *alle, beide, einige* usw. ↑ all- usw.

Verwandtschaftsbezeichnungen: Regional, vor allem in der norddeutschen Umgangs- und Kindersprache, werden die Verwandtenbezeichnungen *Vater, Mutter, Tante, Onkel* u.a. häufig als Eigennamen angesehen und deshalb ohne Artikel gebraucht: *Vater ist nicht zu Hause. Das werde ich Onkel erzählen.* Diese als Eigennamen gebrauchten Verwandtschaftsbezeichnungen werden dekliniert und bilden den Genitiv auf *-s*: *Tantes Kleid gefiel uns allen. Morgen ist Mutters Geburtstag. Bleib von Muttis Handtasche weg.* Allenfalls noch umgangssprachlich oder in poetischer Sprache kommen schwache Dativ- und Akkusativformen auf *-n* vor, z. B.: *Futtern wie bei Muttern* (=Werbespruch). *Er hat Vatern Bescheid gesagt.* ↑ Personennamen (2.1).

verwandt/verwendet: ↑ verwenden, ↑ wenden.

verwehren: ↑ Negation (1). Gewöhnlich wird *verwehren* mit einem Nominalausdruck im Akkusativ verbunden: *Er verwehrte ihr den Eintritt.*

verweigern: Das Verb *verweigern* hat eine negative Bedeutung: ↑ Negation (1). Gewöhnlich wird *verweigern* mit einem Akkusativ verbunden: *Sie verweigerte mir die Teilnahme.*

verwenden: Präteritum und Partizip II des Verbs *verwenden* werden meist schwach gebildet: *verwendete, verwendet.* Die starken Formen *verwandte, verwandt* kommen nur manchmal vor. ↑ wenden.

Versprechen

Das Wort *Versprechen* kann grundsätzlich zwei ganz verschiedene Sprechakte bedeuten: einmal einen Eid oder auch nur eine Zusage, einmal eine versehentlich falsche Aussage. Doch wie so oft, wenn eine Wortähnlichkeit bei ganz unterschiedlicher Bedeutung vorliegt, ist es für Muttersprachler fast unmöglich, beide Begriffe zu verwechseln: Das Verb *sich versprechen* ist reflexiv, *etwas versprechen* transitiv, muss also mit dem Akkusativ stehen. Und es gibt zum einen das Substantiv *Versprechen*, zum anderen *den Versprecher*, besonders beliebt in der Kombination „freudscher Versprecher" (nach Sigmund Freud), der darauf hinweist, dass in dem irrtümlich Gesagten eine tiefere, psychologische Wahrheit liegt.

verwickeln: Nach *verwickeln in* wird mit dem Dativ, seltener mit dem Akkusativ angeschlossen, wenn das Verb reflexiv im Sinne von „sich verfangen" gebraucht wird: *Ihr Mantel verwickelte sich in den Speichen/in die Speichen.* Bei übertragenem Gebrauch gilt dagegen nur der Akkusativ: *Sie verwickelte sich in Widersprüche.*

verwirrt/verworren: Die beiden adjektivisch gebrauchten Partizipien haben unterschiedliche Bedeutung: Das Wort *verwirrt* wird in Bezug auf Personen in der Bedeutung „keines klaren Gedankens fähig" gebraucht. Dagegen wird *verworren* nur in Bezug auf eine Sache in der Bedeutung „durcheinander, unverständlich, undurchsichtig" gebraucht: *Die Weltlage ist so verworren* (Benrath).

verwitwet: Zur Kommasetzung in Namensangaben ↑ geboren (3).

via: Die Präposition *via* steht gewöhnlich nur in Verbindung mit Eigennamen oder allein stehenden Substantiven im Singular und wird im Sinne von „(auf dem Wege) über" verwendet: *nach Berlin via Frankfurt fahren, fliegen.* Darüber hinaus sind heute auch folgende Formulierungen allgemein gebräuchlich: *via Telefon, via Internet.*

viel: 1. Deklination des folgenden [substantivierten] Adjektivs (Partizips): Nach dekliniertem *viel* wird das folgende [substantivierte] Adjektiv im Singular überwiegend parallel dekliniert: *Vieler schöner Putz wurde entfernt.* Im Nominativ und Akkusativ Neutrum Singular und im Dativ Maskulinum und Neutrum Singular wird jedoch meistens schwach dekliniert: *vieles überflüssige*/(seltener:) *überflüssiges Verhandeln, mit vielem unnötigen*/(seltener:) *unnötigem Fleiß.* Im Plural wird das folgende Adjektiv stark dekliniert: *viele hohe Häuser; das Überprüfen vieler freundlicher Zuschriften.* Bei substantivierten Adjektiven nach *viel* kommt auch die schwache Deklination vor: *Die Schilderungen vieler Beteiligter*/(seltener:) *Beteiligten.* Das Pronomen *andere* wird im Nominativ und Akkusativ Neutrum Singular nach *vieles* fast immer schwach dekliniert: *und vieles andere mehr;* Dativ: *mit vielem anderen* (vereinzelt: *anderem*). Nach der endungslosen Form *viel* stehen regelmäßig starke Formen: *Viel gutes Reden nutzte nichts. Mit viel gutem Rat begann er die schwere Aufgabe.*

2. viel/viele Worte · mit viel/vielen Fehlern: Das Wörtchen *viel* bleibt vor Substantiven ohne adjektivisches Attribut meist, im Plural gelegentlich undekliniert. Im Genitiv Plural wird immer die deklinierte Form verwendet. Es heißt also: *Mit viel Geld kommt man weit. Er trug eine gedämpfte Krawatte mit viel Schwarz. Ein Aufsatz mit vielen/mit viel Fehlern.* Aber nur: *der Lohn vieler Mühen.*

3. Rechtschreibung: *viel* schreibt man in allen seinen Formen klein: *in vielem, mit vielem, ich habe viel[es] erlebt.* Es ist jedoch auch Großschreibung zulässig, wenn hervorgehoben werden soll, dass kein unbestimmtes Zahlwort gemeint ist: *das Lob der vielen,* auch: *der Vielen* (= der breiten Masse). In Verbindung mit adjektivisch gebrauchten Partizipien kann getrennt oder zusammengeschrieben werden: *viel zitierte/vielzitierte Äußerungen; ein vielsagender/viel sagender Blick,* aber nur: *ein noch vielsagenderes Beispiel.* ↑ zu viel.

vielenorts/vielerorten/vielerorts: Alle drei Formen sind möglich, jedoch treten *vielenorts* und *vielerorten* nur noch selten auf.

vielerlei, was: Das Relativpronomen, das sich auf *vielerlei* bezieht, ist *was: Ich habe vielerlei erfahren, was* (nicht: *das* oder *welches*) *mich überraschte.*

vieles, was: Das Relativpronomen, das sich auf *vieles* bezieht, ist meist *was: Es gab noch vieles, was* (manchmal: *das*) *besprochen werden sollte. Vieles wurde besprochen, was* (manchmal: *das*) *nicht nötig gewesen wäre.*

vielleicht in einer Stunde/in vielleicht einer Stunde: Das Adverb *vielleicht* bezieht sich gewöhnlich auf das ganze Präpositionalgefüge und steht dann vor der Präposition: *Ich bin vielleicht in einer Stunde fertig.* Es kann sich aber auch auf die Maß- oder Mengenangabe allein beziehen und steht dann hinter der Präposition: *Er kommt in vielleicht einer Stunde zurück; ein Mann von vielleicht fünfzig Jahren.*

viel/vieles: Der Satz *Ich weiß viel* besagt, dass ich gründliches und umfassendes Wissen habe, während der Satz *Ich weiß vieles* ausdrückt, dass ich von vielerlei Dingen Kenntnis habe, von ihnen gehört, über sie etwas erfahren habe.

vier: ↑ acht/Acht, ↑ Rechenaufgaben, ↑ Zensuren.

vierteljährig/vierteljährlich: Das Adjektiv *vierteljährig* drückt eine Zeitdauer aus: *eine vierteljährige* (= drei Monate dauernde) *Reise.* Das Adjektiv *vierteljährlich* drückt dagegen eine regelmäßige Wiederholung aus: *seine vierteljährlichen* (= alle drei Monate stattfindenden) *Besuche; vierteljährlich zu entrichtende Beiträge.*

viertel/Viertel: ↑ achtel/Achtel, ↑ drei viertel, ↑ Uhrzeit. Zu Sätzen wie *Ein Viertel aller Bundesbürger stimmte/stimmten dagegen* ↑ Singular vs. Plural beim Verb (1).

vierzehntägig/vierzehntäglich: Das Adjektiv *vierzehntägig* drückt eine Zeitdauer aus: *ein vierzehntägiger* (= 14 Tage dauernder) *Kuraufenthalt.* Das Adjektiv *vierzehntäglich* drückt dagegen eine regelmäßige Wiederholung aus: *unsere vierzehntäglichen* (= alle 14 Tage stattfindenden) *Zusammenkünfte.* Statt *vierzehntäglich* sagt man auch *zweiwöchentlich.*

Vokal: Treffen bei Wortbildungen drei gleiche Vokale zusammen, bleiben immer alle drei erhalten: *Kaffeeersatz, Teeernte, Seeelefant.* Man kann zur besseren Lesbarkeit einen Bindestrich setzen: *Kaffee-Ersatz/Kaffeeersatz, Tee-Ernte/Teeernte, See-Elefant/Seeelefant.* ↑ Zusammentreffen dreier gleicher Buchstaben.

Völker- und Stammesnamen: 1. Deklination: Die meisten Völker- und Stammesnamen werden schwach flektiert: *des Deutschen, die Deutschen; des Franzosen, die Franzosen; des Sachsen, die Sachsen.* Die meisten auf *-er* ausgehenden Völker- und Stammesnamen sowie die von Ortsnamen gebildeten Einwohnernamen auf *-er* werden jedoch stark flektiert: *des Engländers, die Engländer; des Italieners, die Italiener; des Mecklenburgers, die Mecklenburger.* (Völker- und Stammesnamen, bei denen das *-er* zum Wortstamm gehört, werden dagegen wie die anderen schwach flektiert: *des Bayern, die Bayern; des Pommern, die Pommern.*) Völker- und Stammesnamen, die auf Vokal enden, können den Genitiv Singular und den Plural auf *-s* bilden; sie können aber auch in diesen Fällen endungslos stehen: *des Israeli[s], die Israeli[s]; des Maori[s], die Maori[s]; des Zulu[s], die Zulu[s].* Vgl. auch ↑ Einwohnerbezeichnungen auf -er.

2. Zusammenschreibung mit oder ohne Bindestrich: Werden Völkernamen von einem geografischen Namen abgeleitet, der mit Bindestrich geschrieben wird, bleibt der Bindestrich erhalten: *die Schleswig-Holsteiner, schleswig-holsteinisch.* Bei geografischen Bezeichnungen, die aus Verbindungen nebengeordneter Adjektive bestehen, kann der Bindestrich auch weggelassen werden: *deutsch-amerikanische/deutschamerikanische Beziehungen, deutsch-schweizerische/deutschschweizerische Wirtschaftsverhandlungen.* Kein Bindestrich steht dagegen, wenn ein Fugenelement wie *-o-* erscheint oder das Zweitglied durch das Erstglied näher bestimmt wird. Man schreibt in diesen Fällen also ohne Bindestrich zusammen: *Angloamerikaner* (aus England stammender Amerikaner; Sammelbezeichnung für Engländer und Amerikaner); *afroamerikanisch* (Afrika und Amerika betreffend; die Amerikaner afrikanischer Abstammung betreffend); *baltoslawisch; indogermanisch; frankokanadisch; das deutschamerikanische Schrifttum* (das Schrifttum der Deutschamerikaner). Vgl. auch ↑ Bindestrich (4).

voll: 1. voll/voll von/voller Menschen: a) Nach *voll* kann mit *von* angeschlossen werden: *voll von Menschen.* Der Anschluss im Genitiv gilt heute als gehobene Ausdrucksweise: *... und das lange Band des Stromes war der Schiffe voll* (Koeppen). **b)** Gelegentlich wird an *voll* auch ohne Präposition mit dem Dativ angeschlossen: *Der Platz war voll Menschen.* Im Plural kann das Substantiv unverändert angeschlossen werden: *ein Beutel voll Geldscheine* (aber: *voll neuer Geldscheine,* auch: *voll [neuen] Geldscheinen*). **c)** Gelegentlich wird auch die erstarrte flektierte Form *voller* gebraucht, wobei das folgende Substantiv ohne Flexionsendung bleibt: *Er war voller Misstrauen gegen das Projekt.* Tritt ein Attribut hinzu, dann ist der Genitiv vorzuziehen: *voller tiefen Misstrauens.* – Grundsätzlich ist zu sagen, dass bei einem nachgestellten Attribut *voll* mit dem Genitiv oder Dativ verbunden wird, aber nicht mit *von: ein Fass voll guten Weines/voll gutem Wein.* Will man hier mit *von* anschließen, ist ein Komma zu setzen: *ein Fass, voll von gutem Wein* (= ein Fass, das von gutem Wein voll ist). **2. voll – voller – vollste:** ↑ Vergleichsformen. **3. Rechtschreibung: a)** Die umgangssprachliche Zeitangabe *voll* schreibt man klein: *Es ist drei Minuten nach voll. Um voll schließen wir.* **b)** Adjektivische Verbindungen mit *voll* als Erstbestandteil schreibt man zusammen, wenn *voll* nur bedeutungsverstärkend gebraucht wird *(vollautomatisch, vollgültig)* oder wenn der zweite Bestandteil in dieser Form nicht selbstständig vorkommt *(vollbusig, volljährig).* In Verbindung mit adjektivisch gebrauchten Partizipien ist Getrennt- oder Zusammenschreibung möglich: *ein voll besetzter/vollbesetzter Bus, voll klimatisierte/vollklimatisierte Räume.*

voller/voll: ↑ voll (1).

Vollzeit arbeiten: ↑ Teilzeit/Vollzeit arbeiten.

von: 1. Namenzusatz: Der Namenzusatz (Adelsprädikat) *von* wird am Satzanfang *(Von Gruber erschien zuerst)* und in substantivischen Aneinanderreihungen wie *Von-der-Recke-Straße* großgeschrieben. **2. von Amts wegen:** Der Ausdruck zwischen *von* und *wegen* steht im Genitiv: *von Amts, von Rechts wegen.* In festen Verbindungen der Sprache des Rechts wird das Genitiv-s auch bei bestimmten Feminina verwendet: *von Verfassungs wegen.* **3. Genitiv oder *von* + Dativ:** Der Genitiv wird in vielen Fällen, und zwar nicht nur in der Umgangssprache, durch *von* + Dativ ersetzt: *die Hälfte meines Vermögens/von meinem Vermögen ; eine Schar fröhlicher Kinder/von fröhlichen Kindern; das Haus meines Vaters/von meinem Vater* (↑ Genitivattribut). **4. der Lärm von mit Eisen beladenen Lastkraftwagen:** Das Nebeneinanderstellen mehrerer Präpositionen sollte aus stilistischen Gründen nach Möglichkeit vermieden werden: *der Lärm von mit Eisenstangen beladenen Lastkraftwagen; das Auftreten von durch den Frost verursachten Rissen.* Während die Fügungsweise mit zwei Präpositionen in vielen Fällen noch vertretbar ist, führt das Nebeneinander von drei Präpositionen fast immer zu stilistischen Auffälligkeiten: *Die Straße wird viel von mit über zehn Tonnen Baumaterial beladenen Lastkraftwagen befahren.* Für solche Fälle stehen andere Möglichkeiten zur Verfügung: *Die Straße wird viel von Lastkraftwagen befahren, die mit Baumaterial von mehr als zehn Tonnen beladen sind.* In der recht häufig auftretenden Verbindung *von über* ist *über* allerdings meist Adverb und kann deshalb als solches stehen bleiben: *Es war ein Weg von über zwei Stunden. Strecken von über 10 000 Kilomtern.* Der Nominalausdruck wird hier von der Präposition *von* regiert. ↑ über (2); ↑ Maß-, Mengen- und Währungsangaben (1). **5. von – an/ab:** Den Gebrauch von *von – ab* statt *von – an* sollte man vermeiden: *von da an* (nicht: *ab*), *von Montag an* (nicht: *ab*), *von frühester Jugend an* (nicht: *ab*).

von dem, von der/davon, wovon: ↑ über das/darüber/worüber.
voneinander: ↑ ...einander.
von ihm, von ihr, von ihnen/davon: Das Pronominaladverb wird im Allgemeinen gebraucht, wenn die Bezugseinheit eine Sache oder einen Begriff bezeichnet. Wird dagegen eine Person bezeichnet, dann steht die Fügung Präposition + Pronomen. Die Pronominaladverbien *darunter, davon* und *dahinter* bilden eine Ausnahme; diese können auch bei Personenbezug stehen: *Ich musterte die Ankommenden und entdeckte unter ihnen/darunter endlich die Erwartete. Sie hatten vier Söhne, aber nur einer von ihnen/davon konnte das elterliche Geschäft übernehmen. Auf dem Foto sieht man seine Schwester, hinter ihr/dahinter auch seinen Bruder.*
von/vor: Manche Verben können mit *von* oder mit *vor* verbunden werden: *Das Zimmer strahlte von/vor Sauberkeit. Seine Kleider strotzen von/vor Schmutz.* Im Allgemeinen zieht man es heute vor, in diesen Fällen die Präposition *vor* zu gebrauchen.
von was/wovon: Die Verbindung *von + was (Von was habt ihr gesprochen?)* kommt in der gesprochenen Sprache recht häufig vor. Im geschriebenen Standarddeutsch wird in der Regel das Pronominaladverb *wovon* verwendet: *Wovon habt ihr gesprochen?*
vor: Die Präposition *vor* kann mit dem Dativ oder mit dem Akkusativ verbunden werden, je nachdem ob ein Ort (Dativ) oder eine Richtung (Akkusativ) bezeichnet wird: *Vor dem Haus ist ein kleiner Garten. Sie fuhr das Auto vor die Garage.* Bei temporalen Angaben regiert *vor* nur den Dativ: *Das passierte schon vor meinem Geburtstag. Sie bekam den Brief eine Woche vor ihrem Urlaub.* Ebenfalls mit dem Dativ (aber ohne Artikel) kann *vor* kausale Bedeutung haben: *Ich konnte vor Sorge lange Zeit nicht einschlafen. Er war außer sich vor Wut.* ↑ aufgrund/durch/infolge/von/vor/wegen/zufolge.
vor allem: Zu Sätzen wie *Dieser Brief und vor allem ihre Freundschaft schien/schienen ihr zu genügen* ↑ Singular vs. Plural beim Verb (3).
vor allem, wenn (weil usw.)/vor allem wenn (weil usw.): Das Komma steht nach *vor allem,* wenn diese adverbiale Bestimmung zum übergeordneten Satz gezogen und besonders betont wird: *Ich freue mich vor allem, wenn du mich recht bald besuchst.* Das Komma steht vor der ganzen Fügung, wenn *vor allem wenn* als Einheit angesehen wird, die den folgenden Nebensatz einleitet: *Ich freue mich auf deinen Besuch, vor allem wenn du die Kinder mitbringst.* Nach *vor allem* kann zur Betonung auch ein weiteres Komma stehen: *Ich freue mich auf deinen Besuch, vor allem, wenn du die Kinder mitbringst.*
vorausdatieren: ↑ vordatieren/vorausdatieren; nachdatieren/zurückdatieren.
vorausgesetzt: **1.** An *vorausgesetzt* kann ein Nebensatz nur mit *dass,* nicht mit *wenn* angeschlossen werden. Der Nebensatz nach *vorausgesetzt* gibt nämlich den Inhalt der Voraussetzung an (Inhaltssatz mit *dass*), nicht aber ihre Bedingung (Konditionalsatz mit *wenn*): *Vorausgesetzt, dass das Geld innerhalb der nächsten drei Wochen bewilligt wird ... Nach den Berechnungen können täglich drei Kilometer Straßendecke betoniert werden, vorausgesetzt, dass keine Störungen auftreten.*
2. Vor und nach *vorausgesetzt* steht im Allgemeinen ein Komma: *Sie kommt, vorausgesetzt, der Zug ist pünktlich, um 9 Uhr an.* In der Fügung *vorausgesetzt dass* wird kein Komma gesetzt, wenn sie als Einheit angesehen wird: *Wir wollen baden gehen, vorausgesetzt[,] dass die Sonne scheint.*
vorbehaltlich: Die Präposition *vorbehaltlich* „unter dem Vorbehalt" steht mit dem Genitiv: *vorbehaltlich behördlicher Genehmigung.* In der Fügung *eine vorbehaltliche* (= mit Vorbehalt gegebene) *Genehmigung* ist *vorbehaltlich* Adjektiv.
vorbeidefilieren: ↑ Verbzusätze.

vordatieren/vorausdatieren; nachdatieren/zurückdatieren: Das Verb *vordatieren* hat zwei Bedeutungen. Im ursprünglichen Sinne bedeutet es „etwas mit einem früheren Datum versehen". Heute wird das Wort aber auch mit der entgegengesetzten Bedeutung „etwas mit einem späteren Datum versehen" gebraucht. Um Missverständnisse zu vermeiden, sollte das bereits gebräuchliche Verb *vorausdatieren* (= im Voraus datieren) anstelle des weniger deutlichen Verbs *vordatieren* verwendet werden, wenn die Bedeutung „mit einem späteren Datum versehen" gemeint ist. Anderseits sollte man das ebenfalls schon gebräuchliche Verb *zurückdatieren* anstelle von *vordatieren* verwenden, wenn die Bedeutung „mit einem früheren Datum versehen" gemeint ist. Das Verb *nachdatieren* sollte ebenfalls vermieden werden, da es missverständlich ist: Es kann ebenso wie *vordatieren* sowohl die Bedeutung „mit einem früheren Datum versehen" als auch die Bedeutung „mit einem späteren Datum versehen" haben. (Als „früheres Datum" ist hier ein Datum gemeint, das vor dem Tag der Ausfertigung liegt, als „späteres Datum" eines, das nach dem Tag der Ausfertigung liegt.)

Voraus

„Vielen Dank im Voraus" lautet eine Briefformel, die verwendet wird, um auf freundliche Weise etwas beim Gegenüber zu erreichen. Oft wird sie falsch geschrieben. *Voraus* nämlich ist in diesem Fall ein Substantiv, muss also großgeschrieben werden. Und da sich das Wort aus „vor" und „aus" zusammensetzt, schreibt man es nur mit einem „r" – eine weitere häufige Fehlerquelle. Steht *voraus* allerdings als Adverb allein im Satz – etwa in der Wendung „er ging voraus", muss es kleingeschrieben werden.

vor dem, vor den, vor die, vor das/davor, wovor: ↑ von ihm, von ihr, von ihnen/davon, ↑ über das/darüber/worüber.

vordringlich/dringlich: ↑ dringlich/vordringlich.

voreinander: ↑ ...einander.

vorenthalten: Das Verb *vorenthalten* enthält die Verbpartikel *vor*, es ist ein trennbares Partikelverb: *Die Regierung enthält die Information der Presse noch vor.* Daneben aber auch: *Die Regierung vorenthält die Information der Presse noch.*

Vormund/Vormundin: Das Substantiv *Vormund* hat zwei Pluralformen: *die Vormunde* und *die Vormünder.* Die feminine Entsprechung zu *Vormund* wird ohne Umlaut gebildet: *die Vormundin* (nicht: *die Vormündin*).

Vorsitzende, der und die: **1. oben genanntem Vorsitzenden/Vorsitzendem · ihr als Vorsitzenden/Vorsitzender:** Zur Deklination substantivierter Adjektive ↑ Abgeordnete; ↑ Substantivierung (2).

2. einige Vorsitzende xalle Vorsitzenden · solche Vorsitzende[n]: Zur Deklination von *Vorsitzende* nach *alle, beide, einige* usw. ↑ all- usw.

Vorsitzer/Vorsitzender, Vorsitzende: Das Wort *Vorsitzer,* die ältere Form, ist heute weitgehend durch *Vorsitzender* verdrängt. Dabei werden die beiden Substantive ohne Bedeutungsunterschied gebraucht. Im deutschen Aktienrecht gilt seit 1965 nur noch die Form *Vorsitzender (des Aufsichtsrats, des Vorstands).* Im Vereinswesen hat sich dagegen die Form *Vorsitzer* z. T. erhalten. Weibliche Vorsitzende werden mit der femininen Form bezeichnet und angeredet: *Sie ist Vorsitzende der Zivilkammer.* ↑ Geschlechtergerechter Sprachgebrauch. Zur Anschrift ↑ Brief (1).

vor/von: ↑ von/vor.

vor was/wovor: Die Verbindung *vor + was (Vor was fürchtest du dich?)* kommt in der gesprochenen Sprache recht häufig vor. Im geschriebenen Standarddeutsch wird in der Regel *wovor* verwendet: *Wovor fürchtest du dich?* Vgl. auch ↑ über das/darüber/worüber (2).

W

Waagerechte, Waagrechte: Das substantivierte Adjektiv schwankt zwischen schwacher und starker Flexion. Mit Artikel wird es nur schwach (wie ein Adjektiv) flektiert: Genitiv: *der Waagerechten/Waagrechten,* Plural: *die Waagerechten/Waagrechten.* Ohne Artikel (in Verbindung mit einem Zahlwort für eine Kardinalzahl z. B.) kommt im Plural auch starke Flexion vor: *zwei Waagerechten/Waagrechten* und *zwei Waagerechte/Waagrechte.* ↑ Substantivierung (2).

wagen: Wenn *wagen* mit einer Infinitivgruppe verbunden ist, kann man ein Komma setzen: *Sie wagte nicht[,] ihn anzusprechen.* In Verbindung mit einem *es,* das für die Infinitivgruppe steht, muss das Komma gesetzt werden: *Sie wagte es nicht, ihn anzusprechen.* Besteht die Infinitivgruppe allerdings nur aus dem Infinitiv mit *zu,* so kann auch dieses Komma weggelassen werden: *Sie wagten es nicht[,] zu sprechen.* ↑ Komma (6.2).

wägen: 1. Konjugation: Das Verb *wägen* wird gewöhnlich stark flektiert: *wog, gewogen: ... er wog jedes Wort, das er sprach, in ihrer Miene* (Andres). Die schwache Flexion *wägte, gewägt* kommt nur vereinzelt vor: *Sie wägte jedes ihrer Worte.* Der Konjunktiv II zu *wägen* lautet *wöge.*

2. wägen/wiegen: Zwischen den Verben *wiegen* und *wägen* wird heute in der Allgemeinsprache klar unterschieden: Das Verb *wiegen* wird gebraucht, wenn das Gewicht eines Gegenstandes festgestellt werden soll. Es kann transitiv und intransitiv verwendet werden: *Er musste den ganzen Lastzug vor Antritt der Fahrt wiegen. Teichmann schien es, als wiege er jetzt mehrere Zentner* (Ott). Bildlich: *Diese Worte wiegen schwer.* Übertragen im Sinne von „das Gewicht in der Hand abschätzen": *Gedankenverloren wog sie die Waffe in der Hand.* Das Verb *wägen* wird dagegen im Sinne von „genau prüfend bedenken" gebraucht: *Erst wägen, dann wagen! Sie wog/wägte jedes ihrer Worte.*

während: Die Präposition *während* wird fast immer mit dem Genitiv verbunden: *Während des Experiments darf nicht geraucht werden. Der Flug dauerte zwei Stunden, während deren sie eine Zeitung las.* Ausnahmen: Bei einem allein stehenden stark flektierten Substantiv im Plural wird *während* mit dem Dativ verbunden, wenn der Genitiv formal nicht zu erkennen ist: *während Deutschkursen.* Der Dativ steht auch, wenn ein weiterer Genitiv davortritt: *Während meines Freundes aufschlussreichem Vortrag gingen bereits einige Zuhörer.* Sonst aber: *Während des aufschlussreichen Vortrages meines Freundes ...*

Währungseinheit: Die Währungseinheit ist im Allgemeinen nach dem Betrag zu schreiben, weil sie auch erst nach der Zahl gesprochen wird. Man schreibt also in fortlaufenden Texten, Geschäftsbriefen usw. *3,45 €; 270,00 EUR* usw. In Aufstellungen und im Zahlungsverkehr kann das Währungszeichen aus Gründen der besseren Übersicht auch vorangestellt werden *(€ 3,45; EUR 0,05).*

Walther von der Vogelweide: ↑ Personennamen (2.1).

Wanderin/Wandrerin: Die feminine Form zu *Wanderer* lautet *die Wanderin* (nicht: *die Wandererin*), zu *Wandrer* dagegen *die Wandrerin. Die Wanderin* tritt häufiger auf als *die Wandrerin.*

wandern: ↑ Perfektbildung mit sein/haben. Zu *ich wandere/wandre* ↑ -e-Ausfall beim Verb (5).

Wanderung/Wandrung: Zum Wegfall des -e- ↑ -e-Ausfall beim Verb (5).

ward/wart: Die Form *ward* ist die ursprüngliche, heute seltene Form der 1. und 3. Person Singular Indikativ Präteritum von *werden: ich ward; er,* *sie, es ward;* dafür heute üblich: *ich wurde; er, sie, es wurde.* Davon zu unterscheiden ist *wart,* die 2. Person Plural Indikativ Präteritum von *sein: Wart ihr gestern auch im Kino?*

wäre/ist/sei: ↑ sei/wäre.

war ... gewesen: Zu Konstruktionen wie *Ich war beim Bäcker gewesen* (statt: *Ich bin beim Bäcker gewesen*) ↑ Doppelperfekt und Doppelplusquamperfekt.

warnen: ↑ Negation (1).

-wärts: Die mit der Endung *-wärts* gebildeten Adverbien (*abwärts, aufwärts, auswärts, heimwärts, ostwärts, rückwärts, seitwärts, vorwärts* usw.) bezeichnen in der Regel die Richtung, nicht den Ort oder die Lage: *Vorwärts mit euch!* (Brecht). Die richtungsangebende Funktion von *-wärts* ist jedoch bereits eingeschränkt und gelegentlich werden die mit *-wärts* gebildeten Adverbien auch schon als Ortsangaben gebraucht, wobei jedoch die Richtungsangabe oft noch deutlich ist: *das weiter rückwärts im Schatten des Zentralhauses liegende Schwesternheim.* Das Adverb *auswärts* wird nur noch als allgemeine Ortsbestimmung verwendet: *Sie ist von auswärts gekommen.*

was: Zu *an was/woran, mit was/womit, von was/wovon* usw. ↑ zu was/wozu. Zu *Was meinst/glaubst du, dass ...* und *Was du nicht willst, dass man dir tu', das füg auch ...* ↑ das/dass. Zu *etwas, das/was* ↑ etwas (1).

was - das: *Was ist es, das* (nicht: *dass*) *ich tun soll?* In diesem Satz ist *das* Pronomen und nicht Konjunktion. Dies lässt sich feststellen, wenn man die Antwort auf die Frage formuliert: *Das, was du tun sollst ...* ↑ das/dass.

was für ein/welcher/was für welche: Mit *was für ein?* wird nach der Beschaffenheit, nach der Art oder dem Merkmal eines Wesens oder Dings gefragt: *Was für einen Wein trinken Sie am liebsten? Einen trockenen Weißwein.* Gelegentlich wird in der Umgangssprache *was für ein* fälschlich im aussondernden Sinne anstelle von *welcher* gebraucht. Nicht: *Was für ein Kleid ziehst du an?* Sondern: *Welches Kleid* (= welches von den Kleidern) *ziehst du an?* Umgekehrt wird *welcher* gelegentlich fälschlich anstelle von *was für einer* gebraucht. Nicht: *Welche Katze ist das?* Sondern: *Was für eine Katze ist das?* Bei *was für ein?* fällt, wenn ein Substantiv im Plural folgt, das *ein* weg: *Was für Autos parken denn dort? Was für Möglichkeiten ergeben sich hier?* Meist auch bei Stoffbezeichnungen: *Was für Wein trinkt sie am liebsten?* – Steht *was für ein* vor einem Substantiv, wird nur *ein* dekliniert, und zwar wie der unbestimmte Artikel: *Was für eine Marke? Mit was für einem Auto?* Steht *was für ein* allein, dann wird *ein* wie das starke Zahlwort dekliniert: *Was für eines?* Diese allein stehenden Formen von *ein* werden besonders in der norddeutschen Umgangssprache häufig durch *welcher* ersetzt: *Wir haben ausgezeichneten Wein getrunken. Was für welchen?* (statt: *Was für einen?*). Im Plural lautet die Frage *was für* + Substantiv: *Es werden Bäume gepflanzt. Was für Bäume?* In Norddeutschland ist für *was für* + Substantiv im Plural *was für welche* gebräuchlich: *Im Park stehen viele schöne Bäume. Was für welche?* Ebenso: *Was sind denn das für welche?* (statt: *Leute*). ↑ welcher (6).

Wasser: 1. Plural: Im Sinne von „Wassermassen; Fluten; Gewässer" heißt die Pluralform *die Wasser: Du sollst die Pilgerzüge in Indien nach den heiligen Wassern des Ganges sehen* (Langgässer). Im übertragenen Sinn: *... mit allen Wassern gewaschen sein* (= durch viele Erfahrungen gewitzt sein; ugs.). Die umgelautete Pluralform *die Wässer* wird dagegen verwendet, wenn es sich um Wassersorten, z. B. um präparierte, für den Menschen bestimmte Flüssigkeiten handelt: *wohlriechende, duftende Wässer, Mineralwässer, Sauerwässer,* ebenso: *Abwässer.*

2. Komposita: Verbindungen wie *Wasser abweisend, Wasser abstoßend* können auch zusammengeschrieben werden: *eine Wasser abweisende, Wasser abstoßende/wasserabwei-*

sende, wasserabstoßende Imprägnierung. Die Verbindungen werden jedoch immer zusammengeschrieben, wenn sie durch ein Adverb näher bestimmt sind: *ein besonders wasserabweisendes, besser wasserabstoßendes Gewebe.*

weben: Das Verb *weben* wird sowohl stark *(wob, gewoben;* Konjunktiv II: *wöbe)* als auch schwach *(webte, gewebt)* flektiert. Zwischen beiden Formen wird bei der Verwendung unterschieden: Die starken Formen *wob, gewoben* werden meistens in der gehobenen Sprache verwendet, und zwar im übertragenen Gebrauch: *Die Sonne wob goldene Fäden; gewoben aus Musik und Liebe* (Rinser). Die schwache Flexion wird dagegen meist dann verwendet, wenn es sich um die Herstellung von Textilien handelt: *Die Frau webte die Matte selbst. Er trug eine handgewebte Krawatte.*

Wechselpräposition: Bei einer Reihe von Präpositionen wird der Kasus nach der Bedeutung gewählt. Wird ein Ort bezeichnet, dann steht der Dativ; wird eine Richtung bezeichnet, steht der Akkusativ: *Ich liege auf dem Sofa. Ich lege mich auf das Sofa. Sie montiert den Halter an der Wand an. Sie montiert den Halter an die Wand an. Sie pflanzte die Blume in den Topf ein. Sie pflanzte die Blumen im Garten ein.* Man nennt diese Präpositionen Wechselpräpositionen. Als Wechselpräpositionen kommen infrage: *an, auf, hinter, in, neben, über, unter, vor, zwischen.* Bei einer Verwendung dieser Präpositionen im wörtlichen räumlichen Sinne (↑ *montieren*) können Sprecher und Schreiber immer nur selbst entscheiden, ob sie einen Ort (mit Dativ) oder eine Richtung (mit Akkusativ) meinen. Zweifelsfälle, die sich über die Häufigkeit entscheiden lassen, ergeben sich, wenn die lokale/direktionale Bedeutung verblasst ist bzw. eher in einem übertragenen Sinne mitgedacht werden kann (z. B. *aufnehmen in der/die Gruppe;* ↑ *aufnehmen*).

weder – noch: 1. Komma: Vor *noch* steht kein Komma, wenn *weder – noch* Satzteile oder Ellipsen (Sätze mit ausgelassenen Formen) aneinanderreiht: *Weder er noch sie konnte schwimmen. Sie haben weder hingesehen noch geholfen.* Dasselbe gilt für die Aneinanderreihung von Nebensätzen und Infinitivgruppen: *Sie einigten sich darauf, weder zu klagen noch an die Öffentlichkeit zu gehen.* Verbindet *weder – noch* selbstständige Hauptsätze, so kann man ein Komma setzen: *Er hat ihr weder beruflich geholfen[,] noch hat er ihre künstlerischen Anlagen gefördert.*

2. Kongruenz: Werden zwei singularische Subjektteile mit *weder – noch* verbunden, dann sind Singular und Plural des Verbs möglich. Wenn das Subjekt dem Verb vorausgeht, wird meist der Plural verwendet: *Weder er noch ein Mitarbeiter ... hatten unterschrieben* (Der Spiegel). Wenn das Subjekt dem Verb folgt, ist der Singular häufiger: *... hat sich weder die westliche Arbeitsgruppe noch die Außenministerkonferenz ... mit der Frage ... befasst* (Der Spiegel). Wenn ein Subjektteil im Plural steht, dann wird das Verb in der Regel ebenfalls in den Plural gesetzt.

wegen: 1. Rektion: Nach der Präposition *wegen* steht in der Standardsprache normalerweise der Genitiv: *wegen des schlechten Wetters, wegen der besonderen Umstände.* In der gesprochenen Sprache hat sich daneben auch der Gebrauch mit dem Dativ etabliert: *Wegen dem Hund ist sie nicht in Urlaub gefahren. Wegen des Hundes ist sie nicht in Urlaub gefahren.* Bei stark flektierten Substantiven wird *wegen* auch in der geschriebenen Standardsprache im Plural mit dem Dativ verbunden, wenn der Genitiv formal nicht zu erkennen ist: *Der Jungbusch ist verrufen wegen mancherlei Vorfällen* (Mannheimer Morgen). Sonst aber: *... wegen mancherlei beunruhigender Vorfälle.* Der Dativ steht auch, wenn ein weiterer Genitiv als Attribut hinzutritt: *Sie stritten sich wegen meines Bruders neuem Ball.* (Sonst aber: *... wegen des neuen Balls meines Bruders.*) – Steht nach *wegen* ein an sich stark flektierendes Substantiv im Singular ohne Artikel und ohne Attribut, dann wird im Allgemeinen die Genitivendung weggelassen: *Wegen Umbau* (selten: *Wegen Umbaus) gesperrt.* Auch in Relativsätzen steht *wegen* regulär mit dem Dativ: *Grund dafür ist der milde Winter, wegen dem der Erdgasverbrauch im ersten Quartal in Deutschland um zehn Prozent sank* (Süddeutsche Zeitung). Zudem ist es möglich, dass *wegen dem* den Bezugsausdruck eines folgenden Relativsatzes bildet: *Ein Kind ist er trotzdem, das manchmal deprimiert ist oder wütend wegen dem, was ihm passiert ist* (Süddeutsche Zeitung). Vgl. auch (4).

2. wegen mir/ meinetwegen: Tritt die Präposition *wegen* zu einem Personalpronomen, dann werden die Komposita *meinetwegen, deinetwegen, seinetwegen, unseretwegen/unsretwegen/unsertwegen, euretwegen/euertwegen, ihretwegen* gebraucht. Daneben werden heute umgangssprachlich auch die Fügungen *wegen mir, wegen uns* usw. verwendet; *wegen meiner* ist veraltet und kommt nur noch regional vor.

3. wegen was/ weswegen: Die Verbindung *wegen + was (Wegen was regst du dich so auf?)* kommt in der gesprochenen Umgangs- und Standardsprache recht häufig vor. Im geschriebenen Standarddeutsch dagegen ist nur *weswegen* üblich: *Weswegen regst du dich so auf?* Ebenso: *Ich frage mich, weswegen du dich so aufregst.*

4. Stellung: Im Allgemeinen steht *wegen* vor dem abhängigen Nominalausdruck; die Nachstellung findet sich vor allem in der gehobenen Sprache. Ist *wegen* nachgestellt, so regiert es immer den Genitiv: *Aber des Kindes wegen, auf das ich wartete, begann alles sich für mich zu verändern* (Bachmann). *Karins wegen sind wir zu Hause geblieben.*

5. ↑ aufgrund/durch/infolge/von/vor/wegen/zufolge.

weg/fort: ↑ fort/weg.

weibliche Berufsbezeichnungen: ↑ Titel und Berufsbezeichnungen (3).

weibliche Formen: ↑ feminine Formen; ↑ Geschlechtergerechter Sprachgebrauch.

Weihnachten: 1. die Weihnacht/das Weihnachten/die Weihnachten: Das endungslose Substantiv *die Weihnacht* (Femininum Singular) wird gelegentlich neben der üblichen Form *Weihnachten* gebraucht: *Ich wünsche dir eine frohe Weihnacht/frohe Weihnachten.* Es ist vor allem in der religiösen Sprache zu finden, ebenso in der Wendung *zu Weihnacht.* Die Form *Weihnachten* ist aber standardsprachlich im Allgemeinen als ein Neutrum Singular anzusehen: *Es war ein schönes Weihnachten.* Es wird vorwiegend ohne Artikel gebraucht: *Weihnachten ist längst vorbei. Weihnachten steht vor der Tür.* Im regionalen Sprachgebrauch wird *Weihnachten* aber häufig als Plural aufgefasst und dann überwiegend mit einem Artikelwort oder Adjektiv gebraucht: *Nächste Weihnachten werde ich nicht zu Hause bleiben* (üblicher: *Nächstes Jahr Weihnachten* oder *zu Weihnachten ...*). In bestimmten formelhaften Wendungen, vor allem als Wunschformel zum Weihnachtsfest, ist der Plural allgemeinsprachlich und nicht auf den regionalen Sprachgebrauch begrenzt: *Fröhliche Weihnachten! Weiße Weihnachten sind zu erwarten.* Standardsprachlich wird *Weihnachten* heute meist nicht als Subjekt oder Objekt mit Artikel(wort) gebraucht; dafür treten dann Zusammensetzungen ein: *Die Weihnachts[feier]tage waren sehr anstrengend. Das Weihnachtsfest wird in diesem Jahr sicher schön werden.* Es ist also standardsprachlich nicht üblich, zu sagen: *Die Weihnachten waren/Das Weihnachten war sehr anstrengend.*

2. Weihnachten/zu Weihnachten/an Weihnachten: Man kann sagen: *Was hast du Weihnachten gemacht? Weihnachten hatten wir ein Familientreffen.* Ebenso korrekt ist es, die Festtagsbezeichnung mit einer Präposition anzuschließen. Besonders norddeutsch und österreichisch heißt es als Zeitangabe *zu Weih-*

nachten; die Fügung *an Weihnachten* ist vor allem süddeutsch.

weil: 1. Komma: Ist *weil* Teil einer Fügung, die als Einheit angesehen wird, so steht das Komma vor der Fügung: *Ich werde ihn nicht einladen, besonders weil er sich nicht entschuldigt hat. Ich hätte gerne daran teilgenommen, aber weil ich krank war, ging es nicht.*

2. Stellung des Verbs nach *weil*: Mit der Konjunktion *weil* werden im geschriebenen Standarddeutsch Nebensätze eingeleitet, das konjugierte Verb steht also wie bei allen mit einer unterordnenden Konjunktion eingeleiteten Nebensätzen am Ende: *Sie kann nicht mitkommen, weil sie keine Zeit hat.* Im gesprochenen Deutsch kommt *weil* jedoch auch in Sätzen mit dem konjugierten Verb nach dem ersten Satzglied wie im Hauptsatz (..., *weil sie hat keine Zeit*) vor. *Weil* nimmt hierbei die Position der nebenordnenden Konjunktion *denn* ein. Nach dem nebenordnenden *weil* wird oft eine deutliche Pause gemacht. Im Geschriebenen gilt dieser Gebrauch bei *weil* als nicht standardsprachlich.

3. Zu *weil/da* ↑ da/weil.

Weimarer/Weimaraner: Die Einwohner von Weimar heißen *die Weimarer;* die erweiterte Form *die Weimaraner* ist veraltet. Beide Einwohnerbezeichnungen werden immer großgeschrieben, auch als flexionsloses Adjektiv: *das Weimarer Schloss; in seiner Weimaraner Zeit.* ↑ Einwohnerbezeichnungen auf -er (2 und 6).

-weise: 1. Gebrauch der Bildungen mit *-weise/-erweise*: Die Adverbien, die aus einem Substantiv und *-weise* gebildet sind, werden oft wie Adjektive attributiv vor Substantiven gebraucht. Als korrekt wird dieser Gebrauch jedoch nur dann angesehen, wenn sich diese Wörter auf Substantive beziehen, die eine Handlung oder einen Vorgang bezeichnen: *eine ruckweise Bewegung* (zu: sich ruckweise bewegen), *nach teilweiser Erneuerung* (zu: teilweise erneuern), *das schrittweise Vorgehen* (zu: schrittweise vorgehen). Nicht korrekt sind dagegen: *auszugsweise Urkunde, stückweiser Preis.* Auch nicht: *das klugerweise Verhalten.* Aber: *Klugerweise verhielt sie sich abwartend.*

2. -weise/Weise: *Weise* wird großgeschrieben in Verbindungen wie *in kluger Weise, in frecher Weise.* Die Präposition *in* weist darauf hin, dass

Der Werwolf und die Welt

In dem heiteren Gedicht „Der Werwolf" von Christian Morgenstern dekliniert ein Dorfschullehrer auf die Bitte eines Werwolfs hin das Substantiv durch: „der Werwolf, des Weswolfs ..." Natürlich hat der *Werwolf* nichts mit dem Fragepronomen zu tun – auch etymologisch nicht. Das Substantiv „wer" war im Althochdeutschen gebräuchlich und bedeutete „Mann, Mensch". Verwandt ist es mit dem lateinischen „vir", „Mann". Die Vorstellung, dass sich ein Mensch in einen Wolf verwandeln kann, ist alt, und wird bereits im rund 4000 Jahre alten babylonischen Gilgamesch-Epos erwähnt. Im Deutschen entstammen die Wörter *Wer(wolf)* und *Welt* derselben Sprachwurzel. Das Substantiv *Welt* stammt ab von althochdeutsch „weralt". „Alt" in letzterem Begriff bedeutete „Lebensalter, Zeitalter"; die Zusammensetzung ist eine Übersetzung von Lateinisch „saeculum" – „Zeitalter" und „mundus" – „bewohnte Welt".

Weise hier ein Substantiv ist *(in dieser/solcher Weise)*. Bei *klugerweise, frecherweise* u.Ä. ist *weise* jedoch nicht selbstständig, sondern nur Bestandteil des Suffixes *-erweise* zur Bildung von Adverbien. Man hat also zu unterscheiden: In dem Satz *Er hat sich ihr in frecher Weise genähert* wird die Art, wie sich jemand genähert hat, gekennzeichnet, während in dem Satz *Er hat sich ihr frecherweise genähert* das Adverb *frecherweise* ausdrückt, wie ein Sachverhalt vom übergeordneten Standpunkt aus beurteilt wird (= es war eine Frechheit, dass er sich ihr überhaupt genähert hat).

weiß: 1. Rechtschreibung: Zur Groß- und Kleinschreibung ↑ Farbbezeichnungen (3.2). Zur Getrennt- oder Zusammenschreibung: ↑ Farbbezeichnungen (3.3).

2. des Weiß/des Weißes: Das Substantiv *das Weiß* kann im Genitiv Singular endungslos bleiben oder die Endung *-es* erhalten: *Die Leuchtkraft dieses Weiß/dieses Weißes ist stärker.* Alle anderen Formen sind endungslos: *zwei verschiedene Weiß* usw.

3. eine weißgelbe Tapete/eine weiß-gelbe Tapete: ↑ Farbbezeichnungen (3.1).

4. weiß – weißer – weißeste: Das Adjektiv *weiß* kann wie andere Farbadjektive gesteigert werden; also z.B.: *Mit dem neuen Waschmittel wird Ihre Wäsche noch weißer.* ↑ Farbbezeichnungen (1).

5. Abgrenzung zu weis-: Nach Herkunft und Rechtschreibung gehören die Verben *weismachen* und *weissagen* nicht zu *weiß*.

Weiße: Die volkstümliche Bezeichnung *die Weiße* „[ein Glas] Weißbier" wird wie ein attributives Adjektiv flektiert: *eine Berliner Weiße, zwei Weiße mit Schuss, die erfrischenden Weißen* usw.

weit: 1. Getrennt- oder Zusammenschreibung: Von einem folgenden Verb oder Partizip schreibt man das Adjektiv *weit* getrennt, wenn es eine eigenständige Bedeutung hat: *Sie muss weit fahren; er kann sehr weit springen* usw. *Diese Leute sind in den letzten Jahren weit gereist.* In Verbindung mit einem Partizip kann jedoch getrennt oder zusammengeschrieben werden: *weit gereiste/weitgereiste Leute; ein weitblickender/weit blickender Stratege, eine weitverbreitete/weit verbreitete Meinung.* Wird das Partizip insgesamt gesteigert, ist nur die Zusammenschreibung korrekt; bei Steigerung von *weit* schreibt man getrennt: *weitgreifende[re]/weit[er] greifende Pläne; weitreichende[re]/weit[er] reichende Vollmachten.*

2. bei Weitem das Beste/das bei Weitem Beste: Die adverbiale Bestimmung *bei Weitem* (ähnlich: *weitaus, mit Abstand*) sollte nach Möglichkeit nicht zum Attribut von *das Beste* gemacht, d.h. zwischen *das* und *Beste* gestellt werden. Also: *Das war bei Weitem das Beste, was ich gesehen habe.* Nicht: *Das war das bei Weitem Beste ...*

weiter: Getrennt schreibt man *weiter* vom folgenden Verb, wenn eine räumliche Entfernung (= weiter als) bezeichnet wird: *Sie kann weiter gehen als ich.* Zusammen schreibt man, wenn *weiter* in der Bedeutung von „vorwärts", „voran" (auch im übertragenen Sinne) gebraucht wird: *Der Spediteur hat die Kiste nach Berlin weiterbefördert. Wir wollen dir weiterhelfen.* Wird das Fortbestehen eines Sachverhalts bezeichnet, schreibt man im Allgemeinen zusammen, wenn *weiter* die Hauptbetonung trägt, und getrennt, wenn das Verb gleich stark betont wird. Zusammen: *Es ist noch früh, wir können weiterspielen.* Getrennt: *Sie hat dir weiter* (= weiterhin) *geholfen.* In manchen Fällen ist sowohl die Getrennt- als auch die Zusammenschreibung gerechtfertigt: *Die Probleme werden weiter bestehen/weiterbestehen.*

weitere: Nach *weitere* wird das folgende [substantivierte] Adjektiv oder Partizip in gleicher Weise (parallel) flektiert: *Weitere intensive Versuche sollen angestellt werden. Die Ernennung weiterer hoher Beamter steht bevor.* Im Dativ Singular Maskulinum/Neutrum ist die schwache Deklination aber häufiger als die starke, wenn kein Komma zwischen den beiden Adjektiven steht: *Im neuen Jahr sei mit weiterem starken Wachstum um 20 Prozent zu rechnen* (Mannheimer Morgen).

weiter/weiters: Von den beiden Adverbformen wird heute standardsprachlich *weiter* bevorzugt. In Österreich ist die Form *weiters* allgemein üblich.

weitgehend/weit gehend: Man kann sowohl zusammen- als auch getrennt schreiben: *weitgehende/weit gehende Forderungen.* Aber nur zusammen: *ein weitgehend gelöster Fall.* Als Vergleichsformen, die attributiv vor einem Substantiv stehen, sind sowohl *weiter gehend* (nur getrennt geschrieben) als auch *weitgehender* (nur zusammengeschrieben) gebräuchlich. Bei der Superlativform *weitestgehend* ist nur die Zusammenschreibung möglich *(Das Problem ist weitestgehend gelöst),* während *am weitesten gehend (diese am weitesten gehende Forderung)* getrennt geschrieben wird. ↑ weit (1).

weit gereist/weitgereist: Die Vergleichsformen lauten: *weiter gereist, am weitesten gereist.* ↑ weit (1).

weitgreifend/weit greifend: Als Vergleichsformen sind sowohl *weiter greifend, am weitesten greifend* als auch *weitgreifender, weitgreifendst* gebräuchlich. ↑ weit (1).

weitreichend/weit reichend: Als Vergleichsformen sind sowohl *weiter reichend, am weitesten reichend* als auch *weitreichender, weitreichendst* gebräuchlich. ↑ weit (1).

weitverbreitet/weit verbreitet: Die Vergleichsformen lauten *weiter verbreitet, am weitesten verbreitet* oder (weniger gebräuchlich:) *weitverbreiteter, weitverbreitetst.* ↑ weit (1).

weitverzweigt/weit verzweigt: Als Vergleichsformen sind *weiter verzweigt, am weitesten verzweigt,* seltener auch *weitverzweigter, weitverzweigtest* möglich. ↑ weit (1).

welcher: 1. welches/welchen: Beim Artikelwort *welcher* schwankt die Deklination im Genitiv Maskulinum und Neutrum Singular. Vor starken Substantiven kann *welcher* stark oder schwach flektiert werden: *Die politischen Verhältnisse welches/welchen Staates? Welches/Welchen Kindes Spielzeug ist dies?* Vor schwachen Substantiven wird *welcher* stark flektiert, damit der Genitiv erkennbar ist: *Die Aussagen welches Zeugen? Die Unterschrift welches Fürsten?*

2. welch starker Mann/welcher starke Mann: Die nach *welch-* stehenden [substantivierten] Adjektive werden schwach flektiert: *welcher starke Mann, welches jungen Mannes* (auch: *welchen jungen Mannes*), *welchem großen Menschen, welcher Abgeordnete/Beamte, welche Beamten, die Stellungnahme welcher Beamten …* Nach der endungslosen Form *welch* wird das folgende Adjektiv stark flektiert: *Welch guter Mensch sie ist! Mit welch gutem Menschen wir zusammentrafen!*

3. welcher, welche, welches/der, die, das: Das Relativpronomen *welcher, welche, welches* wirkt im Vergleich zu *der, die, das* häufig schwerfällig und wird deshalb meist nur dann verwendet, wenn *der, die, das* vermieden werden soll: *Der Mann, mit dem* (selten: *welchem*) *er sprach …* Aber: *Diejenige, welche die Bücher kaufte …* (neben: *Diejenige, die die Bücher kaufte …*).

4. Welches/Welche sind die schönsten [Bilder]?: Mit der neutralen Form *welches* wird nach Bezeichnungen in allen drei Genera gefragt, gleichgültig, ob im Singular oder im Plural: *Welches sind die beliebtesten Ferienziele? Welches ist der Hauptgrund? Welches sind die schönsten Rosen? Welches sind die schönsten Filme?* Vereinzelt (wenn das Substantiv nicht genannt wird) wird auch die Form *welche* gebraucht: *Welche sind die schönsten [Filme]?*

5. welcher/was für ein/was für welche: ↑ was für ein/welcher/was für welche.

6. Ich habe welche: Mit *welcher* nimmt man Bezug auf ein (meist vorausgehendes) Substantiv, das Dinge bzw. Gegenstände bezeichnet: *Ich habe keine Eier mehr, hast du noch welche?*

Der Bezug auf Personenbezeichnungen *(Da sind welche über die Gartenbeete gelaufen)* ist hierbei nur in der Umgangssprache üblich; in der Standardsprache heißt es: *Da sind [einige] Leute über die Gartenbeete gelaufen.*

welcherart/welcher Art: Zusammen schreibt man, wenn *welcherart* unmittelbar vor dem Bezugswort im Sinne von „was für ein, was für welche" steht: *Wir wissen nicht, welcherart Interesse sie veranlasst ...* Getrennt schreibt man das Substantiv: *Wir wissen nicht, welcher Art* (= Sorte, Gattung) *die erhobenen Beschuldigungen sind.*

welches/ welchen: ↑ welcher (1).

welch letzterer: Der Anschluss eines Relativsatzes an das letzte von mehreren Substantiven mit *welch letzterer* ist stilistisch unschön: *Aus dem Ausland werden Birnen und Pfirsiche eingeführt, welch letztere einen besonders guten Geschmack haben.* Standardsprachlich wird man diesen Anschluss vermeiden, indem man entweder das letzte Substantiv von dem vorausgehenden distanziert oder mit einem neuen Satz beginnt: *Aus dem Ausland werden Birnen und außerdem Pfirsiche eingeführt, die einen besonders guten Geschmack haben.* Oder: *Aus dem Ausland werden Birnen und Pfirsiche eingeführt. Die Pfirsiche haben einen besonders guten Geschmack.*

wenden: 1. Die Formen des Präteritums und des Partizips II lauten sowohl *wandte, gewandt* als auch *wendete, gewendet: Sie wandte/wendete kein Auge von dem Kind. Er hatte sich an die zuständige Stelle gewandt/gewendet.* Auch bei Partikel- oder Präfixverben wie *anwenden, [sich] abwenden, aufwenden, einwenden, [sich] umwenden, [sich] zuwenden* werden beide Formen unabhängig von der Bedeutung nebeneinander gebraucht: *Er wandte/wendete sich schwerfällig um und begann zu laufen.* Die starken Formen sind insgesamt häufiger.
2. In einigen Fällen entscheidet die Bedeutung von *wenden* über den Gebrauch der Formen. Wenn die Änderung der Richtung in der Fortbewegung ausgedrückt wird, dann werden die Formen *wendete* und *gewendet* gebraucht: *Ich wendete [meinen Wagen]. Der Bauer wendete den Pflug.* Diese Formen stehen auch dann, wenn *wenden* die Bedeutung „umkehren, umdrehen [und die andere Seite zeigen]" hat: *Der Schneider hat das Kleid und den Anzug gewendet. Das Blatt hat sich gewendet.*
3. Bei dem Präfixverb *entwenden* haben sich die Formen *entwendete, entwendet* durchgesetzt. Bei dem Präfixverb *verwenden* sind beide Formen gebräuchlich, wenngleich *verwendet* hier mittlerweile klar überwiegt.

wenig: 1. Deklination des folgenden [substantivierten] Adjektivs: Nach *wenig* wird das folgende [substantivierte] Adjektiv oder Partizip mit Ausnahme des Dativs Singular Maskulinum und Neutrum parallel (in gleicher Weise) dekliniert: *Mit weniger, konzentrierter Kraft konnte das Hindernis beseitigt werden. Aus der Anwesenheit nur weniger hoher Minister ging das geringe Interesse hervor. Nur wenige Beamte wurden zu dem Sondereinsatz herangezogen. Wenige Verwandte besuchten uns im neuen Haus.* Im Dativ Singular Maskulinum und Neutrum überwiegt vor allem bei Substantivierungen die schwache Deklination: *eine Mischung aus wenigem Sichtbaren* (seltener: *Sichtbarem*) *und viel Unsichtbarem. Schon nach wenigem kurzen* (oder: *kurzem*) *Beraten kam die Einigung zustande.* Aber eher stark: *Mit wenigem, unauffälligen Augenzwinkern verständigten sie sich.* Nach der endungslosen Form *wenig* wird das folgende [substantivierte] Adjektiv regelmäßig stark flektiert: *wenig gutes Essen, wenig Schönes, mit wenig gutem Benehmen, wenig treue Freunde.* Zwischen den endungslosen Formen und den Formen mit Endung besteht häufig ein Unterschied: In dem Satz *Er verkehrt mit wenig gebildeten Leuten* kann *wenig* als Attribut zu *gebildet* verstanden werden. Nach dieser Lesart wird also der

Bildungsstand der Leute näher beschrieben. Heißt es *Er verkehrt mit wenigen gebildeten Leuten,* dann ist *wenig* ein Attribut zu *Leute.* Es wird in diesem Fall etwas über die Anzahl der Leute ausgesagt.

2. wenig/wenige Ausnahmen · mit wenig/wenigen Fahrstunden: Das Indefinitum *wenig* bleibt vor Substantiven ohne attributives Adjektiv im Singular meist, im Plural recht häufig unflektiert (im Genitiv Plural steht immer die Form mit Flexionsendung): *Dazu gehört wenig Mut. Ich habe wenig Hoffnung. Es gibt wenig Augenblicke, in denen ich die Nerven verliere. Er begann mit wenig Aussichten auf Erfolg.* (Aber Genitiv Plural: *Es war das Werk weniger Augenblicke.*)

3. Rechtschreibung: Das Indefinitum und unbestimmte Zahlwort *wenig* wird auch in Verbindung mit einem Artikel kleingeschrieben: *ein wenig* (= etwas, ein bisschen); *mit ein wenig Geduld; ein weniges; ein klein wenig; einige wenige; die wenigen.* Klein schreibt man üblicherweise auch den Superlativ: *es ist das wenigste; am/zum wenigsten; die wenigsten.* Großschreibung ist möglich, wenn hervorgehoben werden soll, dass eine Substantivierung gemeint ist, z. B.: *Sie freute sich über das wenige,* (auch:) *das Wenige* (= die wenigen Geschenke). *Das wenige,* (auch:) *Wenige* (= Geringfügige) *genügt mir.* Groß schreibt man die Substantivierung *das Wenig: viele Wenig machen ein Viel.*

4. Zu *mit ein wenig Geduld* ↑ ein wenig; ↑ zu wenig.

5. Wenig waren/war …: Ist *wenig* Subjekt, dann steht das Verb im Plural, wenn ein pluralisches Wort wie etwa *Menschen/Leute* ergänzt werden kann oder wenn ein pluralisches Genitivattribut hinzugefügt ist: *Wenig [Menschen] waren dort versammelt.* Kann kein Plural ergänzt werden, dann steht auch das Verb im Singular: *Wenig gehört zum Glück.*

weniger: Bei Rechenaufgaben mit *sein* steht das Verb in der Regel im Singular; doch kommt bei Zahlen außer *eins* mit *sein* als Prädikat auch der Plural vor. Beides ist standardsprachlich korrekt: *Fünf weniger zwei ist/sind drei.*

weniger als: Wird nach *weniger* ein pluralischer Nominalausdruck mit *als* angeschlossen, dann kann das folgende Verb im Plural oder im Singular stehen; der Plural wird im Allgemeinen bevorzugt: *Damals wurden weniger als 300 Autos/wurde weniger als 300 Autos produziert.*

weniger – als [vielmehr]/sondern mehr: In einem Vergleichssatz mit *weniger* wird der Vergleich mit *als* angeschlossen: *Ihr Interesse galt weniger der Tat als dem Täter.* Soll das verstärkende *mehr* verwendet werden, so muss anstelle von *als* die Konjunktion *sondern* stehen: *Er legte weniger Wert auf Quantität, sondern mehr auf gute Qualität.* Der Inhalt des Satzes wird in diesem Fall nicht mehr allein als Vergleich, sondern auch als Gegensatz aufgefasst. *Ihr Interesse galt weniger der Tat, sondern mehr dem Täter.* Wird dagegen statt *mehr* das verstärkende *vielmehr* gebraucht, dann wird das zweite Glied immer mit *als* angeschlossen: *Ihr Interesse galt weniger der Tat als vielmehr dem Täter. Es ging ihr weniger um das Geld als vielmehr um das Prinzip.*

weniges, was: In Wechselbeziehung zu *weniges* steht meistens *was* (nicht: *das*): *Auf der Ausstellung gab es nur weniges zu sehen, was bei den Besuchern größeres Interesse fand.* Aber in Verbindung mit einer Präposition: *Es gibt nur weniges, worauf*/(seltener auch:) *auf das* / (sehr selten:) *auf was man sich verlassen kann.*

wenn: 1. Komma: Die Konjunktion *wenn* leitet einen Nebensatz ein, der durch Komma abgetrennt wird. Ist *wenn* Teil einer Fügung, die als Einheit angesehen wird, dann steht das Komma vor der ganzen Fügung: *Aber wenn du willst, komme ich mit.* Aber auch vor *wenn* kann zur Betonung zusätzlich ein Komma stehen: *Nachts fährt sie ungern Auto, besonders[,] wenn es regnet. Ich werde an der Wanderung* *teilnehmen, ausgenommen[,] wenn es regnet.* Unvollständige Nebensätze, die mit *wenn* eingeleitet werden, sind häufig formelhaft geworden und können als einfache adverbiale Bestimmungen angesehen werden. Die beiden Kommas brauchen daher nicht gesetzt zu werden: *Ich werde wenn nötig eingreifen* oder: *Ich werde, wenn nötig, eingreifen.*

2. Zu *wenn/als* ↑ als/wenn.

wer anders: ↑ andere (2).

werden: 1. Das Partizip II lautet *geworden* und *worden.* Ohne das Präfix *ge-* steht das Partizip, wenn es als Form des Hilfsverbs gebraucht wird: *Eine neue Brücke ist gebaut worden. Der Vertrag ist unterschrieben worden.* Dagegen steht das Partizip II mit dem Präfix *ge-*, wenn es Subjekt und Prädikativ verbindet: *Der junge Mann ist Techniker geworden. Durch die Reinigung ist der Anzug wie neu geworden.*

2. Zu *Ein Pfund Bohnen wird/werden gekocht* ↑ Singular vs. Plural beim Verb (1.1); zu *werden lassen* ↑ lassen (2).

werde/würde: 1. Die Form *(er, sie, es) werde* ist der Konjunktiv I, der vor allem in der indirekten Rede steht: *Er sagt, er werde Bäcker. Sie fragten, ob sie morgen kommen werde. Sie sagt, sie werde immer beschimpft.* Demgegenüber ist *würde* die Form des Konjunktivs II, der vor allem im Bedingungssatz steht: *Er würde Bäcker, wenn er dürfte. Wenn er morgen kommen würde, wäre es noch früh genug. Wenn er geschlagen würde, wüsste er nicht, was er täte.* Der Konjunktiv II *würde* usw. tritt auch in der indirekten Rede auf, beispielsweise wenn keine eindeutigen Formen des Konjunktivs I vorliegen oder wenn in der direkten Rede schon *würde* steht.

2. Zu *würde* + Infinitiv anstelle einfacher Formen des Konjunktivs *(Wenn sie Peter rufen würden* [für: *riefen*], *eilte er sofort hierher)* ↑ Konjunktiv (3).

wer/jemand: Der Gebrauch von *wer* als Indefinitpronomen *(Da ist wer im Garten. Hast*

Wortverwandtschaften

Die Rechtschreibreform von 1996 führte zu einigen Vereinfachungen. Eine davon war die sog. „Stammschreibung". Wörter sollen so geschrieben werden, wie ihr Wortstamm dies vorgibt. Was bedeutet das? Das Adjektiv *überschwänglich* leitet sich von „Überschwang" ab, deshalb wird es nun mit „ä" und nicht mehr mit „e" geschrieben. Der Begriff *Gräuel* ist verwandt mit „Grauen". Es heißt nun *nummerieren*, mit Doppel-m, wegen der „Nummer", und *platzieren*, da der Wortstamm „Platz" lautet. Dasselbe gilt für *behände* und *Stängel*, Ableitungen von „Hand" und „Stange". Es heißt jetzt Rohheit, da sich der Begriff von „roh" ableitet. Tipp und Stopp werden, anders als früher, mit Doppel-p geschrieben. Letzteres kann zu Verwirrungen führen, da auf dem roten Stoppschild „STOP" steht. Dieses achteckige Verkehrsschild gibt es fast rund um die Welt, insofern wurde darauf die Schreibung nicht angeglichen.

du wen gesehen?) ist umgangssprachlich. Standardsprachlich heißt es: *Da ist jemand* (auch: *einer*) *im Garten. Hast du jemand[en] gesehen?*

wert: 1. Genitiv oder Akkusativ: Bei *wert sein* kann der Genitiv oder der Akkusativ stehen. Der Akkusativ steht, wenn ausgedrückt werden soll, dass sich etwas lohnt oder dass etwas einen bestimmten [Geld]wert hat: *Das Auto ist diesen hohen Preis wert.* Umgangssprachlich: *Das ist keinen Heller wert.* Der Genitiv steht dann, wenn *wert* in der Bedeutung „würdig" gebraucht wird: *Alles dies wäre nicht der Erwähnung wert* ... (Kolb).

2. geehrt/verehrt/wert: ↑ Brief/E-Mail (2).

Wesen: Neben *[nicht] viel Wesens machen* ist auch *kein Wesen machen* gebräuchlich.

West/Westen: ↑ Nord/Norden.

weswegen: Zu *weswegen/wegen was* ↑ wegen (3).

wettlaufen, wettrennen, wettstreiten: Von den Verben mit *wett-* als erstem Bestandteil ist nur der Infinitiv gebräuchlich: *Wir wollen wettlaufen. Morgen werden wir wettrennen. Lasst uns wettstreiten.* Für die anderen Formen wird die Fügung *um die Wette* eingesetzt: *Sie laufen um die Wette, sind um die Wette gelaufen* oder *gerannt.*

Whiskey/Whisky: Mit *der Whiskey (des Whiskeys, die Whiskeys)* wird der amerikanische oder irische Whisky bezeichnet (aus Roggen oder Mais hergestellt), mit *der Whisky (des Whiskys, die Whiskys)* der schottische (aus Gerstenmalz).

widerhallen, widerspiegeln: Bei diesen normalerweise trennbaren Partikelverben *(widergehallt, hallte wider; widerzuspiegeln, es spiegelt wider)* werden gelegentlich, vor allem regional, im Präsens statt der trennbaren Formen auch die nicht trennbaren Formen des Präfixverbs gebraucht: ... *unsere Sirenen widerhallten ringsum* (Frisch). *Welcher Ausdruck widerspiegelt am schärfsten und sparsamsten die konkrete Sachlage?* (Riesel).

wider/wieder: Die Wörter *wider* und *wieder* haben unterschiedliche Funktion und Bedeutung. Die Präposition *wider* bedeutet „gegen" und wird im Allgemeinen nur in gehobener oder dichterischer Sprache verwendet: ...*ja, sollen sie sich besaufen, die Selbstherrlichen in ihrer Sünde wider die Hoffnung* (Frisch). Gebräuchlich ist die Wendung *wider besseres Wissen: Ich bin überzeugt, dass niemand wider besseres Wissen gehandelt hat* (Süddeutsche Zeitung). Obwohl die Präposition *wider* mit dem Akkusativ verbunden wird, kommt es durch das Prestige des Genitivs gelegentlich zu einer Hyperkorrektur, bei der statt des Akkusativs der Genitiv verwendet wird: *wider besseren Wissens.* Aber nur: *wider Erwarten.* Demgegenüber ist *wieder* ein Adverb und bedeutet „nochmals, erneut; [zur früheren Tätigkeit, zum früheren Zustand] zurück".

wie: 1. wie/und [auch]: Anstelle von *und [auch]* wird vielfach *wie [auch]* gebraucht: *im Krieg wie im Frieden. Der Oberbürgermeister wie auch mehrere seiner engsten Mitarbeiter nahmen an dem Festakt teil.* ↑ und (1).

2. *wie* als temporale Konjunktion: Wie auch *als* kann *wie* als temporale Konjunktion in temporalen Satzgefügen mit Gegenwartstempus verwendet werden: *Als/Wie ich das Fenster öffne, schlägt mir heftiger Lärm entgegen.* Liegt hingegen ein Vergangenheitstempus vor, wird in der Standardsprache *als* bevorzugt: *Als*/(ugs.:) *Wie sie aus dem Haus kam, fing es zu regnen an.*

3. *wie* als gleichsetzende Konjunktion: *Wie* kann genauso wie *als* auch als gleichsetzende Konjunktion gebraucht werden: *In Zeiten wie den heutigen ist vieles möglich. Das ist nichts für Leute wie uns.* Wie bei *als* gilt dabei die Grundregel, dass die Gleichsetzung der beiden Elemente meist durch Kasuskongruenz gekennzeichnet wird: *Von einem Mann* (Dat.) *wie dir* (Dat.) *hätte ich das nicht erwartet. Wie* kann auf verschiedene Satzglieder bezogen werden. Mit der Kasuskongruenz wird deutlich gemacht, worauf sich *wie* bezieht: *Emil behandelt seinen Freund wie ein Idiot* (= Bezug auf Emil); *Emil behandelt seinen Freund wie einen Idioten* (= Bezug auf den Freund). Dagegen steht nach *wie* ein Personalpronomen oder ein Eigenname im Nominativ, wenn der Bezugsausdruck im Genitiv steht: *Die Verdienste eines Politikers wie er* (nicht: *wie seiner*); *das Werk eines großen Dichters wie Hölderlin* (nicht: *wie Hölderlins*). In der Redewendung *an einem Tag wie jeder andere* / (seltener:) *jedem anderen* ist der Nominativ verfestigt.

4. *wie* mit dem Komparativ: Der Komparativ mit *wie (Sie ist größer wie ich)* ist umgangssprachlich. In der Standardsprache lautet die Vergleichspartikel *als (Sie ist größer als ich).*

5. *wie* als relativischer Anschluss: Nach bestimmten Substantiven dient *wie* dem relativischen Anschluss eines Nebensatzes, z. B. in folgenden Wendungen: *in der Art, wie ...; nach der Form, wie ...; in dem Maße, wie ...; in dem Stil, wie ...; in der Weise, wie ... In dem Maße, wie der Markt sich entwickelt, kann die Produktion ausgebaut werden. In dem Stil, wie er jetzt angewandt wird, kann es nicht weitergehen.*

6. ein Gewand, wie es üblich ist/wie sie üblich sind: In solchen Konstruktionen kann ein Pronomen mit singularischem Bezugswort im Plural stehen, wenn eine Verallgemeinerung ausgedrückt werden soll oder wenn das Bezugswort kollektive (zusammenfassende) Bedeutung hat. Der Singular ist natürlich auch möglich: *Der Fremde trug ein Gewand, wie es bei Zirkusleuten üblich ist/wie sie bei Zirkusleuten üblich sind.*

7. Komma: Vor der vergleichenden Konjunktion *wie* steht kein Komma, wenn sie nur Satzteile verbindet: *Karl ist so stark wie Ludwig. Ich bin nicht so begeistert wie er.* Ein Komma steht aber dann, wenn *wie* Sätze verbindet: *Es kam alles so, wie ich es vorausgesagt hatte. Peter ist jetzt fast so groß, wie es sein Vater damals war.* Bei mit *wie* angeschlossenen näheren Erläuterungen, die keine Sätze sind, ist das Komma freigestellt. Steht die Erläuterung innerhalb des Satzes und nicht am Satzende, so setzt man also entweder kein Komma oder aber zwei Kommas: *Die Auslagen[,] wie Post- und Fernsprechgebühren, Eintrittsgelder u.dgl.[,] ersetzen wir ihm.* Unvollständige Nebensätze, die mit *wie* eingeleitet werden, sind häufig formelhaft geworden und können als einfache adverbiale Bestimmungen angesehen werden. Ein Komma braucht nicht gesetzt zu werden: *Seine Darlegungen endeten wie folgt* (= folgendermaßen). *Ich habe wie gesagt keine Zeit* oder: *Ich habe, wie gesagt, keine Zeit* (= wie ich schon gesagt habe).

8. Zu *wie/als wie* ↑ als/wie (1).

wie/als: ↑ als/wie.

wieder: Zusammen mit einem folgenden Verb schreibt man *wieder* vor allem dann, wenn es im Sinne von „zurück" verstanden wird (die Betonung liegt auf *wieder*): *jemandem geborgtes Geld wiedergeben, wiedererstatten; das Geliehene wiederbekommen. Er hat alles wiedergebracht. Willst du deinen Ball wiederhaben? Sie freut sich darauf, nächstes Jahr wiederzukommen.* Zusammen schreibt man auch in folgenden Fällen: *etwas wiederkäuen; jährlich wiederkehren; einen Text [wörtlich] wiedergeben. Kannst du den letzten Satz wiederholen? Sie muss die Klasse wiederholen. Er war lange krank und ist immer noch nicht ganz wiederhergestellt.* Getrennt vom folgenden Verb schreibt man besonders dann, wenn *wieder* im Sinne von „erneut, nochmals" verstanden wird: *Sie haben den Preis auch in diesem Jahr wieder bekommen. Er hat die gleiche Geschichte [immer] wieder erzählt. Der Name ist mir [nie] wieder eingefallen. Sie wurde in ihr früheres Amt wieder eingesetzt. Das Produkt war in den letzten Jahren nicht mehr erhältlich, wird jetzt aber wieder hergestellt. Ich werde das nicht wieder tun.* In vielen Fällen ist Getrennt- oder

Zusammenschreibung möglich, z. B. *Sie hat ihre Arbeit wieder aufgenommen/wiederaufgenommen. Der alte Brauch wurde wieder eingeführt/wiedereingeführt, ist wieder aufgelebt/wiederaufgelebt. Sie bestand darauf, die Inszenierung wieder aufzuführen/wiederaufzuführen.* Die Wahl zwischen Getrennt- und Zusammenschreibung hat man vor allem dann, wenn die Betonung entweder nur auf *wieder* oder sowohl auf *wieder* als auch auf dem folgenden Verb liegen kann. Hier gibt es teils kaum merkliche, teils entscheidende Unterschiede in der Bedeutung und in der Satzkonstruktion: *Wir haben uns auf dem Kongress wiedergesehen* (haben ein Wiedersehen gefeiert; vgl.: *Wiedergesehen haben wir uns auf dem Kongress*) – *Wir haben uns auf dem Kongress wieder gesehen* (sind uns erneut begegnet; vgl.: *Wieder haben wir uns auf dem Kongress gesehen*). *Sie hat ihren Einsatz im letzten Spiel wiedergewonnen – Sie hat auch im letzten Spiel wieder gewonnen.* Bei *wiederholen/wieder holen* unterscheidet man drei Konstruktionen mit unterschiedlicher Bedeutung: *Die Sendung musste wiederholt werden – Er hat sich seine Bücher wiedergeholt* (= zurückgeholt) – *Die Polizei musste [schon] wieder* (= nochmals) *geholt werden.*

wieder/wider: ↑ wider/wieder.

wiegen: Von dem starken Verb *wiegen, wog, gewogen* „das Gewicht einer Sache bestimmen, ein bestimmtes Gewicht haben" ist das schwache Verb *wiegen, wiegte, gewiegt* „etwas in schaukelnde Bewegung setzen; Fleisch, Petersilie o. Ä. mit einem Wiegemesser zerkleinern" zu unterscheiden: *Er wiegte den Kopf hin und her* (Langgässer). *Er wog ihn in der Hand.* Reflexiv: *Sie wiegte sich leise in den Hüften* (Seidel). Im übertragenen Sinne: *Aber ich habe mich gerade wegen meines langen Fernseins von Sizilien niemals auch nur einen Augenblick in Sicherheit gewiegt* (Benrath).

wiegen/wägen: ↑ wägen (2).

wie viel/wie viele: 1. Rechtschreibung: Unabhängig von Flexion und Betonung schreibt man *wie* von dem folgenden *viel[e]* getrennt: *Wie viel Personen? Wie viele verschiedene Muster? Wie viel kostet das?*
2. Gebrauch: Im Plural kann man sowohl die Form *viel (Weißt du, wie viel Zwiebeln wir noch haben?)* als auch die Form mit Flexionsendung *(Wie viele verschiedene Muster stehen zur Auswahl? Wie vielen Kollegen haben Sie eine Einladung geschickt?)* verwenden. Im Genitiv Plural muss *viel* flektiert werden: *Ich war erstaunt, wie vieler Kindheitserlebnisse sie sich noch entsinnen konnte.*

wie wenn/als ob/als wenn: ↑ als [ob]/als wenn/wie wenn.

Wille/Willen: Von den beiden Nominativformen wird gewöhnlich *der Wille* gebraucht; die Form *der Willen* ist seltener.

willkommen: Das Adjektiv wird vom folgenden Verb getrennt geschrieben: *jemandem willkommen sein; jemanden herzlich willkommen heißen.* In Begrüßungsformeln schreibt man *willkommen* klein, da es sich um das Adjektiv handelt: *Herzlich willkommen in Deutschland!* Das großgeschriebene Substantiv *Willkommen* erkennt man am besten an seinem Artikelwort bzw. Attribut: *ein herzliches Willkommen; ein solches Willkommen.*

winken: 1. Partizip II: Das schwach flektierte Partizip II von *winken* lautet *gewinkt.* Daneben existiert aber auch die starke Partizipform *gewunken* (in Analogie etwa zu *getrunken*). Hierbei handelt es sich insofern um einen grammatischen Sonderfall, als das Präteritum nach wie vor schwach gebildet wird *(winkte).* Dennoch sind beide Partizipformen auch im Geschriebenen gebräuchlich und als standardsprachlich einzustufen. Häufiger wird – auch im Standard – mittlerweile *gewunken* verwendet.
2. Rektion: Das Verb *winken* regiert den Dativ: *Er winkte dem Kellner* (aber: *Er winkte den Kellner zu sich*).

wir Deutsche/ wir Deutschen: Nach einem Personalpronomen wird das substantivierte Adjektiv im Nominativ Plural heute im Allgemeinen schwach flektiert: *wir Deutschen* (seltener stark: *wir Deutsche*). ↑ Adjektiv (1.3).

wird oder ist: *Jeder Teilnehmer wird* (nicht standardsprachlich: *ist*) *gebeten[,] pünktlich zu erscheinen.* Aber: *Jeder Teilnehmer ist* (nicht: *wird*) *gehalten[,] pünktlich zu erscheinen.*

wird/werden: Zu *Ein Pfund Bohnen wird/werden gekocht* ↑ Singular vs. Plural beim Verb (1.1).

Wir hoffen[,] Ihnen damit gedient zu haben[,] und verbleiben ...: Die Kommas können in diesem Satz gesetzt werden, sie können aber auch entfallen. Es ist allerdings falsch, nur ein einziges Komma zu setzen; korrekt ist die Variante ohne Kommas sowie die Variante mit zwei Kommas. ↑ und (4).

wir oder du hast das getan: ↑ oder (3).

wir und du/er/ihr ...: Zu *wir und du haben uns sehr gefreut* usw. ↑ und (5).

wissen: 1. Komma: In Verbindung mit einer Infinitivgruppe wird *wissen* ähnlich wie ein Modalverb gebraucht; ein Komma ist hier nicht sinnvoll: *Sie weiß sich zu beherrschen. Er wusste ihm zu helfen.* Auch wenn noch ein Objekt oder eine adverbiale Bestimmung hinzutritt, braucht man kein Komma zu setzen: *Er wusste wohl[,] das Leben zu genießen.* ↑ Komma (6.2).

2. wissen von/wissen um: Nach *wissen* kann sowohl mit der Präposition *von* als auch mit der Präposition *um* angeschlossen werden. Den Anschluss mit *um* verwendet man normalerweise nur in Texten, die in einem gehobenen Stil gehalten sind; ansonsten wirkt *wissen um* ironisch oder gespreizt: *Ich weiß von den/um die Schwierigkeiten des Werkes.*

3. einem/einen etwas wissen lassen: ↑ lassen (4).

Wissen (meines Wissens): Der Genitiv *meines Wissens* „soviel ich weiß" wird standardsprachlich nicht mit *nach* verbunden, denn *nach* verlangt nicht den Genitiv, sondern den Dativ. Standardsprachlich korrekt sind also folgende Formen: *meinem Wissen nach/nach meinem Wissen/meines Wissens*, wobei letztere am gebräuchlichsten ist. *Der Fall verhält sich meines Wissens* (nicht: *meines Wissens nach*) *ganz anders.* Die Form *meines Wissens nach* hat sich allerdings in der Umgangssprache stark ausgebreitet, in Analogie zu standardsprachlich korrekten Ausdrücken wie *meiner Meinung nach/meiner Ansicht nach*, bei denen der Dativ formal nicht vom Genitiv unterschieden ist. ↑ Erachten.

Wissenschaft[l]er: Zu *Wissenschaftler* (österr., schweiz. auch: *Wissenschafter*) ↑ -schafter/ -schaftler.

wo: 1. Komma: Unvollständige Nebensätze, die mit *wo* eingeleitet werden, sind häufig formelhaft geworden und können als einfache adverbiale Bestimmungen angesehen werden. Ein Komma braucht daher in diesen Fällen nicht gesetzt zu werden: *Bitte setzen Sie[,] wo möglich[,] Bindestriche.* Aber: *Bitte setzen Sie, wo es möglich ist, ...*

2. *wo* als relativischer Anschluss: Das Frageadverb (Ortsadverb) *wo* kann anstelle einer Präposition + Relativpronomen als relativischer Anschluss verwendet werden, wenn es sich um einen räumlichen Bezug handelt: *Für das Schiff wurde eigens eine Halle und später ein ganzes Museum in Portsmouth gebaut, wo* (alternativ: *in dem*) *die Funde konserviert und ausgestellt werden* (Der Spiegel). Auch in Fällen, bei denen eine räumliche Vorstellung metaphorisch gegeben ist oder zumindest mitschwingt, ist die Verwendung von *wo* anstelle einer Präposition mit Relativpronomen standardsprachlich möglich. Dies gilt u. a. für Bezugnahmen auf Personengruppen: *Noch schlimmer sieht es bei der Arbeitsgruppe drei aus, wo* (alternativ: *bei der*) *der Abwärtstrend am deutlichsten ausgeprägt [...] ist* (FAZ). In bestimmten Verbindungen ist ein relativischer

Anschluss mit *wo* auch bei zeitlichem (anstelle von räumlichem) Bezug möglich: *Jetzt, wo* (alternativ: *da*) *das Projekt abgeschlossen ist, kann er sich auf neue Aufgaben konzentrieren.* Als regional, also nicht standardsprachlich, anzusehen sind Verwendungen des relativischen Anschlusses mit *wo*, sofern es nur ein einfaches Relativpronomen ohne Präposition ersetzt: *Das Geld, wo* (standardsprachlich: *das*) *auf der Bank liegt.* Aber auch in überregionalen und formelleren Kontexten besteht gesprochensprachlich die Tendenz, den Gebrauch von *wo* als relativischem Anschluss auszuweiten: *Das ist eine Sache, wo* (alternativ: *bei der*) *ich noch unsicher bin.* ↑ da/wo.

3. wodurch/durch den · womit/mit dem usw.: Anstelle eines Relativpronomens in Verbindung mit einer Präposition kann ein aus *wo* und einer Präposition gebildetes Pronominaladverb gebraucht werden, z. B. *wobei* (statt: *bei dem, der*) oder *wodurch* (statt: *durch den, die, das*). Diese Pronominaladverbien können relativisch gebraucht werden, wenn das Bezugswort eine Sache oder einen Begriff nennt: *... dabei handelt es sich um einen amerikanischen Pass, womit* (= mit dem) *ich um die halbe Welt gereist bin* (Frisch). *Diese erhellenden Worte widerlegen offensichtlich die Meinung, wonach* (= nach der) *die „Furcht die Grundlage der wahren Religion sei"* (Nigg). Nennt das Bezugswort dagegen eine Person, dann wird heute in der Regel das Relativpronomen in Verbindung mit einer Präposition gebraucht: *Hier ist die Frau, mit der* (nicht: *womit*) *ich gesprochen habe.* Ohne Bezugswort im übergeordneten Satz ist der Relativsatz nicht Attribut, sondern Satzglied: *Ich weiß nicht, worauf du hoffst.* Wegen des fehlenden Bezugs auf etwas bereits Erwähntes verwendet man hier in der geschriebenen Standardsprache eher das Pronominaladverb, während der Ersatz durch *was* in Verbindung mit einer Präposition vor allem in informeller Sprache vorkommt. Beide Formen sind jedoch als standardsprachlich korrekt einzustufen: *Ich frage mich, womit* (*mit was*) *er das verdient hat.*

4. woran/ an was? · womit/mit was? · wovon/von was? usw.: Verbindungen wie *an* + *was* (*An was hast du das erkannt? Ich frage mich, an was das liegt*) kommen nicht nur in der gesprochenen, sondern auch in der geschriebenen Standardsprache in Fragesätzen vor. In der geschriebenen Standardsprache dominiert hier jedoch eindeutig der Gebrauch von Pronominaladverbien: *Er verrät ungern, woran* (*an was*) *er gerade arbeitet. Wenn Sie die Wahl hätten, wovon* (*von was*) *würden Sie sich ausschließlich ernähren? Wofür* (*für was*) *steht Ihre Generation heute?*

5. Woher kommst du/Wo kommst du her? · Wohin gehst du?/Wo gehst du hin?: Statt der Richtungsadverbien *woher* und *wohin* in Verbindung mit einem Bewegungsverb wird heute sowohl im gesprochenen als auch im geschriebenen Standard häufig das Ortsadverb *wo* gebraucht. Dabei erhält das Bewegungsverb die Verbpartikeln *her* oder *hin*: *Ich weiß nicht, wo er hingefahren ist* (auch: *Ich weiß nicht, wohin er gefahren ist*). *Wo bist du hergekommen?* (auch: *Woher bist du gekommen?*) *Wo gehst du hin?* (auch: *Wohin gehst du?*)

6. wobei/wo ... bei · wovon/wo ... von: Die mit *wo* zusammengesetzten Pronominaladverbien *wobei, wofür* usw. werden in der geschriebenen Standardsprache nicht in getrennter Stellung verwendet. Die Trennung kommt vor allem in der norddeutschen Umgangssprache vor, breitet sich aber im Gesprochenen auch überregional aus. Im geschriebenen Standard heißt es also: *Das Geld, wovon/von dem ich gelebt habe ...* (nicht: *Das Geld, wo ich von gelebt habe ...*). *Das ist etwas, wobei ich immer lachen muss* (nicht: *..., wo ich immer bei lachen muss*).

wobei/bei was/wo ... bei: ↑ bei (2; 3); wo (4; 6).

Unsere Wochentage

Bereits die Babylonier hatten eine Sieben-Tage-Woche, und sie benannten die Tage nach den Himmelskörpern Sonne, Mond, Mars, Merkur, Jupiter, Venus und Saturn. Dies übernahmen die alten Römer, die die Namen der Himmelskörper in ihre Sprache übersetzten. Wie bei den Babyloniern waren dies zugleich Götternamen – beispielsweise der Kriegsgott Mars oder die Göttin der Liebe, Venus. Und so war der Dienstag der Tag des Mars („dies martis") und der Freitag der Tag der Venus („dies veneris"). Diese Zuordnungen wurden beispielsweise im Italienischen („venerdi") und im Französischen („vendredi") beibehalten. Die Germanen übernahmen dieses System im 4. Jh. n. Chr., ersetzten die Götternamen aber mit ihren eigenen: Aus dem Gott Mars wurde Tyr, aus Merkur Wotan, aus Jupiter Donar und aus der Venus die germanische Liebesgöttin Freya. Und deshalb heißt es Dienstag – Tag des Gottes Tyr, Donnerstag – Donars Tag – und Freitag, Tag der Freya. In christlicher Zeit wurde der Versuch unternommen, die Wochentage umzubenennen. Gelungen ist dies nur bei zwei Tagen: dem Samstag, dessen Name sich von „Sabbat" ableitet, und dem Mittwoch. Im Englischen heißt es dagegen immer noch „Wednesday", ein Name, der auf den Gott Wotan hindeutet.

Wochentage: Die Bezeichnungen der Wochentage sind Maskulina und werden stark flektiert, Genitiv Singular auf *-s* (selten auf *-es*), Nominativ Plural auf *-e*: *des Mittwochs* (nicht: *des Mittwoch*), *mit Ausnahme des Montags* (nicht: *des Montag*); *viele Montage, diese langweiligen Mittwoche.* ↑ Dienstagabend/Dienstag Abend.

wodurch/durch was: ↑ durch was/wodurch, ↑ wo (4).

wofür/für was/wo … für: ↑ für was/wofür, ↑ wo (4; 6).

wogegen/gegen was/wo … gegen: ↑ gegen (5), ↑ wo (4; 6).

woher, wohin: ↑ wo (5).

wohinter/hinter was: ↑ durch was/wodurch; ↑ wo (4).

wohl: 1. Getrennt- oder Zusammenschreibung in Verbindung mit Verben: Verbindungen mit dem Verb *sein* schreibt man getrennt: *Dabei ist mir nicht wohl gewesen. Lass es dir wohl sein!* Zusammen oder getrennt kann man schreiben: *sich wohlfühlen/sich wohl fühlen* (aber substantiviert: *zum Wohlfühlen*). *Es ist mir immer wohlergangen/wohl ergangen.* Nur getrennt kann man schreiben: *Sie wird es wohl* (= vermutlich, wahrscheinlich) *tun, wohl* (= vermutlich, wahrscheinlich) *wollen.* Aber immer zusammen: *Die Reise durch die Toskana wird dir wohltun* (= wird dir guttun). *Sie wollte allen wohltun* (= Wohlwollen erweisen). *Sie hat ihm stets wohlgewollt* (= war ihm wohlgesinnt).

2. Getrennt- oder Zusammenschreibung in Verbindung mit dem Partizip I oder II: Verbindungen mit einem adjektivisch gebrauchten Partizip können zusammen- oder getrennt geschrieben werden, wenn nicht *wohl* im Sinne von „vermutlich" gemeint ist (in diesem Fall ist nur die Getrenntschreibung korrekt, sodass die Zusammenschreibung im Gegensatz dazu eindeutig die Bedeutung „gut; sorgfältig" anzeigt): *ein wohlbehütetes/wohl behütetes Geheimnis; ein wohldurchdachter/wohl durchdachter Plan; wohlüberlegte/wohl überlegte Absichten; wohlerzogene/wohl erzogene Kinder,* aber nur zusammen: *noch wohlerzogenere Kinder; wohlgeformte/wohl geformte Sätze,* aber nur zusammen: *sich noch wohlgeformtere Sätze ausdenken; wohlgenährte/wohl genährte Babys,* aber nur zusammen: *die wohlgenährtesten Babys, die ich bislang gesehen habe; wohlschmeckende/wohl schmeckende Suppen,* aber nur zusammen: *die wohlschmeckendsten Gerichte, die man sich vorstellen kann.* Nur Zusammenschreibung gilt, wenn das Partizip in der entsprechenden Bedeutung nicht selbstständig vorkommt bzw. wenn zusammengeschriebene Verben zugrunde liegen: *wohlhabend, wohlbehalten, wohlgemut; wohltuend, wohlwollend.*

wohlgesinnt/wohlgesonnen: In der Standardsprache gibt es traditionell einen Bedeutungsunterschied zwischen *gesinnt* („von einer bestimmten Gesinnung") und *gesonnen* („willens, gewillt"). Bei *wohlgesinnt/wohlgesonnen* kommt dieser Bedeutungsunterschied heute nicht mehr zum Tragen. Beide Formen sind standardsprachlich üblich und gegeneinander austauschbar. Während früher nur *wohlgesinnt* als korrekt galt, überwiegt heute sogar *wohlgesonnen: Arbeitszeugnisse in Deutschland sollen immer wohlgesonnen klingen* (Süddeutsche Zeitung). *Die Frontleute der Bewegung werden ihm wohlgesinnt sein* (taz).

wohlgestalt: ↑ -gestalt/-gestaltet.

Wohnungsangaben: Mehrteilige Wohnungsangaben werden durch Komma gegliedert: *Rainer Stark, Frankfurt, Zeil 102, 1. Stock, links.* Da die mehrteilige Wohnungsangabe als Aufzählung oder als Fügung mit Apposition angesehen werden kann, ist das Komma nach dem letzten Bestandteil (bei weitergeführtem Text) freigestellt: *Cordula Wolf, Nürnberg, Hauptstraße 50[,] hat sich um die Stelle beworben. Frau Elisabeth Güll ist von Erlangen, Königstraße 5[,] nach München, Luisenstraße 7[,] umgezogen.*

wollen: 1. In Verbindung mit Substantiven, die einen Wunsch, eine Absicht o.Ä. ausdrücken, sollte das Verb *wollen* nicht gebraucht werden, weil dadurch ein ↑ Pleonasmus entstünde. *Sie hatte den Wunsch, als freie Journalistin durch Afrika zu reisen* (nicht: *reisen zu wollen*). *Die Vorsitzende ließ ihre Absicht erkennen, das Thema gegen alle Widerstände zu besprechen* (nicht: *besprechen zu wollen*). Andererseits kann *wollen* in bestimmten Fällen auch nicht weggelassen werden: *Wir erklärten dableiben zu wollen* (nicht: *dazubleiben;* das Wort *erklären* schließt nicht die Vorstellung einer Absicht ein). Aber: *Wir hatten die Absicht, dazubleiben*).

2. Das Modalverb *wollen* verbindet sich mit dem reinen Infinitiv und bildet das Perfekt nicht mit dem Partizip II, sondern mit dem Infinitiv. Es entsteht ein doppelter Infinitiv: *Sie hat gestern kommen wollen* (nicht: *kommen gewollt*). Aber mit *wollen* als Vollverb (d.h., ohne dass von *wollen* eine weitere Verbform im Infinitiv abhängt): *Diesen Streit hat sie nicht gewollt* (nicht: *wollen*). ↑ Infinitiv und Infinitivgruppe (2).

womit/mit was/wo ... mit: ↑ mit was/womit; ↑ wo (4; 6).

womöglich/wo möglich: Das Wort *womöglich* ist ein Adverb und steht häufig anstelle von *vielleicht: ... und ich könnte ... in eine beliebige Konditorei gehen, womöglich auf den großen*

Boulevards (Rilke). Getrennt geschriebenes *wo möglich* ist dagegen eine Satzverkürzung für *dort, wo es möglich ist: Alle Produktionszweige sollen[,] wo möglich[,] zum gleichen Zeitpunkt verlagert werden.*

wonach/nach was/wo … nach: ↑ nach was/wonach, ↑ wo (4; 6).

woran/an was: Zum Gebrauch von *woran* (Worttrennung *wo-ran* oder *wor-an*)/*an was* ↑ an was/woran, ↑ wo (4).

worauf/auf was: Zum Gebrauch von *worauf* (Worttrennung *wo-rauf* oder *wor-auf*)/*auf was* ↑ auf was/worauf, ↑ wo (4).

woraus/aus was: Zum Gebrauch von *woraus* (Worttrennung *wo-raus* oder *wor-aus*)/*aus was* ↑ aus was/woraus, ↑ wo (4).

worden/geworden: ↑ werden (1).

worein/worin: ↑ darein/darin, worein/worin.

worin/in was: Zum Gebrauch von *worin* (Worttrennung *wo-rin* oder *wor-in*)/*in was* ↑ wo (4).

Wort: Das Substantiv *Wort* hat zwei Pluralformen. Im Sinn von „Einzelwort" hat es den Plural *die Wörter: Das sind Fremdwörter. Wie viel Wörter hat diese Zeile?* In den Bedeutungen „*Äußerung, zusammenhängende Rede*" dagegen hat *Wort* den Plural *die Worte: … verabschiedete er sich mit bewegten Worten.*

Wortpaar: Bei Wortpaaren im Singular, die mit *und* verbunden sind, bleibt das erste Glied ohne Flexionsendung, wenn das Wortpaar als formelhafte Einheit anzusehen ist: *Der Wert meines Grund und Bodens ist gestiegen. Die Dichter des Sturm und Drangs.* Wenn aber weder ein Artikel noch ein Adjektiv die Substantive näher bestimmt, bleiben beide Glieder, vor allem in Wortpaaren mit schwachen Substantiven, ohne Flexionsendung. Dies geschieht besonders im Dativ und Akkusativ Singular, weil bei schwacher Flexion eine Verwechslung mit dem Plural möglich ist: *Die Kluft zwischen Fürst und Volk. Das Verhältnis zwischen Patient und Arzt. Die Beziehungen zwischen Produzent und Konsument. Der Unterschied zwischen Affe und Mensch.* Bei *Herrn* ist die Endungslosigkeit jedoch nicht standardsprachlich: *Zwischen Herr* (korrekt: *Herrn*) *und Frau Meier.*

Wortstellung: 1. Zur Stellung des Modalverbs *(… dass er hätte schreiben können/… dass er hätte können schreiben)* ↑ Modalverb (3), ↑ Infinitiv und Infinitivgruppe (3).
2. Zur Stellung mehrerer Verben *(… weil sie ihn haben kommen lassen/… weil sie ihn kommen lassen haben)* ↑ lassen (1).
3. Zur Wortfolge nach nebenordnenden und unterordnenden Konjunktionen, ↑ und (1), ↑ aber (2).
4. Zur Stellung des Reflexivpronomens *(als der Zug sich näherte/als sich der Zug näherte)* ↑ Reflexivpronomen (1).
5. Zur Stellung der Währungseinheit bei Preisangaben *(500,– EUR/EUR 500,–)* ↑ Währungseinheit.

worüber/über was: Zum Gebrauch von *worüber* (Worttrennung: *wo-rüber* oder *wor-über*)/*über was* ↑ über was/worüber, ↑ wo (4).

worum/um was: Zum Gebrauch von *worum* (Worttrennung: *wo-rum* oder *wor-um*)/*um was* ↑ um was/worum, ↑ wo (4).

worunter/unter was: Zum Gebrauch von *worunter* (Worttrennung: *wo-runter* oder *wor-unter*)/*unter was* ↑ unter was/worunter, ↑ wo (4).

wovon/von was/wo … von: ↑ von was/wovon, ↑ wo (4; 6).

wozu/zu was/wo … zu: ↑ zu was/wozu, ↑ wo (4; 6).

wozwischen/zwischen was: ↑ zwischen was/wozwischen, ↑ wo (4; 6).

würde: 1. Zum Gebrauch von *würde* + Infinitiv *(Sie sagten, sie würden morgen kommen)* ↑ Konjunktiv (3).
2. Zu *würde/werde* ↑ werde/würde.

würdig: Das Adjektiv *würdig* in der Bedeutung „etwas verdienen" verlangt eine Ergänzung im Genitiv: *Sie ist seines Vertrauens würdig. Er ist ihrer Wertschätzung nicht würdig.*

X, Y

x-förmig/X-förmig: Das Adjektiv kann sowohl mit einem kleinen *x* als auch mit einem großen *X* geschrieben werden.

-y: Bei im Deutschen geläufigen Fremdwörtern aus dem Englischen, die auf *-y* enden, wird die Pluralendung *-s* an das *y* angefügt: *Babys, Citys, Handys, Hobbys, Ponys, Rowdys, Storys, Teddys, Whiskys u. a.* Eine Ausnahme bilden Zitatwörter wie z. B. *Grand Old Ladies.* Sie werden in der englischen Schreibung übernommen.

Z

Zahl: 1. Eine große Zahl Delegierte stand/standen vor dem Haupteingang: Folgt man der grammatischen Kongruenz, steht das Verb im Singular, weil *Zahl* formal ein Singular ist: *Eine große Zahl Delegierte stand vor dem Haupteingang. Eine beträchtliche Zahl kostbarer Gegenstände wurde gestohlen.* Man kann aber auch nach dem Sinn konstruieren und das Verb in den Plural setzen: *Eine große Zahl Delegierte standen vor dem Haupteingang. Eine beträchtliche Zahl kostbarer Gegenstände wurden gestohlen.*

2. eine große Zahl interessanter Veröffentlichungen · eine verschwindende Zahl Industrieller/Industrielle: Nach *Zahl* steht das Gezählte meist im Genitiv. Ein Anschluss im gleichen Fall kommt nur sehr vereinzelt vor: *Eine verschwindende Zahl [steinreicher] Industrieller*/(seltener:) *[steinreiche] Industrielle hat sich dagegen ausgesprochen. Sie hat eine große Zahl interessanter Veröffentlichungen vorgelegt.* ↑ Apposition (3).

3. Zahl/Ziffer: Im allgemeinen Sprachgebrauch werden *Zahl* und *Ziffer* häufig unterschiedslos gebraucht, obwohl die Wörter verschiedene Bedeutungen haben. Die Ziffern sind die grafischen Zeichen zur schriftlichen Fixierung der Zahleninhalte, d. h. der durch die Zahlen *1, 2, ... 9* und *0* ausgedrückten Werte. Dabei werden die Ziffern *1, 2, ... 9* im Textzusammenhang gleichzeitig zu den Zahlen *1, 2, ... 9.* Höhere Zahlen werden schriftlich durch Aneinanderreihen mehrerer Ziffern wiedergegeben. Die Jahreszahl *1987* etwa ist eine Zahl aus den Ziffern *1, 9, 8* und *7.* Es gibt jedoch Bildungen wie *Kennziffer, Zifferblatt, sich beziffern auf,* denen *Ziffer* in der Bedeutung „Zahl" zugrunde liegt.

4. Zahl/Anzahl: ↑ Anzahl (3).

zahlbar: Im Gegensatz zu der üblichen Verwendung von ↑ -bar, bei der das Suffix als Mittel passivischer Ableitung eine Möglichkeit ausdrückt (*dehnbar* = kann gedehnt werden, *lieferbar* = kann geliefert werden), wird *zahlbar* im Sinne von „ist zu zahlen" als indirekte Aufforderung gebraucht. Dieser Gebrauch gilt heute als korrekt. Nicht üblich in diesem Zusammenhang ist dagegen die Form *bezahlbar,* die nur im Sinne von „kann bezahlt werden" gebräuchlich ist.

Zahlen und Ziffern: siehe S. 326.

zahllos: Nach *zahllos* wird ein [substantiviertes] Adjektiv parallel dekliniert: *zahllose Angestellte, in zahllosen kartografischen Darstellungen, die Äste zahlloser kleiner Bäume und Sträucher.* Nur im Dativ Singular Maskulinum/Neutrum ist die schwache Deklination etwas häufiger als die starke: *nach zahllosem positiven Feedback.* ↑ Adjektiv (1.1)

Zahlen und Ziffern

Bei Einzelfragen vgl. die konkreten Stichwörter, etwa: ↑ ²ein; ↑ zwei; ↑ drei; ↑ siebente/siebte, siebenzehn/siebzehn, siebenzig/siebzig; ↑ achtziger/Achtziger usw.; ↑ hundert/Hundert, ↑ hundert[und]einte/-erste.

1 Schreibung in Ziffern oder Buchstaben?

Grundsätzlich kann man Zahlen sowohl in Ziffern als auch in Buchstaben schreiben. Die frühere Buchdruckerregel, nach der die Zahlen von 1 bis 12 in Buchstaben und die Zahlen von 13 an in Ziffern zu setzen sind, gilt heute nicht mehr. Auch die Zahlen von 1 bis 12 werden in Ziffern gesetzt, wenn z. B. in Statistiken, in technischen oder wissenschaftlichen Texten o. Ä. die Zahl und das die Sache bezeichnende Substantiv die Aufmerksamkeit auf sich lenken sollen:

- Kurbel mit 2 Wellen, Zahnrad mit 2 Spindeln.

Auch vor Zeichen und Abkürzungen von Maßen, Gewichten, Geldsorten usw. ist die Zahl in Ziffern zu setzen *(3 km; 7,4 kg; 6 EUR)*.

Wählt man statt der Abkürzungen die entsprechenden Vollformen, dann kann die Zahl in Ziffern wie in Buchstaben gesetzt werden.

Andererseits können die Zahlen von 13 an, sofern sie übersichtlich sind, auch ausgeschrieben werden, wie es z. B. in erzählenden Texten (Roman, Brief o. Ä.) geschieht:

- Sie ist dreiundneunzig Jahre alt. Ich gratuliere Ihnen zu Ihrem fünfzigsten Geburtstag.

Ansonsten werden nur ein- und zweisilbige Zahlwörter ausgeschrieben:

- Achtzehn Studenten verhaftet. Er besitzt über hundert Instrumente. Hab tausend Dank!

2 Gliederung bei Ziffern

Ganze Zahlen, die aus mehr als drei Ziffern bestehen, werden von der Endziffer aus in dreistellige Gruppen zerlegt, die durch einen Zwischenraum (in Deutschland und Österreich nicht durch ein Komma) voneinander abgesetzt werden:

- 3 560 783, 10 000, 4 150.

Zahlen, die eine Nummer darstellen, unterteilt man jedoch meistens nicht in Gruppen *(Nr. 33590)*.

Eine Gliederung durch Punkt ist insbesondere bei Geldbeträgen möglich:

- 846.912,12 EUR.

In Telefon- und Telefaxnummern wird nur noch ein Leerzeichen zur Gliederung von Ortsnetzkennzahl (Vorwahlnummer) und Anschlussnummer gesetzt:

- 06281 4391, 0177 5648023, 040 5473-102.

Abweichend hiervon finden sich noch häufig Telefon- und Telefaxnummern, die – von der letzten Ziffer ausgehend – in Zweiergruppen durch einen kleinen Zwischenraum gegliedert sind und deren Ortsnetzkennzahl in runde Klammern gesetzt ist. Diese Form gilt mittlerweile jedoch als veraltet.

Bei internationalen Telefon- oder Faxnummern wird der Landesvorwahl (ohne doppelte Null) ein + unmittelbar vorangestellt:

- +49 221 943612.

In der Schweiz werden bei siebenstelligen Telefonnummern die ersten drei Ziffern zusammengefasst; hier wird die Ortsnetzkennzahl nicht besonders kenntlich gemacht

- 922 71 31, 064 247 939.

Postfachnummern gliedert man von rechts beginnend in Zweiergruppen, die durch einen kleinen Zwischenraum getrennt sind:

- 1 23, 42 31 86.

Im bargeldlosen Zahlungsverkehr der EU hat seit Februar 2016 die europaweit standardisierte IBAN *(international bank account number)* die früheren nationalen Bankleitzahlen und Kontonummern integriert. Die deutsche IBAN besteht aus 22 Stellen, beginnend mit einem Ländercode und zwei Prüfziffern. Eine Untergliederung der IBAN ist im elektronischen Zahlungsverkehr nicht zulässig; für gedruckte Darstellungen (etwa auf Kontoauszügen oder Rechnungen) gibt die DIN 5008 zur besseren Lesbarkeit eine Unterteilung in fünf Vierergruppen und eine Zweiergruppe – von links nach rechts – vor:

- DE24390601800008582623, DE24 3906 0180 0008 5826 23.

Kontonummern können von der Endziffer aus in Dreiergruppen gegliedert werden: *8 582 623 oder 8582623.* Bankleitzahlen gliedert man dagegen von links nach rechts in zwei Dreiergruppen und eine Zweiergruppe: *770 960 05.*

Dezimalstellen werden von den ganzen Zahlen durch ein Komma getrennt und meist vom Komma ausgehend durch einen Zwischenraum in Dreiergruppen getrennt:

- 52,36 m; 8,654 32 m.

Bei Rechnungen wird die Zahl der Cents nur durch ein Komma, nicht durch einen Punkt abgetrennt *(3,45 EUR);* in der Schweiz dagegen steht zwischen Franken- und Rappenzahl immer ein Punkt: *sFr. 4.20.*

Bei der Zeitangabe sind verschiedene Schreibungen mit Ziffern üblich:

- *6.30 Uhr, 06:30 Uhr* oder *6^{30} Uhr.*

Postleitzahlen werden nicht gegliedert: *90411 Nürnberg.*

3 Getrennt- und Zusammenschreibung/Bindestrich

In Wörtern angegebene Zahlen, die unter einer Million liegen, werden zusammengeschrieben; Angaben über einer Million schreibt man dagegen getrennt:

- neunzehnhundertfünfundsechzig, *(aber:)* zwei Millionen dreitausendvierhundertneun.

Komposita mit Ziffern als Erstglied schreibt man mit Bindestrich:

- 8-Tonner (*aber weiterhin:* Achttonner), 4-Kanter, 14-karätig.

Komposita aus Ziffern + *fach* können dagegen mit Bindestrich oder zusammengeschrieben werden: *8-fach/8fach, 1,5-fach/1,5fach.*

Suffixe und Präfixe werden jedoch ohne Bindestrich mit Ziffern verbunden: *die 68er, 32stel, ver307fachen,* (aber: *ein 94er-Wein, die 68er-Generation*).

Aneinanderreihungen von Wörtern mit Zahlen (in Ziffern) werden durch ↑ Bindestriche verbunden:

- $^3/_4$-Liter-Flasche, 2-kg-Dose, 75-PS-Motor, 5000-m-Lauf, 70-Cent-Marke.

Dagegen schreibt man zusammen, wenn die Zahlen in Buchstaben geschrieben werden: *Dreikaiserbündnis, Siebzigcentmarke.*

4 Groß- und Kleinschreibung von Zahlwörtern:

Bei den Zahlwörtern unterscheidet man grundsätzlich zwei Gruppen: solche, die Grundzahlen *(eins, zwei ...),* und solche, die Ordnungszahlen *(erstens, zweitens ...)* bezeichnen. Daneben gibt es die ↑ Bruchzahlen. Zahlwörter können Adjektive *(fünf, fünfter, tausend)* oder Substantive sein *(Tausend, Million)*.

Zahladjektive werden kleingeschrieben:

- in der ersten Dezemberwoche, die letzten drei Tage, ein achtel Liter.

Zahlwörter werden auch kleingeschrieben, wenn ihnen ein Pronomen, ein Artikelwort oder ein Zahlwort vorangeht:

- ihr drei, diese fünf, die ersten fünf, alle neun[e], einige tausend [Flaschen].

Groß schreibt man Zahlwörter als Bezeichnung einer Ziffer und die substantivierten Ordnungszahlwörter:

- eine Eins (= Zensur, Note) schreiben/geben, eine Vier würfeln, eine Zwölf schießen, die Erste sein, jeder Zweite, das Hundert (= Maßangabe für hundert Einheiten).

Groß schreibt man auch das Zahlwort in Eigennamen wie *die Zehn Gebote, Elisabeth die Zweite.* ↑ Bruchzahlen, ↑ acht/Acht, ↑ achte/Achte, ↑ achtel/Achtel usw.

5 Deklination von Zahlwörtern: *ein Antrag dreier Abgeordneter, hunderte Fans*

Von den Grundzahlwörtern wird *ein* vollständig dekliniert (↑ ²ein). Die Zahlwörter von *zwei* bis *zwölf* verändern sich dagegen nur teilweise (*mit zweien, ein Antrag dreier Abgeordneter;* ↑ 6). Wörter für größere Kardinalzahlen werden im Singular nicht dekliniert. Ab *hundert* gibt es Pluralformen *(Hunderte/hunderte)* und Substantivierungen *(eines halben Hunderts)*, ab *eine Million* nur noch substantivische Formen *(zwei Millionen)*. Die Ordnungszahlwörter werden wie Adjektive dekliniert *(beim ersten Kuss)*. Zur Deklination der Zahlsubstantive *(der Zweite, des Zweiten)* ↑ hundert/Hundert (3).

6 Zahlwörter auf *-e: zweie, dreie* usw. und Varianten mit *zu: zu zweien/zu zweit · zu dreien/zu dritt* usw.

Bei den Zahlwörtern von *zwei* bis *zwölf* beschränken sich die Formen auf *-e* heute auf Redewendungen wie *alle viere von sich strecken* (ugs.), *alle neune werfen* (= beim Kegeln) und den Gebrauch in Dialekten. In der geschriebenen Standardsprache verwendet man die Formen ohne *-e:*

- Von der Turmuhr schlug es *zwölf*. Nur *zwei* kehrten zurück.

Für die Verbindung mit *zu* haben sich die nicht flektierbaren Formen auf *-t* etabliert: *zu dritt, zu viert, zu fünft* etc. Die Verwendung der flektierten Formen *zu zweien, zu dreien* etc. kommt nur noch sehr vereinzelt vor, beispielsweise wenn von einer Einteilung in Zweiergruppen die Rede ist:

- Mal kommen sie einzeln, mal zu zweien, mitunter auch in kleinen Gruppen sanft den flachen Hügel heruntergerollt (Süddeutsche Zeitung).

7 *fünfzigjähriges Jubiläum · fünfzigjähriger Jubilar*

Mit Zahladjektiven auf *-jährig* bezeichnet man eigentlich das Alter von Personen: *der fünfzigjährige Jubilar, das fünfzigjährige Geburtstagskind.* Es ist nicht sinnvoll, solche Adjektive auch auf Substantive wie *Geburtstag* oder *Jubiläum* zu beziehen *(der fünfzigjährige Geburtstag, das fünfzigjährige Jubiläum)*, da diese ja an sich kein Alter haben können. Solche Fügungen sind insbesondere mit Bezug auf das Substantiv *Jubiläum* allerdings sehr verbreitet.

zahlreich: 1. Bedeutung: Das Adjektiv *zahlreich* hat einmal die Bedeutung „eine große Zahl ausmachend, aus vielen Einheiten bestehend“: In diesem Sinn steht es bei Sammelbezeichnungen oder dergleichen *(eine zahlreiche Familie, Gruppe, Herde; zahlreicher Besuch. Die Gesellschaft war sehr zahlreich).* Zum andern bedeutet es „viele“ und steht dann in Verbindung mit pluralisch gebrauchten Substantiven *(zahlreiche Brände, mit zahlreichen Fehlern, zahlreiche Mitglieder. Die Kinder waren zahlreich erschienen).*

2. Flexion des folgenden [substantivierten] Adjektivs: Nach *zahlreich* wird ein [substantiviertes] Adjektiv in gleicher Weise (parallel) flektiert: *zahlreiche junge Beamte, mit zahlreicher alter Kundschaft.* Im Dativ Singular Maskulinum/Neutrum ist die schwache Deklination aber etwas häufiger als die starke: *mit zahlreichem empirischen Material.* ↑ Adjektiv (1.1).

z. B.: ↑ u. a., usf., usw., etc., wie, z. B.

zehn: ↑ acht/Acht.

zehnte: ↑ achte /Achte.

zehntel/Zehntel: ↑ Bruchzahlen; ↑ achtel/Achtel.

zeigen, sich: 1. Nach *sich zeigen als* steht heute der folgende Nominalausdruck im Nominativ, d. h., er wird auf das Subjekt bezogen: ... *Schiller hingegen zeigt sich in seinen Bühnenanweisungen als genialer Regisseur* (Friedell).

2. Das Partizip II des reflexiven Verbs *sich zeigen* kann nicht attributiv verwendet werden. Mit einem Relativsatz kann man es dennoch auf ein Substantiv beziehen: *Die Maßnahme, die sich als falsch gezeigt hat.*

Zeitangabe: ↑ Datum, ↑ Uhrzeit.

Zeitangaben: Dienstagabend/dienstagabends/dienstags abends usw.: Tageszeitadverbien in Verbindung mit einem bestimmten Wochentag können zum einen als Ableitung des Substantivs (z. B. *dienstagabends* von *Dienstagabend*), zum anderen als zwei selbstständige Adverbien – beide auf *-s* endend – (z. B. *dienstags abends*) gebildet werden. Beide Schreibweisen bedeuten „an jedem wiederkehrenden Dienstag zur Abendzeit“. Die früher als Adverbien angesehenen Bezeichnungen für Tageszeiten in Verbindung mit *gestern, heute* und *morgen* werden jetzt den Substantiven zugeordnet und deshalb großgeschrieben: *heute Morgen, gestern Nachmittag, morgen Abend.* (Ebenso bei *vorgestern* und *übermorgen.*) ↑ Dienstagabend, ↑ Abend/abends.

Zeitenfolge im Satz: Nachdem er nach Hause gekommen war/kam, rief er sie an: Von der Grundregel der Zeitenfolge kann abgewichen werden, wenn die zeitlichen Verhältnisse auch ohne einen Tempuswechsel ausreichend klar sind. So kennzeichnen bereits die temporalen Konjunktionen, ob es sich um ein Vorzeitigkeits-, Nachzeitigkeits- oder Gleichzeitigkeitsverhältnis handelt. Deshalb stehen die Teilsätze bei Nachzeitigkeit häufig auch in der gleichen Zeit: *Jacqueline schlief, bis die Sonne sie weckte. Stephanie frühstückt gern ausgiebig, bevor sie zur Arbeit geht.* Aber auch bei Vorzeitigkeit kann auf die Kennzeichnung der zeitlichen Abfolge durch unterschiedliche Tempora verzichtet werden: *Nachdem er sah, wie auch andere Kinder das Tier berührten, hatte auch Demian keine Furcht mehr* (Rhein-Zeitung). Wenn hingegen die temporale Konjunktion nicht eindeutig in Bezug auf die temporalen Verhältnisse ist, kommt es besonders auf die Wahl des Tempus an. So drückt *seit* lediglich aus, dass es um einen Sachverhalt geht, der zu einem bestimmten Zeitpunkt in der Vergangenheit begonnen hat. Wenn das in der Vergangenheit Begonnene noch andauert, wird Präsens verwendet, wenn nicht, ein Vergangenheitstempus: *Seit ich Bücher lese, verschlinge ich jede Woche einen Roman. Seit ich „Schuld und Sühne“ gelesen habe, lese ich nichts anderes mehr.*

Zeit lang/Zeitlang: ↑ eine Zeit lang/Zeitlang.

Zeitungsnamen: Man sollte einen Zeitungsnamen immer mit den entsprechenden Flexionsendungen verwenden, auch dann, wenn er in

Anführungszeichen steht: *das Titelbild der „Frankfurter Neuen Illustrierten"* (nicht: *der „Frankfurter Neue Illustrierte"*).

Zensuren: Zensurenwörter schreibt man klein: *Deutsch: gut. Englisch: befriedigend. Biologie: ausreichend. Die Arbeit wurde mit [der Note] „befriedigend" bewertet. Er hat die Prüfung mit „genügend" bestanden. Sie hat die Note „ausreichend" erhalten.* Groß schreibt man aber die Substantivierungen der Zahlwörter: *die Note „Eins"; die Note „Eins-Komma-fünf". Er hat eine Zwei geschrieben. Sie hat die „Drei" noch bekommen.*

Zentimeter: 1. Das Gemessene nach *Zentimeter*: *ein Zentimeter dünner Golddraht* (gehoben: *dünnen Golddrahts*); *der Preis eines Zentimeters Draht; mit fünfzig Zentimetern gut isoliertem Draht* (gehoben: *gut isolierten Drahts*). ↑ Apposition (3).

2. Fünf Zentimeter Golddraht reicht/reichen für diesen Zweck: Wenn es genau ein Zentimeter ist, steht das Verb im Singular, sonst im Plural: *Fünf Zentimeter Golddraht reichen für diesen Zweck.*

3. eine Länge von zehn Zentimeter/Zentimetern: Steht *Zentimeter* mit vorangehendem Artikel, dann wird im Dativ Plural die Form mit Flexionsendung gebraucht: *Mit den drei Zentimetern [Golddraht] kommen wir nicht aus.* Ohne vorangehenden Artikel wird, wenn das Gemessene nicht folgt, im Allgemeinen ebenfalls die Form mit Endung gebraucht: *auf einer Länge von 70 Zentimetern.* Folgt das Gemessene, wird überwiegend die endungslose, gelegentlich auch die Form mit Endung verwendet: *in dreißig Zentimeter/Zentimetern Entfernung.* ↑ Maß-, Mengen- und Währungsangaben (1).

Zentner: ↑ Maßangaben.

zerhauen: ↑ hauen.

zerspalten: Das Partizip II lautet *zerspalten* oder *zerspaltet.*

Zeuge, Zeugin: 1. Singular oder Plural? Hier schwankt der Gebrauch, beide Möglichkeiten sind korrekt: *Wir waren alle Zeuge/Zeugen dieses Unfalls.*

2. Genus: Meist wird die Abstimmung in Bezug auf das grammatische Geschlecht vorgenommen, es kommt aber auch das Maskulinum bei Bezug auf weibliche Personen vor: *Sie war Zeugin des missglückten Stauffenberg-Attentats* (Süddeutsche Zeitung). (Seltener:) *Sie war Zeuge der Hungerdemonstrationen und Streiks gewesen* (van Steen).

Ziffern: ↑ Zahlen und Ziffern. Zu *Ziffer/Zahl* ↑ Zahl (3).

Zigeuner, Zigeunerin:

Die Bezeichnung *Zigeuner* wird vom Zentralrat Deutscher Sinti und Roma sowie von den meisten Angehörigen der Minderheit als diskriminierend abgelehnt, denn es besteht ein diffamierender Bedeutungszusammenhang mit einem zum Teil auch romantisch verklärten Zerrbild, das mit stereotypen Vorstellungen und negativen Vorurteilen besetzt ist. Die gesamte Volksgruppe wird demnach mit *Sinti und Roma* bezeichnet; die Bezeichnungen im Singular lauten *Sinto* bzw. *Sintiza* für im deutschsprachigen Raum lebende und *Rom* bzw. *Romni* für im übrigen europäischen Raum lebende Angehörige der Volksgruppe. ↑ Political Correctness (1).

Zitat: Zitate werden im Satzgefüge bezüglich der Kommasetzung genauso behandelt wie die ↑ direkte Rede: *„Einen fröhlichen Geber hat Gott lieb", schreibt Paulus im zweiten Korintherbrief. „Der Mensch", so lesen wir hier, „ist ein Gemeinschaftswesen." „Eile mit Weile!" lautet ein bekanntes Sprichwort.* Vgl. auch ↑ Anführungszeichen.

Zoll: ↑ Maß-, Mengen- und Währungsangaben (1).

Zorn, zornig: Ein von *Zorn* oder *zornig* abhängendes Substantiv wird mit den Präpositionen *über* oder *auf* angeschlossen. Die Präposition *auf* wird besonders dann verwendet, wenn es um eine Person als Ziel des Zornes geht: *Sein Zorn auf ihn war verraucht. Er war auf seine Tochter zornig.* Aber auch: *Ihn erfüllte ein ohnmächtiger Zorn auf die Politik.* Die Präposition *über* wird vor allem dann gebraucht, wenn der allgemeine Grund des Zornes genannt wird: *Der Zorn über die Ungerechtigkeit war groß. Er war über das Zeugnis seiner Tochter zornig.* Aber auch: *Der Zorn über ihren Kollegen ist ihr anzumerken.* Auch *Zorn gegen etwas/jemanden* ist möglich: *An der Basis lodert der Zorn gegen die Sparpolitik der Regierung.*

zu: 1. Infinitv mit oder ohne *zu* bei *haben*: Wenn *haben* als Modalitätsverb gebraucht wird, wird es immer mit *zu* + Infinitiv verbunden: *Sie hatte viel zu tragen* (= musste viel tragen). *Du hast zu schweigen* (= musst schweigen). Der Gebrauch von *zu* bei den Verben *liegen, stehen, wohnen* usw., wenn sie mit *haben* das Prädikat bilden, ist regionalsprachlich. In der Standardsprache heißt es also: *Er hatte dreitausend Euro auf der Bank liegen* (regional: *zu liegen*).

2. *zu* nach *lehren, lernen, helfen, heißen*: Folgt diesen Verben ein Infinitiv allein, steht er in der Regel ohne *zu: Ich lerne schwimmen. Er lehrte mich sprechen. Der Freund half ihr abladen. Die Direktorin hieß ihn aufpassen.* Der Gebrauch von *zu* ist jedoch möglich. Er kommt häufiger vor, wenn zu dem folgenden Infinitiv eine Ergänzung oder eine adverbiale Bestimmung tritt: *Helfen Sie mir bitte das Auto putzen* oder *Helfen Sie mir bitte[,] das Auto zu putzen.* Treten mehrere Glieder hinzu, dann steht im Allgemeinen der Infinitiv mit *zu: Er hieß ihn[,] das Zimmer auf der Stelle zu verlassen.* ↑ Infinitiv und Infinitivgruppe (2), ↑ heißen usw.

3. *zu* nach *als*: In einem mehrgliedrigen Satz kann der Infinitiv nach dem *als*-Anschluss sowohl ohne als auch mit *zu* stehen: *Er wollte lieber sterben als die Heimat verlassen./Er wollte lieber sterben, als die Heimat zu verlassen.*

4. Stellung von *zu* bei zusammengesetzten Verben (*zu durchbrechen/durchzubrechen · zu übersetzende Bücher/überzusetzende Personen*): Bei einfachen oder nicht trennbaren Präfixverben steht *zu* immer unmittelbar vor dem Infinitiv oder Partizip I: *Das sind nicht zu unterschätzende Schwierigkeiten.* Bei trennbaren Partikelverben schiebt sich *zu* zwischen die Verbpartikel und den reinen Infinitiv oder das Partizip I: *Die Zahl der aufzunehmenden Flüchtlinge stieg noch immer an.* Das *zu* wird hier also immer in die Zusammenschreibung einbezogen: *zurückzusenden, zuzusehen, zuzumuten.* Bei einigen Verben (z. B. *durchdenken*), kann *zu* vor dem reinen Infinitiv bzw. dem Partizip I oder mit diesem zusammengeschrieben stehen: *um die Sache noch einmal zu durchdenken* (und sie nicht etwa zu diskutieren) oder *um die Sache noch einmal durchzudenken* (in allen Einzelheiten). Haben Verben mit Präfix und mit Verbpartikel jedoch verschiedene Bedeutung, dann sind die oben genannten Regeln zu beachten.

5. Schreibung von *zu* in Verbindung mit dem Partizip I: Wird das Partizip I mit *zu* substantivisch gebraucht, dann bleibt bei den einfachen und Präfixverben das *zu* vom Partizip getrennt und nur die Verbform wird großgeschrieben: *der zu Versichernde, der zu Unterrichtende, die zu Prüfende, die nicht zu Überwachenden.* Bei Verbzusätzen wird die substantivierte Gerundivform groß- und zusammengeschrieben: *der Aufzunehmende.*

6. *zu* oder *um zu*? (*Er ist gebildet genug, um dieses zu verstehen. Er ist gebildet genug, dieses zu verstehen*): ↑ um zu/zu.

7. *zu* beim Infinitiv in Fällen wie *zu bedenken geben, sich zu erkennen geben*: Steht der Infinitiv von *geben* bei einem andern Infinitiv, so erhalten beide ein *zu: Zahlreiche Prominente besuchten die Ausstellung, ohne sich zu erkennen zu geben.*

8. Es begann zu stürmen und schneien/ zu schneien: Der Infinitivbestandteil *zu* kann hier nicht weggelassen werden. Es heißt deshalb: *Es* *begann zu stürmen und zu schneien.* ↑ Ellipse (1.3).

9. Bitte Tür offen lassen/offen zu lassen: ↑ bitte (2).

10. *zu* als Adverb oder Verbpartikel *(auf etwas zu gehen/auf etwas zugehen)*: Es ist zu unterscheiden zwischen *zu* als Adverb und *zu* als Verbpartikel bei Verben der Bewegung (z. B. *gehen, laufen, marschieren, stürzen, rennen, kommen, springen*). Steht bei solchen Verben eine Richtungsangabe und nicht die Angabe eines angestrebten Zielpunktes, dann ist *zu* Adverb und steht getrennt vom Verb. In diesen Fällen wird stets [auch] das Verb betont: *Der Schornstein könnte bei der Sprengung auf das Haus zu fallen. Er ist auf den Wald zu gelaufen.* Bezeichnet die Angabe des Ortes, der Person o. Ä. nicht nur die Richtung, sondern das angestrebte oder erreichte Ziel, dann ist *zu* Verbpartikel, es wird also zusammengeschrieben. In diesem Fall trägt *zu* den Hauptakzent der Gesamtform des Verbs: *Ich bin auf ihn zugegangen und habe ihm die Hand geschüttelt. Sie kam auf mich zugelaufen. Das Flugzeug schien genau auf den Leuchtturm zuzufliegen. Sie haben sich aufeinander zubewegt.* In den Fällen, in denen eine genaue Unterscheidung nicht möglich ist, sind beide Schreibweisen als korrekt anzusehen. Immer zusammen schreibt man, wenn *zu* die Bedeutung des Verbs ändert: *Der Hund ist mir zugelaufen. Die Säule soll spitz zulaufen. Der Vogel ist ihm zugeflogen* (= ist bei ihm).

11. das zu[n]e Fenster · die zu[n]e Flasche: Das Adverb *zu* wird in der Umgangssprache gelegentlich wie ein attributives Adjektiv gebraucht: *das zu[n]e Fenster, die zu[n]e Flasche.* Dieser Gebrauch ist nicht standardsprachlich.

zu dem/dazu/wozu: Zum Gebrauch des Pronominaladverbs gegenüber Präposition + Pronomen vgl. ↑ damit/mit ihm/mit dem, zum relativischen und interrogativen Gebrauch von *wozu* vgl. ↑ von was/wovon.

zueinander: ↑ ...einander.

Zuflucht: Der Plural *die Zufluchten* wird im Allgemeinen gemieden. Stattdessen wird *die Zufluchtsorte* gebraucht. ↑ Flucht.

zufolge: Das Wort steht fast immer nach dem Substantiv, sehr selten kommt es auch vorangestellt vor. Bei Nachstellung regiert es den Dativ: *seinem Wunsch zufolge.* Wenn *zufolge* jedoch vorangestellt ist, regiert es den Genitiv: *Zufolge des späten Termins war er ...* Vgl. auch ↑ aufgrund/durch/infolge/von/vor/wegen/zufolge.

zufrieden: 1. Präposition: Meist wird die Präposition *mit* verwendet: *Sie ist mit dem Ergebnis zufrieden. Ich bin mit meiner Waschmaschine sehr zufrieden.* Vereinzelt wird auch die Präposition *über* verwendet.

2. Rechtschreibung: Getrennt schreibt man: *zufrieden sein, werden; jmdn. zufrieden machen.* Zusammen oder getrennt kann man schreiben: *Wir versuchen, alle zufriedenzustellen/zufrieden zu stellen. Ein zufriedenstellendes/zufrieden stellendes Ergebnis* (aber nur zusammen: *ein zufriedenstellenderes Ergebnis als letztes Jahr*). Immer zusammen schreibt man, wenn keine eigenständigen Bedeutungen von *zufrieden* und dem folgenden Verb mehr erkennbar sind: *Du sollst ihn zufriedenlassen* (= in Ruhe lassen).

zugleich/gleichzeitig: ↑ gleichzeitig/zugleich.

zu guter Letzt: ↑ zuletzt.

zu Händen: Die Fügung *zu Händen* (Abkürzung: *z. H., z. Hd.*) kann mit dem Genitiv verbunden werden *(zu Händen des Herrn Müller)* oder mit *von* + Dativ *(zu Händen von Herrn Müller)*. Ebenso korrekt ist die reine Dativverbindung *(zu Händen Herrn Müller)*. In Anschriften ist dieser Vermerk kaum noch üblich.

zu/in/nach/bei: ↑ in/nach/zu/bei.

zuletzt: Klein und zusammen schreibt man das Adverb: *Er hat zuletzt in Frankfurt gewohnt.* Groß schreibt man das nur noch in der Wendung *zu guter Letzt* bewahrte Substantiv *Letzt* (zu mhd. *letze* „Abschiedsmahl, -gruß").

zumal: Vor *zumal* steht ein Komma, wenn es einen Nachtrag einleitet oder wenn man eine Parenthese (einen Einschub) kennzeichnen will: *Die Straße ist, zumal in der Zeit des Berufsverkehrs, sehr laut.* Kein Komma steht, wenn man den Ausdruck als adverbiale Bestimmung in den Gesamtsatz integrieren will: *Die Straße ist zumal in der Zeit des Berufsverkehrs sehr laut.* Leitet *zumal* einen Nebensatz ein, so muss dieser wie andere Nebensätze durch Komma abgetrennt werden: *Die Straße ist sehr laut, zumal es keine Ausweichstrecke für den Durchgangsverkehr gibt.* Mit den Konjunktionen *da* und *wenn* kann *zumal* eine Fügung bilden, d. h., zwischen *zumal* und der Konjunktion steht üblicherweise kein zusätzliches Komma. Das Komma ist aber nicht falsch; man zeigt damit an, dass man die Fügung aus *zumal* und *da/wenn* nicht als Einheit ansieht: *Sie kann ihn nicht ausstehen, zumal[,] wenn er betrunken ist.*

zum ersten Mal: ↑ ²Mal.

zumindest/ mindestens/zum Mindesten: Im Sinn von „wenigstens, auf jeden Fall“ kann man sowohl *zumindest* als auch *mindestens* gebrauchen; seltener verwendet wird *zum Mindesten: Du hättest die Sache mindestens/zumindest/zum Mindesten vorher mit mir besprechen müssen.* Nicht zu empfehlen ist dagegen die Vermischung *zumindestens.*

zurecht-/zu Recht: Das alte Adverb *zurecht* tritt heute nur noch als Verbpartikel auf: *sich zurechtfinden, zurechtflicken, zurechtkommen, zurechtlegen, zurechtmachen, zurechtrücken, zurechtsetzen, zurechtstellen, zurechtweisen, zurechtzimmern.* Aber (in eigentlicher Bedeutung): *zu Recht bestehen.* ↑ recht/Recht.

zurückdatieren: ↑ vordatieren/vorausdatieren; nachdatieren/zurückdatieren.

zurückerstatten, Zurückerstattung: ↑ rück-/zurück-.

zurückvergüten: ↑ Pleonasmus.

zurzeit/zur Zeit: Die Fügung mit der Bedeutung „im Augenblick, jetzt, gegenwärtig“ schreibt man immer zusammen: *Sie ist zurzeit im Ausland.* (Abk.: *zz., zzt.*) Getrennt schreibt man jedoch, wenn *Zeit* ein Attribut erhält (bzw. wenn man *zur Zeit* auch durch *zu der Zeit* ersetzen könnte): *Sie lebte zur Zeit* (= in der Epoche) *Karls des Großen. Es geschah zur Zeit der Ernte* (= in der Erntezeit).

zusammen: Getrennt schreibt man *zusammen* vom folgenden Verb, wenn es in der Bedeutung von „gemeinsam, gleichzeitig“ gebraucht wird; betont werden entweder beide Bestandteile oder nur das Verb: *Ich kann nicht mit ihm zusammen* (= wenn er dabei ist) *arbeiten.* Immer getrennt schreibt man *zusammen sein.* Zusammen schreibt man, wenn *zusammen* eine Vereinigung ausdrückt. Hier kann die Betonung nur auf dem *a* von *zusammen* liegen: *Die Wolken haben sich zusammengeballt. Ich möchte mit ihm zusammenarbeiten* (= gemeinsam an der Verwirklichung von etwas arbeiten) usw.

zusammenaddieren: ↑ Pleonasmus, ↑ Verbzusätze.

zusammenfassen: Nach *zusammenfassen in* kann sowohl der Dativ als auch der Akkusativ stehen. Im heutigen Sprachgebrauch wird der Dativ bevorzugt: *In Stichworten fasste er seine ersten Eindrücke ... zusammen* (Plievier). Mit dem Akkusativ: *... der neue Polizeimeister fasst den niederschmetternden Eindruck ... in die charakteristischen Worte zusammen* (St. Zweig).

zusammenmixen: ↑ Pleonasmus, ↑ Verbzusätze.

zusammenschrecken: ↑ schrecken.

Zusammentreffen dreier gleicher Buchstaben: Wenn bei Zusammensetzungen drei gleiche Buchstaben zusammentreffen, darf keiner von ihnen wegfallen. Man schreibt also: *Brennnessel, Rollladen, Schifffahrt, Nussschale, Kongressstadt, Balletttruppe.* Ebenso: *Kaffeeersatz, Teeernte, schneeerhellt, seeerfahren, stilllegen.* (Wörter wie *dennoch, Drittel* und *Mittag* sind nicht mehr als Zusammensetzungen anzusehen.) Zur besseren Lesbarkeit kann in Substantivkomposita ein Bindestrich gesetzt werden *Nuss-Schale, Kongress-Stadt, Ballett-Truppe,* besonders wenn drei gleiche

Vokalbuchstaben zusammentreffen: *Kaffee-Ersatz, Tee-Ernte.* Zusammengesetzte Adjektive und Partizipien schreibt man dagegen üblicherweise ohne Bindestrich *(schneeerhellt, seeerfahren),* weil sonst die Wortart weniger transparent wäre *(Schnee-erhellt, See-erfahren).* Auf den Bindestrich sollte man auch bei Substantivkomposita verzichten, wenn er eine sinnvolle Gliederung des Kompositums verhindert, also nicht: *Wertpapierkenn-Nummer,* sondern: *Wertpapier-Kennnummer.*

zusammenziehen, sich: Nach *sich zusammenziehen über* steht heute der Dativ, nicht der Akkusativ: *Ein Gewitter zieht sich über mir zusammen.*

zu sein: Verbindungen mit dem Verb *sein* werden immer getrennt geschrieben, also auch im Infinitiv und Partizip II: *Der Laden wird zu sein. Der Aktenschrank muss zu gewesen sein.*

zu/um zu: ↑ um zu/zu.

zu viel: Unabhängig von Betonung oder Flexion wird immer getrennt geschrieben: *Er redet zu viel. Es waren zu viele Menschen auf dem Ball. Was zu viel ist, ist zu viel.*

zuvorderst/zuvörderst: Zwischen der umgelauteten und der nicht umgelauteten Form besteht ein Bedeutungsunterschied: Die Form *zuvorderst* wird örtlich gebraucht und bedeutet „[ganz] vorn": *Zuvorderst (im Auto) saß mein Bruder.* Dagegen wird *zuvörderst* bei einem zeitlichen Ablauf verwendet und bedeutet „zuerst": *Wenn ich Geist sage, versteht er zuvörderst Angeregtheit, lebhaftes Denken, Aufnehmen und Wollen* (Musil).

zu was / wozu: Die Verbindung *zu + was (Zu was brauchst du das Geld?)* kommt hauptsächlich in der gesprochenen Sprache vor. In der geschriebenen Standardsprache dominiert jedoch eindeutig der Gebrauch des Pronominaladverbs *wozu*: *Wozu brauchst du das Geld? Er fragte sich, wozu das gut sei.* Vgl. auch ↑ über das/darüber/worüber.

zu wenig: Unabhängig von Betonung oder Flexion wird immer getrennt geschrieben: *Er weiß zu wenig darüber. Das sind zu wenige Jastimmen.*

zuwider: 1. Stellung und Rektion: Das Wort *zuwider* wird nachgestellt und regiert den Dativ: *Deinem Verbot zuwider griff sie doch ein. Er ist mir zuwider.*

2. Rechtschreibung: Immer getrennt schreibt man *zuwider sein: Das wird dir zuwider* (= sehr unsympathisch) *sein.* Zusammen schreibt man, wenn *zuwider* im Sinne von „entgegen, dagegen" als Verbzusatz gebraucht wird: *Du darfst dem Gesetz nicht zuwiderhandeln* (= dagegen verstoßen). *Dein Verhalten kann meinen Absichten zuwiderlaufen* (= entgegenstehen).

zu + Zahlwort *(zu zweit/zu zweien):* Man kann sowohl *zu zweit, zu dritt, zu viert* usw. als auch *zu zweien, zu dreien, zu vieren* usw. sagen. Allerdings werden beide Formen schon häufig in der Bedeutung unterschieden. Man sagt gewöhnlich *zu zweien,* wenn von einer Einteilung einer größeren Anzahl in Gruppen zu je zwei die Rede ist: *Zu zweien saßen wir in dem Saal. Ihr sollt euch zu zweien aufstellen.* Soll dagegen lediglich die Gesamtzahl genannt werden, gebraucht man gewöhnlich *zu zweit: Zu zweit, aber nicht zu fünft unternahmen wir eine Wanderung.*

zuzeiten: Zusammen und klein schreibt man das Adverb *zuzeiten* mit der Bedeutung „bisweilen": *Sein Auge hatte zuzeiten etwas Starres.* Getrennt schreibt man aber die Wortgruppe aus Präposition und Nominalausdruck: *Das geschah zu Zeiten Karls des Großen.*

zuzüglich: Nach der Präposition *zuzüglich* (Abk.: *zzgl.*) steht der Genitiv: *Das bestellte Gerät kostet 200 Euro[,] zuzüglich der Versandkosten.* Ein allein stehendes, stark dekliniertes Substantiv bleibt im Singular gewöhnlich ohne Flexionsendung: *die Kosten zuzüglich Porto.* Im Plural wird *zuzüglich* mit dem Dativ verbunden, wenn der Genitiv nicht erkennbar ist: *zuzüglich Beträgen für Verpackung und Versand.*

zu/zum/zur: In einigen Verbindungen ist die artikellose Form *zu* fest, in anderen werden die

Zusammen oder getrennt?

Nicht immer ist es leicht zu entscheiden, ob ein Ausdruck zusammen oder getrennt geschrieben wird. Die wichtigsten Regeln sind: Verbindungen mit dem Hilfsverb *sein* werden immer getrennt geschrieben: *da sein.* Verbindungen aus zwei Verben werden ebenfalls getrennt geschrieben: *spazieren gehen.* Eine Ausnahme kann gemacht werden, wenn Verbverbindungen im übertragenen Sinn gebraucht werden: *sitzen bleiben/sitzenbleiben.* Verbindungen von Partizip und Verb werden immer getrennt geschrieben: *gestohlen bleiben.* Bei Verbindungen von Adjektiv und Verb hat man die freie Wahl: Man kann beispielsweise seine Haare *blondfärben* oder *blond färben*. Aber, so lautet die Faustregel: Entsteht ein neuer Wortsinn, muss zusammengeschrieben werden: *jemanden kaltstellen/ein Getränk kalt stellen*. Verbindungen von Präposition und Verb werden immer zusammengeschrieben: *nachdenken.* Bei Verbindungen von Adverb und Verb muss man auf die Betonung achten. Sie werden nur dann zusammengeschrieben, wenn die Betonung auf dem Adverb liegt: zusammensetzen (vgl. auch Kasten S. 254).

Verschmelzungen *zum* und *zur* gebraucht. Regeln lassen sich nur für Teilbereiche aufstellen. So heißt es z. B. *zu Bewusstsein kommen, zu Hilfe rufen, eilen,* aber: *zur Vernunft kommen, zum Vorschein kommen.* Zu *zu gewohnter Stunde/zur gewohnten Stunde:* ↑ in/im.

zwangläufig/zwangsläufig: Die Alltagssprache kennt nur die Form *zwangsläufig* mit der Bedeutung „notwendig". Demgegenüber wird *zwangläufig* (ebenso: *Zwanglauf, Zwangläufigkeit*) in der Technik verwendet. Getriebe und Mechanismen sind zwangläufig, wenn sie nur einen Antrieb besitzen, der alle nicht gewünschten Bewegungen ausschließt.

zwangsweise: ↑ -weise.

zwar: 1. zwar ... aber ...: Das Wort *zwar* korrespondiert meistens mit *aber, doch* oder *jedoch: Zuerst ging ich zwar neugierig, aber nicht eigentlich interessiert durch die Räume* (Jens).
2. und zwar: In der Verbindung *und zwar* wirkt *zwar* erläuternd und steht ohne korrespondierendes Glied: *Knopf trinkt nur Schnaps, und zwar Korn, nichts anderes* (Remarque). Vor dem erläuternden *und zwar* muss immer ein Komma stehen: *Sie war verletzt, und zwar schwer. Ich werde kommen, und zwar am Dienstag.*

zwecks: Die Präposition *zwecks* kommt aus der Amtssprache, ist inzwischen aber auch in der überregionalen Presse weit verbreitet und wird mit dem Genitiv verbunden: *zwecks eines Handels. Zwecks Feststellung seiner Personalien musste er mit zur Wache gehen.*

zwei: 1. Deklination: Das Zahlwort *zwei* hat im Genitiv eine Flexionsendung, wenn der Kasus nicht bereits durch den Artikel bzw. ein Artikelwort kenntlich gemacht ist: *Wegen zweier Einbrüche stand er vor Gericht.* Auch wenn ein nachfolgendes attributives Adjektiv den Genitiv deutlich werden lässt, erhält das Zahlwort die Endung: *Mit den Aufsätzen zweier zuverlässiger Mitarbeiterinnen gewann der Band an Niveau.* Dagegen heißt es: *Nach der Prüfung dieser zwei Fahrzeuge wurde die endgültige Entscheidung getroffen.*
2. Deklination des Adjektivs nach *zweier*: Das Adjektiv nach dem Genitiv Plural *zweier* wird gewöhnlich stark flektiert, weil das Zahlwort als Adjektiv behandelt wird: *der Bund zweier mächtiger Kaiser.* Die schwache Flexion des Adjektivs kommt nur vereinzelt vor: *der Bund zweier mächtigen Kaiser.* Folgt auf *zweier* ein substantiviertes Adjektiv oder Partizip, dann

wird dieses in der Regel ebenfalls stark flektiert. Die schwache Flexion kommt allerdings auch vor: *Das waren die Träume zweier Liebender/Liebenden.* ↑ Substantivierung (2).

3. zwo/zwote: Neben *zwei* wird heute, vor allem beim Telefonieren, auch die alte feminine Form *zwo* gebraucht, damit eine Verwechslung zwischen *zwei* und *drei* vermieden wird. Obwohl die Gefahr, sich bei den Ordinalzahlen *zweite* und *dritte* zu verhören, nicht besteht, wird *zwote* heute in der Umgangssprache wieder öfter gebraucht.

4. Zwei mal zwei ist/sind vier: ↑ Rechenaufgaben.

5. Rechtschreibung: ↑ acht/Acht, ↑ Zensuren.

6. mit zweien/zwei ihrer Kinder: Im Dativ kann die Form auf *-en* und die endungslose Form verwendet werden: *Sie ging mit zweien/* (auch:) *zwei ihrer Kinder ins Theater.*

7. Zu *zweie; zu zweit/zu zweien* ↑ Zahlen und Ziffern (6), ↑ zu + Zahlwort. Zu *zwei/beide* ↑ beide (2).

zweifach/doppelt: ↑ doppelt/zweifach.

zweifeln/bezweifeln: ↑ bezweifeln/zweifeln.

zweimal so groß/zweimal größer: ↑ -mal so groß/-mal größer.

zweistöckig: ↑ Stock.

zweite: ↑ achte/Achte. Groß oder klein schreibt man die mit idiomatisierter Gesamtbedeutung gebrauchte Fügung *das Zweite/zweite Gesicht* (die Fähigkeit, Zukünftiges vorauszusehen) *haben.*

zwicken: Wird *zwicken* auf einen Körperteil bezogen, dann kann die Bezeichnung der betroffenen Person im Dativ oder im Akkusativ stehen. Der Dativ ist üblicher: *Er zwickte dem Kind in den Arm.* Mit Akkusativ: *Er zwickte das Kind in den Arm.* Ähnlich wie „zwicken" werden auch andere Verben der körperlichen Berührung behandelt. ↑ beißen, ↑ schneiden, ↑ treten.

zwischen: 1. *zwischen – und* (nicht: zwischen – bis): Die Raum- oder Zeitangabe *zwischen – und* sollte nicht mit der Streckenangabe *von – bis* vermengt werden. Richtig ist: *Zwischen Bregenz und Konstanz* (nicht: *bis Konstanz*) *liegt der Bodensee. Die deutsche Geschichte zwischen 1914 und 1945* (nicht: *zwischen 1914 bis 1945*) *hat die politischen Verhältnisse in Europa verändert.* Bezieht sich *zwischen* nicht auf einen räumlichen oder zeitlichen Abstand, sondern auf die Auswahl von Alternativen, so kommt neben *zwischen – und* seltener *zwischen – oder* vor: *Man kann hier nur zwischen grün oder blau wählen.* Zu empfehlen ist auch hier in der Regel die Konjunktion *und: zwischen grün und blau wählen.*

2. *zwischen* mit/ohne Kasusrektion: *Zwischen* ist eine Präposition, die den Dativ regiert: *Sie ist die wichtigste Verbindung zwischen dem Arktischen Ozean und den übrigen Weltmeeren* (taz). *Zwischen* kann aber auch ohne Kasusrektion verwendet werden: *Die Bewerber waren zwischen 25 und 30 Jahre alt. Er hat zwischen 90 und 100 Exemplare verkauft.* Ob auf *zwischen* der Dativ folgen muss oder nicht, kann man mit folgender Probe überprüfen: Wenn *zwischen x und* gestrichen werden kann, verlangt *zwischen* üblicherweise keinen Kasus: *Die Bewerber waren [zwischen 25 und] 30 Jahre alt. Er hat [zwischen 90 und] 100 Exemplare verkauft.* Somit ist *zwischen* in dieser Verwendung üblicherweise, ähnlich wie ↑ unter (2), keine Präposition. Kann *zwischen x und* nicht gestrichen werden, regiert *zwischen* den Dativ: *Die Probanden zwischen 20 und 30 Jahren reagierten alle gleich.*

zwischen was/wozwischen: Die Verbindung *zwischen + was (Zwischen was soll ich den Ordner stellen?)* kommt nicht nur in der gesprochenen, sondern auch in der geschriebenen Standardsprache in Fragesätzen vor. In der geschriebenen Standardsprache dominiert hier jedoch eindeutig der Gebrauch des Pronominaladverbs *wozwischen: Wozwischen soll ich den Ordner stellen? Sie fragte sich, wozwischen der Ordner noch passen könnte.* ↑ wo (4).

zwölf: ↑ acht/Acht.

zwölfte: ↑ achte/Achte.

zwo, zwote: ↑ zwei (3).